O CÂNONE AMERICANO

Harold Bloom

O cânone americano
O espírito criativo e a grande literatura

TRADUÇÃO
Denise Bottmann

Copyright © 2015 by Harold Bloom
Publicado mediante acordo com a Writers Representatives. Publicado originalmente nos Estados Unidos pela Spiegel & Grau, um selo da Random House, uma divisão da Penguin Random House, LLC, Nova York.
Todos os direitos reservados.

Grafia atualizada segundo o Acordo Ortográfico da Língua Portuguesa de 1990, que entrou em vigor no Brasil em 2009.

Título original
The Daemon Knows

Capa
Claudio Rocha

Preparação
Marluce Faria

Índice remissivo
Probo Poletti

Revisão
Ana Maria Barbosa
Valquíria Della Pozza

Dados Internacionais de Catalogação na Publicação (CIP)
(Câmara Brasileira do Livro, SP, Brasil)

    Bloom, Harold
        O cânone americano: o espírito criativo e a grande literatura / Harold Bloom; tradução Denise Bottmann. – 1ª ed. – Rio de Janeiro: Objetiva, 2017.

        Título original: The Daemon Knows
        ISBN 978-85-470-0046-2

        1. Cânone da literatura 2. Crítica literária 3. Literatura norte-americana – História e crítica 4. Poesia – História e crítica I. Título.

17-06599   CDD-813.09

Índice para catálogo sistemático:
1. Literatura norte-americana: História e crítica   813.09

[2017]
Todos os direitos desta edição reservados à
EDITORA SCHWARCZ S.A.
Praça Floriano, 19, sala 3001 — Cinelândia
20031-050 — Rio de Janeiro — RJ
Telefone: (21) 3993-7510
www.companhiadasletras.com.br
www.blogdacompanhia.com.br
facebook.com/editoraobjetiva
instagram.com/editora_objetiva
twitter.com/edobjetiva

Para minha mulher, Jeanne

*e para John T. Irwin
e seu fenomenal Bricuth*

*A tradição autêntica se mantém oculta;
apenas a tradição decaindo* [verfallende] *vem a cair sobre* [verfällt auf]
um tema e apenas ao decair sua grandeza se faz visível.
Gershom Scholem, *Dez aforismos não históricos sobre a Cabala*

Sumário

Por que esses doze? 11
Preludium demônico 17

I. Walt Whitman e Herman Melville 30
II. Ralph Waldo Emerson e Emily Dickinson 182
III. Nathaniel Hawthorne e Henry James 263
IV. Mark Twain e Robert Frost 339
V. Wallace Stevens e T.S. Eliot 393
VI. William Faulkner e Hart Crane 467

Coda: O lugar do Demo no Sublime Americano 572
Agradecimentos 577
Bibliografia 579
Créditos das imagens 581
Índice remissivo 583

Por que esses doze?

Este livro trata dos doze criadores do Sublime Americano. Pode-se contestar que estes não sejam os únicos autores do cânone americano, do qual posso imaginar outras escolhas, como Edgar Allan Poe, Henry David Thoreau, Edith Wharton, Theodore Dreiser, Edwin Arlington Robinson, Willa Cather, Ernest Hemingway, F. Scott Fitzgerald, William Carlos Williams, Marianne Moore, Ralph Ellison e Flannery O'Connor, sem incluir figuras posteriores.

Apesar disso, creio que minha seleção pessoal está mais próxima do cerne da questão, porque esses escritores representam nosso esforço incessante de transcender o humano sem renunciar ao humanismo.

Thomas Weiskel, meu amigo e ex-aluno, que teve uma morte trágica ao tentar inutilmente salvar a filhinha pequena, legou-nos uma obra muito fecunda, *O sublime romântico* (1976). "Um sublime humanista é um oxímoro", tal é seu adágio de advertência. Pergunto-me se meus doze mestres do sublime concordariam com Weiskel.

O Sublime Americano de Ralph Waldo Emerson e Walt Whitman é sabidamente contraditório. Não há como, em 1830 ou em 1855, ser um Adão que cria a si mesmo ao amanhecer, sem nenhum passado às costas, mesmo dentro de uma linhagem americana.

Weiskel expôs agudamente a pretensão do sublime literário:

A principal asserção do sublime é que o homem pode, no sentimento e na linguagem, transcender o humano. O que estaria além do humano — Deus ou os deuses, o demo ou a Natureza — é tema de grandes divergências. O que definiria o âmbito do humano é ainda mais incerto.

À exceção de T.S. Eliot, nenhum de meus doze acreditava em Deus ou em deuses e, quando falavam em "Natureza", referiam-se ao Adão americano. Visão emersoniana, o Adão americano é o Deus-Homem do Novo Mundo. Criou-se a si mesmo e, se houve alguma queda, foi no ato da criação inicial. O que está além do humano, para quase todos esses escritores, é o demo,* que vem descrito e definido ao longo de todo este livro.

O elemento comum a esses doze escritores — embora disfarçadamente em Eliot — é sua receptividade ao influxo demônico. Henry James, mestre de sua arte, mesmo assim parabeniza seu demo pessoal pelo que há de melhor entre seus contos e romances. Emerson era o grande mentor do clã James, que incluía Henry James pai, o romancista Henry filho e o psicólogo-filósofo William, cujo ensaio "On Vital Reserves" [Sobre as reservas vitais] é um hino ao demo.

Distribuí essas doze figuras em pares, sem seguir um critério fixo. Começo com Walt Whitman e Herman Melville porque são as Formas Gigantes (expressão de William Blake) de nossa literatura nacional. *Moby Dick* (1851) e a primeira versão de *Folhas de relva* (1855) têm a aura e a ressonância dos épicos homéricos e, neste sentido, ocupam o primeiro lugar entre todos os nossos autores literários.

---

* Foi adotada a tradução "demo" para *daemon* e, para seu adjetivo correspondente, "demônico". Essa escolha teve como objetivo preservar a gama de significados presentes no termo, tal como é usado por Bloom. Sua origem é, evidentemente, o *daimon* grego, mas ele não vem isento de tinturas que remetem a uma carga cósmica de fundo judaico-cristão, retomada na vertente romântica abraçada por Bloom: o indivíduo que, "possuído pelo demônio", dá vazão a algo que escapa à redução racional e se expressa como a autêntica criação estética. Essa trama de significados do "demo" será gradualmente descrita, exemplificada e explicitada ao longo da extensa obra. (Não à toa, aliás, um dos grandes personagens literários que Bloom aponta como potência demônica é o capitão Ahab, de *Moby Dick*.) Por último, vale notar que o título original da obra, *The Daemon knows*, remete explícita e ironicamente à expressão idiomática do inglês "*God knows*" — "Só Deus sabe", como dizemos em português sobre algo misterioso —, que no caso da criação estética na linha interpretativa de Bloom, "Só o Demo sabe", há um rico fundo matizado de irracionalismo. (N. T.)

Inteiramente contemporâneos no tempo e no espaço, Whitman e Melville devem ter se cruzado nas ruas de Nova York e ambos assistiram às mesmas conferências de Emerson, mas um não se interessou pelo outro. De Melville, Whitman havia lido o primeiro livro, *Taipi*, e nada mais. Melville, sem público desde *Moby Dick*, implicava com a autopromoção de Whitman e as pequenas fagulhas de fama que ela lhe rendia.

Evitei comparações diretas entre *Moby Dick* e *Folhas de relva*, exceto em algumas poucas passagens, talvez redundantes, visto que Melville e Whitman inauguraram a quádrupla metáfora americana, formada pela noite, a morte, a mãe e o mar, que ganhou perpetuidade entre nós.

Ralph Waldo Emerson conheceu Emily Dickinson quando apresentou uma conferência em Amherst e jantou e pernoitou na casa do irmão dela. Em suas cartas, as referências a Emerson são afetuosas e bem-humoradas, apesar de, nos poemas, ela lhe tecer algumas críticas furtivas. Reúno os dois aqui porque Emerson é o pai literário mais próximo de Dickinson, assim como Walter Pater foi o de Virginia Woolf. O que os dois têm em comum são poderes mentais que superam todos os demais em nossa literatura.

A relação entre Nathaniel Hawthorne e Henry James é de influência direta e por isso junto os dois, o que certamente não agradaria a James. Interpreto todos os quatro grandes romances de Hawthorne, mas, por falta de espaço, detenho-me num número de contos menor do que deveria. Emerson, companheiro de caminhadas de Hawthorne, contamina profundamente Hester Prynne e outras heroínas de Hawthorne, e sua marca tem igual força em Isabel Archer e nas protagonistas posteriores de James. O Henry James fantasmagórico, de "A esquina encantada", também deriva de Hawthorne.

Mark Twain e Robert Frost não têm muito em comum, apesar de sua ferocidade velada, mas são os únicos de nossos grandes mestres que contam com um amplo público popular. Os dois disfarçam e trafegam em dois níveis, contendo sentidos mais profundos que ficam reservados apenas para uma elite.

Com Wallace Stevens e Thomas Stearns Eliot, passo para um entrelaçamento complicado: uma polêmica de Stevens contra Eliot. Stevens certamente não gostou que *Harmonium* ficasse eclipsado por *A terra desolada*, porém o elemento pessoal se tornava secundário diante da oposição entre um humanismo naturalista, semelhante ao de Sigmund Freud, e um neocristianismo virulento. Há camadas mais profundas nesse conflito. Stevens e Eliot eram ambos filhos de Whitman; isso foi um obstáculo, mas também um impulso para o visionário de *Harmonium*, enquanto Eliot negou totalmente essa sua ascendência até os anos finais de vida, quando Whitman, Milton e Shelley foram autorizados a reintegrar o cânone eliotiano.

William Faulkner e meu favorito de toda a vida, Hart Crane, estão lado a lado porque ambos forçam a língua americana até seus limites. Faço uma diferenciação implícita, e espero que sutil, entre esses dois colossos no que se refere à sua autêntica tradição compartilhada de precursores americanos. Os únicos progenitores que eles têm em comum são Melville e Eliot, aos quais Faulkner poderia acrescentar Hawthorne e Mark Twain. A impressionante linhagem de Crane inclui Whitman e *Moby Dick*, Emerson e Dickinson, Stevens e Eliot e uma panóplia de outros poetas americanos, desde William Cullen Bryant e Edgar Allan Poe a William Carlos Williams.

Whitman, nosso poeta nacional, requer um parceiro de grandeza equivalente. Entre todos os autores americanos clássicos, Melville é o único que apresenta o perfil de uma possível sublimidade. O que é o Sublime Americano e como ele se diferencia do exemplo britânico e do exemplo europeu continental? Em termos simplistas, o sublime na literatura costuma estar associado a experiências extremas que proporcionam uma versão profana de uma teofania: a sensação de algo que entra em fusão e transforma um momento, uma paisagem, uma ação ou uma fisionomia natural.

A América, Terra do Anoitecer, favorece sublimidades mais radicais do que a Europa, súbitos resplendores como a "certa Obliquidade da luz" de Dickinson ou as auroras boreais de Stevens. Ambas são iluminações da descontinuidade; à primeira leitura, Wordsworth no Lake District e Shelley em Mont Blanc são mais tradicionais do que eles ou do que nós. É verdade que Shelley e Wordsworth se libertaram dos enormes cortejos literários belamente explorados em *Literatura europeia e Idade Média latina* (1953), de Ernst Robert Curtius, minha obra favorita entre os estudos críticos modernos, que traça uma continuidade profunda de Homero a Goethe. O crítico William Hazlitt observou que Wordsworth parece recomeçar do zero, numa *tabula rasa* da poesia. Embora sem dúvida exista uma grande distância entre Goethe e Wordsworth, não chega a ser um abismo descomunal. Ambos são assombrados por Shakespeare, angústia à qual, para Wordsworth, se acresce Milton.

Shelley, clássico como Goethe, teve a tripla carga de angústia e influência de Shakespeare, Milton e Wordsworth. Um poeta do Alto Romantismo inglês se liga à tradição homérica não por escolha própria, mas pelas contingências de ambições pessoais constantes, ao passo que os maiores românticos americanos — Whitman e Melville — guardam necessariamente uma relação muito distinta com a tradição da literatura europeia.

Emerson intermediou a tradição literária para Whitman. Melville, sem mentores, elaborou pessoalmente sua relação com Shakespeare, Milton e Shelley, bem como com Cervantes, Hawthorne, Emerson e, muito sombriamente, com a Bíblia. A métrica complexa de Whitman brota do paralelismo hebraico, e sua vivência quacre na juventude rege a estrofe e a forma em "Song of Myself" [Canção de mim mesmo], mas, apesar disso, é Melville quem se abebera mais na Bíblia. À sombra de Jonas e de Jó, *Moby Dick* é o livro americano de cadência mais próxima à da Bíblia do rei Jaime, pelo menos até o melvilliano *Meridiano de sangue* de Cormac McCarthy.

É difícil destacar os elementos que pavimentaram o caminho de Walt Whitman. Nem sempre é possível confiar no que ele diz ter lido. Whitman e Emerson, que o elogiou em 1855, tiveram seus desentendimentos posteriores, mas a questão se resume na declaração derradeira de Whitman: "leal, por fim". A gratidão recíproca nem sempre culmina num relacionamento tão vital, e fico contente que tenha ocorrido nesse caso.

Hawthorne foi amigo íntimo de Melville por alguns anos, e assim não desempenhou o mesmo papel que Emerson teve para Whitman. Apesar disso, ele é a musa demônica de *Moby Dick*, enquanto *Folhas de relva* situa o demo num aspecto específico de um Whitman tripartite, o que abordarei mais adiante. Emerson, Dickinson e Hawthorne eram da Nova Inglaterra, enquanto Melville, Whitman e Henry James eram, em maior ou menor medida, nova-iorquinos. Mark Twain surgiu na paisagem do Mississippi, enquanto Robert Frost se mudou da Califórnia para a Nova Inglaterra. Eliot, de linhagem da Nova Inglaterra, saiu de St. Louis para estudar em Harvard e terminou como londrino; já Stevens foi de Bucks County, na Pensilvânia, para Harvard a leste e depois passou a vida em Hartford, em Connecticut. Como se sabe, Faulkner inventou seu próprio condado e estado na saga de Yoknapatawpha, que agora substituiu o Mississippi; Hart Crane, natural de Garretsville, em Ohio, seguiu o exemplo de Whitman e Melville, transmutando-se no poeta épico da cidade de Nova York. Ao que parece, foi o último poeta transcendentalista do Sublime Americano e o encerramento definitivo da tradição demônica em nossa literatura. A poesia americana não terminou com ele, mas talvez tenha findado algo glorioso que não poderá renascer.

Os dois escritores americanos que mais amo são Walt Whitman e Hart Crane, e *O cânone americano* lança uma ponte que vai de "Song of Myself" a "The Broken Tower" [A torre partida] de Crane. Aos 84 anos, só posso escrever tal como leciono, de maneira muito pessoal e passional. Poemas, romances, contos, peças só têm importância se nós temos importância. Oferecem-nos o venturoso dom de mais vida, quer iniciem ou não um tempo para além de qualquer fronteira.

Preludium demônico

Nossos dois autores mais ambiciosos e sublimes continuam a ser Walt Whitman e Herman Melville. Whitman cria a partir da vigorosa pressão de si mesmo; Melville se abebera profundamente na força vulcânica de William Shakespeare.

O Shakespeare americano, nesses últimos dois séculos, tem sido uma grande obsessão, numa relação mais ágil e mais viva do que o predomínio cultural do bardo na Grã-Bretanha. Emerson observou que o texto da vida moderna foi criado pelo autor de *Hamlet*. *Moby Dick*, bíblico e shakespeariano, baseia-se na fusão de facetas de Macbeth e de Lear em Ahab. A consciência, que em Emily Dickinson, Henry James e William Faulkner é uma provação, em Melville possui a mesma qualidade daquela aventura ao interior do eu que constitui o solilóquio shakespeariano.

Charles Olson, poeta e visionário, foi o primeiro a estudar a influência de Shakespeare em *Moby Dick*. Outros deram continuidade e ampliaram suas descobertas, e ainda há mais coisas a serem vistas; *Macbeth*, *Rei Lear*, *Antônio e Cleópatra* e, acima de tudo, *Hamlet* reverberam em toda a odisseia de Ahab. *Moby Dick* é uma tragédia de vingança? Apenas tanto quanto *Hamlet*: ou seja, de maneira nenhuma. O príncipe Hamlet rejeita a peça de Shakespeare e escreve sua própria obra. Ahab aceita o épico de Herman Melville? O grande capitão compõe seu destino, e não temos como saber quais eram as intenções de seu enigmático criador, assim como não captamos as intenções de Shakespeare.

Li *Moby Dick* pela primeira vez no início do verão de 1940, antes de completar dez anos. Todas as minhas simpatias ficaram com o capitão Ahab, em certa medida porque o Livro de Jó e os respectivos desenhos de William Blake estavam profundamente gravados em mim. Mais de sete décadas depois, continuo a dar aulas todos os anos sobre o livro, e minha avaliação ainda é a mesma. Ahab é o herói, tal como o Satã de Milton em *Paradise Lost* ou como Macbeth. Podemos dizer que todos eles são heróis-vilões, mas, se for por isso, Hamlet também o é. Sinto certo cansaço diante dos acadêmicos que deblateram contra Ahab, o qual é grandioso em seu heroísmo. O que eles queriam, que Ahab fosse caçar mais baleias? Seu objeto de perseguição é o Leviatã de Jó, uma caça representando a tirania santificada da natureza, de Jeová, sobre o homem.

Moby Dick é um pesadelo ecológico; nós também. A causa que Melville abraça não é salvar as baleias, mas bater no sol se ele o insultar e, atravessando a máscara de papelão de todos os objetos visíveis, bater em Deus, que nos degradou. Ahab passou pelo maniqueísmo parse e chegou a um gnosticismo americano, mais ou menos antinomiano. Sim, Ahab é um ditador que afoga toda a sua tripulação junto com ele, exceto Ismael. Mas o que vocês queriam? O Leviatã de Jeová não pode ser derrotado. Ahab deveria se render a Starbuck, que lhe diz estar apenas tentando se vingar de um animal irracional? O capitão prometeico deveria sentir horror de si mesmo e se arrepender entre pó e cinzas? Então escrevam sua própria história, mas não será a de Melville.

O juízo moral, despropositado em *Moby Dick* e em Shakespeare, faria dr. Samuel Johnson achar Ahab intolerável e abandonar a leitura depois de uma ou duas páginas. Desde aquela que é a melhor frase de abertura da literatura, a Baleia Branca ruma implacável para um desfecho heroico. Tirando Starbuck e Pip, os tripulantes do *Pequod* votam a favor de sua prodigiosa catástrofe. Ahab está possuído, mas eles também (inclusive Ismael). Como figura de liderança, o capitão tem seu arquétipo em Andrew Jackson, que, para Melville e outros mais, representava o autêntico herói americano, uma apoteose da política de um indivíduo que caracteriza o Sonho Americano. De origem humilde, Jackson chegou ao ápice do poder e deu maior clareza ao que, ainda hoje, é o nacionalismo americano.

Negar grandeza a Ahab é um erro estético crasso: ele pertence, em certo registro, à mesma linhagem de Aquiles, Ulisses e rei Davi, e, em outro registro, à de Dom Quixote, Hamlet e o Prometeu alto romântico de Goethe e Shelley. Chamemos a primeira modalidade de heroísmo transcendente e a segunda de persistência de visão. Ambas são contrárias à natureza e protestam contra nossa mortalidade. O herói épico nunca se rende nem se submete.

Tal misteriosa persistência é um perigo para todos nós. Não queremos cavalgar loucamente com Dom Quixote, nem conspirar e contraconspirar com Hamlet na envenenada Elsinore, nem servir no *Pequod* sob Ahab, o profeta do desastre. Mas onde, a não ser em Cervantes, Shakespeare ou Melville, o leitor poderá melhor viver o sublime? Apenas aquele que se denominava "Walt Whitman, um americano, um dos rudes, um cosmo" [*Walt Whitman, an American, one of the roughs, a kosmos*] pode comparar-se ao capitão Ahab nos Estados Unidos. Ahab e Whitman são nossos Grandes Originais, nossa contribuição àquela dúzia ou dúzia e meia em que se incluem Falstaff e Sancho Pança, Hamlet e Dom Quixote, Pickwick e Becky Sharp.

Na edição de *Moby Dick* que recomendo a meus alunos, o volume da Norton a cargo de Hershel Parker e Harrison Hayford, o romance ocupa quatrocentas páginas em formato grande. Concordo com a impressão dos estudantes, qual seja, que a divisão do romance em 135 capítulos curtos e um epílogo reforça o vigor da obra. Ahab só aparece a partir do capítulo 28, após aquilo que costumo chamar de "Ismaelíada", uma bela introdução de cem páginas que ainda conserva humor e vivacidade um século e meio desde sua publicação inicial. Do capítulo 28 em diante, é a saga de Ahab, não de Ismael. A busca como um todo transborda de contradições, visto que Ismael como narrador, embora consiga ganhar nossas graças, é inconfiável. Como Huck Finn, ele mente, e o faz de maneira encantadora, só para não perder a prática.

Paul Brodtkorb, em seu *Ishmael's White World* [O mundo branco de Ismael], de 1965, afirma que o narrador é um relativista, o que é um bom ponto de partida. Um passo a mais e afirmamos que Ismael é o Shakespeare implantado – por Shakespeare – dentro de Melville. Comediante do espírito, desvinculado da ironia, Ismael dá a *Moby Dick* o que Marlow não conseguiu dar a *Lorde Jim* e a suas outras incumbências narrativas conradianas – uma posição capaz de abranger todos os gêneros. Como seu protótipo *Hamlet*, *Moby Dick* é um Poema Ilimitado.

Shakespeare é a fonte ardente de onde brotam todos os autores do Alto Romantismo: ingleses, alemães, americanos, russos, o mundo inteiro. Melville pertence ao Alto Romantismo americano, um shelleyiano dividido entre o intelecto e a emoção, que reprovava em Emerson a suposta deficiência do sábio na área emocional. Melville é nosso autor mais shakespeariano. Como Macbeth, Ahab quer derrubar tudo em seu redor, e o senhor do *Pequod* também brada ao estilo hamletiano: "Que bata atravessando a máscara", para que o "deixa ser" [*let be*] seja de fato "o final do parecer" [*finale of seem*].

É um equívoco definir a busca de Ahab como uma empreita metafísica, a menos que a metafísica esteja embutida em formulações religiosas ocidentais: zoroastristas, judaicas, cristãs, islâmicas. Ahab é um Jó atormentado que revida os ataques e não aceitará a tirania do Leviatã. As origens de sua luta estão em Jó:

> Não consegues puxar o leviatã com um anzol? Ou sua língua com uma corda que arremesses?
>
> Não lhe consegues pôr um gancho no nariz? Ou lhe perfurar a mandíbula com um chuço?
>
> Far-te-á ele muitas súplicas? Falar-te-á em palavras suaves?
>
> Firmará uma aliança contigo? Tomá-lo-ás como servo perpétuo?
>
> Brincarás com ele *como* um pássaro? Ou prendê-lo-ás para tuas donzelas?
>
> Os companheiros irão se banquetear com ele? Irão reparti-lo entre os mercadores?
>
> Não lhe consegues crivar o couro com lanças? Ou a cabeça com arpões?
>
> Pousa tua mão sobre ele, relembra a batalha, mais não faças.
>
> — Jó 41:1-8

Desde criança, eu me pergunto por que os "Excertos" de Melville que servem de prefácio a *Moby Dick* omitem essa passagem, que é a mais pertinente de todas. Em vez disso, ele prefere escavar o Livro de Jó e de lá extrai o trigésimo segundo versículo:

> O leviatã abre uma trilha que refulge atrás de si;
> Pensar-se-ia que as profundezas são cãs.

Mais a propósito, ele cita uma profecia grandiosa de Isaías:

> Nesse dia, o Senhor com sua espada forte, grande e severa punirá Leviatã, a serpente perfurante, precisamente Leviatã, aquela serpente retorcida, e matará o dragão que está no mar.

A meu ver, Melville usa de rodeios. As cruéis bravatas de Deus, jactando-se de seu reinado sobre todos os filhos do orgulho, pareceriam uma provocação direta demais. Tem-se o mesmo cuidado nos capítulos 41 e 42, "Moby Dick" e o magnífico "A brancura da baleia". No capítulo 41, uma referência isolada a Jó inaugura o vigoroso parágrafo final.

> Aqui estava, pois, aquele velho ímpio grisalho, perseguindo entre maldições uma baleia de Jó ao redor do mundo, à frente de uma tripulação composta, ademais, principalmente por renegados mestiços, párias e canibais — moralmente debilitados também pela insuficiência da mera correção ou virtude desassistida em Starbuck, pela invulnerável jovialidade da indiferença e despreocupação em Stubb e pela mediocridade difusa em Flask. Tal tripulação, sob tais oficiais, parecia especialmente escolhida e reunida por alguma infernal fatalidade para auxiliá-lo em sua vingança monomaníaca. Como respondiam com tanta exuberância à ira do velho — de que magia maléfica suas almas estavam possuídas, a tal ponto que o ódio dele às vezes quase parecia deles; a Baleia Branca a inimiga intolerável deles, tanto quanto dele; como tudo isso se dava — o que era a Baleia Branca para eles, ou como, para o entendimento inconsciente que tinham, ela também podia se afigurar, de alguma maneira vaga e insuspeitada, o grande demônio deslizante dos mares da vida —, explicar tudo isso seria mergulhar mais fundo do que consegue Ismael. O mineiro subterrâneo que trabalha dentro de todos nós, como se pode saber, pelo som abafado sempre variável de sua picareta, a que lugar conduz seu poço? Quem não sente o irresistível puxão no braço? Que barco a reboque de um navio de setenta e quatro canhões consegue manter-se imóvel? Quanto a mim, deixei-me entregar ao tempo e ao lugar; mas, mesmo a toda pressa para enfrentar a baleia, não conseguia ver naquele ser irracional senão o mais mortífero mal.

Ismael vai além, em sua famosa reflexão sobre a brancura da baleia:

Embora não saibamos, nem ele nem eu, onde ficam as coisas inominadas das quais o sinal místico oferece tais indicações; mesmo assim, para mim, como para o potro, em algum lugar essas coisas devem existir. Embora em muitos de seus aspectos esse mundo visível pareça formado no amor, as esferas invisíveis foram formadas no pavor.

Mas ainda não elucidamos o encantamento dessa brancura e tampouco descobrimos por que ela exerce esse apelo tão poderoso à alma; e, o que é ainda mais estranho e muito mais portentoso, nem por que, como vimos, é ela ao mesmo tempo o símbolo mais significativo das coisas espirituais, ou melhor, o próprio véu da Divindade cristã e, apesar disso, o agente intensificador das coisas mais aterradoras para a humanidade.

Será porque, com sua indefinição, ela lança à frente a sombra dos vazios e imensidões insensíveis do universo e, assim, apunhala-nos por trás com a ideia de aniquilação ao contemplarmos as brancas profundezas da via láctea? Ou será porque, em sua essência, o branco não é tanto uma cor, e sim sua ausência visível e, ao mesmo tempo, a soma de todas as cores; será por essas razões que há tal silente vazio, repleto de significado, numa vasta paisagem de neves — um incolor onicolor ateísmo diante do qual retrocedemos? E quando consideramos aquela outra teoria dos filósofos naturais, de que todos os outros matizes terrenos — todo imponente ou gracioso ornamento —, os suaves tons das matas e dos céus crepusculares; sim, e os veludos dourados das borboletas, e as faces borboleteantes das moças; todos eles não passam de sutis enganos, não realmente intrínsecos às substâncias, mas apenas aplicados do exterior; de modo que toda a Natureza divinizada se pinta inteira como a meretriz, cujas seduções nada recobrem senão a cripta interior dos ossos; e quando avançamos ainda mais e consideramos que o cosmético místico que produz cada um de seus matizes, o grande princípio da luz, permanece sempre branco ou incolor em si e, se operasse sem intermediário sobre a matéria, tocaria todos os objetos, mesmo tulipas e rosas, com seu próprio vazio — ponderando tudo isso, o universo paralisado jaz leproso diante de nós; e como obstinados viajantes na Lapônia, que recusam cobrir os olhos com lentes de cor, assim o desgraçado infiel fita, ele próprio cego, a monumental mortalha branca que envolve toda a paisagem a seu redor. E de todas essas coisas a baleia Albina era o símbolo. Há por que então se admirar da furiosa perseguição?

A figura do vazio [blank] intransigente, imagem máxima de nossa identidade americana, é uma sobrevivência de dois protótipos ingleses primordiais, um shakespeariano, outro miltoniano. Em Shakespeare, o *blank* é o centro de um alvo, talvez evocando o alvo que se erra irremediavelmente, a hamartia da tragédia ateniense, como quando Kent exclama: "Olha melhor, Lear, e deixa-me ainda ser/ O verdadeiro alvo [blank] do teu olhar". Milton, invocando a Luz Sagrada no começo de *Paradise Lost*, livro III, lamenta a propósito do Livro da Sabedoria: "Apresentado com um vazio universal/ Das obras da Natureza para mim riscadas e apagadas,/ E a sabedoria totalmente barrada a uma das entradas" [*Presented with a universal blank/ Of Nature's works to me expunged and rased,/ And wisdom at one entrance quite shut out*].

O *blank* shakespeariano se torna o de Emily Dickinson e de Hart Crane; o *blank* de Milton gera uma cadeia ou sequência de imagens dramáticas que vai de Samuel Taylor Coleridge e William Wordsworth, Percy Bysshe Shelley e Robert Browning até o cortejo americano de Emerson e Whitman, Hawthorne e Melville, chegando a Wallace Stevens, perseguido por aquela terrível brancura que é a primeira coisa de que me lembro quando volto a refletir sobre sua poesia: "Aqui, ser visível é ser branco,/ É ser da solidez do branco, a proeza/ De um extremista num exercício" [*Here, being visible is being white,/ Is being of the solid of white, the accomplishment/ Of an extremist in an exercise*]. Caminhando na praia deserta ao amanhecer, o poeta idoso, iluminado pelo grande clarão das auroras, "se vira vaziamente na areia" [*turns blankly on the sand*].

Os Estados Unidos, considerados a cultura ocidental final, nunca foram um vazio a ser preenchido. Emerson, em seu modo desiderativo, até podia querer ser um homem sem nenhum passado às costas, porém sabia que não era possível. Shakespeare e Michel de Montaigne eram suas companhias constantes. Entre os outros onze espíritos avaliados neste livro, apenas o de Faulkner não foi afetado pelo profeta dialético do Novo Americano. Hawthorne, o silencioso companheiro de caminhadas do sábio, podia parecer o oposto de Emerson, mas sem dúvida sabia que sua Hester Prynne, adorando apenas a divindade dentro de si mesma, brotava da autonomia do ensaio emersoniano "Independência" [*Self-Reliance*]. Os rapazes James, criados pelo pai emersoniano, aceitaram sua herança, Henry com mais, William com menos reservas. Quaisquer que sejam as ressalvas de Henry, sua Isabel

Archer é tão emersoniana quanto Hester Prynne, em sua firme resolução de enfrentar a destruição de preferência a renunciar ao direito de sua alma à escolha — por pior que fosse —, ao passo que Ahab devolve independência a um imenso ermo demônico primordial.

Uma liberdade mais sutil acompanha Emily Dickinson, que considero uma dissidente herética da religião emersoniana, segundo a qual o capricho suplanta a confiança e a fé. Walt Whitman, o discípulo mais eminente de Waldo, mas que expandiu a independência até traçar uma trajetória solar, adota o "Eu real" como irmão e demo obscuro, assim como Dickinson descobre uma suficiência no cão só de sua própria identidade.

Melville encontrou seu demo na imagem do Belo Soldado, lembrança de seu colega de navio Jack Chase, celeberrimamente reencarnado como Billy Budd. Em *Moby Dick*, o Belo Marinheiro viria a ser uma força contraposta a Ahab, sob os traços de Bulkington, que nos é apresentado no magnífico capítulo 3, "A estalagem do baleeiro":

> Notei, porém, que um deles se mantinha um tanto à parte e, embora parecesse não querer estragar a alegria dos colegas de navio com seu ar taciturno, mesmo assim abstinha-se de modo geral de fazer tanto alarido quanto os demais. Esse homem despertou meu imediato interesse; e, como os deuses marinhos haviam determinado que ele logo haveria de se tornar meu colega de bordo (ainda que apenas um companheiro adormecido no que concerne a esta narrativa), aqui me arriscarei a uma breve descrição sua. Tinha mais de um metro e oitenta de altura, ombros imponentes e um peito como um dique. Raras vezes vi tanto vigor num homem. O rosto era muito moreno e queimado, criando um contraste ofuscante com os dentes brancos, enquanto nas fundas sombras dos olhos flutuavam algumas reminiscências que pareciam não lhe trazer muita alegria. Sua voz anunciava de imediato que era um sulino e, por sua bela estatura, imaginei que devia ser um daqueles montanheses altos dos Allegheny na Virgínia. Quando a festança dos companheiros chegara ao auge, esse homem se esgueirou e saiu sem ser notado, e só voltei a vê-lo quando se tornou meu camarada no mar. Em poucos minutos, porém, seus colegas de navio deram por sua falta e, pelo visto sendo ele, por alguma razão, imensamente estimado, puseram-se a gritar "Bulkington! Bulkington! Onde está Bulkington?" e saíram em disparada da estalagem a procurá-lo.

A frase entre parênteses indica que o papel de Bulkington é o de um participante secreto de *Moby Dick*, uma pistola tchekhoviana que Melville prefere não disparar contra Ahab. Líder natural, somente Bulkington teria sido capaz de demover os colegas de tripulação daquela busca monomaníaca. Mas, no lugar disso, ele é varrido junto com os demais e recebe a bela elegia d' "este capítulo de seis polegadas", o 23, "A costa ao abrigo dos ventos":

Alguns capítulos atrás, falou-se de certo Bulkington, um marinheiro alto, recém--desembarcado, que estava na estalagem em New Bedford.

Quando o *Pequod*, naquela noite de frio arrepiante, investiu sua proa vingadora entre as malignas ondas geladas, quem vi a seu leme senão Bulkington! Fitei com compassivo respeito e espanto o homem que, tendo acabado de desembarcar em pleno inverno após quatro anos de perigosa viagem, conseguia tão infatigavelmente lançar-se outra vez a mais um período tempestuoso. A terra parecia lhe queimar os pés. As coisas mais impressionantes são sempre as que não se mencionam; lembranças profundas não rendem epitáfios; este capítulo de seis polegadas é a tumba sem lápide de Bulkington. Digo apenas que com ele se passava o que se passa com o navio sacudido pela tempestade, que desgraçadamente impelido segue ao longo da terra ao abrigo dos ventos. O porto bem que lhe daria refúgio; o porto é compassivo; no porto há segurança, conforto, lareira, jantar, cobertas quentes, amigos, tudo o que é agradável à nossa mortalidade. Naquele vendaval, porém, o porto, a terra, é o mais pavoroso risco para o navio; ele precisa escapar a qualquer hospitalidade; um único contato de terra, mesmo que apenas roçasse a quilha, o faria estremecer de ponta a ponta. Com todo o seu ímpeto, ele se afasta da costa a todo pano; ao fazê-lo, luta contra os mesmos ventos que de bom grado o conduziriam para casa; busca novamente a total ausência de terra firme no mar fustigado; procurando refúgio, lança-se desesperado ao perigo, seu único amigo seu pior inimigo!

Agora sabes, Bulkington? Terás relances daquela verdade mortalmente intolerável, de que todo profundo e sincero pensamento não passa do intrépido esforço da alma em manter a ampla independência de seu mar, enquanto os mais furiosos ventos do céu e da terra conspiram para lançá-la à costa servil e traiçoeira?

Mas, como apenas na ausência de terra firme reside a mais alta verdade, sem costa, indefinida como Deus, muito melhor é perecer naquele ululante infinito do que ser ingloriamente arremessado ao abrigo dos ventos, mesmo que lá esteja a segurança! Pois quem, oh!, qual um verme rastejaria, covarde, até a terra? Terror dos terrores! Será toda essa agonia tão vã? Ânimo, ânimo, Bulkington! Sustém-te firme, semideus! Erguendo-se da espuma de teu perecer oceânico — para o alto arroja-se tua apoteose!

Ismael se alterna entre ser e não ser Melville, mas esta acima é a voz autêntica do sentimento do autor. A "apoteose" une Bulkington e Ahab, semideuses tão privados de terra firme quanto a verdadeira divindade do livro cruelmente imaculado.

Aos dez anos de idade, fiquei perplexo e intrigado com Bulkington, cuja esparsa presença no épico consiste nessas duas citações. Apoteose de quê?, perguntava-me eu. Montanhês e baleeiro, Bulkington é o Héracles do *Pequod*, o marinheiro que acrescenta um tom mais refinado à viagem. Ele tem uma aura erótica, que me foi sugerida inicialmente numa conversa com Camille Paglia, cuja tese de doutorado de 1974, *Personas sexuais* (publicada em 1990), tive a honra de orientar, embora Paglia, que surgiu já adulta como Atena, não precisasse de praticamente nenhum auxílio. Ela atribuía "o gigantismo operístico do romance" à "sua força de *protesto sexual*" contra o que William Blake chamou de Vontade Feminina, a matriz da noite, da morte, da mãe e das águas do mar que Walt Whitman celebrava e nas quais tanto desejava penetrar.

Bulkington é o demo oculto do épico, a musa secreta de Melville. Ele é para o autor o que Queequeg era para Ismael e talvez represente Nathaniel Hawthorne, a quem Melville dedica *Moby Dick*, "em sinal de minha admiração por seu gênio". Mas Bulkington, o timoneiro quando o *Pequod* sai do porto, torna-se uma espécie de Palinuro virgiliano, o piloto perdido de uma viagem cujo único objetivo é fugidio e indizivelmente letal.

Faulkner, admirador de Melville, via seu demo como Candace Compson, a heroína de *O som e a fúria*, que nasce e se amalgama a uma coleção pessoal de mulheres mais jovens que serviram de musas-amantes a Faulkner. Caddy nunca fala, mas, entre seus irmãos, Quentin é sexualmente obcecado por ela, o pobre idiota Benjamin, de alguma maneira profunda, carrega sua imagem no que lhe resta de inteligência e Jason tem um desprezo obsessivo por ela. Entre todas as suas personagens femininas, Caddy era a que Faulkner mais amava e comentou que ela representava a irmã mais nova que ele nunca teve.

Wallace Stevens, que, assim como Melville e o jovem T.S. Eliot, teve um casamento infeliz, perseguiu seu eu demônico nas fabulosas "amantes interiores" de seus principais poemas. Eliot, que havia abandonado Emily Hale e perdera seu amigo Jean Verdenal numa morte heroica e prematura, criou imagens constantes de espectros infinitamente gentis, infinitamente sofredores, em sua maioria femininos. Hart Crane, o herdeiro órfico de todos eles, celebrou seu Belo Marinheiro Emil Opffer em "Voyages" [Viagens] e, magnificamente, encontrou sua noiva em *A ponte*, onde se eleva um hino imorredouro a uma "Cognição acerada".

Meu mentor e amigo Kenneth Burke comentou comigo que Crane lhe mencionara em conversas a oniabrangente ponte/noiva [*bridge/bride*]. Há inúmeras imagens de noivas no breve épico de Crane, conferindo-lhe uma emoção pungente: "E vês tua noiva imortal no milharal!". E no entanto o arquétipo de noivo/noiva de Crane é Orfeu, o qual vai resgatar a amada do reino das sombras. Dioniso e Orfeu se fundem na religião grega antiga, fusão esta que se renova em *A ponte*.

Entre os doze escritores tratados neste livro, Hart Crane, que não seguia nenhuma igreja, é o mais profundamente religioso, seguindo mais o pendor vitalista de D. H. Lawrence do que o de T.S. Eliot, devoto neocristão não muito desenvolto. É curioso que Crane, tendo nas origens apenas a Ciência Cristã de sua mãe, seja uma espécie de católico natural, por temperamento e aguda sensibilidade. *A ponte* é um hino a um deus desconhecido, mas em seus anseios ressoam ecos de *A agonia no horto*, de El Greco, a pintura favorita de Crane.

Na seção "The Tunnel" de *A ponte*, que é uma descida ao Averno dos ínferos de Virgílio, Crane invoca o metrô de Nova York como "o Demo", provavelmente adotando o termo de Walter Pater ao debater Dioniso em *Greek Studies* [Estudos gregos]. Inicialmente, há uma fecunda estranheza nessa identificação, visto que Crane escolhe Dioniso como via para a visão poética, mas não para o ínfero. Todavia, a ambivalência sempre marca o Sublime Americano: pense em Melville, Whitman, *A terra desolada* de Eliot, as paisagens condensadas de Faulkner. Uma independência aspirando perpetuamente a se libertar do passado está fadada a resistir às sobredeterminações concretas que nos amarram ao tempo.

Finalmente somos entregues a uma terra firme e procuramos epitáfios, fragmentos amontoados contra nossas ruínas: um intervalo, e então desaparecemos. A alta literatura se empenha em aumentar esse período de tempo: meus doze autores concentram, para mim, aquela proliferação da consciência pela qual continuamos a viver e a encontrar nosso sentido de existência.

1. Walt Whitman e Herman Melville

RASTREANDO OS ANTECEDENTES DOS GIGANTES

Walt Whitman e Herman Melville permanecem como os gigantes da tradição literária americana. Seu ostensivo desbravamento só encontra páreo quando Hart Crane e William Faulkner, os dois com impulsos e objetivos igualmente ambiciosos, lançam-se às fronteiras já ampliadas por *Moby Dick* (1851) e pelas três primeiras *Folhas de relva* (1855, 1856 e 1860).

Rica como se tornou a cultura literária dos Estados Unidos — pelo menos antes do século XXI —, mesmo assim ela não apresentou ninguém à altura de Dante e Cervantes, Montaigne e Shakespeare, Tolstói e Joyce. Somente *Moby Dick* e Whitman em sua meia dúzia de grandes poemas — "Song of Myself", "The Sleepers" [Os adormecidos], "Crossing Brooklyn Ferry" [A travessia na balsa do Brooklyn] e as três meditações elegíacas, "Out of the Cradle Endlessly Rocking" [Do berço se embalando sem cessar], "As I Ebb'd with the Ocean of Life" [Enquanto eu refluía com o oceano da vida], "When Lilacs Last in the Dooryard Bloom'd" [Da última vez em que os lilases floriram no pátio de entrada] — sugerem algumas ressonâncias tolstoianas. Soren Kierkegaard encontrou em Shakespeare "a ressonância do oposto". Os doze escritores que compõem este livro possuem esse veio da antítese. Não que Whitman e Melville o tenham mais profundo do que Emerson, Emily Dickinson ou Henry James, mas não ouço neles o bramido do mar, como ouvimos a terra chamando em Tolstói.

Todavia, Melville e Whitman não têm muitas outras coisas em comum. Walt se interessou por *Taipi*, mas nada mais de Melville depois disso, e o visionário derrotado de *Moby Dick* se ressentia bastante com qualquer notoriedade que Whitman, dado à autopromoção, conseguia conquistar. Duvido que Melville tenha lido alguma linha de *Folhas de relva*.

Rastrear os antecedentes de Dante e Shakespeare depende de inferências bastante complicadas. Seus precursores diretos, Guido Cavalcanti e Christopher Marlowe, eram grandes poetas, mas os autores de A *divina comédia* e de *Hamlet* e *Rei Lear* ultrapassam todas as questões singelas de herança. Sem dúvida havia uma angústia de contaminação. O *Inferno* coloca o pai e o padrasto de Cavalcanti entre os condenados e dolorosamente permite que o pai indague aflito ao Peregrino: por que é Dante e não Cavalcanti que está fazendo a Jornada Divina? Kit Marlowe assombra Shakespeare, embora pouco em termos de estilo e quase nada na criação de personalidades. Marlowe transmitiu a arte de conquistar poder retórico sobre o público a seu contemporâneo Shakespeare, o qual talvez não tivesse visto tais possibilidades sem esse aprendizado na oratória dramática de Tamburlaine, do duque de Guise, de Barrabás e do Doutor Fausto.

Rastrear os antecedentes de Whitman e Melville é difícil por causa da originalidade radical de *Folhas de relva* e *Moby Dick*. Emerson, o único progenitor de Walt, despertava uma resistência considerável em Melville, que assistiu às conferências do sábio em Nova York e fez anotações em seus ensaios. A ambivalência de Melville o levou a satirizar Emerson como Plotinus Plinlimmon em *Pierre* e como Mark Winsome, brutalmente caricaturado em *The Confidence-Man* [O vigarista]. Apesar disso, Ahab e Ismael são parcialmente emersonianos, enquanto Hester Prynne e Isabel Archer são filhas do escritor. Apenas os sulinos, de Poe a Faulkner e Robert Penn Warren, mostram-se imunes ao contágio de Concord.

Embora Emerson se esforçasse em enxergar "os amplos antecedentes em algum lugar" das *Folhas de relva* de 1855, não havia ninguém mais improvável para sondar as origens por inferência. Homem sem alça (como reclamava Henry James pai), Emerson era habilidoso na arte de escapar a categorias e a pessoas. Sua grandeza autorizava uma singularidade que tornava vibrante até o corriqueiro e que possibilitou Walt, o filho que seguiu avante. Whitman se transformava no que quer que olhasse com respeito. Melville resistiu solidamente a um desfile tão promíscuo de identificações.

Ahab é um vigoroso transcendentalista:

> Ouve com atenção mais uma vez — a pequena camada mais por baixo. Todos os objetos visíveis, homem, não passam de máscaras de papelão. Mas em cada evento — no ato vivo, no fato inconteste — alguma coisa desconhecida, todavia com raciocínio, mostra a moldagem de seus traços por trás da máscara sem raciocínio. Se o homem bater, que bata atravessando a máscara! Como pode o prisioneiro chegar ao lado de fora a não ser arremetendo pela parede? Para mim, a baleia branca é essa parede, comprimindo-se contra mim. Às vezes penso que não existe nada além. Mas é suficiente. Ela me força, ela me assoberba; vejo nela uma força espantosa, com uma malignidade inescrutável lhe dando energia. Essa coisa inescrutável é o que odeio; e seja a baleia branca um agente, seja a baleia branca o mandante, despejarei esse ódio sobre ela. Não me fale de blasfêmia, homem; eu bateria no sol se ele me insultasse. Pois, se o sol pode, então eu também posso, visto que sempre há aqui uma espécie de jogo limpo, um zelo presidindo a toda a criação. Mas nem esse jogo limpo, homem, é meu senhor. Quem está acima de mim? A verdade não tem limites.

Walt, confrontado pelo sol nascente, sempre é capaz de emitir de si mesmo um nascer do sol. Melville, titã inverso, bateria no sol e seu golpe o atravessaria como mais uma máscara de papelão. *Moby Dick* é nosso contrassublime nacional e *Folhas de relva* é o sublime americano, encarnado num livro que é também um homem. O homem não se confunde com Walter Whitman Jr. É o Homem Hermético, pairando sobre o abismo do sono e da morte num equilíbrio precário, antes de cair e se precipitar no oceano do tempo e do espaço.

Whitman conheceu a Especulação Hermética, a gnose profana do século II de nossa era, nos romances de George Sand, embora talvez chegasse de qualquer forma às doutrinas de Hermes Trimegisto, "Três Vezes Grande", devido a seu gosto pela antiguidade egípcia. A Especulação Hermética surgiu em Alexandria, anunciando-se como antiga sabedoria egípcia, e enganou a Europa renascentista, embora "enganou" seja ele mesmo um termo enganoso. O hermetismo, como o gnosticismo cristão, expressava o espírito de Alexandria com seu ecletismo religioso macedônio e romano, um fecundo híbrido do tipo "Judeogrego é grecojudeu" (James Joyce).

A identidade literária americana — ou a Religião americana — participa de uma gnose. O andrógino americano (protagonista de "Song of Myself") não é parte da criação e queda, mas provém do abismo anterior, mãe e pai primordiais invocados pelo transfigurado capitão Ahab eletrizado pelos corpos-santos, os fogos-de-santelmo:

— Ó tu, claro espírito do claro fogo, a quem nesses mares como parse outrora adorei, até ficar por ti tão queimado no ato sacramental que ainda agora trago a cicatriz; agora te conheço, claro espírito, e agora sei que a correta adoração a ti é o desafio. Nem ao amor nem à reverência serás benévolo; e mesmo por ódio podes apenas matar, e a todos matas. Não é um insensato temerário que agora te enfrenta. Reconheço teu poder silente e ubíquo; mas até o último alento de minha vida de sísmicos abalos contestarei seu domínio incondicional, não integral sobre mim. No meio do impessoal personificado ergue-se aqui uma personalidade. Pode ser um mero ponto, no máximo, mas, de onde quer que eu venha, para onde quer que eu vá, enquanto na terra viver, a majestática personalidade vive em mim e sabe de seus direitos régios. Porém guerra é dor, ódio é desgraça. Vem em tua mais ínfima forma de amor e me porei de joelhos e te beijarei; mas, em tua mais alta forma, vem como mero poder celeste; e por mais que lances esquadras inteiras de mundos totalmente carregados, há algo aqui que permanece indiferente. Ó tu, claro espírito, de teu fogo me fizeste e, como autêntico filho do fogo, sopro-o de volta a ti.

(*De repente faíscam repetidos relâmpagos; as nove chamas saltam e ganham o triplo da altura anterior; Ahab, com os demais, fecha os olhos, a mão direita comprimindo-os com força.*)

— Reconheço teu poder silente e ubíquo, não o disse? Não mo foi arrancado à força e tampouco agora largo essas tochas. Podes cegar; mas aí posso tatear. Podes consumir; mas aí posso ser cinza. Aceita a homenagem desses pobres olhos e das mãos que os tapam. Eu não a aceitaria. O relâmpago flameja por meu crânio; meus globos oculares doem sem cessar; meu inteiro cérebro exausto parece decapitado, rolando por algum estranho solo. Oh, oh! Ainda que cego, falarei a ti. Luz que sejas, saltas da treva; mas eu sou treva saltando da luz, saltando de ti! Os dardos cessam; abro os olhos; veem, ou não? Lá ardem as chamas! Ó tu, magnânimo! Agora realmente glorio-me de minha genealogia. Mas és apenas meu ígneo pai; minha doce mãe, não conheço. Ó cruel! O que fizeste com ela? Esta é minha perplexidade; mas a tua é maior. Não sabes como surgiste e por isso te dizes incriado; não conheces tua origem e por isso te dizes sem começo. De mim sei aquilo que de ti não sabes, ó onipotente. Há alguma coisa indifusa além de ti, ó claro espírito, para a qual toda a tua eternidade não passa de tempo, toda a tua criatividade é apenas mecânica. Através de ti, de teu flamejante ser, meus olhos chamuscados conseguem divisá-la vagamente. Ó tu, fogo enjeitado, imemorial eremita, tens tu também teu incomunicável enigma, teu incompartilhado pesar. Aqui novamente com arrogante angústia leio meu progenitor. Salta! Salta ao alto e lambe o céu! Salto contigo; ardo contigo; de bom grado me fundiria a ti; a ti adoro em desafio!

Adiante, neste capítulo, retomarei essa complexa rapsódia para um comentário mais detido, porém agora ressalto a intensidade com que nela se manifesta nossa chamada Linhagem Nativa. O Sublime Americano em Melville, Whitman, Emerson e Hart Crane se funda na hipérbole extravagante — não um exagero, mas um indômito arremesso, em que as imagens da *voz* se quebram e espalham cinzas e *fagulhas*. É o que Whitman chama de "quebrar a talha".* Em Melville, é o que ouvimos no prodigioso lamento de Urânia (muito provavelmente Margaret Fuller) que inflama "After the Pleasure Party" [Depois da festa]:

> For, Nature, in no shallow surge
> Against thee either sex may urge,
> Why hast thou made us but in halves—
> Co-relatives? This makes us slaves.
> If these co-relatives never meet
> Self-hood itself seems incomplete.
> And such the dicing of blind fate

---

* *Tally* em seu sentido original de vara de marcação (nossa "talha"). O verbo *to tally* foi traduzido como "reproduzir". (N. T.)

> Few matching halves here meet and mate.
> What Cosmic jest or Anarch blunder
> The human integral clove asunder
> And shied the fractions through life's gate?*

Essa anarco-arcôntica fratura gnóstica do andrógino cósmico arremessa fragmentos aristofânicos (mulheres e homens) pelo portão do nascimento humano. É a quebra dos vasos de Melville, semelhante ao "há uma rachadura em tudo o que Deus fez", de Emerson. O intransigente Ahab é o mais autêntico emersoniano demônico, ao contrário de Melville, que gostava dos mergulhos profundos do sábio de Concord, mas discordava do que lhe parecia ser uma energia excessivamente peremptória. Setenta anos de leitura profunda de Emerson me tornam cauteloso diante de qualquer interpretação que não leve em conta sua capacidade de pensar através e por meio de negações.

Não é fácil sustentar uma discussão, mesmo entre Melville e Emerson; Waldo não mantém por muito tempo a mesma posição ou proposição. Polimorfo, ele declara que uma coerência tola é o fantasma das mentes estreitas. Ele é amplo, contém multidões e gosta de vê-las escapar. Era o leitor ideal de *Folhas de relva* de 1855.

Imaginem como Henry James, então um garoto de doze anos, já profundo leitor, reagiria diante da apresentação inaugural de Whitman. Uma década depois, James escreveu uma resenha absurda de *Drum-Taps* [Rufar do tambor], mostrando sua categórica recusa em ler realmente o poeta que, mais tarde, ele veio a considerar, e com razão, o melhor de nossa nação. Aos 22 anos, James passou por cima de poemas grandiosos como "Reconciliation" e "Vigil Strange I Kept on the Field One Night", dedicando-se apenas ao que qualificou desdenhosamente de pretensões bárdicas. A edição que James viu não trazia a elegia "Lilacs" a Lincoln, mas duvido que ele fosse capaz de absorvê-la na época, embora tenha vindo a amar essa trenodia e a entoá-la

---

* Pois, Natureza, em onda mansa/ Contra ti nenhum dos sexos avança;/ Por que em duas metades nos separaste —/ Em correspondentes? Assim nos escravizaste./ Se não se encontram correspondentes tais,/ Nem a identidade de si se completa jamais./ E da forma como o destino cego lança os dados,
Só se encontram e se combinam raras metades./ Que Cósmico gracejo ou Anárquico engano/ Ao meio fendeu a unidade do ser humano/ E pelo portão da vida espalhou seus punhados?

numa voz que Edith Wharton e outros ouvintes extasiados disseram ter a ressonância de um órgão. Provavelmente James se sentiu perturbado com o homoerotismo que já aflorava em sua própria natureza.

Pensei durante décadas sobre a maravilhosa receptividade inicial de Emerson em relação a Whitman e vim a crer que o demo do sábio se reconheceu em seu afilhado xamânico. Poderia haver naquela época alguma outra pessoa, nos Estados Unidos ou no mundo inteiro, com tamanha percepção? Nessa minha longa vida defendendo novos poetas numa primeira leitura, é Emerson a quem tento imitar, mas apenas porque ele abriu o novo caminho para a crítica pragmática americana.

Quanto a mim, uma experiência análoga teve início no dia em que fiz dez anos de idade, quando encontrei *The Collected Poems of Hart Crane* na seção Melrose da Biblioteca Pública do Bronx. Nunca tinha visto nenhuma referência a Crane, mas abri o livro em "Atlantis" [Atlântida], a conclusão de *A ponte*, e me senti transfigurado pelo esplendor da invocação:

O Thou steeled Cognizance whose leap commits
The agile precints of the lark's return...*

O que entendi disso, ou do resto de Hart Crane setenta anos atrás, nem lembro. Mas o ímpeto, a retórica, a sintaxe e o amplo voo me arrebataram, tal como me senti transportado ao sublime em minha leitura inicial de Christopher Marlowe. Mais que isso, a imagem da voz de Crane alterou definitivamente minha sensibilidade e me devolveu ao Shakespeare de "Venus and Adonis" e "The Rape of Lucrece", bem como a Marlowe, George Chapman e o primeiro T.S. Eliot, anterior à conversão.

Se eu tivesse nascido em 1899 e não em 1930, teria sido precoce admirador de Crane e talvez o tivesse encontrado ou tentasse conhecê-lo. Existe um curioso encanto em descobrir a indiscutível arte de um escritor vivo, como fiz com as obras de Wallace Stevens, Elizabeth Bishop, John Ashbery, A. R. Ammons, Alvin Feinman e Henri Cole, entre os poetas, e com *Angels in Ame-*

---

* Ó tu Cognição acerada cujo salto envolve/ Os ágeis precintos do retorno da cotovia...

rica [*Anjos na América*], de Tony Kushner. A experiência agora é mais rara, mas talvez porque, octogenário, eu esteja menos aberto a novos esplendores.

Apaixonar-se é a analogia mais adequada para a primeira descoberta da glória estética. Por algum tempo, todas as perspectivas se alteram, as demarcações ficam mais espectrais, os sons mais penetrantes e os panoramas se democratizam. Lecionar é muito parecido. Na terceira semana de um novo semestre, os estudantes a quem dei aulas em anos anteriores começam a parecer desconhecidos, o que é revigorante, ofuscados pela nova turma de moças e rapazes que se tornam familiares tão depressa. Ter o quádruplo da idade deles às vezes converte a sala de aula numa espécie de fantasmagoria, eu como o Fazedor de Botões de *Peer Gynt* ou uma figura grotesca saída de *Fausto: Parte Dois*. Conduzo um debate sobre Falstaff, tendo eu agora a idade dele, ou sobre Walt Whitman na fase final da Mickle Street, esgotado pelos sofrimentos dos milhares a quem nutriu, mas continuando a se agarrar à pressão ainda vigorosa de seu eu exclusivo, uma pessoa única e separada.

Talvez a única coisa que Whitman partilhava com Shakespeare, Goethe e Henrik Ibsen fosse a percepção implícita de que o eu era uma invenção necessária, uma ardente ilusão de que da pedra árida do ser brotariam folhas de relva. Um sabor enfumaçado flui, mas depois reflui ao tomarmos as aflições como mais uma das trocas de indumentária de Walt. O ranço se acumula, mas não cede, e nossa vivacidade pessoal perde brilho. Viramo-nos vaziamente e descobrimos que não há em nós nenhum caminho para casa.

Em algumas manhãs em pleno inverno, minha esposa me pergunta por que continuo, aos 84 anos, a lecionar em tempo integral. Faz 58 anos que começamos a namorar, mas 59 desde que comecei a dar aulas em período integral na faculdade de Yale. Em resposta, murmuro que tenho medo de interromper a mais longa continuidade de minha vida. Será este meu motivo mais profundo? Como posso saber? Só o demo sabe.

O que ainda há para fazer? As infindáveis conversas com minha mulher, com nossos amigos (os poucos que ainda sobrevivem), com meus estudantes são necessárias, porém não bastam. Mas o que bastaria? As Sombras da Terra do Anoitecer raramente são Sombras demônicas do Êxtase. Os demos têm seus postos hierárquicos e suas revoltas contra a subordinação, com a ressalva de que não podem ser conquistadores; seus lugares na hierarquia sempre retornam para aprisioná-los.

A independência americana emersoniana é demônica, assim como o são a influência americana sobre si mesmo e o entreouvir americano a si mesmo. Isso se afasta do paradigma shakespeariano da influência e do entreouvir? O mal-estar americano se diferencia de uma grandiosa passagem em *A anatomia da melancolia*, adotada por meu demo pessoal, Angus Fletcher, como epígrafe para sua soberba *Allegory: The Theory of a Symbolic Mode* [Alegoria: A teoria de uma modalidade simbólica; nova edição, Princeton]:

> Não há demérito em ser estrangeiro e nem é tão incômodo ser exilado. A chuva é estrangeira para a terra, os rios para o mar, Júpiter no Egito, o sol para todos nós. A alma é uma estranha para o corpo, o rouxinol para o ar, a andorinha numa casa e Ganimedes no céu, um elefante em Roma, uma fênix na Índia; e usualmente as coisas que mais nos agradam são as mais estranhas e vêm das mais longínquas distâncias.

A América recém-descoberta de Emerson e Whitman, de Melville, Hawthorne, Dickinson e seus poucos pares literários é habitada por Adões americanos e Evas orgulhosamente americanas, de Hester Prynne a Isabel Archer e às mulheres perdidas de Willa Cather. Nem estrangeiros nem exilados, eles celebram o que é mais familiar e está mais próximo. Nosso primeiro celebrante, Walt, é também nosso maior elegíaco do eu, do demo errante entre as devastações do tempo.

Na Grécia antiga, o poder demônico, transmitido através dos deuses, molda a forma e a cadência cognitiva. Depois de Emerson, os próprios criadores americanos demonizam. *A ponte* de Hart Crane dá o compasso de sua melodia fundindo a sombria retórica eliotiano-jaimita com a ampliação whitmaniana dos horizontes e das aspirações. O resultado representa grandiosamente a realização suprema do sublime em nossa América, similar às elegias de *Detritos marinhos* [Sea-Drift] de Whitman, a *Moby Dick*, aos êxtases ambivalentes de Dickinson, a *The Auroras of Autumn* [As auroras boreais do outono] de Stevens, a "The Dry Salvages" de Eliot, a *Enquanto agonizo* de Faulkner.

Para seguir a pavimentação dos titãs gêmeos de nossa literatura, Whitman e Melville, é preciso traçar os contornos dos gigantes que emergem nas teorias (na verdade, especulações) do sublime que moldam heróis demônicos tais como o Walt Whitman de "Song of Myself" — "um americano, um dos rudes" — e o capitão Ahab. Esse cortejo partiria do alexandrino Longino, do neoclassicista francês Nicolas Boileau e dos britânicos Joseph Addison e David Hume. Edmund Burke, na brilhante fase de sua juventude, publicou em 1757 um tratado que influenciou Kant, o principal teórico do sublime. Emerson gerou inevitavelmente o Sublime Americano, bastante diferente, em especial com seu arrebatado ensaio "Independência".

O Sublime longiniano-burkiano-kantiano pode ser considerado uma incursão pelas origens psicológicas da grandiosidade estética. Samuel Johnson, rei dos críticos literários ocidentais, sempre manteve essa ideia burkiana do sublime como algo imenso e assustador. Emerson interiorizou radicalmente o Sublime Europeu, vinculando-o ao "Deus interior" do eu americano. Em vez de retomar a difícil dialética da Sublimidade Americana que expus em *Poesia e repressão* (1976) e *Agon* [Embate] (1982), encaminho os leitores interessados a esses livros e aqui me restrinjo às intensidades solares que opõem Whitman e Melville, Wallace Stevens e T.S. Eliot.

"É para isso que o poeta está sempre no sol" é uma afirmação stevensiana, platônica e pagã, e assim alheia a Eliot, que ansiava pelo neocristianismo muito antes de se convencer parcialmente de que chegara a ele. Whitman, pai fantasmagórico tanto de Stevens quanto de Eliot, jactava-se de que sempre poderia emitir de si mesmo o nascer do sol. A bravata do capitão Ahab — "Eu bateria no sol se ele me insultasse" — marca a diferença entre o Whitman lucreciano e o Melville gnóstico.

WALT WHITMAN

UMA INDUÇÃO

Meu crítico herói de toda a vida, Samuel Johnson, ensinou-me a dar mais valor à biografia do que à história, mesmo quando imito sua voracidade em devorar histórias. Emerson, ídolo posterior, disse que não existe história, existe apenas a biografia. Johnson pensava que devemos tudo a Shakespeare, pois para onde mais pode se voltar a comunidade da imaginação?

O trabalho do crítico autêntico, dizia Johnson, aprimorava a opinião e a transformava em conhecimento. Ele não precisava perguntar: o que é exatamente o conhecimento *literário*? Viemos depois e somos melancolicamente céticos quanto às possibilidades de conhecer alguma coisa no labirinto vivo da literatura.

Tomada sequencialmente, a grande literatura é mais uma representação teatral [*pageant*] do que uma história. Gostaria que a víssemos como uma celebração dramatúrgica barroca, espetacular tanto por sua pompa quanto por sua angústia encoberta, uma peça de mistério em que o deus agonizante é a imaginação disciplinada.

Os críticos literários evitam a pompa para não ser vistos como pomposos. Os três inventores da crítica foram Aristófanes, Aristóteles e Pseudo-Longino, aclamado por Ernst Robert Curtius como o crítico literário inaugural. Aristóteles tinha seu aspecto lírico, e concordo com Heinrich Heine que existe um Deus e ele se chama Aristófanes, o qual enviou a ira divina sobre Eurípides por desafiar Ésquilo.

Sendo eu um crítico longiniano desde jovem, exulto com todos os grandes arroubos de sublimidade, desde Ésquilo e o primeiro Isaías, passando por Shakespeare e Milton e chegando a Friedrich Hölderlin, Giacomo Leopardi e Shelley. Longino encontrou o sublime em Moisés e Safo, prazerosos companheiros de leito, e eu o imito acatando a observação de Shelley: a função do sublime é nos persuadir a acabar com a escravidão do prazer.

Etimologicamente, o termo *pageant* remonta às peças de mistério da Idade Média. Lord Byron desfila em sua encenação favorita pela Itália e Grécia, sonhando com a pompa da morte em batalha, apropriada para um descendente da linhagem real dos Stuart da Escócia. Sua peça de mistério *Caim* se sustenta magnificamente à leitura — mas uma vez ofereceram-me uma encenação em minha homenagem num anfiteatro ateniense e infelizmente tive de concluir que era impossível encená-la.

Leio e ensino "Song of Myself" de Whitman como uma peça de mistério, com Walt interpretando visivelmente o papel de Cristo. Junto com *Moby Dick*, ele é o sublime da literatura americana, mas eu não gostaria que nenhuma delas fosse levada ao palco, a não ser como *pageants* no sentido de celebrações suntuosas, positivas e negativas, de nosso Sublime Americano.

Penso em Whitman e Melville, em suas relações com a América contemporânea, como recursos análogos à profecia de Isaías:

> E um homem será como um abrigo contra o vento e uma proteção contra a tempestade; como um córrego num local seco, como a sombra de um rochedo numa terra escaldante.
>
> — Isaías 32:2

Sentimos necessidade de curar a violência, externa ou interna. Nossos escritores mais vigorosos — Emerson, Whitman, Melville, Dickinson, Hawthorne, James, Twain, Frost, Stevens, Eliot, Crane e Faulkner, entre outros — podem atender a essa carência imaginativa e ajudar a proteger a sociedade e a mente individual contra elas mesmas. Hoje em dia, julgo ser *esta* a finalidade mais elevada da literatura para nosso modo de vida.

Entre todos os nossos titãs, apenas Walt Whitman se apresenta explicitamente como um homem que cura. Ele prestou seus heroicos serviços como enfermeiro voluntário não remunerado, tratando dos ferimentos, reconfortando os soldados mutilados, doentes e moribundos nos pavorosos hospitais de Washington, DC, durante a Guerra Civil. Mas essa vocação desabrochou desde as primeiras *Folhas de relva* (1855), onde o poema de Walt Whitman, um americano, mais tarde intitulado "Song of Myself", concluía convidando-nos para o que Stevens viria a chamar de cura do solo e de nós mesmos, visto que não existe outra coisa:

> I depart as air... I shake my white locks at the runaway sun,
> I effuse my flesh in eddies, and drift it in lacy jags.
>
> I bequeath myself to the dirt to grow from the grass I love,
> If you want me again look for me under your bootsoles.
>
> You will hardly know who I am or what I mean,
> But I shall be good health to you nevertheless,
> And filter and fibre your blood.

> Failing to fetch me at first keep encouraged,
> Missing me one place search another,
> I stop some where waiting for you.*

O que um leitor ganharia com a historicização desses versos luminosos? Mais do que qualquer outro poeta, Walt nos puxa para si, frente a frente. É um desafio à nossa recusa de enfrentar diretamente a grandeza.

Whitman não é um daqueles poetas extraordinários pelo poder cognitivo, como Shakespeare, Blake ou Dickinson. Sua arte ainda subestimada consiste na nuance, na indireta, no gesto, na evasiva sutil, na insinuação, nas inelutáveis modalidades do visível, a assinatura de todas as coisas que ele nos convida a ver. Proteu xamânico, andrógino hermético, ele é realmente o Adão anterior à queda, no amanhecer daquela que se tornou nossa Terra do Anoitecer.

Nunca questiono por que estou sempre a reler, lecionar e escrever sobre Shakespeare — não existe outro Deus a não ser Deus, e ele se chama William Shakespeare —, ao passo que me indago incessantemente por que Walt Whitman é para mim uma obsessão, desde que sofri uma crise terrível de meio da jornada em 1965, meio século atrás. A eminência estética inquestionável de Whitman, em si, não é resposta. Ainda mais do que Emerson e Melville, Hawthorne e James, Dickinson e Twain, Frost e Eliot, Stevens, Crane e Faulkner, Walt é nosso presente à literatura mundial: ele *é* o poema de nosso clima. E no entanto o mistério de seu fascínio ainda me deixa intrigado.

Kenneth Burke deu uma risadinha quando comentei isso com ele pela primeira vez, nos anos 1980. "Harold", disse ele, "Walt te pega justamente porque você não escreve poemas." Não entendi Kenneth na época e continuo perplexo. Burke compunha uma infinidade de poemas esquisitos que me mandava aos lotes pelo correio. Eu nunca quis escrever poemas, mas apenas ler o maior número possível de poemas vigorosos que conseguisse entender.

---

* Parto como o ar... Agito minhas cãs onduladas ao sol fugitivo,/ Espalho minha carne em círculos e a disperso em traços rendados.// Lego-me à terra para crescer da relva que amo,/ Se me quiseres de novo, procura-me sob a sola de tuas botas.// Mal saberás quem sou ou o que quero dizer,/ Mesmo assim serei para ti a boa saúde/ E filtrarei e fortalecerei teu sangue.// Se não me alcançares de primeira, não desanimes,/ Não me encontrando num ponto, procura em outro,/ Estou parado em algum lugar esperando por ti.

Whitman nos convida a ser poetas e leitores. "Crossing Brooklyn Ferry" se dirige a nós como leitores que *virão* mais tarde, e saio de cada experiência sentindo mais uma vez confirmada minha vocação de leitor. Talvez Kenneth quisesse dizer que Whitman apenas convida o leitor-num-leitor para mais vida.

A influência da mente de um leitor sobre si mesma é similar à busca das inúmeras maneiras tortuosas pelas quais a mais fértil de todas as mentes, a de Shakespeare, influenciou a si mesma. Bastaram catorze meses seguidos para compor *Rei Lear*, *Macbeth* e *Antônio e Cleópatra*. Algo abandonou Shakespeare depois que aquela fornalha de tragédias aterrorizantes finalmente aflorou. Arrisquei-me a lhe dar o nome de "interioridade", mas o termo é insuficiente. Recuando da beira do abismo, o dramaturgo nos deu Coriolano e Tímon, Leontes e Próspero, todos eles numa exterioridade a anos-luz de distância de Lear e Edgar, Macbeth e Cleópatra. O inventor de Falstaff e Hamlet, Rosalind e Iago, é um humanista como Montaigne, mas em rota sinuosa avançada rumo ao niilismo. Além do niilismo fica o abismo gnóstico, nossa mãe e nosso pai primordiais, morada de Lear, Macbeth e Cleópatra. O nome desse vazio na gnose antiga era *kenoma*, residência de Tímon, Coriolano e Leontes. Próspero ocupa um lugar à parte: uma ilha encantada não é domínio da interioridade nem da exterioridade.

O leitor transmembrado por Hamlet se torna precursor do ouvinte de Macbeth e então sofre a loucura de Leontes, ao estilo de Faulkner desejando para si a morte do capitão Ahab:

> ... uma espécie de Gólgota do coração que se tornou imutável como bronze na sonoridade de sua ruína precipitando-se subitamente...

Isso capta bem a distância entre Ahab e sua tripulação e se adequaria a seus precursores Hamlet e Macbeth. Leontes sai se arrastando daquela sonoridade brônzea a um enorme custo para si e para outros. A influência da mente devastadora de Hamlet sobre si mesma ecoa nos efeitos da imaginação proléptica de Macbeth sobre si mesma, aprofundando-se e exteriorizando-se. Paul Valéry era fascinado pela influência de sua mente sobre Valéry, o que podemos ler em todos os seus grandes poemas. Não somos Shakespeare nem Valéry, mas todos nós sofremos a força e a violência da mente.

Samuel Johnson falava em nossa "fome de imaginação" e reconhecia que apenas Shakespeare amenizava seu perigoso predomínio sobre nós. Talvez Shakespeare ajudasse Johnson a evitar a loucura, a mesma função que ele desempenha para mim sempre que meu equilíbrio precário sofre oscilações. Meu saudoso amigo Jack Bate nos lembrava que a mente, para Johnson, era uma atividade incessante à qual não se podia permitir o ócio.

Qualquer pessoa que passe mais de cinquenta anos escrevendo livros provavelmente acredita que algum deles é um filho enjeitado. Entre os quarenta e poucos volumes que escrevi, considero que o desamparado é *The American Religion* [A religião americana; 1992, 2006]. Lembro que percorri o Sul e o Sudoeste do país de 1986 a 1991, dando palestras sobre a poesia americana e visitando todas as igrejas que gentilmente me permitiam assistir aos cultos. Muitas variantes de batistas esotéricos e pentecostais ardorosos foram calorosamente receptivas, bem como os mórmons, embora não pudessem permitir minha entrada em seus templos.

Meu ponto de partida tinha sido a reflexão sobre as posições extremamente originais de Emerson, Whitman, Melville e Dickinson, mas minha perambulação perplexa entre religiosistas americanos muito menos instruídos mudou minha maneira de pensar sobre os Estados Unidos. O crescimento do Tea Party não me surpreendeu, pois eu me deparara com suas origens em minhas viagens, 25 anos antes de nossas desalentadoras eleições nacionais de 2010. Ouvi atentamente centenas de entendidos americanos, que em certo sentido não entendiam nada, mas em outro sentido entendiam tudo, pois eram sujeito e objeto de suas buscas pessoais. Sozinhos, exceto pela companhia de um Jesus muito americano, todos se situavam além da fé e habitavam uma solidão que somente Jesus ressurreto era capaz de compartilhar.

Ao ouvi-los discursar, dentro e fora de suas assembleias religiosas, aprendi que o Jesus americano não foi crucificado e não subiu aos céus. Pelo contrário, manifestou-se apenas nos quarenta dias que passou com os discípulos após a ressurreição, e, para os mórmons, pentecostais e batistas independentes, ele ainda residia naquela sua América, andando e falando com eles. Por causa disso, alguns me disseram que já eram ressurretos e nunca morreriam, e quase todos declararam que o tinham ouvido falar e alguns até chegaram a vê-lo.

Nunca vi nada igual à sinceridade e cordialidade de um número tão grande de testemunhas. Você não precisa de um terceiro ouvido para escutar tais testemunhos, mas a compreensão é uma busca que ainda não terminei. O que poderíamos chamar de religião natural de nossa América tem pouco a ver com o cristianismo europeu histórico e transmitido pelas gerações. O Entusiasmo* seiscentista se mescla a notas dissonantes do gnosticismo antigo e do orfismo xamânico em nossa Linhagem Nativa.

O que isso tem a ver com a influência da mente de qualquer crítico americano sobre si mesma? Aprendi a desconsiderar sobredeterminações historicistas, pois são incapazes de explicar os esplendores estéticos e cognitivos. Suas contextualizações mais confundem do que esclarecem. Mas, como leitores, escritores e professores, nosso verdadeiro contexto é a infinidade de conterrâneos que vivem uma realidade cotidiana muito distante da nossa. As explicações socioeconômicas de suas condições ajudam apenas em parte. Karl Marx é inaplicável a muitos milhões deles porque a religião na América é a poesia do povo, e não seu ópio.

A função da crítica literária no presente não pode ser o embate com esse Moby Dick do espírito americano, mas a percepção desse fato deve fazer parte do ordálio da consciência, comum a todos nós. Amo a poesia de Whitman e gostaria de poder dizer com ele: "Sejas quem for, agora pouso minha mão sobre ti, para que sejas meu poema". Mas como crítico não posso proclamar a outra pessoa que ela será minha interpretação.

O amor literário guarda mais relações com Platão ou santo Agostinho do que com Homero ou a Bíblia. Talvez ainda mais com Dante e Shakespeare. Apaixonamo-nos desde muito novos, como Dante e Beatriz. Minha primeira lembrança de uma experiência dessas remonta a uma tarde, aos meus sete ou oito anos de idade, quando brincava na neve com outras crianças. Não consigo lembrar o nome da menina que de repente conquistou meu espírito, mas, 75 anos depois, naquele estado semiacordado logo antes do amanhecer, às vezes revejo o rosto dela com uma nitidez assombrosa, emoldurado pelo capuz de seu casaco invernal.

Apaixonar-se pelos modos de Shakespeare vem mais tarde, a partir daquela idade que agora chamamos de adolescência. A sensação de assombro

---

* Designação que abrangia várias seitas inglesas protestantes nos séculos XVI e XVII. (N. T.)

é igualmente difusa, mas a ferida causada é diferente. Freud sugeria que o ferimento era a reativação da cicatriz narcisista, infligida por se ter perdido o genitor do sexo oposto ao seu para o outro genitor. Este é o amor do Cântico dos Cânticos, tão forte quanto o ciúme e a morte.

Quando eu lhes perguntava, os religiosistas americanos muitas vezes respondiam que o apaixonar-se era reafirmar o amor de Cristo por cada um deles. Perco-me nesse imenso labirinto de idealizações, sem o fio que poderia conduzir à saída. Mas, se nossa jornada noturna é encontrar uma saída, precisamos do poeta de nosso clima para resolver a questão. Whitman está parado em algum lugar, esperando por nós.

Walt canta mais sobre o que ouve e vê do que sobre o que sabe, mas às vezes anuncia seu saber em declarações impressionantes. A autoridade é sancionada também pela comovente descida às áreas sob o limiar do ser:

And mossy scabs of the wormfence, and heaped stones, and elder and mullen and pokeweed.*

Com tal sanção, como posso aprimorar minha opinião e transformá-la em *conhecimento*? Lembramo-nos de Samuel Beckett: "Sempre se tenta. Sempre se falha. Não faz mal. Tente de novo. Falhe de novo. Falhe melhor".

Walt falhou melhor. "Song of Myself", como *A ponte* de Hart Crane, falha apenas na medida em que o "épico americano" confere um novo sentido ao "falhar". O Ahab de Melville falha em sua busca; Huckleberry Finn de Twain também falha, se julgarmos a busca heroica americana pelos critérios do Velho Mundo. A crítica literária americana, seja a de Emerson ou de Kenneth Burke, é uma nova modalidade que tirou férias do trabalho de interpretação. Pode falhar, mas não faz mal. Tentará outra vez.

Falhando clamorosamente na pavorosa "Song of the Exposition" de Walt, de 1871, escrita por encomenda e declamada na 40ª Exposição Industrial Nacional da Instituição Americana em Nova York, o bardo americano clama

---

* E as crostas musgosas da cerca de madeira, as pedras empilhadas, os sabugueiros, os verbascos, as uvas-de-rato.

à Musa: "Cancela, por favor, aquelas contas que pagaste muito acima do que devias,/ Aquela história de Troia e da cólera de Aquiles" [*Cross out please those immensely overpaid accounts,/ That matter of Troy and Achilles' wrath*], e vem para os Estados Unidos, a fim de celebrar uma sociedade não muito diferente de nosso abatedouro plutocrático uns 140 anos mais tarde. Mas, em seu vigor maior, Whitman conseguia dominar o leitor com uma *imediaticidade* sem igual: "Sejas quem for, creio que trilhas a trilha dos sonhos... Sejas quem for, agora pouso minha mão sobre ti, para que sejas meu poema" [*Whoever you are, I fear you are walking the walk of dreams... Whoever you are, now I place my hand upon you, that you be my dream*]. Mais uma vez celebro solenemente essas sílabas discretas e, como crítico, pergunto a mim mesmo: quem mais me procurou como Walt procura? Shakespeare, nos sonetos ou no palco, pouco se importa. Como Hamlet, ele não precisa de nosso amor.

John Keats sabidamente pensava que odiamos a poesia que tem algum propósito em relação a nós, mas Whitman rejeitava a Capacidade Negativa de Keats, insignificante para a vigorosa pressão do Mim Mesmo de Walt. Mas, observando o parto, ele transmembra a parteira num verso que poderia despertar a admiração de Keats: "Reclino-me nas soleiras das delicadas portas flexíveis" [*I recline by the sills of the exquisite flexible doors*]. Misterioso em seus momentos habituais de excelência, Walt ainda assim pode ser absurdo no excesso de identificações, despertando a fúria de D. H. Lawrence, que sentia uma angústia descomunal de se contaminar com nosso poeta nacional. Em *Studies in Classic American Literature* [Estudos de literatura americana clássica], seu livro famoso pela exorbitância, Lawrence escreveu:

"Sejas quem for, em anúncios intermináveis..."
"E de todos eles teço a canção de mim mesmo."
É mesmo? Bom, então isso só mostra que você não *tem* nenhum eu. É uma papa, não um pano. Uma mixórdia, não um tecido. Esse seu eu.
Oh, Walter, Walter, o que você fez com ele? O que você fez consigo mesmo? Com seu eu individual? Pois parece que se escoou totalmente de você, se escoou para o universo.
Efeitos póstumos. A individualidade havia se escoado dele.

Não, não, não atribuam isso à poesia. São efeitos póstumos. E os grandes poemas de Walt são plantas tumulares realmente enormes e gordas, um capinzal denso e grosso de cemitério.

Toda aquela falsa exuberância. Todas aquelas listas de coisas fervidas na mesma panela! Não, não!

Não quero essa coisarada toda dentro de mim, não, muito obrigado.

Cito Lawrence porque sua saborosa intemperança me encanta. Você precisa amar o poeta e o poema antes que sua apreciação consiga superar as contingências de sua natureza pessoal. Mas é hora de ser Bloom, e não Lawrence, e de ler Whitman com a atenção que ele merece. Preciso de um texto curto e escolhi um dos raros ressurgimentos finais de seu gênio, "The Dalliance of the Eagles" [O namoro das águias], escrito em 1880, quando o poeta estava com sessenta anos. Ele nunca vira um acasalamento de águias e se baseou na descrição que lhe foi feita por seu amigo e discípulo, o naturalista John Burroughs:

> Skirting the river road (my forenoon walk, my rest,)
> Skyward in air a sudden muffled sound, the dalliance of
>   the eagles,
> The rushing amorous contact high in space together,
> The clinching interlocking claws, a living, fierce, gyrating
>   wheel,
> Four beating wings, two beaks, a swirling mass tight
>   grappling,
> In tumbling turning clustering loops, straight downward
>   falling,
> Till o'er the river pois'd, the twain yet one, a moment's lull,
> A motionless still balance in the air, then parting, talons
>   loosing,
> Upward again on slow-firm pinions slanting, their separate
>   diverse flight,
> She hers, he his, pursuing.*

---

* Margeando o caminho do rio (meu passeio matinal, meu descanso,)/ No ar rumo ao céu um súbito som abafado, o namoro das águias,/ Arremetendo juntas no espaço em contato

Uma visão espantosa, numa mera centena de palavras; prefiro-o a "The Windhover" [O falcão] de Gerard Manley Hopkins e a "Leda and the Swan" [Leda e o cisne] de William Butler Yeats, ambos sonetos experimentais. Hopkins amava e temia Whitman, enquanto Yeats desprezava abertamente o americano pretensioso, descartado em *Uma visão* após uma interpretação medíocre e equivocada. Escrevendo a Robert Bridges em 1882, o poeta jesuíta comentou:

> ... Eu sempre soube no fundo que o espírito de Walt Whitman é mais parecido com o meu do que o de qualquer outro homem vivo. Como ele é um tremendo patife, não é uma confissão agradável. E isso me dá mais vontade de lê-lo e mais convicção de que não lerei.

Qualificar o assistente voluntário dos hospitais da Guerra Civil em Washington, DC, de "tremendo patife" é um espanto, mas os próprios poemas do padre Hopkins dão prova textual de uma leitura de Whitman mais ampla e mais profunda do que ele admitia.

Os verbos de Walt, assim como suas ligações eróticas, são em grande maioria intransitivos e tendem a uma função adverbial. Em "The Dalliance of the Eagles" temos: *skirting* [margeando], *rushing* [arremetendo], *clinching* [se travando], *interlocking* [entrelaçando], *living*, *gyrating* [girando], *beating* [batendo], *swirling* [rodopiando], *grappling* [se agarrando] *tumbling* [rolando], *turning* [virando], *clustering* [se unindo], *falling* [caindo], *pois'd* [estabilizar], *parting* [se separando], *loosing* [se soltando], *slanting* [inclinando-se], *pursuing* [seguindo]. São dezoito verbos, quase todos intransitivos, menos um ou dois. Quase um quinto das palavras desse poema ardente consiste, em sua soma, em algo que parece ser desejo sem objeto, embora a cópula que é o poema descreva a consumação de uma paixão mútua.

Angus Fletcher observou: "Para ler Whitman da maneira certa, temos de nos manter constantemente intransitivos, como a imensa maioria de seus ver-

---

amoroso,/ As garras se travando e entrelaçando, uma roda girando impetuosa,/ Quatro asas batendo, dois bicos, uma massa compacta se agarrando e rodopiando,/ Em círculos rolando virando se unindo, caindo em queda vertical/ Até estabilizar por sobre o rio, o par ainda uno, uma breve calmaria,/ Um sereno e imóvel equilíbrio no ar, então se separando, garras se soltando,/ Subindo outra vez, inclinando-se em asas lento-firmes, seus diferentes voos,/ Ela o dela, ele o dele, seguindo em separado.

bos de voz médio-passiva, seus verbos de sensação, percepção e cognição". Sessenta anos de amizade com Fletcher me levaram a designar essa questão como o Princípio Fletcher e a aplicá-lo também a Dante, Shakespeare, Shelley, Hart Crane e muitos outros grandes poetas. Como professor, insisto comigo mesmo e com os outros que se mantenham constantemente intransitivos, como o Jesus do Evangelho gnóstico de Tomé, tão whitmaniano, que diz: "Sede passantes".

Walt está sempre passando por nós, esperando em algum lugar lá adiante. Essa evasão deveria criar um conflito com sua espantosa imediaticidade, desconcertante, e no entanto funde-se com ela. Qualquer poema vigoroso, seja de Hopkins ou de Yeats, de Bishop ou de Ashbery, escapa a nosso impulso de materializá-lo, e o sortimento de Whitman não é menor do que o de seus colegas. Aos 84 anos, eu me pergunto por que determinados poemas em particular me obcecaram desde a infância. Devido à minha hipersensibilidade emocional naquela época, eu tendia a precisar do afeto de meus pais e irmãs numa quantidade maior do que podiam me oferecer. A partir dos dez anos, procurei em Moyshe-Leyb Halpern e Hart Crane, em Shakespeare e Shelley, vozes que me respondessem com o sólido afeto de que eu me julgava carente.

"The Dalliance of the Eagles" me toca por sua negação apenas aparente de afeto. O poema hesita entre seu panorama de "um sereno e imóvel equilíbrio no ar" [*a motionless still balance in the air*] e os posteriores "diferentes voos [...] em separado" [*separate diverse flight*]. É muito raro que Walt fique parado, mas a hesitação, como notou seu discípulo A. R. Ammons, tem sua valia.

O verbo intransitivo "hesitar" [*hesitate*] está relacionado com o termo latino para "segurar firme" [*holding fast*], como no "sereno e imóvel equilíbrio no ar" de Whitman. Ao recitar esse poema, não pensamos em Walt: o que ele canta e celebra não é o "mim mesmo", mas o modo lucreciano de ser das coisas, embora continue a carregar o fardo de uma magnificência implícita. Vemos e ouvimos não o Sublime Americano, mas um encontro específico, vividamente representado por sua própria causa. John Ruskin admirava os poderes de Whitman, mas receava que os poemas ficassem prejudicados pelo excesso de personalidade. Ele abriria uma exceção para esse panorama fortemente impressionista, do qual a personalidade de Walt Whitman, um americano, um dos rudes, se faz notavelmente ausente.

Nunca nenhum poema jamais está terminado, dizia Paul Valéry. É o poeta que o abandona. Esta é, sem dúvida, a prática costumeira de Whitman, e assim "The Dalliance of the Eagles" deve ser um passatempo. Apesar disso, a arte de Whitman sugere que tanto o namoro quanto sua representação são fragmentos arrancados à surpreendente figura das "folhas de relva". John Hollander captou magnificamente alguns enigmas desse título:

> O título do livro foi — e continua a ser — tão problemático quanto seu aparecimento. Serão as folhas, literalmente, páginas de livros — não "aquelas folhas áridas" que o orador de Wordsworth queria calar para liberar o leitor para os textos da natureza, mas páginas que eram paradisiacamente verdes e ao mesmo tempo fecundas? Ou serão metáforas para os poemas, aqui não as "flores" das velhas antologias, mas verdes de novidade e frescor? Serão as folhas que, espalhadas pelo vento, serviam à Sibila de Cuma como páginas de suas profecias? Serão revisões das folhas poéticas mais antigas de todas, aquelas figurações de vidas individuais em Homero, Virgílio, Dante, Milton e Shelley, e será também relva toda aquela carne ceifada pela morte em Isaías e no salmista? Ou serão *sobras* e *partidas* [*leavings*] — resíduos do ato de "cantar", que seguiram para outros mundos que são sempre regiões daqui deste mundo? E de que maneira as folhas-páginas são *de* relva? Feitas dela, por ela, sobre ela, para ela? "Folhas de relva" — palavras difíceis, reunindo corpo, vida, texto, presença, personalidade, identidade e a ficção constante de algum Outro, todos juntos.

Como figura de linguagem, "folhas de relva" é praticamente inesgotável. Criado como quacre leitor da Bíblia, seguidor do dissidente Elias Hicks, pregador itinerante, Whitman relembrava a transmutação da linguagem figurada de Isaías na Primeira Epístola de Pedro, 1:24:

> Pois toda carne é como relva, e toda a glória do homem é como a flor de relva. A relva murcha e a flor cai.

Com isso, Whitman criou o composto das folhas: Homero com sua analogia entre as gerações de folhas e as gerações da humanidade; as almas dos mortos recentes de Virgílio figuradas como folhas outonais, humanizadas com o gesto de estender as mãos, ansiando pela outra margem do mundo dos vivos; as almas condenadas de Dante tombando nas águas escuras como tombam as folhas no outono. Os desenvolvimentos posteriores dessa imagem em Milton, Coleridge e Shelley também transitaram para o título de Whitman, num composto que ele cederá a seu discípulo involuntário Stevens, em "An Ordinary Evening in New Haven" [Uma noite comum em New Haven]:

The mobile and the immobile flickering
In the area between is and was are leaves,
Leaves burnished in autumnal burnished trees

And leaves in whirlings in the gutters, whirlings
Around and away, resembling the presence of thought,
Resembling the presences of thoughts, as if,

In the end, in the whole psychology, the self,
The town, the weather, in a casual litter,
Together, said words of the world are the life of the world.*

Preciso de um texto maior do que "The Dalliance of the Eagles" e apresento Walt em sua forma mais grandiosa em "Song of Myself":

A child said, *What is the grass?* Fetching it to me with full
    hands;
How could I answer the child? I do not know what it is any
    more than he.

I guess it must be the flag of my disposition, out of hopeful
    green stuff woven.

Or I guess it is the handkerchief of the Lord,
A scented gift and remembrancer designedly dropt,
Bearing the owner's name someway in the corners, that we
    may see and remark, and say *Whose?*

---

* O móvel e o imóvel cintilando/ Na área entre o é e o foi são folhas,/ Folhas lustrosas em lustrosas árvores outonais// E folhas aos rodopios nas sarjetas, rodopios/ Rodeando e se afastando, semelhando a presença do pensamento,/ Semelhando as presenças de pensamentos, como se,// No final, na psicologia toda, o eu,/ A cidade, o clima, numa fortuita desordem,/ Juntos, dissessem que as palavras do mundo são a vida do mundo.

> Or I guess the grass is itself a child, the produced babe of the
>   vegetation.
>
> Or I guess it is a uniform hieroglyphic,
> And it means, Sprouting alike in broad zones and
>   narrow zones,
> Growing among black folks as among white,
> Kanuck, Tuckahoe, Congressman, Cuff, I give them the
>   same, I receive them the same.
>
> And now it seems to me the beautiful uncut hair of graves.
>
> Tenderly will I use you curling grass,
> It may be you transpire from the breasts of young men,
> It may be if I had known them I would have loved them;
> It may be you are from old people, or from offspring taken
>   soon out of their mothers' laps,
> And here you are the mothers' laps.*

Esses belos versos, que se prestam a intermináveis reflexões, sintetizam o poema e o poeta no auge do controle artístico de sua visão. Como converter meu assombro em conhecimento? Materialista epicurista, sem nada de transcendentalista, Whitman acredita que o *quê* é incognoscível e se dispensa de dar respostas. Todavia, suas hipóteses figuradas são floriabundantes: a

---

* Um menino perguntou, O *que é a relva?*, trazendo-me dela em mancheias;/ Como poderia eu lhe responder? O que ela é, não sei mais do que o menino.// Imagino que deve ser a flâmula de meu ânimo, tecida de um esperançoso verde.// Ou imagino que é o lenço do Senhor,/ Um presente e lembrete perfumado que deixou cair de propósito,/ Trazendo o nome do dono no canto, para vermos, notarmos e dizermos *De quem?*// Ou imagino que a relva é ela mesma uma criança, o bebê nascido da vegetação.// Ou imagino que é um hieróglifo uniforme/ E significa brotar igual em zonas largas e zonas estreitas,/ Crescer entre negros como entre brancos,/ Índio, fazendeiro, congressista, prisioneiro, dou-lhes o mesmo, recebo-os na mesma.// E agora ela me parece a bela cabeleira agreste dos túmulos.// Ternamente te usarei relva encrespada,/ Talvez transpires do peito de rapazes,/ Talvez se eu os tivesse conhecido iria amá-los;/ Talvez sejas de gente idosa ou de rebentos cedo tirados ao regaço das mães,/ E aqui tu és o regaço das mães.

flâmula verde de seu ânimo esperançoso, o lenço coquete de Deus, o bebê da natureza, um hieróglifo uniforme e — a melhor de todas, no mais homérico dos símiles americanos nativos — "a bela cabeleira agreste dos túmulos" [*the beautiful uncut hair of graves*].

A gente fica a se perguntar se Whitman relembrava esse verso enquanto cuidava dos soldados feridos e moribundos em Washington, DC, nos anos finais da Guerra Civil. O *páthos* heroico se rende à ternura homoerótica que vem a seguir, abrangendo jovens e velhos, mães e filhos de morte prematura, e então se eleva a uma sublimidade bíblica, numa passagem sobre a qual Hemingway deve ter refletido muito, pois sua voz característica — calibrada com justeza, usualmente precisa, emocionalmente contida — vem prenunciada e ao mesmo tempo superada em:

This grass is very dark to be from the white heads of
   old mothers,
Darker than the colorless beards of old men,
Dark to come from under the faint red roofs of mouths.*

Aqui a parataxe bíblica é reforçada pela dicção monossilábica. Os únicos dissílabos são *very* [muito], *mothers* [mães], *darker* [mais escura], *colorless* [descorada] e *under* [sob]. A relva — *very dark* [muito escura], *darker, dark to come* [escura para vir] — quase se enegrece nesse panorama. Em 1855, Whitman vai além de qualquer surrealismo e se detém em algum lugar à sua espera. Olhem uma campina florida com Whitman em mente e contemplem a bela cabeleira agreste das mães idosas num caleidoscópio ou turbilhão de cores: verde, negro, branco — um branco não da brancura da baleia de Melville, incolor onicolor, mas um branco redentor, pois sua vida prossegue. O conhecimento de e em Whitman em seu melhor é autenticado pelo que, adiante no mesmo poema, ele chama de "Eu apostando em minhas chances, gastando para ter enorme retorno" [*Me going in for my chances, spending for vast returns*].

---

* Essa relva é muito escura para vir das cãs de mães idosas,/ Mais escura do que a barba descorada de velhos,/ Escura para vir de sob os céus da boca vermelho-pálidos.

Como o receptor crítico pode obter para si esse retorno? Leio Walt e me torno, como diz Hamlet, um ouvinte ferido pelo assombro, tal como fico quando leio Shakespeare. Whitman comporta tal comparação, assim como Cervantes e mais alguns. Shakespeare gerou dezenas de indivíduos, Cervantes somente dois, e Whitman apenas o único, mas Sancho, O Cavaleiro da Triste Figura e Walt estão entre os imorredouros, com Falstaff, Hamlet, Cleópatra e tantos mais no estoque ilimitado do dramaturgo.

Não há muito como conhecer Dom Quixote, Falstaff ou Walt. É antes uma questão de estar frente a frente. Se eu disser que Walt me conhece frente a frente, como eu o conheço, será isso uma guinada crítica? Certamente é uma expressão figurada: vocês e eu, como Whitman, queremos ser levados ao pé da letra, mas temos de ser tomados figurativamente. Walt pede para abraçar e ser abraçado, mas, na triste realidade, todas as *suas* cópulas são intransitivas.

Um século e meio após seus heroicos serviços de assistência hospitalar, Walt é uma lenda americana, nossa figura redentora não ungida. A transvaloração do cristianismo do Velho Mundo é absoluta em Whitman, mesmo que oscile curiosamente em Melville. Whitman é o evangelista de nossa religião americana, onde todos podem dizer junto com ele: "Sou o homem, sofri, estive lá". Lincoln foi assassinado na Sexta-Feira da Paixão, o que motiva um poema em *Battle-Pieces and Aspects of the War* [Textos de batalha e aspectos da guerra] de Melville, mas *Drum-Taps* e *Sequel to Drum-Taps* de Walt culminam na elegia "Lilacs", da qual está rigorosamente excluído qualquer tipo de ritual cristão.

Será a vazão das enormes energias e ambições análoga à transformação da opinião em conhecimento? Pense-se no vitalismo oculto de Honoré de Balzac e no vagalhão que é *As aventuras do sr. Pickwick*. *Folhas de relva* de 1855, contemporâneo de Balzac e Charles Dickens, só encontra equivalente em *Moby Dick*, como explosão do Novo Mundo numa modalidade de cognição solar. A diferença americana consiste na *imediaticidade* de Whitman e Melville.

O conhecimento do crítico, segundo minha experiência, é uma espécie de gnose, uma modalidade alexandrina em que o conhecedor também é conhecido. A autoconsciência na tradição de Montaigne se torna gnose secular em Paul Valéry, que se negava a separar a estética de qualquer outra modalidade da consciência. Todos os atos de conhecimento se fundem no poema valéryano.

A mente poética de Walt Whitman é evidentemente oposta à de Paul Valéry. No entanto, as afinidades entre Montaigne e Emerson são palpáveis e foram observadas por Friedrich Nietzsche. Walt também reúne consciência estética e autoconsciência, mas à maneira americana — belamente identificada por Kenneth Burke, com quem eu passeava pelo Battery Park enquanto recitávamos Walt juntos. Kenneth expõe bem nosso problema:

> Em suma, Whitman convertia programaticamente todos os dias numa espécie de saturnália permanente, mas celebrando não uma idade de ouro do passado, e sim o presente em termos de um futuro ideal. E, ao personalizar poeticamente seu programa, ele "promulga" a democracia em termos de uma totalidade ou primazia materna e de uma universalidade fraterna que se entrelaçam ambiguamente num abraço mortal, que apresenta muitos problemas essenciais ao paciente analista prosaico da terminologia d'O Caro Poeta Grisalho.

O "abraço mortal" reflete a posição burkiana de que "o projeto inteiro [de Walt] se baseava num ideal de União ubíqua e quase promíscua". Talvez seja um exagero de minha parte colocar Whitman ao lado de Valéry, mas tenho um objetivo em vista. Compondo poemas em prosa, o mestre francês sentiu outra vez a fadiga de um anjo e foi em busca da fonte do desejo intelectual em sua primeira apreensão consciente do mundo. Whitman, em seu belo poema longo de 1855, mais tarde intitulado "The Sleepers", faz uma viagem noturna aos abismos mentais muito similar à dele.

Emerson e Nietzsche, Whitman e Valéry menosprezavam a simples memória e sua cansativa perpetuação de velhas inimizades e rancores, de sistemas que consistem na violência da mente contra si mesma. Em seu famoso comentário, Valéry disse que "ler é uma operação militar". Whitman certamente não era um poeta das Jovens Parcas ou dos cemitérios marinhos de Valéry, mas eu diria que seu formalismo ultrapassava o de Valéry justamente porque era um poeta mais forte do que ele. Wallace Stevens, que venerava Valéry, talvez risse dessa minha afirmação, mas não é Valéry que nada logo abaixo da superfície dos poemas de Stevens e aflora à tona quando não é chamado. Eis Stevens em "Notes Toward a Supreme Fiction" [Notas para uma ficção suprema]:

> The weather and the giant of the weather,
> Say the weather, the mere weather, the mere air:
> An abstraction blooded, as a man by thought.*

Isso evoca a grandiosa visão de Walt, em que Stevens ultrapassa Federico García Lorca e Hart Crane:

> In the far South the sun of autumn is passing
> Like Walt Whitman walking along a ruddy shore.
> He is singing and chanting the things that are part of him,
> The worlds that were and will be, death and day.
> Nothing is final, he chants. No man shall see the end.
> His beard is of fire and his staff is a leaping flame.**
> — Like Decorations in a Nigger Cemetery

Ao mesmo tempo Jeová, Moisés e Aarão, o bardo americano aqui se declara contra os fins. Tentem imaginar Stevens visualizando Paul Valéry a cavalgar a crista do cemitério marinho, a fitar cegamente suas ondulações, lançado entre a moralidade vazia e o espaço ardente, numa calmaria insuportável. Em seu poema mais famoso, o visionário gálico olha o sol meridional a pino do meio-dia, ao passo que, no poema de Stevens, Walt Whitman, um americano, um dos rudes, fita no extremo sul a passagem do sol outonal, enquanto caminha à margem d'água, cantando e entoando a morte e o dia, parcelas íntimas de sua consciência. É tão profundo o espírito poético de Wallace Stevens que ele criou (talvez inconscientemente) um gigantesco embate entre Paul Valéry e Walt Whitman, a quem o filho francês de Stéphane Mallarmé e Arthur Rimbaud, de Victor Hugo e Charles Baudelaire, não conseguirá derrotar. Avancem até a beira d'água e estarão no território de Walt, onde somente ele pode triunfar.

---

* A atmosfera e o gigante da atmosfera,/ Digamos a atmosfera, a mera atmosfera, o mero ar:/ Uma abstração ensanguentada, como o homem pelo pensar.
** No extremo Sul o sol de outono está passando/ Como Walt Whitman andando por uma costa rubra./ Entoa e canta as coisas que são parte dele,/ Os mundos que existiram e existirão, a morte e o dia./ Nada é final, canta ele. Nenhum homem verá o fim./ Sua barba é de fogo e seu bastão é uma chama a saltar.

Mas onde me encontro eu, velho exegeta cansado, nessa conflagração de três grandes poetas? Todos os esplendores de "Le Cimetière Marin" [O cemitério marinho] de Valéry, "Out of the Cradle Endlessly Rocking" de Whitman e "The Autoras of Autumn" de Stevens dependem de me *encontrarem*, para empregar uma imagem figurada fundamental de Samuel Taylor Coleridge. Valéry e Stevens ajudam a formar minha mente crítica, porém a presença de Walt Whitman me esmaga, me possui, como apenas poucos outros — Dante, Shakespeare, Milton — inundam sempre todo o meu ser. Aquilo que Leo Spitzer chamava de "clique" enquanto lia, no Velho Bloom se converte num transporte ao sublime.

Sem visão, a crítica perece. O Sublime Americano, modalidade precária mesmo quando se abria à glória na época de Emerson, parece uma piada em 2015. E no entanto o poeta de nosso clima e de nosso momento, o nobre John Ashbery, revive-o discretamente:

> The one who runs little, he who barely trips along
> Knows how short the day is, how few the hours of light.
> Distractions can't wrench him, preoccupations forcibly remove him
> From the heap of things, the pile of this and that:
> Tepid dreams and mostly worthless; lukewarm fancies, the majority of them
>   unprofitable.
> Yet it is from these that the light, from the ones present here that luminosity
> Sifts and breaks, subsides and falls asunder.
> And it will be but half-strange, really be only semi-bizarre
> When the tall poems of the world, the towering earthbound poetic utterances
> Invade the street of our dialect, penetrate the avenue of our patois,
> Bringing fresh power and new knowledge, transporting virgin might and
>   up-to-date enlightenment
> To this place of honest thirst, to this satisfyingly parched here and now,
> Since all things congregate, because everything assembles
> In front of him, before the one
> Who need only sit and tie his shoelace, who should remain seated,
>   knotting the metal-tipped cord
> For it to happen right, to enable it to come correctly into being
> As moments, then years; minutes, afterwards ages

Suck up the common strength, absorb the everyday power
And afterwards live on, satisfied; persist, later to be a source of gratification,
But perhaps only to oneself, haply to one's sole identity.
— Finnish Rhapsody*

"Talvez" [*perhaps*] e "quiçá" [*haply*] são sinais apotropaicos delicados, mas "apenas para si mesmo ... a identidade tão só daquele alguém" faz desse poema uma outra "Song of Myself". Emerson falava em "o grande eu crescente", e Whitman o expressou naquela que considero a pedra de toque do Sublime Americano, em "When Lilacs Last in the Dooryard Bloom'd":

In the dooryard fronting an old farm-house near the white-wash'd palings,
Stands the lilac-bush tall-growing with heart-shaped leaves of rich green,
With many a pointed blossom rising delicate, with the perfume strong I love,
With every leaf a miracle—and from this bush in the dooryard,
With delicate-color'd blossoms and heart-shaped leaves of rich green,
A sprig with its flower I break.**

---

* Quem pouco corre, quem mal e mal avança/ Sabe como é curto o dia, poucas as horas de luz./ Distrações não o desviam, preocupações só à força o retiram/ Do amontoado de coisas, da pilha disso e daquilo:/ Sonhos tépidos, em geral triviais; fantasias mornas, na maioria imprestáveis./ Mas é deles que a luz, dos aqui presentes que a luminosidade/ Se espalha e rompe, cede e se despedaça./ E será apenas meio estranho, realmente apenas meio bizarro/ Quando os altos poemas do mundo, as imponentes enunciações poéticas terrestres/ Invadirem a rua de nosso dialeto, entrarem na avenida de nosso patuá,/ Portando nova força e fresco conhecimento, trazendo poder virginal e esclarecimento atual/ A este lugar de sede honesta, a este aqui-agora um tanto ressequido,/ Visto que todas as coisas se congregam, porque tudo se reúne/ Diante dele, perante aquele/ A quem basta se sentar e amarrar o cadarço do sapato, que deve continuar sentado, dando um laço no cordão com ponta de metal/ Para que saia certo, para que possa vir corretamente ao ser/ Como momentos, então como anos; minutos, e depois eras/ Sugam a força comum, absorvem o poder do cotidiano/ E depois continuam a viver, saciados; persistem, para ser depois fonte de satisfação,/ Mas talvez apenas para si mesmo, quiçá para a identidade tão só daquele alguém. — Rapisódia Finlandesa.
** No pátio de entrada de uma velha casa rural perto da cerca caiada,/ Cresce a moita alta de lilases com folhas verde-escuro em formato de coração,/ Com muitos botões pontudos subindo delicados, com o perfume intenso que agrada,/ Com folhas todas miraculosas — e dessa moita no pátio de entrada,/ Com botões de cor delicada e folhas verde-escuro em formato de coração,/ Um ramo com sua flor eu quebro.

Seis versos do que poderíamos chamar de "pura radiação" encontram seu único verbo transitivo na ultimíssima palavra: "quebrar" [*break*]. Walt quebra a talha, sua sinédoque definidora, no ramo de lilás que lançará sobre o cortejo fúnebre de Lincoln, saindo devagar da Union Station em Washington, DC, para iniciar uma longa jornada por várias cidades e finalmente repousar em Springfield, Illinois.

O fraseio inevitável — meu critério para a mais alta poesia — é uma questão difícil de ser tratada pela crítica, visto que, aqui, o próprio "inevitável" é uma figura de linguagem que depende da experiência estética. Na velhice, certamente ainda imbuído do Nietzsche genealogista, começo a acreditar no que poderíamos chamar de sua poética da dor. Ele ensinou que o memorável era reforçado pelo sofrimento: doutrina dura, mas semelhante à noção de Shelley de que o sublime nos faz abandonar prazeres mais fáceis, em favor de envolvimentos mais difíceis. Nessa visão austera, a escravidão do prazer se rende ao que fica além do princípio de prazer. Então, a inevitabilidade — pelo menos para mim — do pátio de entrada de uma velha casa rural e da moita de lilases crescendo ali ao aberto será de um prazer mais difícil do que parece? Minha opinião de que assim é será um ato de conhecimento? E em que sentido?

Adquirir sabedoria é um ato de conhecimento? Para Nietzsche, os maiores pensamentos eram as maiores ações. Pensando em metáforas e por meio de metáforas, Shakespeare nos oferece pessoas que agem com uma descomunal capacidade de autodestruição e encarnam a sublimidade: Lear e Macbeth, Hamlet e Otelo, Antônio e Coriolano. As metáforas de Whitman trazem o que John Hollander chamou de "palavras comuns concretas", termos aos quais Whitman confere um peso todo especial, entre eles: "corrente" [*drift*], "passando" [*passing*], "vista", "lilás" [*lilac*], "folha" [*leaf*], "relva" [*grass*], "mar" [*sea*], "estrela" [*star*] e muitos outros. O tordo-imitador e o tordo eremita de Whitman não são menos figurativos do que o rouxinol de Keats e a cotovia de Shelley. Um poeta que compara sua alma à quádrupla metáfora da noite, da morte, da mãe e do mar pensa em termos figurados com o mesmo fervor dos herméticos e cabalistas.

O sentido, para ser humano, começa como memória de uma variedade fecunda de dor. Para inaugurar e não apenas repetir o sentido, cultivamos uma enfermidade que é um oxímoro, um *páthos* que já é jogo. Falstaff e Walt se reúnem nessa arena e encontram palavras para o que sentem vivo no coração. Contra o trauma, *precisamos* de Falstaff e Whitman, vitalistas solares transbordantes de desejo. Melhor do que o Zaratustra de Nietzsche, eles constroem uma nova dimensão para o poema primordial da humanidade, pois cada qual cria uma ficção do eu que se torna um poema para nós. O sentido é dar voz, e as imagens de voz se tornam expressões figuradas do conhecer. "Só conhecemos o que nós mesmos fazemos", proclamava Giambattista Vico, o filósofo setecentista napolitano, e Falstaff e Walt conhecem os eus que criaram.

Lembro que, muito tempo atrás, escrevi que qualquer novo poema é como uma criança que foi incluída num grupo de outras crianças numa sala de recreação, onde os brinquedos são em número limitado e não há nenhuma supervisão. Os brinquedos são os truques, os torneios e as figuras da linguagem poética, "as belas falsidades" de Oscar Wilde que salvam a imaginação de cair nos "hábitos descuidados da precisão". Oscar, que venerava Walt e o visitou duas vezes durante uma turnê americana, deu uma definição encantadora de crítica: "a única forma civilizada de autobiografia". A idade me levou não, infelizmente, à perspicácia de Wilde, mas a uma firme convicção de que a verdadeira crítica se reconhece como uma modalidade memorialística.

Poetas e críticos procuram igualmente converter a opinião em conhecimento, porém isso significa a opinião não no sentido público, e sim no sentido legal. O que vocês conhecem quando reconhecem uma voz? As extraordinárias imagens da voz em Hart Crane, seja uma torre quebrada ou uma ponte arqueada, continuam a destruir minhas expectativas, mesmo depois de lê-lo e conhecê-lo há mais de setenta anos. Aos 84 anos, fico acordado à noite, após um primeiro sono, e murmuro para mim mesmo os versos de Crane, Whitman e Shakespeare, procurando conforto na continuidade, pois as vozes grandiosas conseguem de certa maneira deter a escuridão permanente que se adensa, embora não chegue a cair. Muitas vezes passo para Stevens:

Likewise to say of the evening star,
The most ancient light in the most ancient sky,

That it is wholly an inner light, that it shines
From the sleepy bosom of the real, re-creates,
Searches a possible for its possibleness.*

"OUT OF THE CRADLE ENDLESSLY ROCKING"

Entre os seis maiores poemas de Whitman — "Song of Myself", "The Sleepers", "Crossing Brooklyn Ferry", "Out of the Cradle Endlessly Rocking", "As I Ebb'd with the Ocean of Life" e a elegia "Lilacs" a Lincoln —, sou menos afeiçoado a "Out of the Cradle", mas é o que escolho aqui como texto que demonstra o aprimoramento da imagem da voz em Walt, transformando-se em conhecimento. Os tordos-imitadores, assim como os tordos-americanos e os pardais, podem ser habitantes adventícios do quintal, mas fazem uma imitação ímpar — na verdade, um arremedo criativo — dos pássaros que dali expulsaram. Nos passos de Walt, a falecida Mona van Duyn escreveu um ágil poema chamado "Mockingbird Month" [O mês do tordo-imitador]. São sete estrofes, e cito as quatro primeiras:

> A pupa of pain, I sat and lay one July,
> companioned by the bird the Indians call "four hundred
> tongues". Through the dark in the back yard by my bed,
> through the long day near my front couch, the bird
> sang without pause an amplified song "two-thirds
> his own". books told me, "and one-third mimicry".
>
> Gray charmer, "the lark and nightingale in one,"
> unremitting maker of music so full of wit
> and improvisation, I strained by night and light
> to hear the scientists' record: "In ten minutes
> he mimicked thirty-two species". I counted eight
> (even I) variations on cardinal's song alone.

---

* O mesmo se diga da estrela vespertina,/ A mais antiga luz no mais antigo firmamento,// Que ela é pura luz interior, que ela brilha/ Do regaço sonolento do real, recria,/ Procura um possível para sua possibilidade.

Cock of the neighborhood, his white flashes of wing
and long distinguished tail ruled the bushes and boughs,
and once, enchanted, I saw him walk past my house,
herding, from three feet behind, the neighbor's nice,
cowardly cat. He controlled without any fuss
but took little time off. Most of our month he sang.

The sticky wings of my mind began to open.
No mere plagiarist, a Harold Bloom singer,
he leaned on, but played with, robin or jay or
starling or whippoorwill. I began to prefer
him and house and hurting to the world outdoors.
Both art and art-lover attend to what may happen.*

O adorável nome ameríndio para o pássaro imitador, "quatrocentas línguas", sobreviverá a "um Harold Bloom canoro", mas a maneira como Van Duyn aborda a questão da apropriação na natureza é um bom ponto de partida para avaliarmos o desolado cantor de Walt:

Out of the cradle endlessly rocking,
Out of the mocking-bird's throat, the musical shuttle,
Out of the Ninth-month midnight,

---

* Uma pupa de dor, sentei e me deitei num julho,/ na companhia do pássaro que os índios chamam "quatrocentas/ línguas". Pelo escuro no quintal ao lado de minha cama,/ pelo longo dia perto de meu sofá da frente, o pássaro/ cantou sem pausa uma longa cantiga "dois terços/ dele mesmo", disseram-me os livros, "e um terço de imitação".// Gris feiticeiro, "cotovia e rouxinol num só",/ incansável compositor tão cheio de engenho/ e improvisação, concentrei-me dia e noite/ em ouvir a gravação dos cientistas: "Em dez minutos/ ele imitou trinta e duas espécies". Contei oito/ (até eu) variações do canto apenas do cardeal.// Dono da área, seus brancos clarões de asa/ e a longa cauda distinta reinavam nas moitas e ramagens,/ e uma vez, encantada, vi-o passar ao lado de casa,/ conduzindo, um metro mais atrás, o simpático gato/ medroso do vizinho. Controlava sem nenhum alarde/ mas não descuidava. A maior parte do mês, ele cantou.// As asas pegajosas de minha mente começaram a se abrir./ Não mero plagiador, um Harold Bloom canoro,/ Ele recorria, mas cantando junto, ao tordo, ao gaio,/ Ao estorninho ou ao bacurau. Comecei a preferi-lo./ E à casa e à dor, em vez do mundo exterior./ A arte e o amante da arte atentam ao que pode acontecer.

Over the sterile sands and the fields beyond, where the child leaving his bed
    wander'd alone, bareheaded, barefoot,
Down from the shower'd halo,
Up from the mystic play of shadows twining and twisting as if they were alive,
Out from the patches of briers and blackberries,
From the memories of the bird that chanted to me,
From your memories sad brother, from the fitful risings and fallings I heard,
From under that yellow half-moon late-risen and swollen as if with tears,
From those beginning notes of yearning and love there in the mist,
From the thousand responses of my heart never to cease,
From the myriad thence-arous'd words,
From the word stronger and more delicious than any,
From such as now they start the scene revisiting,
As a flock, twittering, rising, or overhead passing,
Borne hither, ere all eludes me, hurriedly,
A man, yet by these tears a little boy again,
Throwing myself on the sand, confronting the waves,
I, chanter of pains and joys, uniter of here and hereafter,
Taking all hints to use them, but swiftly leaping beyond them,
A reminiscence sing.*

---

* Do berço se embalando sem cessar,/ Da garganta do tordo-imitador, a lançadeira musical,/ Da meia-noite do nono mês,/ Sobre as areias estéreis e os campos além, por onde o menino deixando a cama andava sozinho, cabeça nua, pés nus,/ Descendo da auréola difusa,/ Subindo do jogo místico de sombras se juntando e trançando como se vivas fossem,/ Dos trechos de urzes brancas e amoras pretas,/ Das memórias do pássaro que cantava para mim,/ De tuas memórias, pobre irmão, dos espasmos subindo e descendo que ouvi,/ Sob aquela meia lua amarela tardia e como que inchada de lágrimas,/ Daquelas notas iniciais de desejo e amor lá entre a névoa,/ Das mil respostas incessantes de meu coração,/ Da miríade de palavras desde então surgidas,/ Da palavra mais forte e deliciosa de todas,/ De um momento como agora começam a revisitar a cena,/ Como um bando, trinando, subindo ou por sobre a cabeça passando,/ Acercando-se, antes que tudo escape a mim, às pressas,/ Um homem, mas, por essas lágrimas, outra vez menino,/ Atirando-me na areia, enfrentando as ondas,/ Eu, cantor de dores e alegrias, unificador do aqui e do futuro,/ Aceitando todas as sugestões, mas rápido saltando além delas,/ Uma reminiscência canto.

Que artista assombroso é Whitman, nessa abertura do que ele chamava de seu "curioso gorjeio"! Devidamente admirado por uma legião de excelentes leitores, de Algernon Swinburne a Leo Spitzer, o poema reforça a tradição das odes celebrando a encarnação do caráter poético: William Collins, Wordsworth, Coleridge, Shelley, Keats, Lord Alfred Tennyson, Browning e Yeats fazem parte da história desse gênero, e Whitman lhe imprime uma guinada, com uma variante americana que será desenvolvida posteriormente por seus descendentes Wallace Stevens e Hart Crane. A guinada de Walt soma o apelo do poeta à sua metáfora quádrupla da noite, morte, mãe e mar e a seu eros intransitivo, cujo verdadeiro objeto só pode ser a morte.

Vinte e dois versos num embalo em vaivém protelam seu esclarecimento até "Eu, cantor de dores [...] Uma reminiscência canto" [*I, chanter of pains* [...] *A reminiscence sing*]. Whitman teve seu Audubon pessoal em seu discípulo John Burroughs, que lhe serviu de mediação entre o tordo eremita da elegia "Lilacs" e o tordo-imitador. O que "Out of the Cradle" omite deliberadamente é a qualidade saliente que outros poetas enfatizam quando se celebra essa ave que canta por alusões. Randall Jarrell, em seu "The Mockingbird" [O tordo-imitador], conclui:

> Now, in the moonlight, he sits here and sings.
> A thrush is singing, then a thrasher, then a jay—
> Then, all at once, a cat begins meowing.
> A mockingbird can sound like anything.
> He imitates the world he drove away
> so well that for a minute, in the moonlight,
> which one's the mockingbird? which one's the world?*

O cantor solitário de Walt não imita o mundo. Meio século atrás, ensinei a mim mesmo a perguntar diante de qualquer poema ou peça de Shakespeare: o que, exatamente, isso deixa de fora para se tornar o belo e valioso

---

* Agora, ao luar, ele pousa aqui e canta./ É um tordo cantando, então uma calhandra, então um gaio —/ Então, de repente, um gato começa a miar./ Um tordo-imitador pode soar como quiser./ Tão bem imita ele o mundo que de lá/ Expulsou que por um instante, ao luar,/ Quem é o imitador? Quem é o mundo?

busto que é? A meu ver, é uma pergunta kierkegaardiana, no espírito de seu método rotativo de *Ou/Ou*, cuja epígrafe é extraída de Aristófanes, onde o coro canta:

Ao final tens de tudo em demasia: crepúsculos, repolhos, amor.

Whitman sugere que ao final temos alusões em demasia, mas seu poema, como todos os textos vigorosos, é mais sábio e demonstra o contrário. Para Walt, o que importa é o sinal apotropaico: como bardo iniciante, ele sugere sua diferença em relação aos celebrantes anteriores da vocação do poeta. De forma consciente, inventa o que Paul Fussell chamou de Ode à Costa Americana, diferenciando-a daquilo que M. H. Abrams chama de Lírica Romântica Maior, sua designação para poemas como "Ode: Intimations of Immortality" [Ode: Sugestões de imortalidade] de Wordsworth e as odes de Shelley e Keats. Tendo sido aluno de Abrams, fico contente que ele ainda continue ativo aos 103 anos de idade, e muito tempo atrás baseei minhas interpretações dos poemas alto românticos de crise, tanto ingleses quanto americanos, no trabalho de desbravamento de meu orientador.

Eis a pergunta: por que, então, Whitman escolheu o tordo-imitador, se ele se esquiva tão habilmente ao característico embate do pássaro com todos os seus rivais canoros? Embora ele e Tennyson nutrissem mútua admiração e se correspondessem afavelmente, Walt parecia considerar o poeta laureado como um tordo-imitador de gênios, uma espécie de Henry Wordsworth Longfellow melhorado. Apesar disso, ouço ressonâncias de Lord Tennyson no magnífico final de "Lilacs", o lamento por Lincoln:

Yet each to keep and all, retrievements out of the night;
The song, the wondrous chant of the gray-brown bird,
And the tallying chant, the echo arous'd in my soul,
With the lustrous and drooping star with the countenance full of woe,
With the holders holding my hand nearing the call of the bird,
Comrades mine and I in the midst, and their memory ever to keep, for
  the dead I loved so well,
For the sweetest, wisest soul of all my days and lands—and this for his dear
  sake;

Lilac and star and bird twined with the chant of my soul,
There in the fragrant pines and the cedars dusk and dim.*

Aqui, como em outras de suas melhores passagens, Whitman é um autêntico tordo-imitador. Sua imagem da voz, que ele chama de "talha" [*tally*], é uma figura muito abrangente que tenho a sensação de estar explicando ininterruptamente desde 1965 e que desafia reduções simplistas. Para sua Edição do Leito de Morte das *Folhas de relva* (1891-2), Whitman escolheu como epígrafe um poema curto publicado inicialmente em 1876:

Come, said my Soul,
Such verses for my Body let us write, (for we are one,)
That should I after death invisibly return,
Or, long, long hence, in other spheres,
There to some group of mates the chants resuming,
(Tallying Earth's soil, trees, winds, tumultuous waves,)
Ever with pleas'd smile I may keep on,
Ever and ever yet the verses owning—as, first, I here and now,
Signing for Soul and Body, set to them my name,
      Walt Whitman**

---

* Todavia para guardar todas as coisas resgatadas da noite,/ A canção, o maravilhoso canto do pássaro gris-marrom,/ E o canto correspondente, o eco despertado em minha alma,/ Com a estrela baixa e brilhante com o semblante repleto de dor,/ Com os que seguram minha mão acercando-me do chamado do pássaro,/ Camaradas meus e eu no meio, e sua memória a ser preservada para sempre, pelo morto que tanto amei,/ Pela mais doce, pela mais sábia alma de todos os meus dias e lugares – e isso por sua querida lembrança,/ Lilás, estrela, pássaro unidos e igualados no canto de minh'alma,/ Lá nos fragrantes pinheiros e nos cedros escuros e sombrios.

** Vem, disse minha Alma,/ Escrevamos tais versos para meu Corpo (pois somos um),/ Para que após a morte eu retorne invisível/ Ou depois, muito depois, em outras esferas,/ Em algum grupo de amigos os cantos retomando/ (da Terra reproduzindo o solo, ás árvores, os ventos, as ondas turbulentas),/ Sempre com alegre sorriso eu possa prosseguir,/ Sempre e sempre os versos possuindo — como antes, aqui e agora/ Assinando por Alma e Corpo, aponho-lhes meu nome,/ Walt Whitman

Em outra parte, ele escreveu que gostaria de reproduzir os maiores bardos, gesto apropriado para o Homero americano. Digamos, então, que ele reproduziu o tordo-imitador em seu impulso agonístico de fundar uma poesia americana sobre a preferência emersoniana pela voz em vez do texto. Para mim, Whitman continua a ser o único espécime americano da busca johnsoniana de converter a opinião em conhecimento. Conhecimento de quê? Se, como insistia Epicuro, o "quê" é incognoscível, o conhecimento de Walt é uma gnose pessoal, em que o sujeito do conhecimento é conhecido por qualquer coisa que possa ser objeto de conhecimento.

Agora passo alegremente do hermético para o ternamente ridículo, seguindo uma sugestão de Angus Fletcher, cuja excêntrica bagagem de conhecimentos gerais me serve de inspiração desde nossa primeira ligação, em 1951. Nessa altura da redação do texto, telefonei para Angus em Albuquerque e ele me chamou a atenção para o senso auditivo de Whitman, com rimas internas à rima: aqui, "*rocking*" e "*mocking*"*. O sensacional foi que Angus invocou a balada popular americana "Listen to the Mockingbird", composta em 1855 por um certo Septimus Winner, sob o pseudônimo de Alice Hawthorne. Era uma das canções favoritas de Abraham Lincoln e esteve em grande voga durante a Guerra Civil. Walt a conhecia, sem dúvida, e provavelmente gostava de ouvir o grupo Hutchinson Family Singers apresentando algo que, na verdade, é bastante medíocre. Cito apenas a primeira estrofe:

I'm dreaming now of Hally, sweet Hally, sweet Hally;
I'm dreaming now of Hally,
For the thought of her is one that never dies:
She's sleeping in the valley, the valley, the valley;
She's sleeping in the valley,
And the mockingbird is singing where she lies.**

---

* Ele se refere ao título do poema, "Out of the craddle endlessly rocking", e à figura do tordo-imitador, mocking bird. (N. T.)
** Estou sonhando agora com Halle, meiga Halle, meiga Halle;/ Estou sonhando agora com Halle,/ Pois sua lembrança nunca se desfaz:/ Está dormindo no vale, no vale, no vale;/ Está dormindo no vale,/ E o tordo-imitador canta onde ela jaz.

Note-se apenas que, como o cantor solitário de Whitman, esse imitador pop foi desnaturado e canta com sua própria vozinha patética.

Como penso enquanto crítico, o que procuro quando leio, o que, em suma, projeto num texto só constitui um método crítico porque creio que não existem métodos críticos, a não ser nós mesmos. Como homens e mulheres de letras, devemos abraçar uma visão em que a mais alta literatura se torne nosso modo de vida. Whitman não tinha nenhum método poético a não ser o próprio eu, embora fosse mais correto dizer "eus", pois são três: eu, "Walt Whitman, um americano, um dos rudes", e também "o Eu real" [*the real Me*] ou "Eu, mim mesmo" [*Me myself*], e a quase incognoscível "minha Alma". Sua visão era o que ele chamava de *Panoramas democráticos* [*Democratic Vistas*], e aqui recorro mais uma vez a outro mentor pessoal, Kenneth Burke, que sugeriu que os panoramas whitmanianos são possibilidades futuras, resultados a atingir por meio da espiritualização da riqueza de nossa nação. Imaginem Whitman contemplando Mitt Romney enquanto espiritualiza *sua* riqueza e vocês se sentirão gratos que nosso poeta nacional, que sofreu a primeira Era Dourada, não esteja aqui para ver a segunda era, ainda mais distorcida.

Essa digressão apenas atualiza o Walt rude, embora eu não saiba operar os canais para conjurar Whitman, invocado por Fernando Pessoa e Federico García Lorca, por D. H. Lawrence e Hart Crane, por Wallace Stevens e Jorge Luis Borges.

O ponto de vista de meu trabalho como crítico literário durante toda a vida, tal como foi e ainda é, funda-se no panorama whitmaniano e no vitalismo falstaffiano, ambos além de meu alcance, mas acenando como a Bênção, o venturoso dom que significa "mais vida num tempo sem fronteiras". Emerson comentou: "O que somos é apenas o que podemos ver". Aos 84 anos, vejo por vislumbres, porém olho com muito sentimento. Somente os autênticos pintores, escritores, compositores, escultores aprimoram o olhar até convertê-lo em conhecimento. Dr. Johnson pensava que os críticos genuínos também podiam aprimorar suas opiniões até convertê-las em conhecimento. Muito depende, em nossa data mais avançada, de uma redefinição convincente de "opinião". Os críticos da tradição anglo-americana que ainda me tocam são Johnson, William Hazlitt, Ruskin, Emerson, Pater, Wilde e, em minha época,

William Empson e Kenneth Burke. São apenas oito, e da lista estão ausentes Coleridge e Matthew Arnold, que me irritam, e T.S. Eliot, que detesto como crítico. Entre os continentais, Charles Augustin Sainte-Beuve, Valéry e sobretudo Nietzsche continuam a me moldar. A poética da dor de Nietzsche, como a designo, funde memória e conhecimento, pois, por mais que queiramos e por mais recursos que tenhamos, não podemos desejar o passado.

Não consigo acreditar, como fazem Nietzsche e Pater, que a vida só possa ser apreciada como fenômeno estético. Mas gostaria de acreditar, e talvez seja a tradição judaica que me impede. É preciso acrescentar a sabedoria ao esplendor estético e ao poder cognitivo para produzir os três marcos ou critérios do conhecimento ou valor. Mas onde, a não ser em Shakespeare, podemos encontrá-los sistematicamente? Das buscas e indagações do príncipe Hamlet extrai-se mais de Nietzsche do que ele mesmo percebeu.

E no entanto Nietzsche como educador ultrapassa qualquer outro mestre dionisíaco; é um sublime genealogista da imaginação, curiosamente similar a Kierkegaard como mestre da repetição ao modo dialético. Esse desejo de transfigurar, por meio da repetição, o drama de esquecer vem contaminado pela teologia da salvação em Kierkegaard, mas não em Nietzsche, que instava conosco: Dá só mais um passo e te perdoa tudo, e assim encenarás o drama da queda e da salvação em tua própria alma.

Nietzsche não é a fonte de nossa vontade; Emerson o é. O sábio de Concord ensinou que a modalidade americana do autoconhecimento é a voz, não o texto. Walt Whitman, reproduzindo sua imagem da voz, põe a lição de Emerson em prática, coisa de que o Zaratustra de Nietzsche não foi capaz. Walt é para mim a diferença americana, que continuo tentando aprimorar e transformar em conhecimento.

FOLHAS DE RELVA | 1855

"Song of Myself"

O que chamamos de "Song of Myself", na forma inicialmente lida e aclamada por Emerson, era um texto só, com 1362 versos corridos, sem divisão em seções. Agora o leitor precisa reviver o choque de identificação que Emerson teve ao se deparar com os versos de abertura:

I Celebrate myself,
And what I assume you shall assume,
For every atom belonging to me as good belongs to you.

I loafe and invite my soul,
I lean and loafe at my ease... observing a spear of summer grass.*

Como começo de um épico, era algo único. *To celebrate* é comemorar festivamente, proclamar um herói, rejubilar-se numa Eucaristia, expressar louvor. Tudo isso para "mim mesmo" [*myself*]? *To assume* é tomar a seu cargo, como num governo, adotar uma expressão ou aparência, supor alguma coisa, evitar autojustificativas e, acima de tudo, receber em associação outra pessoa. É assim que você, leitor, quem quer que seja, é recebido por Walt Whitman. As credenciais dele são a universalidade lucreciano-epicurista, os átomos em comum e sua despreocupação: um vadio, um vagabundo, à vontade, observando o que mais merece contemplação, um fio de relva no verão.

Loafer, vadio ou vagabundo, era um termo ainda mais depreciativo em 1855 do que agora em 2015. Walt é indolente e unitário, dispondo de tempo para falar conosco. Suas palavras proféticas são antiapocalípticas: "Mas não falo do começo nem do fim" [*But I do not talk of the beginning or the end*]. O início é perpétuo; a perfeição é aqui e agora na América.

A autoridade, em termos clássicos, significava ampliar as bases de fundação. A autoridade de Walt, seu chamado, é diferente. É demônica e emana de seu "Eu, mim mesmo", que ele define por vias indiretas:

Apart from the pulling and hauling stands what I am,
Stands amused, complacent, compassionating, idle, unitary,
Looks down, is erect, bends an arm on an impalpable certain rest,
Looks with its side-curved head curious what will come next,
Both in and out of the game, and watching and wondering at it.

---

* Celebro a mim mesmo,/ E o que assumo deves assumir,/ Pois cada átomo pertencente a mim pertence igualmente a ti.// Vagabundeio e convido minha alma,/ Debruço-me e vagabundeio à vontade... observando um fio de relva estival.

Backward I see in my own days where I sweated through fog with linguists
    and contenders,
I have no mockings or arguments... I witness and wait.

I believe in you my soul... the other I am must not abase itself to you,
And you must not be abased to the other.

Loafe with me on the grass... loose the stop from your throat,
Not words, not music or rhyme I want... not custom or lecture, not even the
    best,
Only the lull I like, the hum of your valvèd voice.*

O "Eu real" ou "Eu, mim mesmo" é um andrógino, ao passo que a persona Walt é masculina e a alma é feminina, sendo suas imagens a noite, a morte, a mãe e o mar. O leitor se depara com uma verdadeira dificuldade na questão do rebaixamento entre a alma e "o outro que sou" [the other I am]. To abase é rebaixar na hierarquia ou diminuir na estima. Por que a alma e o demo, o gênio de Whitman, tendem inevitavelmente a se rebaixar um ao outro?

    A revelação que permitiu o salto inovador de *Folhas de relva* de 1855 não foi mística nem psicossexual. Foi a invenção da máscara "Walt Whitman, um americano, um dos rudes, um cosmo", que não conseguia reconciliar sua alma e seu verdadeiro eu e por isso ocupou o terreno intermediário entre eles.

    Lembro-me de conversas que tive com Gershom Scholem em Jerusalém e New Haven, durante as quais ele expôs sua convicção de que Whitman era "um cabalista intuitivo". Quando observei que Whitman não sabia nada a respeito da Cabala, ele apontou os elementos visivelmente herméticos que

---

* À parte da lida cotidiana posta-se o que sou./ Posta-se divertido, complacente, compassivo, indolente, unitário./ Olha mais abaixo, está de pé, cotovelo apoiado em sólido e impalpável suporte,/ Olha curioso com a cabeça curvada de lado o que virá a seguir,/ Dentro e fora do jogo, observando e imaginando.// Atrás vejo meus dias quando penava confuso entre linguistas e debatedores,/ Não zombo nem argumento... Assisto e aguardo.// Creio em ti, minha alma... o outro que sou não se deve rebaixar a ti./ E tu não deves ser rebaixada ao outro.// Vagabundeia comigo na relva... solta a trava de tua garganta,/ Não são palavras, música ou versos que quero... nem o costume ou a preleção, nem mesmo a melhor,/ Apenas o embalo me agrada, o murmúrio de tua voz encapsulada.

apresentam o poeta como um híbrido Adão-Deus, como o Adam Kadmon (Homem Primordial) da Cabala. Como de hábito, Scholem tinha razão: Whitman extraíra das leituras de George Sand uma noção aproximada do Corpus Hermeticum. O restante era obra do demo, que está excluído do abraço altamente metafórico entre Walt e sua alma:

> I mind how we lay in June, such a transparent summer morning;
> You settled your head athwart my hips and gently turned over upon me,
> And parted the shirt from my bosom-bone, and plunged your tongue to my
>   barestript heart,
> And reached till you felt my beard, and reached till you held my feet.*

Os estudiosos literalistas podem entender "meu coração desnudado" [*my barestript heart*] como o falo whitmaniano. É uma interpretação redutora e deixa de lado o que se poderia chamar de um inspirado gimnossofismo que dá vida à grandiosa epifania inicial, um testemunho como o das reuniões quacres a que Whitman comparecia quando menino, levado pelo pai, seguidor de Elias Hicks. Parece-me um tanto implausível que essa declaração espiritual hicksiana tenha sido inspirada por alguma exuberante felação:

> Swiftly arose and spread around me the peace and joy and knowledge that
>   pass all the art and argument of the earth;
> And I know that the hand of God is the elderhand of my own,
> And I know that the spirit of God is the eldest brother of my own,
> And that all the men ever born are also my brothers... and the women my
>   sisters and lovers,
> And that a kelson of the creation is love;
> And limitless are leaves stiff or drooping in the fields,
> And brown ants in the little wells beneath them,

---

* Lembro como deitávamos em junho, numa manhã de verão tão transparente;/ Apoiaste a cabeça em meus quadris e suavemente viraste sobre mim/ E abriste a camisa no osso de meu peito e mergulhaste a língua em meu coração desnudado,/ E prosseguiste até sentir minha barba e prosseguiste até alcançar meus pés.

> And mossy scabs of the wormfence, and heaped stones, and elder and
> mullen and pokeweed.*

Entoem esse trecho em voz alta para vocês mesmos e para terceiros, pois é uma das glórias de Whitman. Os três versos finais, estendendo seu amor ao que, para a maioria de nós, está no nível mais baixo da escala da criação, são absolutamente exclusivos do celebrante máximo do Sublime Americano.

A belíssima fantasia musical sobre a relva prossegue, mas detenho-me no título *Folhas de relva* [*Leaves of Grass*] antes de passar para aquele triunfo poético, visto que o título de Whitman é, em si mesmo, um poema complexo. Kenneth Burke e John Hollander me ensinaram a ler o título imorredouro de Whitman. Burke o considerava rico demais para permitir qualquer conclusão unívoca, e Hollander refletiu sobre as ricas ambiguidades do "de" [*of*] do título. Wallace Stevens tentou incluir Shelley e Whitman em seu poema "The Rock" [A rocha], em que citava "a ficção das folhas" [*the fiction of the leaves*]. Essa expressão figurada vem de Homero e Píndaro, passa por Virgílio e Dante e chega a Edmund Spenser, Milton e Shelley, antes que Whitman venha a fundi-la com o Segundo Isaías, 40:6-8:

> A voz disse: Clama. E ele disse: Por que hei de clamar? Toda carne *é* relva, e toda a sua beleza *é* como a flor do campo:
> A relva seca, a flor murcha: porque o espírito do Senhor sopra sobre ela: em verdade, a gente *é* relva.
> A relva seca, a flor murcha: mas a palavra de nosso Deus permanecerá para sempre.

Em março de 1842, Whitman assistiu à conferência de Emerson sobre "A natureza e os poderes do poeta" em Nova York e ouviu a sábia observação: "Todas as coisas são símbolos. Do homem dizemos que ele é relva". Folhas

---

* Logo despertou e espalhou a meu redor a paz, a alegria e o saber que superam toda arte e argumento da terra,/ E sei que a mão de Deus é a irmã mais velha da minha,/ E sei que o espírito de Deus é o irmão mais velho do meu,/ E que todos os homens já nascidos também são meus irmãos... e as mulheres minhas irmãs e amantes,/ E que a sobrequilha da criação é o amor;/ E ilimitadas são as folhas inteiriçadas ou pendentes nos campos,/ E as formigas castanhas nos buraquinhos por baixo delas,/ E as crostas musgosas da cerca de madeira, as pedras empilhadas, os sabugueiros, os verbascos, as uvas-de-rato.

são páginas de um livro e, graças a "Ode to the West Wind" [Ode ao vento oeste] de Shelley, são também palavras apressando um novo nascimento.

Existem muitas hipóteses sobre o sentido pretendido com a figura "folhas de relva". Na ficção homérica das folhas, cada uma representa uma vida mortal que se vai. A metáfora de Isaías é transposta por Whitman, que investe mais na relva-como-carne do que na folha-como-tempo-de-vida. O título não é *Relva de folhas*, porque esse "de" significa tanto "referente a" quanto "consistindo em".

Costumamos designar as listas descritivas de Whitman como "catálogos"; Emerson dizia gracejando que eram "inventários". Retoricamente, são sinédoques: substituições do todo pelas partes, que tendem a se tornar termos completos em antítese, a figura de linguagem mais característica de Whitman. Walt reconstitui novamente o mundo com imagens de voz, suas "talhas":

The blab of the pave... the tires of carts and sluff of bootsoles and talk of the
    promenaders,
The heavy omnibus, the driver with his interrogating thumb, the clank of
    the shod horses on the granite floor,
The carnival of sleighs, the clinking and shouted jokes and pelts of
    snowballs;
The hurrahs for popular favorites... the fury of roused mobs,
The flap of the curtained litter—the sick man inside, borne to the hospital,
The meeting of enemies, the sudden oath, the blows and fall,
The excited crowd—the policeman with his star quickly working his
    passage to the centre of the crowd;
The impassive stones that receive and return so many echoes,
The souls moving along... are they invisible while the least atom of the
    stones is visible?
What groans of overfed or half-starved who fall on the flags sunstruck or
    in fits,
What exclamations of women taken suddenly, who hurry home and give
    birth to babes,
What living and buried speech is always vibrating here... what howls
    restrained by decorum,

Arrests of criminals, slights, adulterous offers made, acceptances,
   rejections with convex lips,
I mind them or the resonance of them... I come again and again.*

Como ele consegue essa coisa maravilhosa? Em parte com o predomínio do sonoro sobre o visual: algaravia [*blab*], arrastar dos solados [*sluff of boot-soles*], conversa [*talk*], retinir [*clank*], brincadeiras aos gritos [*shouted jokes*], vivas [*hurrahs*], o furor da turba [*mob fury*], o abanar da liteira [*flap of litter*], a súbita praga [*sudden oath*], ecos [*echoes*], gemidos [*groans*], exclamações [*exclamations*], falas vibrando [*vibrating speech*], berros [*howls*], propostas eróticas [*erotic offers made*], aceitação [*accepted*] e recusa [*rejected*], ressonâncias [*resonances*] de uma litania metropolitana. Whitman reproduz vozes, e não visões urbanas, a menos e até que consiga dificultar um pouco a visualização.

A visão retorna na extraordinária parábola lunar dos 28 rapazes nadando juntos, enquanto são espiados por uma virgem de vinte e oito anos:

Twenty-eight young men bathe by the shore,
Twenty-eight young men, and all so friendly,
Twenty-eight years of womanly life, and all so lonesome.

---

* A algaravia da calçada... as rodas das carroças, o arrastar dos solados, a conversa dos passeantes,/ O bonde pesado, o condutor com o polegar indagador, o retinir das ferraduras no chão de granito,/ A folia dos trenós, as brincadeiras e bolas de neve aos gritos e zunidos;/ Os vivas aos favoritos do povo... o furor das turbas excitadas,/ O abanar da liteira acortinada — dentro dela o doente, levado ao hospital,/ O encontro dos inimigos, a súbita praga, as pancadas e a queda,/ A multidão agitada — o policial com seu distintivo abrindo passagem até o centro da multidão;/ As pedras impassíveis que recebem e devolvem tantos ecos,/ As almas continuando a andar... serão invisíveis enquanto o mais ínfimo átomo das pedras é visível?/ Quantos gemidos dos obesos ou famélicos que caem nas calçadas por insolação ou em convulsões,/ Quantas exclamações de mulheres acometidas de súbito, que correm para casa e dão à luz,/ Quantas falas vivas e sepultas vibram sempre por aqui... quantos berros contidos por decoro,/ Prisões de criminosos, vigarices, propostas adúlteras, aceitações, recusas de lábios franzidos,/ Presto atenção a eles ou à ressonância deles... Volto e volto sem cessar.

She owns the fine house by the rise of the bank,
She hides handsome and richly drest aft the blinds of the window.

Which of the young men does she like the best?
Ah the homeliest of them is beautiful to her.

Where are you off to, lady? for I see you,
You splash in the water there, yet stay stock still in your room.

Dancing and laughing along the beach came the twenty-ninth bather,
The rest did not see her, but she saw them and loved them.

The beards of the young men glistened with wet, it ran from their long hair,
Little streams passed all over their bodies.

An unseen hand also passed over their bodies,
It descended tremblingly from their temples and ribs.

The young men float on their backs, their white bellies swell to the sun...
    they do not ask who seizes fast to them,
They do not know who puffs and declines with pendant and bending arch,
They do not think whom they souse with spray.*

---

* Vinte e oito rapazes se banham na praia,/ Vinte e oito rapazes, e todos tão amistosos,/ Vinte e oito anos de vida feminina, e todos tão solitários.// É a dona da bela casa subindo a ribanceira,/ Esconde-se bela e ricamente vestida por trás da janela.// Qual dos rapazes ela prefere?/ Ah o mais rústico é bonito para ela.// Aonde vais, moça? pois te vejo,/ Espadanando na água, mas estás imóvel em tua sala.// Dançando e rindo ao longo da praia chegou a vigésima nona banhista,/ Os outros não a viram, mas ela os viu e os amou.// De umidade brilhavam suas barbas, escorria dos cabelos compridos,/ Filetes lhes percorriam o corpo todo.// Uma mão invisível também lhes percorria o corpo,/ Descia trêmula pelas têmporas e vértebras.// Os rapazes boiam de costas, o ventre branco se dilata ao sol... não perguntam quem se agarra firme a eles,/ Não sabem quem arqueja e se dobra num arco suspenso e curvado,/ Não pensam em quem encharcam com borrifos.

Num sentido, "ela" é a lua, mas este é apenas um ponto de partida para apreciar esse esplendor. Aqui também fico surpreso com as redundâncias de uma escola atual de acadêmicos homoeróticos, que insistem numa leitura em que a moça desaparece, cedendo lugar ao próprio orador poético e assim dando às questões um ar politicamente correto. Nada no texto justifica o argumento de Michael Moon, geralmente perspicaz: "A natureza do diálogo que ocorre a meio caminho nessa passagem pode ser entendida como a apropriação do lugar da mulher pelo orador. Ao deixá-la parada à janela, ele passa para o lado de fora, com a energia do desejo dela". Por que, então, ela está presente no poema tal como foi composto por Whitman? O que acontece com o maravilhoso *páthos* de seus desejos inconsumados, qualidade de Whitman que, aqui, se assemelha à lírica de "Mariana" de Tennyson? Se eliminarmos a jovem como vigésima nona banhista, acabaremos com o poema.

Como todos os grandes poetas, Whitman é onissexual em boa parte de sua obra mais vigorosa. Neste aspecto, ele precisa ser lido como lemos os sonetos de Shakespeare, embora lhe faltem tanto o Belo Jovem [*Fair Youth*] quanto a Dama Escura [*Dark Lady*]. Tenham sempre em mente que ele, como sempre declara, é "maternal e paternal, criança e homem" [*maternal as well as paternal, a child as well as a man*] e "sou o poeta da mulher, tal como do homem" [*I am the poet of the woman the same as the man*]. Lembro-me que despertei indignação ao definir o bardo americano como "um lésbico masculino", tal como era Shakespeare quando escreveu os sonetos.

Duzentos e quarenta versos adiante, o próprio Walt se unifica com o vigésimo nono personagem banhista:

You sea! I resign myself to you also... I guess what you mean,
I behold from the beach your crooked inviting fingers,
I believe you refuse to go back without feeling of me;
We must have a turn together... I undress... hurry me out of sight of the land,
Cushion me soft... rock me in billowy drowse,
Dash me with amorous wet... I can repay you.

Sea of stretched ground-swells!
Sea breathing broad and convulsive breaths!
Sea of the brine of life! Sea of unshovelled and always-ready graves!

Howler and scooper of storms! Capricious and dainty sea!
I am integral with you... I too am of one phase and of all phases.*

Ele é a mulher selênica da vigésima nona fase inexistente e também os 28 banhistas masculinos do ciclo lunar. Wallace Stevens parodia Walt em "Notes Toward a Supreme Fiction" como a irmã do cônego Aspirina, que veste seus 28 filhos — os dias. Como sempre em Stevens, a paródia de Whitman é de elaboração um tanto canhestra, visto que o poeta de "Notes" fez uma identificação entre o sol poente e seu intimidante precursor. O poderio de Whitman fascinava Stevens e Hart Crane, como deve fascinar a nós também, sempre que se ergue a voz grandiosa que há dentro de Walt:

Through me many long dumb voices,
Voices of the interminable generations of slaves,
Voices of prostitutes and of deformed persons,
Voices of the diseased and despairing, and of thieves and dwarfs,
Voices of cycles of preparation and accretion,
And of the threads that connect the stars—and of wombs, and of the
    fatherstuff,
And of the rights of them the others are down upon,
Of the trivial and flat and foolish and despised,
Of fog in the air and beetles rolling balls of dung.

Through me forbidden voices,
Voices of sexes and lusts... voices veiled, and I remove the veil,
Voices indecent by me clarified and transfigured.**

---

* Ó mar! Entrego-me a ti também... Adivinho o que pretendes,/ Fito da praia teus convidativos dedos arqueados,/ Creio que te recusas a recuar enquanto não me tocares;/ Precisamos de um momento juntos... dispo-me... apresso-me em sair de vista da terra,/ Aconchega-me suave... embala-me num dormitar encapelado,/ Golpeia-me com amorosa umidade... posso te retribuir.// Mar de extensos vagalhões!/ Mar respirando em larga e convulsa respiração!/ Mar do oceano da vida! Mar dos túmulos incavados e sempre prontos!/ Uivante anunciador e escavador de temporais! Caprichoso e inconstante mar!/ Contigo sou integral... sou eu também de todas as fases.
** Através de mim inúmeras vozes há muito silentes,/ Vozes das infindáveis gerações de escravos,/ Vozes de prostitutas e de deformados,/ Vozes dos enfermos e moribundos, e de

Esses versos me martelam como aqueles enunciados de Macbeth que irrompem nele, vindos de algum reino mais elevado da eloquência. O que fazer com as vozes misteriosas em Whitman?

Para Walt, eram de uma sublimidade mais ampla do que o local em que se situavam. "Não é todo dia que o mundo se dispõe num poema", observou Stevens. Whitman queria essa transformação diária, muito embora não a conseguisse realizar. Nenhum homem, nenhuma mulher pode viver numa epifania secular contínua, embora seja esta a ficção que possibilitou "Song of Myself".

Em certos momentos, Whitman é tão vigoroso que nem sentimos vontade de objetar à ficção:

The heaved challenge from the east that moment over my head,
The mocking taunt, See then whether you shall be master!

Dazzling and tremendous how quick the sunrise would kill me,
If I could not now and always send sunrise out of me.

We also ascend dazzling and tremendous as the sun,
We found our own my soul in the calm and cool of the daybreak.

My voice goes after what my eyes cannot reach,
With the twirl of my tongue I encompass worlds and volumes of worlds.*

---

ladrões e anões,/ Vozes de ciclos de preparação e crescimento,/ E dos fios que ligam as estrelas — e de ventres e do material paterno,/ E dos direitos daqueles oprimidos por outros,/ Dos insignificantes, simplórios, tolos e desprezados,/ Do nevoeiro no ar e dos besouros rolando estrume.// Através de mim vozes proibidas,/ Vozes de sexos e desejos... vozes veladas, e eu removo o véu,/ Vozes indecentes por mim clarificadas e transfiguradas.

* O desafio que naquele momento se ergue do leste sobre minha cabeça,/ O escárnio trocista: Vê então se senhor serás!// Ofuscante e desmedido quão rápido o nascer do sol me mataria,/ Se não pudesse eu sempre emitir o nascer do sol de mim.// Também subimos ofuscantes e desmedidos como o sol,/ Encontramos nossa própria minha alma na calma e frescor do amanhecer.// Minha voz vai em busca do que meus olhos não conseguem alcançar,/ Com o enrolar de minha língua abranjo mundos e mais mundos.

Este é o Sublime Americano em seu lugar próprio, centrado na imagem das vozes, na talha, "o enrolar de minha língua" [*the twirl of my tongue*] que consegue abranger mundos e mais mundos, "mantendo correspondência com o significado de todas as coisas" [*keeping tally with the meaning of all things*].

O custo dessa confirmação é alto e resulta em duas graves crises, a primeira autoerótica:

Mine is no callous shell,
I have instant conductors all over me whether I pass or stop,
They seize every object and lead it harmlessly through me.

I merely stir, press, feel with my fingers, and am happy,
To touch my person to someone else's is about as much as I can stand.

Is this then a touch?... quivering me to a new identity,
Flames and ether making a rush for my veins,
Treacherous tip of me reaching and crowding to help them,
My flesh and blood playing out lightning, to strike what is hardly different
    from myself,
On all sides prurient provokers stiffening my limbs,
Straining the udder of my heart for its withheld drip,
Behaving licentious toward me, taking no denial,
Depriving me of my best as for a purpose,
Unbuttoning my clothes and holding me by the bare waist,
Deluding my confusion with the calm of the sunlight and pasture fields,
Immodestly sliding the fellow-senses away,
They bribed to swap off with touch, and go and graze at the edges of me,
No consideration, no regard for my draining strength or my anger,
Fetching the rest of the herd around to enjoy them awhile,
Then all uniting to stand on a headland and worry me.

The sentries desert every other part of me,
They have left me helpless to a red marauder,
They all come to the headland to witness and assist against me.

I am given up by traitors;
I talk wildly... I have lost my wits... I and nobody else am the greatest traitor,
I went myself first to the headland... my own hands carried me there.*

Os cadernos de Whitman mostram que o ponto de partida para seu surgimento como a persona Walt Whitman foi "Fui eu o primeiro a ir ao promontório" [*I went myself first to the headland*]. Essa extravagância, esse vagar além dos limites, leva-nos ao alto de um promontório do qual não é possível descer sem auxílio.

Explicitamente autoerótico e às vezes grotesco, o poder poético disso obscurece o conflito não resolvido entre a máscara ou persona de Whitman — o rude "Mim mesmo" [*Myself*] que veio a fazer parte do título do poema — e seu demo ou "Eu real", amante ou musa interior. Como seus maiores descendentes — *A terra desolada* de T.S. Eliot, *A ponte* de Hart Crane, "Notes Toward a Supreme Fiction" de Wallace Stevens, "Paterson" de William Carlos Williams, "The Kid" de Conrad Aiken, "Sphere" de A. R. Ammons, "A Wave" de John Ashbery —, "Song of Myself" é o romance de uma busca interiorizada, cujos antecedentes incluem a longa tradição romântica inglesa de se apaixonar pelo malogro do poeta. Essa tradição vem desde "The Excursion"

---

* A minha não é concha dura,/ Tenho condutores instantâneos por mim inteiro, quer ande ou pare,/ Eles capturam todos os objetos e os trazem inofensivos até mim.// Apenas mexo, aperto, sinto com os dedos e me dou por contente,/ Meu corpo tocar o de outrem é o máximo que consigo suportar.// Isso então é um toque?... fazendo-me estremecer a uma nova identidade,/ Chamas e éter correndo por minhas veias,/ Traiçoeira ponta de mim se estendendo e acorrendo para ajudá-los,/ Minha carne e sangue soltando raios para atingir o que quase nem se diferencia de mim mesmo,/ Por todos os lados provocações lascivas enrijecendo meus membros,/ Espremendo o úbere de meu coração para soltar a gota retida,/ Sendo licenciosos comigo, não aceitando recusa,/ Privando-me do melhor de mim como para algum propósito,/ Desabotoando minhas roupas e segurando-me pela cintura nua,/ Iludindo minha confusão com a serenidade da luz solar e das pastagens,/ Afastando obscenamente os demais sentidos,/ Subornaram para ocupar o lugar do tato, mordiscando-me todo em torno,/ Sem consideração, sem respeito por minha raiva ou minha força se esvaindo,/ Trazendo o resto do bando para se entreter ao redor por algum tempo,/ Então todos se unindo para se postar num promontório e me atormentar.// As sentinelas abandonam todas as outras partes de mim,/ Entregaram-me desamparado a um saqueador vermelho,/ Todas vêm ao promontório para assistir e ajudar contra mim.// Sou entregue por traidores;/ Falo em desvarios... perdi o juízo... sou eu e mais ninguém o maior traidor,/ Fui eu o primeiro a ir ao promontório... minhas próprias mãos me levaram até lá.

de Wordsworth e a pesadelística "Rime of the Ancient Mariner" [Balada do antigo marinheiro] de Coleridge, passa por "Alastor" de Shelley e "Endymion" de Keats, chegando aos que, em Browning, se destruíram na busca e às derrotas demônicas que, em Yeats, as musas antagonistas impõem aos poetas.

O programa manifesto de "Song of Myself" é a democracia americana, assim como *A ponte* de Hart Crane quer afirmar a superioridade do potencial imaginativo americano diante de *A terra desolada*. No entanto, o drama efetivo de Whitman e o breve épico de Crane guardam pouca relação com os mitos da América. O verdadeiro impulso de Walt é a autointegração, a qual ele descobre que nunca conseguirá atingir, enquanto a busca de Hart é a de uma consumação nupcial que nunca conseguiria acolher sua natureza inflexível. Os dois grandes poetas viveram e morreram sem ter jamais encontrado uma voz que lhes respondesse. O eros de Whitman, como seus verbos, se manteve intransitivo; Crane criou uma nova retórica da negação e se fez o mais difícil poeta americano de real importância até nossos dias, num sentido diferente de Whitman, mais retórico do que enganosamente direto.

Aqui nenhum dos dois se ilude: tanto "Song of Myself" quanto *A ponte* sabem e sugerem que há uma lacuna irreparável entre demo e projeto. Whitman não se atormenta por causa disso, pois era aquinhoado em sua natureza com uma feliz serenidade. Crane, Peregrino do Absoluto como Shelley e Byron, conhece apenas aquilo que Melville, nas palavras de Ismael, chama de "o Atlântico tormentoso de meu ser".

Embora "Song of Myself" venha a acabar num tom precoce e vigoroso, essa liberdade resulta da desintegração voluntária: "Espalho minha carne em círculos e a disperso em traços rendados" [*I effuse my flesh in eddies, and drift it in lacy jags*]. O ímpeto muito mais violento de *A ponte* é o *sparagmos* órfico de Crane, a dilaceração realizada pelas bacantes.

A crise mais profunda de Whitman em "Song of Myself" resulta de uma angústia pela identidade perdida:

I become any presence or truth of humanity here,
And see myself in prison shaped like another man,
And feel the dull unintermitted pain.

For me the keepers of convicts shoulder their carbines and keep watch,
It is I let out in the morning and barred at night.

Not a mutineer walks handcuffed to the jail, but I am handcuffed to him and
    walk by his side,
I am less the jolly one there, and more the silent one with sweat on my
    twitching lips.

Not a youngster is taken for larceny, but I go up too and am tried and
    sentenced.

Not a cholera patient lies at the last gasp, but I also lie at the last gasp,
My face is ash-colored, my sinews gnarl... away from me people retreat.

Askers embody themselves in me, and I am embodied in them,
I project my hat and sit shamefaced and beg.

I rise extatic through all, and sweep with the true gravitation,
The whirling and whirling is elemental within me.

Somehow I have been stunned. Stand back!
Give me a little time beyond my cuffed head and slumbers and dreams and
    gaping,
I discover myself on a verge of the usual mistake.

That I could forget the mockers and insults!
That I could forget the trickling tears and the blows of the bludgeons and
    hammers!
That I could look with a separate look on my own crucifixion and bloody
    crowning!

I remember... I resume the overstaid fraction,
The grave of rock multiplies what has been confided to it... or to any graves,
The corpses rise... the gashes heal... the fastenings roll away.*

---

* Aqui me torno qualquer presença ou verdade de humanidade,/ E me vejo na prisão nas formas de outro homem,/ E sinto a dor surda ininterrupta.// Por mim os guardiões põem a carabina ao ombro e fazem a vigia,/ Sou eu que soltam de manhã e trancam à noite.// Ne-

Quacre por formação, Whitman jamais suportaria se ver como pedinte ou mendigo. Ampliando seus limites nessa grandiosa passagem, ele se torna um redentor crucificado — Walt, não Jesus — e então ressuscita. Sua nova vida irá sustê-lo pelo resto do poema.

Os trezentos versos seguintes são tão ricos que devo me ater à observação com que Whitman justifica sua jactanciosa ressurreição: "Avanço rápido reabastecido de poder supremo" [*I troop forth replenished with supreme power*]. Essa plenitude do mundo e do eu alcança a magnificência na passagem final de "Song of Myself":

The past and present wilt... I have filled them and emptied them,
And proceed to fill my next fold of the future.

Listener up there! Here you... what have you to confide to me?
Look in my face while I snuff the sidle of evening,
Talk honestly, for no one else hears you, and I stay only a minute longer.

Do I contradict myself?
Very well then... I contradict myself;
I am large... I contain multitudes.

I concentrate toward them that are nigh... I wait on the door-slab.

---

nhum amotinado segue algemado para a cadeia sem que eu esteja algemado com ele e ande a seu lado,/ Ali não sou eu o alegre, e sim o calado com suor nos lábios contraídos.// Nenhum jovem é preso por roubo sem que me prendam também e eu seja julgado e condenado.// Nenhum doente de cólera está acamado nas últimas sem que eu também esteja acamado nas últimas,/ Tenho o rosto acinzentado, meus tendões se retorcem... de mim afastam-se as pessoas.// Os pedintes se encarnam em mim e eu me encarno neles,/ Puxo o chapéu, sento-me com a vergonha no rosto e peço esmola.// Ergo-me em êxtase por tudo e me movo com a verdadeira gravitação,/ O rodopiar constante é elementar dentro de mim.// De alguma forma fiquei aturdido. Fica aí!/ Dá-me algum tempo para além da cabeça atordoada, do torpor, dos sonhos e do espanto,/ Descubro-me à beira do erro habitual.// Possa eu esquecer os insultos e escárnios!/ Possa eu esquecer as lágrimas correndo e os golpes das clavas e martelos!/ Possa eu olhar com olhar distante minha crucificação e sangrento coroamento!// Lembro-me agora... Retomo a parcela remanescente,/ O túmulo de pedra multiplica o que foi confiado a ele... ou a qualquer túmulo,/ Os corpos se erguem... os ferimentos se fecham... os grilhões se soltam.

Who has done his day's work and will soonest be through with his supper?
Who wishes to walk with me?

Will you speak before I am gone? Will you prove already too late?

The spotted hawk swoops by and accuses me... he complains of my gab
    and my loitering.

I too am not a bit tamed... I too am untranslatable,
I sound my barbaric yawp over the roofs of the world.

The last scud of day holds back for me,
It flings my likeness after the rest and true as any on the shadowed wilds,
It coaxes me to the vapor and the dusk.

I depart as air... I shake my white locks at the runaway sun,
I effuse my flesh in eddies, and drift it in lacy jags.

I bequeath myself to the dirt to grow from the grass I love,
If you want me again look for me under your bootsoles.

You will hardly know who I am or what I mean,
But I shall be good health to you nevertheless,
And filter and fibre your blood.

Failing to fetch me at first keep encouraged,
Missing me one place search another,
I stop some where waiting for you.*

---

* O passado e o presente definham... preenchi-os e esvaziei-os,/ E vou preencher minha próxima dobra de futuro.// Ei, ouvinte! Tu aí... o que tens a me dizer?/ Olha-me no rosto enquanto aspiro a chegada do anoitecer,/ Fala com franqueza, pois ninguém mais te ouve e ficarei apenas um instante a mais.// Contradigo-me?/ Muito bem, então... contradigo-me;/ Sou amplo... contenho multidões.// Concentro-me nos que estão perto... espero na soleira da porta.// Quem encerrou seu dia de trabalho e logo terminará o jantar?/ Quem quer caminhar comigo?// Falarás antes que eu me vá? Chegarás tarde demais?// O gavião desce

O bardo americano convida com máxima premência poetas como Stevens e Crane e leitores como eu a um tremendo embate: "Falarás antes que eu me vá? Chegarás tarde demais?". Contendo multidões, mas mesmo assim contido em si mesmo, Walt atinge a apoteose como um redentor, convidando-nos a acompanhá-lo no Caminho de Emaús, antecipando o neocristão "What the Thunder Said" em *A terra desolada*.

A promessa de boa saúde ressoa com força especial para mim, que aos 84 anos passo de uma doença a outra, de um acidente a outro. Mas qualquer um de nós, jovem ou velho, forte ou enfraquecido, sente-se reagir à generosidade de Walt Whitman:

*I stop some where waiting for you.**

"The Sleepers"

Depois de "Song of Myself", o grande poema de *Folhas de relva* de 1855 é "The Sleepers", que deve ser lido naquela edição porque Whitman o mutilou ao revisá-lo. Desde Wordsworth, não existe nenhum poema mais original do que "Song of Myself", a não ser talvez "The Sleepers", uma alternância única entre fantasmagoria e vívido naturalismo.

Várias vezes no final dos anos 1970, Kenneth Burke e eu demos palestras improvisando um diálogo entre nós, perante diversos públicos. Kenneth perguntava: "O que o poeta tentava realizar *como pessoa* ao compor esse determinado poema?". Eu retificava: "*como poeta*".

---

numa arremetida e me repreende... reclama de meu falatório e de meu atraso.// Eu também não sou nada manso... eu também sou intraduzível,/ Solto meu bárbaro regougo por sobre os tetos do mundo.// O último resto do dia se detém por mim,/ Lança meu vulto após os demais, igualmente veraz, aos ermos sombreados,/ Atrai-me para a névoa e a escuridão.// Parto como o ar... Agito minhas cãs onduladas ao sol fugitivo,/ Espalho minha carne em círculos e a disperso em traços rendados.// Lego-me à terra para crescer da relva que amo,/ Se me quiseres de novo, procura-me sob a sola de tuas botas./ Mal saberás quem sou ou o que quero dizer,/ Mesmo assim serei para ti a boa saúde/ E filtrarei e fortalecerei teu sangue.// Se não me alcançares de primeira, não desanimes,/ Não me encontrando num ponto, procura em outro,/ Estou parado em algum lugar esperando por ti.

* Estou parado em algum lugar esperando por ti.

"Song of Myself" apresenta maravilhosamente o fictício "Walt Whitman" e o evasivo "Eu real" ou "Eu, mim mesmo", uma dialética que ganhou maior desenvolvimento em "Out of the Cradle Endlessly Rocking" e em "As I Ebb'd with the Ocean of Life". Em "The Sleepers", o objetivo de Whitman como poeta é alcançar um entendimento de sua alma, que está sempre ameaçada pela noite e pelo mar, e assim corre o risco de perder uma identidade clara. Numa grande percepção, o poeta adormece e sonha que uma nova forma pode fundir morte e mãe com noite e mar. Apenas no sonho Walt pode descobrir sua alma que, de outra maneira, é incognoscível. Como materialista epicurista, Whitman busca o *quê* desconhecido da natureza, embora sabendo que não pode ser encontrado.

"A alma só conhece a alma", diz o aforismo de Emerson. Em "The Sleepers", há apenas uma passagem, aliás bastante trivial, que menciona especificamente a alma (versos 166-73), mas o poema inteiro redefine a alma como a fronteira movediça entre forças opostas — a morte e a mãe confrontando a noite e o mar, até que a mãe açambarca tudo. Em seus pontos mais altos, "The Sleepers" está entre as melhores coisas de Whitman, embora o poema seja estranhamente irregular. Após uma abertura vigorosa, em que o poeta vagueia pela noite, o poema se esconde como se apenas lisonjas pudessem aliciá-lo. Ainda assim, é difícil igualar o impacto da abertura:

> I wander all night in my vision,
> Stepping with light feet... swiftly and noiselessly stepping and stopping,
> Bending with open eyes over the shut eyes of sleepers;
> Wandering and confused... lost to myself... ill-assorted... contradictory,
> Pausing and gazing and bending and stopping.
>
> How solemn they look there, stretched and still;
> How quiet they breathe, the little children in their cradles.
>
> The wretched features of ennuyees, the white features of corpses,
>   the livid faces of drunkards, the sick-gray faces of onanists,
> The gashed bodies on battlefields, the insane in their strong-doored rooms,
>   the sacred idiots,
> The newborn emerging from gates and the dying emerging from gates,
> The night pervades them and enfolds them.

The married couple sleep calmly in their bed, he with his palm on the hip
    of his wife, and she with her palm on the hip of the husband,
The sisters sleep lovingly side by side in their bed,
The men sleep lovingly side by side in theirs,
And the mother sleeps with her little child carefully wrapped.

The blind sleep, and the deaf and dumb sleep,
The prisoner sleeps well in the prison... the runaway son sleeps,
The murderer that is to be hung the next day... how does he sleep?
And the murdered person... how does he sleep?

The female that loves unrequited sleeps,
And the male that loves unrequited sleeps;
The head of the moneymaker that plotted all day sleeps,
And the enraged and treacherous dispositions sleep.

I stand with drooping eyes by the worst-suffering and restless,
I pass my hands soothingly to and fro a few inches from them;
The restless sink in their beds... they fitfully sleep.

The earth recedes from me into the night,
I saw that it was beautiful... and I see that what is not the earth is beautiful.

I go from bedside to bedside... I sleep close with the other sleepers, each
    in turn;
I dream in my dream all the dreams of the other dreamers,
And I become the other dreamers.*

---

* Vagueio a noite toda em minha visão,/ Andando com passo leve... depressa e silencioso andando e parando,/ Curvando-me de olhos abertos sobre os olhos fechados dos adormecidos;/ Vagante e confuso... perdido de mim mesmo... desconjuntado... contraditório,/ Pausando, fitando, curvando-me, parando.// Como parecem solenes ali, estendidos e imóveis;/ Como respiram tranquilos, os bebês em seus berços.// Os traços devastados dos ennuyés, os traços brancos dos cadáveres, as faces lívidas dos ébrios, as faces de um cinzento doentio dos onanistas,/ Os corpos feridos nos campos de batalha, os insanos em suas celas de segurança, os idiotas sagrados,/ Os recém-nascidos emergindo dos portões e os moribundos emergindo

Whitman só veio a ler William Blake em 1876, quando Anne Gilchrist, viúva do primeiro biógrafo de Blake, esteve nos Estados Unidos. Entre todos os poemas de Whitman, "The Sleepers" é o que mais lembra Blake em sua sólida confiança visionária e em sua abrangência fantasmagórica. A grande diferença entre os dois poetas é o xamanismo pessoal de Whitman, visto que ele vagueia pela noite como um curandeiro. A grande figura de linguagem de Walt é a sinédoque: "E me torno os outros sonhadores" [And I become the other dreamers]. Isso lhe permite uma linda continuação; ele não está *numa* dança, mas *é* a própria dança do ser:

I am a dance... Play up there! the fit is whirling me fast.

I am the everlaughing... it is new moon and twilight,
I see the hiding of douceurs... I see nimble ghosts whichever way I look,
Cache and cache again deep in the ground and sea, and where it is neither
    ground or sea.

Well do they do their jobs, those journeymen divine,
Only from me can they hide nothing and would not if they could;
I reckon I am their boss, and they make me a pet besides,
And surround me, and lead me and run ahead when I walk,

---

dos portões,/ A noite os perpassa e os envolve.// O casal dorme sereno no leito, ele com a mão no quadril da esposa, ela com a mão no quadril do marido,/ As irmãs dormem amorosas lado a lado na cama,/ Os homens dormem amorosos lado a lado nas deles,/ E a mãe dorme com seu bebê cuidadosamente agasalhado.// Os cegos dormem, e os surdos e mudos dormem,/ O prisioneiro dorme bem na prisão... o filho fugitivo dorme,/ O assassino que será enforcado no dia seguinte... como dorme ele?/ E a pessoa assassinada... como dorme ela?// A mulher de amor não correspondido dorme,/ E o homem de amor não correspondido dorme;/ A cabeça do negocista que maquinou o dia todo dorme,/ E as disposições raivosas e traiçoeiras dormem.// Posto-me de olhos baixos no escuro ao lado dos inquietos e dos mais sofredores,/ Passo minhas mãos em gesto suavizante a poucos centímetros deles;/ Os inquietos se afundam na cama... dormem agitados.// A terra se afasta de mim na noite,/ Vi que era bela... e vejo que é belo o que não é a terra.// Vou de leito em leito... durmo perto dos outros adormecidos, um por vez;/ Sonho em meu sonho todos os sonhos dos outros sonhadores,/ E me torno os outros sonhadores.

To lift their cunning covers and signify me with stretched arms, and
    resume the way;
Onward we move, a gay gang of blackguards with mirth-shouting music and
    wild-flapping pennants of joy.*

O que ou quem são esses "ágeis fantasmas" [*nimble ghosts*]? Artífices divinos como os espíritos comandados por Ariel em *A tempestade*, são seres elementares ou demos que Whitman emprega num cortejo triunfal ou num festejo público. Uma passagem extraordinária invocando o Cântico dos Cânticos torna-se então uma das glórias de Whitman:

I am she who adorned herself and folded her hair expectantly,
My truant lover has come and it is dark.

Double yourself and receive me darkness,
Receive me and my lover too... he will not let me go without him.

I roll myself upon you as upon a bed... I resign myself to the dusk.

He whom I call answers me and takes the place of my lover,
He rises with me silently from the bed.

Darkness you are gentler than my lover... his flesh was sweaty and panting,
I feel the hot moisture yet that he left me.

My hands are spread forth... I pass them in all directions,
I would sound up the shadowy shore to which you are journeying.

---

* Sou uma dança... Toca mais rápido! O acesso me faz rodopiar ligeiro.// Sou o eterno ridente... é lua nova e anoitece,/ Vejo o esconderijo de *douceurs*... Vejo ágeis fantasmas onde quer que eu olhe,/ Ocultam-se e reocultam-se fundo na terra e no mar, e onde não há terra nem mar.// Fazem bem seu serviço, esses artífices divinos,/ Apenas de mim nada podem esconder e, se pudessem, não o fariam;/ Suponho que sou o chefe, e além disso me fazem agrados,/ Rodeiam-me, conduzem-me, correm à frente quando saio a caminhar,/ Erguem seus ardilosos disfarces, de braços estendidos fazem-me sinais e retomam o caminho;/ Em frente seguimos, um bando de foliões festivos com música aos brados e frenéticas flâmulas de alegria.

Be careful, darkness... already, what was it touched me?
I thought my lover had gone... else darkness and he are one,
I hear the heart-beat... I follow... I fade away.*

Deixo de lado os ideólogos que leem essa passagem como sendo algum encontro homoerótico. A mulher de Whitman, como a do Cântico dos Cânticos, aguarda o amante indolente num local secreto escuro, entrega-se a ele e então aceita um substituto. Sua receptividade preludia uma passagem que Whitman omitiu após 1855:

O hotcheeked and blushing! O foolish hectic!
O for pity's sake, no one must see me now!... my clothes were stolen while
    I was abed,
Now I am thrust forth, where shall I run?
Pier that I saw dimly last night when I looked from the windows,
Pier out from the main, let me catch myself with you and stay... I will not
    chafe you,
I feel ashamed to go naked about the world,
And am curious to know where my feet stand... and what is this flooding
    me, childhood or manhood... and the hunger that crosses the bridge
    between.

The cloth laps a first sweet eating and drinking,
Laps life-swelling yolks... laps ear of rose-corn, milky and just ripened:
The white teeth stay, and the boss-tooth advances in darkness,

---

* Sou aquela que se enfeitou e arrumou o cabelo na expectativa,/ Meu amante indolente chegou e está escuro.// Duplica-te e recebe-me, ó breu,/ Recebe a mim e a meu amante também... não me deixará partir sem ele.// Rolo sobre ti como num leito... entrego-me à sombra.// Quem chamo responde-me e toma o lugar de meu amado,/ Silencioso ergue-se comigo do leito.// Breu, és mais gentil do que meu amado... a carne dele arfava e suava,/ Sinto ainda a umidade quente que me deixou.// Estendo as mãos... tateio por todos os lados,/ Sondando a costa sombreada para onde te encaminhas.// Tem cuidado, breu... Agora, o que foi que me tocou?/ Pensei que meu amado se fora... o breu e ele são um só/ Ouço o bater do coração... acompanho... desapareço.

And liquor is spilled on lips and bosoms by touching glasses, and the best liquor afterward.*

Por que eliminar essa eloquente visão da anunciação sexual? O amálgama entre o fálico "saliente" [*boss-tooth*] e o banquete da Antiguidade, em que se saciam igualmente fome e desejo, é demasiado prazeroso em termos poéticos para ser abandonado sem perda estética. Whitman, em "The Sleepers", desperta mais luxúria do que seria capaz de satisfazer:

I see a beautiful gigantic swimmer swimming naked through the eddies of
    the sea,
His brown hair lies close and even to his head... he strikes out with
    courageous arms... he urges himself with his legs.
I see his white body... I see his undaunted eyes;
I hate the swift-running eddies that would dash him head-foremost on
    the rocks.

What are you doing you ruffianly red-trickled waves?
Will you kill the courageous giant? Will you kill him in the prime of his
    middle age?

Steady and long he struggles;
He is baffled and banged and bruised... he holds out while his strength
    holds out,
The slapping eddies are spotted with his blood... they bear him away... they
    roll him and swing him and turn him:

---

* Oh de faces ardentes e coradas! Oh louca excitação!/ Oh por favor que ninguém me veja agora!... roubaram minhas roupas quando eu estava na cama,/ Agora nesse impulso, para onde correrei?/ Molhe que vi vagamente ontem à noite quando olhava pelas janelas,/ Molhe projetando-se no mar, deixa agarrar-me a ti e ficar... não te incomodarei,/ Sinto vergonha de sair em nudez pelo mundo,/ E quero saber onde pisam meus pés... e o que é isso me inundando, infância ou idade adulta... e a fome que cruza a ponte entre elas.// O pano envolve um primeiro doce sabor de comida e bebida,/ Envolve as gemas inchando de vida... envolve a espiga de milho rosado, leitoso e recém-maduro./ Os dentes brancos param e o saliente avança no escuro,/ E das taças se tocando derrama-se líquido em lábios e regaços, e o melhor líquido vem a seguir.

> His beautiful body is borne in the circling eddies... it is continually bruised on rocks,
> Swiftly and out of sight is borne the brave corpse.*

O corajoso gigante no auge da maturidade há de ser o poeta de 36 anos de idade, temendo a destruição sob as águas-marinhas maternas. Segue-se o afogamento, que então cede lugar a uma imagem de George Washington, pranteando os homens que perdeu em sua derrota do Brooklyn, dor que não encontra alívio ao se despedir na taverna de seus oficiais.

A meia altura de "The Sleepers" o poema se intensifica, num engrandecimento que eu julgaria improvável. Mas Walt recorre à sua quádrupla imagem figurada da morte, noite, mãe e mar.

A mãe dá início à segunda metade, num episódio pungente de desejo lésbico:

> A red squaw came one breakfasttime to the old homestead,
> On her back she carried a bundle of rushes for rushbottoming chairs;
> Her hair straight shiny coarse black and profuse halfenveloped her face,
> Her step was free and elastic... her voice sounded exquisitely as she spoke.
>
> My mother looked in delight and amazement at the stranger,
> She looked at the beauty of her tallborne face and full and pliant limbs,
> The more she looked upon her she loved her,
> Never before had she seen such wonderful beauty and purity;
> She made her sit on a bench by the jamb of the fireplace... she cooked food for her,
> She had no work to give her but she gave her remembrance and fondness.

---

* Vejo um belo gigantesco nadador nadando nu entre os redemoinhos do mar,/ O cabelo castanho adere liso à sua cabeça... avança com braços valentes... dá impulso com as pernas./ Vejo seu corpo branco... vejo os olhos intrépidos;/ Odeio os velozes torvelinhos que podem arremessá-lo de frente às rochas.// O que fazeis, ondas brutalmente manchadas de vermelho?/ Ireis matar o corajoso gigante? Ireis matá-lo no auge da maturidade?// Firme e constante luta ele;/ Atordoado, espancado, ferido... resiste enquanto sua força resiste,/ Os redemoinhos fustigantes se mancham com seu sangue... arrastam-no... viram-no, rolam-no, fazem-no girar;/ Seu belo corpo é tragado nos redemoinhos em círculo... continuamente batido nas rochas,/ Rapidamente desaparece tragado o bravo cadáver.

The red squaw staid all the forenoon, and toward the middle of the
    afternoon she went away;
O my mother was loth to have her go away,
All the week she thought of her... she watched for her many a month,
She remembered her many a winter and many a summer,
But the red squaw never came nor was heard of there again.*

A complexidade sexual de Whitman transcende qualquer redução homoerótica: seu eros intransitivo é difuso e universal. Assim também é sua posição ambivalente diante do estigma nacional da escravidão negra. Abolicionista moderado, mesmo assim tinha receio de uma vingança negra, expresso de forma mordaz na outra passagem eliminada de "The Sleepers" após 1855:

Now Lucifer was not dead... or if he was I am his sorrowful terrible heir;
I have been wronged... I am oppressed... I hate him that oppresses me,
I will either destroy him, or he shall release me.

Damn him! how he does defile me,
How he informs against my brother and sister and takes pay for their blood,
How he laughs when I look down the bend after the steamboat that
    carries away my woman.

Now the vast dusk bulk that is the whale's bulk... it seems mine,
Warily, sportsman! though I lie so sleepy and sluggish, my tap is death.**

---

* Uma índia chegou na hora do desjejum à velha herdade,/ Às costas trazia um feixe de juncos para fazer cadeiras com assento de palha;/ O cabelo liso brilhante grosso negro e abundante semiencobria seu rosto,/ O andar era livre e elástico... a voz ao falar era um encanto de se ouvir.// Minha mãe fitou com prazer e espanto a desconhecida,/ Fitou a beleza do rosto altivo e os membros cheios e maleáveis,/ Quanto mais a fitava, mais a amava,/ Nunca vira antes tão maravilhosa beleza e pureza;/ Fê-la sentar num banco ao lado da lareira... cozinhou para ela,/ Não tinha serviço para lhe dar, mas lhe deu afeto e lugar na lembrança.// A índia passou lá toda a manhã e pelo meio da tarde partiu;/ Oh, minha mãe se entristeceu ao vê-la partir,/ A semana inteira pensou nela... aguardou-a por muitos meses;/ Recordou-se dela por muitos invernos e muitos verões,/ Mas a índia nunca voltou nem houve mais notícias suas.
** Lúcifer não morreu... ou se morreu sou seu terrível e infeliz herdeiro;/ Sofro injustiças... sou oprimido... Odeio quem me oprime,/ Ou o destruo ou ele me liberta.// Maldito seja

Whitman não lera Melville e, portanto, isso era independente de *Moby Dick* ou do conto posterior, "Benito Cereno". Memorável, refletindo bem a inquietação do poeta, por que foi eliminado?

Esse Lúcifer negro leviatânico é mais uma questão ontoteológica do que uma preocupação sociopolítica. O ameaçador toque da morte, anunciado pelo orador, é muito diferente da morte materna que será o fechamento de "The Sleepers". É um pesadelo; o que isso revela sobre Whitman, poeta e homem?

A pista mais clara é a mudança completa em "The Sleepers" após a eliminação desse explosivo desabafo. Por setenta versos, o poema flui com crescente serenidade e segurança até a completa recuperação do xamânico Walt. Sem ter conhecido Blake, Whitman contempla uma fantasmagoria blakiana:

> The sleepers are very beautiful as they lie unclothed,
> They flow hand in hand over the whole earth from east to west as they lie
>   unclothed;
> The Asiatic and African are hand in hand... the European and American are
>   hand in hand;
> Learned and unlearned are hand in hand... and male and female are hand in
>   hand;
> The bare arm of the girl crosses the bare breast of her lover... they press
>   close without lust... his lips press her neck,
> The father holds his grown or ungrown son in his arms with measureless
>   love... and the son holds the father in his arms with measureless love,
> The white hair of the mother shines on the white wrist of the daughter,
> The breath of the boy goes with the breath of the man... friend is inarmed
>   by friend,
> The scholar kisses the teacher and the teacher kisses the scholar... the
>   wronged is made right,
> The call of the slave is one with the master's call... and the master salutes the
>   slave,

---

ele! como me avilta,/ Como denuncia meu irmão e minha irmã e recebe pelo sangue deles,/ Como ri quando fito a curva do barco a vapor que leva minha mulher.// Agora o vasto volume sombrio que é o volume da baleia... parece o meu,/ Cuidado, camarada! se pareço sossegado e indolente, meu leve toque é morte.

The felon steps forth from the prison... the insane becomes sane... the suffering of sick persons is relieved,
The sweatings and fevers stop... the throat that was unsound is sound... the lungs of the consumptive are resumed... the poor distressed head is free,
The joints of the rheumatic move as smoothly as ever, and smoother than ever,
Stiflings and passages open... the paralyzed become supple,
The swelled and convulsed and congested awake to themselves in condition,
They pass the invigoration of the night and the chemistry of the night and awake.*

Vindo logo após a visão de Lúcifer, um verso aqui é especialmente inquietante: "O chamado do escravo se une ao chamado do senhor... e o senhor saúda o escravo" [*The call of the slave is one with the master's call... and the master salutes the slave*]. Ficamos a imaginar o que os primeiros admiradores de Whitman — Emerson e Thoreau — teriam achado de tal sentimento.

Sempre mais vigoroso no começo e no final de seus cantos, Whitman supera a si mesmo ao concluir:

I too pass from the night;
I stay awhile away O night, but I return to you again and love you;

---

* Os adormecidos são muito bonitos deitados nus,/ Flutuam de mãos dadas por toda a terra de leste a oeste deitados nus;/ Asiático e africano dão-se as mãos... europeu e americano dão-se as mãos;/ Culto e inculto dão-se as mãos... e macho e fêmea dão-se as mãos;/ O braço nu da jovem cruza o peito nu do amante... muito juntos encostados sem luxúria... os lábios dele encostados no pescoço dela,/ O pai mantém nos braços o filho crescido ou ainda pequeno com desmedido amor... e o filho mantém nos braços o pai com desmedido amor,/ O cabelo branco da mãe rebrilha no pulso branco da filha,/ A respiração do menino acompanha a respiração do homem... o amigo é abraçado pelo amigo,/ O aluno beija o professor e o professor beija o aluno... o errado é corrigido,/ O chamado do escravo se une ao chamado do senhor... e o senhor saúda o escravo,/ O criminoso sai da prisão... o insano se torna são... o sofrimento dos doentes se alivia,/ Os suores e febres cessam... a garganta enferma se cura... os pulmões do tuberculoso se recuperam... a pobre cabeça angustiada se liberta,/ As articulações do reumático se movem fáceis como sempre e mais fáceis do que nunca,/ Sufocamentos e passagens se abrem... o paralisado fica flexível,/ Os inchados e convulsionados e congestionados despertam com saúde,/ Passam pelo revigoramento da noite e pela química da noite e despertam.

Why should I be afraid to trust myself to you?
I am not afraid... I have been well brought forward by you;
I love the rich running day, but I do not desert her in whom I lay so long;
I know not how I came of you, and I know not where I go with you... but I
know I came well and shall go well.

I will stop only a time with the night... and rise betimes.

I will duly pass the day O my mother and duly return to you;
Not you will yield forth the dawn again more surely than you will yield
    forth me again,
Not the womb yields the babe in its time more surely than I shall be
    yielded from you in my time.*

    A noite e a mãe estão aliadas ao universo da morte, ao mar. Em alguns momentos, Wallace Stevens e Hart Crane reafirmam o poder mental do poeta sobre o universo da morte, porém aprendem a acompanhar a sutil passividade de Whitman em poemas como "The Owl in the Sarcophagus" [A coruja no sarcófago] e a sequência de "Voyages". Walt estabelece o limite para seus principais herdeiros, mesmo quando lhes abre a nova rota.

FOLHAS DE RELVA | 1856

"Crossing Brooklyn Ferry"

    Leitores gabaritados desde Thoreau a Kenneth Burke consideram "Sun-Down Poem" [Poema do poente], da edição de *Folhas de relva* de 1856, a

---

* Eu também saio da noite;/ Fico longe algum tempo, ó noite, mas retorno a ti e a ti amo;/ Por que teria medo de me entregar a ti?/ Não tenho medo... Fui muito bem criado por ti;/ Amo os ricos dias sucessivos, mas não abandono aquela em quem me deito longamente;/ Não sei como vim de ti, e não sei aonde vou contigo... mas sei que vim bem e bem irei.// Pararei apenas algum tempo com a noite... e logo levantarei.// Passarei devidamente o dia, ó minha mãe, e devidamente retornarei a ti;/ Tal como te entregarás à aurora outra vez, assim te entregarás a mim outra vez,/ Tal como o ventre entrega o bebê em seu tempo, assim de ti sairei em meu tempo.

obra-prima de Whitman. "Crossing Brooklyn Ferry" é magnífico por qualquer critério, mas lembro-me de ter comentado com Burke que, quase por definição, nenhum outro poema da literatura americana podia se equiparar a "Song of Myself". Como épico breve, está no nível da vastidão de *Moby Dick* e das realizações completas de *Huckleberry Finn*, *A letra escarlate* e *Retrato de uma senhora*. Quanto à originalidade, nada se iguala a "Song of Myself", embora "Crossing Brooklyn Ferry" chegue perto. Ambos puxam o leitor para junto do poeta, frente a frente.

A figura bíblica do "frente a frente" reverbera porque é como Moisés vê Jeová e mesmo assim não é consumido. Jacó em Peniel luta com um dos Eloins (talvez o anjo da morte) num confronto noturno, ao passo que Paulo, em 1 Coríntios 13, tenta transpor Moisés e Israel (Jacó) em outra visão frente a frente.

Walt, porém, começa vendo o pôr do sol frente a frente. Os outros passageiros, voltando para casa no Brooklyn, amalgamam-se entre si e em futuros trânsitos por uma Nova York visionária. Os poemas de minha cidade natal são de surpreendente variedade, mas os mais importantes são os de Whitman e Hart Crane, o qual sabia que a balsa do Brooklyn fora substituída pela ponte do Brooklyn. Cresci lendo *In New York* [Em Nova York], o volume de poemas do maravilhoso Moyshe-Leyb Halpern — o Baudelaire iídiche —, ao lado de *A ponte*, em que Hart Crane supera a Londres de T.S. Eliot. Whitman chegou a mim logo depois deles, e aos poucos entendi que, deixando de lado a superfície, ele é um poeta ainda mais difícil do que Hart Crane, não na composição, mas ao enganar o leitor de início.

"Crossing Brooklyn Ferry" é uma modalidade inevitavelmente sutil do enquadramento do visível, tornando sua visualização um pouco mais difícil. Stevens critica Eliot por não ter tal dom e segue Whitman nessa prática, assim como Elizabeth Bishop é sombreada pelo visionário de Hartford em suas próprias fusões entre visível e invisível.

A relação de Whitman com os pintores luministas americanos tem sido amplamente estudada, mas não considero Walt produto da sensibilidade de sua época. Gênio ou demo é raro e tem sua época própria. Blake disse bem: "O Gênio sempre está acima de sua Época".

O demo presenteou Whitman em 1856 com a súbita dádiva de se dirigir ao leitor de maneira assombrosamente direta:

Whoever you are, now I place my hand upon you, that you be my poem,
I whisper with my lips close to your ear,
I have loved many women and men, but I love none better than you.*

Ver frente a frente na Bíblia é arriscado, mas pode ter êxito. "Crossing Brooklyn Ferry" redefine a imortalidade de modo ainda mais radical do que "Lilacs". Walt interpreta seus futuros leitores numa leitura autoral avançada por meio da qual eles se fundem. Seremos seus sobreviventes.

A fusão se faz possível por meio de uma difusão de Whitman, semelhante ao final de "Song of Myself", mas mais intrincada:

The impalpable sustenance of me from all things at all hours of the day,
The simple, compact, well-join'd scheme, myself disintegrated, every one
    disintegrated yet part of the scheme,
The similitudes of the past and those of the future,
The glories strung like beads on my smallest sights and hearings, on the
    walk in the street and the passage over the river,
The current rushing so swiftly and swimming with me far away,
The others that are to follow me, the ties between me and them,
The certainty of others, the life, love, sight, hearing of others.**

Desintegrar-se, mas fazer parte do conjunto leva à formulação central do poema:

I too had been struck from the float forever held in solution,
I too had received identity by my body,

---

* Sejas quem for, agora pouso minha mão sobre ti, para que sejas meu poema,/ Sussurro com meus lábios próximos a teu ouvido,/ Amei muitas mulheres e homens, mas a ninguém mais do que a ti.

** O impalpável sustento que me dão todas as coisas em todas as horas do dia,/ O esquema simples, compacto, bem articulado, eu mesmo desintegrado, cada qual desintegrado e mesmo assim parte do esquema,/ As semelhanças do passado e as do futuro,/ As glórias formando um colar de contas nas menores coisas que vejo e ouço, ao caminhar na rua e ao cruzar o rio,/ A correnteza seguindo tão rápido e comigo nadando para longe,/ Os outros que me seguirão, os laços entre mim e eles,/ A certeza de outros, a vida, amor, visão, audição de outros.

That I was, I knew was of my body, and what I should be I knew I should
    be of my body.*

Aqui o sublime beira o grotesco: a Realidade é uma emulsão epicuriana até que o eu se identifica com o próprio corpo, que é seu destino. Um materialismo metafísico coerente não admite nenhuma liberdade, a não ser o conhecimento da primazia do corpo. Vem-nos à mente o adágio de Freud: "Anatomia é destino".

A seção 6, uma das mais sombrias de Whitman, explora as consequências:

It is not upon you alone the dark patches fall,
The dark threw its patches down upon me also,
The best I had done seem'd to me blank and suspicious,
My great thoughts as I supposed them, were they not in reality meagre?
Nor is it you alone who know what it is to be evil,
I am he who knew what it was to be evil,
I too knitted the old knot of contrariety,
Blabb'd, blush'd, resented, lied, stole, grudg'd,
Had guile, anger, lust, hot wishes I dared not speak,
Was wayward, vain, greedy, shallow, sly, cowardly, malignant,
The wolf, the snake, the hog, not wanting in me,
The cheating look, the frivolous word, the adulterous wish, not wanting,
Refusals, hates, postponements, meanness, laziness, none of these wanting,
Was one with the rest, the days and haps of the rest,
Was call'd by my nighest name by clear loud voices of young men as they
    saw me approaching or passing,
Felt their arms on my neck as I stood, or the negligent leaning of their flesh
    against me as I sat,
Saw many I loved in the street or ferry-boat or public assembly, yet never
    told them a word,
Lived the same life with the rest, the same old laughing, gnawing, sleeping,

---

* Eu também viera arremessado do flutuar em perpétua solução,/ Eu também recebera identidade dada por meu corpo,/ O que eu era, sabia que era de meu corpo, e o que eu devia ser, sabia que devia ser de meu corpo.

Play'd the part that still looks back on the actor or actress,
The same old role, the role that is what we make it, as great as we like,
Or as small as we like, or both great and small.*

Whitman alude diretamente a Edgar, de *Rei Lear*, e também pode estar evocando o Salmo 139. Passando-se por Tom O'Bedlam, Edgar inventa pecados anteriores: "porco na preguiça, raposa no furto, lobo na ganância, cachorro na loucura, leão na pilhagem".

As acusações que Whitman faz a si mesmo são sombriamente eloquentes, mas serão persuasivas? Walt, com grande sutileza, entrelaça Edgar, que relutante ocupa o trono ao final da tragédia de Lear, com o rei Davi do Salmo 139. Whitman se condena por desempenhar papéis falsos que vêm a incriminá-lo. Num raro momento de veracidade erótica, ele admite seu fracasso em corresponder aos avanços dos rapazes. Davi, no Salmo 139, proclama que "de modo assombroso e maravilhoso fui feito", assim remontando sua identidade a Deus, e não — como faz Walt — ao corpo. Apesar disso, ambos, ao contrário do desesperançado Edgar (que ao final se converte em vingador heroico), mesclam louvor e tremor perante o divino — Jeová para o rei Davi, o próprio corpo para Walt Whitman.

---

* Não é apenas sobre ti que caem as nódoas escuras,/ O escuro lançou suas nódoas sobre mim também,/ O melhor que eu havia feito pareceu-me vazio e suspeito,/ Meus pensamentos, que eu julgava grandiosos, não eram na realidade ínfimos?/ E não é apenas tu que sabes o que é ser mau,/ Sou aquele que sabia o que era ser mau,/ Também me obstinei na velha mania de ser do contra,/ Fraudei, cobicei, me encolerizei, menti, roubei, invejei,/ Tive indiscrição, raiva, luxúria, desejos ardentes que não ousei dizer,/ Fui teimoso, vaidoso, ganancioso, superficial, sorrateiro, covarde, malévolo,/ Em mim não faltando o lobo, a serpente, o porco,/ Não faltando o olhar mentiroso, a palavra frívola, o desejo adúltero,/ Não faltando, nenhum deles, ódios, recusas, adiamentos, mesquinharia, preguiça,/ Fui como os demais, os dias e vicissitudes dos demais,/ Fui chamado por meu mais íntimo nome à clara e alta voz de rapazes que me viam aproximar ou passar,/ Senti os braços deles em meu pescoço quando de pé ou o descuidado roçar de suas carnes em mim quando sentado,/ Vi muitos que amei na rua, na balsa ou na assembleia pública, mas nunca lhes disse uma palavra,/ Vivi a mesma vida dos demais, o mesmo velho gargalhar, remoer, dormir,/ Desempenhei o papel que ainda busca o ator ou a atriz,/ O mesmo velho papel, o papel que é o que fazemos, grande como quisermos/ Ou pequeno como quisermos, ou grande e pequeno ao mesmo tempo.

Profetizando William Carlos Williams, a solução do poema se dá pela exaltação das coisas vistas: os "belos ministros mudos" [*dumb, beautiful ministers*] de Whitman. Pessoalmente, creio que Wallace Stevens foi ainda mais whitmaniano ao escrever para o amigo Williams, em "Notes Toward a Supreme Fiction": "... a primeira ideia é uma coisa imaginada" [*the first idea is an imagined thing*]. Mas Williams devia saber que, embora Whitman — como convém à nossa Ficção Suprema encarnada — eleve as aparências ao sublime, essas manifestações são talhas:

Appearances, now or henceforth, indicate what you are,
You necessary film, continue to envelop the soul,
About my body for me, and your body for you, be hung our divinest aromas,
Thrive, cities—bring your freight, bring your shows, ample and sufficient rivers,
Expand, being than which none else is perhaps more spiritual,
Keep your places, objects than which none else is more lasting.

You have waited, you always wait, you dumb, beautiful ministers,
We receive you with free sense at last, and are insatiate henceforward,
Not you any more shall be able to foil us, or withhold yourselves from us,
We use you, and do not cast you aside—we plant you permanently within us,
We fathom you not—we love you—there is perfection in you also,
You furnish your parts toward eternity,
Great or small, you furnish your parts toward the soul.*

---

* Aparências, agora ou doravante, indicai quem sois/ Tu, necessária película, continua a envolver a alma,/ Sobre meu corpo para mim, e teu corpo para ti, pairem nossos mais divinos aromas,/ Prosperai, cidades — trazei mercadorias, espetáculos, amplos e adequados rios,/ Crescei, mais espirituais talvez do que qualquer outra,/ Preservai vossos locais, objetos mais duradouros do que qualquer outro.// Esperastes, sempre esperais, belos ministros mudos,/ A vós recebemos finalmente com livre sensação e agora ficamos insaciáveis,/ Não mais podereis nos enganar ou recusar-vos a nós,/ A vós usamos e não deixamos de lado — plantamos-vos permanentemente dentro de nós,/ Não vos sondamos — amamos-vos — há perfeição em vós também,/ Forneceis vossos papéis rumo à eternidade,/ Grandes ou pequenos, forneceis vossos papéis rumo à alma.

Os tons de Lucrécio estão muito distantes disso, mas a doutrina é seu epicurismo. Os átomos são nossa realidade operante, permanente e espiritual, presididos por deuses indiferentes a nós. A "livre sensação" [*free sense*] decorre do clinâmen ou desvio, uma invenção da alma que é restrita, mas ainda assim possibilitadora. "Não vos sondamos" é sólido epicurismo, tal como "O 'quê' é incognoscível".

Para Whitman, a alma era incognoscível, exceto pelo processo obscuro descrito em "The Sleepers", depois que a noite e a morte se reconciliam com a mãe e o mar. "Crossing Brooklyn Ferry" é um poema luminoso, de uma originalidade única, com uma ansiedade discreta: "A vós usamos e não deixamos de lado — plantamos-vos permanentemente dentro de nós" [*We use you, and do not cast you aside—we plant you permanently within us*]. O uso e o plantio perpétuo serão reconciliáveis? O que é usado na realidade acaba gasto pelo uso. Talvez seja por isso que a poesia de Whitman declinou após 1865.

Em última instância, entendo "Crossing Brooklyn Ferry" como uma parábola demônica que vai além das intenções aparentes de Whitman, quer as tomemos como transcendentalismo estético ou como materialismo metafísico, semelhante ao conflito shelleyiano entre coração e mente. Uma intensidade demônica perpassa Edgar no papel de Tom O'Bedlam. Embora Edgar fosse até então um rapaz crédulo e gentil, desencadeia-se nele, ao ser traído por Edmund, um talento para o disfarce histriônico e para uma eloquência verborrágica fantástica, tanto em verso quanto em prosa. Whitman, ecoando Edgar, faz o papel de Walt Whitman, um americano, um dos rudes, e se sente envergonhado pelo papel quando olha para si mesmo.

A exaltação das aparências no final do poema tem alguns aspectos questionáveis, apesar do ritmo impetuoso e da considerável eloquência na dicção. Por que os Detalhes Miúdos [*Minute Particulars*], como dizia William Blake, ou as "aparências" são capazes de indicar quem somos? Enquanto "aparências", qual é a garantia de que não são simuladas?

Whitman — que sabe disso — dá a enérgica resposta: "Sobre meu corpo para mim, e teu corpo para ti, pairem nossos mais divinos aromas" [*About my body for me, and your body for you, be hung our divinest aromas*]. No salmo de Walt, o corpo é Deus, afirmação que o poeta autor do 139º salmo de Davi teria atribuído aos inimigos de Jeová.

O leitor há de lembrar a obsessão bíblica de Whitman com perfumes, desde a segunda seção, "Song of Myself", até o aroma dos lilases. G. K. Chesterton, antes de se converter ao catolicismo, defendeu veementemente o bardo americano das acusações de egocentrismo, observando que Whitman, como Jesus Cristo, era uma demonstração do potencial divino da humanidade.

FOLHAS DE RELVA | 1860

"A Word Out of the Sea"

O que agora se chama "Out of the Cradle Endlessly Rocking" foi incluído na edição de *Folhas de relva* de 1860 com o título ainda mais forte de "A Word Out of the Sea" [Uma palavra vinda do mar]:

Out of the rocked cradle,
Out of the mocking-bird's throat, the musical shuttle,
Out of the boy's mother's womb, and from the nipples of her breasts,
Out of the Ninth Month midnight,
Over the sterile sands, and the fields beyond, where the child, leaving his
    bed, wandered alone, bareheaded, barefoot,
Down from the showered halo,
Up from the mystic play of shadows, twining and twisting as if they were
    alive,
Out from the patches of briers and blackberries,
From the memories of the bird that chanted to me,
From your memories, sad brother—from the fitful risings and fallings I
    heard,
From under that yellow half-moon, late-risen, and swollen as if with tears,
From those beginning notes of sickness and love, there in the transparent
    mist,
From the thousand responses of my heart, never to cease,
From the myriad thence-aroused words,
From the word stronger and more delicious than any,
From such, as now they start, the scene revisiting,

As a flock, twittering, rising, or overhead passing,
Borne hither—ere all eludes me, hurriedly,
A man—yet by these tears a little boy again,
Throwing myself on the sand, confronting the waves,
I, chanter of pains and joys, uniter of here and here-after,
Taking all hints to use them—but swiftly leaping beyond them,
A reminiscence sing.*

Na poesia da sensibilidade setecentista britânica, essa visão do bardo iniciante é chamada de "encarnação do caráter poético", referência ao frenético e brilhante poema "Ode on the Poetical Character" [Ode ao caráter poético], de William Collins. Whitman toma sua posição central entre Collins, Coleridge, Shelley e Wallace Stevens, em "Mrs. Alfred Uruguay". Collins celebra um "jovem matinal de rica cabeleira" [rich-hair'd youth of morn], que se modula como o jovem de "olhos faiscantes" [*flashing eyes*] e "cabelos flutuantes" [*floating hair*] do "Kubla Khan" de Coleridge. Shelley se transforma nesse jovem em seu "Hymn to Intellectual Beauty". Walt, autoproclamado "bardo iniciante do amor", em êxtase "com seus cabelos a atmosfera namorando" [*with his hair the atmosphere dallying*], o vento soprando em sua cabeça descoberta, prenuncia o jovem em "Mrs. Alfred Uruguay", "sem cabeleira e pobremente vestido... arrogante de suas forças transbordantes" [*no chevalare*

---

* Do berço embalado,/ Da garganta do tordo-imitador, a lançadeira musical,/ Do ventre da mãe do menino e dos mamilos de seus seios,/ Da meia-noite do Nono Mês,/ Sobre as areias estéreis e os campos além, por onde o menino deixando a cama vagueava sozinho, cabeça nua, pés nus,/ Descendo da auréola derramada,/ Subindo do jogo místico de sombras se juntando e trançando como se vivas fossem,/ Dos trechos de urzes brancas e amoras-pretas,/ Das memórias do pássaro que cantava para mim,/ De tuas memórias, pobre irmão — dos espasmos arfantes que ouvi,/ Sob aquela meia lua amarela tardia e como que inchada de lágrimas,/ Daquelas notas iniciais de náusea e amor lá na bruma transparente,/ Das mil respostas incessantes de meu coração,/ Da miríade de palavras desde então surgidas,/ Da palavra mais forte e deliciosa de todas,/ A partir de tudo isso, agora que surgem, a cena revisitando,/ Como um bando, trinando, subindo ou por sobre a cabeça passando,/ Acercando-se — antes que tudo escape às pressas de mim,/ Um homem — mas, por essas lágrimas, outra vez menino,/ Lançando-me sobre a areia, enfrentando as ondas,/ Eu, cantor de dores e alegrias, unificador do aqui e do além,/ Aceitando e usando todas as sugestões — mas rápido saltando além delas,/ Uma reminiscência canto.

and poorly dressed... arrogant of his streaming forces], que desce galopando pelo monte da visão da sra. Alfred Uruguay, passando a seu lado enquanto ela continua a lavrar, conduzindo seu burrico triste e paciente. "Creio que a elegância deve lutar como todo o resto", diz ela, em resplendentes vestes de veludo, e proclama: "Limpei e removi o luar como lama" [*I have wiped away moonlight like mud*].

Stevens, defensivo e cauteloso em relação a seu grande precursor americano, não pode ingressar na temporada da elegia sem evocar as palavras de Walt vindas do mar. Por poderosa que seja a pressão de Whitman, seu efeito em Stevens e em nós mesmos se intensifica ainda mais com sua sólida posição na tradição oculta de um dos temas de maior relevo na poesia ocidental: o poder da mente do poeta sobre um universo de morte. De Homero, vindo por Virgílio, Dante, Spenser, Milton, Goethe, Wordsworth e sua progênie europeia, essa linhagem de preocupação literária se metamorfoseou na diferença americana de Emerson, Whitman, Melville, Dickinson, Frost, Stevens, Eliot, Hart Crane. Até que ponto, na acepção de Wordsworth, a mente do poeta é dona e senhora e os sentidos externos são servos de sua vontade? Em Shakespeare, os sete solilóquios de Hamlet nos oferecem o exemplo mais abrangente de um embate entre a mente criadora e a velha noite, abismo que é ao mesmo tempo mãe e pai primordiais. A origem — associada à figura da mãe —, em nome da vida, insistia Nietzsche, precisava ficar separada do fim, utilizando-se a imagem do pai. Grandiosa ironia em Nietzsche e Kierkegaard, como em *Hamlet* antes deles, essa excêntrica esperança soçobra com Ahab e o *Pequod*.

Para Stevens, tal imersão constituía o objetivo de "The Idea of Order at Key West" [A ideia de ordem em Key West], reflexão whitmaniana sobre transcender o demo do mar. A moça andando na orla da praia, cantando seu próprio poema enquanto caminha, é o demo do poeta desafiando e transcendendo o gênio do mar. Criando sua canção a cada palavra, ela afirma o poder da mente de maneira soberba: "Pois era ela a autora" [*For she was the maker*]. No final do poema, Stevens repreende ironicamente um contemporâneo crítico francês antirromântico, um dublê de Eliot ou Allen Tate:

Ramon Fernandez, tell me, if you know,
Why, when the singing ended and we turned
Toward the town, tell why the glassy lights,

The lights in the fishing boats at anchor there,
As night descended, tilting in the air,
Mastered the night and portioned out the sea,
Fixing emblazoned zones and fiery poles,
Arranging, deepening, enchanting night.

Oh! Blessed rage for order, pale Ramon,
The maker's rage to order words of the sea,
Words of the fragrant portals, dimly-starred,
And of ourselves and of our origins,
In ghostlier demarcations, keener sounds.*

Fernandez não tem como saber, pois a iluminação alto romântica domina a noite e o mar, embora não a morte e a mãe. Ramon tem uma dolorosa mania *de* ordem; a de Stevens — como a de Whitman e de Keats — é a mania do poeta *em pôr* ordem com limites menos restritos, criar uma música cognitiva ainda mais penetrante: a palavra de Walt vinda do mar, as janelas encantadas de Keats, as canções de nós mesmos, o retorno às origens ainda ocultas no Sublime Americano.

Eis Stevens escrevendo em *Nocturne*, em 1955, sobre o perigoso Walt:

Imagino que vocês pensam em Whitman como um morador do Brooklyn. Mas era um Brooklyn totalmente diferente do de hoje. Sempre penso nele como um morador de Camden que percorria a Filadélfia num bonde aberto. Se estivesse na frente, se poria muito folgado com um pé no estribo. Se estivesse nos fundos, botaria os dois pés na grade de trás.

---

* Ramon Fernandez, dize-me, se souberes,/ Por que, ao terminar o canto e voltarmos/ À cidade, dize por que as luzes vítreas,/ As luzes nos pesqueiros lá ancorados,/ Enquanto descia a noite, oscilavam no ar,/ Dominavam a noite e recortavam o mar,/ Marcando zonas blasonadas e mastros altivos,/ Arrumando, aprofundando, encantando a noite.// Oh! Bendita mania de ordem, pálido Ramon,/ A mania do autor em pôr ordem a palavras do mar,/ Palavras dos fragrantes portais, vagamente estrelados,/ E de nós mesmos e de nossas origens,/ Em demarcações mais espectrais, sons mais penetrantes.

O poeta-andarilho folgazão, entre um monte de lixo, não constituía propriamente um ideal para Stevens, mas cito outra vez a passagem mais exaltada que o visionário de Hartford compôs:

I
In the far South the sun of autumn is passing
Like Walt Whitman walking along a ruddy shore.
He is singing and chanting the things that are part of him,
The worlds that were and will be, death and day.
Nothing is final, he chants. No man shall see the end.
His beard is of fire and his staff is a leaping flame.

II
Sigh for me, night-wind, in the noisy leaves of the oak.
I am tired. Sleep for me, heaven over the hill.
Shout for me, loudly and loudly, joyful sun, when you rise.*

A seção II é um Whitman ainda mais puro do que o que D. H. Lawrence arriscou no maravilhoso "Whales Weep Not!" [As baleias não choram!]. Lawrence, filho de Nottingham, é autêntico filho de Whitman e Melville, instigadores de seu vitalismo heroico.

Mas voltemos à primeira estrofe de "A Word Out of the Sea". Muitos leitores notam como Whitman sustenta maravilhosamente a frase de abertura ao longo de 23 versos. Será um ritmo de despertar gradual ou algo muito diferente, protelando a lembrança para escapar à consciência de mortalidade: "a palavra mais forte e deliciosa de todas" [*the word stronger and more delicious than any*]? O desolado tordo-imitador, o "demo obscuro" [*dusky daemon*] do poeta ou seu verdadeiro eu tem, na prática, sua voz sobrepujada pelo mar, em outra Grande Derrota Americana. Whitman dá prioridade a suas próprias canções, bem como sua progênie de maior vitalidade.

---

* I. No extremo sul o sol de outono está passando/ Como Walt Whitman andando por uma costa rubra./ Entoa e canta as coisas que são parte dele,/ Os mundos que existiram e existirão, a morte e o dia./ Nada é final, canta ele. Nenhum homem verá o fim./ Sua barba é de fogo e seu bastão é uma chama a saltar.// II. Suspira por mim, vento noturno, nas rumorosas folhas do carvalho./ Estou cansado. Dorme por mim, céu sobre a colina,/ Grita por mim, alto, muito alto, jubiloso sol, quando nascer.

Roy Harvey Pearce, que organizou uma utilíssima edição das *Folhas de relva* de 1860, comentou-me décadas atrás sua convicção de que era ela o coroamento da obra de Whitman, do "agora" em sua mais plena acepção: "puro dado", poder como *potentia*, sempre algo mais prestes a ser. Hart Crane, comparando William Carlos Williams a Whitman numa carta, considerava ambos "informais demais", mas ressaltava a canção subjacente nos progenitores que tinham em comum.

Mas em Whitman há uma corrente constante — em meio-tom ou subtom — que quase nunca o abandona. E um ritmo que quase sempre anuncia a "palavra" inefável que ele tem a dizer. Esse "tom", asserção ou o que seja emerge por entre todos os paradoxos e contradições em sua obra. Não tenta ser lógico. É uma "operação" de alguma lei universal que ele apreende, mas não pode ser expressa em nenhuma fórmula ou atitude. Ou se capta ou não se capta. Quando aparece numa coisa como o primeiro "parágrafo" de "Out of the Cradle Endlessly Rocking", é simplesmente assoberbante. O homem está ao mesmo tempo longe e perto:

This is the far-off depth and height reflecting my own face;
This is the thoughtful merge of myself, and the outlet again:*

Eis os versos finais de "Out of the Cradle" de 1860:

Which I do not forget,
But fuse the song of two together,
That was sung to me in the moonlight on Paumanok's gray beach,
With the thousand responsive songs, at random,
My own songs, awaked from that hour,
And with them the key, the word up from the waves,
The word of the sweetest song, and all songs,
That strong and delicious word which, creeping to my feet,
The sea whispered me.**

---

* Esta é a remota profundeza e altura refletindo meu rosto;/ Esta é a cuidadosa fusão de mim mesmo, e a vazão novamente.
** As quais não esqueço,/ Mas uno a canção de ambos,/ A que me foi cantada ao luar na praia cinza de Paumanok,/ Com as mil canções em resposta, ao acaso,/ Minhas próprias canções,

Aqui transvalorada, a palavra sussurrada "morte" não é a literal morte nossa morte, mas um termo figurado designando o despertar para a poeticidade. Alguns anos atrás, organizei um livro de "últimos poemas", *Till I End My Song* (Até que eu termine minha canção), de Spenser até a contemporaneidade, e observei que os poemas fortes são compostos contra a morte, embora não contra o morrer. Essa distinção lucreciana é fundamental para Walt, que seguia Epicuro através de Fanny Wright. Em Lucrécio, a imagem da liberdade é o clinâmen, o súbito e imprevisto desvio dos átomos caindo do oceano do tempo e do espaço dentro de nosso cosmo. As elegias de *Detritos marinhos* de Whitman são clinâmens ou desvios dentro da nova liberdade do bardo iniciante. Libertação de quais amarras?

Pearce ressaltou a descoberta e a aceitação de limites de Whitman em *Folhas de relva* de 1860. Tendo avançado tão longe com a linguagem, Walt veio a perceber que não poderia avançar mais, a não ser que se arriscasse além da linguagem, o que seria a morte da poesia. Para Pearce, essa percepção foi a grandiosidade de Whitman. Quando concordei e lhe comentei que o Walt hermético praticamente desaparece após 1865, exatamente porque perde qualquer senso dos limites, fiquei surpreso com a réplica, que atribuiu o declínio às ambições proféticas.

A poesia profética, de Isaías, passando por Blake e Shelley, até Geoffrey Hill, é uma modalidade difícil, e sem dúvida Whitman ocupa um lugar central em suas tradições ocultas: como separar Whitman e suas realizações de uma visão da América se tornando ela própria o poema perfeito? Sabemos que, para usar as palavras de Emerson, o custo da confirmação foi muito alto para ele. Emerson proclama arrebatado que, em nossos momentos mais elevados, tornamo-nos uma visão. Os arrebatamentos de Walt podem ser surpreendentes, mas não convencem nem a ele mesmo.

Moby Dick de 1851 e *Folhas de relva* de 1860 são autobiografias espirituais ao modo americano dos imensos diários de Emerson, de *Walden* de Thoreau e de *Eureka* de Poe, sua exorbitante resposta ao ensaio "Natureza" de Emerson. Sendo americano, o demo conta sua própria história, ainda que

---

desde então despertas,/ E com elas a chave, a palavra se erguendo das ondas,/ A palavra da mais doce canção de todas as canções,/ Aquela palavra forte e deliciosa que, chegando a meus pés,/ O mar sussurrou a mim.

indiretamente: o crescimento é tanto da mente quanto da personalidade do poeta. O demo para os gregos antigos era o *ethos*, mas na invenção do humano de Shakespeare, bem como na de seus seguidores americanos, o *páthos* é que é o demo, o potencial oculto da personalidade desperta.

Em *Folhas de relva*, todo o drama é interiorizado. Whitman se divide em três — eu, o Eu real, a alma — que discutem ao longo de toda a obra. *Moby Dick* tem diversos atores: Ahab, a Baleia Branca, Ismael, Queequeg, Starbuck, Stubb, Fedallah, Pip e os demais tripulantes do *Pequod*. Em termos shakespearianos, Walt amalgama Hamlet, Falstaff, Edgar de *Lear*; Ahab funde Macbeth, Hamlet, Lear. Acab é Acab?, como pergunta o próprio Acab. É agente ou é o duplo sombrio Fedallah, arpoador parse místico? Acab é Melville? Nenhum estudioso de Melville diz isso, mas claro que é, assim como Hamlet é a consciência abrangente de Shakespeare, Macbeth sua imaginação profética, Falstaff seu deus da vida, mais vida. Ahab é o demo de Herman Melville, seu gênio, seu prolongamento da revolta de Jó que erroneamente chamamos de paciência. Disse ele numa carta a Hawthorne: "Escrevi um livro pecaminoso e sinto-me puro como um cordeiro". Puro como um cordeiro, Melville se libertou escrevendo um livro pecaminoso, o casamento americano do céu e do inferno. Um romance de busca, por dramático que seja, consegue alcançar a tragédia? *Hamlet* é trágico, ou será demasiado ilimitado para tal modalidade?

"A palavra vinda do mar" de T.S. Eliot emerge em "The Dry Salvages", um retorno de Whitman na terceira seção dos *Quatro quartetos*: um Walt mais purificado do que o elegíaco conseguiu em toda *A terra desolada*. Aquele era Whitman em Lilacs", mas esses versos de Eliot se medem pelo compromisso métrico de *Detritos marinhos*, onde o oceano da vida reflui:

> The menace and caress of wave that breaks on water,
> The distant rote in the granite teeth,
> And the wailing warning from the approaching headland
> Are all sea voices, and the heaving groaner
> Rounded homewards, and the seagull:*

---

* A ameaça e carícia da onda que se quebra na água,/ A ressaca distante nos dentes de granito/ E a lamentosa advertência do promontório próximo/ São todas elas vozes do mar, e a boia de sinalização/ Apontando para casa, e a gaivota:

Eliot tem ganhado sucessivos vernizes com a exegese hagiográfica, com os proponentes do mito do Grande Deslizamento Ocidental da Manteiga, na expressão memorável de meu finado amigo e ex-mentor Northrop Frye. Para acólitos como Allen Tate e Cleanth Brooks, Helen Gardner e mesmo Frank Kermode, figura muito mais notável, Eliot foi o profeta que anunciou a antiga existência de uma grande bola de manteiga clássica e cristã, que começou a se derreter na segunda metade do século XVII, deslizou pelas encostas do Iluminismo e do Romantismo e por fim se imobilizou magnificamente em A terra desolada.

Quando jovem crítico e acadêmico no período de 1957 a 1977, eu era um revivalista romântico, batalhando furiosamente para devolver ao cânone muitos grandes escritores: Spenser, Milton, Blake, Shelley, Browning, Tennyson, Emerson, Whitman, Thomas Carlyle, Ruskin, Pater, Wilde, Swinburne, Lawrence, Stevens, Hart Crane e outros. Muitos, se não a maioria deles, tinham sido expatriados por Eliot e seus fabriqueiros. Quando menino, meus ouvidos se encantaram com a poesia de Eliot, mas sua crítica — literária e cultural — me desanimou. Aos 84, já me acalmei. Minha guerra está concluída, minha implicância refluindo com o oceano da vida. A prosa de Eliot ainda me desagrada; acabei de ler três volumes enormes de sua correspondência e minha velha implicância quase renasceu. Seu desprezo por Emerson é tão descabido que dá a impressão de ser algo pessoal.

Com alguns poetas, em especial Shelley e Whitman, as dores do romance familiar ativam a reação defensiva de Eliot. Shakespeare, recurso de todos, exerceu um efeito ambíguo sobre ele: Eliot dizia preferir *Coriolano* a *Hamlet*, bizarrice que nem merece resposta, e sua obra ecoava Shakespeare, tanto de forma explícita quanto involuntária, o que é um fenômeno geral. Em sua melhor fase, inicial e posterior, o estilo encantatório de Eliot alcança uma difícil precisão que apenas Hart Crane foi capaz de reproduzir, para fins muito diferentes. Allen Tate, cujos poemas mesclavam Eliot e Crane, seu grande amigo, disse-me num de nossos vários encontros embaraçados que "o problema de Hart era o projeto impossível de apresentar uma posição whitmaniana em cadências eliotianas". Lembro-me de ter murmurado que o resultado não foi problemático, e sim triunfal, como Eliot pode ter percebido quando Crane publicou "The Tunnel", a descida ao Averno em *A ponte*.

Mais adiante, há um capítulo neste livro dedicado a Eliot e Stevens, o qual sempre se divertiu com a sutil belicosidade de seu rival mais jovem e mais famoso. Mas ambos mantiveram um embate constante com o bardo americano da elegia "Lilacs", de "The Sleepers" e das monódias de *Detritos marinhos*, assim como *A ponte* de Crane lutava com "Crossing Brooklyn Ferry", "Song of Myself" e "Passage to India". O embate amoroso de Crane era explícito; as lutas de Stevens e Eliot com Whitman eram mais recônditas. Entre os grandes poetas americanos, poucos ficaram imunes a Whitman: Dickinson, Frost, Moore, Bishop, Warren, James Merrill. Os demais pertencem, das mais variadas formas, à sua linhagem: Robinson Jeffers, Ezra Pound, Williams, Ammons e Ashbery, assim como Eliot, Stevens e Crane. Edwin Arlington Robinson, atualmente subestimado, celebrou a força de Whitman, mas não com a intimidade do romance familiar da poesia.

"As I Ebb'd With the Ocean of Life"

"A Word Out of the Sea", que é a versão de 1860 do poema que depois veio a ser "Out of the Cradle Endlessly Rocking", é o paradigma fundador daquilo que o falecido Paul Fussell me ensinou a chamar de "Ode à Costa Americana", uma reflexão litorânea que Whitman nos deu como resposta à "ode à crise" alto romântica de Coleridge, Wordsworth, Shelley e Keats. Entre os maravilhosos exemplos de nossa herança poética agora rica estão o próprio "As I Ebb'd with the Ocean of Life" de Whitman, "The Idea of Order at Key West" e "The Auroras of Autumn" de Stevens, "The Dry Salvages" de Eliot, "Voyages" de Hart Crane, "Fish Food" de Wheelwright (um exorbitante tributo a Crane), "At the Fishhouses" e "The End of March" de Bishop, "At the Slackening of the Tide" de James Wright, "Corson's Inlet" de Ammons e "Beach Glass" de Amy Clampitt. A palma de ouro talvez caiba a "As I Ebb'd" de Whitman e a "Voyages" de Crane, mas "A Word Out of the Sea" inventa a modalidade nesse gênero: metamórfica, elegíaca, registrando a encarnação e depois a retração da vocação poética.

"O bardo iniciante do amor" se baseia no "demo obscuro despertado", mas esse despertar provoca a reação fatal das águas-marinhas maternas:

Answering, the sea,
Delaying not, hurrying not,
Whispered me through the night, and very plainly before daybreak,

Lisped to me constantly the low and delicious word Death,
And again Death—ever Death, Death, Death,
Hissing melodious, neither like the bird, nor like my aroused child's heart,
But edging near, as privately for me, rustling at my feet,
And creeping thence steadily up to my ears,
Death, Death, Death, Death, Death.*

Essa "Morte" quintuplicada reflete o próprio Whitman somando-se como quinto elemento à noite, à morte, à mãe e ao mar. O bardo iniciante do amor é transformado no poeta da morte da Terra do Anoitecer. O verso de Keats, "Estou desperto ou dormindo?" [Do I wake or sleep?], pode ter influenciado o despertar simultâneo de Walt para o amor e a morte. Minha suposição é que Whitman, no final de 1859, fugiu de seu primeiro encontro homoerótico completo. Esse peso vem implícito no magnífico poema companheiro e rival, "As I Ebb'd with the Ocean of Life", mais sombrio, aqui apresentado em sua versão de 1860:

Elemental drifts!
O I wish I could impress others as you and the waves have just been
    impressing me.

As I ebbed with an ebb of the ocean of life,
As I wended the shores I know,
As I walked where the sea-ripples wash you, Paumanok,
Where they rustle up, hoarse and sibilant,
Where the fierce old mother endlessly cries for her castaways,
I, musing, late in the autumn day, gazing off southward,
Alone, held by the eternal self of me that threatens to get the better of me,
    and stifle me,
Was seized by the spirit that trails in the lines underfoot,
In the rim, the sediment, that stands for all the water and all the land of the
    globe.

---

* Respondendo, o mar,/ Sem tardar, sem apressar,/ Sussurrou-me toda a noite e até logo antes do amanhecer,/ Ciciou-me constantemente a baixa e deliciosa palavra Morte,/ E de novo Morte — sempre Morte, Morte, Morte,/ Soando melodioso, não como o pássaro, nem como meu coração infantil desperto,/ Mas achegando-se, como se só para mim, roçando meus pés/ E então subindo a rastejar até meus ouvidos,/ Morte, Morte, Morte, Morte, Morte.

Fascinated, my eyes, reverting from the south, dropped, to follow those
   slender winrows,
Chaff, straw, splinters of wood, weeds, and the sea-gluten,
Scum, scales from shining rocks, leaves of salt-lettuce, left by the tide;
Miles walking, the sound of breaking waves the other side of me,
Paumanok, there and then, as I thought the old thought of likenesses,
These you presented to me, you fish-shaped island,
As I wended the shores I know,
As I walked with that eternal self of me, seeking types.

As I wend to the shores I know not,
As I listen to the dirge, the voices of men and women wrecked,
As I inhale the impalpable breezes that set in upon me,
As the ocean so mysteriously rolls toward me closer and closer,
At once I find, the least thing that belongs to me, or that I see or touch,
   I know not;
I, too, but signify, at the utmost, a little washed-up drift,
A few sands and dead leaves to gather,
Gather, and merge myself as part of the sands and drift.

O baffled, balked,
Bent to the very earth, here preceding what follows,
Oppressed with myself that I have dared to open my mouth,
Aware now, that amid all the blab whose echoes recoil upon me, I have
   not once had the least idea who or what I am,
But that before all my insolent poems the real Me still stands untouched,
   untold, altogether unreached,
Withdrawn far, mocking me with mock-congratulatory signs and bows,
With peals of distant ironical laughter at every word I have written or shall
   write,
Striking me with insults till I fall helpless upon the sand.

O I perceive I have not understood anything—not a single object—and
   that no man ever can.

I perceive Nature here, in sight of the sea, is taking advantage of me, to dart
   upon me, and sting me,

Because I was assuming so much,
And because I have dared to open my mouth to sing at all.

You oceans both! You tangible land! Nature!
Be not too rough with me—I submit—I close with you,
These little shreds shall, indeed, stand for all.

You friable shore, with trails of debris!
You fish-shaped island! I take what is underfoot;
What is yours is mine, my father.

I too Paumanok,
I too have bubbled up, floated the measureless float, and been washed on your shores;
I too am but a trail of drift and debris,
I too leave little wrecks upon you, you fish-shaped island.

I throw myself upon your breast, my father,
I cling to you so that you cannot unloose me,
I hold you so firm, till you answer me something.

Kiss me, my father,
Touch me with your lips, as I touch those I love,
Breathe to me, while I hold you close, the secret of the wondrous murmuring I envy,
For fear I shall become crazed, if I cannot emulate it, and utter myself as well as it.

Sea-raff! Crook-tongued waves!
O, I will yet sing, some day, what you have said to me.

Ebb, ocean of life, (the flow will return,)
Cease not your moaning, you fierce old mother,
Endlessly cry for your castaways—but fear not, deny not me,
Rustle not up so hoarse and angry against my feet, as I touch you, or gather from you.

I mean tenderly by you,
I gather for myself, and for this phantom, looking down where we lead, and following me and mine.

Me and mine!
We, loose winrows, little corpses,
Froth, snowy white, and bubbles,
(See! from my dead lips the ooze exuding at last!
See—the prismatic colors, glistening and rolling!)
Tufts of straw, sands, fragments,
Buoyed hither from many moods, one contradicting another,
From the storm, the long calm, the darkness, the swell,
Musing, pondering, a breath, a briny tear, a dab of liquid or soil,
Up just as much out of fathomless workings fermented and thrown,
A limp blossom or two, torn, just as much over waves floating, drifted at random,
Just as much for us that sobbing dirge of Nature,
Just as much, whence we come, that blare of the cloud-trumpets;
We, capricious, brought hither, we know not whence, spread out before
    You, up there, walking or sitting,
Whoever you are—we too lie in drifts at your feet.*

---

* Restos elementares!/ Oh quisera impressionar os outros como tendes, vós e as ondas, assim me impressionado.// Enquanto eu refluía com um refluxo do oceano da vida,/ Enquanto me dirigia às praias que conheço,/ Enquanto caminhava onde as ondulações do mar te banham, Paumanok,/ Onde se erguem ressoando ásperas e sibilantes,/ Onde a velha mãe bravia chora sem fim por seus náufragos,/ Eu, cismando, no final do dia de outono, fitando o sul,/ Sozinho, sustido pelo eterno eu de mim que ameaça de mim tirar o melhor e me sufocar,/ Fui tomado pelo espírito que deixa seu rastro nas linhas sob os pés,/ Na orla, o sedimento, que representa toda a água e toda a terra do globo.// Fascinado, meus olhos, desviando-se do sul, baixaram para seguir aqueles ralos amontoados,/ Debulha, palha, lascas de madeira, algas e o glúten marinho,/ Espuma, lascas de pedra brilhantes, folhas de alface-do-mar, deixadas pela maré;/ Milhas andando, o som das ondas se quebrando a meu outro lado,/ Paumanok, ali naquele momento, enquanto eu pensava o velho pensamento das semelhanças,/ Estas me apresentaste, tu, ilha em feitio de peixe,/ Enquanto me dirigia às praias que conheço,/ Enquanto caminhava com aquele eterno eu de mim, procurando tipos.// Enquanto me dirijo às praias que não conheço,/ Enquanto ouço o fúnebre lamento, as vozes de homens e mulheres afogados,/ Enquanto inspiro as brisas impalpáveis que pousam sobre mim,/ Enquanto o oceano tão misteriosamente rola suas águas cada vez mais perto de mim,/ Então descubro que a mais ínfima

Entre os cinco grandes poemas ladeando "Song of Myself", o que agora chamamos de "As I Ebb'd with the Ocean of Life" parece-me, na velhice, ainda mais grandioso do que "A Word Out of the Sea", "Crossing Brooklyn

---

coisa que me pertence, ou que vejo ou que toco, não conheço;/ Eu também apenas significo, no máximo, um pequeno detrito,/ Um pouco de areia e folhas mortas a recolher,/ Recolher e me fundir como parte das areias e dos detritos do mar.// Oh, aturdido, frustrado,/ Curvado até a própria terra, aqui antecedendo o que vem depois,/ Oprimido comigo mesmo por ter ousado abrir a boca,/ Ciente agora de que, entre todo o palavrório cujo eco reverbera em mim, nunca, jamais tive a mínima ideia do que ou de quem sou,/ Mas que diante de todos os meus poemas insolentes o Eu real ainda permanece intocado, inexpresso, inteiramente inalcançado,/ Postado à distância, zombando de mim com gestos e vênias de falsas congratulações,/ Com acessos de gargalhadas irônicas ao longe a cada palavra que escrevi ou escreverei,/ Atingindo-me com insultos até eu cair indefeso na areia.// Oh, percebi que não entendi nada — nem um único objeto — e que nenhum homem jamais entenderá.// Percebo que a Natureza aqui, à vista do mar, está se aproveitando de mim para me dardejar e aguilhoar,/ Porque eu estava assumindo demais,/ E porque simplesmente ousei abrir minha boca para cantar.// Vós, ambos os oceanos! Tu, terra tangível! Natureza!/ Não sede duros demais comigo — submeto-me — concordo convosco,/ Esses pequenos farrapos, de fato, representarão tudo./ Tu, orla friável, com rastros de restos!/ Tu, ilha em feitio de peixe! Pego o que está aos pés;/ O que é teu é meu, meu pai.// Eu também, Paumanok,/ Eu também soltei bolhas, flutuei no imensurável flutuar e fui lavado em tuas praias;/ Eu também sou apenas um rastro de restos e detritos,/ Eu também deixo pequenos destroços em ti, ilha em feitio de peixe.// Lanço-me a teu peito, meu pai,/ Prendo-me a ti de modo que não consigas me soltar,/ Seguro-te firme até me responderes alguma coisa.// Beija-me, meu pai,/ Toca-me com teus lábios, como toco os que amo,/ Sopra-me, enquanto te seguro junto de mim, o segredo do maravilhoso murmurar que tanto invejo,/ Pois temo que enlouquecerei se não conseguir imitá-lo e enunciar igualmente bem a mim.// Refugos do mar! Ondas de língua arqueada!/ Oh, ainda cantarei, algum dia, o que dissestes a mim.// Reflui, oceano da vida (o fluxo voltará),/ Não cesses teu lamento, velha mãe bravia,/ Chora sem fim por teus náufragos — mas não temas, não me negues,/ Não te ergas ressoando tão áspera e raivosa a meus pés quando te toco ou de ti recolho.// Quero ser terno contigo,/ Recolho para mim mesmo e para esse fantasma, olhando abaixo para onde vamos e seguindo a mim e ao que é meu.// A mim e ao que é meu!/ Nós, frouxos amontoados, cadaverezinhos,/ Espuma, branca feito neve, e bolhas/ (Vede! de meus lábios mortos finalmente exsudando-se o limo!/ Vede — as cores prismáticas, brilhando e rolando!)/ Tufos de palha, areias, fragmentos,/ Aqui chegados boiando de muitos humores, um contradizendo o outro,/ Do temporal, da longa calmaria, da escuridão, do vagalhão,/ Cismarentos, pensativos, um suspiro, uma lágrima salgada, um pouquinho de líquido ou de terra,/ Tal como se por insondáveis operações fermentados e então lançados,/ Uma ou duas flores flácidas, arrancadas, tal como, flutuando nas ondas, arrastadas numa deriva ao acaso,/ Tal como para nós aquela nênia soluçante da Natureza,/ Tal como, de onde viemos, aquele clangor das trombetas nas nuvens;/ Nós, caprichosos, aqui trazidos, não sabemos de onde, estendidos perante Ti, lá no alto, andando ou parado,/ Sejas quem fores — nós também jazemos como detritos do mar a teus pés.

Ferry", "The Sleepers" e a elegia "Lilacs" a Lincoln. Esse original é mais forte do que a versão amenizada que Whitman adotou mais tarde, e é uma resposta à altura a "Ode to the West Wind" de Shelley, seu antagonista secreto. As figuras de Shelley — a nênia do ano moribundo, as folhas mortas, cada uma como um cadaverzinho, o clangor das trombetas proféticas nas nuvens, o poeta jazendo em destroços aos pés dos deuses da tempestade — são reapropriadas por Whitman quarenta anos após o discurso do poeta revolucionário inglês aos elementos.

O primeiro verso de "As I Ebb'd", "Restos elementares!" [*Elemental drifts!*], daria um bom título e irei empregá-lo aqui. "*Impress*", no segundo verso, abrange todos os significados da palavra, e "Enquanto eu refluía com um refluxo do oceano da vida" [*As I ebbed with an ebb of the ocean of life*] repete "um refluxo", num ritmo mais whitmaniano do que a versão posterior mais curta. Ao modificar para "Sustido por este eu elétrico de cujo orgulho enuncio poemas" [*Held by this electric self out of the pride of which I utter poems*], Whitman perdeu grande parte do poderoso *páthos* de "Sozinho, sustido pelo eterno eu de mim que ameaça de mim tirar o melhor e me sufocar" [*Alone, held by the eternal self of me that threatens to get the better of me, and stifle me*], com sua sugestão de que o eterno eu é o Eu real ou Eu, mim mesmo, e não a ficção do Walt, o americano rude. O contraste, ao ser restaurado, vivifica o espírito que, qual Jó, deixa seu rastro sob os pés, o demo acusador que assombra as linhas do poema e da areia.

Recuem alguns passos diante de *Restos elementares!* e poderão ver uma concepção mais original do que a de "A Word Out of the Sea". As metáforas provêm da tradição ocidental, intermediadas pelo "Adonais" de Shelley, ardente ode ao "sopro cujo poder invoquei na canção" [*the breath whose might I have invoked in song*], mas ganham uma modelagem mais demônica do que nunca. Meditando num crepúsculo de outono, o caminhante que anda pela praia se depara com seu demo obscuro, o outro eu ou gênio pessoal, que veio apenas para zombar dele. "Passage" de Hart Crane, em *White Buildings* (Edifícios brancos), e a obra magistral de Stevens, "The Auroras of Autumn", herdam o roteiro de Whitman, bem como "The Dry Salvages" de Eliot.

O "pensamento das semelhanças" [*thought of likeness*] pode ser antigo, como reflete Stephen Dedalus, de Joyce, ao evocar Jakob Boehme e suas "assinaturas de todas as coisas que estou aqui para ler". Whitman emprega essa ideia com originalidade radical, visto que suas assinaturas, os tipos que procura, são puramente demônicos, agentes para censurá-lo por seus fracassos diante da liberdade. O lema de Beckett — "Falha melhor!" — capta bem o espírito de Walt, certamente encurvado, mas não alquebrado:

> As I wend to the shores I know not,
> As I listen to the dirge, the voices of men and women wrecked,
> As I inhale the impalpable breezes that set in upon me,
> As the ocean so mysteriously rolls toward me closer and closer,
> At once I find, the least thing that belongs to me, or that I see or touch,
>   I know not;
> I, too, but signify, at the utmost, a little washed-up drift,
> A few sands and dead leaves to gather,
> Gather, and merge myself as part of the sands and drift.*
>
> — As I Ebb'D (1860)

A revisão de 1867 omite "Então descubro que a mais ínfima coisa que me pertence, ou que vejo ou toco, não conheço" [*At once I find, the least thing that belongs to me, or that I see or touch, I know not*]. Esse verso removido é ele mesmo hesitante, um exemplo daquilo que o falecido Yvor Winters chamava de "a falácia da forma imitativa", sua designação para uma poesia frouxa e esparramada — que era como ele via a obra de Whitman em geral. Minhas relações pessoais com Winters eram cordiais; ambos apreciávamos Edwin Arlington Robinson e eu sentia admiração pela amizade inicial entre Winters e Hart Crane. Mas, se chegávamos a Crane, Whitman, Emerson e Stevens, tínhamos de encerrar a conversa, pois apenas nos torturávamos mutuamente. Winters, que era um crítico admirável em outros aspectos, não via nenhuma utilidade no que Crane chamava de "a lógica da metáfora", o pensamento figurativo, sem o qual é impossível conceber Shakespeare.

---

* Enquanto me dirijo às praias que não conheço,/ Enquanto ouço o fúnebre lamento, as vozes de homens e mulheres afogados,/ Enquanto inspiro as brisas impalpáveis que pousam sobre mim,/ Enquanto o oceano tão misteriosamente rola suas águas cada vez mais perto de mim,/ Então descubro que a mais ínfima coisa que me pertence, ou que vejo ou que toco, não conheço;/ Eu também apenas significo, no máximo, um pequeno detrito,/ Um pouco de areia e folhas mortas a recolher,/ Recolher e me fundir como parte das areias e dos detritos do mar.

Em sua revisão pessoal, geralmente Whitman se afasta de sua retórica das cores e formas e passa para infelizes tentativas de emulação tennysoniana. Mas a grandiosa luta entre as versões de 1860 e 1867, ambas apresentadas abaixo, realmente mostra ganhos e perdas na revisão:

O baffled, balked,
Bent to the very earth, here preceding what follows,
Oppressed with myself that I have dared to open my mouth,
Aware now, that amid all the blab whose echoes recoil upon me, I have
    not once had the least idea who or what I am,
But that before all my insolent poems the real Me still stands untouched,
    untold, altogether unreached,
Withdrawn far, mocking me with mock-congratulatory signs and bows,
With peals of distant ironical laughter at every word I have written or shall
    write,
Striking me with insults till I fall helpless upon the sand.

O I perceive I have not understood anything—not a single object—and
    that no man ever can.

I perceive Nature here, in sight of the sea, is taking advantage of me, to dart
    upon me, and sting me,
Because I was assuming so much,
And because I have dared to open my mouth to sing at all.*

(1860)

---

* Oh, aturdido, frustrado,/ Curvado até a própria terra, aqui antecedendo o que vem depois,/ Oprimido comigo mesmo por ter ousado abrir a boca,/ Ciente agora de que, entre todo o palavrório cujo eco reverbera em mim, nunca, jamais tive a mínima ideia do que ou de quem sou,/ Mas que diante de todos os meus poemas insolentes o Eu real ainda permanece intocado, inexpresso, inteiramente inalcançado,/ Postado à distância, zombando de mim com gestos e vênias de falsas congratulações,/ Com acessos de gargalhadas irônicas ao longe a cada palavra que escrevi ou escreverei,/ Atingindo-me com insultos até eu cair indefeso na areia.// Oh, percebi que não entendi nada — nem um único objeto — e que nenhum homem jamais entenderá.// Percebo que a Natureza aqui, à vista do mar, está se aproveitando de mim para me dardejar e aguilhoar,/ Porque eu estava assumindo demais,/ E porque simplesmente ousei abrir minha boca para cantar.

O baffled, balk'd, bent to the very earth,
Oppress'd with myself that I have dared to open my mouth,
Aware now that amid all that blab whose echoes recoil upon me I have
    not once had the least idea who or what I am,
But that before all my arrogant poems the real Me stands yet untouch'd,
    untold, altogether unreach'd,
Withdrawn far, mocking me with mock-congratulatory signs and bows,
With peals of distant ironical laughter at every word I have written,
Pointing in silence to these songs, and then to the sand beneath.

I perceive I have not really understood any thing, not a single object, and
    that no man ever can,
Nature here in sight of the sea taking advantage of me to dart upon me
    and sting me,
Because I have dared to open my mouth to sing at all.*

(1867)

"Atingindo-me com insultos até eu cair indefeso na areia" [*Striking me with insults till I fall helpless upon the sand*] tem um efeito muito menor do que a elevada arte de "Apontando em silêncio para essas canções e então para a areia abaixo" [*Pointing in silence to these songs, and then to the sand beneath*]. Numa magnífica reelaboração, o caminhante da praia compara ondas e demo com um exemplar de *Folhas de relva* em sua mão (presume-se que seja a segunda edição, de 1856), fazendo mais uma vez a equiparação entre as linhas do poema e os amontoados na areia. A outra mudança significativa é a

---

* Oh, aturdido, frustrado, curvado até a própria terra,/ Oprimido comigo mesmo por ter ousado abrir a boca,/ Ciente agora de que, entre todo o palavrório cujo eco reverbera em mim, nunca, jamais tive a mínima ideia do que ou quem sou,/ Mas que diante de todos os meus poemas arrogantes o Eu real ainda permanece intocado, inexpresso, inteiramente inalcançado,/ Postado à distância, zombando de mim com gestos e vênias de falsas congratulações,/ Com acessos de gargalhadas irônicas ao longe a cada palavra que escrevi,/ Apontando em silêncio para essas canções e então para a areia abaixo.// Percebo que não entendi realmente nada, nem um único objeto, e que nenhum homem jamais entenderá./ A Natureza aqui, à vista do mar, aproveitando-se de mim para me dardejar e aguilhoar,/ Porque simplesmente ousei abrir minha boca para cantar.

eliminação de "Porque eu estava assumindo demais" [*Because I was assuming so much*], o que é uma perda, pois destrói a soberba confiança manifestada em "Song of Myself": "E o que assumo deves assumir" [*And what I assume you shall assume*].

O confronto mais direto de Walt e seu demo (o Eu real ou Eu, mim mesmo) resulta na mordaz autoparódia de "gestos e vênias de falsas congratulações" [*mock-congratulatory signs and bows*]. E no entanto isso também rende um refinado *páthos* quase shakespeariano:

You oceans both! You tangible land! Nature!
Be not too rough with me—I submit—I close with you,
These little shreds shall, indeed, stand for all.*

Walt estaria certo ao eliminar os três versos seguintes das versões posteriores?

For fear I shall become crazed, if I cannot emulate it, and utter myself as
    well as it.

Sea-raff! Crook-tongued waves!
O, I will yet sing, some day, what you have said to me.**

Sim, é verdade que eles rompem o clima belamente contido da reconciliação com o pai. Mas sua necessidade desesperada de continuar a compor poemas tem uma pungência própria, não tanto em dignidade, talvez, mas em premência. Como é raro que Walt alimente a ideia de loucura!

Para mim, o ponto alto de todo o Whitman vem em um terceto:

---

* Vós, ambos os oceanos! Tu, terra tangível! Natureza!/ Não sede duros demais comigo — submeto-me — concordo convosco,/ Esses pequenos farrapos, de fato, representarão tudo.

** Pois temo que enlouquecerei se não conseguir imitá-lo e enunciar igualmente bem a mim.// Refugos do mar! Ondas de língua arqueada!/ Oh, ainda cantarei, algum dia, o que dissestes a mim.

> I throw myself upon your breast, my father,
> I cling to you so that you cannot unloose me,
> I hold you so firm, till you answer me something.*

Recordo quando carregava no colo meu filho mais novo, que acabava de fazer um ano de idade. Ele me segurava tão apertado que eu quase não conseguia depô-lo em segurança ou transferi-lo para os braços de outra pessoa. Não suportava a ideia de desprendê-lo à força e me sentia constrangido sempre que isso se tornava necessário.

Há um grande *páthos* quando Whitman escreve: "Toca-me com teus lábios, como toco os que amo" [*Touch me with your lips, as I touch those I love*]. Aqui vale lembrar que, exceto em sua apoteose como enfermeiro tratando dos ferimentos e reconfortando os soldados mutilados e moribundos, o eros de Walt era intransitivo: "Meu corpo tocar o de outrem é o máximo que consigo suportar" [*To touch my body to someone else's is about as much as I can bear*].

Restos elementares!, conclui, dirigindo-se em tom familiar ao leitor, com aquele que se tornou essencialmente o texto de "As I Ebb'd with the Ocean of Life", começando com "Reflui, oceano da vida (o fluxo retornará)" [*Ebb, ocean of life, (the flow will return,)*] e terminando com "Sejas quem fores — nós também jazemos como detritos do mar a teus pés" [*Whoever you are—we too lie in drifts at your feet*] (ver p. 118).

"Ode to the West Wind" de Shelley assombrava igualmente Whitman e Wallace Stevens. Os "cadaverezinhos" [*little corpses*] retornam às folhas mortas de Shelley, "cada uma como um cadáver dentro de seu túmulo" [*each like a corpse within its grave*], e "aquele clangor das trombetas nas nuvens" [*that blare of the cloud-trumpets*] evoca "a trombeta de uma profecia" [*the trumpet of a prophecy*] de Shelley. Whitman e Shelley eram ambos materialistas lucrecianos, e Whitman invoca os deuses epicurianos na conclusão: "[...] Ti, lá no alto, andando ou parado/ Sejas quem fores" [*You, up there, walking or sitting,/ Whoever you are*].

Contra essa indiferença divina, Shelley oferece um apocalipse secular, ao saltar do advento do outono para "Se o Inverno chegar, poderá a Primavera

---

* Lanço-me a teu peito, meu pai,/ Prendo-me a ti de modo que não consigas me soltar,/ Seguro-te firme até me responderes alguma coisa.

estar muito longe?" [*If Winter comes, can Spring be far behind?*]. Whitman deposita uma esperança mais modesta numa maravilhosa modulação que parte de "Tal como se por insondáveis operações" [*Up just as much out of fathomless workings*], passa por "Tal como para nós" [*Just as much for us*] e chega a "Tal como, de onde viemos" [*Just as much, whence we come*].

Henry James, aos 22 anos de idade, em sua abominável resenha de *Drum-Taps* de Whitman, ridicularizou a versão de 1865 de "Starting from Paumanok" [Partindo de Paumanok]. Futuro mestre do romance americano, James nunca leu *Folhas de relva* de 1860, no qual uma versão mais vigorosa do poema dá início ao volume, com o nome de "Proto-Leaf":

Free, fresh, savage,
Fluent, luxuriant, self-content, fond of persons and places,
Fond of fish-shape Paumanok, where I was born,
Fond of the sea—lusty-begotten and various,
Boy of the Mannahatta, the city of ships, my city,
Or raised inland, or of the south savannas,
Or full-breath'd on Californian air, or Texan or Cuban air,
Tallying, vocalizing all—resounding Niagara—resounding Missouri,
Or rude in my home in Kanuck woods,
Or wandering and hunting, my drink water, my diet meat,
Or withdrawn to muse and meditate in some deep recess,
Far from the clank of crowds, an interval passing, rapt and happy,
Stars, vapor, snow, the hills, rocks, the Fifth Month flowers, my amaze,
   my love,
Aware of the buffalo, the peace-herds, the bull, strong-breasted and hairy,
Aware of the mocking-bird of the wilds at daybreak,
Solitary, singing in the west, I strike up for a new world.*

---

* Livre, fresco, selvagem,/ Falante, luxuriante, contente comigo mesmo, gostando de pessoas e lugares,/ Gostando de Paumanok em feitio de peixe, onde nasci,/ Gostando do mar — robusto de nascença e variado,/ Menino da Mannahatta, cidade dos navios, minha cidade,/ Ou criado no interior, ou das savanas do sul,/ Ou alimentado ao ar californiano, ou ao ar texano ou cubano,/ Reproduzindo, vocalizando tudo — ressoando o Niágara — ressoando o

Pode ser que James tampouco gostasse dessa versão, mas aí teria se exposto como leitor cegado por um preconceito extrapoético. Walt protela o significado por quinze versos, até a revelação: "Solitário, cantando no oeste, inicio a canção por um novo mundo" [*Solitary, singing in the west, I strike up for a new world*]. Isso me deixa estupefato, tal como "The Dalliance of the Eagles" e "Vigil Strange I Kept on the Field One Night". Whitman, nas passagens em que atinge a máxima união com sua poesia, de fato é "Livre, fresco, selvagem/ Fluente, luxuriante, contente de mim" [*Free, fresh, savage,/ Fluent, luxuriant, self-content*]. Quem mais, entre nossos poetas maiores, o é? Dickinson é quem mais se aproxima, e depois o hábil Frost, mas não Stevens, Eliot ou Crane — todos eles assombrados por Whitman.

"Reproduzindo, vocalizando tudo" [*Tallying, vocalizing all*] é obra exclusiva de Walt. Aqui também Dickinson, entre nossos poetas, chega à beira dessa abrangência, mas quem mais ousaria o universal? Emerson (embora em outra harmonia, a da prosa) e Melville, no milagre que é *Moby Dick*, têm essa amplitude, mas quem mais? Entre os romancistas, Henry James aspirava a uma abrangência e variedade balzaquianas. Há (embora atualmente os críticos relutem em dizer) algo de desesperançado no mestre invocando a lição de Balzac; ninguém poderia dizer, como reza a lenda que Baudelaire teria comentado a respeito de Balzac, que em James todo porteiro é um gênio. Há uma energia balzaquiana em James, mas ela traz os estigmas do Sublime Americano, aquilo que Stevens viria a chamar de "a grandiosidade antiquada da aniquilação".

O Negativo Americano, uma visão de quão perigosamente mínima pode ser a vida, apesar de Whitman, pouco sabe da energética balzaquiana, exceto talvez no Mark Twain maduro. Há uma negação grandiosa em *nosso* Balzac, Faulkner, ainda que a comparação possa ser arriscada para ele. Penso especialmente em *Luz em agosto* como digna de Balzac. A história de Joe Christmas é um triunfo da negação americana, mas Lena Grove, a grande realização bucólica de Faulkner, como Balzac, fala-nos do dom de mais vida.

Missouri,/ Ou rude em meu lar nas matas canuques,/ Ou vagueando e caçando, por bebida a água, por comida a carne,/ Ou recolhido à musa e passando em algum fundo recesso,/ Longe do alarido das multidões, um tempo a meditar, absorto e feliz,/ Estrelas, vapor, neve, os montes, rochas, as flores do Quinto Mês, meu assombro, meu amor,/ Ciente do bisão, das manadas pacíficas, do touro, peludo e de peito forte,/ Ciente do tordo-imitador das matas ao romper do dia,/ Solitário, cantando no oeste, inicio a canção por um novo mundo.

Enquanto os paralelos bíblicos debilitaram o Faulkner posterior no desastre que é *Uma fábula*, na saga de Lena eles revigoram e são revigorados. Walt podia se atrever à afirmação: "Sou amplo. Contenho multidões" [*I am large. I contain multitudes*]. Balzac também poderia afirmá-lo de forma igualmente convincente. Mas James ou Faulkner? Teríamos de misturá-los (absurdamente) para chegar a um Balzac ou um Whitman, mas a questão é que gigantes são fenômenos raros no mundo.

A partir de 1867, "Proto-Leaf" de 1860 se tornou o primeiro segmento de "Starting from Paumanok" e perdeu algo vital na revisão:

> Starting from fish-shape Paumanok where I was born,
> Well-begotten, and rais'd by a perfect mother,
> After roaming many lands, love of populous pavements,
> Dweller in Mannahatta my city, or on southern savannas,
> Or a soldier camp'd or carrying my knapsack and gun, or a miner in California,
> Or rude in my home in Dakota's woods, my diet meat, my drink from the spring,
> Or withdrawn to muse and meditate in some deep recess,
> Far from the clank of crowds intervals passing rapt and happy,
> Aware of the fresh free giver the flowing Missouri, aware of mighty Niagara,
> Aware of the buffalo herds grazing the plains, the hirsute and strong--breasted bull,
> Of earth, rocks, Fifth-month flowers experienced, stars, rain, snow, my amaze,
> Having studied the mocking-bird's tones and the flight of the mountain--hawk,
> And heard at dawn the unrivall'd one, the hermit thrush from the swamp--cedars,
> Solitary, singing in the West, I strike up for a New World.*

---

* Partindo de Paumanok em feitio de peixe onde nasci,/ Bem gerado e criado por mãe perfeita,/ Depois de vagar por muitas terras, amante de calçadas populosas,/ Morador em Mannahatta, minha cidade, ou em savanas do sul,/ Ou soldado acampado ou carregando minha

Estremecemos a "Bem gerado e criado por mãe perfeita" [*Well-begotten, and rais'd by a perfect mother*] e queremos de volta aquele esplêndido impacto de abertura:

Free, fush, savage,
Fluent, luxiriant, self-content, fond of persons and places.

Mesmo na versão revista, há a enorme habilidade em protelar o significado até que finalmente chegamos a "Solitário, cantando no Oeste, inicio uma canção por um Novo Mundo". Mas mesmo assim sinto falta do "contente comigo mesmo" [*self-content*], que é a transposição waltiana da "independência" emersoniana de contar consigo mesmo. Ler Emerson pela perspectiva de Whitman é ver que ela consiste num "contar com o demo", sendo o *daimon* de Emerson o demo whitmaniano do Eu real ou Eu, mim mesmo, o único que sabe como se faz poesia.

Angus Fletcher segue Coleridge ao enfatizar que a energia pura, livre da moral, é a marca de possessão por um demo. "Proto-Leaf" celebra o influxo do poder poético e se baseia numa energética mais balzaquiana do que platônica. Henry James recorreu a Balzac para uma aula sobre o demônico, escolha apropriada visto que o mestre parisiense inventou Vautrin, o Engana-a-Morte ("Trompe-la-Mort"), o demo como meliante. Whitman recorreu à sua interioridade, guiado pela dialética emersoniana do destino, da liberdade e do poder.

A tragédia de um eros dialético se desenrola nos 45 poemas de *Cálamo*, nas *Folhas de relva* de 1860. Whitman entendeu mais uma vez que apenas um eros intransitivo conseguiria abrigar seu demo, o qual celebrava o contato, mas não podia suportá-lo. Estou acostumado, nessa questão, a levar bordoadas de uma dita escola de poetas homossexuais que generosamente

---

mochila e arma, ou mineiro na Califórnia,/ Ou rude em meu lar nas matas de Dakota, minha comida carne, minha bebida da fonte,/ Ou recolhido à musa passando em algum recesso,/ Longe do alarido das multidões, intervalos a meditar absorto e feliz,/ Ciente do fresco e generoso doador, o Missouri a correr, ciente do poderoso Niágara,/ Ciente das manadas de bisões pastando nas planícies, o touro hirsuto e de peito forte,/ Da terra, das rochas, em flores do Quinto mês perito, estrelas, chuva, neve, meu assombro,/ Tendo estudado os tons do tordo-imitador e o voo da águia da montanha,/ E ouvido ao amanhecer o inigualável, o tordo eremita dos cedros,/ Solitário, cantando no Oeste, inicio uma canção por um Novo Mundo.

atribuem a Walt Whitman a realização de sua vida como gays. Quem dera fosse assim, mas o fato é que o grande artista do verbo intransitivo também evitava os objetos de seu desejo sexual; todas as indicações de que dispomos mostram que, carnalmente, ele abraçava apenas a si mesmo e caminhava pelo mundo tendo como companhia o pensamento e o conhecimento da morte. *Cálamo* não deveria ser entendido como uma exteriorização, assim como não procuramos veracidade ao ler os sonetos de Shakespeare.

Os sonetos de Shakespeare podem ter servido de molde ao manuscrito *Live Oak, with Moss* [Carvalho perene, com musgo], com doze poemas, que foi a sementeira de *Cálamo*.

O grande poema desse conjunto é a famosa visão de um luxuriante carvalho perenifólio:

> I saw in Louisiana a live-oak growing,
> All alone stood it, and the moss hung down from the branches,
> Without any companion it grew there, glistening out joyous leaves of dark green,
> And its look, rude, unbending, lusty, made me think of myself;
> But I wondered how it could utter joyous leaves, standing alone there without its friend, its lover—For I knew I could not;
> And I plucked a twig with a certain number of leaves upon it, and twined around it a little moss, and brought it away—And I have placed it in sight in my room,
> It is not needed to remind me as of my friends, (for I believe lately I think of little else than of them,)
> Yet it remains to me a curious token—I write these pieces, and name them after it;
> For all that, and though the live-oak glistens there in Louisiana, solitary in a wide flat space, uttering joyous leaves all its life, without a friend, a lover, near—I know very well I could not.*

---

* Vi em Louisiana um carvalho perene crescendo,/ Totalmente sozinho ali se erguia, e o musgo pendia dos ramos,/ Sem nenhum companheiro crescia ali, rebrilhando alegres folhas de verde-escuro,/ E sua aparência, rude, inflexível, robusta, fez-me pensar em mim mesmo;/ Mas perguntei-me como conseguia emitir folhas alegres, estando ali sozinho sem seu amigo, seu amante — Pois eu sabia que eu não conseguiria;/ E arranquei um galhinho com algumas

O galhinho [*the twig*] é outro exemplo do emblema fundamental da voz poética para Whitman, a talha. Com uma cadência belíssima, essa primorosa meditação lírica sugere uma autossuficiência erótica, que Walt tenta negar apenas de uma forma muito pouco convincente. Ao longo de todo o *Cálamo*, Whitman é mais vigoroso quando é menos afirmativo:

Who is now reading this?

May-be one is now reading this who knows some wrong-doing of my past life,
Or may-be a stranger is reading this who has secretly loved me,
Or may-be one who meets all my grand assumptions and egotisms with derision,
Or may-be one who is puzzled at me.

As if I were not puzzled at myself!
Or as if I never deride myself! (O conscience-struck! O self-convicted!)
Or as if I do not secretly love strangers! (O tenderly, a long time, and never avow it;)
Or as if I did not see, perfectly well, interior in myself, the stuff of wrong-doing,
Or as if it could cease transpiring from me until it must cease.*

---

folhas, enrolei um pouco de musgo em volta dele e levei embora — E o coloquei à vista em meu quarto,/ Não precisava dele para me lembrar de meus amigos (pois creio que ultimamente quase não penso em outra coisa a não ser neles),/ Mas continua a ser para mim um símbolo curioso — escrevo esses poemas e escolho seus nomes a partir dele;/ Apesar disso, e embora o carvalho perene rebrilhe lá em Louisiana, solitário num amplo espaço plano, emitindo folhas alegres durante toda a sua vida, sem ter por perto um amigo, um amante — sei muito bem que eu não conseguiria.

* Quem está lendo isso agora?// Quem está lendo isso agora talvez seja alguém que conhece algum erro em minha vida pregressa,/ Ou quem está lendo talvez seja um desconhecido que me ama em segredo,/ Ou talvez alguém que olhe todas as minhas grandiosas pretensões e egoísmos com escárnio,/ Ou talvez alguém que fique perplexo comigo.// Como se eu não ficasse perplexo comigo mesmo!/ Ou como se eu nunca tivesse escarnecido de mim mesmo! (Oh aguilhoado pela consciência! Oh autocondenado!)/ Ou como se eu não amasse desconhecidos em segredo! (Oh ternamente, por muito tempo, sem nunca admitir);/ Ou como

Essa inquietude se espalha, tanto nas entrelinhas quanto explicitamente:

O love!
O dying—always dying!
O the burials of me, past and present!
O me, while I stride ahead, material, visible, imperious as ever!
O me, what I was for years, now dead, (I lament not—I am content;)
O to disengage myself from those corpses of me, which I turn and look
    at, where I cast them!
To pass on, (O living! always living!) and leave the corpses behind!*

Meu saudoso amigo, o poeta Mark Strand, profundamente afetado por esse poema, compôs diversas variações sobre ele. Aliados a tal escuridão estão os vislumbres fugidios que põem em dúvida as aparências:

That shadow, my likeness, that goes to and fro, seeking a livelihood,
    chattering, chaffering;
How often I find myself standing and looking at it where it flits;
How often I question and doubt whether that is really me;
But in these, and among my lovers, and carolling my songs,
O I never doubt whether that is really me.**

A via indireta, central na poética de Whitman, alcança um ponto culminante nas duas seções finais de *Cálamo*:

---

se eu não visse, perfeitamente bem, interior a mim mesmo, a matéria do erro,/ Ou como se pudesse deixar de transpirar de mim até precisar parar.

* Oh amor!/ Oh morrer — sempre o morrer!/ Oh os enterros de mim, passados e presentes!/ Oh mim, enquanto sigo em frente, material, visível, imperioso como sempre!/ Oh mim, o que fui por anos agora morto (não lamento — fico contente);/ Oh livrar-me daqueles cadáveres de mim, que viro e fito, onde os atiro!/ Ir avante (Oh viver! sempre o viver!) e deixar os cadáveres para trás!

** Aquela sombra, minha figura, que vai e vem, procurando um meio de vida, falando, regateando,/ Quantas vezes me vejo parar e olhar onde ela esvoaça,/ Quantas vezes questiono e duvido se sou eu mesmo;/ Mas aqui, e entre meus amantes, e entoando minhas canções,/ Oh, nunca duvido que seja realmente eu.

Here my last words, and the most baffling,
Here the frailest leaves of me, and yet my strongest-lasting,
Here I shade down and hide my thoughts—I do not expose them,
And yet they expose me more than all my other poems.

Full of life, sweet-blooded, compact, visible,
I, forty years old the Eighty-third Year of The States,
To one a century hence, or any number of centuries hence,
To you, yet unborn, these, seeking you.

When you read these, I, that was visible, am become invisible;
Now it is you, compact, visible, realizing my poems, seeking me,
Fancying how happy you were, if I could be with you, and become your lover;
Be it as if I were with you. Be not too certain but I am now with you.*

Kenneth Burke gostava de me declamar os quatro versos da seção 44 — "Eis minhas últimas palavras..." [*Here my last words...*] — enquanto galgávamos os montes do Battery Park no outono de 1976, e ele também adorava a dedicatória da estrofe final de *Cálamo*. Os dois breves poemas reluzem — na dicção de John Ashbery — como escudos no momento de uma saudação, protegendo o que fica exposto. Esta é a arte de Whitman: prometer uma completa revelação de si mesmo e nos oferecer novos gestos de fuga, de hesitação, de ocultamento. Melhor assim, embora Walt proclamasse: "Juro que não ousaria ocultar nenhuma parte de mim mesmo" [*I swear I dare not shirk any part of myself*]. Foi com Whitman que Stevens aprendeu "as intrincadas evasões do 'como'" [*the intricate evasions of as*]. Assim, as últimas palavras de

---

* Eis minhas últimas palavras, e as mais surpreendentes,/ Eis as mais frágeis folhas de mim, e no entanto minhas mais fortes e duradouras,/ Aqui eu me escudo e escondo meus pensamentos — não os exponho,/ E no entanto eles me expõem mais do que todos os meus outros poemas.// Pleno de vida, de boa índole, compacto, visível,/ Eu, com quarenta anos ao Octogésimo-Terceiro Ano dos Estados Unidos,/ Para alguém daqui a um século ou daqui a qualquer século,/ A ti, mesmo não nascido, estas, procurando a ti.// Quando estas leres, eu, que era visível, tornei-me invisível;/ Agora és tu, compacto, visível, compreendendo meus poemas, procurando a mim,/ Imaginando como serias feliz se eu estivesse contigo e fosse teu amante;/ Sê-o como se eu estivesse contigo. Podes ter certeza de que estou agora contigo.

Walt são as que causam maior perplexidade, suas folhas mais frágeis são as que mais duram, seus pensamentos ocultos e abrigados o expõem mais do que todos os seus outros poemas.

Folhas de relva de 1860 não ofendeu ninguém com o homoerótico *Cálamo*, mas foi criticado pelos poemas que depois vieram a formar o conjunto *Filhos de Adão* [*Children of Adam*]. Emerson recomendara a Whitman que evitasse a provocação, certamente esquecendo sua própria máxima de que a única coisa que se ganha dos outros é provocação, nunca instrução. Relendo as celebrações de Whitman ao amor por uma mulher, retrato-me de meu juízo anterior de que elas seriam de certa forma inferiores aos hinos de *Cálamo* ao amor masculino. É verdade que os textos de 1860 tendem a melhorar nas revisões posteriores, ao contrário de *Cálamo*. Whitman assume com desenvoltura a identidade do Adão Americano em "To the Garden the World" [Ao jardim o mundo]:

> To the garden the world anew ascending,
> Potent mates, daughters, sons, preluding,
> The love, the life of their bodies, meaning and being,
> Curious here behold my resurrection after slumber,
> The revolving cycles in their wide sweep having brought me again,
> Amorous, mature, all beautiful to me, all wondrous,
> My limbs and the quivering fire that ever plays through them, for reasons,
>   most wondrous,
> Existing I peer and penetrate still,
> Content with the present, content with the past,
> By my side or back of me Eve following,
> Or in front, and I following her just the same.*

---

* Ao jardim o mundo de novo ascendendo,/ Potentes uniões, filhas, filhos, preludiando,/ O amor, a vida de seus corpos, querendo e sendo,/ Curiosos aqui fitam minha ressurreição após o sono,/ Os ciclos a girar em seu largo movimento tendo-me trazido de volta,/ Amorosos, maduros, todos belos para mim, todos maravilhosos,/ Meus membros e o fogo trêmulo que por eles sempre perpassa, por razões as mais maravilhosas,/ Existindo desponto e penetro com calma,/ Contente com o presente, contente com o passado,/ A meu lado ou atrás de mim Eva seguindo,/ Ou na frente, e eu a seguindo igualmente.

Esse prelúdio vigoroso está quase à altura de "As Adam Early in the Morning" [Como Adão de manhã cedo], o famoso poslúdio a *Filhos de Adão*:

As Adam early in the morning,
Walking forth from the bower refresh'd with sleep,
Behold me where I pass, hear my voice, approach,
Touch me, touch the palm of your hand to my body as I pass,
Be not afraid of my body.*

Esse epítome condensado da eminência estética de Whitman sugere Walt como Deus-Homem hermético, Adão e Cristo americano, e sentimo-nos uns verdadeiros Tomés de incredulidade. Sutilmente cadenciada, a principal canção adâmica remonta a *Folhas de relva* de 1855, torna-se "Poem of the Body" [Poema do corpo] em 1856 e adota o primeiro verso como título a partir de 1867: "I Sing the Body Electric" [Canto o corpo elétrico]. Realização admirável, exuberante e importante, mesmo assim não chega até mim. Sinto falta da sublimidade de Whitman sempre que percorro seus inventários. Muito melhor é "Spontaneous Me" [Eu espontâneo], um enlevado hino à masturbação, talvez o verdadeiro escândalo da obra de Whitman. Kenneth Burke adorava recitar o poema, rindo de seu teor explícito. Embora o poema celebre tanto a heterossexualidade quanto o homoerotismo, o único objeto do desejo é o próprio Walt:

The young man that wakes deep at night, the hot hand seeking to repress
    what would master him,
The mystic amorous night, the strange half-welcome pangs, visions, sweats,
The pulse pounding through palms and trembling encircling fingers, the
    young man all color'd, red, ashamed, angry;
The souse upon me of my lover the sea, as I lie willing and naked,
The merriment of the twin babes that crawl over the grass in the sun, the
    mother never turning her vigilant eyes from them,

---

* Como Adão de manhã cedo,/ Saindo do caramanchão restaurado pelo sono,/ Fita-me por onde passo, ouve minha voz, aproxima-te,/ Toca-me, toca com tua palma da mão meu corpo enquanto passo,/ Não receies meu corpo.

The walnut-trunk, the walnut-husks, and the ripening or ripen'd long-round walnuts,
The continence of vegetables, birds, animals,
The consequent meanness of me should I skulk or find myself indecent, while birds and animals never once skulk or find themselves indecent,
The great chastity of paternity, to match the great chastity of maternity,
The oath of procreation I have sworn, my Adamic and fresh daughters,
The greed that eats me day and night with hungry gnaw, till I saturate what shall produce boys to fill my place when I am through,
The wholesome relief, repose, content,
And this bunch pluck'd at random from myself,
It has done its work—I toss it carelessly to fall where it may.*

Em sua primeira aparição em *Folhas de relva* de 1856, chamava-se "Bunch Poem" [Poema do punhado], título mais expressivo, muito admirado por Kenneth Burke em nossos diálogos whitmanianos. Ele despertou minha estima também pelo esplêndido "Facing West from California's Shores" [Fitando o oeste nas costas da Califórnia], cujo primeiro verso foi acrescentado em 1867:

Facing west from California's shores,
Inquiring, tireless, seeking what is yet unfound,

---

* O rapaz que desperta na noite funda, a mão ardente procurando reprimir o que pode dominá-lo./ A noite amorosa mística, as estranhas pontadas, visões, transpirações em parte bem-vindas./ A pulsação vibrante na palma das mãos e nos dedos trêmulos fechados em círculo, o rapaz inteiro ardente, vermelho, envergonhado, zangado;/ O jorro salgado de meu amante, o mar, sobre mim, enquanto me estendo desejoso e nu./ A alegria dos bebês gêmeos que engatinham na relva ao sol, a mãe nunca desviando deles os olhos vigilantes,/ O tronco da nogueira, as cascas da nogueira, as nozes redondas amadurecendo ou já amadurecidas,/ A continência de plantas, aves, animais,/ A consequente mesquinharia minha se eu evitasse ou me achasse indecente, enquanto aves e animais nunca, jamais evitam nem se acham indecentes,/ A grande castidade da paternidade, para igualar a grande castidade da maternidade,/ O juramento da procriação que prestei, minhas frescas filhas adâmicas,/ A avidez que me consome dia e noite roendo-me faminta, até que me saturo com aquilo que produzirá meninos para ocuparem meu lugar quando eu me for,/ O completo alívio, repouso, contentamento,/ E esse punhado extraído ao acaso de mim/ Prestou seu serviço — atiro-o descuidado e que caia em qualquer lugar.

I, a child, very old, over waves, towards the house of maternity, the land of
    migrations, look afar,
Look off the shores of my Western sea, the circle almost circled;
For starting westward from Hindustan, from the vales of Kashmere,
From Asia, from the north, from the God, the sage, and the hero,
From the south, from the flowery peninsulas and the spice islands,
Long having wandered since, round the earth having wander'd,
Now I face home again, very pleas'd and joyous,
(But where is what I started for so long ago?
And why is it yet unfound?)*

O pensamento indiano chegou a Whitman por vias transversas ou por afinidade natural. Emerson e Thoreau o absorveram em traduções, ao contrário de T.S. Eliot, profundo estudioso de textos sânscritos e pális. Cleo Kearns associa o conhecimento indiano de Eliot à busca whitmaniana de uma gnose transcendendo a morte do eu. As semelhanças impressionantes entre "When Lilacs Last in the Dooryard Bloom'd" e *A terra desolada* são, em parte, uma questão de influência reprimida, mas também sugerem sensibilidades indianas que os dois poetas comungavam ao se abrirem ao pensamento e conhecimento da morte.

Agora dou um salto e passo para o enigma estético que Whitman me apresenta com seu ambicioso poema de 1871, "Passage to India". Fico triste com as frequentes releituras. Parece indigno do poeta que compôs "Song of Myself", "The Sleepers", "Crossing Brooklyn Ferry" e as grandes trenodias "Out of the Cradle Endlessly Rocking", "As I Ebb'd with the Ocean of Life" e "Lilacs". E no entanto não posso desconsiderar um poema que gerou entre

---

* Fitando o oeste nas costas da Califórnia,/ Inquirindo, incansável, buscando o que ainda não foi encontrado,/ Eu, menino, muito velho, sobre as ondas, rumo à casa da maternidade, à terra das migrações, pouso os olhos ao longe,/ Afasto os olhos das costas de meu mar ocidental, o círculo quase fechado;/ Pois partindo a oeste do Hindustão, dos vales de Caxemira,/ Da Ásia, do norte, do Deus, o sábio e o herói,/ Do sul, das penínsulas floridas e das ilhas de especiarias,/ Tendo muito vagueado desde então, ao redor da terra tendo vagueado,/ Agora fito o lar outra vez, muito alegre e contente/ (Mas onde está o que parti para buscar tanto tempo atrás?/ E por que ainda não foi encontrado?)

sua prole *Quatro quartetos*, *A ponte*, *O navio da morte* de D. H. Lawrence e *Uma passagem para a Índia* de E. M. Forster.

Mesmo assim, o que os apaixonados por Whitman hão de fazer com um verso como "Pois afinal o que é o presente senão um crescimento a partir do passado"? [*For what is the present after all but a growth out of the past?*] A afirmação contínua cansa o leitor e lhe dá vontade de que apareçam alguns toques redentores de negação ou de cômico, ambos abundantes em "Song of Myself", bem como a redundância crescente. Depois de 1865, o que temos é basicamente uma rematada redundância. Ainda se encontram algumas epifanias dispersas: "The Dalliance of the Eagles", "Warble for Lilac-Time", "A Noiseless Patient Spider", "Night on the Prairies", "The Last Invocation", "A Clear Midnight". Todavia, afogam-se sob sentimentos banais e retumbantes trivialidades, como em "Song of the Universal":

And thou America,
For the scheme's culmination, its thought and its reality,
For these (not for thyself) thou hast arrived.

Thou too surroundest all,
Embracing carrying welcoming all, thou too by pathways broad and new,
To the ideal tendest.

The measur'd faiths of other lands, the grandeurs of the past,
Are not for thee, but grandeurs of thine own,
Deific faiths and amplitudes, absorbing, comprehending all,
All eligible to all.

All, all for immortality,
Love like the light silently wrapping all,
Nature's amelioration blessing all,
The blossoms, fruits of ages, orchards divine and certain,
Forms, objects, growths, humanities, to spiritual images ripening.

Give me O God to sing that thought,
Give me, give him or her I love this quenchless faith,

In Thy ensemble, whatever else withheld withhold not from us,
Belief in plan of Thee enclosed in Time and Space,
Health, peace, salvation universal.*

Este é nosso grande poeta, talvez nosso maior americano, em 1874. Com apenas 55 anos, seu extraordinário talento de 1855-65 o abandonou. Wordsworth oferece um paralelo esclarecedor. Quase toda a sua poesia vital provém de sua grande década de 1797-1807. A partida do demo de Wordsworth continua misteriosa, mas parece evidente que, em 1866, a quantidade de jovens soldados que haviam morrido nos braços de Whitman era excessiva. O custo de absorver tanta dor e sofrimento seria alto demais para qualquer um, mesmo para o anjo ministrador de nossa nação.

"WHEN LILACS LAST IN THE DOORYARD BLOOM'D"

Whitman ficava descontente quando seus admiradores declaravam que a magnífica "Lilacs", elegia a Lincoln, era seu poema mais notável. Se não fosse por "Song of Myself", eu me sentiria tentado a fazer a mesma escolha, embora "Crossing Brooklyn Ferry" e "As I Ebb'd with the Ocean of Life" sejam tão memoráveis quanto "Lilacs". "The Sleepers" é mais irregular, mas ainda mais original.

Os pátios de entrada americanos e grandes poemas americanos continuam a se concentrar nos lilases: T.S. Eliot e Wallace Stevens retornam incessante-

---

* E tu, América,/ Para a culminância do projeto, sua concepção e sua realidade,/ Para elas (não para ti mesma), chegaste.// Também tudo rodeias,/ A tudo abraçando, trazendo, acolhendo, tu também por caminhos novos e largos/ Ao ideal te diriges./ As fés comedidas de outras terras, as grandezas do passado,/ Não são para ti, grandezas apenas as tuas próprias,/ Fés e amplitudes deíficas, absorvendo, abrangendo tudo,/ Tudo permitido a todos.// Tudo, todos para a imortalidade,/ O amor como a luz envolvendo tudo e todos silenciosamente,/ O aperfeiçoamento da Natureza abençoando tudo e todos,/ As flores, frutos das eras, pomares divinos e certos,/ Formas, objetos, crescimentos, humanidades amadurecendo em imagens espirituais.// Concede-me ó Deus cantar esse pensamento,/ Concede a mim, concede àquele ou àquela que amo essa fé inextinguível,/ Em Teu conjunto, o que mais esteja vedado não fique vedado a nós,/ A crença no plano Teu contido no Tempo e no Espaço,/ Saúde, paz, salvação universal.

mente ao ramo de lilases de Whitman, sua talha. Em 1871, numa maravilhosa reavaliação, Whitman acrescentou o glorioso termo "coisas resgatadas da noite" [*retrievements out of the night*] para sintetizar a reprodução transformadora do canto do tordo eremita, seu próprio canto em resposta e os lilases.

Como muitas das maiores elegias da tradição poética, "Lilacs" é um hino não só a seu tema explícito, o presidente Abraham Lincoln, mas também ao possível declínio das forças imaginativas do próprio poeta. Após 1865, há algumas coisas esplendorosas, mas nada tão vital como "Lilacs".

Não sei se se pode dizer que "Lilacs" é o mais americano de todos os poemas, pois "Song òf Myself" é o grande marco inovador. No entanto, há em "Lilacs" nuances mais sutis e mais elaboradas do que em qualquer outro escrito de Whitman. É como se ele se detivesse no limiar de uma arte mais acabada que não conseguiu atingir.

O equivalente wordsworthiano de "Lilacs" é o grande "Ode: Intimations of Immortality from Recollections of Early Childhood", composto entre 1802 e 1807. Um dos aspectos desse poema extraordinário é que Wordsworth pretendia, a partir dele, dedicar-se a realizações ainda mais elevadas. Infelizmente, o que veio a seguir foram 43 anos de monotonia poética. Há algumas exceções felizes, assim como houve em Whitman entre 1866 e 1892, mas mais valeria que ambos, o maior poeta inglês e o principal poeta americano do século XIX, tivessem deixado de escrever. Wordsworth se petrificou, enquanto o ocultamento de Whitman é ainda mais misterioso do que o declínio de Wordsworth, a menos (tendo em mente o sofrimento que ele deve ter interiorizado a partir dos soldados moribundos) que interpretemos ao pé da letra sua renúncia à talha no ramo de lilases que lança sobre o caixão de Lincoln.

A morte em Whitman se torna uma metáfora abrangente da lembrança que sobrevive a nós na afeição de outras pessoas. Pode-se ver a influência dessa ideia na majestosa elegia de Wallace Stevens a seu amigo Henry Church, "The Owl in the Sarcophagus". Há, em Stevens, uma sutil migração da renovada defesa romântica do poder mental do poeta sobre um universo de morte, como em "The Idea of Order at Key West", para uma posição mais whitmaniana que é receptiva à noite, à morte, à mãe e ao mar.

"Lilacs" não traz nenhum conflito com a "sã e sagrada morte" [*sane and sacred death*]. Seus 206 versos são um hino à morte, mais do que uma trenódia por Lincoln, cujo nome não é citado. Um elemento egípcio em Whitman, remontando a seu interesse por essas antiguidades no Brooklyn Museum, pode explicar a casa dos mortos da seção 11. Mesmo assim, o veio bíblico sempre aflora, tanto aqui quanto em outros poemas seus. O estilo elevado da Bíblia do rei Jaime comparece ao longo de toda a elegia.

Sob uma Vênus pairando a baixa altura no céu ocidental, Whitman tenta expressar sua dor, mas é impedido por um conflito de afetos. Talvez haja um secreto sentimento de culpa no fato de que a doença e a morte de Walter Whitman pai desencadearam e levaram Walt à exuberância poética de 1855, dando-lhe a primeira *Folhas de relva*.

> O powerful western fallen star!
> O shades of night—O moody, tearful night!
> O great star disappear'd—O the black murk that hides the star!
> O cruel hands that hold me powerless—O helpless soul of me!
> O harsh surrounding cloud that will not free my soul.*

As mãos cruéis são as de Whitman, e segue-se uma masturbação falhada. Desse nadir, "Lilacs" se eleva a seu primeiro sublime:

In the dooryard fronting an old farm-house near the white-wash'd palings,
Stands the lilac-bush tall-growing with heart-shaped leaves of rich green,
With many a pointed blossom rising delicate, with the perfume strong
   I love,
With every leaf a miracle—and from this bush in the dooryard,
With delicate-color'd blossoms and heart-shaped leaves of rich green,
A sprig with its flower I break.**

---

* Ó poderosa estrela d'oeste caída!/ Ó sombras da noite — Ó triste noite em pranto!/ Ó grande estrela desaparecida — Ó negra treva que esconde a estrela!/ Ó mãos cruéis que me retêm impotente — Ó desamparada alma minha!/ Ó impiedosa nuvem ao redor que não libertará minha alma.

** No pátio de entrada de uma velha casa rural perto da cerca caiada,/ Cresce a moita alta de lilases com folhas verde-escuras em formato de coração,/ Com muitos botões pontudos subindo delicados, com o perfume intenso que agrada,/ Com folhas todas miraculosas — e dessa moita no pátio de entrada,/ Com botões de cor delicada e folhas verde-escuras em formato de coração,/ Um ramo com sua flor eu quebro.

Aqui, o tom misterioso — direto, mas sugerindo uma rica história de tradição elegíaca — é um triunfo. Penso no lamento ritual por Adônis na escola de Alexandria, que Whitman não precisa ter conhecido. O ramo de lilás quebrado encarna o mesmo impulso de castração sacrificial.

Escrevi tanto sobre a imagem de voz mais característica de Whitman, a talha, que me sinto obrigado a não repetir o que já disse e que se encontra resumido em meu livro *A anatomia da influência*. Em nossa linguagem coloquial, principalmente no Sudoeste do país, "*tally*", como verbo e substantivo, pode designar um eros ilícito. A pessoa faz um talho numa vareta para marcar o número de encontros sexuais com seus *tallymen* ou *tallywomen*. Walt, porém, é diferente: seu desejo é homossexual, mas ele recusa intimidade física, exceto consigo mesmo. Seus êxtases são visivelmente autoeróticos. Fico espantado com os estudiosos — de qualquer orientação sexual — capazes de interpretar a calibragem da autossatisfação de Walt, aqui, em "Spontaneous Me", ou em outros poemas, como um véu para disfarçar o intercurso homoerótico. Como Walt poderia ser mais explícito? Sua talha, ou imagem solitária da voz, começa com sua relação sexual consigo mesmo. O tabu, como sabia Freud, é uma modalidade de transferência ou a formação de metáforas. Hoje em dia está na moda considerar o sadomasoquismo como uma modalidade erótica aceitável. Walt, isento de qualquer crueldade, em vez disso rompe o tabu do onanismo e vai além, mais tarde e em "Lilacs", ousando fundir-se com o corpo da mãe.

A busca whitmaniana é a liberdade da voz. Meu amigo mais próximo, John Hollander, falecido pouco tempo atrás, foi quem mais me ensinou a ler Whitman. A grande percepção de John foi: "Quando ele anuncia suas expansões, contenções e incorporações, muitas vezes está realizando uma contração e uma retirada". John gostou quando comentei que isso era muito próximo da ideia de Gershom Scholem, de que Whitman era um "cabalista intuitivo". Sem conhecer necessariamente coisa alguma da Cabala de Safed de Moses Cordovero e Isaac Luria, o bardo americano exemplificava a teoria de ambos sobre a criação como o *Zimzum* divino, em que Jeová abre espaço para a criação contraindo-se e retirando-se de uma parte de si mesmo.

Relaciono essa questão com a talha, ou imagem da voz, e a quebra do ramo de lilases. Whitman lera "Lycidas", "Adonais" e outras elegias pastorais. Para transcendê-las, procedeu a um ato de rendição indiano, similar a *A terra desolada* de Eliot, uma revisão de "Lilacs". Eliot toma a Whitman o canto do tordo eremita, os lilases, as mulheres pranteando Adônis — Lincoln — e o trajeto pela estrada aberta com um terceiro ser, o pensamento e conhecimento da morte.

A morte do presidente Lincoln tem menos peso em "Lilacs" do que a morte do poeta em Whitman, que renuncia à sua imagem da voz na esperança de que se siga uma arte ainda mais rica. Whitman estava enganado, como Wordsworth e ao contrário do Milton de "Lycidas". A talha tem duas extremidades que são iguais: o cômputo pode ser feito na parte de cima ou de baixo, e a quebra da talha guarda uma curiosa correspondência com a quebra luriânica dos vasos.

Whitman quebra o ramo [*the sprig*], e a seção seguinte, igualmente esplêndida, estabelece um paralelo com a garganta sangrenta do tordo eremita:

In the swamp in secluded recesses,
A shy and hidden bird is warbling a song.

Solitary the thrush,
The hermit withdrawn to himself, avoiding the settlements,
Sings by himself a song.*

Após a intensidade das quatro seções iniciais, o poema se abre para panoramas grandiosos na seção 6 e se concentra no luto nacional, que então se estreita e se concentra no gesto simbólico do poeta:

Here, coffin that slowly passes,
I give you my sprig of lilac.**

Um extraordinário frenesi de quebras marca a espantosa seção 7:

(Nor for you, for one alone,
Blossoms and branches green to coffins all I bring,

---

* No pântano em recessos isolados,/ Um pássaro tímido e escondido gorjeia uma canção.// Solitário o tordo,/ O eremita retirado consigo mesmo, evitando os povoados,/ Canta por si mesmo uma canção.
** Aqui, caixão que lento passas,/ Dou-te meu ramo de lilás.

For fresh as the morning, thus would I chant a song for you O sane and
   sacred death.

All over bouquets of roses,
O death, I cover you over with roses and early lilies,
But mostly and now the lilac that blooms the first,
Copious I break, I break the sprigs from the bushes,
With loaded arms I come, pouring for you,
For you and the coffins all of you O death.)*

Há uma espécie de efeito de estilhaçamento em "Copioso eu quebro, quebro os ramos dos arbustos" [*Copious I break, I break the sprigs from the bushes*]. É como se a talha de todos se quebrasse ao mesmo tempo, como se não devessem mais existir imagens de liberdade da voz.

Whitman muda habilmente de perspectiva e passa para Vênus no céu noturno e então para panoramas da paisagem americana e da vida urbana. Esses panoramas belamente compassados se prolongam até a súbita epifania de um cortejo fúnebre pessoal:

Then with the knowledge of death as walking one side of me,
And the thought of death close-walking the other side of me,
And I in the middle as with companions, and as holding the hands of
   companions,
I fled forth to the hiding receiving night that talks not,
Down to the shores of the water, the path by the swamp in the dimness,
To the solemn shadowy cedars and ghostly pines so still.**

---

* (Nem para ti, para um apenas,/ Flores e ramagens verdes a todos os caixões eu trago,/ Pois com o frescor da manhã assim eu cantaria uma canção para ti,/ Ó sã e sagrada morte.// Por toda parte buquês de rosas,/ Ó morte, cubro-te com rosas e lírios em botão,/ Mas em especial com o lilás que é o primeiro a florir,/ Copioso eu quebro, quebro os ramos dos arbustos,/ Com braços carregados eu venho, espargindo para ti,/ Para ti e todos os caixões teus, Ó morte.)

** Então com o conhecimento da morte como que andando a um lado meu,/ E o pensamento da morte andando bem junto do outro lado meu,/ E eu no meio como entre companheiros, e como que segurando as mãos de companheiros,/ Corri para a noite protetora e receptiva que não fala,/ Até as margens da água, o caminho pelo pântano na obscuridade,/ Até os solenes cedros sombreados e os pinheiros espectrais tão imóveis.

O pensamento da morte caminha mais perto do poeta porque é universal, mas o conhecimento da morte para quem ainda está vivo é uma gnose difícil e pessoal. Juntando-se ao tordo eremita, os três camaradas são recompensados com o som de seu gorjeio fúnebre, que devolve ao poeta a talha, como capacidade de correspondência entre voz e mundo:

Come lovely and soothing death,
Undulate round the world, serenely arriving, arriving,
In the day, in the night, to all, to each,
Sooner or later delicate death.

Prais'd be the fathomless universe,
For life and joy, and for objects and knowledge curious,
And for love, sweet love—but praise! praise! praise!
For the sure-enwinding arms of cool-enfolding death.

Dark mother always gliding near with soft feet,
Have none chanted for thee a chant of fullest welcome?
Then I chant it for thee, I glorify thee above all,
*I bring thee a song that when thou must indeed come, come unfalteringly.**

Aqui, o modelo de Whitman é o Cântico dos Cânticos na Bíblia do rei Jaime, mas com a mãe ocupando o lugar da jovem daquele hino erótico. A morte, a mãe sombria, é uma dançarina oferecendo plena realização e a fusão erótica com ela é absoluta:

Approach strong deliveress,
When it is so, when thou hast taken them I joyously sing the dead,

---

* Vem, graciosa e reconfortante morte,/ Ondula ao redor do mundo, serena chegando, chegando,/ De dia, de noite, a todos, a cada um,/ Mais cedo ou mais tarde, delicada morte.// Louvado seja o universo insondável,/ Pela vida e alegria, e pelos objetos e curiosidade de conhecer,/ E pelo amor, doce amor — mas louvado! louvado! louvado seja/ Pelos braços firmes e envolventes da morte friamente aconchegante.// Mãe sombria sempre deslizando por perto com pés suaves,/ Ninguém cantou para ti um cântico de plena acolhida?/ Então canto-o eu para ti, glorifico-te acima de tudo,/ Trago-te uma canção para, quando tiveres de chegar, chegares sem hesitar.

Lost in the loving floating ocean of thee,
Laved in the flood of thy bliss O death.

From me to thee glad serenades,
Dances for thee I propose saluting thee, adornments and feastings for thee,
And the sights of the open landscape and the high-spread sky are fitting,
And life and the fields, and the huge and thoughtful night.*

Noite, morte, mãe, mar confortam Whitman na ternura pós-coito:

The night in silence under many a star,
The ocean shore and the husky whispering wave whose voice I know,
And the soul turning to thee O vast and well-veil'd death,
And the body gratefully nestling close to thee.

Over the tree-tops I float thee a song,
Over the rising and sinking waves, over the myriad fields and the prairies wide,
Over the dense-pack'd cities all and the teeming wharves and ways,
I float this carol with joy, with joy to thee O death.**

Há tanta maravilha e liberdade de movimento nas catorze seções iniciais de "Lilacs" que sempre me surpreendo que as duas divisões restantes sejam tão viçosamente inventivas. Proclamando que o gorjeio do tordo eremita constitui a talha de sua alma, Whitman é recompensado com uma visão que mereceu por seus serviços altruístas nos hospitais da Guerra Civil:

---

* Aproxima-te, potente libertadora,/ Quando chegares, quando os tiveres tomado, jubiloso cantarei os mortos,/ Perdidos no amoroso flutuante oceano teu,/ Banhados nas águas de tua bem-aventurança Ó morte.// De mim para ti alegres serenatas,/ Danças para ti ofereço saudando-te, adornos e festejos para ti,/ E as vistas da ampla paisagem e do céu espraiado combinam,/ E a vida e os campos, e a imensa e pensativa noite.
** A noite em silêncio sob muitas estrelas,/ A orla do oceano e a onda de áspero sussurro cuja voz conheço,/ E a alma se virando para ti, Ó vasta e velada morte,/ E o corpo grato aninhando-se perto de ti.// Sobre a copa das árvores ponho a flutuar para ti uma canção,/ Sobre as ondas subindo e descendo, sobre os incontáveis campos e as largas pradarias,/ Sobre todas as cidades densamente populosas e as fervilhantes docas e ruas,/ Ponho a flutuar esse cântico com alegria, com alegria para ti, Ó morte.

And I saw askant the armies,
I saw as in noiseless dreams hundreds of battle-flags,
Borne through the smoke of the battles and pierc'd with missiles I saw them,
And carried hither and yon through the smoke, and torn and bloody,
And at last but a few shreds left on the staffs, (and all in silence,)
And the staffs all splinter'd and broken.
I saw battle-corpses, myriads of them,
And the white skeletons of young men, I saw them,
I saw the debris and debris of all the slain soldiers of the war,
But I saw they were not as was thought,
They themselves were fully at rest, they suffer'd not,
The living remain'd and suffer'd, the mother suffer'd,
And the wife and the child and the musing comrade suffer'd,
And the armies that remain'd suffer'd.*

A imagem da emasculação, introduzida com a renúncia à talha/ramo de lilás, expande-se no apocalipse sexual da batalha. Se a elegia terminasse aqui, a arte sublime de Whitman vacilaria. Não vacila, porque nos é dado um extraordinário resgate da noite e também do mar materno que é o universo da morte:

Passing the visions, passing the night,
Passing, unloosing the hold of my comrades' hands,
Passing the song of the hermit bird and the tallying song of my soul,
Victorious song, death's outlet song, yet varying ever-altering song,
As low and wailing, yet clear the notes, rising and falling, flooding the night,

---

* E de soslaio vi os exércitos,/ Vi como em sonho silencioso centenas de estandartes de guerra,/ Portados entre a fumaça das batalhas e perfurados com projéteis vi-os,/ E carregados cá e acolá por entre a fumaça, e rasgados e ensanguentados,/ E finalmente apenas alguns farrapos restantes nos mastros (e tudo em silêncio),/ E os mastros todos estilhaçados e quebrados./ Vi cadáveres tombados em batalha, milhares deles,/ E os esqueletos brancos de jovens, vi-os,/ Vi os destroços e mais destroços de todos os soldados mortos na guerra,/ Mas vi que não estavam como se pensava,/ Eles mesmos estavam em pleno repouso, não sofriam,/ Os vivos permaneceram e sofriam, a mãe sofria,/ E a mulher e o filho e o camarada pensativo sofriam,/ E os exércitos que permaneceram sofriam.

Sadly sinking and fainting, as warning and warning, and yet again bursting with joy,
Covering the earth and filling the spread of the heaven,
As that powerful psalm in the night I heard from recesses,
Passing, I leave thee lilac with heart-shaped leaves,
I leave thee there in the dooryard, blooming, returning with spring.

I cease from my song for thee,
From my gaze on thee in the west, fronting the west, communing with thee,
O comrade lustrous with silver face in the night.

Yet each to keep and all, retrievements out of the night,
The song, the wondrous chant of the gray-brown bird,
And the tallying chant, the echo arous'd in my soul,
With the lustrous and drooping star with the countenance full of woe,
With the holders holding my hand nearing the call of the bird,
Comrades mine and I in the midst, and their memory ever to keep, for the dead I loved so well,
For the sweetest, wisest soul of all my days and lands—and this for his dear sake,
Lilac and star and bird twined with the chant of my soul,
There in the fragrant pines and the cedars dusk and dim.*

---

* Passando as visões, passando a noite,/ Passando, sem soltar as mãos de meus camaradas,/ Passando a canção do tordo-eremita e a canção correspondente de minha alma,/ Canção vitoriosa, canção de despedida da morte, porém canção sempre se alterando e variando,/ Baixa e plangente, mas límpidas as notas, subindo e descendo, inundando a noite,/ Tristemente baixando e se esvaindo, como que alertando e alertando, e ainda outra vez explodindo de alegria,/ Cobrindo a terra e preenchendo a extensão do céu,/ Como aquele poderoso salmo noturno que ouvi dos recessos,/ Passando, deixo-te o lilás com as folhas em formato de coração,/ Deixo-te lá no pátio de entrada, florindo, retornando com a primavera.// Retiro-me de minha canção para ti,/ De meu olhar em ti no oeste, fitando o oeste, comungando contigo,/ Ó camarada cintilando com a face prateada na noite.// Todavia para guardar todas as coisas resgatadas da noite,/ A canção, o maravilhoso canto do pássaro gris-marrom,/ E o canto correspondente, o eco despertado em minha alma,/ Com a estrela baixa e brilhante com o semblante repleto de dor,/ Com os que seguram minha mão acercando-me do chamado do pássaro,/ Camaradas meus e eu no meio, e sua memória a ser preservada para sempre, pelo

A métrica e a retórica remontam à Bíblia do rei Jaime e às pregações quacres dissidentes de Elias Hicks na infância de Whitman. Walt está compondo sua Nova Bíblia para a Religião Americana, mas sem nenhum impulso de subversão do cristianismo. Pelo contrário, ele o inclui, assim como inclui também as especulações orientais, o hermetismo (extraído de George Sand) e todo o resto que queira.

O canto correspondente é o "Lilacs" inteiro, e o final com a voz a todo volume nos redefine a talha como, na prática, celebração e lamento ao mesmo tempo. Assim, a imagem da voz de Whitman funde liberdade e morte, uma morte, porém, que é invenção pessoal de Walt, indiscernível da noite e do mar materno.

HERMAN MELVILLE

MOBY DICK

Moby Dick e *Folhas de relva* nos apresentam demandas maiores do que percebemos inicialmente. Andrew Delbanco aponta o complexo cruzamento de subcorrentes da democracia jacksoniana na tripulação e na sorte do *Pequod*, mostrando que Melville, em seu épico, eleva a política americana ao destino universal. Os objetivos de Whitman eram análogos, embora seu drama pessoal prevaleça na recepção atual quando mergulhamos nele. O enigma para meus alunos, e para mim também, é que é muito estranho pensar em Walt como o Poeta da Democracia. Seu credo é que cada um de nós é o herói, a média divina, e no entanto não somos enfermeiros, atendendo com altruísmo os feridos e moribundos.

Shakespeare, venerado por Melville e recebido com ambivalência por Whitman, é o paradigma de uma dificuldade sublime que nos fascina legitimamente como entretenimento. *Moby Dick*, a maior das narrações marítimas — para a frustração de Joseph Conrad —, pode ser lido com ou contra

---

morto que tanto amei,/ Pela mais doce, pela mais sábia alma de todos os meus dias e lugares — e isso por sua querida lembrança,/ Lilás, estrela, pássaro unidos e igualados no canto de minh'alma,/ Lá nos fragrantes pinheiros e nos cedros escuros e sombrios.

os tons narrativos de Ismael; podemos acreditar ou não no que está dizendo, como quisermos, visto que ele não é confiável. Walt, inundado por sua visão, embriaga-se com as palavras. Ismael, interminavelmente fascinado com sua própria narrativa, tenta transformar em conhecimento uma emoção ferida pelo assombro.

A cognição, no épico de Melville, é sintetizada por Ahab, que encerrava o capítulo 70, "A esfinge", com:

> Ó Natureza, Ó alma do homem! Quão longe de qualquer possibilidade de expressão estão vossas mútuas analogias! Nem o menor dos átomos se move ou vive na matéria sem ter sua hábil duplicata na mente.

Um universo de correspondências, assinaturas de todas as coisas que aqui estamos para ler, é um tema comum aos mestres da renascença literária americana do século XIX: Emerson, Poe, Hawthorne, Melville, Whitman, Dickinson, até mesmo Henry James. As tatuagens de Queequeg traçam todas as realidades pessoais e históricas: passadas, presentes, futuras. Depois de Ismael, Ahab e a própria Baleia Branca, o livro é de Queequeg. Como conjunto quádruplo, podem ser comparados ao quarteto de Whitman, com suas diferenças heroicas: a noite, a morte, a mãe e o mar. É o livro da noite de Ismael; o ataúde de Queequeg, que salva Ismael da voragem; Moby Dick, que, com toda a sua ameaça fálica, constitui a única presença materna do épico; o mar imperial (e imperioso) de Ahab.

Angus Fletcher observou: "O confronto final entre Ahab e a Baleia Branca é a visão apocalíptica da guerra entre duas potências demônicas". O demo atropela o humano em Ahab, quando ele exclama que Moby Dick "se amontoa sobre mim". Herman Melville, como Walt Whitman, amontoa tudo o que consegue encontrar. Estamos diante de uma crise de escala quando as obras contemporâneas são incapazes de sustentar suas ambições (*Graça infinita* de David Foster Wallace, *Liberdade* de Jonathan Franzen).

Depois de Joyce e Marcel Proust, de Franz Kafka e Beckett, a tentativa de escrever romances à maneira de Dickens, George Eliot, Henry James e Balzac se tornou claramente insustentável. Não acredito mais em nenhuma historicização, por mais moderna que seja. A grande realização literária é pessoal, e o gênio é sempre o inimigo do gênio. Goethe se recusou a incentivar Heinrich von Kleist e Hölderlin, que implicitamente contestavam a "felicidade e assombro" sobre as quais se baseava o demo goethiano. Baudelaire nunca resolveu suas ambivalências em relação a Victor Hugo porque, ao contrário da maioria dos críticos posteriores, ele sabia o grande espaço que Hugo ocupava na poesia de língua francesa. Joyce, ao encontrar W. B. Yeats, manifestou-se pesaroso que o "arquipoeta" anglo-irlandês fosse velho demais para ser influenciado pelo poeta de *Música de câmara*.

Essas questões terão se dado de outra maneira na América oitocentista? Melville dedicou *Moby Dick* a Hawthorne, cujo exemplo permitiu o surgimento do épico americano em prosa, assim como *Folhas de relva* de 1855 precisou de Emerson como ponto de partida. Contrapondo-se ao fluxo, o refluxo também opera magnificamente. Henry James, em seu livro sobre Hawthorne, converte seu verdadeiro precursor americano numa forma indistinta, uma espécie de Dimmesdale. Por mais que eu ame *Retrato de uma senhora* e *As asas da pomba*, nem Isabel Archer nem Milly Theale alcançam a magnificência de Hester Prynne. Na escala dos maridos escabrosos da ficção americana, Osmond fica nanico ao lado do satânico Chillingworth.

O jovem Henry James falhou rotundamente ao resenhar *Drum-Taps* em 1865, embora na maturidade tenha dado seu veredito definitivo sobre seu acesso de raiva quando jovem: "aquela pequena atrocidade". James tentou ressarci-la com pródiga generosidade, chegando ao patético extremo de imitar Whitman como voluntário visitando hospitais e reconfortando enfermos, papel para o qual o aristocrático romancista não tinha muito talento. Mesmo na crítica de 1865, porém, James captou o espírito demônico de Walt, ao insistir que o poeta possuísse e fosse possuído pela América.

Os irmãos James, William e Henry, e Edith Wharton foram possuídos por "Out of the Cradle Endlessly Rocking" e "When Lilacs Last in the Dooryard Bloom'd". Henry James declamava os poemas em voz alta, com uma ressonância extraordinária e a sonoridade de um órgão, como se estivesse possuído. Para além do homoerotismo que ambos compartilhavam, nosso maior poeta e nosso maior romancista estavam unidos por se basearem ambos em seus demos. O Walt xamânico, curandeiro carismático, parece mais à vontade no cosmo demônico, mas o mestre James tem um prazer ainda maior com a atuação demônica. Em oposição ao materialismo metafísico de Whitman, James é um curioso platônico americano. A paixão sexual nos protagonistas mais vigorosos de James vem marcada pela imposição de autoridade de um demo platônico. Isabel volta para seu conflito com Osmond; Densher se afasta de Kate por causa da finada Milly; em *A taça de ouro*, Maggie recupera Amerigo, cada qual seguindo uma voz análoga ao *daimon* de Sócrates.

Shakespeare abrigava um bando de demos, entre eles Hamlet, Falstaff, Iago, Cleópatra, Macbeth. Não o possuíam, embora Hamlet e Falstaff tenham chegado muito perto. Uma boa pergunta é se Melville chegou a ser possuído pelo Ahab demônico. Os doze grandes escritores tratados neste livro eram todos homens possuídos e uma mulher com uma inteligência tão sobrenatural que escapava a todos os que tentassem controlá-la. Em turbulência espiritual, Whitman e Melville, Faulkner e Hart Crane parecem ultrapassar Dickinson e Emerson, Hawthorne e James, Stevens e Eliot, Twain e Frost, mas isso é confundir tom e atitude retórica com vida interior. Todos eram espíritos assombrados, portadores conscientes de tradições ocultas.

Venho relendo *Moby Dick* desde que me apaixonei pelo livro em 1940, menino de dez anos enfeitiçado por Hart Crane, Whitman, William Blake, Shakespeare. *Moby Dick* era o quinto do conjunto que reunia *A ponte*, "Song of Myself", *Os quatro Zoas* [*The Four Zoas*] de Blake e *Rei Lear*, companhia visionária que transformou uma criança enjeitada não num poeta, mas num entusiástico exegeta com capacidade de apreciação. Sendo eu, na época e até hoje, uma alma supersticiosa, tinha medo de ser devorado por demos esfaimados se transpusesse a fronteira da criação.

Em minha velhice, a admiração por Melville, Shakespeare, Blake, Whitman, Hart Crane continua a aumentar. Ferido pelo assombro, considero suas palavras de ouro (abaixo, por ordem):

Não é um insensato temerário que agora te enfrenta. Reconheço teu poder silente e ubíquo; mas até o último alento de minha vida de sísmicos abalos contestarei seu domínio incondicional, não integral sobre mim. No meio do impessoal personificado ergue-se aqui uma personalidade...

Sê absoluto para a morte [...]
*   *   *
Não tens juventude nem velhice,

Mas, como num sono após o jantar,
Sonhando com ambas...

Tho' thou art worship'd by the names Divine of Jesus and Jehovah; thou art still the Son of Morn in weary Night's decline, the lost traveller's dream under the hill.*

You will hardly know who I am or what I mean,
But I shall be good health to you nevertheless,
And filter and fibre your blood.

Failing to fetch me at first keep encouraged,
Missing me one place search another,
I stop some where waiting for you.**

And so it was I entered the broken world
To trace the visionary company of love, its voice
An instant in the wind (I know not whither hurled)
But not for long to hold each desperate choice.***

Ahab enfrentando os corpos santos; o enigmático Vincentio dubiamente consolando Claudio em *Medida por medida*; Blake desafiando o Acusador, que é o deus deste mundo; Walt escapando a nós no final de "Song of Myself";

---

* Ainda que sejas adorado pelos nomes Divinos/ de Jesus e Jeová, ainda és/ O Filho da Manhã no declínio da Noite cansada/ O sonho do andarilho perdido sob a colina.
** Mal saberás quem sou ou o que quero dizer,/ Mesmo assim serei para ti a boa saúde/ E filtrarei e fortalecerei teu sangue.// Se não me alcançares de primeira, não desanimes,/ Não me encontrando num ponto, procura em outro,/ Estou parado em algum lugar esperando por ti.
*** E foi assim que entrei na terra fraturada/ Buscando a companhia visionária do amor, voz que ouvi/ Por um instante no vento (ignoro para onde soprada),/ Mas breve demais para reter tudo o que desesperado escolhi.

Hart Crane quebrando os vasos de sua identidade de poeta e de sua vida — são estas, para mim, as Escrituras seculares. A experiência estética suprema me sustém ao longo de todas as perdas e nos presságios crescentes do fim.

Matthew Arnold, que manifestou sua exasperação com Whitman, levava muito a sério suas pedras de toque pessoais. As minhas são marcas de prazer, de deleite na leitura. Eu não modificaria uma única frase de *Moby Dick*. Um capítulo como o 101, "A garrafa", dedicado à carne e à cerveja a bordo dos baleeiros, mostra o gosto de Ismael pelo cômico:

> A quantidade de cerveja também é muito grande, 10 800 barris. Ora, como tais pescas polares só podiam ser realizadas no curto verão daquele clima, e assim a viagem inteira de um desses baleeiros holandeses, incluindo o curto trajeto de ida e volta do mar de Spitzbergen, não excedia muito a três meses, digamos, e calculando trinta homens para cada barco da frota de 180 veleiros, temos ao todo 5400 marinheiros holandeses; portanto, digo eu, temos exatamente dois barris de cerveja por homem, para um período de doze semanas, sem contar sua justa parcela daqueles 550 tonéis de gim. Ora, se esses arpoadores, tão embriagados de gim e cerveja como se pode imaginar que estivessem, eram os homens certos para se postar à proa de um barco e mirar com boa pontaria baleias velocíssimas, está aí algo que parece um tanto improvável. Mesmo assim, miravam e inclusive acertavam. Mas isso era lá no extremo Norte, cabe lembrar, onde a cerveja combina com a constituição física; já no Equador, em nossa pesca meridional, a cerveja seria bem capaz de deixar o arpoador sonolento no topo do mastro e zonzo no bote, o que poderia acarretar sérios prejuízos para Nantucket e New Bedford.

Sem esse lastro, a metafísica da perseguição poderia afundar *Moby Dick*. Ahab, de impulso demônico, não é excessivo para seu livro porque este contém o cosmo. Walt, demo benigno, tem como lastro o gigantesco desfile apresentado em *Folhas de relva*; uma listagem alternando epifanias e mercadorias se transmuta na história do eu americano, glorificando Adão na manhã de um novo mundo.

Todos os americanos são Ahabs? Alguns — então e hoje — certamente tentam não ser. Como judeu, eu preferiria ser Ismael, mas acontece que ele é o progenitor dos árabes. Uma aluna minha, durante uma aula em que discutíamos *Moby Dick*, disse que escolheria ser Queequeg e, em segundo lugar, a Baleia Branca. Ela leu em voz alta o seguinte trecho do capítulo 133, "A caça — Primeiro dia":

> Uma suave alegria — uma serenidade de poderosa brandura na rapidez envolvia a baleia a deslizar. Nem Júpiter sob os traços do touro branco, afastando-se no mar com a raptada Europa a se segurar em seus chifres graciosos, mantendo os olhos amorosos fitos de soslaio na donzela, com fascinante ligeireza abrindo caminho entre as águas até a alcova nupcial em Creta; não, nem Jove, aquela grande majestade Suprema! superava a gloriosa Baleia Branca enquanto nadava tão divinamente.
>
> De cada macia lateral — coincidindo com a onda que se partia e, mal acabava de banhá-lo, afastava-se espalhando suas águas —, de cada luzente lateral, o cachalote despedia sortilégios. Não admira que tivessem surgido entre os perseguidores alguns que, indizivelmente arrebatados e atraídos por toda essa serenidade, haviam se arriscado a atacá-la, mas apenas para descobrir fatidicamente que aquela quietude não era senão o envoltório de um furacão. Todavia em calma, em envolvente calma, oh, cachalote!, continuas a deslizar, para todos os que te veem pela primeira vez, não importa quantos já podes ter da mesma maneira iludido e destruído.

Essa acentuada intensidade erótica cria uma fusão entre a encantadora Fayaway de *Taipi* e a perigosa beleza da inocência em *Billy Budd*. Os sexos se mesclam e se subdividem numa liquefação da imaginação erótica. Andrógino da cor da neve, Moby Dick disfarça sedutoramente seu "envoltório de um furacão" como serenidade a deslizar. Arpoadores e lanceiros são ao mesmo tempo fálicos e comerciais em sua perseguição feroz.

Pode ser esclarecedor ler *Moby Dick* como autobiografia de Melville, tal como a terceira edição em 1860 de *Folhas de relva* é a autobiografia de Walt Whitman. Em 1855 e 1856, as epifanias do eu mais parecem anotações de um diário do que uma narrativa. Uma crise talvez homoerótica, no inverno de 1859-60, pode ter desencadeado o movimento de Walt rumo a uma narração mais completa do eu.

Onde está Melville, o homem, em *Moby Dick*? Dividido pelo menos de três maneiras (Ismael, Ahab, narrador), ele guarda certo paralelismo com

Whitman, que em 1855 também é tripartite (Eu real ou Eu, mim mesmo; o rude Walt como identidade americana; minha Alma). Pode-se arriscar que Ismael, que tanto nos encanta, tem um toque do Eu, mim mesmo, ao passo que Ahab, incognoscível como a noite, a morte, a mãe e o mar, é a alma de Melville no sentido agnóstico de faísca, centelha, *pneuma*. O narrador, que nem de longe é tão interessante quanto "Walt Whitman, um dos rudes, um americano", mesmo assim compartilha a natureza metamórfica do esquivo eu de Walt.

O aforismo pré-socrático — o *ethos* é o demo — pode ser traduzido como "caráter é destino". No teatro, caráter/personagem é ação. Shakespeare, amplo demais para caber numa fórmula, leva-me a um aforismo rival: o *páthos* também é o demo, o que poderia ser vertido como "personalidade é fado". Na teatralidade shakespeariana, personalidade é sofrimento. A ação, escreveu Wordsworth, é momentânea, ao passo que o sofrimento é permanente, obscuro, sombrio, e é da natureza do infinito. Contra o impessoal personificado da Baleia Branca, Ahab se coloca como personalidade, um novo Macbeth a ser novamente destruído por sua própria imaginação proléptica.

Entendo-a como nossa modificação americana do coração, da mente e consciência shakespearianos. Whitman e Melville, Emerson e Dickinson, Hawthorne e James, Twain e Frost, Stevens e Eliot, Faulkner e Hart Crane escolhem a teatralidade ao drama, o sofrimento à ação, a personalidade ao caráter. Não por acaso, nossos mais vigorosos dramaturgos — Eugene O'Neill, Tennessee Williams, Arthur Miller, Thornton Wilder, Edward Albee, Tony Kushner — não chegam à altura de nossos maiores poetas, romancistas e contistas: Whitman, Hawthorne, Melville, Twain, James, Frost, Dreiser, Cather, Stevens, Eliot, W. C. Williams, Hart Crane, Fitzgerald, Hemingway, Faulkner, Nathanael West, Flannery O'Connor, Thomas Pynchon, Elizabeth Bishop, Ashbery, Ammons, Merrill, Philip Roth e outros mais.

Sendo uma nação intensamente teatral — na política, na espiritualidade, nos estilos de ser e viver —, como é que não conseguimos uma dramaturgia que se sustente? Vou agudizar a antítese entre caráter e personalidade, ato e centelha, *ethos* e *páthos*, demo insciente e o demo que sabe como se faz. Ahab promete uma ação de vingança, mas apenas aumenta o sofrimento: para si mesmo, para sua causa, para a família em casa. Walt, o assistente dos feridos, reconforta os sofredores em detrimento de si mesmo. Dickinson conhece o arrebatamento apenas pela dor; James, no auge de sua eloquência, imita

Hawthorne celebrando (implicitamente) as renúncias de seus protagonistas. O ascetismo espiritual de Eliot incentiva Stevens, W. C. Williams e Hart Crane a reafirmarem uma fé keatsiana alto romântica na renovada vitalidade imaginativa americana, na intensidade solar whitmaniana.

Na Terra do Anoitecer, todo ganho literário reflui com o refluxo do oceano da vida. *Moby Dick* se sustenta melhor do que qualquer volume isolado de Whitman, exceto *Folhas de relva* de 1860, onde, ao ler seu livro, de fato tocamos um homem e nos tornamos seu poema. Infelizmente, hoje não existe nenhuma reimpressão disponível da terceira edição de 1860, ao contrário de *Moby Dick*.

A obra-prima de Melville foi composta em dezoito meses por um marinheiro que acabava de completar trinta anos, casado e pai de família, que vivia de empréstimos de parentes. Nem mesmo o ermo agreste do inventivo *Mardi and a Voyage Thither* [Mardi e uma viagem até lá], de 1849, poderia preparar o leitor de então e de agora para a grandiosidade de *Moby Dick*. Por que os corpos-santos eletrizaram Herman Melville a ponto de levá-lo a essa sublimidade única e absoluta é, provavelmente, uma pergunta sem resposta. Penso em *Enquanto agonizo*, *Meridiano de sangue* de McCarthy, *O teatro de Sabbath* de Roth e, em menor escala, *Miss Corações Solitários* de West e *O leilão do lote 49* de Pynchon como grandes inovações que avançam além do reino da arte. Só o demo sabe como se faz.

Muitos leitores agora elevam a novela posterior *Billy Budd* à altura de *Moby Dick*, mas peço desculpas por não poder concordar com isso. Como o pobre Billy, o livreto também cai na incapacidade de se expressar. *O vigarista*, também admirado atualmente, é uma porcaria, embora não um desastre como *Pierre*. Tenho apreço pessoal pelo longo poema "Clarel", mas é comprido demais e a métrica é inadequada. *The Piazza Tales* inclui os dois contos de justa fama "Bartleby, o escrivão" e "Benito Cereno", e admiro "The Bell Tower" e *As ilhas encantadas*. O que mais? Entre os poemas, *Battle-Pieces* fica pequeno ao lado de *Drum-Taps*, mas há alguns que continuam a ser memoráveis, entre eles "After the Pleasure Party", "The Maldive Shark" e "Shelley's Vision". *Moby Dick* se eleva acima dos demais escritos de Herman Melville, um cume nevado, um Leviatã cercado de sardinhas.

Esse fenômeno de obra única não é exclusividade dos Estados Unidos. Twain tem algumas historietas muito engraçadas, como "Cannibalism in the

Cars" [Canibalismo nos vagões] e "Journalism in Tennessee" [Jornalismo no Tennessee], mas apenas *As aventuras de Huckleberry Finn* alcança a estatura de *Moby Dick*, *Folhas de relva* (1860), *Walden*, *A letra escarlate*, *Retrato de uma senhora*, *O grande Gatsby*.

Insisto enfaticamente que os leitores de *Moby Dick* utilizem a Norton Critical Edition (revista, 2002), aos competentes cuidados de Hershel Parker e Harrison Hayford, que oferece um texto confiável. Melville teve a habilidade de dividir a narrativa imensa em 135 capítulos curtos. Em aulas sobre essa grande obra, em três sessões de debates de duas horas com doze alunos de viva inteligência, minha sugestão é que eles o tomem como um livro dividido em três partes.

1. 1-49, de "Avultamentos" até "A hiena"
2. 50-87, de "O barco e a tripulação de Ahab — Fedallah" até "A grande armada"
3. 88-135, de "Escolas e professores" até "A caça — Terceiro dia" e "Epílogo".

Podemos chamar a parte 1 de "Ismael", a parte 2 de "Ahab" e a parte 3 de "Moby Dick". Aqui abordarei sete capítulos da primeira parte, sete da segunda, doze da terceira e o belo "Epílogo" ao estilo de Jó. Isso corresponde apenas a um quinto do texto, de forma que não será uma avaliação completa, mas espero que seja suficiente.

Poucos capítulos iniciais me assombram tanto quanto "Avultamentos", com seu começo misterioso:

Chamem-me Ismael. Alguns anos atrás — não importa quantos, exatamente —, com pouco ou nenhum dinheiro no bolso e nada de especial que me interessasse em terra firme, pensei em navegar um pouco e ver a parte aquática do mundo. É uma maneira minha de expulsar a melancolia e regular a circulação sanguínea. Sempre que me vejo com a cara cada vez mais fechada; sempre que há um novembro garoento e pesado em minha alma; sempre que me vejo parando involuntariamente diante de funerárias e seguindo atrás de todo cortejo fúnebre que encontro; e especialmente sempre que meu desânimo se apodera a tal ponto de mim que é necessário um sólido princípio moral para me impedir de sair deliberadamente à rua e esmurrar metodicamente os passantes — então calculo que é hora de partir o mais rápido possível para o mar. Este é meu sucedâneo para a pistola e a bala. Com um floreio filosófico, Catão se atira sobre sua espada; eu embarco calmamente num navio. Não há nada de surpreendente nisso. Mesmo que não percebam, quase todos os homens de qualquer posição, num momento ou outro, acalentam sentimentos em relação ao oceano muito próximos aos meus.

Estou escrevendo em um novembro garoento e pesado em New Haven (13 de novembro de 2012), às quatro da tarde, quando o ar lá fora me lembra (o que acontece raramente) que nossa melancólica cidade universitária é, na verdade, um porto. Espanta-me como pouco mudou desde que Ismael esboçou sua parte do programa:

"*A Grande Disputa Eleitoral pela Presidência dos Estados Unidos*"
  "VIAGEM BALEEIRA DE UM CERTO ISMAEL"
  "BATALHA SANGRENTA NO AFEGANISTÃO"

À vontade, sem pressa, paradoxalmente compulsivo e tranquilo, Ismael se lança a uma busca sem busca que não é sua. Sua solidão termina com um casamento em New Bedford com o arpoador Queequeg: a única figura em nossa literatura quase tão agradável quanto Huck Finn e Jim, o Negro. O capítulo 110, "Queequeg em seu caixão", é um epítome da compostura heroica do camarada de Ismael:

Debruçando-se na rede, Queequeg fitou longamente o caixão com olhar atento. Então solicitou seu arpão, pediu que retirassem a haste de madeira e que pusessem a parte de ferro dentro do caixão, junto com um dos remos de seu barco. Sempre a seu pedido, também colocaram biscoitos, rodeando as laterais por dentro; puseram um cantil de água fresca na cabeceira e um saquinho de serragem escavada do porão de carga aos pés; e tendo um pedaço de lona de vela enrolado para servir de travesseiro, Queequeg então rogou que o levassem a seu derradeiro leito, para poder experimentar suas comodidades, se é que havia alguma. Ficou deitado imóvel por alguns minutos e em seguida pediu a um que fosse até sua sacola e trouxesse sua pequena divindade, Yojo. Então, cruzando os braços no peito com Yojo entre eles, pediu que pusessem a tampa do caixão (a escotilha, como dizia) por cima dele. A parte da cabeça ficou levantada com uma charneira de couro, e lá permaneceu Queequeg em seu caixão, estando à mostra apenas seu semblante tranquilo. "Rarmai" (vai servir; está bom), murmurou finalmente e fez sinal para que o recolocassem em sua rede.

Com dignidade, mas ainda mais imponente, o arpoador decide viver:

Mas agora que parecia ter feito todos os preparativos para a morte, agora que seu caixão se demonstrara adequado, Queequeg de repente se recuperou; logo parecia não haver nenhuma necessidade da caixa do carpinteiro; e com isso, quando alguns manifestaram sua agradável surpresa, ele disse, em essência, que a causa da súbita convalescença era a seguinte — num momento crítico, lembrara-se de uma pequena obrigação em terra, que estava deixando sem cumprir, e portanto mudara de ideia quanto a morrer: ainda não podia morrer, asseverou ele. Então perguntaram-lhe se viver ou morrer era uma questão de sua própria vontade soberana e a seu bel-prazer. Ele respondeu: claro. Em suma, a ideia de Queequeg era que, se um homem resolvesse viver, a mera doença não poderia matá-lo, nada a não ser uma baleia, um temporal ou algum agente destruidor violento, ingovernável, irracional desse tipo.

Queequeg não é um nobre selvagem, mas o mais civilizado dos homens a bordo do *Pequod*: gracioso, imbuído de tradição, amoroso, espontâneo, responsável e apesar disso, no fundo, misterioso. Não conseguimos ler os hieróglifos tatuados em seu corpo nem o hieróglifo vivo que representa em si mesmo. Por que ele não volta para reivindicar seu reino maori, sendo o legítimo sucessor, "ascendendo ao trono puro e inconspurcado de trinta reis pagãos antes dele"? Por que uma pessoa tão grandiosa adota para si a busca feroz de Ahab? Queequeg, ao contrário de Ismael, não tem nenhum conflito (sequer afetivo) com a existência.

O mistério central de *Moby Dick* é, ao mesmo tempo, sua glória demônica: o leitor livre de credos e beatices também será atraído à busca de Ahab para atravessar a máscara de um cosmo que se desfez em sua própria criação. A religião antitética do Alto Romantismo é uma espécie de gnosticismo purificado. Quando dou aulas sobre o livro, peço aos estudantes que avaliem os contrastes e as consonâncias entre as eloquências sublimes do reverendo

Mapple e do capitão Ahab. Mapple será realmente mais cristão do que o senhor gnóstico do *Pequod*? Eis o reverendo Mapple:

Encurvou-se e por um momento se abismou em si mesmo; então, erguendo novamente o rosto para eles, mostrou uma profunda alegria no olhar, enquanto bradava com um entusiasmo celestial:

— Mas, oh, companheiros de bordo, a estibordo da aflição há garantido deleite, e mais alto é esse deleite do que profunda a aflição. Não fica a gávea mais acima do que abaixo a sobrequilha? O deleite é para aquele — um deleite muito, muito superior e interior — que, contra os orgulhosos deuses e almirantes desta terra, sempre sustenta seu próprio inexorável eu. O deleite é para aquele cujos braços fortes ainda o sustêm quando o navio desse mundo vil e traiçoeiro soçobra sob ele. O deleite é para aquele que não esmorece na verdade e mata, queima e destrói todo pecado, mesmo que o arranque de sob as togas de senadores e juízes. O deleite — o deleite da altura de um mastaréu — é para aquele que não reconhece lei nem senhor a não ser o Senhor seu Deus, e é patriota apenas dos céus! O deleite é para aquele a quem nem todos os vagalhões dos mares da ralé turbulenta conseguirão arrancar dessa firme Quilha das Eras. E eterno deleite e prazer será daquele que, vindo a expirar, pode dizer com seu último alento: Ó Pai! — que conheço sobretudo por Tua vara — mortal ou imortal, aqui morro eu. Empenhei-me em ser Teu, mais do que de deste mundo ou de mim mesmo. Porém isso nada é; para Ti deixo a eternidade, pois o que é o homem para viver o mesmo tempo de vida de seu Deus?

Eis Ahab:

Não sabes como surgiste e por isso te dizes incriado; não conheces tua origem e por isso te dizes sem começo. De mim sei aquilo que de ti não sabes, ó onipotente. Há alguma coisa indifusa além de ti, ó claro espírito, para a qual toda a tua eternidade não passa de tempo, toda a tua criatividade é apenas mecânica. Através de ti, de teu flamejante ser, meus olhos chamuscados conseguem divisá-la vagamente. Ó tu, fogo enjeitado, imemorial eremita, tens tu também teu incomunicável enigma, teu incompartilhado pesar. Aqui novamente com arrogante angústia leio meu progenitor. Salta! Salta ao alto e lambe o céu! Salto contigo; ardo contigo; de bom grado me fundiria a ti; a ti adoro em desafio!

Os tons do reverendo Mapple ocultam uma gnose melvilliana não cristã: "seu próprio inexorável eu". Com um ceticismo sutil — "mortal ou imortal, aqui morro eu" —, Mapple encerra com "pois o que é o homem para viver o mesmo tempo de vida de seu Deus?". É Deus também "mortal ou imortal"?

Mapple ecoa o ambíguo Jó, que não é um sofredor tão paciente e piedoso como a ortodoxia gostaria que fosse. Ahab, que brada "Não! Raios" a qualquer pressão para se submeter ou se render, não é tanto um anti Jó, e sim Jó libertado, que parte para fisgar e lancear. Moby Dick se afasta, enquanto Ahab e toda a tripulação, exceto Ismael, são destruídos. Ahab é derrotado? Não. Como o Satã de Milton, o que mais *existe*, desde que não se seja dominado, a não ser pelo próprio coração?

Os protagonistas heroicos de Melville são dignos da dedicatória do livro a Nathaniel Hawthorne: Ahab, Queequeg, Starbuck, Stubb. Ismael se distingue dos outros: não há confronto nem troca de palavras entre ele e Ahab. Pelo contrário, ele *lê* Ahab, como somos compelidos a ler Hamlet. A noite negra do príncipe da Dinamarca não começou com a morte do pai e as segundas núpcias da mãe, e a dor de Ahab era anterior à mutilação que a Baleia Branca lhe infligiu. Ismael — transcendentalista e cético (como o próprio Emerson), cujo distanciamento foi sanado graças à camaradagem com Queequeg — intui a revolta gnóstica de Ahab contra o Leviatã, que nos é imposto por Deus por intermédio da natureza, e percebe a metafísica da busca prometeica de Ahab.

Como o Prometeu americano, Ahab não precisa roubar o fogo dos deuses. O fogo é dele por seu direito de nascimento zaratustriano, muito anterior à criação e à queda. Mas a forma correta de adoração desse fogo é o desafio: "Quem está acima de mim?". Um homem capaz de bater no sol se este o insultar está além do bem e do mal. Seu paradigma para Melville foi Macbeth, escolha artística ao mesmo tempo genial e equivocada. Macbeth e Abab têm o mesmo sentimento de ultraje, metafísico e também pessoal. Muito sutilmente, Shakespeare dá a entender que Macbeth falha em termos sexuais. Sua enorme paixão por Lady Macbeth é afetada por sua imaginação vigorosamente proléptica: ele chega sempre antes da hora, por assim dizer. Parece ter sido este o problema de D. H. Lawrence com sua esposa Frieda, a crer em seu discípulo John Middleton Murry, embora Aldous Huxley tenha Murry na conta de um Judas.

A castração de Ahab causada por Moby Dick não chega a ser análoga, mas o paralelo com Macbeth é bastante sugestivo. Hoje em dia, tentaríamos condenar Macbeth por crimes contra a humanidade: ele é propenso ao infanticídio. Ahab não tem absolutamente nenhuma culpa, muito embora sua perseguição insana alicie e destrua seus marinheiros, que se rendem não só à autoridade do capitão, mas a seus próprios instintos de caçadores. Se não são culpados por tentar arpoar o rei Leviatã de Jeová, por que, então, Ahab o seria? Mesmo quando menino, percebi, embora vagamente, que o impulso de Ahab era ontoteológico, como Iago, cujo Moby Dick era o deus guerreiro Otelo, ou como Edmund, que queria coagir os deuses a intervir em favor de bastardos.

Os primos de Ahab são Dom Quixote, Hamlet, o Satã de Milton, o Prometeu de Shelley: figuras numa busca antitética quase amplas demais para seus empreendimentos negativos. Como o americano desbravador, excessivamente ambicioso, Ahab traz todos os estigmas do retardatário. Como Milton e Shelley (e Goethe, Ibsen, Joyce, Tchékhov e Beckett), Melville é obrigado a recorrer um pouco demais a Hamlet, o Príncipe da Consciência Solitária. Um solilóquio de Ahab pode nos desanimar:

Que visão! Que som! O pica-pau de cabeça cinza bicando a árvore oca! Cegos e surdos agora são de dar inveja. Ora, aquela coisa se apoia em duas barricas de cordame, cheias de sirgas. Que gaiato mais malicioso, aquele sujeito. Tum-tum! Assim batem os segundos do homem! Oh! Como são imateriais todos os materiais! Que coisas reais existem que não sejam pensamentos imponderáveis? Aí está agora o próprio símbolo temido da horrenda morte transformado, por mero acaso, no signo expressivo de ajuda e esperança da vida mais ameaçada. Um caixão salva-vidas! Irá além disso? Pode ser que, em algum sentido espiritual, o caixão seja, afinal, apenas um preservador da imortalidade! Vou pensar nisso. Mas não. Avancei tanto no lado sombrio da terra que seu outro lado, em teoria luminoso, a mim parece apenas uma penumbra incerta. Não acabarás nunca, Carpinteiro, com esse maldito som? Vou descer; não quero ver essa coisa aqui quando eu voltar. Agora, Pip, falaremos sobre isso; extraio de ti as mais maravilhosas filosofias! Alguns canais desconhecidos dos desconhecidos mundos devem desembocar em ti!

Ahab é Hamlet no cemitério, com seu carpinteiro no papel de coveiro. O caixão de Queequeg, convertido num salva-vidas, será a floresta de Birnam chegando a Dunsinane, pressagiando a destruição de Ahab e garantindo a sobrevivência de Ismael. Antes, no capítulo 37, ouve-se um condensado de solilóquios shakespearianos, que cito na íntegra:

(*O camarote; junto às janelas de popa: Ahab sentado sozinho, fitando lá fora.*)
    Deixo uma esteira branca e turva, águas pálidas, faces ainda mais pálidas, por onde navego. As ondas invejosas ao lado se avolumam para cobrir meu rastro; que o façam, mas primeiro passo eu.
    Mais além, na borda do cálice sempre cheio, as ondas cálidas enrubescem como vinho. A fronte dourada sonda o azul. O sol mergulhador — num lento mergulho desde o meio-dia — se afunda; minha alma sobe! cansa-se em sua interminável colina. Será então pesada demais a coroa que porto, essa Coroa de Ferro da Lombardia? Embora rebrilhe de muitas gemas, eu, o portador, não vejo suas cintilações distantes, mas obscuramente sinto que porto aquilo que deslumbra e confunde. É de ferro — isso eu sei —, não de ouro. Está rachada, também — isso eu sinto; a borda denteada me escoria tanto que meu cérebro parece bater contra o metal sólido; sim, um crânio de aço, o meu; do tipo que não precisa de elmo no mais renhido combate cerebral!
    Secura quente em minha testa? Oh!, tempo houve em que o nascer do sol nobremente me incitava, e assim o pôr do sol aplacava. Não mais. Essa encantadora luz não me ilumina; todo encanto é angústia para mim, pois nunca posso fruir. Dotado de elevada percepção, falta-me o baixo poder de fruir; condenado, da mais sutil e mais maligna maneira!, condenado em pleno Paraíso! Boa noite — boa noite! (*acenando a mão, ele se afasta da janela.*)
    Não foi tarefa tão árdua. Pensava encontrar um obstinado, ao menos; mas minha roda dentada se encaixa em todas as várias rodas deles, e elas giram. Ou, se se quiser, postam-se todos eles como montículos de pólvora diante de mim; e eu, o fósforo deles. Oh, cruel! que para atear fogo aos outros o próprio fósforo precise se consumir! O que ouso, eu quero, e o que quero, farei! Julgam-me louco — Starbuck julga; mas sou demoníaco, sou a loucura enlouquecida! Aquela loucura furiosa que só se acalma para compreender a si mesma! A profecia foi que eu seria desmembrado, e — sim! perdi esta perna. Agora profetizo que vou desmembrar meu desmembrador. Agora, então, unam-se o profeta e o executor num só. Isso é mais do que vocês, seus grandes deuses, jamais foram. Dou risada e solto vaias a vocês, seus jogadores de críquete, seus pugilistas, seus Burkes

surdos e seus Bendigoes cegos! Não vou dizer o que dizem os meninos aos valentões — "Encontre alguém de seu tamanho; não bata em *mim!*". Não, vocês me derrubaram e estou de pé outra vez; mas *vocês* é que correram e se esconderam. Saiam daí detrás de seus sacos de algodão! Não tenho arma de longo alcance para atingi-los. Venham, Ahab lhes envia seus cumprimentos; venham e verão se me fazem desviar. Desviar, eu? Não conseguem me fazer desviar, vocês é que se desviam! é um homem que vocês têm aqui. Desviar, eu? O caminho para meu firme propósito é feito de trilhos de ferro, por onde minha alma tem os sulcos próprios para percorrer. Por desfiladeiros insondados, pelo coração saqueado das montanhas, sob o leito de torrentes, eu corro! Nada é obstáculo, nada é desvio para o caminho de ferro!

No capítulo 36, "O tombadilho", a retórica e a poderosa vontade de Ahab persuadem toda a tripulação do baleeiro a acompanhá-lo em sua busca tenebrosa. Conscientemente demônico, ele retorna à profecia de Elias no capítulo 19, que se encaixa perfeitamente com o feroz Elias de I Reis, inimigo implacável do rei Ahab, que é morto em batalha "e os cães lamberam seu sangue".

Dois poderes ou agentes (para adotar o termo de Angus Fletcher) demônicos se encontram frente a frente em Moby Dick e no capitão Ahab. A ação demônica é a tradição oculta da literatura americana, afirmação esta que se evidencia mais na narrativa (Poe, Melville, Hawthorne, Twain, James, Faulkner) do que no ensaio filosófico (Emerson, Thoreau) ou na poesia (Whitman, Dickinson, Frost, Stevens, Eliot, Hart Crane). Na narrativa, os protagonistas são possuídos por demos, conquistadores de certa forma pondo ordem num caos de outros eus desgovernados. A criação lírica e ensaística de imagens se torna o modo de pôr ordem no eu autobiográfico com demarcações mais espectrais, sons mais penetrantes.

Moby Dick é uma das grandes variações americanas sobre o épico homérico-virgiliano-miltoniano. A outra, "Song of Myself", traz a modalidade comum a Wordsworth, Carlyle, Tennyson e Ruskin (em *Praeterita*): o desenvolvimento da mente do poeta-sábio. Aquilo que é erroneamente chamado de modernismo (Eliot, Pound, Lawrence, Joyce, Woolf) se mantém nessas mesmas órbitas, embora Joyce exploda os vasos das formas herdadas com o mesmo vigor com que Whitman e Melville os haviam explodido antes.

A arte de *Moby Dick* mantém um equilíbrio maravilhoso entre uma catalogação enciclopédica e um mundo de diferentes personalidades. Meus alunos veem na tripulação do *Pequod* uma profecia da América mais nova irrompendo agora entre nós, para a perplexidade dos desgostosos teocratas, plutocratas e moralistas ultrapassados. Ismael passa alegremente de seu presbiterianismo ressequido ao ídolo portátil da ilha do Pacífico Sul, de onde vem seu camarada Queequeg, ao passo que Ahab é um quacre inicialmente convertido à adoração do fogo do zoroastrismo maniqueu e depois à gnose melvilliana. Starbuck é um quacre convicto, Stubb e Flask, da Nova Inglaterra, são ateus, enquanto a Queequeg somam-se três colegas arpoadores totalmente díspares: Tashtego, o ameríndio nativo, Daggoo, o negro africano, e o demo de Ahab, o parse Fedallah. E a tripulação, tirando os serviçais de Fedallah, abrange uma galeria das mais variadas nações: desde os Açores à Ilha de Man, uma "delegação de todas as ilhas dos mares e de todos os cantos da terra, acompanhando o velho Ahab no *Pequod* para expor as queixas do mundo perante aquele tribunal do qual não são muitos os que algum dia retornam".

"As queixas do mundo" de *Moby Dick* são como o saco de lamentações de Jó, tão pesado que o lema de batalha de Melville ultrapassa a hipérbole americana: "Dá-me uma pena de condor! Dá-me a cratera do Vesúvio como tinteiro!... Para gerar um livro poderoso, deves escolher um tema poderoso". Não passaria do pretensioso discurso "metade cavalo, metade crocodilo" de Davy Crockett, não fosse pelo fato de que, dessa vez, a realização de Melville vai além até de suas espantosas ambições. Whitman pretendia explicitamente que *Folhas de relva* se tornasse a Nova Bíblia dos americanos. E, devidamente considerada, é mesmo, em especial quando lida junto com Emerson, *Moby Dick*, *Huckleberry Finn*, Emily Dickinson, *A letra escarlate*, *Walden*, *Retrato de uma senhora*, Robert Frost e Wallace Stevens, *Enquanto agonizo* e *A ponte*. Com *Folhas de relva* de 1860, *Moby Dick* está no centro dessas escrituras heréticas americanas, nossa adoração ao deus interior ou, em termos práticos, ao demo que sabe como se faz.

Moby Dick é um livro profético? Se considerarmos seus maiores descendentes — *Miss Corações Solitários*, *O homem invisível*, *O leilão do lote 49*, *Meridiano de sangue* —, poderíamos justificar tal classificação. Os filhos pródigos de Whitman — aspectos de Stevens, Eliot, W. C. Williams, Ashbery,

Ammons, sobretudo Hart Crane (que funde Walt e *Moby Dick*) — são provas mais sólidas. A força oculta de *Angels in America*, de Tony Kushner, reside em sua mistura pessoal de Whitman e Melville; ainda tenho esperanças de que Kushner volte a esse legado, visto que sua carreira posterior ainda precisa alcançar o esplendor espiritual e estético de *Perestroika*.

A profecia em Isaías, Dante ou Blake tem um propósito em relação a nós. Melville, com profunda leitura de Shakespeare, afastou-se da profecia em *Moby Dick*. Concordo com Roy Harvey Pearce que o Whitman profético não é convincente ao pregar a União Americana ou a democracia erótica de camaradas. Sua força estética é pessoal, quer celebre ou lamente as divisões no eu. E seu poder de cura, que é seu maior dom, é contrário à profecia. Profetas não curam; exacerbam. Releio e ensino *Moby Dick* para desvendar e apreciar a sublimidade e o perigo do heroísmo prometeico americano. Mas várias vezes, em longos períodos em que me vejo perto da morte, recito Whitman para mim mesmo como remédio. Não chego a recomendar essa prática pessoal a estudantes ou leitores porque o que funciona para mim talvez não funcione para os outros. Preso ao leito por meses seguidos, desesperado por ajuda, declamando Whitman, em especial "Song of Myself" e as elegias de *Detritos marinhos* e "Lilacs", consigo mais do que uma mera ilusão de fortalecimento e recuperação. É o que Walt chama de "coisas resgatadas da noite", e ele me persuade de que, pelo menos dessa vez, o poeta é o homem e me tornei seu poema. Então relembro quantas vezes, entre 1863 e 1867, Whitman trabalhou nos hospitais da Guerra Civil, tratando dos ferimentos, lendo e escrevendo cartas, levando presentinhos, sustentando os doentes e mutilados que morriam em seus braços. Isso, em si, era uma santidade secular, e Walt era uma espécie de Cristo americano. Todavia, também condiz com a força humana e estética de seus maiores poemas. Se, ao fim e ao cabo, dou mais valor a Whitman do que a Melville ou Emerson, a Dickinson ou Henry James, a Wallace Stevens ou Hart Crane, deve ser porque ele me curou e continua me ajudando a atravessar muitas noites insones de angústia e dor.

Volto a *Moby Dick* — épico tão vasto que sua discussão exige um processo altamente seletivo para meu estudo demônico — e opto por me concentrar primeiramente nos capítulos 41 e 42, "Moby Dick" e a lancinante rapsódia "A brancura da baleia". Apresento o último parágrafo do capítulo 41, colocando logo em seguida a provação que encerra o capítulo 42:

Aqui estava, pois, aquele velho ímpio grisalho, perseguindo entre maldições uma baleia de Jó ao redor do mundo, à frente de uma tripulação composta, ademais, principalmente por renegados mestiços, párias e canibais — moralmente debilitados também pela incapacidade da mera correção ou virtude desassistida em Starbuck, pela invulnerável jovialidade da indiferença e despreocupação em Stubb e pela mediocridade difusa em Flask. Tal tripulação, sob tais oficiais, parecia especialmente escolhida e reunida por alguma infernal fatalidade para auxiliá-lo em sua vingança monomaníaca. Como respondiam com tanta exuberância à ira do velho — de que magia maléfica suas almas estavam possuídas, a tal ponto que o ódio dele às vezes quase parecia deles; a Baleia Branca inimiga intolerável deles, tanto quanto dele; como tudo isso se dava — o que era a Baleia Branca para eles, ou como, para o entendimento inconsciente que tinham, ela também podia se afigurar, de alguma maneira indistinta e insuspeitada, o grande demônio deslizante dos mares da vida — explicar tudo isso seria mergulhar mais fundo do que consegue Ismael. O mineiro subterrâneo que trabalha dentro de todos nós, como se pode saber, pelo som abafado sempre variável de sua picareta, a que lugar conduz seu poço? Quem não sente o irresistível puxão no braço? Que barco a reboque de um navio de setenta e quatro canhões consegue manter-se imóvel? Quanto a mim, entreguei-me ao abandono do tempo e do lugar; mas, mesmo a toda pressa para enfrentar a baleia, não conseguia ver naquele ser irracional senão o mais mortífero mal.

Embora não saibamos, nem ele, nem eu, onde ficam as coisas inominadas das quais o sinal místico oferece tais indicações; mesmo assim, para mim, como para o potro, em algum lugar essas coisas devem existir. Embora em muitos de seus aspectos esse mundo visível pareça formado no amor, as esferas invisíveis foram formadas no pavor.

Mas ainda não elucidamos o encantamento dessa brancura, nem descobrimos por que ela exerce esse apelo tão poderoso à alma; e, mais estranho e muito mais portentoso, por que, como vimos, é ela ao mesmo tempo o símbolo mais significativo das coisas espirituais, ou melhor, o próprio véu da Divindade cristã, e apesar disso o agente intensificador nas coisas mais aterradoras para a humanidade.

Será porque, com sua indefinição, ela lança à frente a sombra dos vazios e imensidões insensíveis do universo e, assim, apunhala-nos por detrás com a ideia de aniquilação ao contemplarmos as brancas profundezas da via láctea? Ou será porque, em sua essência, o branco não é tanto uma cor, e sim a ausência visível de cor e, ao mesmo tempo, a soma de todas as cores; será por essas razões que há tal silente vazio, repleto de significado, numa vasta paisagem de neves — um incolor onicolor ateísmo diante do qual retrocedemos? E quando consideramos aquela outra teoria dos filósofos naturais, de que todos os outros matizes terrenos — todo imponente ou gracioso ornamento —, as suaves nuances das matas e céus crepusculares; sim, e os veludos dourados das borboletas, e as faces borboleteantes das moças; todos eles não passam de sutis enganos, não realmente intrínsecos às substâncias, mas apenas aplicados do exterior; de modo que toda a Natureza divinizada se pinta inteiramente como a meretriz, cujas seduções nada recobrem senão a cripta interior dos ossos; e quando avançamos ainda mais e consideramos que o cosmético místico que produz cada um de seus matizes, o grande princípio da luz, permanece sempre branco ou incolor em si e, se operasse sem intermediário sobre a matéria, tocaria todos os objetos, mesmo tulipas e rosas, com seu próprio vazio — ponderando tudo isso, o universo paralisado jaz leproso diante de nós; e como obstinados viajantes na Lapônia, que recusam cobrir os olhos com lentes de cor, assim o desgraçado infiel fita, ele próprio cego, a monumental mortalha branca que envolve toda a paisagem a seu redor. E de todas essas coisas a baleia Albina era o símbolo. Há por que então se admirar da furiosa perseguição?

O *blank* intransigente surge no inglês com Shakespeare e Milton. "Olha melhor, Lear, e deixa-me ainda ser", suplica Kent, "o verdadeiro alvo do teu olhar"; nesse caso, *blank* significa o centro branco de um alvo. O *blank* de Milton, muito diferente e de maior influência, ocupa o centro da grande invocação à luz na abertura do livro III de "Paradise Lost", na qual o Homero inglês lamenta que a natureza é para ele "um vazio universal" [*a universal blank*]. Isso gera a maioria dos *blanks* do Romantismo anglo-americano, desde "Dejection: An Ode" [Desânimo: Uma ode] de Coleridge ("E ainda fito — e com que olhar vazio" [*And still I gaze — and with how blank an eye*]) e "The Prelude" [O prelúdio] de Wordsworth, passando pelo majestoso "Mont Blanc" de Shelley, até "A ruína ou o vazio que vemos quando olhamos a natureza está em nossos próprios olhos" de Emerson. Emily Dickinson, que emprega essa figura com muita frequência, tende a seguir o modelo shakespeariano. Na poesia americana, os pontos culminantes estão em "Design"

[Desígnio] de Frost e em *The Auroras of Autumn* de Wallace Stevens, no qual o caminhante se vira vaziamente na areia e reflete com amargura: "aqui, ser visível é ser branco" [*here, being visible is being white*].

O Leviatã cor de neve de Ahab subjuga Melville como "o peso do badalo das catedrais" [*the heft of cathedral tunes*] oprimia Emily Dickinson. "Ela se amontoa sobre mim", brada Ahab contra a Baleia Branca. "A brancura da baleia" é o devaneio ou meditação de Ismael, ainda que suas visões também sejam claramente de Ahab e Melville:

Embora em muitos de seus aspectos esse mundo visível pareça formado no amor, as esferas invisíveis foram formadas no pavor.

"Pareça" contra "foram", amor contra pavor, o visível menos convincente do que o invisível: aqui espreita a religião gnóstica, com sua ideia de uma criação que também foi uma queda. Quando Ahab enfrenta os corpos-santos no capítulo 119, "Os círios", sua posição espiritual herética se torna uma variante sutil e difícil do gnosticismo:

Então se virando — segurando firme a última tocha em sua mão esquerda, ele pôs o pé sobre o parse; e com o olhar voltado para cima e o braço direito erguido ao alto, aprumou-se diante da imponente trindade das chamas de três pontas:
— Ó tu, claro espírito do claro fogo, a quem nesses mares como parse outrora adorei, até ficar por ti tão queimado no ato sacramental que ainda agora trago a cicatriz; agora te conheço, claro espírito, e agora sei que a correta adoração a ti é o desafio. Nem ao amor nem à reverência serás benigno; e mesmo por ódio podes apenas matar, e a todos matas. Não é um insensato temerário que agora te enfrenta. Reconheço teu poder silente e ubíquo; mas até o último alento de minha vida de sísmicos abalos contestarei seu domínio incondicional, não integral sobre mim. No meio do impessoal personificado ergue-se aqui uma personalidade. Pode ser um mero ponto, no máximo, mas, de onde quer que eu venha, para onde quer que eu vá, enquanto na terra viver, a majestática personalidade vive em mim e sabe de seus direitos régios. Porém guerra é dor, ódio é desgraça. Vem em tua mais íntima forma de amor e me porei de joelhos e te beijarei; mas, em tua mais alta forma, vem como mero poder celeste; e por mais que lances esquadras inteiras de mundos totalmente carregados, há algo aqui que permanece

indiferente. Ó tu, claro espírito, de teu fogo me fizeste e, como autêntico filho do fogo, sopro-o de volta a ti.

(*De repente faíscam repetidos relâmpagos; as nove chamas saltam e ganham o triplo da altura anterior; Ahab, com os demais, fecha os olhos, a mão direita comprimindo-os com força.*)

— Reconheço teu poder silente e ubíquo, não o disse? Não mo foi arrancado à força e tampouco agora largo essas tochas. Podes cegar; mas aí posso tatear. Podes consumir; mas aí posso ser cinza. Aceita a homenagem desses pobres olhos e das mãos que os tapam. Eu não a aceitaria. O relâmpago flameja por meu crânio; meus globos oculares doem sem cessar; meu inteiro cérebro exausto parece decapitado, rolando por algum estranho solo. Oh, oh! Ainda que cego, falarei a ti. Luz que sejas, saltas da treva; mas eu sou treva saltando da luz, saltando de ti! Os dardos cessam; abro os olhos; veem, ou não? Lá ardem as chamas! Ó tu, magnânimo! Agora realmente glorio-me de minha genealogia. Mas és apenas meu ígneo pai; minha doce mãe, não conheço. Ó cruel! O que fizeste com ela? Esta é minha perplexidade; mas a tua é maior. Não sabes como surgiste e por isso te dizes incriado; não conheces tua origem e por isso te dizes sem começo. De mim sei aquilo que de ti não sabes, ó onipotente. Há alguma coisa indifusa além de ti, ó claro espírito, para a qual toda a tua eternidade não passa de tempo, toda a tua criatividade é apenas mecânica. Através de ti, de teu flamejante ser, meus olhos chamuscados conseguem divisá-la vagamente. Ó tu, fogo enjeitado, imemorial eremita, tens tu também teu incomunicável enigma, teu incompartilhado pesar. Aqui novamente com arrogante angústia leio meu progenitor. Salta! Salta ao alto e lambe o céu! Salto contigo; ardo contigo; de bom grado me fundiria a ti; a ti adoro em desafio!

Ao pôr o pé sobre o parse Fedallah, Ahab mostra que agora repudia seu próprio zoroastrismo maniqueu anterior. Não é mais um adorador do fogo, mas, ainda reconhecendo o fogo como sua força paterna, agora ele enaltece a mãe desconhecida. Ela seria o abismo, presumivelmente "alguma coisa indifusa além", o que os gnósticos chamavam de *pleroma* ou plenitude original do ser. Ao desafiar o fogo, Ahab afirma a independência e a continuação em sua busca de atingir o que está por trás da máscara.

A voz que se contrapõe aos prementes esplendores de Ahab pertence não a Ismael, mas ao narrador de dois capítulos em particular, ambos de inigualada beleza: o capítulo 87, "A grande armada", e o capítulo 132, "A sinfonia". O primeiro deles é o que traz talvez a visão mais surpreendente de *Moby Dick*:

> Teria sido quase impossível lançar esses arpões munidos de travas se o espaço de nossa baleia não se tivesse reduzido grandemente conforme avançávamos dentro do grupo; além disso, conforme nos afastávamos cada vez mais do círculo da comoção, a turbulência medonha parecia diminuir. Assim, quando finalmente o bloco do arpão que nos arrastava aos trancos se desprendeu e a baleia que nos rebocava desapareceu num dos lados, nós, com a diminuição de sua força de tração ao se separar, então deslizamos entre duas baleias até o próprio centro do bando, como se de uma torrente na montanha tivéssemos chegado ao sereno lago de um vale. Daqui ouviam-se, mas não se sentiam as tormentas que rugiam nos estreitos canais entre as baleias mais afastadas. Nessa área central, o mar apresentava aquela superfície acetinada, que se diz polida, gerada pela fina umidade que a baleia lança em seus momentos mais tranquilos. Sim, agora estávamos naquela mágica quietude que, dizem, espreita no centro de toda comoção. E apesar disso, na desatenta distância, fitávamos os tumultos nos círculos concêntricos exteriores e víamos bandos sucessivos de baleias, de oito ou dez cada, dando voltas e mais voltas velozes, como múltiplas parelhas de cavalos num picadeiro, e tão próximas umas das outras que um cavaleiro circense de dimensões titânicas facilmente poderia se escarranchar nas do meio e dar voltas montado nelas. Devido à densa multidão de baleias em repouso, rodeando de perto o eixo cercado do grupo, de momento não nos era concedida nenhuma chance possível de escapar. Devíamos ficar atentos a uma brecha no muro vivo que nos encerrava, o muro que só nos admitira a fim de nos prender. Mantendo-nos no centro do lago, de vez em quando éramos visitados por pequenas fêmeas e crias mansas, mulheres e filhos daquela hoste desordenada.
>
> Ora, incluídos os ocasionais amplos intervalos entre os círculos externos girando e incluídos os espaços entre os vários grupos em cada um desses círculos, a essa altura a área inteira, abrangida por toda a multidão, devia ocupar pelo menos duas ou três milhas quadradas. Em todo caso — embora um teste desses num momento daqueles pudesse ser de fato enganador — podiam-se discernir, da baixa altura de nosso barco, jorros que pareciam se elevar quase que lá da orla do horizonte. Menciono essa circunstância porque, como se as fêmeas e as crias tivessem sido deliberadamente encerradas nesse recôncavo mais interior; e

como se a ampla extensão de todo o bando as tivesse impedido até o momento de perceberem a causa exata daquela parada; ou ainda, talvez, sendo tão jovens, ingênuas e sob todos os aspectos inocentes e inexperientes; fosse porque fosse, essas baleias menores — de vez em quando vindo da margem do lago visitar nosso barco já acalmado — emanavam um maravilhoso destemor e confiança, ou então um pânico sereno e enfeitiçado, com o qual era impossível não se assombrar. Como cães de casa, vinham farejando em nosso redor, até nossas amuradas, e se encostando nelas, até parecer que haviam sido subitamente domesticadas por algum sortilégio. Queequeg lhes dava tapinhas na cabeça; Starbuck lhes esfregava as costas com a lança, mas, temendo as consequências, por ora abstinha-se de cravá-la.

Mas, muito abaixo desse mundo maravilhoso à superfície, outro mundo ainda mais estranho se apresentou a nós ao olharmos pela borda. Pois, suspensas naquelas arcadas aquosas, flutuavam as formas das mães amamentando os filhotes e daquelas que, por sua enorme circunferência, pareciam prestes a se tornar mães. O lago, como já sugeri, era de extrema transparência até uma considerável profundidade; e tal como os bebês humanos, enquanto mamam, mantêm calmamente os olhos fitos em algum ponto longe do seio, como que levando duas vidas diferentes ao mesmo tempo, e, embora sugando um alimento mortal, ainda se banqueteiam espiritualmente em alguma reminiscência sobrenatural — da mesma forma os filhotes dessas baleias pareciam estar olhando em nossa direção, mas não para nós, como se não passássemos de um pouco de alga à sua visão de recém-nascidos. Flutuando ao lado deles, as mães também pareciam nos olhar calmamente. Um desses filhotinhos, que por certos sinais estranhos parecia ter, se tanto, um dia de vida, media mais de quatro metros de comprimento e cerca de um e oitenta de circunferência. Era brincalhão, embora o corpo parecesse nem ter se recuperado plenamente daquela posição cansativa que ocupara no ventre materno até data tão recente, onde, da cabeça à cauda, todo pronto para o salto final, o filhote por nascer jaz curvado como o arco de um tártaro. As delicadas barbatanas laterais e as nadadeiras da cauda ainda conservavam a aparência enrugada e franzida das orelhas de um bebê recém-chegado de plagas estrangeiras.

— Linha! Linha! — gritou Queequeg, olhando pela amurada — ele preso! ele preso! Quem prende ele! Quem acertou? Baleia dois, um grande, um pequeno!

— Que gritaria é essa, homem? — perguntou Starbuck.

— Olha lá — respondeu Queequeg, apontando para baixo.

Assim como a baleia atingida, que desenrola centenas de braças de corda do tonel; assim como, depois de sondar as profundezas, ela volta à superfície e mostra a linha frouxa e sinuosa se erguendo e se espiralando ao ar; da mesma forma agora Starbuck viu longas voltas do cordão umbilical de Madame Leviatã, pelo qual o filhote ainda parecia preso à mãe. Nas rápidas vicissitudes da caçada, não raro essa linha natural, com a extremidade materna solta, se emaranha com a corda de cânhamo, e o filhote fica ali enredado. Alguns dos segredos mais sutis dos mares pareciam se divulgar a nós nesse lago encantado. Vimos amores de jovens Leviatãs nas profundezas.

Contrastando com a ferocidade defensiva do adversário de Ahab, Melville coloca essa encantadora descrição das mães baleias e seus filhotes e dos "amores de jovens Leviatãs nas profundezas". Depois dessa ternura, uma voz ao mesmo tempo de Ahab, Melville e Ismael reconforta a nós e a si mesma com uma "silente tranquilidade" no "Atlântico tormentoso" de nosso mútuo ser.
O capítulo 132, "A sinfonia", antecede os três dias de perseguição de Ahab e seus homens do *Pequod* atrás de Moby Dick, e é um alívio psíquico preludiando a mais violenta de todas as sublimidades demônicas americanas. Virando-se para Starbuck, seu imediato sempre experiente e sensato, Ahab expressa sua plena humanidade:

— Oh, Starbuck! Que vento manso, tão manso, e que céu tão manso. Num dia assim, com uma suavidade assim, acertei minha primeira baleia... um arpoador rapazola de dezoito anos! Quarenta... quarenta... quarenta anos atrás!... atrás! Quarenta anos de caça contínua à baleia! Quarenta anos de privações, perigos e temporais! Quarenta anos no mar impiedoso! Quarenta anos atrás Ahab deixou a terra pacífica, para fazer guerra por quarenta anos aos horrores das profundezas! Sim, Starbuck, e desses quarenta anos não passei três em terra firme. Quando penso nessa vida que levo; na desolação solitária que é; na área cercada e fortificada a que fica recolhido um Capitão, a pouca acolhida que dá a qualquer contato da terra verdejante... Oh, que cansaço! Que peso! Escravidão implacável do comando solitário! Quando penso em tudo isso, antes apenas entrevendo, sem me dar conta claramente... e como, durante quarenta anos, tenho me alimentado de dieta seca e salgada... símbolo adequado da seca nutrição de minha alma! Quando o mais pobre dos homens em terra tem a cada dia fruto fresco na mão, e parte o pão fresco do mundo em vez de minhas côdeas emboloradas... longe, a oceanos inteiros de distância, daquela jovem com quem me casei depois dos cinquenta, e embarquei para o Cabo Horn no dia seguinte, deixando apenas uma marca em meu travesseiro conjugal... esposa? esposa?... viúva com o marido vivo, isso sim! Sim, enviuvei aquela pobre moça quando me casei com ela, Starbuck; e aí a loucura, o frenesi, o sangue fervendo e a testa fumegando com que o velho Ahab tem caçado sua presa por mil descidas, furiosamente, espumando... mais um demônio do que um homem! Sim, sim, que tolo, que tolo, que velho tolo o velho Ahab tem sido faz quarenta anos! Por que essa caçada renhida? Por que o braço cansado, entorpecido no remo, no ferro, na lança? Ahab agora está melhor, está mais rico? Basta olhar. Oh, Starbuck! e não é injusto que, com todo esse fardo cansativo que carrego, tenha-me sido arrancada uma pobre perna? Aqui, afasta esse cabelo grisalho, que me cega e faz parecer que estou chorando. Somente de algumas cinzas nascem cabelos tão grisalhos! Mas pareço muito velho, tão velho, tanto assim, Starbuck? Sinto-me mortalmente fraco, dobrado, encurvado, como se fosse Adão, cambaleando sob os séculos que se amontoam desde o Paraíso. Deus! Deus! Deus!... Rompe meu coração! Arrebenta meu cérebro! Escárnio! Escárnio! Escárnio amargo e mordaz dos cabelos grisalhos, terei vivido alegria suficiente para vos ter, e assim parecer e me sentir intoleravelmente velho? Vem para perto! Fica aqui perto de mim, Starbuck; deixa-me fitar olhos humanos; é melhor do que fitar o mar ou o céu, melhor do que fitar Deus. Em nome da terra firme, em nome da lareira de casa!, é como um espelho mágico, homem; vejo minha mulher e meu filho em teus olhos! Não, não; fica a bordo, a bordo! não baixes ao mar quando eu for, quando o estigmatizado Ahab der caça a Moby Dick. Esse risco não será teu. Não, não! não com o lar distante que vejo nesses olhos!

Somente um sólido controle retórico permite que tal pungência não nos avassale. Ahab, o mais sombrio Adão Americano, faz-nos também cambalear sob o acúmulo dos séculos desde nossa expulsão do paraíso. Embora Starbuck faça um apelo final para voltarem atrás, Ahab escolhe a tragédia:

— Oh, meu capitão! meu capitão! nobre alma! grande velho coração, afinal! Para que dar caça àquele peixe odiado! Vem comigo! Abandonemos essas águas fatais! Vamos para casa! Mulher e filho, Starbuck também tem... mulher e filho de sua juventude quando ela e eu brincávamos como irmãos, assim como, senhor, tens esposa e filho de tua amorosa, afetuosa, paternal velhice! Voltemos! Vamos voltar! — deixa-me alterar já o curso! Com que alegria, com que animação, ó meu capitão, faríamos a volta para rever a velha Nantucket! Creio, senhor, que eles também têm em Nantucket dias azuis e serenos como este.

— Têm, têm sim. Cheguei a ver... a manhã de alguns dias de verão. Mais ou menos nessa hora... sim, é o horário da sesta dele... o menino acorda vivaz, senta-se na cama e sua mãe lhe fala de mim, desse velho canibal que sou, conta que estou no alto-mar, mas que logo voltarei para brincar novamente com ele.

— É como minha Mary, tal e qual! Ela prometeu que levaria meu garoto todas as manhãs ao alto da colina para ser o primeiro a ver as velas do pai chegando! Sim, sim! Chega! Está decidido! Vamos para Nantucket! Vem, meu capitão, estuda a rota e vamos embora! Veja, veja, o rosto do menino na janela, a mão do menino na colina!

Mas Ahab tinha desviado os olhos; agitou-se como uma árvore ressequida e deixou cair ao solo sua última maçã crestada.

— O que é isso, que coisa inominada, inescrutável, sobrenatural é essa; que mestre e senhor oculto e enganador, que imperador implacável exerce comando sobre mim, de tal forma que, contra todos os afetos e anseios naturais, continuo me forçando, me impelindo, me empurrando o tempo todo, aprestando-me temerariamente para fazer o que, de vontade própria e natural, nem me atreveria a ousar? Ahab é Ahab? Sou eu, Deus, ou quem, que levanta esse braço? Mas se o grande sol não se move por si e é um menino de recados no céu, e se nem sequer um astro pode girar a não ser por algum poder invisível, como então pode esse pequeno coração bater, esse pequeno cérebro pensar, a menos que seja Deus, e não eu, que faz esse bater, esse pensar, esse viver. Pelos céus, homem, somos postos a girar e a girar neste mundo, como aquele cabrestante lá, e o Destino é a alavanca. E o tempo todo, vê bem, aquele céu sorridente e esse mar insondável! Olha! Vê lá aquele atum! Quem o fez perseguir e abocanhar aquele peixe voador? Para onde vão os assassinos, homem! Quem condenará, quando o próprio juiz é arrastado ao tribunal? Mas é um vento manso, tão manso, e um céu de aparência mansa, e o ar agora perfume como se o vento soprasse de uma campina distante; andaram cortando feno em algum lugar ao pé dos Andes, Starbuck, e os ceifeiros estão dormindo entre o feno recém-cortado. Dormindo? Sim, lidamos e lidamos e por fim todos dormiremos no campo. Dormiremos? Sim, e ganharemos ferrugem entre o verde, como as foices do ano passado foram largadas e abandonadas entre o restolho das leiras... Starbuck!

Abandonar a busca é impossível: "Ahab é Ahab?". A própria identidade exige a catastrófica tentativa de puxar o Leviatã de Jó com um gancho. E mesmo assim é-nos ofertada uma graciosa nota final à maneira de Sir Thomas Browne: "Andaram cortando feno em algum lugar ao pé dos Andes, Starbuck, e os ceifeiros estão dormindo entre o feno recém-cortado". Mas não é lá que Ahab, Starbuck e toda a tripulação do *Pequod* irão por fim dormir.

A perseguição em si é uma grandiosa peça literária. No primeiro dia, Moby Dick aparece de modo surpreendente como uma sedutora ondina:

Uma suave alegria — uma serenidade de poderosa brandura na rapidez envolvia a baleia a deslizar. Nem Júpiter sob os traços do touro branco, afastando-se no mar com a raptada Europa a se segurar em seus chifres graciosos, mantendo os olhos amorosos fitos de soslaio na donzela, com fascinante ligeireza abrindo caminho entre as águas até a alcova nupcial em Creta; não, nem Jove, aquela grande majestade Suprema! superava a gloriosa Baleia Branca enquanto nadava tão divinamente.

De cada macia lateral — coincidindo com a onda que se partia e, mal acabava de banhá-lo, afastava-se espalhando suas águas — de cada luzente lateral, o cachalote despedia sortilégios. Não admira que tivessem surgido entre os perseguidores alguns que, indizivelmente arrebatados e atraídos por toda essa serenidade, haviam se arriscado a atacá-la, mas apenas para descobrir fatidicamente que aquela quietude não era senão o envoltório de um furacão. Todavia em calma, em envolvente calma, oh, cachalote! continuas a deslizar, para todos os que te veem pela primeira vez, não importa quantos já podes ter da mesma maneira iludido e destruído.

E assim, entre as serenas tranquilidades do mar tropical, em meio a ondas que erguiam seus aplausos em extasiado arroubo, Moby Dick avançava, ainda ocultando à visão os imensos terrores de seu corpo submerso, escondendo totalmente a feiura de sua mandíbula distorcida. Mas logo a parte dianteira se ergueu lentamente da água; por um instante, todo seu corpo marmorizado formou um grande arco, como a Ponte Natural de Virgínia, e, agitando no ar suas barbatanas como advertência, o grandioso deus se revelou, se anunciou e desapareceu de vista.

A catástrofe começa no segundo dia, quando Fedallah e seus homens afundam e apenas Ahab sobrevive à perda de seu bote. Com fúria cada vez maior, Moby Dick destrói o próprio *Pequod* no terceiro dia:

— Desvio meu corpo do sol. Eia, Tashtego! deixa-me ouvir teu martelo. Oh, vós, três mastros meus jamais rendidos; tu, quilha inquebrantada; casco apenas pelo deus molestado; tu, sólido convés; altivo leme, proa apontada para o Polo... navio glorioso na morte! terás então de perecer, e sem mim? Foi-me tirado o derradeiro orgulho do mais ínfimo capitão naufragado? Oh, morte solitária de uma vida solitária! Oh, agora percebo que minha máxima grandeza reside em minha máxima dor. Ho, ho!, de todos os vossos mais distantes limites, vinde agora e arremetei, ondas ousadas de toda a minha vida pregressa, e coroai esse vagalhão único de minha morte! Rumo a ti avanço, baleia que tudo destróis, mas és invencível; até o último instante, luto contigo; do fundo do inferno cravo-te a lâmina; de ódio, cuspo sobre ti meu último alento. Afundem-se todos os ataúdes e todos os féretros numa só vala comum! e como nenhum pode ser meu, que eu me estraçalhe então a teu reboque enquanto, mesmo amarrado a ti, ainda te persigo, amaldiçoada baleia! *Assim* renuncio à lança!

Este, que é o discurso final de Ahab, continua desesperadamente heroico. Uma voragem gigantesca, gerada por Moby Dick, acaba com o *Pequod* e com o único barco restante. Ainda assim, mesmo no final, o arpoador Tashtego conserva a eloquente atitude de desafio de Ahab e seus homens:

Mas, enquanto as últimas ondas se mesclavam e tombavam sobre a cabeça submersa do índio no mastro principal, deixando ainda visíveis apenas algumas polegadas do poste ereto, junto com vários metros da bandeira panejando, que ondulavam calmamente, em movimentos ironicamente coincidentes, sobre os vagalhões destruidores a que quase alcançavam; — naquele instante, um braço moreno e um martelo se ergueram e ondearam para trás no ar aberto, no gesto de pregar a bandeira mais firme e ainda mais firme no mastro que se afundava. Um gavião, que seguira escarninho o mastro que se afundava desde seu lar natural entre as estrelas, bicando a bandeira e incomodando Tashtego; esse pássaro agora acidentalmente interpôs sua ampla asa esvoaçante entre o martelo e a madeira; e sentindo ao mesmo tempo aquela vibração alada, o selvagem submerso, em sua última pressão mortal, manteve ali imóvel o martelo; e assim a ave do céu, aos guinchos angelicais e com o bico imperial erguido ao alto e todo o seu corpo prisioneiro envolto na bandeira de Ahab, desceu com seu navio, o qual, como Satã, não se afundaria ao inferno enquanto não arrastasse consigo uma parte viva do céu e com ela se protegesse.

Agora passavam pequenas aves gritando sobre o abismo que ainda se abria; uma súbita rebentação branca bateu contra as laterais íngremes da voragem; então tudo se afundou e a grande mortalha do mar se estendeu como se estendera cinco mil anos atrás.

O dilúvio de Noé está de volta, ainda que com um desvio americano. Por gloriosa que seja essa passagem, Melville a aprimora ainda mais com um "Epílogo":

O drama terminou. Por que, então, aqui se apresenta alguém? Porque alguém sobreviveu ao naufrágio.

Aconteceu que, após o desaparecimento do parse, foi a mim que os Fados ordenaram que tomasse o lugar do proeiro de Ahab, quando aquele proeiro ocupou o lugar vago; o mesmo que, no último dia em que os três homens foram arremessados do barco sacudindo, foi lançado da popa. Assim, flutuando na cercania da cena que se seguiu, à plena vista, quando a força de sucção semiesgotada do navio afundado me alcançou, fui então arrastado, mas devagar, para a voragem que se fechava. Quando lá cheguei, ela cedera e se convertera numa poça cremosa. Então, em voltas e mais voltas, sempre se contraindo na direção da bolha negra, semelhando um botão, no eixo daquele círculo que revolvia lentamente, fiquei a girar como outro Íxion. Até que, chegando àquele centro vital, a bolha negra explodiu para cima; desse modo, liberado graças à sua hábil mola e, devido à sua grande capacidade de flutuação, subindo com grande força, o caixão salva-vidas disparou para o alto, tombou no mar e flutuou a meu lado. Tomando o caixão como boia, flutuei durante um dia todo e uma noite inteira, num alto mar manso que parecia uma nênia. Inofensivos, os tubarões deslizavam ao lado como se tivessem cadeado na boca; as selvagens águias-pescadoras planavam com o bico embainhado. No segundo dia, um veleiro foi chegando perto, cada vez mais perto e por fim me recolheu. Era *Raquel* fora de rota, que, desviando-se em busca de seus filhos perdidos, encontrou apenas mais um órfão.

Ismael ressuscita, salvo pelo caixão de Queequeg, em contraste com a imolação de Ahab, na qual, cumprindo a profecia de Fedallah, o próprio *Pequod* serve de ataúde a seu capitão. Uma intrigante frase final invoca *Raquel*, ainda em busca dos filhos perdidos, encontrando o órfão Ismael. Se será ele um José ou um Benjamin, os filhos da amada esposa de Jacó tão diferentes entre si, não sabemos.

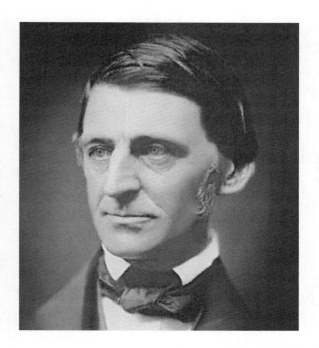

11. Ralph Waldo Emerson e Emily Dickinson

RALPH WALDO EMERSON

DIÁRIOS

Eu lera os ensaios e poemas de Emerson antes de chegar à crise de meio do caminho em julho de 1965. Buscando equilíbrio, li seus diários. Quase meio século depois, continuo a relê-los nas noites de insônia.

Os diários de Emerson vão de 1820, quando ele tinha dezesseis anos, a 1877, quando começou a ficar senil. Após 1875, não há novos registros, apenas comentários sobre anotações anteriores. Acabei de lê-los mais uma vez na edição em dez volumes (1909-14) organizada por seu filho Edward, que comprei num sebo em 1965 por dez dólares. Existe uma excelente edição crítica e anotada dos diários, a cargo de William Gilman e outros, e, mesmo sendo eu um malandro inveterado que prefere citar de memória (e sendo repreendido por causa disso), conferi minhas citações com a edição de Gilman.

Os grandes livros americanos do século XIX certamente incluem *Moby Dick*, *Folhas de relva* 1855 e 1860, *A letra escarlate*, *As aventuras de Huckleberry Finn* e duas obras que não entraram em circulação na época, os poemas de Emily Dickinson e os diários de Emerson. Muitos leitores acrescentariam *Walden*, os contos de Hawthorne, Poe e Henry James, e a grande sequência de romances de James. As duas séries de ensaios e *A conduta da vida* de

Emerson também se inserem aqui, mas seu amplo espírito só se apresenta em sua inteireza nos diários.

Há grandes variações de tom ao longo dos 57 anos de reflexões nos diários, mas ainda assim Emerson parece estar perpetuamente atento ao que diz seu demo. Ele conhecia a especulação demônica a partir de várias fontes: Plutarco sobre o fim dos oráculos, os platônicos seiscentistas de Cambridge, os esotéricos herméticos e neoplatônicos e o próprio Platão. Whitman conhecera os herméticos em George Sand, enquanto Melville os encontrara numa extensa vistoria das doutrinas gnósticas. Hart Crane, herdeiro dessa linhagem americana, procurou se enfronhar no saber demônico nas obras ilegíveis de P. D. Ouspensky, assim como Yeats se dedicou à Ordem da Aurora Dourada e à *Doutrina secreta* de Madame Helena Petrovna Blavatsky.

D. H. Lawrence, estudando os autores americanos clássicos, deu ao demo deles o nome mesmo da América. Em sua sólida leitura, Melville e Whitman se tornaram profetas da Terra do Anoitecer, anunciando a ruína do que Lawrence chamava de "a raça branca". Ele morreu em 1930, aos 44 anos, e assim nunca conheceu Faulkner nem Cormac McCarthy, que poderiam se encaixar melhor em sua profecia.

Em Whitman e Hart Crane, Cristóvão Colombo é o precursor trágico, o primeiro a se deparar com a América-como-demo. Qualquer um que tenha navegado pelo Atlântico Norte, mesmo no final dos anos 1940, reconhecerá o alívio de alcançar a costa americana após muitos dias e muitas noites flutuando num abismo de tempo e de espaço. O mito platônico da Atlântida perdida se identifica prontamente no épico de Crane, *A ponte*, com a América perdida de Melville e Whitman.

Henry James e T.S. Eliot se exilaram em Londres, fugindo da América demônica que vivia dentro deles. William Faulkner, no outono de 1929 — o ano da crise que lhe deu o personagem Wallstreet Panic Snopes —, trabalhava como supervisor noturno na casa de força da universidade em Oxford, Mississippi. O trabalho era mínimo e lhe permitiu tempo e solidão suficientes para compor seu romance mais original (que considero sua obra-prima), *Enquanto agonizo*. O Mississippi era o demo de Faulkner; aqui ele o sintetiza na figura de Darl Bundren, gênio esquizofrênico e trágico e, para muitos de meus alunos e para mim mesmo, o representante mais esquisito do próprio

Faulkner. Das 59 seções de *Enquanto agonizo*, dezenove são faladas por Darl; é seu livro, o Livro do Demo de Faulkner.

Emerson não exerceu nenhuma influência sobre Faulkner, e duvido que o romancista o tivesse lido. Os literatos sulinos que conheci — Robert Penn Warren e Allen Tate em particular — não tinham, em sua maioria, nenhum apreço pelo sábio de Concord, o qual lhes devolveria o desprezo. Para Warren, o culpado por John Brown e pelo elogio americano à violência era Emerson, e Tate me afiançava que o autor dos ensaios era o demônio encarnado.

Isolar a demonização na obra de Emerson não é fácil: a intensidade varia, ainda que permeie toda ela. Condensado numa anotação do diário em 14 de novembro de 1838, esse espírito difuso é um clímax do ensaio "Independência":

> E agora, enfim, a grande verdade sobre esse tema continua sem ser dita; provavelmente não pode ser dita; pois tudo o que dizemos é a remota lembrança da intuição. Essa ideia, que agora é a que me permite mais me aproximar de dizê-lo, é a seguinte. Quando o bem está próximo de nós, quando temos vida dentro de nós, não é em nenhuma forma conhecida ou costumeira; não a diferenciaremos de nenhuma outra; não veremos o rosto do homem; não ouviremos nenhum nome; o caminho, o pensamento, o bem serão totalmente novos e estranhos. Excluirão o exemplo e a experiência. Partimos do homem, não para o homem. Todas as pessoas que já existiram são seus sacerdotes esquecidos. O medo e a esperança também estão aquém. Há algo de sórdido até mesmo na esperança. Na hora da visão, não há nada que possa ser chamado de gratidão, nem alegria propriamente dita. A alma que se ergue acima da paixão contempla a identidade e a causalidade eterna, percebe a existência autônoma da Verdade e do Certo e se acalma por saber que todas as coisas estão bem. Vastos espaços da natureza, o oceano Atlântico, os mares do Sul — longos intervalos de tempo, anos, séculos — não têm nenhuma importância. Isso que penso e sinto subjaz a todas as circunstâncias e estados anteriores de vida, como subjaz a meu presente, e ao que é chamado de vida e ao que é chamado de morte.

Esta é precisamente a Voz do Demo, do Sublime Americano. Passamos diretamente para a dialética do poder e da altura:

Apenas a vida vale, não o ter vivido. O poder cessa no instante do repouso; ele reside no momento de transição de um estado passado para um novo estado, no rápido atravessar do abismo, no lançar-se a um alvo. Este fato é que o mundo odeia, o fato de que a alma *devém*; pois isso sempre degrada o passado, converte toda riqueza em pobreza, toda reputação em vergonha, mistura santo e velhaco, iguala Jesus e Judas. Por que então tanto falamos em independência e autoconfiança? Na medida em que a alma está presente, haverá poder não confiante, mas atuante. Falar em confiança é uma maneira externa de dizer, e medíocre. Falemos antes daquilo que confia porque atua e é. Quem obedece mais do que eu domina a mim, mesmo que não erga um dedo. Em torno dele devo girar pela gravitação dos espíritos. Pensamos que é retórica quando falamos em virtude eminente. Ainda não vemos que a virtude é Altura, e que um homem ou grupo de homens, maleáveis e permeáveis a princípios, pela lei da natureza há de sobrepujar e comandar todas as cidades, nações, reis, ricos, poetas, que não o são.

A transição ou o vir a ser é poder em potência. Isso marca a principal frase de "Independência":

Assim como as preces dos homens são uma doença da vontade, da mesma forma seus credos são uma doença do intelecto.

A transição nos cura da prece e do credo. Como sugere Stevens, é uma cura do solo e de nós mesmos, pelo fato de que nada mais existe. Wallace Stevens zomba constrangido de Emerson porque inúmeras de suas próprias figuras de linguagem são derivadas do sábio de Concord; o estudioso emersoniano como uma vela e o "homem de neve" [*snow man*] stevensiano avultam juntos na vívida transparência da "paz" que encerra "Independência": "Nada te pode trazer paz a não ser tu mesmo".

O Homem Central ou o Globo Humano é uma figura de Emerson antes de se tornar um herói stevensiano em "Asides on the Oboe" [Apartes no oboé] e "Notes Toward a Supreme Fiction". A liberdade, o poder e o destino são a tríade emersoniana que reaparece em diversas formas em Whitman, Dickinson, Stevens, e numa forma cristã neo-ortodoxa no antiemersoniano Eliot, ainda mais feroz em seu ódio do que seus discípulos Tate e Warren.

Lembro-me de uma conversa com o atento e cauteloso W. H. Auden, na qual evitamos falar de Shelley, Whitman e Stevens, objetos de sua habitual desaprovação (todos eles "triviais"!), e discutimos Emerson. Auden refutou minhas comparações do sábio americano com Montaigne, Nietzsche, Kierkegaard e Freud. Para o poeta inglês e benévolo perspicaz, Emerson era apenas um Carlyle. A resistência a Emerson é um tributo à sua força e perpétua atualidade. Citei para Auden a frase do dr. Johnson — "Toda crítica a um homem é na verdade um elogio indireto: mostra quanto ele tem de sobra" —, mas o poeta não era um johnsoniano. O ponto em que concordamos naquela conversa foi a respeito do grande amigo dele e conhecido meu, o classicista Eric Robertson Dodds, que Auden conhecera em Birmingham, na Inglaterra, e em encontros mais rápidos em Oxford e Londres.

Dodds exerce influência em mim desde a primeira vez em que li seu *Os gregos e o irracional* (1951), que me lembro de ter comprado no outono de 1951, quando comecei a pós-graduação em Yale. Angus Fletcher e eu debatemos o livro ao longo de 1951-2, e depois Fletcher foi para Harvard, a fim de redigir sua tese de doutorado sob a orientação de I. A. Richards. Mais tarde, em 1964, sua tese foi publicada como *Allegory: The Theory of a Symbolic Mode*, reeditada em 2012 com um novo posfácio importante do autor.

Junto com o livro de Dodds, a melhor introdução à demonização literária continua a ser a primeira seção de *Allegory*: "O agente demônico" [*The Daemonic Agent*]. O que aprendi a chamar de Sublime Americano é um fenômeno inteiramente demônico, mas o conceito (digamos assim) de demo é extremamente antigo e universalmente tão dominante quanto o xamanismo. Dodds rastreou o xamanismo grego até a figura provavelmente mítica de Orfeu e a figura real de Pitágoras. Em última análise, o demônico filosófico vai desembocar no prefácio de Hegel à sua *Fenomenologia do espírito*, em que precisamos dar um rodopio dionisíaco para enxergar a visão suprema que o sublime ainda pode prometer. Todos os xamãs autênticos, como muitos dervixes, se entregam a rodopios exuberantes. O demo, que divide e distribui, conhece por meio do rodopiar aquilo que a imobilidade nunca traz.

Os órficos, como Pitágoras e Empédocles, levaram à Hélade aquilo que Dodds chama de "eu oculto... mais velho do que o corpo" e que sobrevive a ele. Essa centelha xamanística ou *pneuma*, que não é a psique nem o inquieto eu, carrega nosso potencial divino e também nossa culpa titânica por termos desmembrado e devorado Dioniso. O demo (alento, *pneuma*) e a psique (o ego comum) formaram um dualismo radical, prelúdio tanto dos gnósticos quanto de são Paulo.

Emerson, monista e dualista ao mesmo tempo, estudou o demo em *The True Intellectual System of the Universe* [O verdadeiro sistema intelectual do universo], de Ralph Cudworth, uma obra enciclopédica desvairada do século XVI, da escola neoplatônica de Cambridge. Dodds, que me surpreendeu em 1977 ao perguntar "Quem é seu demo, Harold?", escreveu uma autobiografia maravilhosa, *Missing Persons* [Desaparecidos], publicada naquele ano em Oxford. O parágrafo final do livro invocava o demo do próprio Dodds.

Só o ser obscuro que eu chamaria de demo de Bloom sabe como se faz; eu não sei. Não tenho como descobrir seu nome verdadeiro (terá algum?), mas fico-lhe grato por dar as aulas, escrever os livros, enfrentar as dificuldades e doenças e alimentar as fantasias de continuidade que sustentam meu octogésimo quinto ano de vida.

Coleridge, envolvido por demos, extraía deles sua força poética: deram-lhe "Kubla Khan", "Christabel" e "The Rime of the Ancient Mariner". Acolhia bem seu demo ou gênio, mas mesmo assim temia-o. Crítico ortodoxo, sua devoção ao *Logos* cristão inibia o exercício mais livre de sua extraordinária imaginação do sublime poético. Embora receoso, Coleridge era uma autoridade em demonização. Sentia pressões demônicas em seu gênio e via o ópio, de que era dependente, como "Demônio vingador" de sua carreira. Veio a considerar seus tormentos sexuais — um casamento infeliz e um desejo não consumado por Sara Hutchinson — como demônicos: basta lembrar os demônios de ambos os sexos que disputam nos dados a alma do Antigo Marinheiro.

Só o demo sabe como se escreve um poema e só ele sabe de sua própria ambivalência, numa escala que vai do divino à culpa. Por ser acósmico, torna-se antítese de nossa psique, o eu contra a alma, a natureza contra a poesia. Aqui volto aos diários de Emerson para o Demônico Americano:

> É a maior parte de um homem que não é inventariada. Ele tem inúmeras partes: é social, profissional, político, membro de seita, literato e pertence a este ou àquele grupo e corporação. Mas, mesmo depois de terminado o recenseamento mais exaustivo, resta muito mais que a língua não é capaz de dizer. E esse resto é

o que interessa. É a ele que o pregador, o poeta, o músico falam. É sobre ele que o gênio vigoroso trabalha; a região da destinação, da aspiração, do desconhecido. Ah, eles têm a secreta convicção de que, por menores que pareçam ser para o mundo, são imensamente ricos em poder e perspectivas. Nunca ninguém desalojou esse eu aderente para chegar a algum vislumbre ou noção da tremenda Vida que se oculta sob ele.

De longe, repito eu, a melhor parte de toda mente não é o que ela sabe, mas o que paira diante dela em sugestões e lampejos, que torturantes não se deixam apoderar. Seus sólidos conhecimentos gravados logo perdem todo o interesse para ela. Porém esse coro dançante de ideias e esperanças é a mina de seu futuro, é sua possibilidade, e lhe ensina que sua vida humana é de uma ridícula brevidade e estreiteza, mas que é apenas sua primeira idade e um teste de suas jovens asas, e que vastas revoluções, migrações e rotações e mais rotações nas sociedades celestes lhe acenam em convite.

O "resto", a "tremenda Vida" é o demo, um "coro dançante" de aspirações. Este é o Emerson órfico: xamânico, anárquico, devotado à união do eu, em que a majestade é um espelho do eu soberano, o Homem Central e primordial. O canto órfico dá vazão a si mesmo no capítulo "Perspectivas" em *Natureza* (1836):

O homem é o pigmeu de si mesmo. Outrora ele foi permeado e dissolvido pelo espírito. Encheu a natureza com suas torrentes transbordantes. Dele nasceram o sol e a lua; do homem, o sol; da mulher, a lua. As leis de sua mente, os períodos de suas ações se exteriorizaram em dia e noite, no ano e nas estações. Mas, tendo feito para si essa enorme concha, suas águas se retiraram; ele não enche mais veios e veiozinhos; encolheu ao tamanho de uma gota. Vê que a estrutura ainda lhe serve, mas lhe serve colossalmente. Ou melhor, outrora lhe servia, agora lhe corresponde lá do alto e à distância. Ele adora timidamente sua própria obra. Agora o homem é o seguidor do sol, a mulher a seguidora da lua. Porém às vezes ele tem um sobressalto em seu sono, surpreende-se consigo mesmo e sua casa e reflete admirado sobre a semelhança entre isso e si mesmo. Percebe que, se sua lei ainda predomina, se ele ainda tem um poder elementar, se sua palavra ainda é de natureza genuína, não é poder consciente, não é inferior, e sim superior à sua vontade. É instinto.

Hermética e cabalística, essa visão é americanizada por Emerson.

É mínima a distância entre ela e "Song of Myself" e, seguindo a linha de continuidade em minha época, "Notes Toward a Supreme Fiction" de Stevens, "The Dry Salvages" de Eliot, *A ponte* de Crane e *Sphere* de A. R. Ammons. Outros acrescentariam o livro I de *Paterson*, de William Carlos Williams, ou *Os Cantos* de Ezra Pound.

A prática xamanista muitas vezes inclui a metempsicose, que, em termos literários americanos, se manifesta como uma transformação dos precursores em versões agonistas do eu autoral. A diferença americana que constitui nosso sublime rompe com os modelos da Inglaterra e da Europa continental por uma *askesis* da psique, isolando o elemento demônico que exalta o ver, em detrimento de nossa percepção de outros eus. Segue-se um profundo solipsismo, embora estranhamente marcado por uma retórica mais explícita. Whitman é o maior exemplo de tal figura com ampla imaginação, proclamando sua completa incorporação do que foi, é ou pode vir a ser, e ao mesmo tempo celebrando uma interioridade ainda mais oculta do que a de Melville, Hawthorne, Dickinson, Henry James, Stevens, Eliot, Faulkner ou o próprio Emerson. Hart Crane, tragicamente o mais órfico dos poetas americanos, é a fascinante exceção, como atestam suas cartas e amigos. Como John Keats, ele tinha uma percepção de outros eus mais verdadeira do que a maioria de nós é capaz de alcançar. Desde o início, Crane conhecia seu destino fatal, à maneira de um herói faulkneriano.

A inquietude americana, desde sempre, cria um enorme contraste com a imobilidade de nossos autores mais vigorosos. Estes quase nunca mantêm com a vida comum natural a relação que os grandes autores russos mantêm. Whitman gostaria, mas continuou hermético, reservado, isolado. A demonização americana chega ao povo sob os auspícios da religião, que fornece a única poesia que ele consegue entender. Há duas grandes exceções que foram e são bem acolhidas pelos leitores americanos: Mark Twain e Robert Frost. Ofereciam ao público geral uma superfície enganosa, abrigando trevas demônicas acessíveis apenas a leitores mais profundos.

Frost era um emersoniano absoluto; Mark Twain não teve nenhum precursor americano dominante. Entre os demais autores aqui abordados, Faulkner nunca leu Emerson e Eliot o desdenhava: "Os ensaios de Emerson é que são um estorvo". Melville leu e anotou Emerson e assistiu a suas conferências, embora manifestando uma aguda ambivalência. Hawthorne era o companheiro de caminhadas do sábio em Concord, mas resistia a ele. Apesar disso, Hester Prynne, Ahab e Ismael são emersonianos de cores sombriamente carregadas. Henry James, ligado a Emerson por tradições familiares, também resistiu a ele, embora Isabel Archer seja discípula integral da independência. Walt Whitman, ainda que mais tarde o negasse, partiu de Emerson, assim como Wallace Stevens disfarçava sua enorme dependência de Whitman e satirizava Emerson repetindo-o. Hart Crane, emersoniano total, toma claramente sua demonização platônica a Concord e a Walter Pater.

O pavor da mudez aflige todos os escritores vigorosos e ganha grandeza nos americanos: Hawthorne, Melville, Whitman, Stevens, Faulkner e Crane em seus dias finais. Mesmo Emerson, de uma oratória interior ininterrupta, anotou em seu diário: "Os Demos espreitam e são mudos".

Walt Whitman expressou o demonismo pessoal de Emerson de uma maneira memorável:

Penso que todos ficavam fascinados com sua personalidade... Mas sua atitude habitual trazia algo penetrante e suave para além de qualquer simples descrição. Há, em alguns homens, um quê indefinível que transborda e nos recobre como uma inundação de luz — como se a possuíssem em grau ilimitado — todo o seu ser banhado nela. Ser — de fato, é exatamente esta a palavra. Toda a atitude de Emerson lançava uma impressão assim... Nunca existiu um rosto mais dotado com o poder de expressar, fascinar, prender.

O demo de Waldo raramente compõe. Quando o faz, a pronúncia é inequívoca:

O dia dos dias, o grande dia da festa da vida, é aquele em que o olho interior se abre à Unidade nas coisas, à onipresença da lei — vê que o que é precisa ser, e deve ser, ou é o melhor. Essa beatitude desce do alto sobre nós, e vemos. Não está em nós, nós é que estamos nela. Se o ar vem a nossos pulmões, respiramos e vivemos; se não, morremos. Se a luz vem a nossos olhos, vemos; se não, não. E se a verdade vem à nossa mente, de súbito expandimo-nos a suas dimensões, como se nos tornássemos mundos. Somos como legisladores; falamos pela Natureza; profetizamos e adivinhamos.

A autocriação está em "Destino", em *A conduta da vida* (1860), mas foi escrita anos antes, certamente para uma conferência (1851?). Seu fardo é o êxtase: o homem hermético flutua, como entenderia Walt Whitman em 1855. Longe de Emerson, é fácil esquecer os magníficos extremos a que ele pode chegar. Seu Homem Central (uma aspiração, apenas) encarna a liberdade como desenfreio e o poder como potencial, sem maior referência a questões morais.

Thomas Carlyle, protofascista, converteu a força em lema e defendia a escravidão negra, a pena de morte e outros prazeres sádicos. Não se deve confundir o desenfreio emersoniano com o furor de Carlyle. E no entanto há um xamã à solta dentro de Emerson, que nos insta a renovar todas as coisas por meio da "terrível liberdade".

Tal liberdade alimenta o poeta órfico americano, de Emerson a Hart Crane e alguns poetas atuais extraordinários, entre os quais John Ashbery se mantém soberano. O orfismo americano é uma longa tradição, mas o que era o orfismo da Antiguidade, que inspirou Emerson?

Os estudiosos não sabem dizer com precisão o *que* era o orfismo, embora existisse talvez desde o ano 600 a.C. O historiador das religiões clássicas W. K. C. Guthrie aventou que o orfismo histórico celebrava a divindade potencial da alma. Em seu diário de 1849, Emerson participou da celebração:

Orfeu não é uma fábula: basta cantares e as pedras se cristalizarão; canta, e a planta se organizará; canta, e o animal nascerá.

Mas é em *Natureza* que se conjura o poeta órfico.

Assim, o Homem Primordial é para Emerson a América, assim como o Homem Divino de William Blake era Álbion (o nome britânico para a Grã-Bretanha). Na criação e queda de Emerson, a América ainda conserva um poder órfico que ultrapassa a vontade e se aproxima de um desejo manifestado como e pela eloquência, cujo símbolo usual é a transparência. A passagem mais famosa de *Natureza* e de todo o Emerson joga com essa imagem figurada:

De pé na terra nua — minha cabeça banhada pelo ar jovial e erguida ao espaço infinito —, todo egocentrismo mesquinho desaparece. Torno-me um olho transparente; não sou nada; vejo tudo; as correntes do Ser Universal circulam por mim; sou parte ou partícula de Deus.

A ruína ou o vazio, que vemos quando olhamos a natureza, está em nossos próprios olhos. O eixo da visão não coincide com o eixo das coisas, e por isso elas parecem não transparentes, e sim opacas. A razão pela qual falta unidade ao mundo e ele jaz em montes de escombros é porque o homem está desunido de si mesmo.

Esse notório "olho transparente" zomba de si mesmo, antecipando outros volteios zombeteiros dos antiemersonianos. Aqui ele representa o que caberia chamar de "Linhagem Nativa" da poesia americana e da especulação visionária. Cerca de quarenta anos atrás, publiquei um livro com um título stevensiano, *Figures of Capable Imagination* [Figuras da imaginação capaz], que trazia vários ensaios sobre a Linhagem Nativa ou o Orfismo Americano. Abstenho-me de reler a mim mesmo, mas suponho que enfatizei a independência de Emerson diante das tradições neoplatônicas que ele cita.

Em seu ensaio "O poeta" — de grande influência sobre Walt Whitman —, Emerson arrola como precursores Orfeu, Empédocles, Heráclito, Platão, Plutarco, Dante e Emanuel Swedenborg. Todos estes, para ele, eram órficos. Terá existido um Orfeu de carne e osso? Uma vez criei um escândalo ao especular que Jeová começou como pessoa de verdade, um deus guerreiro do Oriente Médio. Emerson, como Empédocles, acreditava que Orfeu existiu, e a classicista Jane Harrison me disse certa vez que era da mesma opinião.

O orfismo se tornou uma "religião de escrituras" grega, assim curiosamente similar ao judaísmo, ao cristianismo e ao islamismo. Seus textos, porém, são dispersos e descontínuos, destino, aliás, do próprio Orfeu, que sofreu um *sparagmos* às mãos e dentes das Mênades, bacantes embriagadas. Existe uma relação de antítese entre Orfeu e Dioniso, ambos em aliança e oposição mútua.

Não dispomos dos poemas órficos mais ou menos originais, e sim de reconstruções basicamente neoplatônicas, que Emerson leu. Muito mais instigantes são os fragmentos de Empédocles, o grande xamã órfico e arrebatado demônico.

Ananké, a personificação da necessidade, assombra poetas como o órfico Empédocles; é uma sombra ou um demo vingador, como o "Alastor" de Shelley, que segue atrás de todos os que seriam "deuses liberadores" (expressão de Emerson para designar os poetas). As três divindades órficas são Baco (Dioniso-Zagreu), Eros e Ananké, mas, infelizmente, a maior delas é a Necessidade. Emerson toma essa sua primazia com uma perigosa jovialidade, como também fará Wallace Stevens. Hart Crane, o exemplo mais puro do Orfeu Americano, celebra Baco em "The Wine Menagerie" [Fauna dos bares], Eros em "Repose of Rivers" [Repouso dos rios] e Ananké em "Voyages VI", todos com tons claramente órficos.

Na sétima e na oitava estrofe, "The Wine Menagerie" sugere, de modo sutilmente indireto, o êxtase dionisíaco e seu custo:

New thresholds, new anatomies! Wine talons
Build freedom up about me and distill
This competence — to travel in a tear
Sparkling alone, within another's will.

Until my blood dreams a receptive smile
Wherein new purities are snared; where chimes
Before some flame of gaunt repose a shell
Tolled once, perhaps, by every tongue in hell.
— Anguished, the wit that cries out of me:*

O "casco" evoca a lira de Orfeu, que Hermes modelou a partir do casco de uma tartaruga gigante e então deu a Apolo, que por sua vez a deu a Orfeu, seu filho com a ninfa Calíope. Crane também alude à imaginosa ideia de Nietzsche de que os sorrisos de Dioniso geraram deuses, enquanto suas lágrimas deram origem a mortais.

---

* Novos limiares, novas anatomias! De mim/ Apossa-se livremente o vinho e destila/ Essa competência — viajar numa lágrima/ Brilhando solitária pela vontade de outrem.// Até meu sangue sonhar um sorriso receptivo/ Onde se capturam novas purezas; onde repiques/ Abandonam a uma chama de repouso descarnado/ Um casco outrora tocado, talvez, por badalos infernais./ — Angustiado, o juízo que grita em mim:

No extraordinário poema "Repose of Rivers", composto em 1926 e acrescentado a *White Buildings*, Hart Crane retornou a Orfeu e Eurídice na imagem do salgueiro, que o poeta levou ao submundo como presente a Perséfone, esposa de Hades. "Voyages VI" percorre o trajeto do Eros órfico à fatal Ananké que aguarda Orfeu e igualmente Crane:

> O rivers mingling toward the sky
> And harbor of the phoenix' breast —
> My eyes pressed black against the prow,
> — Thy derelict and blinded guest
>
> Waiting, afire, what name, unspoke,
> I cannot claim: let thy waves rear
> More savage than the death of kings,
> Some splintered garland for the seer.*

O nome silente [*unspoken name*] é o de Orfeu, que em seu desmembramento e morte na água se torna um deus profético. Hart Crane conclui seu épico *A ponte* de maneira assombrosa, reencarnando ousadamente o Orfeu americano de Walt Whitman como sua identidade própria:

> Migrations that must needs void memory,
> Inventions that cobblestone the heart,—
> Unspeakable Thou Bridge to Thee, O Love.
> Thy pardon for this history, whitest Flower,
> O Answerer of all,—Anemone,—
> Now while thy petals spend the suns about us, hold—
> (O Thou whose radiance doth inherit me)
> Atlantis,—hold thy floating singer late!

---

* Ó rios mesclando-se rumo ao céu/ E porto onde a fênix aninha o peito —/ Meus olhos premidos negros à proa/ — Teu hóspede só, cego e desfeito// Esperando, em chamas, o nome silente/ Que não posso invocar: traga tua onda,/ Mais brava do que as mortes dos reis,/ Restos de uma grinalda àquele que sonda.

So to thine Everpresence, beyond time,
Like spears ensanguined of one tolling star
That bleeds infinity—the orphic strings,
Sidereal phalanxes, leap and converge:
— One Song, one Bridge of Fire! Is it Cathay,
Now pity steeps the grass and rainbows ring
The serpent with the eagle in the leaves...?
Whispers antiphonal in azure swing.*

O "cantor flutuante" [*floating singer*] — Orfeu — e as "cordas órficas" [*orphic strings*] convergem na grandiosa imagem de "Uma canção, uma ponte de fogo" [*One Song, One Bridge of Fire*], que triunfa sobre Ananké, a divindade fatal que destruiu Orfeu e Hart Crane. Emerson aceitou Ananké com uma terrível jovialidade no ensaio "Destino", que faz parte de sua obra magistral, *A conduta da vida* (1860):

Ergamos altares à Bela Necessidade. Se pensássemos que os homens são livres no sentido de que uma única fantástica vontade conseguiria, uma só vez, prevalecer sobre a lei das coisas, seria como se a mão de uma criança fosse capaz de puxar e derrubar o sol. Se alguém conseguisse perturbar no mais ínfimo detalhe a ordem da natureza — quem iria aceitar o dom da vida?

Ergamos altares à Bela Necessidade, que assegura que tudo é feito de uma peça só; que reclamante e réu, amigo e inimigo, animal e planeta, alimento e quem se alimenta, são de uma só espécie. Em astronomia, há a imensidão do espaço, mas nenhum sistema exterior; em geologia, a imensidão do tempo, mas as mesmas leis de hoje. Por que haveríamos de temer a Natureza, que não é senão "filosofia e teologia corporificadas"? Por que haveríamos de temer sermos esma-

---

* Migrações que precisam esvaziar a memória./ Invenções que pavimentam o coração, —/ Indizível Tu Ponte a Ti, Ó Amor./ Teu perdão para esta história, alvíssima flor,/ Ó de tudo Sabedora, — Anêmona, —/ Agora enquanto tuas pétalas gastam os sóis acima de nós, fita —/ (Ó Tu cuja radiação herda a mim)/ Atlântida, — fita teu tardo cantor flutuante!// À tua Sempre presença, além do tempo,/ Como lanças ensanguentadas de uma estrela/ Que sangra a infinitude — as cordas órficas,/ Falanges siderais, saltam e convergem:/ — Uma Canção, uma Ponte de Fogo! Será Catai./ Agora que a piedade imerge a relva e arco-íris cercam/ A serpente com a águia nas folhas...?/ Sussurros antifônicos no azul se embalam.

gados por elementos selvagens, nós que somos feitos dos mesmos elementos? Ergamos altares à Bela Necessidade, que torna o homem corajoso por crer que não pode escapar a um perigo que já está designado, nem atrair um que não o esteja; à Necessidade que o educa, com rudeza ou brandura, para a percepção de que não existem contingências; que a Lei impera por toda a existência, uma Lei que não é inteligente, e sim a inteligência — não pessoal nem impessoal —, desdenha palavras e ultrapassa o entendimento; dissolve personalidades, vivifica a natureza e convida o puro de coração a se abeberar em toda a sua onipotência.

Isso também faz parte do orfismo emersoniano, não em seu modo desiderativo, mas em seu lado mais sombrio. Se "não existem contingências", tudo o que acontece a mim já sou eu mesmo e é inelutável: não existem acasos.

Há uma multidão de Emersons, mas tomo como fundador do Orfismo Americano o Waldo Central, pai de Walt, o Adão Americano. A meu ver, a maioria dos estudiosos de Emerson não enfrenta nosso pai xamânico. A honrosa exceção continua a ser Stephen Whicher, a quem conheci apenas rapidamente antes de seu suicídio. Eis como Whicher vê o inaugurador de nossa Linhagem Nativa:

> A lição que ele ministrou é a independência completa do homem. O objetivo dessa linhagem em seu pensamento não é a virtude, mas a liberdade e o domínio. É radicalmente anárquica, derrubando toda a autoridade do passado, toda transigência ou cooperação com os outros, em nome do Poder presente e atuante na alma... Porém seu verdadeiro objetivo não era realmente um autodomínio estoico nem uma devoção cristã, mas algo mais secular e mais difícil de definir — uma qualidade que às vezes ele chamava de *inteireza* ou *união consigo mesmo*...
>
> Essa totalidade ou unidade autossuficiente, transformando suas relações com o mundo ao redor, é, tal como o entendo, o objetivo central do Emerson egocêntrico ou transcendental, o profeta do Homem criado nos anos 1830 por sua descoberta da extensão de sua própria natureza. Era isso o que ele queria dizer com "soberania" ou "domínio", ou ainda com a surpreendente expressão, repetida várias vezes, "a posição ereta".

Poder, inteireza, união consigo mesmo, autossuficiência, "a posição ereta": estes são termos não de uma virtude social, mas de uma virtude órfica, termos do conhecer, não do ser. E o que se conhece é a transição — para Emerson, a única morada do poder.

Todavia, por poder ele entende potencial, mais vida, sempre algo a mais a se conhecer. O saber órfico emersoniano ou americano caracteriza nossas heroínas da vontade, Hester Prynne, Zenobia de The Blithedale Romance [O romance do Vale Feliz], Isabel Archer, Milly Theale, e na vida real Margaret Fuller, Emily Dickinson, Edith Wharton, Willa Cather, Marianne Moore, Elizabeth Bishop.

Emerson, sendo metamórfico, desafia a análise; escapa logo que o caracterizamos. Dizer que Emerson era neoplatônico ou adepto de alguma religião oriental (hinduísmo ou budismo) adianta tanto quanto dizer que era um cristão herético. Sua gnose americana é própria dele, repleta de contradições. Como o discípulo Walt Whitman, está sempre mudando à medida que escreve. Os dois percebiam claramente esse fluxo e refluxo da consciência, e para conseguir acompanhá-los precisamos ter a mesma exuberância deles.

Emerson, erudito na acepção mais ampla do termo, formulou o que chamava de "a consciência dupla". Um visionário da unidade que, apesar disso, sempre contemplava duplamente as coisas e exaltava a transição quase que em benefício dela mesma, Emerson formula uma distinção que modificou rapidamente, em consonância com sua convicção de que "Nada é certo, a não ser a vida, a transição, o espírito energizador".

Eu, como bom emersoniano, tive de me tornar um mau emersoniano conforme avançava, mas era exatamente isso que ele sabia e ensinava. Sua consciência dupla, *para mim*, é a mutua percepção não da razão e do entendimento, mas sim da Ananké (destino) e da Liberdade (desenfreio). Quando comentei certa vez com meu saudoso amigo Paul de Man que eu tentava devolver *páthos* às figuras de linguagem, ele retrucou: "Mas, Harold, o *páthos é* uma figura". Contudo, a ironia, que Paul considerava a condição de todas as linguagens literárias, também é apenas mais uma figura. A pergunta nietzschiano-emersoniana, para mim, é: "Como o sentido tem início?". Para Nietzsche, ele tem início na lembrança da dor; para Emerson, na oposição entre esperança e lembrança. Quando não é possível ampliar as bases de fundação para aumentar a autoridade porque as bases desapareceram, é preciso abraçar a via do poder, seu potencial, inclusive o que Emily Dickinson chamava de morar na possibilidade, uma casa mais bonita do que a prosa.

Sua poética da dor abrange a consciência dupla dialética de Emerson porque assume o ônus da perda permanente.

Todo octogenário encara essa perda a cada semana. Melville e Henry James pensavam que Emerson pouco sabia de perdas, mas estavam enganados. Seus três grandes amores morreram cedo: a primeira esposa, Ellen; o irmão Charles; o filho pequeno Waldo. Todos nós conhecemos o sofrimento e o mal: Emerson teve a sabedoria de não se deixar entristecer prematuramente. Aqui o melhor guia é Whicher, de novo:

> Seu pensamento posterior é tipicamente uma afirmação do *segundo melhor*. Se a liberdade perfeita era evidentemente inalcançável, o destino do homem, tal como ele o via, ainda lhe permitia escolher os meios adequados para se libertar. Os dois principais "segundos melhores" meios de liberdade que Emerson encontrou foram "a obediência a seu gênio" e "o hábito do observador" — Vocação e Intelecto.

Meu amigo de toda a vida Angus Fletcher, em seu aniversário de 83 anos, comentou comigo que a extravagância de Waldo era sua palavra. Isto é, seu *Logos* é liberdade, como aqui em "O poeta":

> Os poetas, portanto, são deuses libertadores. Os antigos bardos britânicos tinham como lema de sua ordem "Aqueles que são livres em todo o mundo". São livres e libertam. Um livro imaginativo nos presta um serviço muito maior no princípio, estimulando-nos por meio de suas figuras de linguagem, do que depois, quando chegamos ao sentido preciso do autor. Penso que não há nada de valor nos livros, exceto o transcendental e extraordinário.

É a figura de linguagem, não a verdade, que nos liberta — liberta para o quê? Para a "surpresa", é a resposta de Emerson: este é o objetivo, o eros dos poetas órficos. Buscam o poder, a vitória, o arrebatamento do êxtase. O poeta americano subirá ao paraíso pela escada da surpresa:

> Great is the art,
> Great be the manners, of the bard.
> He shall not his brain encumber

With the coil of rhythm and number;
But, leaving rule and pale forethought,
He shall aye climb
For his rhyme.
"Pass in, pass in", the angels say,
"In to the upper doors,
Nor count compartments of the floors,
But mount to paradise
By the stairway of surprise."*

São versos de "Merlin" de Emerson, poema em que Nêmese, deusa da vingança, usurpa a Necessidade como musa órfica:

And Nemesis,
Who with even matches odd,
Who athwart space redresses
The partial wrong,
Fills the just period,
And finishes the song.**

Wallace Stevens, emersoniano involuntário, adverte o efebo ou jovem poeta aspirante em "Notes Toward a Supreme Fiction" de que a *materia poetica* deve ser um vagabundo whitmaniano a partir do qual se confecciona a elegância final: "Não consolar/ Nem santificar, mas apenas apresentar" [*Not to console/ Nor sanctify, but plainly to propound*]. Assim "Merlin" evita o consolo e apenas apresenta Nêmese. Aqui novamente conspiramos com a consciência dupla: como Nêmese pode ser uma surpresa se vem fundida com a Necessidade?

---

* Grande é a arte,/ Seja o bardo grande de sua parte./ Não vá a mente ocupar/ Com ritmo e metro a contar;/ Mas, deixando a premeditação,/ Sempre suba acima/ A buscar a rima./ "Entra, entra", dizem os anjos,/ "Pelas portas superiores,/ Não contes os degraus inferiores,/ Mas ao paraíso ascendas/ Pela escada da surpresa."
** E Nêmese,/ Que tem sua própria meta,/ Que oblíqua no espaço repara/ O erro malsão,/ Termina a frase correta/ E encerra a canção.

Em *Letters and Social Aims* [Literatura e metas sociais], de 1975, volume de escritos de Emerson organizado por terceiros após ser tomado pela senilidade, há um compêndio, "Poesia e imaginação", reunindo algumas preleções que o sábio apresentara em seu apogeu. Não há nada em Emerson que me afete mais profundamente do que algumas passagens dessa antologia:

> Pois o valor de uma figura de linguagem é que o ouvinte é único; e na verdade a própria Natureza é uma imensa figura, e todas as naturezas particulares são figuras. Tal como o pássaro pousa no ramo e então mergulha outra vez no ar, assim os pensamentos de Deus pausam por um breve momento em qualquer forma. Todo pensamento é analogia, e a finalidade da vida é aprender a metonímia. A infindável passagem de um elemento para novas formas, a metamorfose incessante, explica a posição que a imaginação ocupa em nosso conjunto de capacidades mentais. A imaginação é a leitora dessas formas. O poeta toma todas as produções e mudanças da Natureza como substantivos da língua, usa-os como representantes, satisfeito demais com seus significados ulteriores para dar grande valor a seus significados primários. Todo novo objeto assim visto causa um choque de agradável surpresa.

Tudo é figurado, exceto na ordem do jogo, onde as regras são literais. Emerson, que pode ser jovial, raramente é galhofeiro e, de todo modo, nunca jogaria pelas regras. A analogia é em si uma poética e se torna uma cadeia interminável de contiguidades; por isso "a finalidade da vida é aprender a metonímia".

No ensaio "Ilusões", em *A conduta da vida* (1860), o sábio de Concord observa as consequências de entender a finalidade da vida como um aprendizado tropológico. A metonímia, figura da contiguidade, pode ser, quando considerada internamente, uma negação de esplendores anteriores, um esvaziamento da divindade do Homem Primordial, do demo que continua a saber. "Não podemos escrever a ordem dos ventos variáveis. Como poderemos conhecer a lei de nossos humores e suscetibilidades mutáveis?"

Emerson talvez não tenha inventado o Sublime Americano, mas tomou posse perpétua. Diz ele num comentário curioso: não se pega uma vela para ver o nascer do sol. William James, discursando em Concord no centenário de nascimento de Emerson, sintetizou o sábio numa frase reveladora: "A ponta de qualquer caneta pode ser um epítome da realidade". Vinte anos depois, um de meus ídolos, D. H. Lawrence, em *Studies in Classic American Literature*, irritado com Emerson, disse uma bobagem:

> Emerson acredita em se ter a coragem de tratar todos os homens como iguais. Exige certa coragem *não* os tratar assim agora.
> "Não devo tratar todos os homens como deuses?", brada ele.
> Se quiser, Waldo, esteja à vontade, mas você os fez *sentirem* que são deuses e agora temos de pagar por isso. É um tanto excessivo para o mundo ter de lidar com cem milhões de deusezinhos americanos.
> O fato é que todos aqueles deslumbrantes arroubos de exaltação e energia espiritual que fizeram de Emerson um grande homem agora nos causam enjoo. Estão conosco como um vício em drogas.

Quando queria ler bem, Lawrence era um crítico magnífico. Podemos imaginar por que ele não conseguia ler Emerson? Talvez seja algo similar a suas leituras fracas e equivocadas de Sigmund Freud, que Lawrence considerava um imoral! Lawrence entendeu erroneamente a consciência dupla de Emerson, tomando-a como um dualismo simplista entre corpo e alma. Lawrence se manteve um puritano, a despeito de seu vitalismo sexual, ao passo que Emerson mergulhou mais fundo em questões de espontaneidade e gênio, território dos demos. Lawrence tinha um amor ambivalente por Walt Whitman, que converteu seu discípulo inglês, o qual escrevia poemas e romances à maneira de Thomas Hardy, no poeta de *Look! We Have Come Through* [Veja! Conseguimos!] e no romancista de *A serpente emplumada*.

Sob a influência de Whitman, o Lawrence posterior se tornou um poeta órfico americano comparável a Hart Crane. A demonização, a figura da Linhagem Nativa hiperbólica de minha literatura, teve seu anúncio inaugural em *Allegory: The Theory of a Symbolic Mode* de Angus Fletcher. Interpreto a demonização como a irrupção do poeta num contrassublime altamente individual, assim preferindo ser possuído por um ímpeto interior em lugar de travar uma luta debilitante com o já dito. Escolha perigosa, ela é endêmica em poetas de ambições que ultrapassam todos os limites.

Em vez de avançar entre as intensidades demônicas de Emerson, tentarei cercá-lo em três de seus ensaios. O ponto alto de sua obra é provavelmente "Experiência", mas julgo "Independência" o ensaio mais importante, a matriz do que vim a chamar de "a Religião Americana". Sua apresentação mais desenfreada é "Círculos", um poema em prosa entoado por seu demo.

Embora publicado em 1841, "Independência" começa com um sermão proferido em 1830: "Temerá alguém que uma excessiva reticência dentro de si e um obstinado questionamento de todas as práticas e instituições poderiam trazer perigo à fé e à virtude? Oh, não". É interessante que Emerson cite Wordsworth e seu "Ode: Intimations of Immortality": "obstinados questionamentos de coisas sensoriais e externas" [*obstinate questionings of sense and outward things*], a fadada resistência da criança à existência de uma realidade além do eu.

Eis novamente o cerne visionário de "Independência":

E agora, enfim, a grande verdade sobre esse tema continua sem ser dita; provavelmente não pode ser dita; pois tudo o que dizemos é a remota lembrança da intuição. Essa ideia, que agora é a que me permite mais me aproximar de dizê-lo, é a seguinte. Quando o bem está próximo de nós, quando temos vida dentro de nós, não é em nenhuma forma conhecida ou costumeira; não a diferenciaremos de nenhuma outra; não veremos o rosto do homem; não ouviremos nenhum nome; o caminho, o pensamento, o bem serão totalmente novos e estranhos. Excluirão o exemplo e a experiência. Partimos do homem, não para o homem. Todas as pessoas que já existiram são seus sacerdotes esquecidos. O medo e a esperança também estão aquém. Há algo de sórdido até mesmo na esperança. Na hora da visão, não há nada que possa ser chamado de gratidão, nem alegria propriamente dita. A alma que se ergue acima da paixão contempla a identidade e a causalidade eterna, percebe a existência autônoma da Verdade e do Certo e se acalma por saber que todas as coisas estão bem. Vastos espaços da natureza, o oceano Atlântico, os mares do Sul — longos intervalos de tempo, anos, séculos — não têm nenhuma importância. Isso que penso e sinto subjaz a todas as circunstâncias e estados anteriores de vida, como subjaz a meu presente, e ao que é chamado de vida e ao que é chamado de morte.

Apenas a vida vale, não o ter vivido. O poder cessa no instante do repouso; ele reside no momento de transição de um estado passado para um novo estado, no rápido atravessar do abismo, no lançar-se a um alvo. Este fato é que o mundo odeia, o fato de que a alma devém; pois isso sempre degrada o passado, converte toda riqueza em pobreza, toda reputação em vergonha, mistura santo e velhaco, iguala Jesus e Judas. Por que então tanto falamos de independência e autoconfiança? Na medida em que a alma está presente, haverá poder não confiante, mas atuante. Falar em confiança é uma maneira externa de dizer, e medíocre. Falemos antes daquilo que confia porque atua e é. Quem obedece mais do que eu domina a mim, mesmo que não erga um dedo. Em torno dele devo girar pela gravitação dos espíritos. Pensamos que é retórica quando falamos em virtude eminente. Ainda não vemos que a virtude é Altura, e que um homem ou grupo de homens, maleáveis e permeáveis a princípios, pela lei da natureza há de sobrepujar e comandar todas as cidades, nações, reis, ricos, poetas, que não o são.

"Experiência", tendo seu modelo em Montaigne, é o ensaio mais vigoroso de Emerson. Os extensos parágrafos constituem por si sós verdadeiros ensaios:

É muito triste, mas tarde demais para se evitar, nossa descoberta de que existimos. Essa descoberta se chama a Queda do Homem. A partir daí, sempre desconfiamos de nossos instrumentos. Aprendemos que não enxergamos por vias diretas, e sim por mediações, e que não temos meios de corrigir essas lentes de distorção coloridas que somos, nem de calcular a quantidade de seus erros. Talvez essas lentes-sujeitos tenham poder criador; talvez não existam objetos. Outrora vivíamos no que víamos; agora, a rapacidade desse novo poder, que ameaça absorver todas as coisas, nos retém. Natureza, arte, personalidades, letras, religiões — objetos desabam sucessivamente, e Deus é apenas uma de suas ideias. A natureza e a literatura são fenômenos subjetivos; todas as coisas boas e todas as coisas más são sombras que lançamos. A rua está cheia de humilhações para o orgulhoso. Tal como o janota resolveu vestir seus criados com sua libré e os põe para servir seus convidados à mesa, assim as mágoas que o coração ressentido solta em borbulhas prontamente tomam forma como damas e cavalheiros na rua, lojistas ou atendentes de bar em hotéis, e ameaçam ou insultam tudo o que pode ser ameaçado e insultado em nós. O mesmo se dá com nossas idolatrias. As pessoas esquecem que é o olho que faz o horizonte e é o olho mental abrangente que faz deste ou daquele homem um tipo ou representante da humanidade com o nome de herói ou de santo. Jesus, o "homem providencial", é um bom homem sobre o qual muitas pessoas concordam que tais leis óticas terão efeito. De um lado por amor, de outro lado por omissão em levantar objeções, estabeleceu-se por algum tempo que olharemos para ele como o centro do horizonte e lhe atribuiremos as propriedades que se vincularão a qualquer homem visto dessa mesma maneira. Mas o mais duradouro amor ou ódio tem um brevíssimo prazo. O grande eu crescente, enraizado na natureza absoluta, suplanta toda a existência relativa e destrói o reino da amizade e do amor mortais. O casamento (no chamado mundo espiritual) é impossível, devido à desigualdade entre todos os sujeitos e todos os objetos. O sujeito é o receptor da Divindade e a qualquer comparação deve sentir seu ser fortalecido por esse poder críptico. Ainda que não em energia, mas pela presença, esse depósito de substância não pode deixar de ser sentido; e tampouco nenhuma força do intelecto é capaz de atribuir ao objeto a divindade que está perpetuamente adormecida ou desperta em cada sujeito. Jamais pode o amor dar igualdade de forças à consciência e à descrição. Haverá sempre o mesmo abismo entre todo eu e todo tu, como entre o original e a pintura. O universo é o noivo da alma. Toda simpatia pessoal é parcial. Dois seres humanos são como globos, que podem se tocar apenas num ponto e, enquanto permanecem em contato, todos os outros pontos das duas esferas ficam inertes; é preciso que também chegue a vez deles, e quanto mais longa é determinada união, mais energia de apetência adquirem as partes que não estão em união.

Talvez a essência do emersonismo seja observar ironicamente que o senso comum é a base do gênio. Pensando bem, há aí um toque extravagante: a surpresa demônica seria uma modalidade da luz de todas as manhãs. A questão do gênio seria então um clichê corriqueiro, e não a voz da divindade dentro de nós. Mas a preocupação central de Emerson é o poder, e seu "Deus" é poder no sentido específico de *potentia*, algo sempre por vir, a "força vital".

A sabedoria de Emerson, como a de Geoffrey Chaucer e de Shakespeare, é nos dizer que estamos sempre cumprindo compromissos que nunca marcamos. A resposta de Chaucer é dizer que devemos nos conduzir com equanimidade, enquanto Shakespeare recomenda que nos conduzamos "como o tempo". O sábio de Concord, precursor de Nietzsche, sistematiza o que Chaucer e Shakespeare encarnam em suas maiores criações. A Mulher de Bath e Falstaff são *o sentido que se inicia*.

Para Nietzsche, o significado é produzido por lembranças dolorosas, fórmula que inverte sombriamente a leitura emersoniana dos poetas. Como Chaucer e Shakespeare, Emerson sabe na prática que não se podem ampliar as bases de fundação porque elas nunca existiram; de nada vale o conceito romano de *auctoritas*. Em Emerson — e em Nietzsche ao segui-lo — a autoridade é mera questão de autoria, que é sempre uma pergunta. A resposta a essa pergunta é que os originais não são originais: tudo pode ser citação. Apesar disso, escolhemos o que citamos e como o reformulamos.

Homero e Platão, Dante e Chaucer, Shakespeare e Cervantes são criadores primários. Ulisses e Sócrates, o Peregrino Dante e o Peregrino Chaucer, Hamlet e Dom Quixote iniciam significados. Suas obras inspiram os intérpretes primários: Montaigne, Emerson, Nietzsche, Kierkegaard, que definem limites e possibilidades de transmitir significados e, então, de convertê--los em sabedoria.

Onde se encontrará a sabedoria? Os poetas, abrigando grandes insabedorias, reconfortam e consolam, mesmo que não instruam. Nietzsche talvez pensasse que eles nos impedem de morrer às mãos da verdade, a verdade hamletiana da aniquilação. Por causa disso, a poesia se coloca contra o tempo e o definitivo "foi" do tempo. Emerson, falando em prol da esperança americana, insistia no contrário, exaltando o novo.

Whitman, mais emersoniano do que o próprio Emerson, proclama duas Ficções Supremas em "Song of Myself": "Walt Whitman" e "América". Continuam a ser nossos maiores poemas, mas apenas na plena independência que dá início ao Canto 3 de "Song of Myself":

I have heard what the talkers were talking, the talk of the
    beginning and the end,
But I do not talk of the beginning or the end.

There was never any more inception than there is now,
Nor any more youth or age than there is now,

And will never be any more perfection than there is now,
Nor any more heaven or hell than there is now.*

Aos 84 anos, na primavera americana de 2015, posso acreditar nisso? Isso é de 159 anos atrás, do verão de 1855, quando Walt tinha 36 anos. Lendo "Song of Myself", acredito nele. Como não acreditaria, se agora perto do fim ele me desafia? "Falarás antes que eu me vá? Chegarás tarde demais?" [*Will you speak before I am gone? Will you prove already too late?*]. Numa nobre resposta, John Ashbery me reanima: "A única coisa que sabemos é que estamos um pouco adiantados".

"Walt Whitman, um americano, um dos rudes" é outra ficção que dá início ao sentido, como Sir John Falstaff e Alice, a Mulher de Bath. A alma de Whitman, resgatada da noite, do sono, da morte, da mãe e do mar, é uma ficção muito diferente, com afinidades com Hamlet. Demônica e instável, a terceira ficção de Whitman — o Eu real ou Eu, mim mesmo — alude diretamente a Edgar em *Rei Lear* de Shakespeare, a "Crossing Brooklyn Ferry", a "Sun-Down Poem" de 1856.

Em *De poesia e poetas*, T.S. Eliot afirmou que a possessão poética é obra do demônio e insistiu que os poetas vencessem essa força para alcançar uma voz individual. Em tempo, o demo (como prefiro dizer), ao contrário do que afirma Eliot, pode ser reconhecido como a divindade interior que gera o poder poético. Eliot era totalmente coerente em seu medo do demônico e plenamente ciente de que sua própria força poética era dádiva de seu demo. Duvido que ele tenha algum dia lido "Experiência"; o que ele acharia do ensaio?

A queda de Emerson não é a queda cristã do homem, mas uma queda demônica e hermética do homem divino — uma queda no sono do amor e da morte, em que se renuncia à independência. A essa incapacidade do reconhecimento de si mesmo opõe-se o demo ou gênio propriamente dito, "o grande eu crescente", nas palavras de Emerson, que está em perpétua expansão.

---

* Ouvi a fala dos falantes, falando do começo e do fim,/ Mas não falo do começo nem do fim.// Nunca houve mais princípio do que há agora,/ Nem mais juventude ou velhice do que há agora,/ E nunca haverá mais perfeição do que há agora,/ Nem mais céu ou inferno do que há agora.

É surpreendente que Emerson, em feliz casamento de primeiras núpcias com Ellen, que morreu jovem, e depois com sua imponente Lidian, descarte totalmente o casamento para o eu superior. Penso em Henry James em *The Sacred Fount* [A fonte sagrada], mas também poderia refletir sobre outros misóginos como Eliot e Faulkner, ou mesmo Melville e Frost em certos estados de ânimo. Hawthorne, em sua vida e obra, forma um revigorante contraste com todos eles.

Quero concluir minha apresentação de nosso profeta americano comparando-o a seu desventurado discípulo Nietzsche, que amava Emerson, embora nunca o tivesse entendido plenamente. Aos dezessete anos, Nietzsche leu uma tradução alemã de *A conduta da vida*, que, junto com leituras posteriores de Emerson, converteu-o à religião da independência. Por fim, Nietzsche veio a recear que o sábio de Concord havia lido filosofia alemã em excesso, mas seus receios eram equivocados: Emerson deu uma olhada em Kant e Hegel, porém estes não chegaram a tocá-lo. Com David Hume, foi um caso totalmente diferente. Hume o afetava, mas Emerson não conseguia aceitar o filósofo escocês.

Sou um entre vários emersonianos que fazem sua fusão com Nietzsche. Visto que também incluo Walter Pater na mistura, talvez o resultado não agradasse a Emerson, contudo minha lealdade está com os poetas e, nesse aspecto, sigo Wallace Stevens e Hart Crane. Dois grandes amigos já falecidos, Richard Rorty e Richard Poirier, disseram-me considerar esse ecletismo aceitável, mas outros apaixonados por Emerson protestam contra isso.

Nietzsche aprendeu com Emerson a transmitir sabedoria pela provocação, não pela instrução. Não sou filósofo nem sábio, e sim professor de escola, e continuo tentando aprender com Emerson a não ensinar. Aqui nos Estados Unidos deveríamos ser venturosamente livres de qualquer autoridade: não existem bases de fundação para ampliar.

Nietzsche, refletindo sobre Emerson, aprendeu a refletir sobre Nietzsche. Para mim, Emerson é a fonte da vontade americana de conhecer o eu e de seu impulso para o sublime. Os poetas americanos mais importantes (para mim) são todos emersonianos, de uma maneira ou outra: Walt Whitman, Emily Dickinson, Edward Arlington Robinson, Robert Frost, Wallace Stevens, Hart Crane, John Ashery, A. R. Ammons, Elizabeth Bishop, May Swenson, Henri Cole. Nossos maiores prosadores literários não eram emersonianos, e no entanto os protagonistas de Hawthorne, Melville e Henry James frequentemente escapam a nosso entendimento se não tomamos Hester Prynne, o capitão Ahab e Isabel Archer como personalidades independentes em sua busca própria.

A Eva Americana e o Adão Americano são Emerson na manhã do mundo, antes da queda, mas sempre livres para cair — para a frente e para dentro, não para baixo e para trás. Nossa experiência de Deus, como vemos ao visitar os domínios dos religionistas americanos, como fiz quando era mais jovem, tem pouco a ver com a teologia europeia; pelo contrário, ela renova antigos xamanismos, heresias gnósticas e entusiasmos variados, entre eles o orfismo emersoniano. Ouvi pentecostais, batistas independentes e igrejas extravagantes de gente sem igreja, e essas pessoas repetiam constantemente que eram incriadas e, portanto, não morreriam. Disseram-me que muitos na solidão haviam falado e caminhado com Jesus ressuscitado. Em seus momentos mais arrebatados, essas pessoas *eram*, elas mesmas, uma visão. Diante delas, não senti ceticismo, mas uma imediaticidade avassaladora. Não creio que reconhecessem os nomes de Emerson e Whitman, mas pareciam mais próximas desses profetas americanos do que eu jamais conseguiria estar.

O ensaio mais demônico de Emerson é o verdadeiro torvelinho a que ele deu o nome de "Círculos", uma espécie de cosmologia do espírito. Os demos repartem o poder divino e estão em movimento perpétuo, desde suas alturas sobrenaturais até nós. Trazem mensagens, as novidades do dia sobre os significados metamórficos da divisão entre nossa casca mundana e o mundo superior.

Numa discussão sobre "Círculos", Angus Fletcher e eu até aventamos se, no almoço de Waldo, Lidian não teria temperado o empadão de carne com alguns cogumelos psicodélicos, outrora colhidos nas matas de Concord por xamãs ameríndios! O parágrafo inicial já começa desenfreado, lançando-nos no meio de uma energética especulativa:

> O olho é o primeiro círculo; o horizonte que ele forma é o segundo; e por toda a natureza essa figura primária se repete sem fim. É o emblema máximo no código cifrado do mundo. Santo Agostinho descreveu a natureza de Deus como um círculo sem circunferência e cujo centro estava em todas as partes. Passamos nossa vida lendo o abundante sentido desta que é a primeira de todas as formas. Já extraímos uma moral, ao considerar o caráter circular ou compensatório de toda

ação humana. Agora traçaremos outra analogia: toda ação admite ser superada. Nossa vida é um aprendizado da seguinte verdade: que em torno de todo círculo pode-se traçar outro; que não existe fim na natureza, mas todo fim é um começo; que ao meio-dia sempre há mais uma aurora que nasceu e sob todo fundo abre-se um fundo mais baixo.

Sorrateiramente, Emerson atribui a santo Agostinho uma noção hermética. Nicolau de Cusa, no século XV, absorvera o conceito a partir da gnose de Alexandria. Intenso leitor dos neoplatônicos ingleses — Henry More, Ralph Cudworth, John Norris —, o autor de "Círculos" encontrou essa fórmula herética em Norris e a explorou de modo deslumbrante. O Satã de Milton entra com "sob todo fundo abre-se um fundo mais baixo", e Emerson sonda animadamente tais profundezas:

Passo a passo, subimos essa escada misteriosa: os passos são ações; o novo panorama é o poder. Cada resultado é ameaçado e julgado pelo que se segue. Cada um parece ser contrariado pelo novo; é apenas limitado pelo novo. A nova afirmação é sempre odiada pela antiga e, para os que se conservam no antigo, chega como um abismo de ceticismo. Mas o olho logo se acostuma a ela, pois ela e o olho são efeitos de uma mesma causa; então sua inocência e seus benefícios aparecem e em breve, gasta toda a sua energia, ela empalidece e definha perante a revelação da nova hora.

Não temas a nova generalização. O fato parece grosseiro e material, ameaçando degradar tua teoria do espírito? Não lhe resistas; em igual medida ele refinará e elevará tua teoria da matéria.

Não existe posição fixa para os homens, se recorremos à consciência. Todo homem julga não ser plenamente entendido; e se há alguma verdade nele, se em suma apoia-se na alma divina, não vejo como poderia ser de outra maneira. A última câmara, o último recinto, deve ele sentir, nunca foi aberto; há sempre um resíduo desconhecido, não analisável. Isto é, todo homem crê que tem uma possibilidade maior.

Nossos humores não acreditam uns nos outros. Hoje estou repleto de pensamentos e posso escrever o que quiser. Não vejo por que não haveria de ter amanhã o mesmo pensamento, o mesmo poder de expressão. O que escrevo, enquanto escrevo, parece a coisa mais natural do mundo; mas ontem eu via um desolado vazio nessa direção em que agora enxergo tantas coisas; daqui a um mês, não duvido que me perguntarei quem era aquele que escreveu tantas páginas seguidas. Ai dessa fraca fé, dessa débil vontade, desse refluir imenso de um imenso fluxo! Sou Deus na natureza; sou uma erva junto ao muro.

De uma escada de Jacó que conduz ao poder, por meio de nossos humores ou caprichos tombamos numa profecia do mais pungente poema de Walt Whitman, "As I Ebb'd with the Ocean of Life" (1860), e passamos da esfera divina para o tão whitmaniano "Sou uma erva junto ao muro". No entanto, a única saída da melancólica queda é a poesia e o poeta:

> Por isso valorizamos o poeta. Todo o raciocínio e toda a sabedoria não estão na enciclopédia, nem no tratado de metafísica, nem no Livro de Sermões, mas no soneto ou na peça. Em minha faina diária, tenho tendência a repetir meus velhos passos e não acreditar na força terapêutica, no poder de reforma e transformação. Mas um Petrarca ou Ariosto, repleto com o vinho novo de sua imaginação, escreve-me uma ode ou um épico vivaz, repletos de ideias e ações arrojadas. Ele me inflama e me atiça com seus tons estrídulos, rompe toda a minha cadeia de hábitos e abro meus olhos a minhas próprias possibilidades. Com as asas ele golpeia os lados de todo o velho e sólido atravancamento do mundo, e sou mais uma vez capaz de escolher um caminho reto na teoria e na prática.

Essa força inspiradora culmina num movimento desconcertante, primeiro rumo a um reconhecimento hermético de si mesmo e depois a uma feroz ironia dirigida a um Perguntador Idiota [*Idiot Questioner*] (na bela expressão de Blake):

> O mais alto poder dos momentos divinos é abolir também nossas restrições. Acuso-me de preguiça e inutilidade dia após dia; mas, quando essas ondas de Deus me inundam por dentro, deixo de contar o tempo perdido. Deixo de calcular mediocremente o que poderia realizar com o que me resta do mês ou do ano; pois esses momentos conferem uma espécie de onipresença e onipotência, que não indaga da duração, mas vê que a energia da mente é proporcional ao trabalho a ser feito, sem tempo.
> "E assim, ó filósofo circular", ouço algum leitor exclamar, "chegaste a um belo pirronismo, a uma equivalência e indiferença entre todas as ações, e queres nos

ensinar que, *se somos verdadeiros*, nossos crimes podem, então, ser pedras sólidas com as quais ergueremos o templo do Deus verdadeiro."

Não pretendo me justificar. Reconheço que fico contente em ver o predomínio do princípio da doçura em toda a natureza vegetal, e igualmente contente em contemplar na moral aquela inundação irrestrita do princípio do bem entrando por todas as frestas e orifícios que o egoísmo deixou abertos, sim, e até no egoísmo e no próprio pecado, de forma que não existe o puro mal, nem o próprio inferno sem suas extremas satisfações. Mas, para que eu não confunda ninguém quando penso com minha própria cabeça e obedeço a meus caprichos, lembro ao leitor que sou apenas um experimentalista. Não dês o mínimo valor ao que faço, nem o mínimo descrédito ao que não faço, como se eu pretendesse entronar qualquer coisa como verdadeira ou falsa. Destrono todas as coisas. Para mim, nenhum fato é sagrado, nenhum fato é profano. Simplesmente experimento, numa busca interminável, sem nenhum Passado às minhas costas.

O sutil parágrafo inicial é uma experiência universal: repito-o a mim mesmo em dias de inércia, quando me canso de minha própria preguiça. Visto que isso leva a uma nova percepção de que estou *de alguma maneira* ativo, abole-se por completo a qualidade moral que falsamente associamos ao trabalho. Quando o Perguntador Idiota critica o defensor dos círculos como um reles cético, Emerson responde à maneira de Montaigne, que fez da experiência psíquica uma nova espécie de humanismo.

O círculo é então soberano, tendo destronado Zeus? Em resposta, Emerson se eleva a novos patamares de eloquência:

Assim não há descanso, não há pausa, não há preservação, mas todas as coisas se renovam, germinam e brotam. Por que haveríamos de trazer trapos e relíquias para a nova hora? A natureza abomina o velho, e a velhice parece ser a única doença: todas as outras convergem nela. Damos-lhe muitos nomes — febre, intemperança, insanidade, estupidez e crime: todas são formas de velhice; são inatividade, conservadorismo, apropriação, inércia, não o novo, não o caminho em frente. Envelhecemos todos os dias. Não vejo necessidade disso. Enquanto conversamos com o que está acima de nós, não ficamos velhos, e sim jovens. A infância e juventude, receptiva, com aspirações e o olhar religioso voltado para o alto, não se tem na conta de coisa alguma e se abandona à instrução que flui de todos os lados. Mas o homem e a mulher de setenta anos supõem que sabem tudo, abandonaram a esperança, renunciam às aspirações, aceitam o real como necessário e falam aos jovens em tom superior. Que se tornem então órgãos do Espírito Santo, sejam amantes, contemplem a verdade, e seus olhos se elevarão, as rugas se alisam, perfumam-se de novo com esperança e poder. Essa velhice não deve se apoderar de uma mente humana. Na natureza, cada momento é novo; o passado é sempre engolido e esquecido; apenas o que chega é sagrado. Nada de certo existe, a não ser a vida, a transição, o espírito energizador. Nenhum amor pode ficar preso por juramento ou contrato para se garantir contra um amor mais alto. Nenhuma verdade é tão sublime que não possa ser trivial amanhã, à luz de novos pensamentos. As pessoas querem se assentar: só na medida em que não se assentam é que há alguma esperança para elas.

A vida é uma série de surpresas. Não sabemos hoje, enquanto estamos construindo nosso ser, qual será o ânimo, o prazer, o poder de amanhã. Sobre os estados mais baixos — as ações de rotina e do senso comum — alguma coisa podemos dizer; mas as obras-primas de Deus, os crescimentos totais e os movimentos universais da alma ele esconde; são incalculáveis. Posso saber que a verdade é divina e prestimosa, porém de que préstimo me poderá ser é algo que não consigo imaginar, pois *assim ser* é a única via de entrada do *assim saber*. A nova posição do homem em avanço tem todos os poderes da velha, mas eles vêm renovados. Ela traz em si todas as energias do passado, mas é em si uma exalação da manhã. Neste momento novo, jogo fora todo o meu conhecimento outrora acumulado, sendo vazio e ocioso. Agora, pela primeira vez, pareço saber algo da maneira correta. As palavras mais simples não sabemos o que significam, salvo quando amamos e temos aspirações.

Aos 84 anos, não sei se torço o nariz a isso ou se me sinto revigorado. Emerson me diz para rejuvenescer conversando com meu demo, abalando meu acomodado cansaço com o passar dos dias, aceitando a surpresa. Sim e não, não e sim, devo responder, até que ele me assola com o grandioso parágrafo final:

A única coisa que procuramos com insaciável desejo é esquecermos a nós mesmos, sermos desalojados de nossa posição pela surpresa, perdermos nossa sempiterna memória e fazermos algo sem saber como nem por quê; em suma, traçarmos um novo círculo. Sem entusiasmo, nunca se alcançou nada de grande. A via da vida é maravilhosa; consiste no abandono. Os grandes momentos da história correspondem aos recursos de ação por meio da força das ideias, como as obras de gênio e de religião. "Um homem", disse Oliver Cromwell, "nunca chega a um ponto mais alto do que quando não sabe para onde está indo." Os sonhos e a embriaguez, o uso de ópio e álcool, são a imagem e a imitação desse gênio oracular, e por isso a perigosa atração que exercem nos homens. Pela mesma razão, estes pedem a ajuda de paixões desenfreadas, como no jogo e na guerra, para imitar de alguma maneira essas chamas e generosidades do coração.

Traçar um novo círculo demônico, em minha idade, traz o risco de autodestruição, e entregar-me ao abandono é flertar com o abismo. É estranho ouvir Emerson citando Cromwell, herói para Thomas Carlyle, mas não, imaginaria eu, para o são e sagrado oráculo americano. Tudo depende da definição que se der a "essas chamas e generosidades do coração", parodiadas no vício, no jogo de azar, na guerra como assassinato organizado. A nós resta elaborarmos a definição por nós mesmos.

Emerson não é o único sábio nacional que se baseia no influxo demônico: penso em Montaigne, Goethe, Carlyle e mesmo em Freud, um racionalista romântico que sentia fascínio pelo misterioso. Esquadrinhamos Shakespeare, a maior de todas as consciências, mas ele nunca se revelará.

Nietzsche, discípulo de Emerson, perdeu-se para o demo e afundou-se na loucura. Antes da queda, como já mencionei, ele nos alertou para o fato de que era preciso manter separados a origem e o fim em prol da vida. Emerson não se importava com o prestígio das origens, pois para ele mais vida significava a renovação incessante da surpresa.

EMILY DICKINSON

Não existe um momento de irrupção no qual possamos ver e ouvir o surgimento da entoação, da atitude, da voz autêntica de Emily Dickinson. "Poem 21", em 1858, fascinava Hart Crane:

21
The Gentian weaves her fringes—
The Maple's loom is red—

My departing blossoms
Obviate parade.*

Já eu encontro-a pela primeira vez em 1860; aos trinta anos, ela causa espanto:

178
To learn the Transport by the Pain—
As Blind Men learn the sun!
To die of thirst—suspecting
That Brooks in Meadows run!

To stay the homesick—homesick feet
Upon a foreign shore—
Haunted by native lands, the while—
And blue—beloved Air!

This is the sovreign Anguish!
This—the signal wo!
These are the patient "Laureates"
Whose voices—trained—below—

Ascend in ceaseless Carol—
Inaudible, indeed,
To us—the duller scholars
Of the Mysterious Bard!**

---

* A Genciana tece suas franjas —/ O tear do Bordo é vermelho —/ Minhas flores fanando/ Dispensam desfile.
** Aprender o Êxtase pela Dor —/ Como Cegos o sol aprendem!/ Morrer de sede — suspeitando/ Que Rios nos Campos se estendem!// Manter os saudosos — saudosos pés/ Num litoral desconhecido —/ Sem cessar lembrando a terra natal —/ E o azul do — Ar querido!// Esta é a soberana Angústia!/ Esta — a grande pena!/ Estes são os pacientes "Laureados"/ Cujas vozes — de prática — terrena —// Sobem em incessante Canto —/ Inaudíveis, de fato,/ Para nós — os estudiosos mais moucos/ Do Misterioso Bardo!

Entendo-os como tributo a Shakespeare: "soberana Angústia!" [*sovreign Anguish!*] e "Misterioso Bardo!" [*Mysterious Bard!*]. Será arbitrário? Sendo seu mais autêntico precursor, Shakespeare lhe ensinou a pensar — por meio de imagens, figuras de linguagem, poemas. Um ano depois, a "Imperatriz do Calvário" [*Empress of Calvary*] alcança um primeiro triunfo:

243
That after Horror—that 'twas *us*—
That passed the mouldering Pier—
Just as the Granite crumb let go—
Our Savior, by a Hair—

A second more, had dropped too deep
For Fisherman to plumb—
The very profile of the Thought
Puts Recollection numb—

The possibility—to pass
Without a moment's Bell—
Into Conjecture's presence
Is like a Face of Steel—
That suddenly looks into our's
With a metallic grin—
The Cordiality of Death—
Who drills his Welcome in—*

Difícil? E este é apenas o início de sua ardente jornada para escapar aos significados, arte que já dominava em 1862:

---

* Aquele pós Horror — que éramos *nós* —/ Que passou o Pilar derruindo —/ Assim como o Granito se esfarela —/ Nosso Salvador, por um Fio —// Um segundo, caíra fundo demais/ Para o Pescador sondar —/ O próprio perfil do Pensamento/ Entorpece o Relembrar —// A possibilidade — de passar/ Sem que nada avise o momento —/ Para a presença da Conjetura/ É como um Rosto de Cimento —/ Que de repente encara o nosso/ Com um sorriso petrificado —/ A Cordialidade da Morte —/ Que assim ganha Entrada —

320
There's a certain Slant of light,
Winter Afternoons—
That oppresses, like the Heft
Of Cathedral Tunes—

Heavenly Hurt, it gives us—
We can find no scar,
But internal difference—
Where the Meanings, are—

None may teach it—Any—
'Tis the Seal Despair—
An imperial affliction
Sent us of the Air—

When it comes, the Landscape listens—
Shadows—hold their breath—
When it goes, 'tis like the Distance
On the look of Death—*

Ela viveu mais um quarto de século, compondo muitas dezenas de poemas de igual vigor, mas nenhum mais vigoroso, pois é a própria perfeição lírica. Agora estou velho e fraco demais para ensiná-la como fazia antes, passando com minha turma de alunos pelo esplêndido Phelps Gateway de Yale para irmos à nossa sala de seminários no edifício original da universidade, o Connecticut Hall. Alguns anos atrás, numa quinta-feira de dezembro, tive a experiência quase mística de sair dali com meu grupo de discussão às três e meia da tarde, já escurecendo, logo depois de termos trabalhado este poema.

---

* Há certa Obliquidade da luz,/ Em tardes invernais —/ Que oprime como o Peso/ Do Badalo das Catedrais —// Chaga Celestial dá-nos ela —/ Sem nos deixar marcados,/ Apenas uma diferença interna —/ Onde estão os Significados —// Não se pode ensiná-la — ninguém —/ É o Selo do Desespero —/ Uma aflição imperial/ A nós pelo Ar mensageiro —// Quando chega, a Paisagem ouve —/ Sombras — retêm o respirar —/ Quando parte, é como a Distância/ Que a Morte traz no olhar —

À nossa espera estava justamente aquela "certa Obliquidade da luz" [*certain Slant of light*].

Uma jovem, agora admirável poetisa consagrada, despertou-nos uma risada surpresa e embaraçada perante esse exemplo wildiano da natureza imitando a grande arte. Se eu tivesse o talento performático da maravilhosa Anne Carson, teria reunido o grupo para continuar a recitar o poema. Mas fiquei arrebatado no sentido dickinsoniano, melacólico e deslumbrado.

"Certa" [*certain*] — específica e segura — "Obliquidade" [*Slant*] — angular e verdadeira por vias indiretas: a luz do inverno é um peso perpendicular que nos pressiona de cima para baixo. Os oxímoros keatsianos — "Chaga Celestial" [*Heavenly Hurt*] e "aflição imperial" [*imperial affliction*] — transmitem um selo puramente dickinsoniano, não um dos sete selos do Apocalipse de João. O desespero nos fere sem deixar marca, exceto por um desarranjo interno dos "significados" [*meanings*].

Para meus alunos, o verso enigmático era e continua a ser "Não se pode ensiná-la — Ninguém" [*None may teach it—Any*]. É a luz que não quer ou não consegue absorver o ensino? Ou somos nós que não conseguimos interpretar a obliquidade e transformar a experiência visual em ensinamento?

A paisagem a ouvir e as sombras que prendem a respiração dividem conosco a mesma apreensão diante da obliquidade declinante da luz: mas o mais assustador é sua retirada, a partida sugerindo o afastamento de nossos saudosos entes queridos, quando os fitamos pela última vez.

Em apenas 72 palavras, mais ou menos o equivalente a uma oitava de um soneto shakespeariano, Dickinson criou um monumento ao "tempo lírico", como diz sua melhor crítica, Sharon Cameron. Qualquer poema é necessariamente uma ficção de duração. Cameron — como Angus Fletcher, uma autoridade nas reflexões sobre a literatura imaginativa — reforçou minha impressão quanto às tensões na sutil maestria de Dickinson em fazer jogos de linguagem com o tempo verbal. Todo o poema de "Slant of light" está no presente, mas de alguma maneira parece estar no pretérito mais-que-perfeito. Penso que há um truque shakespeariano na criação dessa ilusão, mas isso requer alguns esclarecimentos.

Apesar dos antecedentes por inferência, Shakespeare dramatiza a presença, a plenitude do ser *agora*. Entre todos os poetas líricos da língua, Dickinson é quem mais se aproxima dele. O demo é o *páthos*, e a personalidade se cria sozinha por meio da teatralidade. Fiz a experiência em grupos de discussão com meus alunos, alternando sonetos de Shakespeare e poemas de Dickinson, em mútua complementação e contraposição, com "Desire is death" [Desejo é morte] ao lado de "Death is the supple Suitor" [A Morte é o obsequioso Pretendente].

Meu saudoso amigo e companheiro de copo Anthony Burgess, que consumia conhaque Fundador com uma vivacidade similar à sua ingestão de Joyce e Shakespeare, sempre insistiu que a Dama Escura [*Dark Lady*] dos Sonetos era Lucy Negro, a principal prostituta das Índias Ocidentais na Inglaterra do período elisabetano. Insistindo com ele para considerar Dickinson como herdeira poética de Shakespeare, consegui convencê-lo dessa linhagem, mas tive problemas com seu catolicismo apóstata, que, como o de Joyce, tingia o sexo e a morte com prazerosos remorsos e nostalgias agostinianas. Uma congregacionista apóstata de Amherst embaralhava as ideias de Anthony, que não tinha muita paciência com as "lépidas descrenças" de Dickinson. A luxúria nos sonetos da Dama Escura é a fornalha finalmente explodindo. Em Dickinson, prevalece o desejo acalorado, disfarçado de decoro, embora a modalidade do desejo se questione a si mesma com tanta severidade que se torna outra coisa. Isso também é shakespeariano.

Com Shakespeare, Dickinson aprendeu a retardar o ritmo do leitor. Aforismos elípticos espicaçam nossa função de ouvintes feridos pelo assombro. A rapidez mental de Hamlet só encontra equivalente na da visionária de Amherst. A relação com Shakespeare é fundamental para sua obra, mas ainda é difícil definir a importância dessa relação. Por que *Otelo* era tão central para Dickinson? Depois da tragédia do Mouro, seus principais favoritos eram *Antônio e Cleópatra*, *Hamlet*, *Macbeth*, *Romeu e Julieta*, *Rei Lear*, *Como quiseres*, *A tempestade* e *O mercador de Veneza*. Às vezes, ela parece compartilhar a bissexualidade aparente de Shakespeare, mas suas cartas são verdadeiros poemas em prosa, guias para seu eros tão inconfiáveis quanto as poesias. Qualquer que fosse a ligação com sua volúvel cunhada Sue, fica muito reduzida em comparação às chamas da mútua paixão com o juiz Otis Lord. Há alguma similaridade com o contraste shakespeariano entre os sonetos dirigidos ao Belo Jovem [*Fair Youth*] e o caldeirão ardente dos sonetos dirigidos à Dama Escura. É uma ironia e tanto que a enigmática reserva pessoal de Shakespeare encontre páreo na de Dickinson.

Páraic Finnerty, no proveitoso estudo *Emily Dickinson's Shakespeare* [O Shakespeare de Emily Dickinson] (2006), examina sua "circulação do Bardo" — como ela se apoiava nele, alusivamente, tanto na obra quanto na vida. Anthony Hecht, ao me presentear com seu livro *Obbligati: Essays in Criticism* [*Obbligati*: Ensaios críticos] (1986), incluiu uma carta comentando que queria redigir um segundo ensaio sobre Dickinson, concentrado em sua relação com Shakespeare, destacando suas justificativas contra alusões demasiado explícitas a ele. Creio que Hecht não chegou a escrever o ensaio, e aqui o menciono em homenagem a esse saudoso amigo.

Como poeta de vigor sobrenatural, Dickinson ficava atenta para não se afogar em Shakespeare. Um dos recursos era a paródia, principalmente nas cartas. Ela cultivou, de maneira hábil, uma modalidade de alusão suficientemente contida para minimizar qualquer empréstimo shakespeariano, fosse nas cartas ou nos poemas. Aqui retomo um de seus poemas mais grandiosos, "The Tint I Cannot Take Is Best" [O tom que não consigo é o melhor], de 1863:

> 696
> The Tint I cannot take—is best—
> The Color too remote
> That I could show it in Bazaar—
> A Guinea at a sight—
>
> The fine—impalpable Array—
> That swaggers on the eye
> Like Cleopatra's Company—
> Repeated—in the sky—
>
> The Moments of Dominion
> That happen on the Soul
> And leave it with a Discontent
> Too exquisite—to tell—
>
> The eager look—on Landscapes—
> As if they just repressed

Some secret—that was pushing
Like Chariots—in the Vest—

The Pleading of the Summer—
That other Prank—of Snow—
That Cushions Mystery with Tulle,
For fear the Squirrels—know.

Their Graspless manners—mock us—
Until the Cheated Eye
Shuts arrogantly—in the Grave—
Another way—to see—*

Mantenho o comentário que fiz a esse respeito em *O cânone ocidental* (1994), embora eu tenha depreciado um pouco a alusão a "a Companhia de Cleópatra" [*Cleopatra's Company*]. Como a Cleópatra de Shakespeare, Dickinson, ao longo das cartas e poemas, procura seduzir todos; homens poderosos e mulheres que põem esse poder à prova por meio da sedução. Ainda que Dickinson se abstivesse visivelmente de encontrar a amante e segunda mulher de seu irmão, Millicent Todd Bingham, suas cartas à rival e destronadora de Sue mostram uma retórica semelhante à que empregava na correspondência com Susan Gilbert Dickinson. Millicent substitui Sue junto a Dickinson de forma tão categórica quanto ocorreu com Austin Dickinson. Os estudiosos divergem se a poeta se coloca como Cleópatra ou como Antônio, mas é evidente que funde os dois personagens tal como mescla Sue e Millicent. Fica-se com a impressão de que Emily Dickinson gostaria de desempenhar o papel da serpente de Amherst.

---

* O Tom que não pego — é o melhor —/ A Cor muito distanciada/ Para mostrá-la na Feira —/ A um Guinéu a olhada —// A bela — impalpável Pompa —/ Que se pavoneia ao olhar/ Como a Companhia de Cleópatra —/ Repetida — no céu estelar —// Os Momentos de Domínio/ Que na Alma sobrevêm/ E deixam um Descontentamento/ Difícil de explicar — porém —/ O olhar ávido — nas Paisagens —/ Como se escondessem num canto/ Algum segredo — que vai impelindo/ Qual Carruagem — no Manto —// A Súplica do Verão —/ A outra — de Neve — que graceja/ E Acolchoa o Mistério com Tule,/ De medo que o Esquilo — veja.// Seus gestos Inábeis — zombam de nós/ Até que o Olho Ludibriado/ Fecha arrogante — no Túmulo —/ Outra maneira — de ter enxergado —

Minha ex-aluna Camille Paglia sugeriu que a poeta era a Sade de Amherst, mas isso me parece um grande equívoco de interpretação. Emily Dickinson não se limita a flertar conosco, seus futuros leitores. Ela nos apanha em sua densa rede de encantos, e cada um de nós se torna um novo Antônio. É algo similar à sua utilização de "Epipsychidion", o arrebatado hino de Shelley ao amor livre, no qual ela se identifica com a "Emily" shelleyiana (Emilia Viviani), em especial na quadra 1636, de esplendorosa impudência:

1636
Circumference thou Bride of Awe
Possessing thou shalt be
Possessed by every hallowed Knight
That dares—to Covet thee*

Ela é a "Circunferência" [Circumference], o juiz Lord é o "Assombro" [Awe], e após a morte dele ela aguarda outros pretendentes, sendo que "possuindo" [possessing] e "possuída" [possessed] ecoam Shelley e Emilia, na visão do poeta. De Shelley e Keats, como Wordsworth, ela se apropriou sem maiores preocupações. Com Shakespeare foi diferente, como mostra sua enigmática relação com Otelo.

Pelo efeito sobre Emily Dickinson, ninguém iria saber que a tragédia de Otelo é uma peça de Iago ou que o nobre mouro é um protagonista heroico. Mas a simpatia de Dickinson por ele aumenta com o tempo, embora evitando cuidadosamente qualquer identificação. Pelo contrário, ela funde Otelo e Antônio e aproxima mais Desdêmona a Cleópatra e Ofélia. Seu teatro mental particular parece ter abordado mais o ser do que o papel de Hamlet.

776
Drama's Vitallest Expression is the Common Day
That arise and set about Us—
Other Tragedy

---

* Circunferência, Noiva do Assombro/ Possuindo tu serás/ Possuída por todo Cavaleiro sagrado/ Que ouse — te Cobiçar

Perish in the Recitation—
This—the best enact
When the Audience is scattered
And the Boxes shut—

"Hamlet" to Himself were Hamlet—
Had not Shakespeare wrote—
Though the "Romeo" left no Record
Of his Juliet.

It were infinite enacted
In the Human Heart—
Only Theatre recorded
Owner cannot shut—*

Mais do que um poema, trata-se de uma observação crítica. Para Dickinson, são versos, mas eles ampliam a reflexão sobre Shakespeare à maneira de Emerson: "Ele escreveu o texto da vida moderna". A demarcação entre Shakespeare e a vida se esmaece. Hazlitt observou: "Nós é que somos Hamlet". Qual poeta sonda todas as perguntas com a profundidade de Dickinson?

817
This Consciousness that is aware
Of Neighbors and the Sun
Will be the one aware of Death
And that itself alone

Is traversing the interval
Experience between

---

* A mais Vital Expressão do Drama é o Cotidiano/ Que nasce e se põe sobre nós —/ Outra Tragédia// Perece com a Declamação —/ Este — melhor se encena/ Quando o Público se foi/ E a Bilheteria fechou —// "Hamlet" para Si seria Hamlet —/ Não o tivesse escrito Shakespeare —/ Embora "Romeu" não deixasse Registro/ De sua Julieta// Seria encenado ao infinito/ No Coração Humano —/ Único Teatro conhecido/ Que o Dono não pode fechar —

And most profound experiment
Appointed unto Men—

How adequate unto itself
Its properties shall be
Itself unto itself and None
Shall make discovery—

Adventure most unto itself
The Soul condemned to be—
Attended by a single Hound
Its own identity.*

Fico satisfeito em comentar esse poema magistral no dia 10 de dezembro de 2012, aniversário de 182 anos de nascimento da poetisa. Nascido um século depois, passei uma tarde úmida e fria alternando exercícios e reflexões sobre Dickinson. A consciência (*Consciousness* nela, *conscience* em Hamlet) é seu recurso e seu embate sublime com os limites da existência. Dickinson não dirá com Hamlet: "Deixa ser" [*Let be*] ou "Deixa estar" [*Let it be*]. O poema 817 avança num compasso protestante radical no ritmo do pensamento, afirmando orgulhosamente sua liberdade autônoma em estar na dificuldade que é ser. Nada solipsista, sua consciência "que percebe o Sol e Vizinhos" [*aware/ Of Neighbors and the Sun*] anuncia orgulhosamente a própria autonomia. "Ela mesma sozinha" [*Itself alone*], "adequadas a ela mesma" [*adequate unto itself*], "Ela mesma a si mesma" [*Itself unto itself*], "sobre si mesma" [*most unto itself*] formam uma vigorosa litania de independência espiritual.

A morte sua morte é uma percepção, uma experiência, descoberta, aventura, condenação da mais absoluta profundidade. A surpresa do poema está em seu maravilhoso fecho: um Cão só [*a single Hound*] xamanístico, imagem de uma identidade dobrada. Antônio, estragando até o próprio suicídio, não

---

* Esta Consciência que percebe/ O Sol e Vizinhos/ Será a única a perceber a Morte/ E que ela mesma sozinha// Está atravessando o intervalo/ Experiência de entremeio/ E mais profundo experimento/ Destinado aos Humanos —// Quão adequadas a ela mesma/ Suas propriedades hão de ser/ Apenas ela mesma a si mesma/ Poderá reconhecer —/ / Aventura sobre si mesma/ A Alma condenada a ser —/ Acompanhada por um Cão só/ Sua própria identidade.

ouviu a música de seu deus ou demo Héracles ao abandoná-lo. O demo de Dickinson irá acompanhá-la na experiência final e assinala implicitamente a capacidade xamanística da poetisa de ter uma sobrevivência metamórfica.

O Walt Whitman de "Song of Myself" anuncia seu papel e sua função de xamã curandeiro. Uma leitura cerrada mostra que Dickinson é igualmente misteriosa:

355
It was not Death, for I stood up,
And all the Dead, lie down—
It was not Night, for all the Bells
Put out their Tongues, for Noon.

It was not Frost, for on my Flesh
I felt Siroccos—crawl—
Nor Fire—for just my marble feet
Could keep a Chancel, cool—

And yet, it tasted, like them all,
The Figures I have seen
Set orderly, for Burial,
Reminded me, of mine—

As if my life were shaven,
And fitted to a frame,
And could not breathe without a key,
And 'twas like Midnight, some—

When everything that ticked—has stopped—
And space stares—all around—
Or Grisly frosts—first Autumn morns,
Repeal the Beating Ground—

But, most, like Chaos—Stopless—cool—
Without a Chance, or spar—

Or even a Report of Land—
To justify—Despair.*

Sob a fantasmagórica claridade dessa visão, aglomeram-se especulações mais sombrias. Dando aulas sobre Dickinson, vejo os alunos destacarem o fascínio que sentem: em relação ao que ela pinta, onde está o *agora* do enunciador do poema? Quanto a esse enigma, Sharon Cameron continua a ser a grande crítica clássica com seu *Lyric Time* [Tempo lírico], que tem Kant como modelo máximo: as realidades do tempo e do espaço não são objetos, e sim modalidades da percepção, mas as aparições no tempo têm em si algo de permanente.

No entanto, os êxtases arcaicos e os movimentos xamanísticos estão mais próximos da Dickinson demônica, que se esquiva à morte, embora sabendo das necessidades do morrer. Seus movimentos temporais ultrapassam toda e qualquer norma apresentada pela tradição lírica. Os sinos tocam em pleno meio-dia, e Dickinson sente o *gosto* de um oximorístico frio-e-calor e se contempla como cadáver em pé:

As if my life were shaven,
And fitted to a frame,
And could not breathe without a key [...]

O tempo para, o espaço fita. A quadra final desafia os limites da dificuldade poética:

---

* Não era a Morte, pois eu estava de pé/ E todos os Mortos jazem deitados —/ Não era Noite, pois todos os Sinos/ Pelo Meio-Dia soltaram os Badalos.// Não era Geada, pois em minha Carne/ Senti Sirocos — a rastejar —/ Nem Fogo — pois meus pés de mármore/ Manteriam fresco um Altar —// Mas parecia ser todos eles,/ As Figuras que vi/ Em ordem, para a Sepultura,/ Lembravam-me a minha —// Como se minha vida estivesse cortada/ E pronta para a moldura/ E não pudesse respirar sem uma chave,/ E era como Meia-Noite, um pouco —// Tudo o que tiquetaqueava — cessa/ E o espaço fita — ao redor —/ Ou geadas Cinzas — primeiras manhãs do Outono,/ Retomando o Solo Vibrante —// Mas, mais, como Caos — Incessante — frio —/ Sem mastro nem Chance —/ Nem mesmo Relatório de Terra —/ Justificando — a Desesperança.

> But, most, like Chaos—Stopless—cool—
> Without a Chance, or spar—
> Or even a Report of Land—
> To justify—Despair.

O próprio "Justificando" [justify] é figurado — a desesperança não transmite a emoção deste poema. "Caos" [chaos] é um oceano sem forma; o poder mental da poetisa sobre o universo da morte é sólido o suficiente para atingir o sentido kantiano de "algo permanente", de imagens que se unem numa ficção de duração. Uma de minhas alunas, respondendo à sua própria pergunta, concluiu que o *agora* de Dickinson corresponde ao Novo emersoniano, permitindo descobertas do potencial de sobrevivência do poema.

A força de Dickinson reside no tom ou atitude, tal como em Whitman, embora Walt — um americano, um dos rudes — concentre os poemas sobre si mesmo, coisa que a visionária de Amherst não faria. Ela está sempre lá: por si mesma afirmativa, confiante, radiante. E no entanto os anúncios-de--mim-mesmo whitmanianos são a antítese da experiência dickinsoniana de renúncia. A exemplo de seu único rival poético americano, ela ingressa no que Yeats, em *Per Amica Silentia Lunae*, chamou de "o local do demo", mas entrando por outra porta.

Xamãs não são profetas, e Whitman era medíocre quando anunciava o futuro. Dickinson partilha sua mais sincera convicção, o *páthos* da aniquilação, com Hamlet. Whitman, no que tem de mais sombrio, encarna essa verdade. Dickinson, escuridão e luz, ensina tal verdade incessantemente, mas disfarça-se com sua dicção, e a maioria dos leitores entende errado. A imortalidade em Whitman é nossa sobrevivência na memória dos outros. Em Dickinson, é uma simples metáfora, a *chaperone* ou dama de companhia que acompanha o Morrer e a Donzela em seu passeio.

Existe na literatura americana algum niilista mais radical do que a srta. Dickinson de Amherst? Nisso também hamletiana, ela pensa não demais, mas bem demais, e pelo pensamento segue seu caminho até a verdade. Possui sua arte para não morrer por causa da verdade, e sua verdade é a aniquilação: o resto é silêncio.

Emerson observou que existiam vários passos, mas apenas dois fatos: "Eu e o Abismo". Desencantado até mesmo com Shakespeare, ele continuou a invocar uma poesia que nunca seria escrita. Whitman enviou *Folhas de relva* de 1855 a Emerson, que entendeu imediatamente o que era. Uma pena Dickinson, que tivera contato com o sábio de Concord, não ter recorrido a ele como leitor de seus poemas, assim começaria a ser reconhecida ainda em vida. Mas Dickinson escolheu o obtuso herói Thomas Wentworth Higginson, que era incapaz de compreender sua obra. Higginson, um abolicionista militante que reuniu e levou à batalha seu próprio regimento negro, criticou Walt Whitman por não estar na linha de fogo, passando por cima da idade de Walt e desprezando a grandeza do enfermeiro que sacrificou talento e saúde cuidando dos feridos e moribundos de ambos os lados. E aí Higginson coroou sua carreira desancando o jovem Oscar Wilde, que ficava escrevendo e fazendo sublimes preleções em vez de ir morrer pela causa da independência irlandesa.

Como Melville e Hawthorne, Dickinson encontrou seu demo em Shakespeare. Whitman insistia em dizer o contrário, mas também tinha uma dívida considerável com o Bardo. Mesmo assim, entre os doze escritores tratados neste livro, ele era o menos shakespeariano. Henry James escreveu magnificamente sobre *A tempestade*, enquanto Wallace Stevens era perseguido por *Sonho de uma noite de verão* e *Hamlet*. T.S. Eliot, que dizia preferir *Coriolano* a *Hamlet*, ainda assim era profundamente influenciado pelo príncipe e pela peça. Faulkner parece ter mergulhado mais na Bíblia do rei Jaime do que em Shakespeare, mas isso pode ser ilusório. *A tempestade* prevalece em toda a poesia de Hart Crane, bem como *Hamlet*, *Macbeth* e outras peças.

Melville e Dickinson (estranho emparelhamento) são os mais shakespearianos de nossos autores americanos clássicos. O amplo coração de Shakespeare (no sentido hamletiano da mente) tinha espaço suficiente para duas grandes imaginações tão díspares entre si que não guardam nenhum ponto de contato. Mesmo as disputas dos dois com o poder (sob o nome de Deus) não guardam muitas afinidades. O único vínculo entre eles é a apreciação que fazem das tragédias de Shakespeare.

Jay Leyda, que associava o romancista e a poeta, comentou-me que Melville tinha uma percepção cinemática de Shakespeare, enquanto Dickinson o entendia liricamente. Existem mil Shakespeares e o entendemos como podemos. Se você for Emily Dickinson ou Herman Melville, uma música cognitiva emanando de Shakespeare moldará uma "amada Filologia" [*loved Philology*] ou um *Moby Dick* de toda uma vida. Na esteira deles, procuro perceber o que encontraram que renovou as fontes da vida e ampliou suas perspectivas. Melville não canta nenhuma canção de si mesmo, a menos que tomemos *Moby Dick* como um vasto canto homérico dos mares. James Joyce, sonhando em ir além de *Finnegans Wake*, queria chegar a seu próprio épico do oceano, mas morreu muito cedo. Proust, seu rival supremo, mal teve tempo de rever o último volume de sua comédia humana, recuperando o tempo perdido.

Entre meus doze americanos, talvez caiba observar que onze se esgotam literariamente ainda em vida. Whitman decai a partir de 1865; Emerson entra na senilidade; Melville tem uma epifania tardia em *Billy Budd*; Dickinson vai até o fim, mas mais esparsa. Os pontos culminantes de Hawthorne são *A letra escarlate* e os contos; a imponência de James não aumentaria se tivesse terminado *The Ivory Tower* [A torre de marfim]. Twain nunca voltou a alcançar o esplendor de *Huckleberry Finn*, enquanto Frost foi de impulso em impulso até seu ímpeto final em *In the Clearing* [Na clareira]. Eliot declina após *Quatro quartetos*, ao passo que Stevens tem um soberbo desenvolvimento em seus poemas de morte. Mesmo os mais fervorosos admiradores de Faulkner ficam constrangidos com *Uma fábula*. Apenas Hart Crane, afogando-se aos 32 anos, priva-nos de uma grandiosidade que poderia ter ultrapassado *A ponte* e "The Broken Tower".

O maior precursor de todos eles, para meu eterno assombro, não escreveu nada nos últimos três anos de vida, quando residia em Stratford-upon-Avon como cidadão local estimado, mas não propriamente renomado. Depois de compor os Atos I e V de *Os dois primos nobres* (os insípidos Atos II-IV são de John Fletcher), Shakespeare optou pelo resto de silêncio. Nenhuma figura remotamente comparável — Dante, Petrarca, Cervantes, Montaigne, Spenser, Molière, Goethe, Tolstói, Dickens, Balzac etc. — renunciou de modo tão definitivo. Por que Shakespeare parou de repente?

Os indícios materiais são escassos e duvidosos. Uma das hipóteses é que uma prolongada sífilis liquidou com a obra três anos antes de acabar com o homem, aos 51. Há uma visível afronta na persistência do desejo sexual masculino após os oitenta anos em alguns personagens da última peça de Shakespeare, mas ela é superada pelo horror à violência, mesmo organizada.

Somente as peças têm importância, e sua sequência sugere uma retirada estratégica do *pathos* aterrorizante das grandes tragédias — *Otelo, Rei Lear, Macbeth* —, passando para o que vim a considerar como tragicomédias gloriosas — *Antônio e Cleópatra, Conto de inverno, A tempestade*, todas as quais deveriam ser encenadas como comédias, embora eu já tenha perdido as esperanças quanto a isso.

Os demos de Shakespeare (nele eram legião) não o abandonaram após *Macbeth*, mas ele se poupou, esquivando-se e distraindo-os. Hamlet e *Hamlet* lhe haviam custado demais, um custo humano que aumentou assustadoramente com Iago e Otelo, Lear e Edgar, e talvez mais intimamente com Macbeth, que morre nos bastidores porque o elemento proléptico da imaginação de Shakespeare morre junto com ele.

Dickinson e Whitman, entre todos os americanos, são os que mais empregaram a morte e o morrer como expedições à consciência. Eliot também procede assim a partir do precoce "Death of Saint Narcissus" [Morte de são Narciso] e atinge o derradeiro esplendor em "The Dry Salvages" de *Quatro quartetos*, no qual a sabedoria sombria de Whitman e Mark Twain, reforçada por Hart Crane, se funde com tradições indianas, que o criador de *A terra desolada* dominava com grande erudição.

Eliot, com profundo conhecimento do original, estava imerso no *Bhagavad-Gita*, como Emerson e Thoreau. Whitman não (a crermos nele), embora Thoreau e Emerson pensassem o contrário. Persegue-me a sombra do grande Gershom Scholem, que insistia comigo em associar Walt à Cabala, a qual o poeta desconhecia por completo. Whitman, com sua amplitude, contém intuitivamente em si tradições que nunca estudou em termos explícitos.

O visionário de "Passage to India" conectava seu demo ou Eu real ao cosmo. Iluminado desde o início, não precisava buscar a libertação. Whitman rejeitou o idealismo emersoniano em favor do materialismo lucreciano, incompatível com especulações indianas. E no entanto Walt, ao contrário de um epicurista coerente, canta a perda no eu e para o eu. Sem ter lido a obra, Whitman descobriu a disciplina do *Gita* dentro de si mesmo. O lamento fúnebre em suas elegias se afasta da inércia sombria e avança para uma renúncia luminosa a qualquer fruto da dor, exceto o poema em si. A imortalidade se afasta da sobrevivência literal e vem a se unir à memória de outros eus, na esperança de ser incluído nas memórias deles.

O *Gita* é um poema austero, que Eliot certa vez comparou a Dante. Como não domino o sânscrito, baseio-me principalmente na ágil versão de Barbara Stoler Miller (1986). Sem dúvida, parece muito mais eliotiano do que whitmaniano, visto que "Song of Myself" e os poemas de *Cálamo* procedem a uma fusão entre Walt e o cosmo por meio da exuberância sexual. No entanto, Eliot percebeu que, em termos mais profundos, Whitman buscava a talha, uma imagem da voz que só poderia ser alcançada com uma rendição demônica a uma acepção mais ampla da morte, e cuja canção resultante emerge do tordo-imitador em "Out of the Cradle Endlessly Rocking" e do tordo eremita em "When Lilacs Last in the Dooryard Bloom'd". *A terra desolada* deve seu tordo eremita a Whitman, como Eliot demorou a admitir, mas por fim reconheceu, pela boa razão de que as dívidas do poema são tão grandes que põem em risco a originalidade da obra-prima eliotiana. Walt é o demo de *A terra desolada*, o cadáver plantado em seu jardim abandonado.

A força própria de Eliot consiste em suas tonalidades elegíacas, que explicam em grande parte a beleza de suas cadências. Seu longo louvor a seus supostos precursores abarcava Dante, Baudelaire, Jules Laforgue, Tristan Corbière, Pound, diversos metafísicos e poetas do período jaimita, todo mundo, menos Shelley, Tennyson e Whitman, os efetivos precursores. A possessão demônica efetuada pelas vozes poéticas de Shelley, Whitman e Tennyson era um risco incessante para Eliot, do começo ao fim. Vulnerável à poética da perda, ele reconhecia em Whitman e Tennyson os mestres da dor. "Meu coração é um punhado de pó" [*my heart is a handful of dust*] é a figura de Tennyson em "Maud" e o cadáver plantado no jardim no ano passado fora enterrado antes em "This Compost" [Esse composto] de Walt Whitman.

O amor de Tennyson, o jovem crítico Arthur Henry Hallam que morreu aos 21 anos, em Eliot era Jean Verdenal: sua versão do Camarada de Inverno [*Winter Comrade*] de Whitman em seus poemas de *Cálamo*, outra "tremenda ousadia de um momento de entrega,/ Que uma era inteira de prudência jamais poderá anular" [*awful daring of a moment's surrender,/ Which an age of prudence can never retract*]. Para mim, essa observação francamente dúbia só faz sentido na medida em que Tennyson, Whitman e Eliot tinham imaginações andróginas. O maior exemplo dessa fecunda faculdade é William Shakespeare. Tirésias, o vidente edípico de experiências sexuais como homem e como mulher, é uma figura apropriada para os poetas e a poesia em Tennyson e Eliot.

W. B. Yeats enriqueceu a ideia do demo identificando-o com sua musa, Maud Gonne. No tratado pateriano *Per Amica Silentia Lunae* (1917), ele condensa sua vida de frutíferas frustrações causadas por Maud numa frase magnífica, que me persegue desde que a li pela primeira vez, setenta anos atrás:

> Verei o escuro se iluminar, o vazio frutificar quando entender que não tenho nada, que os sineiros no campanário escolheram para o himeneu da alma um dobre de finados.

Diversos amigos de Hart Crane — Walker Evans, Malcolm Cowley, Kenneth Burke, Allen Tate — me contaram que o poeta citava essa passagem com frequência, e posso ouvi-la nos complexos números quebrados de "The Broken Tower".

Em *Per Amica Silentia Lunae*, Yeats de início faz uma comparação ousada (embora um pouco tola) entre o amor sexual e "a guerra entre o homem e o Demo":

> Quando penso na vida como uma luta com o Demo que sempre nos encaminha para o trabalho mais árduo entre os não impossíveis, entendo por que existe uma profunda inimizade entre um homem e seu destino, e por que um homem ama apenas seu destino. Num poema anglo-saxão, um certo homem é denominado, como que numa denominação que sintetizasse todo o heroísmo, "ávido pelo Fado". Estou convencido de que o Demo liberta e nos engana, e que teceu aquela rede nas estrelas e lançou essa rede por sobre o ombro. Então minha imaginação passa do Demo para a amada, e adivinho uma analogia que escapa ao intelecto. Lembro que a Antiguidade grega nos desafiou a procurar as principais estrelas, que governam igualmente inimigo e amada, entre as que estão prestes a entrar na Sétima Casa, como dizem os astrólogos; e que o "amor sexual", que é "fundado no ódio espiritual", talvez seja uma imagem da guerra entre homem e Demo; e até me pergunto se não pode haver alguma comunhão secreta, algum sussurro no escuro entre Demo e amada. Lembro a frequência com que as mulheres no amor se tornam supersticiosas e acreditam que podem trazer boa sorte a seus amados; e lembro uma velha história irlandesa sobre três rapazes que foram procurar auxílio para a batalha na casa dos deuses em Slieve-na-mon. "Primeiro vocês

precisam se casar", disse-lhes um dos deuses, "porque a sorte ou o azar de um homem lhe vem por meio de uma mulher."

Na edição original de *Uma visão* (1925), Demo e musa amada se fundem:

O *Daimon* do homem, portanto, tem sua energia e propensão na *Máscara* do homem, e sua força construtiva no destino do homem, e homem e *Daimon* se enfrentam num conflito ou abraço perpétuo. Essa relação (sendo o *Daimon* do sexo oposto ao do homem) pode criar uma paixão como a do amor sexual. A relação entre homem e mulher, sendo apaixonada, reproduz a relação entre homem e *Daimon*, e se torna um elemento onde homem e *Daimon* brincam, buscam-se e causam-se o bem ou o mal. Isso não significa, porém, que os homens e as mulheres de fases opostas se amem, pois um homem geralmente escolhe uma mulher cuja *Máscara* cai entre a *Máscara* dele e seu *Corpo do Destino*, ou logo ao lado de um ou outro; e sim que todo homem, por direito de seu sexo, é uma roda ou grupo de *Quatro Faculdades*, e toda mulher é, por direito de seu sexo, uma roda que inverte a roda masculina. Na medida em que homem e mulher são movidos por seus sexos, eles interagem como interagem homem e *Daimon*, embora em outros momentos suas fases possam estar lado a lado. O *Daimon* prossegue seu conflito ou amizade com um homem não apenas durante os fatos da vida, mas na própria mente, pois ele tem a posse de toda a escuridão da mente.

Duvido que Eliot tenha dedicado muito estudo a qualquer das versões de *Uma visão* e, ao que parece, sentiu bastante tédio nos encontros, organizados por Pound, que teve com o arquipoeta irlandês. É surpreendente que Yeats aflore em *Quatro quartetos* como precursor tardio, moldando vigorosamente a derradeira realização poética de Eliot.

A incorporação da voz de Yeats se dá por meio de uma estranha fusão com a figura de Dante, com suas tonalidades filtradas por Shelley, em especial em seu poema de morte inacabado, "The Triumph of Life" [O triunfo da vida]. O italiano de Shelley era melhor do que o de Eliot, e há uma interessante justiça nessa assimilação tardia, visto que a única coisa que Yeats e Eliot têm em comum é o paradoxo da influência de Shelley — em Yeats, primária e reconhecida; em Eliot, misteriosamente dominante, porém negada, tal como fez com Walt Whitman. Essas tentativas de negação, por mero decreto da vontade, não adiantam de nada. "What the Thunder Said", de Eliot, segue inicialmente a elegia "Lilacs", e a ode whitmaniana à orla marítima retorna com vigor em "The Dry Salvages".

Eliot mostra um sagaz ecletismo de alusões e ressonâncias nos *Quatro quartetos*, incluindo em sua esfera de alcance os "Preludes" [Prelúdios] do amigo Conrad Aiken e "The River" [O rio], de *A ponte* de Hart Crane. Eliot reconheceu a rivalidade e a complexa dívida de Crane para com ele, publicando a seção "The Tunnel" de *A ponte* na revista literária *The Criterion*. Na velhice, crio uma espécie de armistício em minha luta constante contra a crítica de Eliot e me arrependo de certa rispidez que me permiti ao longo das décadas. O melhor é deixar estar; essas coisas atenderam a suas finalidades. Utilizei Northrop Frye e Kenneth Burke contra Eliot, mas, segundo minha própria dialética, ele foi meu precursor antitético.

Um proletário iídiche do Bronx, chegando a Yale aos 21 anos, entusiasta de Blake, Shelley, Hart Crane, Stevens, Yeats, Hardy, Pater, Ruskin, Whitman, Spenser e Milton, não teve acolhida muito simpática por parte de um corpo docente inglês dominado por críticos do New Criticism, neocristãos de filiação eliotiana: Cleanth Brooks e Robert Penn Warren, Maynard Mack e Louis Martz, William Wimsatt e René Wellek, com seus efebos e seguidores. Sendo eu brusco, confuso, parentético, embaraçado e cordialmente polêmico, a maioria deles se afastou e eu não teria sobrevivido a um ano de faculdade se não fosse pela bondade e incentivo de dois acadêmicos ilustres, o diretor William Clyde DeVane e o professor Frederick Albert Pottle. Passados 63 anos, continuo em Yale, tentando fazer por meus alunos o que Pottle e DeVane fizeram por mim.

Naquele contexto há muito desaparecido, a crítica e a posição cultural de T.S. Eliot, de um antissemitismo afetadamente puritano, não eram aceitáveis para mim. Eu gostava de citar seu *After Strange Gods: A Primer of Modern Heresy* [Seguindo estranhos deuses: Um manual da heresia moderna] tanto em meus trabalhos de curso quanto nos debates em classe. O próprio Eliot descartara seu livro, dizendo que era "doentio", mas o texto foi e continua a ser um representante perfeito de sua posição como ser humano e intelectual literário. Por muito tempo, o livro me deixou cego às indubitáveis realizações de Eliot em suas melhores poesias, embora, por trás de meu desprezo, eu continuasse a ouvir suas cadências, visto que o sabia e ainda sei de cor quase inteiro.

De janeiro de 1973 até sua morte, em 1989, o poeta romancista Robert Penn Warren e eu mantivemos grande amizade, almoçando juntos todas as semanas, trocando correspondência sobre seus poemas, deixando de lado nossas divergências anteriores, principalmente sobre Eliot. Nossa amizade teve início quando ele comprou um livrinho meu, *A angústia da influência*, no dia do lançamento; leu-o imediatamente e me enviou um cartão-postal elogioso, convidando-me para almoçar. Desde 1966, sua poesia se afastara de Eliot, passando a adotar uma linguagem própria, e Warren considerou que meu novo livro seguia em paralelo a seu trabalho. Tendo mais conhecimentos e 25 anos a mais do que eu, ele se tornou um conselheiro paternal. Desde então, tornei-me próximo de sua filha, poetisa, e dei aulas ao sobrinho dela, neto de Warren, e também poeta. Invoco aqui o poeta romancista, pois ele teve efeitos permanentes sobre mim. Sendo uma espécie de agostiniano secular, Warren ansiava em conhecer a verdadeira natureza do tempo. Mesmo numa velhice já exausta, minha busca não é esta. Para um gnóstico, o tempo é o grande inimigo e agente bloqueador de qualquer eventual liberdade que reste. O mundo é uma criação-catástrofe e o tempo é a tirania do Demiurgo.

Aprendi com Warren, o "Ruivo", e com alguns outros — Gershom Scholem, M. H. Abrams, Frederick Pottle — a desconfiar de meu próprio demo, ou melhor, a necessidade de manter distância sem renegar as energias que me sustentavam. Aprendemos frente a frente, atiçados pela imediaticidade. Ler Dickinson proporciona uma gnose parecida.

Em 1863, Dickinson compôs um aforismo singular:

579
The Soul unto itself
Is an imperial friend—
Or the most agonizing Spy—
An Enemy—could send—

Secure against its own—
No treason it can fear—

Itself —its Sovereign—Of itself
The Soul should stand in Awe—*

Essas 37 palavras vêm enganadoramente carregadas de significados antitéticos. "A Alma para si mesma" [*the Soul unto itself*] é o germe do famoso poema do "um Cão só" [*a single Hound*] do ano seguinte, que transcrevo abaixo:

817
This Consciousness that is aware
Of Neighbors and the Sun
Will be the one aware of Death
And that itself alone

Is traversing the interval
Experience between
And most profound experiment
Appointed unto Men—

How adequate unto itself
Its properties shall be
Itself unto itself and None
Shall make discovery—

Adventure most unto itself
The Soul condemned to be—
Attended by a single Hound
Its own identity.**

---

* A Alma para si mesma/ É um amigo imperial —/ Ou o mais torturante Espião —/ Que um Inimigo — pode enviar —// Segura contra si mesma —/ Traição não há de temer —/ Ela mesma — é Soberana — De si/ A Alma toda Reverência terá.
** Esta Consciência que percebe/ O Sol e Vizinhos/ Será a única a perceber a Morte/ E que ela mesma sozinha// Está atravessando o intervalo/ Experiência de entremeio/ E mais profundo experimento/ Destinado aos Humanos —// Quão adequadas a ela mesma/ Suas propriedades hão de ser/ Apenas ela mesma a si mesma/ Poderá reconhecer —// Aventura sobre si mesma/ A Alma condenada a ser —/ Acompanhada por um Cão só/ Sua própria identidade.

O xamanismo, como no demônico Walt, predomina nas aventuras de Dickinson. Whitman talvez se alarmasse com "A Alma para si mesma/ É um amigo imperial" [*The Soul unto itself/ Is an imperial friend*]. Em "Song of Myself", a alma incognoscível se afasta do eu rude de Walt e, diante de seu Eu real, o Eu, mim mesmo, só consegue sentir uma mútua degradação. A alma whitmaniana em "The Sleepers" inicia sua longa aventura numa manifestação quádrupla: a noite, a morte, a mãe, o mar. Mas a alma "Soberana" [*Sovreign*] de Dickinson mora próxima, na condição ambivalente de amiga imperial e torturante espiã [*agonizing Spy*], sempre numa temerosa reverência [*Awe*] de si mesma.

Numa espécie de desfile triunfal pós-protestante, o poema posterior "This Consciousness That Is Aware" estabelece uma equivalência entre a alma e sua consciência shakespeariana; nada solipsista, ela "percebe/ O Sol e Vizinhos" [*is aware/ Of Neighbors and the Sun*]. *Itself* [Ela mesma/ Si mesma] se repete cinco vezes em 67 palavras em quatro quadras e se transforma num refrão.

O orgulho do poeta, que Dickinson embute em sua brevidade, também é um ideal estilístico. A brusquidão é cognitiva. Ela procura a identidade por meio da identificação de si, a qual, para ela assim como para Emerson e Whitman, é perpétua descoberta e aventura.

Uma aliteração interna (por assim dizer) marca o poema 817: *Neighbors* [Vizinhos], *aware* [percebe/perceber], *traversing* [atravessando], *interval* [intervalo], *Experience* [Experiência], *experiment* [experimento], *properties* [propriedades], *discovery* [reconhecer], *Adventure* [Aventura]. Essas nove palavras entoam uma litania de "r"s pela morte da consciência, fazendo lembrar Macbeth com "*tomorrow and tomorrow and tomorrow*" [amanhã e amanhã e amanhã]. A percepção associa Shakespeare e Dickinson, uma consciência intensificada ao mesmo tempo cognitiva e misteriosa. Sua rapidez mental de tipo shakespeariano opera para reduzir a velocidade do leitor. Em ambos, as elipses aforismáticas despertam nossa função de nos converter em ouvintes feridos pelo assombro.

A longa experiência de dar aulas sobre Dickinson é sublimemente exaustiva: entre os poetas americanos, ela é a mais compensadoramente difícil. Meu falecido mentor William K. Wimsatt gostava de troçar de mim sempre que tomávamos um café juntos após minha aula sobre Dickinson. Eu reclamava invariavelmente de dor de cabeça. Era porque, segundo Bill, eu era um crítico longiniano em vez de ser um aristotélico como ele. Lembro-me com tristeza de Bill a cada vez que dou aulas sobre Dickinson; a originalidade cognitiva dela continua a me intimidar como da primeira vez em que tentei introduzir sua poesia a outras pessoas, quase sessenta anos atrás.

Eis um aforismo de oito versos, de 1865:

1012
Best Things dwell out of Sight
The Pearl—the Just—Our Thought—
Most shun the Public Air
Legitimate, and Rare—

The Capsule of the Wind
The Capsule of the Mind
Exhibit here, as doth a Burr—
Germ's Germ be where?*

Há como destrinçar isso? Captamos a ideia geral, mas como decifraremos as conexões?

A obra de Dickinson, como a de Shakespeare, não nos tem em mira, não há nenhuma alegoria obscura cujo puro poder sejamos chamados a desvendar. Embora de início movida por Emerson, Dickinson reduz sutilmente as ênfases emersonianas e também opera de maneira semelhante contra Wordsworth (a quem chama de "o Estrangeiro") e até mesmo contra Keats, cuja retórica baseada em oximoros é tão persuasiva para ela. Shakespeare e a Bíblia, que são seus principais recursos, mesmo assim despertam em Dickinson uma alegria seletiva, quando sua postura assim o exige:

776
Drama's Vitallest Expression is the Common Day
That arise and set about Us—
Other Tragedy

---

* O Melhor está longe das Vistas/ A Pérola — o Justo — Nosso Pensar —/ Evitam o Público Ar/ Legítimos e Raros —// A Cápsula do Vento/ A Cápsula da Mente/ Aqui se exibem salientes —/ O Germe do Germe, onde está?

Perish in the Recitation—
This—the best enact
When the Audience is scattered
And the Boxes shut—

"Hamlet" to Himself were Hamlet—
Had not Shakespeare wrote—
Though the "Romeo" left no Record
Of his Juliet,

It were infinite enacted
In the Human Heart—
Only Theatre recorded
Owner cannot shut—*

É uma crítica ou mais uma elipse? E como leremos esta misteriosa parábola sobre o Rei Lear e o Bobo?

1356
A little Madness in the Spring
Is wholesome even for the King,
But God be with the Clown—
Who ponders this tremendous scene—
This whole Experiment of Green—
As if it were his own!**

---

* A mais Vital Expressão do Drama é o Cotidiano/ Que nasce e se põe sobre nós —/ Outra Tragédia// Perece com a Declamação —/ Este — melhor se encena/ Quando o Público se foi/ E a Bilheteria fechou —// "Hamlet" para Si seria Hamlet —/ Não o tivesse escrito Shakespeare —/ Embora "Romeu" não deixasse Registro/ De sua Julieta// Seria encenado ao infinito/ No Coração Humano —/ Único Teatro conhecido/ Que o Dono não pode fechar —
** Na Primavera uma Loucura amável/ Mesmo para o Rei é saudável,/ Mas que Deus proteja o Palhaço —/ Que contempla essa cena de esplendor —/ Toda essa Experiência de Verdor —/ Como se ele mesmo a criasse!

Em 1862, Dickinson compôs um poema inesgotável à reflexão:

479
Because I could not stop for Death—
He kindly stopped for me—
The Carriage held but just Ourselves—
And Immortality.

We slowly drove—He knew no haste
And I had put away
My labor and my leisure too,
For His Civility—

We passed the School, where Children strove
At Recess—in the Ring—
We passed the Fields of Gazing Grain—
We passed the Setting Sun—

Or rather—He passed Us—
The Dews drew quivering and Chill—
For only Gossamer, my Gown—
My Tippet—only Tulle—

We paused before a House that seemed
A Swelling of the Ground—
The Roof was scarcely visible—
The Cornice—in the Ground—

Since then—'tis Centuries—and yet
Feels shorter than the Day
I first surmised the Horses' Heads
Were toward Eternity—*

---

* Como não pude me deter para o Morrer —/ Ele gentilmente parou a meu lado —/ Na Carruagem estávamos apenas Nós —/ E a Imortalidade.// Íamos devagar — Ele não tinha

A Dama e o Morrer [*The Lady and Death*], o Amante demoníaco [*Demon Lover*] ou Demo [*Daemon*], seguem a refinada etiqueta da elite amherstiana da época da Guerra Civil, numa corte amorosa que segue um ritual estrito; isso é necessário, pois, como disse ela numa carta a Thomas Wentworth Higginson, "não atravesso o terreno de meu Pai nem para ir a alguma casa ou à cidade".

A *chaperone* Imortalidade não faz muita diferença quando o condutor é o Morrer. Aqui, como em tantas outras passagens, o tempo, modulando o tom e passando da surpresa para a aceitação tranquila, faz parte da maestria secreta de Dickinson. Por convenção, a corte amorosa de uma tarde se prolonga "para a Eternidade" [*toward Eternity*] e a cortesia cede lugar ao rapto. Apesar disso, a voz da poetisa não trai nenhuma emoção em resposta: é como se ouvíssemos um simples relato sobre o que aconteceu numa tarde em Amherst.

Com seu interesse pelas formas da balada, das quais passou para sua modalidade própria, Dickinson talvez conhecesse alguma versão da balada escocesa "The Demon Lover". Penso no paralelo com o conto de mesmo nome, de Elizabeth Bowen (1945), em que uma dama elegante de Londres está num táxi para ir a um evento, até que descobre que o motorista, o qual não segue suas orientações, é um pretendente rejeitado, já morto. Sem conseguir sair, ela é levada a algum local obscuro onde certamente será violentada por vingança.

O rapto de Dickinson é mais misterioso, ao mesmo tempo mais banal e ainda mais inesperado. É uma versão demônica de um romance de busca e permite uma fértil comparação com outro poema de 1862:

453
Our journey had advanced—
Our feet were almost come

---

pressa/ E eu deixara de lado/ Meu trabalho e meu lazer,/ Por Sua Cortesia —// Passamos a Escola, onde as Crianças lutavam/ No Recreio — na Arena —/ Passamos os Campos de Cereais Atentos —/ Passamos o Sol Poente —// Ou melhor — Ele Nos passou —/ O Sereno trouxe tremores e Frio —/ Única Gaze, meu Vestido —/ Minha Estola — único Tule —// Paramos a uma Casa que parecia/ Um Inchaço do Solo —/ O Telhado mal aparecia —/ A Cornija — um Montículo —// Desde então — faz Séculos — e ainda/ Parece mais breve do que o Dia/ Em que percebi que os Cavalos/ Rumavam para a Eternidade —

> To that odd Fork in Being's Road—
> Eternity—by Term—
>
> Our pace took sudden awe—
> Our feet—reluctant—led—
> Before—were Cities—but Between—
> The Forest of the Dead—
>
> Retreat—was out of Hope—
> Behind—a Sealed Route—
> Eternity's White Flag— Before—
> And God—at every Gate—*

A *jornada do peregrino* de John Bunyan talvez faça parte dos antecedentes; alguns falam em Dante, mas não parece muito pertinente. As "Cidades" [*Cities*] podem ser as da Destruição e da Salvação; a "Floresta dos Mortos" [*Forest of the Dead*] parece mais familiar do que é. O que domina o poema é o impasse; não há como avançar nem como retroceder. É um dos vários exemplos da prolepse de Samuel Beckett em Dickinson.

O significado de "Eternidade" [*Eternity*] em "Because I Could Not Stop for Death" é incerto; aqui chega a desconcertar. O jogo de palavras "Eternity—by Term" ["Eternidade — por Termo"] é o engenho elevado à sublimidade; *Term* significa, palavra, sentença de prisão, término. E o que é "a Bandeira Branca da Eternidade" [*Eternity's White Flag*]? Trégua, rendição, estandarte da pureza?

Adão e Eva, expulsos do Éden, não podiam voltar porque o caminho estava bloqueado por um querubim no portão, brandindo uma espada flamejante. Seria como "Deus — em todos os Portões" [*God—at every Gate*]? Dickinson não sugere respostas. Não é uma alegorista, de forma nenhuma, e nem pode ser, visto que toda a sua ação demônica pertence a ela mesma.

---

* Nossa jornada avançara —/ Nossos pés haviam quase chegado/ Àquela estranha bifurcação na Estrada do Ser —/ Eternidade — por Termo —// Nosso passo se tomou de súbito medo —/ Nossos pés — relutantes — seguiram —/ Diante — havia Cidades — mas Entre —/ A Floresta dos Mortos —// De Retirada — não havia Esperança —/ Atrás — uma Rota Fechada —/ A Bandeira Branca da Eternidade — Diante —/ E Deus — em todos os Portões —

"Nossa jornada avançara" [Our journey had advanced] não é ambíguo, não diz uma coisa querendo dizer outra, mas a arte enigmática de Dickinson é tão elíptica que não sabemos bem o que ela está dizendo ou o que isso pode significar. O preço da originalidade, seu atributo mais vigoroso, é a confirmação. Paul Celan, cujas traduções de Dickinson são de uma vitalidade incrível, com razão via em sua obra uma poética negativa que antecipava a dele mesmo.

Como Walt Whitman, Emily Dickinson é uma influência perigosa. Os dois juntos ameaçam ocupar todo o espaço para uma poesia americana de originalidade ofuscante. Robert Frost, Wallace Stevens, T.S. Eliot e Hart Crane, que desde então são nossos poetas mais vigorosos, guardam relações complicadas com ela; Frost nem tanto, mas ambos têm as mesmas fontes em Emerson. Whitman — como continuo a observar — assombra Stevens, Eliot e Crane, o qual inclui Dickinson e Melville (e Eliot) entre seus antepassados americanos.

O primeiro princípio para abordar e ler Dickinson é semelhante ao que Whitman nos obriga a aceitar perante sua poesia: uma agressividade firme e deliberada contra a tradição literária ocidental. Dickinson oculta seu furioso vitalismo por trás de uma máscara de modéstia e maneiras elegantes, mas ele subjaz claramente à sua posição efetiva de enérgica independência. Eu sustentaria inclusive que ela vai além de Whitman na agressiva afirmação de sua própria autoridade e realização poética. É quase tão meiga quanto Emerson, um arame farpado na perspicaz comparação de meu saudoso amigo Bart Giamatti.

Outro triunfo de Dickinson é "Essential Oils Are Wrung", poema de 1863:

772
Essential Oils—are wrung—
The Attar from the Rose
Be not expressed by Suns—alone—
It is the gift of Screws—

The General Rose—decay—
But this—in Lady's Drawer

Make Summer—When the Lady lie
In Ceaseless Rosemary—*

Vernon Shetley (*Genre*, 45-1, primavera de 2012) faz uma fecunda leitura, que tomo como ponto de partida. Ele se afasta das contextualizações feministas deste poema que o situam dentro da cultura oitocentista do papel doméstico da mulher. Pelo contrário, ele entende "Essential Oils—are wrung" [Óleos Essenciais — são espremidos] como uma negação da tradição petrarquiana de celebrar (e explorar) a beleza de uma mulher. Sua flor logo desaparecerá e ela será apenas o fruto, a menos que sua beleza seja imortalizada num soneto atemporal, embora para isso seja preciso que ela se renda a tempo ao poeta luxurioso.

Poderosamente condensada, a lírica de Dickinson contrapõe a "Rosa Normal" [*General Rose*] da natureza à "Quintessência" [*Attar*], o óleo de rosas destilado que pode representar a própria poesia. "O presente das Roscas" [*The gift of Screws*] nos lembra que a quintessência é obtida pela prensa de óleo operada por roscas. Dickinson guardava seus poemas numa gaveta, sabendo que seriam recolhidos após sua morte. Ela é sua própria Petrarca ou Shakespeare e não precisa de mais ninguém.

A modalidade elíptica de sua poesia faz lembrar o Shakespeare da fase final, mas é mais radical. Um impulso demônico de negar precursores, conservando ao mesmo tempo os padrões de excelência deles, distingue-a de algumas recentes ideólogas poéticas da corrente feminista, em verso ou prosa. Elas a reivindicam como ancestral, mas, sendo Dickinson tão majestosa, ofendem-na ao lhe oferecer o espetáculo da violência.

Poucos grandes poetas ousaram se jactar como Dickinson:

381
I cannot dance opon my Toes—
No Man instructed me—
But oftentimes, among my mind,
A Glee possesseth me,

---

* Óleos Essenciais — são espremidos —/ A Quintessência da Rosa/ Não é extraída por Sóis — apenas/ É o presente de Roscas —// A Rosa Normal — decai —/ Mas esta — na Gaveta da Dama/ Criará Verão — Quando a Dama jazer/ Em Incessante Rosmaninho —

That had I Ballet Knowledge—
Would put itself abroad
In Pirouette to blanch a Troupe—
Or lay a Prima, mad,

And though I had no Gown of Gauze—
No Ringlet, to my Hair,
Nor hopped for Audiences—like Birds—
One Claw upon the air—

Nor tossed my shape in Eider Balls,
Nor rolled on wheels of snow
Till I was out of sight, in sound,
The House encore me so—

Nor any know I know the Art
I mention—easy—Here—
Nor any Placard boast me—
It's full as Opera—*

A euforia, alegria audaciosa, é uma de suas marcas registradas, como nessa ruidosa bravata de 1862. A negativa em "Homem nenhum me instrui" [*No Man instructed me*] é absoluta: Emerson, Keats, Wordsworth, Shakespeare, a Bíblia. A lotação de seu "Teatro" [*Opera*] é desconhecida para eles. De uma fanfarronice escandalosa, o poema beiraria o absurdo se não conseguisse exemplificar e justificar essa renhida audácia.

---

* Não sei dançar na Ponta dos Pés —/ Homem nenhum me instrui —/ Mas muitas vezes, entre minha mente,/ Uma Euforia me possui,// Que, conhecesse eu Balé —/ Se poria a si mesma à solta/ Em Piruetas de envergonhar uma Trupe —/ Ou na Primeira Bailarina criar revolta,// E mesmo não tendo Vestidos de Gaze —/ Nem no Cabelo Anéis a encaracolar,/ Nem saltando para o Público — como Ave —/ Uma perna erguida ao ar —// Nem envolvendo a silhueta entre Plumas,/ Nem girando em rodas de neve/ Até desaparecer de vista, de som,/ Bis, pede a Casa em breve —// Nem ninguém sabendo que sei a Arte/ Que menciono — Aqui — à vontade —/ Nem nenhum Cartaz me anunciando —/ Como o Teatro está lotado —

A posição agonística de Dickinson é de uma coerência tão veemente que me pergunto como a crítica é capaz de confundir seu romantismo demônico com um retorno à poesia seiscentista meditativa e metafísica. Suas afinidades são com Emerson, Whitman, Thoreau e Melville, embora lesse Emerson com a mesma combatividade com que lia Wordsworth e Keats, Shelley e Shakespeare e, acima de tudo, a Bíblia do rei Jaime. Lança alguns olhares às irmãs Brontë e a Elizabeth Browning, mas sua consciência em relação à feminilidade era tão ferozmente independente quanto a de Emily Brontë. A máxima nietzschiana de que todo espírito livre se desenvolve na luta se aplica a ela, tal como a Emerson e Melville. Em independência, ela chega a ultrapassar o mais vigoroso de seus contemporâneos americanos.

Dickinson resistiu à tradição congregacionalista da família: seu Jesus idiossincrático era o mártir exemplar, mas não o salvador ressurreto de ninguém, nem dele mesmo:

1485
Spurn the temerity—
Rashness of Calvary—
Gay were Gethsemane
Knew we of thee—*

Tal é sua fraterna advertência a Jesus. Sua posição espiritual foi muito bem resumida por Hart Crane num soneto, "To Emily Dickinson", composto algum tempo depois que ele começou a lê-la incessantemente em 1926:

You who desired so much—in vain to ask—
Yet fed your hunger like an endless task,
Dared dignify the labor, bless the quest—
Achieved that stillness ultimately best,

---

* Rejeita a temeridade —/ A imprudência do Calvário —/ Alegre seria o Getsêmani/ Se soubéssemos de ti—

Being, of all, least sought for: Emily, hear!
O sweet, dead Silencer, most suddenly clear
When singing that Eternity possessed
And plundered momently in every breast;

—Truly no flower yet withers in your hand.
The harvest you descried and understand
Needs more than wit to gather, love to bind.
Some reconcilement of remotest mind—

Leaves Ormus rubyless, and Ophir chill.
Else tears heap all within one clay-cold hill.*

A colheita final de Dickinson — centenas de poemas duradouros — não se rende à inteligência e ao amor apenas, e exige também uma dificílima "reconciliação da mais remota mente", que divisou a terra desconhecida de onde nenhum viajante retorna: morte nossa morte. A imortalidade em Whitman é nossa sobrevivência no amor dos outros. O que é ela em Dickinson?

Certamente não a salvação cristã e a transferência para uma esfera mais elevada.

Dickinson descarta as velhas ideias de um além como imagens batidas:

1684
The immortality she gave
We borrowed at her Grave—

---

* Tu que demasiado desejaste — seria vão pedir —/ Mas como tarefa sem fim a fome te puseste a nutrir/ Ousaste dignificar o labor, abençoar a procura —/ Atingiste aquela serenidade ao final mais pura// Sendo, de todos, a menos buscada: Emily, sente!/ Ó doce, morta Caladora, tão clara de repente/ Quando cantando aquela Eternidade possuída/ E a qualquer momento de todo peito extraída;// — Deveras nenhuma flor ainda murcha em tua mão;/ A colheita discerniste ao longe e a compreensão/ Requer mais que juízo para colher, amor que alimente./ Alguma reconciliação da mais remota mente —// Deixa Ormus sem rubis e Ophir a enregelar./ Senão o pranto se represará num monte tumular.

For just one Plaudit famishing,
The Might of Human Love—*

O amor é mais forte do que a morte no Cântico dos Cânticos; em Dickinson predomina o anelo. Ela não alimenta nada similar ao fascínio de Henry James por fenômenos fantasmagóricos, e compartilha a rejeição de Emerson: "Outro mundo! Não existe outro mundo. Aqui ou em lugar nenhum, a isso se resumem os fatos".

Embora morrendo aos cinquenta e poucos anos, sem chegar à velhice, a lucidez, a capacidade mental de Dickinson continuaria a mesma se vivesse mais trinta anos:

1223
Immortal is an ample word
When what we need is by
But when it leaves us for a time
'Tis a necessity.

Of Heaven above the firmest proof
We fundamental know
Except for its marauding Hand
It had been Heaven below—**

Apenas uma palavra, "Imortal" [*Immortal*], é aqui e agora. Quanto mais lemos Dickinson, mais claro fica que a imortalidade é um termo figurado para o amor que ela conheceu e perdeu ou com o qual apenas sonhou. O drama da velhice, para todas as pessoas que conheço, é que em muitas manhãs acordamos e ficamos sabendo que mais um amigo de longa data se foi.

Enquanto as perdas se acumulam, retorno assiduamente a Dickinson, não para buscar consolo, mas simplesmente para avaliar os custos que confirmam

---

* A imortalidade que dela ganhamos/ De seu Túmulo emprestamos —/ Apenas por um Aplauso famintos,/ O Poder do Amor Humano —
** Imortal é uma ampla palavra/ Quando temos o necessário ao lado/ Mas quando nos deixa por um tempo/ É uma necessidade.// Do Céu acima a mais sólida prova/ Conhecemos bem a fundo/ Não fosse sua Mão saqueadora/ O Céu seria aqui no mundo —

a contemplação estética. Quando meus alunos me pedem para escolher um só poema de Dickinson como meu preferido pessoal, sempre escolho o que creio ser seu adeus ao amado, o juiz Otis Lord, talvez enquanto ele agonizava em 1884. Sei que a datação de R. W. Franklin, situando o poema em 1874, torna essa minha hipótese implausível, mas, de todo modo, Dickinson tinha habilidades prolépticas:

1314
Because that you are going
And never coming back
And I, however absolute
May overlook your Track—

Because that Death is final,
However first it be
This instant be suspended
Above Mortality.

Significance that each has lived
The other to detect
Discovery not God himself
Could now annihilate

Eternity, Presumption
The instant I perceive
That you, who were Existence
Yourself forgot to live—

The "Life that is" will then have been
A Thing I never knew—
As Paradise fictitious
Until the Realm of you—

The "Life that is to be", to me,
A Residence too plain

Unless in my Redeemer's Face
I recognize your own.

Of Immortality who doubts
He may exchange with me
Curtailed by your obscuring Face
Of Everything but He—

Of Heaven and Hell I also yield
The Right to reprehend
To whoso would commute this Face
For his less priceless Friend.

If "God is Love" as he admits
We think that he must be
Because he is a "jealous God"
He tells us certainly

If "All is possible with" him
As he besides concedes
He will refund us finally
Our confiscated Gods—*

---

* Por estares indo/ Para nunca mais voltar/ E eu, mesmo absoluta/ Teu Rastro posso extraviar —// Como a Morte é definitiva,/ Por primeira necessidade/ Fique esse instante suspenso/ Acima da Mortalidade.// O sentido que cada um viveu/ Foi o outro encontrar/ Descoberta que nem Deus/ Pode agora aniquilar// Eternidade, Presunção/ O instante de perceber/ Que tu, a própria Existência,/ Te esqueceste de viver —// A "Vida que é" então terá sido/ Uma Coisa que nunca conheci —/ Como o Paraíso fictícia/ Se não for o Reino de ti —// A "Vida que será", para mim,/ Um Lar demasiado escasso/ Se no Rosto de meu Redentor/ Eu não reconhecer teu traço.// A Imortalidade, não duvido,/ Com ele eu bem trocaria,/ Esvaziada de Tudo por teu Rosto,/ Menos d'Ela mesma —// Do Céu e do Inferno também acato/ O Direito de se impor/ Aos que trocariam esse Rosto/ Por seu Amigo de menor valor.// Se "Deus é Amor" como ele admite/ Pensamos que deve ser/ Porque é um "Deus ciumento"/ Como dá a perceber// Se "nele Tudo é possível"/ Como ele mesmo tem afirmado/ Então há de nos devolver/ Nossos Deuses confiscados —

Ainda que o muso aqui agonizante seja puramente imaginário, essas dez quadras têm uma força e uma premência incomuns mesmo para Emily Dickinson. Empreendem uma marcha de militância protestante do eu que se encontra com frequência em sua poesia, mas com um grau notável de autoafirmação agressiva. Para Sharon Cameron, era "a dialética da raiva", em que a função da "raiva" é impedir "a convergência de morte e sexualidade". Ou, como disse Shakespeare num soneto da Dama Escura: "Desejo é morte" [*Desire is death*].

As tremendas e persuasivas redefinições dos termos e a transvaloração dos valores que Dickinson realiza agora se transformam numa fúria de ordenar as palavras, sugerindo um Deus totalmente culpado, quase um Demiurgo gnóstico, como o Metatron de Philip Pullman. "Because that Death Is Final" redefine "Imortalidade" como a "Face" do amante perdido, que tudo obscurece e esvazia, menos a própria Imortalidade.

Deus aniquila a descoberta do amor pelo qual se troca a vida e então, relutante, admite seu pretenso papel como amor, ao mesmo tempo em que anuncia dogmaticamente seu ciúme possessivo. A recalcitrância retorna com seu possível poder de despertar os mortos. Um cáustico escárnio inflama os versos finais:

He will refund us finally
Our confiscated Gods—

"*Refund*" [Devolverá] e "*confiscated*" [confiscados] beiram a afronta; outra afronta ainda maior é chamar nossos entes queridos mortos de "Deuses". Apesar de meu alto apreço pelos estudiosos de Dickinson que consideram que a poetisa alterna "ágil crença e descrença" [*agile belief and disbelief*], ela acredita apenas na poesia e em si mesma.

Lembro-me de uma charge de James Thurber, que achei muito divertida décadas atrás, em que duas mulheres observam uma terceira, cuidando das flores. Na legenda, uma das mulheres diz à outra: "Ela tem o verdadeiro espírito de Emily Dickinson, mas de vez em quando enjoa". A poetisa que eu leio é afrontada e afrontosa, mestre em disfarçar seu impulso contra a anterioridade. A vida de Dickinson era convencional apenas na superfície — a incandescência por fim aflora na poesia:

1742

In Winter in my Room
I came upon a Worm
Pink lank and warm
But as he was a worm
And worms presume
Not quite with him at home
Secured him by a string
To something neighboring
And went along—

A Trifle afterward
A thing occurred,
I'd not believe it if I heard
But state with creeping blood
A snake with mottles rare
Surveyed my chamber floor
In feature as the worm before
But ringed with power
The very string with which
I tied him—too
When he was mean and new
That string was there—

I shrank —"How fair you are!"
Propitiation's Claw—
"Afraid he hissed
Of me"?
"No Cordiality" —
He fathomed me—
Then to a Rhythm *Slim*
Secreted in his Form
As Patterns swim
Projected him.

That time I flew
Both eyes his way
Lest he pursue
Nor ever ceased to run
Till in a distant Town
Towns on from mine
I sat me down
This was a dream—*

Não é o sonho preferido de ninguém, mas a srta. Dickinson de Amherst sentiu medo ou achou graça? Ou ficou confusa, talvez? Não costumamos pensar nela como poetisa cômica, mas sua "euforia" nos dá:

1150
These are the Nights that Beetles love—
From Eminence remote
Drives ponderous perpendicular
His figure intimate—
The terror of the Children
The merriment of men
Depositing his Thunder
He hoists abroad again—
A Bomb opon the Ceiling
Is an improving thing—
It keeps the nerves progressive

---

* No Inverno no Quarto/ Topei com um Verme/ Rosado fino e quente/ Mas como era um verme/ E vermes são abusados/ Fiquei preocupada/ E o amarrei com um fio/ Em algo ali perto/ E lá deixei —// Um Pouco depois/ Aconteceu uma coisa/ Que foi difícil de acreditar/ Majestosa em sangue rastejante/ Uma serpente de raro mosqueado/ Inspecionava o chão de meu quarto/ Na aparência igual ao verme de antes/ Mas cingia com poder/ O mesmo fio com que/ A amarrei — também/ Quando era miúda e nova/ Aquele fio estava lá —// Recuei — "Como és bonita"!/ Gesto de Propiciação —/ "Sibilou com medo/ De mim?"/ "Cordialidade nenhuma" —/ Sondou-me —/ Então a um Ritmo *Esguio*/ Instilou sua Forma/ E em Desenhos a fio/ Se projetou.// Dessa vez fugi/ De olhos postos nele/ Para não me perseguir/ E não parei de correr/ Até uma Cidade distante/ Várias adiante da minha/ Então me acalmei/ Era um sonho —

Conjecture flourishing—
Too dear the Summer evening
Without discreet alarm—
Supplied by Entomology
With its remaining charm—*

Como definir o exato humor de "Uma Bomba no Forro/ É uma boa reforma" [*A Bomb opon the Ceiling/ Is an improving thing—*]? Ou do verme abusado preso por um fio que se transforma numa cobra, ou disto:

1766
The waters chased him as he fled,
Not daring look behind;
A billow whispered in his Ear,
"Come home with me, my friend;
My parlor is of shriven glass,
My pantry has a fish
For every palate in the Year",—
To this revolting bliss
The object floating at his side
Made no distinct reply.**

"Essa revoltante aventurança" [*this revolting bliss*] faz um delicioso contraste com o grotesco "objeto flutuando a seu lado" [*object floating at his side*], resto do homem que fugia às águas. Se existe algum afeto de "despreocupação demônica", Dickinson é mestre nele.

---

* Tais Noites Besouros adoram —/ Da Altura remota/ Desce pesado na perpendicular/ Sua figura desperta —/ O terror das Crianças/ A diversão dos homens/ Depositando seu Trovão/ Iça-se e sai outra vez —/ Uma Bomba no Forro/ É uma boa reforma —/ Mantém os nervos ativos/ Com conjeturas em forma —/ Uma delícia a noite de Verão/ Sem discreto alarme —/ Fornecido pela Entomologia/ Com seu resto de charme —
** As águas o perseguiam enquanto fugia,/ Sem ousar olhar para trás;/ Uma onda lhe sussurrou ao Ouvido:/ "Vem comigo, caro amigo;/ Meu salão é de vitral,/ Minha despensa tem peixe/ Para todos os gostos do Ano" —/ A essa revoltante aventurança/ O objeto flutuando a seu lado/ Não deu resposta clara.

Entre os principais poetas americanos, Dickinson é a menos tendenciosa. Como Shakespeare, ela não alimenta nenhuma intenção em relação a seus leitores. Walt Whitman procurava ser o poeta nacional e desejava escrever uma nova Bíblia para os americanos, rejeitando a história e nisso seguindo Emerson. Nossos criadores mais eminentes do século XX — Robert Frost, Wallace Stevens, Hart Crane — buscam apenas as finalidades do puro poeta. T.S. Eliot, tanto em prosa quanto em verso, era um ideólogo cristão, que em poucos poemas superou esse impulso extrapoético de converter a si e aos outros.

A liberdade de Dickinson em relação ao passado ainda não foi devidamente valorizada. Assombrada pela Bíblia inglesa, por Shakespeare e pelos poetas do Alto Romantismo, mesmo assim era inspirada e afetada sobretudo por seu contemporâneo mais idoso, a fonte da vontade americana, Emerson. É esse embate que está no centro de Dickinson, e agora retorno a ele.

Embora conhecesse Emerson, Dickinson se distanciou o máximo possível dele, receando um excesso de influência, como faria um emersoniano. Ele se reconheceu em *Folhas de relva* (1855) e, se tivesse lido os poemas dela, teria visto ali expressas muitas de suas aspirações para a América. A independência, seu credo secular, encontrava dois de seus mais excelsos espécimes em Whitman e Dickinson:

> O homem é tímido e apologético; não anda mais ereto; não ousa dizer "eu penso", "eu sou", mas cita algum santo ou sábio. Sente-se envergonhado diante do fio de relva ou da rosa florida. Essas rosas sob minha janela não fazem referência a rosas anteriores ou a rosas melhores; são o que são; existem com Deus hoje. O tempo não existe para elas. Existe simplesmente a rosa; é perfeita em todos os momentos de sua existência. Antes que se abra o broto, toda a sua vida está em ação; não há mais na flor desabrochada; não há menos na raiz nua. Sua natureza está satisfeita, e isso satisfaz a natureza, igualmente em todos os momentos. Mas o homem posterga ou relembra; não vive no presente, mas retrocede o olhar e lamenta o passado ou, desatento às riquezas que o cercam, põe-se na ponta dos pés para antever o futuro. Não pode ser feliz e forte enquanto não viver também com a natureza no presente, acima do tempo.

É um ponto de partida, mas não exclusivo para poetas. O ensaio "O poeta" de Emerson inspirou diretamente Dickinson e Whitman:

> Um segredo que todo homem intelectual logo aprende é que, além da energia de seu intelecto consciente e controlado, ele é capaz de uma nova energia (como que um intelecto duplicado sobre si mesmo) abandonando-se à natureza das coisas; que, além de seu poder pessoal como homem individual, existe um grande poder público no qual ele pode se abeberar se destrancar, a qualquer risco, suas portas humanas e deixar que as ondas etéreas rolem e circulem por ele: então é capturado no interior da vida do Universo, seu falar é trovão, seu pensar é lei, suas palavras são universalmente inteligíveis como as plantas e os animais. O poeta sabe que fala de maneira adequada apenas quando fala um tanto desenfreadamente ou "com a flor da mente"; não com o intelecto, usado como órgão, mas com o intelecto liberado de todos serviços e podendo tomar sua direção a partir de sua vida celestial; ou, como os antigos costumavam se expressar, não apenas com o intelecto, mas com o intelecto inebriado de néctar. Tal como o viajante extraviado solta as rédeas no pescoço do cavalo e confia no instinto do animal para encontrar o caminho, assim também devemos fazer com o animal divino que nos transporta por esse mundo. Pois, se conseguimos incentivar de alguma maneira esse instinto, abrem-se a nós novas passagens na natureza, a mente penetra e atravessa coisas mais difíceis e mais elevadas, e a metamorfose é possível.

O emersonismo proclama que o influxo demônico é, ao mesmo tempo, a pergunta e a resposta do gênio. Podemos localizar esse influxo do demo em Walt Whitman no verão de 1854. O advento de Dickinson é mais misterioso e indeterminado. Leu em 1850 os *Poemas* de Emerson (publicados em 1847), mas somente depois de oito anos seus próprios poemas são reações autênticas. Ouço sua primeira individualização em "I Never Lost as Much but Twice":

39
I never lost as much but twice—
And that was in the sod.
Twice have I stood a beggar
Before the door of God!

Angels—twice descending
Reimbursed my store—
Burglar! Banker—Father!
I am poor once more!*

Aos 27 anos, ela se dirige a seu Deus como "Ladrão! Banqueiro — Pai!" [*Burglar! Banker—Father!*], audácia verbal que ultrapassa a de Emerson, mas Dickinson tinha (e tem) a útil peculiaridade de ser a maior de todas as poetisas da tradição ocidental.

Em *Fedro*, Platão nos informa ironicamente que "o homem que é senhor de si bate em vão às portas da poesia". Em termos mais positivos, Emerson empregou essa frase como epígrafe a seu arrebatado cântico "Bacchus" [Baco], que é o nome latino para o deus Dioniso. O poema foi escrito em 1846 e lido por Dickinson em 1847, mais ou menos. Em seu diário de 1843, Emerson anotou:

> Tomo muitos estimulantes e frequentemente faço de minha embriaguez uma arte. Meu ópio é ler Proclo; excita-me a imaginação deixar passarem diante de mim as figuras agradáveis e grandiosas de deuses, demônios e homens demoníacos.

Na embriaguez neoplatônica, Emerson em "Bacchus" desce rodopiante a um estado que inspirou Dickinson a uma pequena travessura. Ambos os poemas em sequência:

We buy ashes for bread;
We buy diluted wine;
Give me of the true,—
Whose ample leaves and tendrils curled
Among the silver hills of heaven,
Draw everlasting dew;
Wine of wine,

---

* Tanto assim só perdi duas vezes —/ E isso foi sob o chão./ Duas vezes fiquei mendigando/ A Deus, em seu portão!// Anjos — duas vezes descendo/ Reembolsaram meus capitais —/ Ladrão! Banqueiro — Pai!/ Estou pobre uma vez mais!

Blood of the world,
Form of forms, and mould of statures,
That I intoxicated,
And by the draught assimilated,
May float at pleasure through all natures.*

207
I taste a liquor never brewed—
From Tankards scooped in Pearl—
Not all the Frankfort Berries
Yield such an Alcohol!

Inebriate of air—am I—
And Debauchee of Dew—
Reeling—thro' endless summer days—
From inns of molten Blue—

When "Landlords" turn the drunken Bee
Out of the Foxglove's door—
When Butterflies—renounce their "drams" —
I shall but drink the more!

Till Seraphs swing their snowy Hats—
And Saints—to windows run—
To see the little Tippler
Leaning against the—Sun!**

---

* Compramos cinzas por pão;/ Compramos vinho aguado;/ Dá-me do verdadeiro —/ Cujas largas folhas e gavinhas enroladas/ Entre as colinas prateadas do céu/ Abeberaram orvalho perene;/ Vinho do vinho,/ Sangue do mundo,/ Forma das formas, molde das veras estaturas,/ Para que embriagado/ E pela correnteza tomado/ Possa em prazer flutuar entre todas as naturas.
** Provo um licor nunca fermentado —/ De Canecos cavados em Marfim —/ Nem todas as uvas de Frankfurt/ Produzem um Álcool assim!// Embriagada de ar — vivo eu —/ Uma Devassa do Orvalho —/ Cambaleando — em dias de verão sem fim —/ Pelas tavernas de Azul-claro —// Quando o "Dono do Bar" expulsa a Abelha bêbada/ Da porta da Dedaleira —/ Quando as Borboletas — renunciam a seus "tragos" —/ Ainda prossigo na bebedeira!// Até

Lemos Emerson em "O poeta" e o que ouvimos são passagens de Whitman, Stevens e Hart Crane, mas não de Dickinson. Porém, quando leio "Círculos" de Emerson, não consigo parar de pensar na poetisa das circunferências:

> Não há nenhum lado de fora, nenhum muro vedando, nenhuma circunferência para nós. O homem termina sua história — que bom! que definitivo! como isso dá outra feição a tudo! Ele enche o céu. Olha! no outro lado também se ergue um homem e traça um círculo em volta do círculo que acabamos de declarar que era o contorno da esfera. Então nosso primeiro orador já não é homem, mas apenas um primeiro orador. Sua única saída é agora traçar um círculo fora de seu antagonista. E assim agem os homens. O resultado de hoje, que assombra a mente e ao qual não se pode escapar, será logo mais resumido numa palavra, e o princípio que parecia explicar a natureza será, ele mesmo, incluído como apenas um exemplo de uma generalização mais ousada. No pensamento de amanhã há poder para sublevar todo o teu credo, todos os credos, todas as literaturas das nações e te conduzir a um Céu que ainda não foi pintado por nenhum sonho épico. Todo homem é, mais do que um trabalhador no mundo, uma sugestão do que deveria ser. Os homens são profecias da próxima era.

Citei a continuação desse trecho às pp. 208-9; todavia, "Circunferência" tem tantos sentidos em e para Dickinson que escapam a uma catalogação e às vezes parecem significar tudo e nada. Antigamente, eu considerava que a Circunferência era não só seu gênio ou demo, mas também uma metáfora de sua própria poesia, embora ela usasse o termo para se referir a seu gênio, e não a seus poemas.

"Não há [...] nenhuma circunferência para nós", proclamou Emerson; "Meu Negócio é a Circunferência" [My Business is Circumference], declarou Dickinson, enquanto descartava a Bíblia por lidar com o centro, e não com a circunferência. Talvez ela esteja se remetendo à tradição de que Deus é um círculo cujo centro está em todas as partes e sem circunferência em parte nenhuma, tradição esta que Emerson atribuía a santo Agostinho, mas que na verdade partiu do Corpo Hermético, de onde passou para Nicolau de Cusa

---

que os Anjos erguem o Chapéu branco —/ E os Santos — às janelas do Arrebol —/ Acorrem para ver a Esponjinha/ Se escorando no — Sol!

e depois para os platônicos de Cambridge — Cudworth, More, Norris — que Emerson lia com tanta sofreguidão.

Subvertendo essa tradição, como fez com inúmeras outras, Dickinson atribuía vitalidade à circunferência e imobilidade ao centro. Ela foi para a circunferência, confiando em sua autonomia demônica. Essa autoconfiança foi de grande prodigalidade imaginativa para seus poemas e sofrimentos profundos, tanto para sua época como para a nossa também. O *ethos* (caráter) é o *demo* (fado ou destino) para os pré-socráticos e para Emerson, Nietzsche e Frost, mas não para Platão e Dickinson, para quem o mais poderoso *demo* era Eros. O que se seguia, na maravilhosa expressão de Dickinson, era a "Suntuosa pobreza" [*Sumptuous destitution*].

Sua arte da crise galga as escadarias da surpresa numa demonização crescente:

485
The Whole of it came not at once—
'Twas Murder by degrees—
A Thrust—and then for Life a chance—
The Bliss to cauterize—

The Cat reprieves the mouse
She eases from her teeth
Just long enough for Hope to teaze—
Then mashes it to death—

'Tis Life's award—to die—
Contenteder if once—
Than dying half—then rallying
For consciouser Eclipse—*

---

* O Todo da coisa não veio de uma vez —/ Foi Assassinato gradual —/ Uma Facada — e então uma chance à Vida —/ Para o Êxtase cauterizar —// O Gato adia a execução do rato/ Afrouxa a presa/ Só o tempo para a Esperança importunar —/ Então esmaga-o até à morte —// É a recompensa da Vida —/ morrer —/ Mais contente de uma vez só —/ Do que meio morrer — então se refazendo/ Para um Eclipse mais consciente —

Isso nos parece, a meus alunos e eu, inquietante e inesquecível. Camille Paglia sempre considerou que Dickinson alimentava impulsos sadomasoquistas. Lembro-me de discutir com Camille aquele capítulo de sua tese que depois resultou em seu vigoroso livro *Personas sexuais*. A discussão se concentrava, em parte, na interpretação do poema 833:

833
Pain—expands the Time—
Ages coil within
The minute Circumference
Of a single Brain—

Pain contracts—the Time—
Occupied with Shot
Gammuts of Eternities
Are as they were not—*

A própria realidade de Dickinson era elíptica: em termos geométricos, uma elipse tem dois centros, o da esquerda e o da direita, unidos numa forma oval. Em Dickinson, eles se movem gradualmente de um lado e outro como pontos de partida para seu pensamento na poesia. Em "Pain—expands the Time—", é como se estivéssemos nos movendo num ovo cósmico. O estranho da dor é que pode expandir ou contrair o tempo em que estamos sofrendo.

Dickinson se sente à vontade — ao contrário da maioria dos poetas líricos — em mover dois ou até mais centros de consciência, numa folia doida ou num rodopio báquico. Nisso é emersoniana, e muito diferente de Arthur Schopenhauer e seu discípulo Ludwig Wittgenstein, que criou um apotegma memorável:

O amor não é um sentimento. O amor, ao contrário da dor, é posto à prova. Não dizemos: "Não era dor de verdade, porque passou muito rápido".

---

* A Dor — expande o Tempo —/ Eras se enrolam em nó/ Na miúda Circunferência/ De um Cérebro só —// A Dor contrai — o Tempo —/ Ocupadas com o Disparo/ Gamas de Eternidades/ Passam sem que se repare —

O perspectivismo de Dickinson, como o de Nietzsche, põe a dor à prova de fomentar a lembrança: suas perdas nunca passam. Ela exemplifica o que se poderia chamar de poética da dor de Nietzsche, e não vejo nenhum elemento erótico neste aspecto da consciência desses dois grandes. Ela nunca ouviu falar de Nietzsche; suas similaridades brotam da enorme influência de Emerson, que ambos partilham.

Não existe fórmula que consiga abarcar Dickinson: depois de Shakespeare, ela é uma das consciências poéticas mais abrangentes da língua. Torna-se arbitrário escolher entre suas várias centenas de poemas plenamente realizados para ilustrar suas "saliências" [*saliences*], como diria meu saudoso amigo A. R. Ammons. Para ela, o fardo da existência é perdermos nossos entes amados para a morte. Isso, claro, é universal.

Acabo de escrever este capítulo ao amanhecer de um dia de agosto, logo depois de ser informado sobre a morte de um amigo muito próximo, uma amizade que durou sessenta anos. Abrindo Dickinson ao acaso, encontrei o seguinte:

951
Unable are the Loved to die
For Love is Immortality,
Nay, it is Deity—

Unable they that love—to die
For Love reforms Vitality
Into Divinity.*

---

* Incapazes são os Amados de morrer/ Pois o Amor é Imortalidade,/ Sim, é Divindade —// Incapazes os que amam — de morrer/ Pois o Amor converte a Vitalidade/ Em Divindade.

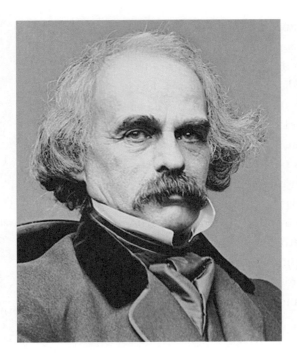

III. Nathaniel Hawthorne e Henry James

NATHANIEL HAWTHORNE

CONTOS E HISTORIETAS

A releitura dos contos e historietas de Hawthorne (*Tales and Sketches*) pode dar a impressão de uma surpreendente plenitude. Alguns nunca saem de minha memória: "The Wives of the Dead" [As esposas do morto], "Wakefield" e "Penacho, o espantalho" ["Feathertop"] são dos melhores contos em nossa língua. De outros tenho uma lembrança mais oscilante, mas são de maravilhoso frescor à releitura: "O artista do belo" [The Artist of the Beautiful], "Ethan Brand", "Meu parente, o major Molineux" [My Kinsman, Major Molineux], "A experiência do dr. Heidegger" [Dr. Heidegger's Experiment]. Ao examinar essa "experiência" aos 84 anos, fico desconcertado: uma parábola da Fonte da Juventude, "A experiência do dr. Heidegger" tem um encanto sinistro. Três velhos meio aloprados e uma senhora que foi antiga paixão de todos eles participam da experiência e, por alguns momentos, esbaldam-se ao recuperar a juventude, mas logo em seguida ela se esvai. Aparece uma faceta cruelmente severa de Hawthorne:

> Todos a rodearam. Um lhe agarrou as mãos apaixonadamente — outro a abraçou pela cintura —, o terceiro afundou os dedos entre os cachos brilhantes arrepa-

nhados sob a touca da viúva. Corando, arfando, debatendo-se, ralhando, rindo, seu hálito quente bafejando vez a vez o rosto de cada um, ela tentava se desvencilhar, mas ainda se mantinha cercada naquele triplo amplexo. Nunca existiu quadro mais vivo da rivalidade entre jovens pelo prêmio de uma beldade cativante. Mas, por uma estranha ilusão, devido à penumbra do aposento e às roupas antigas que ainda usavam, diz-se que no espelho comprido refletiam-se as figuras dos três cavalheiros idosos, encanecidos, enrugados, disputando ridiculamente a macilenta fealdade de uma velha dama encarquilhada.

A dança do desejo cede lugar a uma dança da morte. "Ethan Brand" é ainda mais sombrio, uma parábola do peregrino que vagueia durante dezoito anos em busca do Pecado Imperdoável, que é simplesmente seu próprio orgulho. Todas as historietas de Hawthorne tendem a ser epifanias negativas, seja o linchamento do major Molineux ou a complicada ilusão com que Owen Warland tenta se enganar em "O artista do belo":

Num movimento ondulante e emitindo um brilho trêmulo, a borboleta abriu caminho, por assim dizer, até o menino e estava prestes a pousar em seu dedo. Mas, enquanto ainda pairava no ar, o pequeno Filho da Força, tendo no rosto a expressão astuta e penetrante de seu ancestral, agarrou o maravilhoso inseto e o esmagou na mão. Annie gritou! O velho Peter Hovendon estourou numa risada fria e desdenhosa. O ferreiro descerrou à força a mão do pequenino e encontrou na palma um montículo de fragmentos cintilantes, pois o Mistério da Beleza voara para sempre. Quanto a Owen Warland, fitou placidamente o que parecia ser a ruína do trabalho de sua vida, e no entanto não constituía ruína alguma. Ele apanhara uma borboleta muito diferente daquela. Quando se elevou à altura que lhe permitiu alcançar o Belo, o símbolo por meio do qual o artista o fez visível aos sentidos mortais passou a ter pouco valor a seus olhos, enquanto seu espírito tomou posse de si mesmo no gozo da Realidade.

Em seus momentos mais vigorosos, os contos de Hawthorne se abrem para aquela outra esfera. Kafka fará o mesmo um século depois. "Wakefield", que Borges disse ser seu conto favorito, sustenta-se ao lado de "Bartleby, o escrivão", de Melville. Um mero esboço de homem, no máximo, Wakefield se ausenta de casa e da companhia da esposa por vinte anos, morando a uma quadra de distância em Londres. Por quê? Não há nenhuma razão, motivo, significado nesse gesto vazio, sendo o próprio Wakefield um zero à esquerda, um "pateta esperto". Sua "longa esquisitice" termina quando está vagueando por perto de sua casa (coisa que faz com frequência) e é apanhado por uma súbita chuvarada londrina, que o deixa encharcado.

O que é "Wakefield"? Não é uma história: não acontece nada. Não chega a ser sequer uma anedota e não pode ser considerada uma parábola. Mas leio-o constantemente, vasculho-o procurando algo que não está ali. Como Hawthorne conseguiu, só seu gênio, só seu demo sabe. Tento pegá-lo de surpresa, pois o conto não revela nada à análise, como admite o segundo parágrafo:

> Mas o episódio, embora da mais pura originalidade, sem precedentes e provavelmente irrepetível, é daqueles, creio eu, que falam às simpatias gerais da humanidade. Sabemos, cada qual em relação a si mesmo, que não cometeríamos tal loucura, porém sentimos que outro poderia cometê-la. A minhas reflexões, pelo menos, ele tem retornado com frequência, sempre provocando assombro, mas com uma sensação de que o caso deve ser verídico e uma certa noção do caráter de seu protagonista. Sempre que um tema afeta a mente com tanta insistência, é bem gasto o tempo que se dedica a refletir sobre ele. Se o leitor quiser, que reflita por conta própria; se preferir percorrer comigo os vinte anos da excentricidade de Wakefield, será bem-vindo, na confiança de que haverá uma significação interna e uma moral, mesmo que não as encontremos, ordeiramente montadas e condensadas no trecho final. O pensamento sempre tem sua eficácia, e todo episódio marcante tem sua moral.

"Excentricidade", sim, de fato; "moral", nenhuma. O último parágrafo é sutilmente enganador:

> Essa feliz ocorrência — supondo que o seja — só poderia ter se dado num momento não premeditado. Não transporemos a soleira com nosso amigo. Ele nos deixou muito material para reflexão, e uma parcela emprestará sua sabedoria para uma moral e ganhará as formas de uma figura. Entre a aparente confusão de nosso mundo misterioso, os indivíduos estão tão bem ajustados a um sistema, e os sistemas ajustados uns aos outros e a uma totalidade, que um homem, pondo-se de parte por um instante, expõe-se a um risco assustador de perder seu lugar

para sempre. Como Wakefield, ele pode se tornar, por assim dizer, o Pária do Universo.

Wakefield não é um Judeu Errante nem um Antigo Marinheiro. Chamar essa pessoa inexistente de "o Pária do Universo" reverbera no vazio. Por que essa estranha historieta de Hawthorne ganha uma permanência tão inquietante? Aqui estou eu sentado às cinco da tarde num dia comum de dezembro, frio e úmido, em New Haven, no andar térreo da casa onde moro com minha esposa faz mais de meio século. Na escrivaninha à minha frente está um caderno de capa vermelha. Como nunca aprendi a datilografar e muito menos a usar computador, devido a um tremor que tenho desde o berço, escrevo essas páginas com uma esferográfica, como fiz durante a vida toda, assistido pelo hábito, mas incomodado pelos tremores mais intensos.

"Wakefield" me amedronta porque esposa e lar constituem minha realidade na velhice. Hoje vários estudantes vieram me ver aqui em casa, e um amigo próximo, que é treinador, apareceu para supervisionar meus exercícios. Tirando essas visitas, fico sozinho quando minha mulher sai para fazer algo na rua ou encontrar alguma amiga. Hawthorne teve talvez o casamento mais feliz entre todos os principais escritores americanos, se não entre todos os grandes escritores de todas as épocas e nações. Aos 33 anos, em 1837, ele conheceu Sophia Peabody, e se casaram cinco anos depois. Até a morte de Hawthorne — infelizmente aos 59 anos —, viveram 27 anos de harmonia ininterrupta. "Wakefield" e seu protagonista pateta são a absoluta antítese da maravilhosa vida conjugal de Hawthorne. Teremos aqui um atalho para o significado?

"Wakefield" é uma ficção alegórica apenas no sentido de uma síndrome compulsiva, como a define Angus Fletcher. O coitado do Wakefield, então, seria uma espécie de demo que não tem liberdade de escolha. Obcecado pela ideia de viver a uma quadra de distância, Wakefield fica descontrolado, uma nulidade possuída. Estranhamente, seu único objetivo é não ficar muito longe de casa. É o exato contrário dos artistas pensadores dos contos "O artista do belo", "Os retratos proféticos" [The Prophetic Pictures], "Drowne e sua imagem de madeira" [Drowne's Wooden Image], Desbastes com um cinzel [Chippings with a chisel]. Estes, ainda que fragmentariamente, têm uma finalidade sem fim, mas Wakefield não existe no campo das finalidades.

Por que esse conto é tão poderoso? Sua reverberação é desproporcional a seu tom ligeiro e displicente. Não teríamos nenhuma vontade de almoçar com o casal Wakefield; não nos interessa sequer imaginar como a sra. Wakefield teria recebido o marido após o sumiço de vinte anos. Creio que ficamos perturbados por ser tão raro existir um casamento feliz como o de Hawthorne e Sophia. Assombrados por nossos demos pessoais, como vamos saber se, por alguma compulsão, não seremos de súbito arrancados a nosso lar e nosso cônjuge?

Há outra via de entrada, mais profunda, sob esta. Mulheres e homens na casa dos oitenta não são dados a sentir paixões inesperadas ou a fugir com um novo amor. Somente um mestre do grotesco — Carson McCullers ou Flannery O'Connor — buscaria tais imagens. O efeito de "Wakefield" sobre todos nós, em especial sobre os leitores de idade, tem mais a ver com o fim da vida e a morte. A sra. Wakefield vive como viúva após o sumiço demônico do marido, e não parece muito provável que o retorno dele, encharcado de chuva, possa reparar os vinte anos de perda. A cada vez que releio e dou aulas sobre "Wakefield", percorro claudicante nosso casarão de madeira, com seu estilo tardo-oitocentista da Nova Inglaterra, e tento visualizá-lo habitado apenas por minha esposa. Fito as estantes incontáveis e murmuro um verso stevensiano de "The Auroras of Autumn": "A casa ruirá e os livros arderão" [*The house will crumble and the books will burn*].

Por razões que não consigo compreender, "A filha de Rappaccini" [Rappaccini's Daughter], história que me dá pesadelos, também assombra meus dias. Não tenho nenhum prazer em relê-la, embora nem o próprio Hawthorne costume ser tão forte. É como se seu demo tivesse, ele mesmo, criado diretamente essa alegoria do coração, "coração" aí no sentido de Shakespeare: a plena consciência ao estilo de Hamlet.

Em Hawthorne, a imagem gera ação: o poder de um ícone determina o evento e o personagem. Ele vê e então aponta, e nós seguimos como que cravados, divididos, determinados por uma visão cósmica que não é nossa. A cada vez que releio esse conto erótico, fico fascinado com Beatrice e apavorado com o pai, com o amante e com o ciumento Baglioni, cujo remédio na verdade mata Beatrice. O que Hawthorne estava tentando fazer a si mesmo, como homem e escritor, ao criar "A filha de Rappaccini"? Uma vez, quando Kenneth Burke e eu demos uma palestra em conjunto, debatemos esse aspecto, Kenneth observando que preferia enfatizar o lado pessoal da questão, enquanto eu queria falar sobre a obra, e não sobre o autor. Kenneth se foi, para meu eterno pesar, mas, se pudéssemos fazer uma nova apresentação juntos, agora eu concordaria em dar prioridade à pessoa, e não ao artista.

Entre os doze autores tratados neste livro, apenas Hawthorne e Emerson tiveram um casamento feliz e duradouro. (Mas, como já mencionei, a primeira esposa de Emerson, sua amada Ellen, morreu de tuberculose antes de completar dezenove anos. O sábio de Concord teve uma vida conjugal harmoniosa com a segunda esposa, a imponente Lidian, porém não era aquela união ideal que Hawthorne alcançou com Sophia Peabody.)

As grandes heroínas de Hawthorne — Hester Prynne em *A letra escarlate*, Zenobia em *The Blithedale Romance*, Miriam em *O fauno de mármore* — manifestam um esplendor sexual muito mais persuasivo do que as Damas Sombrias de Henry James — Madame Merle em *Retrato de uma senhora*, Charlotte Stant em *A taça de ouro*, Kate Croy em *As asas da pomba*. Para encontrar um equivalente próximo, teríamos de voltar à grande fase de D. H. Lawrence — em particular a *O arco-íris* —, mas ainda assim os louros ficariam com Hawthorne. Esta é uma de suas glórias estéticas, e, no entanto, continua a ser um enigma para mim.

À exceção de Nina Baym e mais alguns acadêmicos recentes, grande parte da crítica de Hawthorne me parece equivocada. Ele é um autor do Alto Romantismo americano, junto com Emerson, Melville e Whitman, e de maneira nenhuma um ancestral neo-ortodoxo de T.S. Eliot. Hawthorne celebra a vitalidade sexual das mulheres como força potencialmente salvadora, tragicamente limitada pela inadequação masculina e pelas coerções sociais. "A filha de Rappaccini" é uma parábola assustadora de uma vontade paterna que transforma essa vitalidade em veneno. A loucura do dr. Rappaccini é uma demonização do pavor masculino diante do poder sexual feminino e expressa o sutil desespero de Hawthorne com a permanência da sociedade patriarcal. Entre toda a sua obra, esta história é a mais próxima a William Blake, que talvez ele nem tenha lido.

Seu último conto, "Penacho, o espantalho", é meu favorito. O interesse de Hawthorne pela feitiçaria alcançou expressão perfeita inicialmente em

"O jovem mestre Brown" [Young Goodman Brown] e terminou com o conto que ele chamou de "lenda moralizada". Nessa história de ilusória leveza, uma formidável bruxa da Nova Inglaterra, a Mãe Rigby, brinca de Deus e transforma o cabo de uma vassoura velha no que pretendia, de início, que fosse um espantalho. Ela está de bom humor, tendo dormido bem e reconfortado-se com umas baforadas de seu cachimbo, sempre aceso graças a uns carvões misteriosos de Dickon, seu geniozinho doméstico.

Encantada com sua própria criação, a Mãe Rigby decide que seu Novo Adão, ao qual deu o nome de Penacho, é bonito demais para ser um espantalho. Mãe orgulhosa, ela instila vida em sua criatura pondo-lhe o cachimbo na boca:

— Sopra, benzinho! Sopra, querido! — continuava a Mãe Rigby a repetir, com seu sorriso mais simpático. — É o sopro da vida para ti, e nisso podes acreditar!

Sem dúvida nenhuma, o cachimbo estava enfeitiçado. Devia haver um sortilégio, fosse no tabaco, no carvão em brasa que ardia tão misteriosamente no topo ou na fumaça de cheiro pungente que se exalava do fumo aceso. A figura, depois de algumas tentativas vacilantes, finalmente soprou uma grande baforada que se estendeu desde o canto escuro até a faixa de sol. Lá rodopiou e se dissolveu entre as partículas de pó. Deve ter sido um grande esforço, pois os dois ou três sopros seguintes foram mais fracos, embora o carvão ainda ardesse e lançasse um clarão no rosto do espantalho. A bruxa velha bateu palmas com as mãos encarquilhadas e sorriu encorajadora à sua obra. Viu que o feitiço deu certo. O rosto amarelo e enrugado, que até então nem era um rosto, já apresentava, por assim dizer, uma leve névoa fantasmagórica de semblante humano, que ia e vinha; às vezes desaparecia totalmente, mas ficava mais perceptível a cada baforada seguinte. Do mesmo modo, a figura inteira adquiria contornos de vida, como os que atribuímos às formas indefinidas entre as nuvens, quase acreditando nas ilusões do passatempo de nossa própria imaginação.

A bruxa sorri ao ver sua obra, e o leitor sorri junto com ela. Penacho se mostra uma criatura muito simpática e encantadora, e é enviado para cortejar a graciosa Polly Gookin, filha do rico Mestre Gookin, adepto secreto da Mãe Rigby:

Aos poucos, Penacho se deteve e, adotando uma atitude imponente, parecia convidar a bela jovem a inspecionar sua figura e continuar a lhe resistir, se fosse capaz. Sua estrela, seus bordados, suas fivelas reluziam, naquele instante, com indizível esplendor; os pitorescos matizes de sua indumentária adquiriam um colorido mais rico e mais profundo; havia um brilho e um polimento em toda a sua presença, indicando o pleno encanto das boas maneiras. A donzela ergueu os olhos e permitiu que se demorassem sobre o visitante com um tímido olhar de admiração. Então, como que desejando avaliar o valor que sua graça singela poderia ter ao lado de tanto esplendor, olhou de relance para o espelho de corpo inteiro, diante do qual fortuitamente se encontravam. Era um dos espelhos mais verazes do mundo, incapaz de lisonjas. Tão logo as imagens nele refletidas chegaram a seus olhos, Polly soltou um grito, afastou-se do estrangeiro, fitou-o por um instante com o mais desvairado pavor e caiu desacordada no chão. Penacho também olhara para o espelho e lá viu, não o fulgente arremedo de sua aparência externa, mas uma imagem da sórdida colcha de retalhos de sua efetiva composição, despida de qualquer feitiço.

Depois desse fiasco, o pobre Penacho volta para a mãe, decidido a se matar:

— O que deu errado? — perguntou a bruxa. — Aquele hipócrita ranhento expulsou meu benzinho da casa dele? O patife! Vou mandar vinte gênios malignos para atormentá-lo, até que se ponha de joelhos para te oferecer sua filha!
— Não, mãe — respondeu Penacho, desalentado —, não foi isso!
— A moça zombou de meu queridinho? — perguntou a Mãe Rigby, os olhos ferozes ardendo como dois tições do Inferno. — Vou cobrir-lhe o rosto de borbulhas! O nariz vai ficar vermelho como a brasa em teu cachimbo! Os dentes da frente vão cair! Daqui a uma semana, não será digna de ti!
— Deixa-a em paz, mãe! — respondeu o pobre Penacho. — A moça já estava quase conquistada, e creio que um beijo de seus lábios suaves talvez tivesse me tornado inteiramente humano! Mas — acrescentou após uma curta pausa, seguida por um gemido de desprezo por si mesmo — eu me vi, mãe! Eu me vi como a coisa ordinária, andrajosa, vazia que sou! Não quero mais viver!

Arrancando o cachimbo da boca, ele o atirou com toda força contra a lareira e no mesmo instante caiu no chão, um amontoado de palha e farrapos, com alguns paus saindo daquela mistura e uma abóbora murcha no meio. No lugar dos olhos havia apenas um buraco escuro, mas a fenda grosseiramente entalhada, que até pouco antes havia sido uma boca, ainda parecia se torcer num arreganho desesperado, e nisso era muito humana.

Resta à Mãe Rigby moralizar a lenda:

Enquanto assim murmurava, a bruxa enchera um cachimbo novo e o segurava pelo cabo, em dúvida se o punha em sua boca ou na boca de Penacho.
— Pobre Penacho! — prosseguiu ela. — Eu bem que podia lhe dar outra chance e soltá-lo no mundo amanhã. Mas não! Ele tem sentimentos ternos demais, sensibilidades profundas demais. Parece ter coração demais para se bater em proveito próprio nesse mundo tão vazio e sem coração. Ora, ora! Vou usá-lo como espantalho, no final das contas. É uma profissão inocente e útil, e combinará bem com meu queridinho; e se cada um de seus irmãos humanos tivesse uma tão boa assim, melhor seria para a humanidade; quanto a esse cachimbo, preciso mais do que ele!
Dizendo isso, a Mãe Rigby pôs o cachimbo na boca.
— Dickon! — gritou ela em sua voz alta e estridente — Mais uma brasa para meu cachimbo!

É um conto estranhamente engraçado para concluir o longo romance de um grande narrador com o maravilhoso! O pobre Penacho, de certo ponto de vista, é o Adão Americano de Emerson, sem fundações, sem passado às costas. É também uma paródia dos protagonistas masculinos do próprio Hawthorne: Dimmesdale, Holgrave, Coverdale, Kenyon. Sua catástrofe, tal como a fuga destes a tudo o que os poderia destruir, indica a dupla presença da fraqueza e de um resquício de decência.

Mas as honras do conto cabem à Mãe Rigby, com seu revigorante "Preciso mais do que ele!". Rigby tem razão: precisamos mais dela do que do Penacho, que de qualquer forma já está profundamente embutido em nossa natureza, sejamos nós quem formos.

"Penacho, o espantalho" é a transição que uso para passar aos quatro grandes romances de Hawthorne: *A letra escarlate* (1850), *A casa das sete torres* (1851), *The Blithedale Romance* (1852) e *O fauno de mármore* (1860). O lugar de Hawthorne na literatura americana se aproxima e se relaciona com o de Emerson: são nossos escritores centrais. A má tradição crítica, fundada por T.S. Eliot e seguidores, hoje está praticamente ultrapassada. Ela sustentava que Hawthorne se contrapunha a Emerson e voltava às restrições puritanas baseadas no pecado original. Não mais cristão do que Emerson, Thoreau, Whitman e Melville, na verdade Hawthorne chegava a se equiparar a Whitman e William Blake no enaltecimento da sexualidade feminina. Suas criações mais memoráveis são a grandiosa Hester Prynne de *A letra escarlate*, Zenobia em *The Blithedale Romance* e Miriam em *O fauno de mármore*, e elas têm como qualidade de destaque uma vitalidade erótica heroica.

Emerson, companheiro de caminhadas de Hawthorne, não conseguia entendê-lo e, de qualquer forma, não dava muita importância à literatura em prosa. Após a morte de Hawthorne, Emerson lamentou que nunca houvesse se estabelecido uma verdadeira amizade entre ambos, devido ao silêncio do romancista. Mas Hawthorne ouvia e aprendia, e leu profundamente Emerson, que exerceu grande influência sobre ele.

Esse influxo foi sutilmente desviado por Hawthorne, que o transferiu de uma doutrina da alma para uma apoteose do impulso erótico. Embora similar à erotização do emersonismo a que procedeu Whitman, o clinâmen ou desvio de Hawthorne foi bem diferente. Whitman era um materialista epicurista, enquanto Hawthorne se manteve como moderado transcendentalista em alguns aspectos, inclusive na Religião Americana da independência, de Emerson. Hester Prynne ilustra uma das versões dessa fé sem fé, e Isabel Archer, de Henry James, constitui outra. As duas heroínas secularizam o que poderíamos chamar de Vontade Americana, que Hester manifesta permanecendo na Nova Inglaterra, em vez de se reunir à filha Pearl na Europa:

> Mas havia uma vida mais real para Hester Prynne aqui, na Nova Inglaterra, do que naquela região desconhecida onde Pearl encontrara um lar. Aqui estivera seu pecado, aqui estivera sua dor, e aqui ainda haveria de estar sua penitência. Por isso retornara e retomara — por sua livre vontade, pois nem o mais rigoroso magistrado daquele período férreo o imporia —, retomara o símbolo sobre o qual narramos uma história tão sombria. Ele nunca mais abandonou seu peito. Mas, no decorrer dos penosos anos, reflexivos e devotados, que formaram a vida de Hester, a letra escarlate deixou de ser um estigma que atraía o desprezo e o

amargor do mundo e se tornou um protótipo de algo a se lamentar e olhar com respeito, até mesmo com reverência. E, como Hester Prynne não tinha objetivos egoístas e nem vivia, em nenhum aspecto, em proveito e gozo próprio, as pessoas lhe traziam todas as suas dores e perplexidades e procuravam seu conselho, como alguém que passara pessoalmente por um imenso problema. Em especial mulheres — nas provações sempre recorrentes de uma paixão ferida, destroçada, desonrada, descabida ou errante e pecaminosa — ou com o árido fardo de um coração não entregue, pois não valorizado nem procurado — iam à cabana de Hester, perguntando por que eram tão desgraçadas e qual era o remédio! Hester lhes dava conforto e conselho, da melhor maneira que conseguia. Professava-lhes também sua firme convicção de que, em algum período mais luminoso, quando o mundo estivesse maduro para tanto, no devido tempo dos Céus, revelar-se-ia uma nova verdade, para alicerçar toda a relação entre homem e mulher num terreno mais sólido de mútua felicidade. Em anos anteriores, Hester imaginara em vão que ela mesma poderia ser a profetisa escolhida, mas desde muito tempo já reconhecera a impossibilidade de que qualquer missão de verdade divina e misteriosa fosse confiada a uma mulher maculada pelo pecado, curvada pela vergonha ou mesmo envergada sob o peso de uma dor permanente. O anjo e apóstolo da nova revelação haverá de ser uma mulher, sim, mas pura, bela e elevada; e dotada de sabedoria, além disso, não por meio de um triste pesar, mas pelo etéreo veículo da alegria, mostrando que o amor sagrado nos deve fazer felizes pelo mais verdadeiro teste de uma vida que logrou tal fim!

O leitor murmura: em que lugar da literatura americana, de fato, pode-se encontrar uma mulher mais pura, mais elevada e tão bela e sábia como Hester Prynne? Isabel Archer é a única candidata provável, apesar de ter cometido a grande insensatez de escolher o odioso Osmond. A volta de Isabel para Osmond se funda no precedente de Hester, que permaneceu na Nova Inglaterra como que numa espécie de penitência apenas pela grande insensatez de ter escolhido inicialmente o diabólico Chillingworth. É certo que Henry James percebia essa influência de Hawthorne, mas isso será apresentado mais longamente em minha discussão de *Retrato de uma senhora*.

O demo de Hawthorne era dele mesmo; pode-se afirmar que Hawthorne é o mais possuído de todos os nossos autores mais vigorosos, pelo menos até Faulkner e Hart Crane. E no entanto o efeito de Emerson sobre ele foi intensificar sua demonização pessoal, numa reação que é ao mesmo tempo de receptividade e antítese.

O demo se enfraquece na sucessão dos quatro grandes romances de Hawthorne, até silenciar quase por completo nas cadências finais de *O fauno de mármore*, um fracasso que, se é nobre, é também decepcionante. Hilda foi corretamente caracterizada como uma jovem americana "insípida", que reduz Kenyon, escultor promissor, a um mero copista como ela mesma. A pobre Miriam e o pobre Donatello mereceriam um livro melhor, mas Hawthorne, em fase de declínio, não foi capaz de criá-lo. O resto de sua carreira é silêncio, conforme cada nova tentativa literária é abortada. O declínio de Hawthorne me espanta, e proponho entendê-lo melhor revisitando as quatro narrativas, uma por vez.

A LETRA ESCARLATE

Entre todos os principais personagens femininos em nossa literatura nacional, Hester Prynne é, sem dúvida, a figura central. À exceção de Hawthorne e James, os romancistas americanos do sexo masculino não têm conseguido representar as mulheres americanas com a força e a vivacidade que marcaram a tradição inglesa, desde Clarissa Harlowe de Samuel Richardson até as irmãs Schlegel de E. M. Forster, em *Howards End*. No século XX, as mulheres retratadas por Faulkner, Hemingway e Fitzgerald geralmente são menos vívidas do que os homens, salvo raras exceções significativas. As heroínas jamesianas, de Isabel Archer em diante, guardam visível parentesco com certos aspectos da Hester de Hawthorne. Se nossa versão americana da vontade protestante produziu uma heroína nacional, é Hester Prynne, mas, embora sendo o grande triunfo de Hawthorne, ela reluta em se expor à crítica. Hester é maior do que o livro, por admirável que *A letra escarlate* inegavelmente seja, pois encarna mais paradoxos e mesmo contradições do que Dimmesdale, e muito mais se a comparação é com Chillingworth ou a visionária Pearl. Como crítico irremediavelmente antiquado que sou, não considero os personagens literários consumados como meros sinais em uma página nem como metáforas de diferenças raciais, sexuais e sociais. A extraordinária imaginação hawthorniana, oscilando entre o realismo mimético e o Alto Romantismo, deu-nos uma personalidade avassaladora e um caráter moral desconcertante na figura da sensual e trágica Hester. Ela é o objeto ideal do desejo de Hawthorne e, ao mesmo tempo, uma projeção problemática de sua subjetividade autoral, que ele expele, mas nunca em termos definitivos. Grandes escritores de romances amorosos são sujeito e objeto de suas próprias buscas, e, em certo sentido profundo, Hester é uma representação da interioridade recôndita de Hawthorne, assim como Clarissa é a visão de Richardson de seu mais íntimo eu.

Como nos dizem muitos críticos, Hester Prynne é basicamente um ser sexual, verdade esta que nunca é demais ressaltar. Como uma verdade, guarda um *páthos* terrível, pois sua sexualidade heroica lhe rendeu dois homens impossíveis: Chillingworth, o marido satânico, e Dimmesdale, o amante inadequado, ambos de nomes primorosamente escolhidos. Hester conta com três pontos de apoio: a filha Pearl, algumas parcas lembranças de Dimmesdale e, acima de tudo, o próprio orgulho. Sua sexualidade foi bloqueada, porém constitui o cerne de sua resistência aos acusadores puritanos. Constitui também uma parte considerável da forte atração que exerce em Hawthorne e nos leitores. O que mais importa em Hester é a intensidade vital de seu ser, a promessa frustrada de mais vida, que é o sentido hebraico da Bênção. Há diversas maneiras válidas de explicar o carisma de Hester, dentro e fora das páginas de *A letra escarlate*, mas creio que a mais precisa é vê-lo como um poder sexual implícito.

Vários críticos encontraram elementos puritanos e emersonianos em Hester, e, de fato, sua incômoda religião é uma mistura altamente contraditória entre o calvinismo e a Religião Americana emersoniana da independência. A filha Pearl é um pouco mais bravia, mas, de todo modo, pertence quase inteiramente à ordem representacional do Alto Romantismo. As incoerências de Hester chamam a atenção dos críticos, contudo o que admira é não vê-las em maior número numa pessoa tão atormentada por uma sociedade de moralismo insano e até obsceno, mas isso é formular um juízo que Hawthorne, como romancista, talvez rejeitasse. Seria mais justo dizer que as tensões em Hester revelam algumas das tensões em Hawthorne, cujo impulso criativo provém de um temperamento mais dialético do que o de seu herdeiro relutante e involuntário, Henry James. Hawthorne, em sua relação com o calvinismo, tem algo de seu mais legítimo precursor, Edmund Spenser, que conciliava elementos antitéticos com uma liberdade que não estava disponível para o romance americano. É uma espécie de milagre estético que sequer fosse possível escrever *A letra escarlate* num contexto cultural tão retrógrado quanto o de Hawthorne, capaz de receber *O fauno de mármore* e *A casa das sete torres* com muito mais facilidade do que *A letra escarlate*, obra de qualidade superior, e os melhores contos de Hawthorne.

Percebemos o movimento do poder sexual num contexto antinomiano, mas Hawthorne anula parcialmente esse movimento em Hester. Não deixa que ela profetize e não profetiza por ela. Isso torna o livro espiritualmente irritante para alguns leitores, sobretudo nos tempos atuais, mas sem dúvida ajuda a criar sua força estética, visto que o leitor se convence de que há mais coisas em Hester do que o narrador está disposto a revelar. Queremos que ela fale mais, faça mais, porém entendemos que essa forma de despertar tais desejos e se recusar a satisfazê-los é cabível e apropriada. Não que Hester fuja de sua história: foge junto com ela. E ali ficamos nós, sem nos importar muito com Dimmesdale, Chillingworth e Pearl, porque não são — e nós também não somos — proporcionais à grandeza de Hester. Os críticos que censuram Hester por suas ilusões e incoerências morais sempre me parecem tão tolos quanto a infinidade de acadêmicos que criticam Falstaff. Hester não nos abarca dentro dela como fazem Falstaff e Rosalind, Hamlet e Cleópatra, mas sempre nos precede como o mais representativo retrato literário de uma mulher americana. Não consegue criar uma unidade entre seus impulsos incompatíveis, e, no entanto, sobrevive a um contexto erótico e social assustadoramente pavoroso, que poderia levá-la à loucura ou ao suicídio. É inconcebível que um leitor não aprenda alguma coisa com ela ao refletir novamente sobre as fontes de sua extraordinária força existencial.

Hester nos remete de volta a Hawthorne, por mais que ele tente evitar qualquer identidade com ela — num esforço que exerceu profunda influência nas tentativas análogas de James em relação a Isabel Archer. O recuo de Isabel perante a sexualidade agressiva de Goodwood não encontra nenhum paralelo em Hester, a qual o teria envolvido, caso houvesse um Goodwood à sua disposição e se o autor o tivesse dotado de alguns traços daquilo que, afinal, tem presença maciça no pobre Dimmesdale: uma percepção espiritual. Há, na consciência de Hawthorne, uma explícita separação entre o poder sexual e a busca protestante de autonomia e dignidade própria, e essa separação é dolorosamente reproduzida na mente de Hester. Contudo, o grande artista em Hawthorne não se deixou enganar, e ao longo do romance sentimos que Hester luta não por uma integração impossível, mas por uma posição profética anunciando algo que está por vir, a sublimidade possível de outra relação entre homens e mulheres. Visto que essa relação exigiria um reconhecimento social compatível, ela não poderia atingir a plena autonomia da Religião Americana da independência, mas, se for por isso, nem mesmo o próprio Emerson, teólogo de nossa religião, estendeu sua concepção ao campo sexual, exceto em alguns poemas.

Hester, como reconhecem os críticos, é ela mesma uma artista, e sua arte do bordado guarda afinidades com a modalidade própria de Hawthorne, mesclando romance realista e história romântica, e também com a pitoresca apresentação da Boston puritana em *A letra escarlate*. Mas creio que ela falha em sua arte, o que pode ser parte do preço para que Hawthorne não falhe na sua; se Hester, no final do livro, aparece fazendo concessões, talvez seja porque o autor a sacrificou para salvar a si mesmo. Embora se dedique aos sofrimentos de outras mulheres, Hester se rendeu ao juízo inicial da sociedade puritana a seu respeito. Com isso, certamente abandonou muito do valor de sua posição passional, e talvez possamos ficar surpresos e com raiva de Hawthorne por tê-la diminuído. Porém, a "Conclusão" não é o livro — embora não saibamos de que outra maneira Hawthorne poderia tê-lo concluído. Hester não desmorona, e podemos acreditar em Hawthorne quando afirma que prevaleceu a própria vontade livre dela, mas convenhamos que se tornou uma vontade muito negativa. A alternativa provavelmente seria converter a história romântica em tragédia, mas isso Hawthorne não faria. Hester não era uma versão feminina do Ahab de Melville, morrendo num desafio prometeico e gnóstico contra um universo tirânico, desferindo um último arpão na carne santificada de uma criação meramente demiúrgica. Em vez disso, Hester se submete, mas apenas em parte, e mantém sublime confiança na revelação vindoura de uma nova mulher.

E se Hawthorne tivesse feito uma Hester não bordadeira, mas romancista, escritora de narrativas de natureza "rica, voluptuosa, oriental", que resultassem em contos contados duas vezes?* Visto que Hawthorne confere

---

* *Twice-Told Tales* é o título de uma antologia de contos de Hawthorne, publicada em dois volumes em 1837 e 1842. (N. T.)

a Hester excepcional vitalidade, mas insuficiente capacidade de expressão verbal, minha pergunta talvez pareça inadequada àquela que, afinal, é a Hester de Hawthorne. Apesar disso, Hester está sempre contando a si mesma e a Pearl histórias que inventa sobre a condição em que se encontra, e sua recusa na "Conclusão" em abandonar esse papel é um obstinado prolongamento de sua vontade de comandar sua própria história. Chillingworth e Pearl se contentam plenamente em ser figuras de uma ficção romântica, e por fim Dimmesdale também recai no maravilhoso, embora da maneira mais lamentável possível. Hester obriga Hawthorne a sair da história romântica e a passar para o romance psicológico, o que é sinal de sua relativa liberdade e da curiosa sujeição do autor, incapaz de dobrar seu mais forte personagem a suas expectativas morais. Hester ilude os outros e por algum tempo a si mesma, mas não permite que Hawthorne engane a si próprio. Talvez ele preferisse vê-la como uma mulher sombria das histórias românticas, mas não fez de Hester outra masoquista, como Dimmesdale, nem outro sádico, como Chillingworth. Não devemos nunca esquecer que Dimmesdale falha mais uma vez com Hester, no final do romance, quando insiste que ela suba ao cadafalso para se juntar a ele: Hester o atende, porém com muita relutância e contra sua verdadeira vontade. Por mais inadequado que Dimmesdale seja, ela ainda o deseja, e seus impulsos continuam plenamente saudáveis até a morte dele. Hester não nega seu vitalismo; é Hawthorne quem lho subtrai, em favor de sua arte.

    Ninguém que morasse na Boston puritana de Hawthorne julgaria possível derrotá-la, e Hawthorne, sabendo disso, não permitiu que Hester se aventurasse num projeto tão inexequível. Ainda assim, instila em Hester todos os seus mais íntimos recursos de percepção vital, ao mesmo tempo negando-lhe a força sobrenatural que imprimiria a seu romance o perfil prometeico que ele rejeitava. Começo a duvidar se algum romancista americano, homem ou mulher, virá a criar um personagem que ultrapasse Hester Prynne como representação das exigências irreconciliáveis impostas a uma mulher americana, mesmo numa época supostamente não mais puritana. O feminismo, em sua fase mais recente, luta contra os resquícios duradouros da ética puritana enquanto continua profundamente contaminado por ela. Pode ser até que o atual feminismo literário esteja fadado a se tornar nosso novo ou mais novo puritanismo, impondo ideais uniformes às mulheres intelectuais, recusando mais uma vez qualquer aliança entre sua sexualidade e seu potencial antinomianismo. Hester então persistirá como a imagem sintetizada na frase mais vigorosa de todo o livro de Hawthorne: "A letra escarlate não cumprira sua função". Nenhum emblema social emitirá um julgamento definitivo sobre Hester, e tampouco nenhum programa poderá contê-la, por mais tardia que seja a justiça feita a ela. A Clarissa de Richardson alcançou sua tremenda força, demasiada até para o demônico Lovelace, por meio de sua relação direta com o Deus protestante, que purificou sua vontade até haver uma única saída possível para ela: morrer para esta vida. Hawthorne celebra sua versão da vontade protestante em Hester, mas não tem acesso direto ao Deus puritano, e nem gostaria de ter, mesmo que estivesse disponível a ele ou a Hester. Dimmesdale encontra o caminho de volta a Deus, porém não por força, como no caso de Clarissa. Hester é muito forte, certamente forte demais para Dimmesdale, e por fim forte demais até para Hawthorne. Temos um momento altamente dialético quando Hawthorne condensa numa única frase a atitude de Hester diante da vida e seu grande impacto sobre a própria obra do escritor: "Somente a casa às escuras era capaz de contê-la".

A CASA DAS SETE TORRES

Publicado um ano depois de *A letra escarlate*, *A casa das sete torres* (1851) agora me parece o melhor romance de Hawthorne, depois de sua incontestável obra-prima. Antigamente, eu concedia esse segundo lugar a *O fauno de mármore* (1860), mas, relendo ambos, lado a lado, estou convencido de que *A casa* é, de longe, o melhor, porque é bem configurado, permanece dentro de seus limites e me envolve do começo ao fim. Gostaria muito que *O fauno de mármore* tivesse coesão interna; infelizmente, não tem. Hilda tem força arquetípica como a jovem americana, idealista e sociável, boa copista, mas não pintora. Faz lembrar mais a esposa de Mark Twain, Livy, a quem ele considerava e intitulava crítica social, do que as heroínas maduras de Henry James, que são filhas de Hester Prynne. Hilda, talvez receando a própria sexualidade, está em busca constante de um retrato ideal da Virgem para copiar.

Não fica muito claro aos críticos por que Hawthorne, de modo bastante ambivalente, enaltece Hilda e Kenyon, o escultor malogrado que vai à sua procura, e rejeita Miriam e Donatello, ambos de sombria vitalidade, e o problema certamente é do autor. Nina Baym, uma das melhores intérpretes de Hawthorne, observa com razão que sua obra mais melancólica é *O fauno de mármore*. *A casa das sete torres*, em contraposição, esforça-se em obter humor, embora haja um grau considerável de obscuridade e desespero em suas camadas mais profundas. Quem quiser comédia, não recorra a Nathaniel Hawthorne, à exceção talvez de seu último conto, o gracioso "Penacho, o espantalho".

Ao contrário do quarteto composto por Hester, Pearl, Chillingworth e Dimmesdale, Hawthorne não confere grande vivacidade a nenhum dos personagens d'*A casa*, o que, supõe-se, foi uma decisão deliberada. O mais enérgico é Holgrave, o último dos Maule, cujo ancestral fora executado por bruxaria em Salem após instigação do primeiro juiz Pyncheon, motivado por uma disputa de terra.

Holgrave é artista, carpinteiro, jardineiro, uma espécie de versão de Thoreau, que Hawthorne conhecia bem. Também é escritor, como Hawthorne, e no capítulo XIII lê seu conto "Alice Pyncheon" para Phoebe Pyncheon (com a qual se casa mais tarde). O Matthew Maule do conto, dublê de Holgrave, é o neto do bruxo espoliado e martirizado, cuja maldição na hora da morte persegue todos os Pyncheon: "Deus vos fará beber sangue!".

A bela Alice Pyncheon ficcional sente um fascínio erótico pelo carismático Maule, que a trata com especial sadismo, lembrando-nos que Hawthorne criou Chillingworth, o torturador:

> Mas ai da bela e gentil Alice, porém tão altiva! Um poder que mal imaginava tomara controle de sua alma virginal. Uma vontade totalmente diversa da sua obrigava-a a cumprir suas ordens grotescas e fantásticas. Seu pai, como se demonstrou, sacrificara a pobre menina a um desejo desenfreado de medir sua terra em muitos alqueires em vez de poucos hectares. E assim, enquanto Alice Pyncheon viveu, foi escrava de Maule, numa servidão mais humilhante, mil vezes mais, do que aquela que agrilhoa o corpo. Sentado junto à modesta lareira, bastava a Maule acenar a mão e, onde quer que estivesse a orgulhosa dama — em sua alcova, entretendo os ilustres convidados do pai ou rezando na igreja —, em qualquer local ou atividade, seu espírito lhe escapava ao controle e se curvava a Maule. "Alice, ria!", dizia o carpinteiro ao pé do fogo, ou talvez apenas o quisesse intensamente, sem

dizer uma palavra. E, fosse no momento da oração ou num funeral, Alice estourava num riso desvairado. "Alice, fique triste!" — e no mesmo instante corriam-lhe lágrimas, extinguindo toda a alegria dos presentes, como súbita chuva numa fogueira. "Alice, dance!" — e ela dançava, não nos passos elegantes que aprendera no estrangeiro, mas alguma jiga animada ou um rigodão aos pulos e saltos, próprios de uma ágil camponesa num folguedo rústico. Ao que parecia, a intenção de Maule não era arruinar Alice nem lhe infligir algum terrível ou enorme mal, o que iria coroar seu sofrimento com a aura da tragédia, mas sim despejar sobre ela um escárnio vil e mesquinho. Assim se perdia toda a dignidade da vida. Ela se sentia degradada demais e ansiava em trocar de natureza com um verme!

Phoebe, que reproduz a Alice fictícia na reação erótica a Holgrave, é salva de uma degradação similar graças ao decoro dele em questões sexuais. Mesmo assim, o amor de Holgrave por Phoebe é um retorno à sua herança como um Maule e um afastamento do radicalismo social. Holgrave Maule praticamente se torna o último Pyncheon, ao realizar um casamento feliz baseado na união exemplar de Sophia Peabody e Nathaniel Hawthorne.

Henry James, ansioso em se afastar de seu precursor, desqualificava as histórias românticas de Hawthorne por estarem ligadas ao "período do gosto dos contos de fada". Sem dúvida, *A casa* termina nesse diapasão e assim se afasta do erotismo mais sombrio de *A letra escarlate*, em que o amor sexual é tão dialético quanto em *Os bostonianos* ou *A taça de ouro*.

A casa das sete torres sobrevive em parte pelo encanto da fábula e dos personagens, em parte por seu tom cômico revigorante e muito cortês. O demo de Hawthorne compõe apenas o conto de "Alice Pyncheon" e então se recolhe em algum outro lugar do romance.

A casa fica aquém da sublimidade de Hawthorne em *A letra escarlate* e em seus melhores contos, como "Wakefield" e "Penacho, o espantalho". Não precisamos julgá-la dessa maneira; seus méritos residem em outros aspectos, em especial na presença de Phoebe:

Talvez seja difícil decidir se Phoebe era ou não era uma dama, ou se se comportava como uma dama, mas é o tipo de coisa que nem viria em questão para qualquer mente íntegra e saudável. Fora da Nova Inglaterra, seria impossível encontrar alguém que combinasse tantos atributos próprios de uma dama com muitos outros que, ainda que fossem compatíveis, não fazem necessariamente parte do caráter. Ela não feria nenhum cânone do gosto; era admiravelmente reservada e nunca se revoltava contra as circunstâncias que a cercavam. Sua figura, sem dúvida — tão miúda que parecia infantil e tão flexível que o movimento parecia fácil ou mais fácil do que o repouso —, dificilmente se adequaria à ideia usual de uma condessa. E seu rosto — com os caracóis castanhos nas têmporas, o nariz ligeiramente pontudo, o viço saudável, o leve tom bronzeado e a meia dúzia de sardas, agradáveis lembretes da brisa e do sol de abril — tampouco nos daria propriamente o direito de considerá-la uma beldade. Mas havia brilho e profundidade em seus olhos. Era muito charmosa; graciosa como um pássaro, e pelos mesmos atributos; agradável em casa como um raio de sol batendo no chão por entre uma copa de folhas cintilantes, ou como um reflexo da luz do fogo dançando na parede conforme a noite se aproxima. Em vez de discutir sua pretensão ao lugar entre as damas, seria preferível encarar Phoebe como o exemplo de uma mescla entre graça feminina e atividade prática numa hipotética sociedade onde não existissem damas. Lá, a função das mulheres seria cuidar de assuntos práticos e envolver todos eles — mesmo os mais simples e caseiros, nem que fosse apenas arear panelas e chaleiras — numa atmosfera dourada de encanto e alegria.

O esplendor demônico de Hester Prynne é substituído por essa atmosfera humana. É preciso ter muita arte literária para nos apresentar uma condição saudável como essa e nos convencer de que ela guarda algum interesse estético e valor espiritual. Hawthorne relaxa após a tensão de criar Hester e Pearl, Chillingworth e Dimmesdale, e refreia seu demo em grande parte do livro. Na esfera de Phoebe, isso funciona e nos proporciona bem mais do que Henry James se dispunha a admitir. Por outro lado, T.S. Eliot declarou certa vez que *A casa das sete torres* era o melhor romance americano, juízo difícil de sustentar.

THE BLITHEDALE ROMANCE

The Blithedale Romance [O romance do Vale Feliz] começa magnificamente e segue bem por algum tempo, mas depois vai ladeira abaixo, numa corrida entre o demo e o esquecimento de como se faz.

Embora Hawthorne escreva com consumada maestria, os quatro protagonistas não conseguem sustentar nosso interesse inicial. Zenobia, a mais vivaz, é uma feminista fracassada, talvez inspirada em Margaret Fuller, a quem Hawthorne detestava figadalmente. Hawthorne cria um retrato convincente ao apresentar a aura sexual de Zenobia:

> Enquanto isso se passava e ela falava com meus companheiros, fiquei observando o aspecto de Zenobia; imprimiu-se em mim com tanta clareza que agora posso invocá-la como a um fantasma, um pouco mais pálida do que ao vivo, mas, afora isso, idêntica a ela. Vestia-se com a maior simplicidade possível, com um estampado americano (creio que assim dizem os vendedores de tecidos), mas com um lenço de seda que, junto ao decote do vestido, deixava entrever um breve relance de um ombro alvo. Parecia-me uma grande sorte que fosse permitido justo aquele relance. Seu cabelo — que era escuro, brilhante, de rara abundância — estava preso num coque muito sóbrio e meticuloso, sem nenhum cacho ou qualquer ornamento, exceto uma única flor. Era exótica, de rara beleza, e fresca como se o jardineiro da estufa tivesse acabado de cortá-la. Aquela flor lançou fundas raízes em minha memória. Mesmo agora posso vê-la e cheirá-la. Tão bela, tão rara e cara como devia ser, durando apenas um dia, ela indicava o orgulho e a pompa, que cresciam luxuriantes no caráter de Zenobia, de maneira mais ostensiva do que um grande diamante que faiscasse entre sua cabeleira.
>
> A mão, embora muito macia, era maior do que muitas mulheres gostariam de ter — ou poderiam se permitir ter —, porém de maneira nenhuma maior em proporção ao amplo projeto de desenvolvimento integral de Zenobia. Fazia bem aos olhos ver um fino intelecto (como realmente era o dela, embora sua propensão natural tendesse para outros lados que não a literatura) num invólucro tão adequado. Era uma figura de mulher realmente admirável, beirando sua mais rica maturidade, com uma combinação de traços que se poderiam dizer notavelmente belos, mesmo que algumas pessoas mais detalhistas talvez os considerassem um pouco carentes de suavidade e delicadeza. Mas esses atributos se encontram por toda parte. Preferíveis — pelo menos a título de variedade — eram o viço, a saúde, o vigor de Zenobia, que os tinha em tal superabundância que um homem poderia se apaixonar por ela só por causa deles. Quando estava de ânimo tranquilo, parecia bastante indolente; mas, quando se punha a sério, especialmente se houvesse laivos de algum sentimento acrimonioso, ela inteira ganhava vigor, até a ponta dos dedos.

O leitor do sexo masculino pode não se apaixonar por Zenobia como se apaixonaria por Hester Prynne, contudo, como Hawthorne, se sentirá excitado por ela. Refletindo sobre os doze autores estudados neste livro, parece-me evidente que Hawthorne era quem se sentia mais à vontade com uma, digamos, heterossexualidade normativa. Realizado no casamento harmonioso com Sophia Peabody, ele estava livre para apreciar a vitalidade sexual, aspecto no qual as mulheres tendem a ultrapassar os homens.

Zenobia, não sendo uma mulher realizada, mata-se afogada por amor ao ingrato Hollingsworth, moralista intemperado e reformador malogrado. O narrador Coverdale é um poeta fracassado e celibatário que se esquiva à vida, decidindo abandonar a musa quando *The Blithedale Romance* chega ao fim. Priscilla, a figura enigmática entre os quatro, quase consegue salvar o livro. Praticamente indescritível, resiste à interpretação, pois é o retrato naturalista de uma jovem bastante carente e, ao mesmo tempo, uma agente demônica que beira a alegoria. Junto com Hollingsworth, punido por seu próprio sentimento de culpa, ela levará Zenobia ao suicídio.

Irmãs sem o saberem, Priscilla e Zenobia são a antítese uma da outra. Definhando na comunidade transcendentalista de Blithedale, Priscilla adquire uma perigosa vitalidade quando o livro se transfere para Boston (capítulos 17 a 20). Ao contrário de Zenobia, criatura do passado e do futuro, Priscilla é vítima da época presente (insinua-se que havia sido o que alguns hoje chamam de "trabalhadora do sexo"), mas também, ao final, sua herdeira. Rejeitada pela irmã, ela se volta ao odioso Hollingsworth, que se vê em ruínas após o suicídio de Zenobia.

A epifania de Priscilla começa no capítulo 20:

Mas, de minha parte, era na beleza de Priscilla, não de Zenobia, que eu estava pensando naquele momento. Era uma pessoa que poderia ficar totalmente obliterada, no que se referia à beleza, por qualquer detalhe inadequado em suas roupas; não tinha encanto material e visível suficiente para anular uma escolha equivocada da cor, por exemplo, ou do modelo. Em seu caso, o mais seguro era não se arriscar a nenhuma arte do vestuário; pois seria necessário o mais absoluto bom gosto ou o mais feliz acaso do mundo para lhe dar o exato ornamento de que precisava. Agora ela estava vestida de puro branco, numa espécie de tecido vaporoso que — ao recordar sua figura, com um leve brilho nos cabelos sombreados e seus olhos escuros timidamente postos nos meus, atravessando todos os anos que se passaram — parece flutuar em torno dela como uma névoa. Eu me perguntava o que Zenobia pretendia ao extrair tanta graça dessa pobre moça. Era algo que poucas mulheres podiam fazer; pois, enquanto eu olhava uma e outra, o brilho e o esplendor da presença de Zenobia não diminuíam em nada o sortilégio mais suave de Priscilla, se é que não se pode pensar que até o aumentavam.

Essa pureza equívoca se transforma em charlatanismo passivo quando o mestre de cerimônias apresenta Priscilla à plateia como a Dama Velada:

"Os senhores veem à sua frente a Dama Velada", disse o professor de barba, avançando até a beira do estrado. "Por intervenção das forças atuantes que acabei de comentar, ela está, neste momento, em comunhão com o mundo espiritual. Esse véu prateado é, em certo sentido, um encantamento, tendo sido mergulhado, por assim dizer, e essencialmente imbuído, pela potência de minha arte, com o meio fluido dos espíritos. Leve e etéreo como parece ser, entre suas dobras não existem as limitações do tempo e do espaço. Este salão, estas centenas de rostos, que a encerram dentro de um anfiteatro tão pequeno, são de substância mais tênue para ela do que o mais aéreo vapor de que são feitas as nuvens. Ela contempla o Absoluto!"

Como preliminar a outras experiências psicológicas, muito mais assombrosas, o apresentador propôs que alguns dos espectadores tentassem dar presença de si à Dama Velada usando os métodos — sob a condição apenas de não tocarem em sua pessoa — que julgassem mais adequados para tal fim. Assim, vários moradores locais de peito robusto, que pareciam capazes de fazer sumir a aparição com um sopro, subiram ao estrado. Encorajando-se mutuamente, gritaram tão perto do ouvido dela que o véu se agitou como uma grinalda de névoa esgarçada; bateram no chão a golpes de clava; criaram um clamor tão medonho que, a meu ver, poderia chegar pelo menos a um pequeno trecho da esfera eterna. Por fim, com a anuência do professor, seguraram a ampla cadeira e ficaram perplexos, aparentemente, ao vê-la subir a grande altura, como se fosse mais leve do que o ar por onde se alçou. Mas a Dama Velada permanecia sentada imóvel, com uma compostura que chegava a ser aterradora, visto que sugeria uma distância imensurável entre ela e esses rudes opressores.

"Tais esforços são inteiramente baldados", observou o professor, que estivera assistindo com ar de serena indiferença. "O rugido de uma bateria de canhão seria inaudível para a Dama Velada. E no entanto, se eu assim quisesse, sentada aqui neste mesmo salão, ela poderia ouvir o vento do deserto soprando nas dunas da Arábia; os icebergs se atritando nos oceanos polares; o farfalhar de uma folha numa floresta das Índias Orientais; o mais tênue sussurro da mais tímida donzela do mundo, soprando sua primeira confissão de amor! E tampouco existe qualquer argumento moral, a não ser minha ordem pessoal, capaz de persuadi-la a erguer o véu prateado ou a se levantar daquela cadeira!"

Mas, para o grande embaraço do professor, no mesmo instante em que assim falava, a Dama Velada se levantou. Um tremor misterioso agitou o véu mágico. Os espectadores imaginaram, talvez, que ela estava prestes a alçar voo até aquela esfera invisível, para se reunir à companhia daqueles seres puramente espirituais com os quais, supunha a plateia, guardava tão próximo parentesco. Hollingsworth, um momento antes, havia subido ao estrado e agora fitava a figura com uma triste intensidade que lhe trazia ao olhar todo o poder de sua grande alma, terna apesar de severa.

— Vem! — disse ele, acenando-lhe a mão. — Você está a salvo!

Ela arrancou o véu e parou diante daquela multidão de gente, pálida, trêmula, encolhida, como se só então descobrisse que havia um milhar de olhos a fitá-la. Pobre moça! Que traição mais estranha sofrera! Amplamente alardeada como maravilha do mundo, realizando o que se julgavam milagres — na crença de muitos, uma vidente e profetisa; no julgamento mais duro de outros, uma vigarista —, ela conservara, como acredito piamente, sua virginal reserva e santidade da alma ao longo de tudo aquilo. Por trás daquele véu que a envolvia, embora tivesse sido uma mão maligna a lançá-lo sobre ela, havia um isolamento tão profundo como se essa jovem desamparada estivesse, o tempo todo, sentada à sombra do púlpito de Eliot, nas matas de Blithedale, aos pés daquele que agora a chamava para seus braços protetores. E o genuíno palpitar da afeição feminina era mais poderoso do que a impostura que a cercara até aquele momento. Ela soltou um grito e correu para Hollingsworth, como que fugindo de seu mais mortal inimigo, e pôs-se a salvo para sempre!

É uma citação bastante longa, mas parece-me ser o núcleo visionário de *The Blithedale Romance*. Possui uma complexidade mítica digna de William Blake (que Hawthorne nunca leu) e guarda uma semelhança impressionante com a conclusão de "The Book of Thel", de Blake. No desfecho daquele pequeno épico, frágil, mas muito gracioso, a virgem Thel solta um grito e corre de volta para o reino da Inocência, após uma breve aventura no mundo brutal da Geração ou Experiência. Priscilla, uma Thel americana, corre para o moralismo sufocante de Hollingsworth. Depois que Hollingsworth sofre um colapso, Priscilla terá como destino ser sua enfermeira e lhe servir de consolo.

Coverdale, no capítulo 28, topa com o agora patético Hollingsworth e a protetora Priscilla:

Mas, Hollingsworth! Depois de todo o mal que ele fez, deixaremos que, protegido pela total devoção desse sincero coração e com uma fortuna a seu dispor, realize o projeto tão ambicionado que o desencaminhou a tal ponto? Que justiça há nisso? Estando minha mente ocupada precisamente por essa indagação, há alguns anos empreendi uma viagem com a finalidade exclusiva de ter um último vislumbre de Hollingsworth e julgar por mim mesmo se ele era um homem feliz ou não. Soube então que morava num pequeno chalé, levando uma vida extremamente retirada, e que minha única chance de me deparar com ele ou com Priscilla seria encontrá-los numa vereda afastada por onde costumavam andar no final da tarde. Foi assim que os encontrei. Quando se aproximaram, notei no rosto de Hollingsworth um ar abatido e melancólico, que parecia habitual; o homem de compleição vigorosa se mostrava frágil e inseguro, com uma tendência como que ingênua ou francamente infantil de se achegar cada vez mais ao lado da mulher esguia, que estava de braços dados com ele. Havia nas maneiras de Priscilla um ar vigilante e protetor, como se se sentisse guardiã do companheiro, mas, ao mesmo tempo, uma reverência submissa e calada, e também uma felicidade velada no semblante belo e sereno.

Aproximando-se ainda mais, Priscilla me reconheceu e me deu um sorriso simpático e gentil, mas com um leve gesto que só pude interpretar como um pedido para que eu não anunciasse minha presença a Hollingsworth. Apesar disso, um impulso se apoderou de mim e me levou a falar com ele.

— Vim ver, Hollingsworth — disse eu —, teu grandioso edifício para a reforma dos criminosos. Já está pronto?

— Não, nem começou! — respondeu ele, sem erguer a vista. — Um bem pequenino atende a todas as minhas finalidades.

Priscilla me lançou um olhar de censura. Mas voltei a falar, com um sentimento amargo e vingativo, como que desferindo uma flecha envenenada ao coração de Hollingsworth.

— Até o momento — perguntei eu —, quantos criminosos já reformaste?
— Nenhum! — disse Hollingsworth, com os olhos ainda cravados no chão. — Desde que partimos, ando ocupado com um único assassino!

Há força nesse *páthos*, porém Priscilla está possuída de uma maneira que me incomoda; no entanto, é por maestria deliberada de Hawthorne. Sua fragilidade pegajosa desperta o eros em Hollingsworth e talvez até em Coverdale, como ele finalmente vem a confessar. Essa fragilidade provoca aversão em Zenobia, por quem Priscilla sente um desejo muito maior do que por qualquer homem ao qual se possa ligar. Ex-prostituta de certa forma ainda virginal, Priscilla parece quase uma criação de Fiódor Dostoiévski.

Nunca chegamos a conhecê-la de fato. Hawthorne não lhe atribui praticamente nenhuma fala memorável. É uma concepção demônica: Priscilla, musa inarticulada sem vontade própria, com seu poder vital enlouquece Zenobia e se refugia na interioridade de Hollingsworth. Em termos mais vitais, ela permite aos leitores uma melhor apreensão da profunda lealdade de Hawthorne a seu gênero de história romântica. Esqueçam-se as convenções romanescas, e o resultado será o grande equívoco de Henry James em sua interpretação de Hawthorne, a quem James tanto devia e a quem censurava a falta de realismo.

A descida de Hawthorne à sabedoria e à sensatez diminuiu sua arte. Os melhores contos e *A letra escarlate* são primores absolutos, ao passo que *A casa das sete torres* é uma realização menor. Infelizmente, *The Blithedale Romance* ativa e fracassa. Numa derradeira tentativa, Hawthorne passou para a grandeza falhada de *O fauno de mármore*, assim encerrando sua arte.

O FAUNO DE MÁRMORE

Hawthorne, entre nossos grandes escritores, é visivelmente quem tem um espírito mais próprio da Nova Inglaterra. Emerson, o profeta da Nova Inglaterra falando ao mundo, não era um artista de tempos e lugares. Nascido em Salem, Hawthorne morou lá, então na Concord de Emerson, nos Berkshires e depois novamente em Concord. De 1853 a 1857, foi cônsul americano em Liverpool e morou na Itália de 1858 a 1859. Começou a escrever *O fauno de mármore* (1860) na Itália e o terminou na Inglaterra. Depois disso, não fez mais nada, embora tivesse apenas 56 anos quando da publicação d'*O fauno de mármore*. Seus quatro últimos anos de vida foram marcados pela incapacidade de concluir outros romances. O demo o abandonara.

Ao contrário do gênio de Henry James, o demo de Hawthorne não pôde florescer na Inglaterra nem na Europa continental. Em 1841, o mestre da história romântica americana morou oito meses como integrante da comunidade transcendentalista Brook Farm, que forneceu o modelo para Blithedale, mas esse fato biográfico não lança muitas luzes sobre o romance. *O fauno de mármore* é um caso diferente: sua ambientação em Roma é crucial, e penso que isso diminuiu o esplendor que o livro poderia ter. Boa parte dele acaba sendo um guia bastante canhestro da história, arte e arquitetura de uma cidade profundamente estranha a Hawthorne e a seus protagonistas americanos Hilda e Kenyon.

Henry James tinha 36 anos quando publicou em Londres seu livreto sobre Hawthorne. Seu valor crítico é variável e não reflete corretamente a dívida literária de James em relação a seu principal precursor americano, embora não seja um texto tão calamitoso quanto sua resenha de *Drum-Taps* (1865), de Walt Whitman. A resenha de Whitman é tão ruim que acaba por ter um valor considerável pelo que revela de si própria. Mesmo assim, *Hawthorne* nos diz mais sobre James do que sobre o objeto que comenta. Aqui James resume *O fauno de mármore*, utilizando o título com que saiu na Inglaterra, *Transformation* [Transformação]:

> Como todas as coisas de Hawthorne, esta contém muitos tênues fios de simbolismo, que cintilam na textura da narrativa, mas são propensos a se romper e ficar em nossos dedos ao tentarmos tocá-los. Essas coisas fazem parte do estilo próprio de Hawthorne — quase, poderíamos dizer, de seu vocabulário; pertencem muito mais à superfície da obra do que a seu interesse mais sólido. O defeito de *Transformation* é que força demais o elemento do irreal, e o livro não se define concretamente numa nem noutra categoria. Seu "romance enluarado", descreve-o ele numa carta; e, na verdade, o elemento lunar é um pouco ubíquo demais. A ação oscila entre as ruas de Roma, cujas características literais o autor descreve sem cessar, e um vago reino da fantasia, onde prevalece uma verossimilhança totalmente diversa. Este é o problema com o próprio Donatello. A intenção é que seus companheiros sejam reais — se não o são, não é por falta de tentativa;

ao passo que Donatello pode ser real ou não, como preferirmos. É de substância diferente da dos demais; é como se um pintor, ao pintar um quadro, tentasse dar-nos a ideia de uma de suas figuras com uma composição musical. A ideia do fauno moderno era fascinante; mas parece-me uma pena que o autor não o fizesse mais claramente moderno, sem retornar tanto a suas propriedades e antecedentes mitológicos, que são tratados de maneira muito graciosa, mas pertencem muito mais à esfera dos conceitos pitorescos do que ao campo da psicologia real. Entre os jovens italianos de hoje, ainda existem muito modelos para a imagem que, aparentemente, Hawthorne quis apresentar na figura simples e natural de Donatello. E, já que estou falando em termos críticos, posso ainda dizer que a arte narrativa em *Transformation* me parece mais falha do que os outros romances do autor. A história se arrasta e se dispersa, é abandonada e retomada outra vez, e, quase chegando ao fim, cai numa vagueza quase fatal.

É uma visão perspicaz, mas um pouco jamesiana demais. Hawthorne de fato oscila entre história romântica e realismo, porém isso não incomoda muito o bom leitor. Donatello, o fauno italiano, como sua amante — a morena Miriam, misteriosamente judaica — e também como seu amigo — o escultor americano Kenyon —, cai vítima do moralismo puritano de Hilda, o *Alastor* ou demo vingador da história amorosa. No entanto, Hawthorne gosta de Hilda; não consegue condená-la e nem sequer enxerga claramente que ela, com seu dogmatismo, se torna mortífera para todos os que são seus amigos ou amantes, e no final para o próprio Hawthorne como artista. Hilda crê que cultua a arte, mas sacrifica-a ao altar da respeitabilidade social. Transforma-se em mais uma mera copista dos Velhos Mestres, aceita Kenyon como possível marido desde que ele deixe de ser um escultor autêntico, trai e entrega Miriam e Donatello à polícia. Hilda é a pura jovem americana como demo da destruição. Apesar de ser ele a criá-la, Hawthorne parece não enxergar o que efetivamente produziu.

Hilda realça e desfigura *O fauno de mármore*; é a musa de muitas coisas na tradição americana que privam a grande arte de um público próprio. Pode-se ver (em parte) o que ela faz a Hawthorne em sua última conversa com Kenyon no romance:

— Aqui surge minha perplexidade — continuou Kenyon. — O pecado ensinou Donatello e o elevou. Será então o Pecado... que consideramos como pavorosa treva no Universo... será ele, como a Dor, um mero elemento da educação humana, por meio do qual penosamente chegamos a uma condição mais pura e mais elevada do que alcançaríamos sem ele? Adão caiu para que pudéssemos ao fim ascender a um Paraíso muito mais elevado do que o dele?

— Oh, cale-se! — exclamou Hilda, recuando com um ar horrorizado que feriu na alma o pobre escultor meditativo. — Isso é terrível, e lamentarei muito se você de fato acreditar nisso. Não percebe como sua crença escarnece não só de todo o sentimento religioso, mas também da lei moral, e anula e oblitera todos os preceitos dos Céus impressos profundamente em nosso íntimo? Você me chocou mais do que consigo dizer!

— Perdoe-me, Hilda! — exclamou o escultor, desconcertado com a agitação dela. — Nunca acreditei nisso! Mas a mente vagueia a esmo; e, na solidão em que vivo e trabalho, não tenho estrela-guia no firmamento nem luz à janela de um chalé que me reconduzam ao lar. Se você fosse minha guia, minha conselheira, minha mais íntima amiga, com essa alva sabedoria que a reveste como um manto celestial, tudo iria bem. Oh, Hilda, guie-me ao lar!

— Nós dois somos solitários; nós dois longe de casa! — disse Hilda, com os olhos cheios de lágrimas. — Sou uma pobre jovem fraca e não tenho essa sabedoria que você imagina em mim.

Uma mediocridade dessas, em estilo e sentimento, provoca estremecimento no leitor: isso é digno de Hawthorne? Não percebo nenhum distanciamento por parte dele; será que, como Kenyon, ele enxerga Hilda dotada de sabedoria, revestindo-a com um manto celestial? Ao se descrever como "pobre jovem fraca", Hilda emprega sua passividade e castidade como armas contra a dignidade humana e os mais altos fins da arte. Suposta cristã que nada sabe a respeito da misericórdia, ela não teria sobrevivido na estima de Hawthorne na época em que ele escreveu *A letra escarlate*. Hilda é um desastre estético e moral na proporção direta e inversa em que a grandiosa Hester Prynne é um sublime triunfo.

Só o demo sabe como se faz e como se estraga.

HENRY JAMES

O reconhecido mestre da literatura americana em prosa era intrépido ao escrever resenhas e ensaios críticos, mas talvez nem sempre fosse sensato. Seu livro *Hawthorne* (1879) revela algumas coisas sobre Henry James e demonstra não grande percepção de seu principal precursor americano. Aos 36 anos, seria de esperar algo melhor de James, com sua estupenda inteligência, mas a reprimida angústia da influência estava em ação.

Os dois pontos mais baixos de James como resenhista são, em primeiro lugar, aquilo que ele mesmo descreveu como uma "pequena atrocidade" contra *Drum-Taps* de Walt Whitman, em 1865, e a seguir, no mesmo ano, uma reação absurda a *O amigo comum*, último romance que Charles Dickens concluiu em vida. A maturidade não o tornou mais afável em relação a Dickens ou Tolstói, ao qual acusou de dissociar "método e estilo".

Tolstói ficava longe; Dickens tinha e mantinha o público leitor que James queria e raramente alcançava. Mesmo assim, sou grato à má avaliação de James sobre *O amigo comum*:

> *O amigo comum* é, a nosso ver, a obra mais pobre do sr. Dickens. E é pobre não com a pobreza da necessidade momentânea, mas do esgotamento definitivo. Falta-lhe inspiração. Nos últimos dez anos, parece-nos que o sr. Dickens vem inequivocamente forçando a si mesmo. *Casa desolada* era forçada; *A pequena Dorrit* era penosamente trabalhada; a presente obra parece escavada a pá e picareta. Claro — para antecipar os argumentos usuais —, quem, senão Dickens, poderia tê-lo escrito? De fato, quem? Quem mais criaria a existência de uma senhora num romance sobre as bases admiravelmente sólidas de estar sempre a pôr luvas e a amarrar um lenço na cabeça nos momentos de dor, e de se dirigir constantemente à sua família com "Calma! Parem!". Desnecessário dizer que a sra. Reginald Wilfer é a primeira e última oportunidade de um verdadeiro humor. Quando, após conduzir a filha até a carruagem da sra. Boffin sob o olhar invejoso de todos os vizinhos, ela goza seu triunfo dando-se ares durante os quinze minutos seguintes na frente de casa, "numa espécie de transe de esplendorosa serenidade", rimos com o riso mais acrítico que se poderia desejar. Rendemos o mesmo tributo a suas declarações, enquanto ela narra as glórias das altas companhias que desfrutou à mesa do pai, como os nada menos que três gravadores em

cobre que conheceu, lá trocando as mais requintadas tiradas de espírito e respectivas réplicas. Mas, quando a isso acrescentarmos uma dúzia de felizes exemplos do humor presente em cada linha dos escritos anteriores do sr. Dickens, teremos encerrado os méritos da obra à nossa frente.

Dizer que a condução da história, com todas as suas complicações, trai uma longa prática de escrita não é render nenhum elogio digno do autor. Se fosse de fato um elogio, estaríamos inclinados a prosseguir e cumprimentá-lo por seu êxito no que chamaríamos de manufatura da ficção; pois, com isso, expressaríamos um sentimento que nos acompanhou ao longo de todo o livro. Raras vezes, refletimos nós, havíamos lido um livro tão intensamente *escrito*, tão pouco visto, conhecido ou sentido.

Isso me remeteu a mais uma releitura do hino sublimemente sombrio de Dickens ao Tâmisa e a uma fétida Londres ainda mais imunda com suas águas. *O amigo comum* é um pesadelo, merecendo ser descrito como um apocalipse da Grã-Bretanha, ao estilo das profecias de William Blake. Sem dúvida o mestre, mesmo septuagenário, despachou *O amigo comum* e *Casa desolada* para a companhia de "monstros frouxos e desleixados" como *Guerra e paz* e *Os irmãos Karamázov*. O que admira é o amor de James por Balzac, que guarda mais afinidades com Dickens, Tolstói e Dostoiévski do que com o autor de *A taça de ouro*.

Meu apreço pessoal pelos romances de Henry James — em especial por *Os bostonianos*, *Retrato de uma senhora* e *As asas da pomba* — não me torna cego ao poder literário ainda maior de Dickens, Balzac e Tolstói. Nada é gratuito, e James sacrificou uma parte de sua exuberância vital no altar da forma. Apesar disso, como aqueles contemporâneos que o ultrapassavam em força estética, James também era um vitalista heroico, ainda que nele isso se manifeste por uma sutil modalidade de renúncia aparente. Essa *askesis* o excluiu do mais alto campo de feitos literários americanos, ocupado por *A letra escarlate*, *Folhas de relva*, *Moby Dick*, *As aventuras de Huckleberry Finn* e alguns poucos mais.

E no entanto a arte de sublimação de James continuou a ser de uma engenhosidade brilhante, que permitiu a seu demo criar uma dúzia de grandes romances e dezenas de admiráveis narrativas mais curtas. O que ele entendia por renúncia é tão difícil de definir quanto a arte da renúncia de Goethe, na qual, na verdade, se renuncia a muito pouco.

O romancista vigoroso não tem como objetivo renunciar ao passado literário. James Joyce, lutando apenas com os mais poderosos precursores sempre imperecíveis, parodia Homero, Dante, Shakespeare, e conquista posição central própria nesse cortejo triunfal. Henry James entra num outro embate entre consciências. Cauteloso demais para enfrentar Dante e Shakespeare, James toma Hawthorne como demo substituto. Herman Melville, que devidamente reconheceu Hawthorne como o maior escritor que tínhamos na época, seria capaz de entendê-lo, embora o visionário titânico de *Moby Dick* tenha entrado em confronto com a Bíblia e com Shakespeare.

Podemos traçar um paralelo curioso entre a relação de Shakespeare com Christopher Marlowe e o arriscado empreendimento de Henry James em abarcar Hawthorne. Shakespeare devia a *Tamburlaine the Great*, de Marlowe, a lição prática de como cativar um público por meio da "persuasão emocional" — a eloquência retórica intensificada do ator tonitruante: Edward Alleyn no caso de Marlowe e Richard Burbage no caso de Shakespeare. James aprendeu com Hawthorne a lição da ação demônica, por meio da qual Verena Tarrant em *Os bostonianos* pode encenar suas envolventes interpretações protofeministas, imitando as falas hipnóticas de Priscilla como a Dama Velada em *The Blithedale Romance*.

Há elementos paródicos no farsesco *Tito Andrônico* e em *Ricardo III*, em que Shakespeare utiliza a retórica marlowiana, mas são menos interessantes do que os vultos do Doutor Fausto assomando em *A tempestade* e d'*O judeu de Malta* em *O mercador de Veneza*. James não parodia Hawthorne; eleva-o a uma apoteose em *Retrato de uma senhora*, que renova *A letra escarlate*, e em *As asas da pomba*, que por sua vez corrige e supera *O fauno de mármore*. Não se pode afirmar que Isabel Archer tenha a força interior de Hester Prynne, embora reproduza a firmeza de sua precursora em não abandonar a independência emersoniana. Os motivos elípticos de Isabel para rejeitar Goodwood e voltar a Roma e ao duelo de vontades com Osmond se esclarecem à luz do retorno deliberado de Hester a Boston, em vez de ir ter com a filha Pearl na Inglaterra.

A peça de Shakespeare preferida por Henry James era *A tempestade*, porém sua introdução (1907) não explica as razões. James tem sido, de modo geral, superestimado como crítico literário; ele adquire força apenas em "A lição de Balzac". O maneirismo, que raramente estorva sua literatura, ganha tanto realce na crítica que James se torna mais arrebicado do que a maioria dos leitores consegue suportar.

Em *Meaning in Henry James* [O significado em Henry James], de 1991, Millicent Bell bem descreve uma "elipse do início" que predomina nos textos literários mais extensos de James. Ele aprendeu a arte da elipse em parte com Hawthorne, em parte com Shakespeare. Sua maneira de omitir as coisas se converteu numa ausência altamente individual, com raiz em seus antecedentes shakespearianos e hawthornianos. Isabel Archer, com quem ele se identificava, é a que parece mais liberta de um passado circunstancial. Pergunto-me se esse emersonismo radical não percorre profundamente todo o clã James, como parte do legado de Henry James pai, o inquieto discípulo de Emerson. William e James, filhos dessa herança, manifestam a Linhagem Nativa em modalidades que, apesar de distintas, são aliadas.

Emerson insistia que não trazia nenhum passado a suas costas, declaração surpreendente vindo do discípulo de Platão, Plotino, Plutarco, Montaigne, Shakespeare, Wordsworth e Coleridge (entre outros). Walt Whitman levou a posição de Emerson à sua apoteose: o passado e o presente somem, e "um bardo americano por fim" avança para preencher a próxima dobra do futuro.

Tão prolífico era Henry James que qualquer escolha entre seus grandes romances e contos terá inevitavelmente alguns elementos arbitrários. Guiando-me basicamente pelo prazer estético, limito-me aqui a *Retrato de uma senhora* (1881), *Os bostonianos* (1886), *As asas da pomba* (1902) e ao conto "A esquina encantada" (1908). Omitirei aquele que é talvez seu triunfo mais sutil, *A taça de ouro*, e muitos esplendores anteriores. Os contos de James são de infinita riqueza, mas "A esquina encantada" é o que mais me assombra, e perderíamos algo fundamental do mestre se não abordássemos o lado fantasmagórico de sua obra.

RETRATO DE UMA SENHORA

Como muitos garotos tímidos dos anos 1930, minhas primeiras histórias de amor foram com as heroínas de romances, em meu caso com as moças de Thomas Hardy — Marty South e Eustacia Vye em particular — e Ursula e Gudrun Brangwen de D. H. Lawrence. Aos nove anos de idade, chorei quando Marty South cortou sua longa cabeleira e exultei quando Hardy elegeu Eustacia Vye sua Rainha da Noite.

Minha paixão por Isabel Archer, alguns anos depois, na adolescência, foi muito diferente, pois, ao contrário de Marty, Eustacia e as irmãs Brangwen, a maravilhosa heroína de James parecia fora da esfera do desejo sexual. Alguns estudiosos com paciência de fazer um cotejo cerrado entre o primeiro *Retrato* (1880-1) e sua revisão na edição nova-iorquina de 1908 demonstraram que o mestre deu uma nova ênfase à aversão de Isabel Archer ao impulso erótico. Implícita em 1881, tornou-se explícita 27 anos depois:

> Seu beijo foi como um relâmpago branco, um clarão que se espraiou e se espraiou outra vez, e ali ficou; e foi extraordinariamente como se, enquanto o recebia, ela sentisse cada coisa de sua robusta masculinidade que até então menos lhe agradara, cada traço agressivo de seu rosto, de seu físico, de sua presença, justificados em sua identidade intensa e unidos a esse ato de posse. Assim ouvira ela dizer que ocorre a náufragos e afogados, vendo uma sucessão de imagens antes de afundar. Mas, quando a escuridão retornou, ela estava livre.

Anthony Mazzella observa com perspicácia que Isabel, com o beijo afoito de Goodwood, entende que sua independência deriva daquilo que Sigmund Freud viria a designar como libertação do pensamento de seu passado sexual. Terá Henry James empreendido pessoalmente tal gesto de libertação?

À sua maneira belamente evasiva, James impossibilita qualquer resposta a essa pergunta, mas ele parecia sentir especial afeto por Isabel Archer, o que muitas vezes é atribuído a seu amor por Mary Temple, sua prima de Albany. "Minny", como a chamavam, era uma "aparição cintilante" que morreu muito jovem, ao contrário de Isabel, porém nisso se assemelhando a Milly Theale, a trágica pomba heroína de *As asas da pomba*. Minny Temple sem dúvida assombrou James durante toda a longa existência do mestre. Essa memória afetuosa é um exemplo da excepcional capacidade jamesiana de apreciação, no sentido de Walter Pater: liberar mesmo as dores mais profundas da experiência na liberdade da arte.

Não, infelizmente, que ele liberte Isabel Archer das pavorosas consequências de sua escolha pelo odioso Osmond (personagem tão abominável que fico satisfeito por tomar a Saki esse reiterado adjetivo). Passei anos ressentido com a maldade do gênio jamesiano em fazer de Osmond o destino último da grandiosa Isabel, mas, na velhice, vim a aceitar como o grande erro de Isabel em relação à vida é apropriado em termos shakesperianos. Ao recusar o simpático Warburton, ela diz que não pode escapar à infelicidade, porém o mistério é por que a implausível escolha por Osmond a levaria a mergulhar no abismo de tudo o que há de mais estranho à sua natureza livre e franca. Por que a herdeira de todos os tempos se decide por esse *poseur* de quinta categoria?

James é tão próximo a ela que desconfio que seja por autopunição, embora essa observação pareça estranha. Pondo de lado seu provável homoerotismo, James era visceralmente contrário ao casamento, mas ao mesmo tempo tinha a tendência contraditória de enaltecê-lo. A conduta de Henry James pai praticamente se resumira a ser um pai e marido excêntrico, carregando esposa, filha e filhos de um lado a outro do Atlântico, em navios mercantes incômodos e inseguros. Discípulo de Emerson e de Swedenborg, era um escritor religioso bastante bizarro — uma espécie de gosto adquirido, penso eu a cada vez que tento lê-lo. Diante das realizações de William e do irmão mais novo Henry, a obra da vida de James pai se reduz a nada.

Movido pelo instigante ensaio de Nina Baym sobre a revisão e a mudança temática em *Retrato*, acabo de reler a versão de 1881 pela primeira vez em cinquenta anos. O argumento central de Baym é poderoso: James sacrificou em excesso o contexto social, ao transferir a ênfase para a consciência transcendental de Isabel quanto à sua natureza e a seu destino. A "reatividade emocional" de Isabel desaparece em favor de sua autopercepção intelectual.

Minha experiência direta, tendo agora relido em sequência as versões de 1881 e de 1908, leva a outra conclusão, embora agradeça a Baym por examinar as perdas e ganhos da revisão. O emersonismo de Isabel me parece um elemento constante nas duas versões: a aspiração a realizar plenamente seu potencial de independência espiritual.

Um ponto que Baym assinala e poderia incomodar James é a sensação mais clara de que uma nova Isabel, com percepção dotada de maior sutileza, dificilmente cairia na armadilha montada por Madame Merle e Osmond, sobretudo porque as poucas qualidades agradáveis desses dois diminuem na reelaboração de 1908. Mas James, penso eu, queria que o enigma da escolha precipitada de Isabel fosse ainda mais chocante.

Em *Antônio e Cleópatra*, o hercúleo Antônio é heroico, mas está em declínio: seu demo da guarda, seu gênio, desvanece na presença de Otávio. Os demos de James, como os de Shakespeare, são mensageiros ou enviados, e se tornam uma negação em relação a Isabel Archer, a quem abandonam em seus encontros iniciais com Osmond. O alto preço dos anseios transcendentais absolutos se manifesta como uma cegueira social, uma incapacidade de enxergar por trás da máscara. Aqui Isabel se une à sua precursora mais vigorosa, Hester Prynne, cuja surpreendente e pavorosa escolha por Chillingworth reduz em muito o erro referente ao pseudoesteta Osmond. Ressalve-se que Isabel não é uma Hester, a qual é um triunfo de vitalidade sexual feminina, e contudo Hester é uma emersoniana *avant la lettre*, enquanto Isabel é uma transcendentalista retardatária.

Os hábeis prefácios de James disfarçam ou evitam os impulsos demônicos que lhe inspiram a concepção primordial de suas mais grandiosas personas: Isabel Archer, Lambert Strether, Kate Croy, Milly Theale, Charlotte Stant, Maggie Verver. Nenhum deles, ao fim e ao cabo, conserva qualquer continuidade mais simples com a apresentação inicial. Não são inesgotáveis à reflexão: Henry James não é Shakespeare ou Dante, nem Cervantes ou Joyce. Falstaff e Hamlet, Iago e Cleópatra, o Peregrino Dante e Dom Quixote, Sancho Pança e Poldy Bloom existem dentro e fora de seus dramas e autores. As Damas Sombrias de James — Madame Merle, Kate Croy, Charlotte Stant — possuem intensidade suficiente para ganhar maior desenvolvimento, mas a arte de James não o permitiria. Como observei, seu domínio da elipse era incentivado pelo exemplo de Shakespeare: não nos é explicado com clareza por que Isabel se precipita a aceitar o pedido de casamento de Osmond.

Madame Merle mata a própria alma. Por quê? Densher é tão inadequado para Kate Croy quanto seria para Milly Theale: como podem enxergar nele algo que não está ali? Charlotte Stant e Maggie Verver valem mais do que dezenas de Príncipes Amerigos: James vê isso, mas elas não. Mais uma vez, por que James compunha parábolas com mulheres estupendas que precisam se aviltar para casar?

Não consigo pensar em nenhuma mulher em Shakespeare que não tenha casado com alguém inferior. Que escolhas James ofereceu a Isabel? Goodwood e Warburton não atraem muito minhas alunas, e o magnífico Ralph Touchett está com uma doença fatal:

Ela tinha a plena percepção de que ele estava fora do alcance da dor; já parecia quase nem pertencer a este mundo. Mas, mesmo que não o tivesse percebido, ainda assim falaria, pois agora nada mais importava, a não ser o único conhecimento que não era pura angústia — o conhecimento de que estavam juntos encarando a verdade.

— Ele se casou comigo por causa de meu dinheiro — disse ela.

Ela queria dizer tudo; temia que ele morresse antes que o fizesse.

Ele a fitou brevemente e pela primeira vez seus olhos fixos abaixaram as pálpebras. Mas logo as reergueu e então respondeu:

— Ele estava muito apaixonado por você.

— Sim, estava apaixonado por mim. Mas não teria se casado comigo se eu fosse pobre. Não quero magoá-lo dizendo isso. Como poderia? Só quero que você entenda. Sempre tentei mantê-lo afastado dessa verdade; mas agora está tudo acabado.

— Sempre entendi — disse Ralph.

— Eu pensava que sim e não gostava. Mas agora gosto.

— Você não me magoa... você me faz muito feliz.

E, quando Ralph disse isso, foi com uma alegria extraordinária na voz. Ela inclinou a cabeça outra vez e pressionou os lábios nas costas da mão dele.

— Sempre entendi — continuou ele —, embora fosse tão estranho, tão lamentável. Você queria ver a vida por si mesma, mas não lhe foi permitido; foi castigada por esse seu desejo. Foi triturada no moinho da convenção!

— Ah, sim, tenho sido castigada, sim — soluçou Isabel.

Ele ouviu por um instante e prosseguiu:

— Ele foi muito cruel sobre sua vinda aqui?

— Ele dificultou muito. Mas não me importo.

— Então está tudo acabado entre vocês?

— Oh, não; creio que nada se acabou.

— Você vai voltar para ele? — surpreendeu-se Ralph.

— Não sei, não sei dizer. Vou ficar aqui pelo tempo que der. Não quero pensar, não preciso pensar. Só me importo com você, e por ora isso basta. Ainda vai durar um pouco. Aqui ajoelhada, com você morrendo em meus braços, estou feliz como não era há muito tempo. E quero que você fique feliz, não pense em nada triste; apenas sinta que estou aqui a seu lado e o amo. Por que então sofrer? Em horas assim, o que faríamos com o sofrimento? Não é a coisa mais profunda; existe outra coisa mais profunda.

Era evidente que Ralph, a cada momento que se passava, sentia maior dificuldade em falar; precisava esperar mais tempo para se recompor. De início, não deu nenhuma resposta a essas últimas palavras; deixou transcorrer um longo tempo. Então simplesmente murmurou:

— Você precisa ficar aqui.

— Eu gostaria de ficar, enquanto parecer correto.

— Enquanto parecer correto... enquanto parecer correto? — ele repetiu suas palavras. — É, você pensa muito sobre isso.

— É necessário, claro. Você está muito cansado — disse Isabel.

— Estou muito cansado. Você acabou de dizer que o sofrimento não é a coisa mais profunda. Não, não é. Mas é muito profunda. Se eu pudesse ficar....

— Para mim, você sempre vai estar aqui — interrompeu ela suavemente. Era fácil interrompê-lo.

Mas ele prosseguiu depois de um instante:

— Depois passa; já está passando. Mas o amor fica. Não entendo por que havemos de sofrer tanto. Talvez eu descubra. Existem muitas coisas na vida. Você é muito jovem.

— Eu me sinto muito velha — disse Isabel.

— Vai rejuvenescer outra vez. É como vejo você. Não acredito... não acredito — mas ele se interrompeu novamente; faltaram-lhe forças.

Ela suplicou que ficasse em silêncio.

— Não precisamos falar para nos entendermos — disse ela.

— Não acredito que um erro tão generoso como o seu possa feri-la muito.

— Oh, Ralph, estou muito feliz agora — respondeu ela entre lágrimas.

— E lembre-se disso — prosseguiu ele —, se você foi odiada, também foi amada. Ah, Isabel, *adorada*! — disse num sopro que mal se ouvia.

— Oh, meu irmão! — exclamou ela num movimento de prostração ainda mais profunda.

Citei todo esse longo trecho por ser a grande passagem do romance, um triunfo jamesiano de ritmo, proporção, dicção e profunda compaixão. A perfeita harmonia do tato mútuo, que é uma modalidade do amor, é apresentada de maneira soberba. Aqui, pelo menos, a história de Isabel alcança uma dignidade trágica. O que manteve Ralph vivo foi seu desejo de ver Isabel enfrentar seu destino, mas agora nem isso é capaz de sustentá-lo.

Henry James, elíptico ao longo de todo *Retrato de uma senhora*, não concede nenhum fecho à história de Isabel. Sua volta para Osmond tem um leve toque do retorno de Hamlet, estando no mar, a Elsinore. Ninguém, exceto Horácio (e o forasteiro Fortimbrás), sobrevive a esse retorno, e é pouco provável que a "bela mente" de Osmond se sinta minimamente serena durante e após o belicoso reencontro. Para Madame Merle, Isabel é direta: "Creio que prefiro não a rever nunca mais". James nos poupa a batalha com Osmond, longamente preparada, mas oferece-nos um prenúncio brilhante e aflitivo:

Isabel ficou parada um instante, olhando essa segunda missiva; então, enfiando-a no bolso, foi diretamente até a porta do gabinete do marido. Ali ela parou outra vez, depois abriu a porta e entrou. Osmond estava sentado à mesa junto à janela com um volume in-fólio diante de si, apoiado contra uma pilha de livros. O volume estava aberto numa página de pequenas ilustrações coloridas, e Isabel logo viu que ele estivera dali copiando o desenho de uma moeda antiga. À sua frente havia uma caixa de aquarelas e pincéis finos, e ele já transferira o disco delicado e finamente matizado para uma folha de papel imaculado. Estava de costas para a porta, mas reconheceu a esposa sem se virar.

— Desculpe incomodá-lo — disse ela.

— Quando eu entro em seus aposentos, sempre bato à porta — respondeu ele, continuando em seu trabalho.

— Esqueci; estava pensando em outra coisa. Meu primo está à morte.

— Ah, não acredito nisso — respondeu Osmond, examinando o desenho com uma lente de aumento. — Ele estava à morte quando nos casamos; irá sobreviver a todos nós.

Isabel não se concedeu nenhum instante, nenhum pensamento para avaliar o cuidadoso ceticismo dessa declaração; apenas prosseguiu rapidamente, tomada por suas intenções:

— Minha tia me telegrafou; preciso ir a Gardencourt.

— Por que você precisa ir a Gardencourt? — indagou Osmond num tom de curiosidade desinteressada.

— Para ver Ralph antes que morra.

A isso ele não retrucou nada por algum tempo; continuou a conceder sua principal atenção ao trabalho, que era daqueles que não admitiriam nenhum descuido.

— Não vejo a necessidade disso — falou por fim. — Ele veio vê-la aqui. Não gostei daquilo; considerei sua presença em Roma um grande erro. Mas tolerei porque seria a última vez que você o veria. Agora você me diz que não terá sido a última. Ah, você não está sendo grata!

— E pelo que devo ser grata?

Gilbert Osmond pousou os pequenos instrumentos, soprou uma partícula de pó de seu desenho, levantou-se devagar e pela primeira vez olhou para a esposa.

— Por eu não ter interferido quando ele esteve aqui.

Isso dá início a uma marcha forçada, avançando penosamente para a verdade:

— Oh, sou grata sim. Lembro muito bem como você demonstrou claramente que não gostou do fato. Fiquei muito contente quando ele foi embora.

— Então deixe-o em paz. Não corra atrás dele.

Isabel desviou os olhos do marido; pousaram-se no pequeno desenho dele.

— Tenho de ir à Inglaterra — disse, com plena consciência de que seu tom poderia parecer estupidamente obstinado a um homem de bom gosto e gênio irritadiço.

— Não vou gostar se você for — observou Osmond.

— E por que isso me importaria? Você não vai gostar se eu não for. Você não gosta de nada que eu faça ou deixe de fazer. Finge pensar que estou mentindo.

Osmond empalideceu levemente; deu um sorriso frio.

— Então é por isso que você tem de ir? Não para ver seu primo, mas para se vingar de mim.

— Não sei o que é vingança.

— Eu sei — retrucou Osmond. — Não me dê motivo para tanto.

— Você está ansiosíssimo para ter algum. Iria apreciar imensamente que eu cometesse alguma loucura.

— Se assim fosse, eu ficaria satisfeito se você me desobedecesse.

— Desobedecesse a você? — disse Isabel num tom baixo que sugeria brandura.

— Vamos deixar claro. Se você sair de Roma hoje, será uma atitude da mais deliberada, da mais calculada oposição.

— Como você é capaz de dizer que é calculada? Recebi o telegrama de minha tia três minutos atrás.

— Você calcula rápido; é uma grande habilidade. Não vejo por que prolongar essa nossa conversa; você está a par de meu desejo. — E ali se postou como esperando que ela se retirasse.

Mas ela não se moveu; não conseguia se mover, por estranho que pareça; ainda queria se justificar; ele tinha o poder, a um grau extraordinário, de fazê-la sentir tal necessidade. Em sua imaginação, havia algo a que ele sempre podia apelar, contra o próprio discernimento dela.

— Você não tem nenhuma razão para um desejo desses — disse Isabel — e eu tenho todas as razões para ir. Nem consigo dizer quanto você me parece injusto. Mas creio que sabe. É sua oposição que é calculada. É maligna.

"Maligna" é a palavra exata para Osmond. O que se segue é uma síntese de seu ódio por Isabel:

Mas, se tivesse de renunciar, mostraria a ele que era vítima e não tola.

— Sei que você é um mestre na arte da zombaria — disse ela. — Como pode falar em união indissolúvel, como pode falar em estar contente? Onde está nossa união quando você me acusa de falsidade? Onde está seu contentamento quando não tem em seu coração nada além de uma medonha suspeita?

— Está em vivermos juntos de modo decente, apesar de tais reveses.

— Não vivemos juntos de modo decente! — exclamou Isabel.

— De fato, não mesmo, se você for para a Inglaterra.

— Isso é muito pouco; isso não é nada. Eu poderia fazer muito mais.

Ele ergueu as sobrancelhas e, levemente, até mesmo os ombros: já vivia na Itália tempo suficiente para ter adquirido esse cacoete.

— Ah, se você veio me ameaçar, prefiro voltar a meu desenho.

E retornou à mesa, onde pegou a folha de papel em que estivera trabalhando e se pôs a examiná-la.

— Suponho que, se eu for, você não espera que eu volte — disse Isabel.

Ele se virou rapidamente e ela pôde ver que pelo menos esse movimento não era intencional. Fitou-a brevemente e indagou:

— Você perdeu o juízo?

— E o que isso pode ser, senão um rompimento? — prosseguiu ela. — Ainda mais se tudo o que você diz é verdade?

Ela não conseguia entender como poderia não ser um rompimento; desejava sinceramente saber o que mais poderia ser.

Ele se sentou à mesa.

— Realmente não posso discutir com você a hipótese de me desafiar — disse ele. E retomou um de seus pinceizinhos.

Como todos os leitores comuns, sinto-me incomodado e me pergunto mais uma vez por que Isabel simplesmente não prossegue até o rompimento definitivo desse arremedo de casamento. James não nos facilita a vida. Retraindo-se ao beijo de Goodwood, Isabel tem uma última epifania não muito reveladora:

Antes ela não sabia para onde se virar; mas agora soube. Havia um caminho muito estreito.

E no entanto esse caminho estreito irá reconduzi-la à luta labiríntica com Osmond. James nos libera para imaginar por quanto tempo persistirá aquela ficção de duração. Os que amam Isabel — como James — crerão que ela reconquistará o caminho de volta à própria independência muito antes de chegar a qualquer fim que lhe esteja destinado.

OS BOSTONIANOS

Meus alunos da última década concordam que *Os bostonianos* (1886) é o romance mais interessante de James, e tendo a manifestar a mesma preferência. Retomando o exemplo de *The Blithedale Romance*, de Hawthorne, James incorpora a lição de Balzac à sua narrativa, embora seu jovem aspirante interiorano, Basil Ransom do Mississippi, não seja nenhum Rastignac, e se evite com prudência a energia balzaquiana do demônico Vautrin. Faz parte da grande maestria artística de Henry James conhecer seus limites e se manter dentro deles. Os vitalistas heroicos de Chaucer, Shakespeare, Balzac e Dickens ultrapassam seu alcance e suas ambições.

Dito isso, *Os bostonianos* é uma realização quase inesgotável: Olive Chancellor, Verena Tarrant e Basil Ransom saltam das páginas com uma força e uma vivacidade que se equiparam a Isabel Archer, Kate Croy e ao próprio James em seus escritos autobiográficos.

Embora o que hoje se chama "feminismo" seja abordado com justeza em Os bostonianos, James adota uma atitude imparcial diante dele e de Ransom, retrógrado como um Thomas Carlyle, que tem uma posição contrária à libertação dos escravos e à emancipação feminina. Os bostonianos é, essencialmente, um romance cômico com subtons tragicômicos, ainda que suas ambiguidades sejam mais labirínticas do que dá a parecer. Verena pode ter herdado seu gentil demonismo de Priscilla em *The Blithedale Romance*, mas tem um espírito intensamente emersoniano, aberto ao influxo de potências que se encontram além e acima dela. São indiferentes a seu bem-estar pessoal e não a protegem da escravização a que é submetida por Basil Ransom, num casamento em que ele defende e instaura a dominação masculina. Contudo, pelo menos, não é um Osmond e, nesse sentido, ela está melhor do que Isabel Archer, cuja consciência e ardente percepção de sua individualidade superam em muito a de Verena.

Tratarei extensamente dos três protagonistas: Olive Chancellor, Basil Ransom e Verena Tarrant, nessa ordem. Embora os três sejam boas criações de James, Olive me parece ser o grande triunfo em Os bostonianos. Suas dúvidas e complexidades são dolorosas e intrincadas, em certa medida shakespearianas em alcance e intensidade.

Olive nutre por Verena uma paixão obsessiva lésbica, embora reprimida, assim como a débil expressão de amor de Miles Coverdale por Priscilla ocultava seu desejo homoerótico por Hollingsworth. Aqui cabe começar avaliando a radicalidade com que James, ao apresentar Olive, diverge da tradição das heroínas da vontade protestante em Samuel Richardson e suas descendentes: Jane Austen, Fanny Burney, Charlotte Brontë, George Eliot. No desfile de Clarissa Harlowe, Elizabeth, Emma, Anne, Fanny, Evelina, Jane Eyre, Dorothea e Gwendolyn, nenhuma delas se afasta dos laços matrimoniais, aos quais Olive se opõe com tanta energia. Ela não tem nenhuma antecessora legítima na literatura britânica nem em Hawthorne, e, devido a essa sua originalidade, ela se torna uma surpreendente profetisa de Virginia Woolf e muitos outros posteriores.

A orientação sexual é, sem dúvida, um elemento central na individualidade de Olive, mas isso pode desviar o leitor do que há de singular em sua caracterização. Eis como ela aparece pela primeira vez, filtrada pela cuidadosa percepção de seu parente Basil Ransom:

> Isso, porém, estava no futuro; o que Basil Ransom realmente percebia era que a srta. Chancellor era uma evidente solteirona. Era esta sua qualidade, seu destino; nada podia vir expresso com maior clareza. Há mulheres que são solteiras por acaso, e outras que são solteiras por opção; mas Olive Chancellor era solteira por todos os traços de seu ser. Era uma solteirona como Shelley era um poeta lírico ou como o mês de agosto é mormacento. Era tão essencialmente uma celibatária que Ransom se viu pensando nela como uma mulher de idade, embora, vindo a olhá-la (como dizia a si mesmo), ficasse evidente que era mais nova do que ele. Não desgostava dela, fora muito simpática; mas, aos poucos, despertava-lhe uma sensação incômoda — a impressão de que nunca se estaria a salvo com uma pessoa que levava as coisas tão a sério. Ocorreu-lhe que era justamente por levar as coisas a sério que ela procurara sua amizade; porque era esforçada, não porque fosse cordial; tinha em vista — e que vista extraordinária era aquela! — não um prazer, mas uma obrigação. Ela esperava que ele, por sua vez, fosse esforçado também; mas ele não conseguia — na vida pessoal, não conseguia; a vida pessoal para Basil Ransom consistia exclusivamente no que chamava de "deixar de lado". Conhecendo-a melhor, ela não era tão simples quanto lhe parecera de início; mesmo o jovem mississipiano tinha cultura suficiente para ver que era uma mulher refinada. Sua pele alva tinha a curiosa aparência de ser firmemente repuxada no rosto; mas seus traços, embora angulosos e irregulares, eram de uma delicadeza que sugeria uma boa educação. Eram de contorno obstinado, mas isso não era deselegante. A curiosa cor dos olhos era de um matiz dotado de vida; ao fitar alguém, tinha-se a vaga impressão de que brilhavam como gelo verde. Sua presença era totalmente inexpressiva e mostrava certo ar friorento. Com tudo isso, havia algo muito moderno e altamente desenvolvido em seu aspecto; ela tinha as vantagens e as desvantagens de uma constituição nervosa. Sorria constantemente a seu convidado, mas, do começo ao final do jantar, embora ele fizesse vários comentários que julgava serem divertidos, ela não soltou uma única risada. Mais tarde, ele viu que era uma mulher sem risos; a alegria, se é que alguma vez a visitava, era muda. Somente numa ocasião, durante a aproximação que vieram a ter, chegou a encontrar voz; e então o som permaneceu nos ouvidos de Ransom como um dos mais estranhos que ouvira.

"Era uma solteirona como Shelley era um poeta lírico" e "uma mulher sem risos" são observações essenciais de Ransom e contêm mais do que, àquela altura, ele poderia saber. A qualidade demônica de Ransom é a prolepse: uma espécie de poder macbethiano de vaticínio. O tipo contrário de influxo demônico de Olive é o pavor premonitório, que cedo lhe foi despertado pela presença de Ransom, mesmo antes que ambos, naquela mesma ocasião, encontrassem Verena pela primeira vez. Numa violenta regressão a um chauvinismo masculino arcaico, ele também se apaixona por Verena à primeira vista e assim, desde o começo, Ransom se torna implicitamente o destruidor de Olive.

Os três protagonistas guardam elementos antipáticos: Olive é quase histérica, o cavalheirismo mississipiano de Ransom é pragmaticamente brutal, a gentil e simpática Verena às vezes é uma cabeça de vento. Apesar disso, James dá imparcialmente a todos eles uma capacidade de sustentação interna, embora com liberdade de cair, e todos de fato caem, ainda que Basil Ransom julgue se reerguer triunfante. Verena sofrerá uma espécie de escravização como esposa dele, mas sua tendência demônica pessoal para visões e vozes feministas não a abandona, e, com o tempo, Ransom pagará um alto preço para ratificar seu caráter repressor americano pós-carlyliano.

Volto a Olive, a mártir exemplar do livro, que ganha uma simpatia muito maior conforme o romance avança para sua derrota às mãos de Ransom. James atinge uma pungência excepcional com o contraste entre a feminista às vezes grotesca de Boston e o cativante monstro do Mississippi. Nem mesmo *Shooting Niagara: And After?* [Cruzando o Niágara: E depois?] de Thomas Carlyle, na polêmica que moldou Ransom, chega a pontos tão extremos na questão da desigualdade sexual se comparada à democracia, que desperta similar desprezo no brutal escocês e no cavalheiresco sulista.

A angústia de Olive alcança uma apoteose expressiva no capítulo XXXIX, quando Verena, em Cape Cod, vai passear de barco com Ransom:

> Terá a estranha aberração de Verena, nesse dia em particular, sugerido a Olive que lutar era inútil, que o mundo era apenas uma grande armadilha ou trapaça na qual as mulheres sempre caíam prontamente, e assim o pior da maldição que pairava sobre elas era ter de humilhar ao máximo precisamente quem mais defendia sua própria causa? Terá ela dito a si mesma que a fraqueza delas era não

só lamentável, mas pavorosa — pavorosa a predestinada sujeição à insistência maior e mais grosseira do homem? Terá se perguntado por que renunciaria à sua vida para salvar um sexo que, afinal, não desejava ser salvo e rejeitava a verdade, mesmo depois que essa verdade as banhara com sua luz matutina e depois que simularam se sentir nutridas e fortalecidas? São mistérios em que não tentarei entrar, especulações que não me interessam; basta-nos saber que nunca nenhum esforço humano lhe parecera tão estéril e ingrato como naquela tarde fatal. Seus olhos pousaram nos barcos que via à distância, e indagou-se se Verena estaria flutuando num deles, rumo a seu destino; mas, longe de fazer um esforço e acenar chamando-a de volta, ela quase desejou que continuasse a deslizar e se afastar para sempre, para que *ela* nunca mais tornasse a vê-la, nunca passasse pelos terríveis pormenores de uma separação mais deliberada. Olive reviveu mentalmente, em suas infelizes reflexões, seus dois últimos anos de vida; viu novamente como seu plano havia sido belo e nobre, mas como se baseara apenas numa ilusão a cuja mera lembrança ela se sentia débil e nauseada. O que estava diante de si agora era a realidade, com o belo céu indiferente espalhando seus raios complacentes sobre ela. A realidade pura e simples era que Verena significara mais para ela do que ela jamais significou para Verena, e que a moça, com sua rara arte natural, só se importara com a causa delas porque, naquele momento, não havia nenhum outro interesse ou fascínio maior. Seu talento, o talento que realizaria tais maravilhas, não era nada para ela; era fácil demais, podia deixá-lo de lado, assim como podia fechar o piano, por meses a fio; era tudo somente para Olive. Verena se submetera, respondera, prestara-se ao incentivo e à exortação de Olive porque era simpática, jovem, transbordante, fantasiosa; mas havia sido uma espécie de lealdade cultivada, um mero contágio pelo exemplo, e um sentimento brotando de dentro facilmente soprara um hálito gelado sobre aquilo. Terá Olive se perguntado se, por tantos meses, sua companheira havia sido apenas a mais inconsciente e a mais exitosa impostora? Aqui também devo alegar certa incompetência para dar uma resposta. O inegável é que ela não se poupou nenhuma das reflexões de um devaneio que parecia absorver as brumas e ambiguidades da vida. Essas horas de clareza retrospectiva ocorrem a todos os homens e mulheres, pelo menos uma vez na vida, quando leem o passado à luz do presente, com as razões das coisas se salientando, como placas de sinalização, onde nunca as tinham visto antes. Mapeiam todo o percurso feito, com seus passos em falso, as observações erradas e toda a sua geografia apaixonada e iludida. Eles entendem como Olive entendeu, mas o provável é que raramente sofram como ela sofreu. O sentimento de pesar por seus cálculos frustrados ardia dentro dela como uma labareda, e o esplendor da visão sobre a qual caía agora a cortina da manhã trouxe-lhe aos olhos lágrimas lentas, vagarosas, lágrimas que vinham uma a uma, sem lhe acalmar os nervos nem diminuir o peso da dor. Pensou em suas incontáveis conversas com Verena, as promessas que haviam trocado, os estudos fervorosos, o trabalho constante, a recompensa assegurada que tinham, as noites de inverno sob a lâmpada, quando vibravam com as mais justas previsões e a mais elevada paixão que já encontrara abrigo num par de corações humanos. A pena, a infelicidade de uma queda tão grande após um voo tão alto, só podia se expressar, enquanto a pobre jovem prolongava as vagas pausas de sua perambulação despercebida, num murmúrio baixo e inarticulado de angústia.

O que mais dói aqui é a vacuidade da posição de Olive, tanto no relacionamento com Verena quanto na ideologia sem programa concreto para a organização e a reforma política. A aura de Olive é a do martírio, mas ela a mereceu? Assim como Ransom, Olive está apaixonada por Verena, porém é um amor sem futuro. O que Verena faria com ele? Ransom lhe oferece a emoção da vitimização, um prazer suspeito que levará a lágrimas, mas a única coisa que Olive pode dar, visto que seu lesbianismo é reprimido a um grau tão enorme, é uma espécie de sensação shelleyiana de ser "elevada a um indistinto pináculo no intenso vazio" [*Pinnacled dim in the intense inane*]: a solteirice como lírica poética.

A clareza retroativa e a angústia murmurante se mesclam no devaneio de Olive na praia. Ainda que o narrador se abstenha de julgamentos, o lamento de Olive é consequência da única comunicação entre os três protagonistas, uma fantasmagoria de um demo a outro, um discurso que apenas entreouvimos. Embora sejam amantes que se casarão, Verena e Ransom raramente ouvem um ao outro, enquanto a paixão contida entre Olive e Verena é unilateral e inarticulada.

O que Henry James tentava fazer para si mesmo como romancista ao compor *Os bostonianos*? Esperava, evidentemente, fundir Hawthorne com Alphonse Daudet e Balzac, assim abrindo a forma romanesca americana a uma espécie de naturalismo expurgado, ao mesmo tempo expondo as frágeis premissas de uma modalidade literária que excluía aspirações transcendentais. O demonismo americano é muito mais radical do que a energética até mesmo de Balzac. Curiosamente, o impulso que move Basil Ransom é tão perigoso quanto o de Vautrin, que ascenderá ao cargo mais alto da hierarquia da polícia secreta parisiense, após reinar como o Engana-a-Morte, Príncipe do Submundo.

Se a Confederação americana ressurgisse, algum Basil Ransom de carne e osso daria um presidente admirável. O mississipiano ficaria contente em reinstaurar a escravidão negra, em anular os direitos das mulheres e devolvê-las ao papel de objetos domésticos adorados, mas brutalizados. Isso vem disfarçado por certo encanto em Ransom, contudo ele é realmente perigoso:

— Oh, imagino que você quer nos destruir pelo descaso, pelo silêncio! — exclamou Verena com a mesma vivacidade.

— Não, não quero destruí-las, assim como não quero salvá-las. Já houve conversa demais sobre vocês, e quero deixá-las totalmente em paz. Meu interesse é por meu próprio sexo; o de vocês certamente pode se cuidar sozinho. É isso o que quero salvar.

Verena viu que ele estava mais sério agora do que antes, que não estava satirizando, e sim expondo com circunspeção e uma ponta de cansaço, como se de repente se sentisse esgotado com tanta conversa, o que realmente queria dizer.

— Salvar do quê? — perguntou ela.

— Da mais abominável feminização! Estou tão longe de pensar, como vocês disseram na outra noite, que não há uma presença suficiente da mulher em nossa vida geral que estou plenamente convencido, faz muito tempo, de que há e em demasia. A geração inteira é feminizada; o tom masculino está desaparecendo do mundo; é uma época feminina, uma época nervosa, histérica, falante, lamurienta, hipócrita, uma época de expressões vazias, falsas delicadezas, solicitudes exageradas, sensibilidades mimadas que, se não procurarmos logo uma saída, desembocará no reino da mediocridade, da mais insignificante, da mais baixa e mais pretensiosa que já existiu. O caráter masculino, a capacidade de ousar e resistir, de conhecer e não temer a realidade, de olhar o mundo de frente e aceitá-lo como é — uma mistura muito excêntrica e, em parte, muito vulgar —, é isso o que quero preservar, ou melhor, diria eu, recuperar; e devo lhe dizer que não me importo minimamente com o que será de vocês, mulheres, enquanto faço a tentativa!

O pobre sujeito despejou essas noções estreitas (cuja rejeição pelos principais periódicos certamente não causava surpresa) num tom baixo e brando de profunda sinceridade, inclinando-se para ela como que para transmitir sua ideia completa, mas pelo visto esquecendo de momento como devia ser ofensiva a ela, agora que era expressa com aquela calma e gravidade, sem nenhuma concessão à hipérbole. Verena não se apercebeu disso; estava demasiado impressionada com suas maneiras e com a novidade de um homem assumindo tal espécie de tom religioso a respeito de uma causa daquelas. Percebeu ali mesmo, de um minuto para outro e para todo o sempre, que o homem capaz de lhe causar essa impressão nunca mudaria de opinião. Sentiu frio e uma leve náusea, embora respondesse que, agora que ele resumira suas convicções de modo tão claro e lúcido, a situação ficava muito mais confortável — era possível saber com quem estava lidando; declaração, aliás, muito distante dos fatos, pois Verena nunca se sentira menos satisfeita na vida. Estremecia à fealdade da profissão de fé do companheiro; teria dificuldade em imaginar algo mais grosseiramente profano. Estava, porém, decidida a não trair nenhum tremor que pudesse sugerir fraqueza, e a melhor maneira que lhe ocorreu para disfarçar sua emoção foi comentar num tom que, embora não adotado para tal fim, era na realidade a mais eficiente forma de vingança, na medida em que sempre provocava em Ransom (não era exclusivo de Verena, entre as mulheres) uma raivosa impotência:

— Sr. Ransom, garanto-lhe que esta é a era da consciência.

— Isso faz parte da hipocrisia de vocês. É uma era de indizíveis imposturas, como diz Carlyle.

— Bem — devolveu Verena —, é muito cômodo para você dizer que quer nos deixar em paz. Mas não pode. Estamos aqui e você tem de lidar conosco. Tem de nos pôr em algum lugar. Que belo sistema social é esse que não tem lugar para *nós*! — prosseguiu a jovem, com seu riso mais encantador.

— Não tem lugar em público. Meu plano é mantê-las dentro de casa e me divertir mais do que nunca estando vocês lá.

Por infame que seja, a arenga de Ransom contra a hipocrisia e as imposturas continua válida. Como acadêmico idoso, faz muito tempo que vejo a hipocrisia triunfar a meu redor, como a grande marca da vida universitária na era dos regimentos educacionais pela igualdade dos sexos. Hoje em dia, Basil Ransom seria expulso ou abandonaria a universidade sob gargalhadas. Isso lhe permite conquistar, talvez não simpatia, mas certo *páthos* refrescante.

James alcança outro ponto alto no capítulo XXXVII, quando o martírio de Olive se torna excruciante:

> Essas observações foram feitas por Verena depois que Basil Ransom passara três dias em Marmion, e, quando ela chegou a esse ponto, a companheira a interrompeu com a pergunta:
> — É isso o que ele propõe para sustentá-la? Escrever?
> — Ah, sim; claro que ele admite que viveríamos numa pobreza terrível.
> — E essa visão de uma carreira literária se baseia inteiramente num artigo que ainda nem foi publicado? Não entendo como um homem com um mínimo de refinamento é capaz de abordar uma mulher com uma versão tão mísera de sua posição na vida.
> — Ele disse que não o faria, que sentiria vergonha três meses atrás; foi por isso que, quando estávamos em Nova York e ele já então sentia... bom (é o que ele diz) tudo o que sente agora, decidiu não insistir e me deixar. Mas nesses últimos tempos houve uma mudança; seu estado de espírito se alterou completamente, no decorrer de uma semana, devido à carta que aquele editor lhe escreveu sobre sua colaboração e o pagamento imediato que lhe fez. Era uma carta notavelmente elogiosa. Ele diz que agora acredita em seu futuro; tem à frente uma perspectiva de reconhecimento, influência e fortuna, não grande, talvez, mas suficiente para tornar a vida tolerável. Não crê que a vida seja muito prazerosa, pela natureza das coisas; mas uma das melhores coisas que um homem pode fazer com ela é arranjar uma mulher (claro, precisa agradar-lhe muito para que valha a pena) que possa atrair para junto de si.
> — E ele não podia arranjar alguma outra que não fosse você, entre os milhões de mulheres disponíveis? — gemeu a pobre Olive. — Por que teve de escolher justo você, quando tudo o que ele sabia a seu respeito mostrava que você seria precisamente a última das últimas?
> — Foi exatamente o que perguntei, e ele só comentou que essas coisas não são racionais. Ele se apaixonou por mim naquela primeira noite, na casa da srta. Birdseye. Por aí você vê que aquela sua apreensão mística tinha certo fundamento. Pelo visto, eu lhe agradei mais do que qualquer outra.
> Olive se jogou no sofá, enterrando o rosto nas almofadas, que derrubou em seu desespero, e protestando num gemido que ele não amava Verena, nunca a amara, era apenas seu ódio à causa delas que o levava a fingir; queria prejudi-

car a causa, lhe infligir a pior coisa que conseguia imaginar. Ele não a amava, detestava-a, só queria asfixiá-la, esmagá-la, matá-la — como ela inevitavelmente veria se lhe desse ouvidos. Era por saber que a voz dela tinha magia própria e, desde o primeiro momento em que ouviu seu timbre, havia decidido destruí-la. Não era a ternura que o movia: era uma malignidade diabólica; a ternura seria incapaz de exigir o pavoroso sacrifício que ele não se pejava em pedir, de exigir que ela cometesse perjúrio e blasfêmia, abandonasse um trabalho, um interesse com os quais se entrelaçavam as próprias fibras de seu coração, desmentisse todo o seu jovem passado, suas mais puras e sagradas ambições. Olive não levantou nenhuma pretensão própria, não emitiu, pelo menos de início, nenhuma palavra de censura em nome de sua perda pessoal, da união de ambas que assim se arruinava; demorou-se apenas sobre a indizível tragédia de uma deserção da bandeira comum a elas, de uma falha por parte de Verena em prosseguir no que havia assumido, do horror em ver sua brilhante carreira destruída pela obscuridade e pelas lágrimas, da alegria e exultação que encheriam o peito de todos os seus adversários nessa ilustre e rematada prova da inconstância, da futilidade, da servilidade predestinada das mulheres. Bastava um homem chamar com um assobio, e aquela que mais pretensões tivera acorria feliz e se ajoelhava a seus pés. O protesto mais ardoroso de Olive se condensou na declaração de que, se Verena as abandonasse, a causa da emancipação feminina retrocederia cem anos. Nesses dias terríveis, ela não ficou falando ininterruptamente; tinha longos períodos de silêncio lívido, intensamente ansioso e vigilante, interrompido por surtos de apaixonadas argumentações, súplicas, invocações.

O nadir na vida de Olive é sua litania gemendo que Ranson "não a amava, detestava-a, só queria asfixiá-la, esmagá-la, matá-la [...]. Era por saber que a voz dela tinha magia própria e, desde o primeiro momento em que ouviu seu timbre, havia decidido destruí-la". Desapareceu qualquer dignidade, e a orgulhosa srta. Chancellor ficou reduzida a uma histeria infantil.
Verena se eleva acima dos dois apaixonados nessa tensa tempestade:

Era Verena que falava sem cessar, era Verena quem estava numa situação totalmente nova para ela e, como qualquer um podia ver, numa atitude inteiramente artificial e exagerada. Se estava iludindo a si mesma, como dizia Olive, havia algo muito comovente em seu esforço, em sua ingenuidade. Se tentava perante

Olive mostrar-se imparcial e friamente judiciosa em sua atitude para com Basil Ransom, e apenas curiosa em ver, pela satisfação moral da coisa, quão bem ele poderia defender sua posição como enamorado e quanto conseguiria comover suas suscetibilidades, empenhava-se com seriedade ainda maior em aplicar essa fraude à sua própria imaginação. Apresentava mil provas de que entraria em desespero se fosse oprimida e pensava em argumentos ainda mais convincentes, se possível, do que os de Olive sobre as razões para manter sua antiga convicção, para resistir mesmo ao preço de um agudo sofrimento passageiro. Era eloquente, fluente, febril; trazia o assunto à tona incessantemente, como que para encorajar a amiga, para mostrar como mantinha seu julgamento próprio, a que ponto continuava independente.

É impossível imaginar situação mais estranha do que a dessas jovens extraordinárias nessa conjuntura; era tão singular, em especial pela parte de Verena, que não tenho esperança de apresentá-la ao leitor com ar de verossimilhança. Para entendê-la, é preciso ter em mente sua peculiar franqueza, natural e adquirida, seu hábito de discutir questões, sentimentos, aspectos morais, sua educação, na atmosfera de salas de conferências, de *séances*, sua familiaridade com o vocabulário da emoção, com os mistérios da "vida espiritual". Ela aprendera a respirar e a se mover num ar rarefeito, tal como teria aprendido a falar chinês se disso dependesse seu sucesso na vida; mas essa habilidade surpreendente e todos os seus recursos singelamente engenhosos não faziam parte de sua essência, não eram expressão de suas preferências íntimas. O que de fato *fazia* parte de sua essência era a generosidade extraordinária com a qual podia se expor, se entregar, virar-se do avesso para satisfazer às demandas que alguém lhe fizesse. Olive, como sabemos, refletira e concluíra que não havia ninguém menos naturalmente preocupado com a ideia de sua própria dignidade e, embora Verena a apresentasse como pretexto para permanecerem no ponto em que estavam, é preciso reconhecer que, na realidade, faltava-lhe em grande medida o desejo de ser coerente consigo mesma.

Ainda que o narrador jamesiano desista de apresentar o novo estado de Verena, ainda assim consegue transmiti-lo com rara pungência. Sendo ao mesmo tempo extremamente aberta aos desejos alheios, generosa em se entregar, Verena agora também sente uma recalcitrância espiritual em retornar a modalidades anteriores de submissão. Em suma, ela caiu no abismo do amor de maneira tão absoluta que todas as suas convicções se destruíram completamente.

Onde James coloca a nós, seus leitores, no final de Os bostonianos? Na terra do demo, e não no mundo social de Boston, com o final do século XIX rumando para a incerteza. Estando longe de Os bostonianos por alguns anos, lembro-me apenas de Verena e seus rivais amorosos, Olive e Ransom. O que permanece são seus confrontos e desespero, embora nenhum deles encarne um valor humano como Isabel Archer. Olive Chancellor é grotesca demais para nos comover por muito tempo, a despeito de sua integridade, enquanto Ransom só pode ser aceito como arquétipo do Provinciano, e fica absurdo quando observamos suas ideias tacanhas.

O desafio continua a ser Verena. É aberta ao influxo demônico, a uma eloquência que não é sua, e só o demo sabe como se faz e por quê. Ransom é incapaz de imaginar que o casamento também será muito difícil para ele, por mais energicamente que submeta a vontade de Verena a seu impulso demônico. O que foi subjugado nela, mesmo com seu consentimento, voltará a se erguer, por mais vazia de significado que seja sua desolada transcendência.

AS ASAS DA POMBA

O belo título *As asas da pomba* vem do Salmo 68:13, talvez por intermédio de Walter Pater, que na quarta edição de *O Renascimento* acrescentou o versículo como epígrafe:

Ainda que deiteis entre os redis, sereis como as asas da pomba cobertas de prata e suas penas de ouro amarelo.

Para mim, *Retrato de uma senhora* ocupa o primeiro lugar entre os romances de James, mas considero essa obra-prima posterior sua realização de maior beleza, superando até mesmo *A taça de ouro*. *As asas* (como passo a dizer, por razões de brevidade) é ainda mais fabulista do que suas companheiras de 1902-4, *Os embaixadores* e *A taça de ouro*. Continua-se a subestimar a influência positiva de Walter Pater n'*As asas*, talvez porque os estudiosos jamesianos não conheçam e não apreciem o Walter sublime, um de meus heróis em crítica literária. O odioso Osmond é um arremedo de pateriano;

Henry James era um crítico e romancista verdadeiramente esteta, não mais irônico em relação à visão esteticista do que o próprio Pater.

Grande parte do modernismo literário nasceu de Pater: Yeats, Joyce, Eliot, Pound, Woolf, Stevens, Hart Crane, entre outros — e, acima de todos, Henry James e Conrad. O que Pater chamava de momento privilegiado se transformou na epifania secularizada dos modernistas, súbitos clarões iluminados contra o adensamento das trevas. Como modalidade narrativa, adequa-se à poesia e ao teatro, à profecia e a ensaios filosóficos, melhor do que o romance balzaquiano que Henry James, segundo ele mesmo afirmava, merecia alcançar. Os amigos de Balzac o apelidaram de Vautrin, que era seu demo, e o visionário de frenética energia em *A comédia humana* de fato alcançou uma "representação completa" quase shakespeariana na literatura em prosa. Isso fez parte da lição balzaquiana a Henry James, que notou com perspicácia o domínio que tinha o mestre parisiense sobre as "condições" que moldam toda e qualquer pessoa. *As asas*, porém, não é uma realização muito balzaquiana — ao contrário d'*Os bostonianos* — e a pergunta "quem, afinal, *são* Milly Theale, Kate Croy e Merton Densher" não é plenamente respondida. Como *As asas* é, no fundo, uma fábula, talvez isso seja uma vantagem do ponto de vista estético.

Milly é o ser transcendente da fábula, o verdadeiro demo do amor e da perda, com a ressalva de que Kate e Densher também amam e perdem um ao outro. Como Densher vem a amar Milly apenas postumamente, por assim dizer, sua perda é dobrada. Confesso que ele me parece totalmente inadequado a suas duas magníficas jovens, e sempre me admiro com o encanto que exerce sobre quase todos os personagens do livro. James ama Milly e Kate e parece estranhamente enfeitiçado por Densher, aspecto que examinarei ao tratar agora dos três protagonistas.

Estando longe d'*As asas* faz um ou dois anos, a primeira coisa em que penso é Kate Croy, porque a ela pertence o livro tal como *Retrato de uma senhora* pertence a Isabel. Milly Theale, sabidamente baseada em Minny Temple, prima de James que também morreu tragicamente jovem, de certa forma não habita o livro. Cerca-o como uma aura, por mais que James pinte suas condições e circunstâncias. Órfã, rica, condenada pela doença, alvo de ataques, mesmo assim ela triunfa sobre o que deveria obliterar sua aguda percepção.

Relembro as discussões amistosas que tive com minha finada amiga Dorothea Krook em Cambridge, nos meados dos anos 1950, quando ela estava desenvolvendo suas aulas para o que se tornaria *The Ordeal of Consciousness in Henry James* [O ordálio da consciência em Henry James], de 1962. Para ela, Milly não passava de uma vítima e também culpada de arrogância espiritual, avaliações que considero inaceitáveis. A exemplo de outras heroínas americanas de James, Milly é uma emersoniana, com fé na independência, na aspiração e na autossuficiência da alma, como num poema de Emily Dickinson. Alta Transcendentalista, Milly é uma figura demasiado grandiosa para ser classificada como vítima de quem quer que seja. Kate e Densher acabam por perceber o fato, e Kate o afirma de maneira incontestável:

Kate esperou como se procurasse uma maneira de dizer.
— É bem próprio dela. É o que ela era... se você lembra *como* certa vez definimos.
Ele hesitou, como se tivessem sido muitas coisas. Mas lembrou uma delas:
— Estupenda?
— Estupenda.
Um débil sorriso a isso — tão, tão leve — havia passado rapidamente pelo rosto dela, mas desaparecera antes que o prenúncio de lágrimas, um pouco menos vago, se mostrasse no dele. Seus olhos se marejaram — mas a isso ela prosseguiu. Prosseguiu brandamente.
— Creio que o que isso realmente significa é que você está com medo. Isto é — explicou ela —, está com medo da verdade *completa*. Se você está apaixonado por ela sem isso, o que mais haverá? E você está com medo — é fenomenal! — de estar apaixonado por ela.
— Nunca me apaixonei por ela — disse Densher.
Ela calou, mas depois retrucou.
— Hoje em dia acredito nisso... enquanto ela estava viva. Acredito nisso pelo menos durante o tempo que você esteve lá. Mas a mudança se deu, como seria de esperar, no último dia em que a viu; ela morreu por você então, para que você pudesse entendê-la. A partir daquele momento, você *entendeu*. — A isso, Kate se levantou devagar. — E eu entendo agora. Ela fez isso *por* nós.
Densher se levantou para encará-la, e ela prosseguiu com seu raciocínio.

— Eu costumava dizer, em minha tolice, por falta de coisa melhor, que ela era uma pomba. Bem que ela abriu suas asas, e foi *isso* o que alcançaram. Elas nos cobrem.

— Elas nos cobrem — repetiu Densher.

— É isso o que lhe dou — concluiu Kate gravemente. — É isso o que fiz por você.

Enquanto ele a fitava, havia em seu olhar uma lenta estranheza que no momento secara suas lágrimas.

— Devo supor então...?

— Que consinto? — ela abanou a cabeça com gravidade. — Não, pois vejo a situação. Você se casará comigo sem o dinheiro; não se casará comigo com o dinheiro. Se eu não consinto, *você* não se casa.

— E você me perde? — Ele mostrou, embora falando com todas as letras, uma espécie de profundo respeito pela grande percepção dela. — Bom, não perderia nada mais. Transferirei a você até o último centavo.

Ele teve uma pronta clareza, mas dessa vez ela não tinha sorrisos a dispensar.

— Exatamente... então preciso escolher.

— Precisa escolher.

Pareceu-lhe estranho que ela estivesse nos próprios aposentos dele a decidir, enquanto, com uma intensidade agora maior do que qualquer outra que o tivesse feito diminuir a respiração, aguardava que ela agisse.

— Só há uma coisa que pode salvá-lo de minha escolha.

— De sua escolha quanto à minha rendição a você?

— Sim — e ela moveu a cabeça, indicando o envelope comprido em cima da mesa —, sua rendição daquilo.

— O que é, então?

— Sua palavra de honra de que não está apaixonado pela lembrança dela.

— Oh... a lembrança dela!

— Ah — ela fez um amplo gesto —, não fale como se não fosse possível. Para *mim*, se estivesse em seu lugar, seria possível; e para você isso bastaria. Seu amor é a lembrança dela. Você não *quer* outro.

Ele a ouviu impassível até o fim, observando seu rosto, mas sem se mover. Então disse apenas:

— Eu me caso com você, veja bem, dentro de uma hora.

— Como éramos?

— Como éramos.
Mas ela se encaminhou para a porta, e seu aceno de cabeça agora foi o fim.
— Nunca voltaremos a ser o que éramos!

O que seria capaz de superar "Bem que ela abriu suas asas, e foi *isso* o que alcançaram. Elas nos cobrem"? A arte magistral dessa conclusão para *As asas* é o ápice do Sublime Americano de Henry James.

Não que eu tenha encontrado ao envelhecer qualquer linha marcante ou importante na vida da mente ou no jogo e na liberdade da imaginação a ser superada, mas sim que ocorre um processo que só posso descrever como a acumulação do próprio tesouro da consciência. Não direi que "o mundo", como normalmente referimo-nos a ele, desperta maior apego, porém direi que o universo o desperta em grau crescente e que isso nos põe diante da enorme multiplicação de nossas possíveis relações com ele; relações ainda vagas ao pensamento, sem dúvida, por serem indefinidas na mesma medida em que são enriquecedoras, em que são inspiradoras, e numa escala que vai além de nosso uso ou aplicação concreta, mas preenchendo-nos (pela "lei" em questão, a lei de que a consciência nos oferece imensidades e imaginabilidades onde quer que a apliquemos) com a visão ilimitada do ser. Esse simples fato de que uma parcela tão pequena de nossa atividade visionária, especulativa e emocional tem um efeito rastreável, ainda que indireto, sobre nossas ações ou intenções ou desejos específicos contribui estranhamente para o luxo — que é o grandioso desperdício — do pensamento, e relembra-nos energicamente que, mesmo que deixássemos de amar a vida, seria difícil, nesses termos, não amar o viver.

Este é Henry James em seu ensaio da fase final, "Is There a Life after Death?" [Há vida após a morte?], de 1910. Refere-se também a Milly Theale e seu amor ao viver. Entre todas as heroínas de James, é a que vem apresentada do modo mais indireto, e quero saber a razão. Richard Blackmur, com quem minhas relações literárias eram bastante controvertidas, disse-me certa vez que eu não conseguia ver a beleza moral de Milly. Creio que repliquei num murmúrio que sua transcendência levava seu perdão a Kate e Densher para além da mera moralidade, mas Blackmur parecia confundir tanto Milly Theale quanto Maggie Verver com a Beatriz de Dante, identidade esta que não é muito jamesiana. Os sofrimentos das heroínas jamesianas, ainda que certamente espirituais, são bastante terrenos.

Onde encontraremos contextos na alta literatura anterior para o James maduro? Shakespeare tem mais cabimento do que Dante; *A tempestade* assombra *As asas* e *A taça de ouro*. A elipse, arte de omitir as coisas, se transmite do Shakespeare maduro ao último James. Conhecemos Milly de maneira muito menos clara do que Kate Croy, e apesar disso irradiam-se da fadada herdeira americana sugestões que despertam assombro, ao passo que Kate se aprofunda constantemente sem nos surpreender. A falta de enredo de *A tempestade*, na qual não acontece quase nada e tudo está implícito, constitui o modelo para as ausências carregadas de significado de Milly, que se sucedem até o encontro de despedida e o perdão a Densher, que não nos são apresentados em nenhuma cena.

James divide *As asas* em dez livros: é instrutivo lê-los em termos de ausência ou presença de Milly Theale. Não há nenhuma menção a ela nos dois primeiros, que se referem apenas a Densher e Kate. O terceiro livro esboça rapidamente os antecedentes de Milly e então mostra sua chegada à Europa com Susan Stringham, uma romancista de sucesso da variedade bostoniana. O livro Quatro conduz as duas até a Inglaterra e o mundo de Maud, a tia intrometida de Kate.

No livro Cinco, Milly se torna celebridade social londrina e mostra uma rara alegria e irradiação. É seu apogeu, visto que o plano de Kate, usando Densher para cortejar a jovem enferma, é lançado no sexto livro, na ardilosa expectativa de que ele herde uma parte da fortuna dos Theale suficiente para poder se casar com Kate.

No livro Sete vamos para Veneza, onde finalmente Milly se materializa para nós, embora a partir daí só vejamos o que o Adão de Milton chama de "um longo dia morrendo para aumentar nossa dor" [*a long day's dying to augment our pain*]. O livro Oito apresenta sua última reunião social, quando ela recebe seus admiradores, e então James nos permite vê-la apenas mais uma vez, conversando com Densher. Aquela maravilhosa declaração de seu intenso desejo de vida e amor é o legado que ela nos deixa. Então se seguem apenas trevas: Lord Mark, o caçador de dotes frustrado, revela-lhe a verdade sobre Kate e Densher, mas essa cena, bem como seu último encontro com Densher, chega-nos apenas por uma narração indireta.

Resumos de enredo costumam ser maçantes, mas aqui apresento um para ilustrar a habilidade de James na elipse. Milly está ausente do movimento final, assim como estivera no início, contudo sua atmosfera envolve Kate, Densher e o leitor. Tal como a peça é de Iago, mas a tragédia é de Otelo, aqui é a paixão de Milly, mas o romance é de Kate. Entre as Damas Sombrias jamesianas, encarnações da vontade de viver, Kate Croy ultrapassa até mesmo Charlotte Stant e Madame Merle, e muito, em esplendor imaginativo. Heroína-vilã da vontade protestante, ela me parece próxima de Isabel Archer como mais grandiosa criação jamesiana de uma personalidade. Antes de refletir mais longamente sobre ela, retorno a Milly e depois a Densher.

O elemento shakespeariano em Milly a aproxima mais de uma figura como Perdita em *Conto de inverno* do que de qualquer heroína em Balzac ou George Eliot. Assim, combina muito bem que James identifique seu aparecimento com o retrato de uma nobre quinhentista, pintado por um contemporâneo mais velho de Shakespeare, o veneziano Agnolo Bronzino, na Galeria dos Uffizi em Florença. Esse retrato é o centro do livro Cinco, capítulo II:

> Mais uma vez as coisas se amalgamavam — a beleza, a história, o local e a maravilhosa luz de pleno verão: era uma espécie de magnificente apogeu, o alvorecer rosado de uma apoteose se aproximando de modo tão curiosamente precoce. O que de fato ocorreu foi que, como depois ela entendeu, Lord Mark não dizia nada — era ela mesma que dizia tudo. Não podia evitar — aquilo lhe veio; e a razão pela qual lhe veio foi porque ela se viu, pela primeira vez, contemplando o retrato misterioso por entre lágrimas. Talvez fossem suas lágrimas que então o tornavam tão estranho e belo — tão maravilhoso quanto ele dissera: o rosto de uma jovem, ela inteira esplendidamente traçada, até as mãos, e esplendidamente vestida; um rosto de tom quase lívido, mas bonito em sua tristeza e coroado por uma massa de cabelos, penteados para o alto e para trás, que devia ter tido, antes de esmaecer com o tempo, uma grande semelhança com o dela própria. A dama em questão, em todo caso, com seus ângulos levemente michelangelianos, os olhos de outros tempos, os lábios cheios, o pescoço longo, as joias protocolares, os suntuosos brocados vermelhos, era uma personalidade muito imponente — faltando-lhe apenas alguma alegria. E estava morta, morta, morta. Milly a identificou exatamente em palavras que não tinham nada a ver com ela:
>
> — Nunca estarei melhor.

Ele lhe sorriu, fitando o retrato.

— Do que ela? Nem precisaria, pois certamente já está muito bem assim. Mas, na verdade, sente-se que a senhorita é melhor, sim; porque, esplêndida como ela é, não passa a impressão de que fosse bondosa.

Ele não entendera. Ela estava diante da pintura, mas virara-se para olhá-lo, sem se importar naquela hora se ele notaria suas lágrimas. Era provavelmente o melhor momento que teria com ele. Era talvez o melhor momento que teria com qualquer pessoa ou em qualquer circunstância que fosse.

— O que quero dizer é que tudo nesta tarde tem sido lindo demais e que talvez nada volte a formar uma unidade tão perfeita. Assim, fico contente com sua presença como parte disso.

Como profecia, deixando de lado apenas a breve glória do falso caso de amor de Densher, infelizmente é exata. Numa bela descrição de Veneza arruinada em suas *Horas italianas*, James falava na "poesia da desventura", muito cabível, embora o destino de Milly seja mais sombrio. Densher diz que ela é "a poesia encarnada", o que também se aplicaria a Perdita. "Poesia desconcertante", é como diz também o dúplice Densher, e é isso que lhe salva parcialmente o espírito e em certa medida atenua seu sentimento de culpa.

Densher e mesmo sua Kate, de implacável lucidez, acabam por demonstrar menos força do que Milly, talvez porque ela pertença à fábula, ao conto de fadas, ao sublime, e eles a uma ordem de representação menos árdua: naturalista, pragmática, realista, Balzac sem o demonismo vautriniano. Nisso James — como seria de se esperar — nos precede e supera a todos nós. O prefácio à New York Edition (1909) constitui uma verdadeira glória crítica:

> Assim, com a clareza que acabo de citar acima, a última coisa do mundo que [essa narrativa] se proporia a ser é a crônica predominante de um colapso. Não estou dizendo que minha vítima oferecida não aparecesse constantemente à minha imaginação arrastada por uma força maior do que ela seria capaz de exercer; ela já se me apresentara muito tempo atrás disputando cada centímetro do caminho, agarrando-se a qualquer objeto que lhe pudesse servir de protelamento, aferrando-se a essas coisas até o último momento de sua força. Tal atitude e tais movimentos, a paixão que expressavam e o sucesso que de fato representavam, o que eram, na verdade, senão a alma do drama? — o qual é, como sabemos, o retra-

to de uma catástrofe inevitável a despeito das oposições. Minha jovem seria, *ela mesma*, a oposição — à catástrofe anunciada pelas Parcas unidas, potências conspirando para um final sinistro e, dispondo do comando sobre os meios, finalmente alcançando-o, mas com tantas dificuldades para realmente *extinguir* a centelha sagrada que, sem dúvida, não se poderia deixar de considerar que uma criatura tão dotada de vivacidade, uma adversária de tanta sutileza, mereceria, quaisquer que fossem suas fraquezas, ocupar o primeiro plano e a luz dos holofotes. Enquanto isso, ademais, ela iria desejar, ao longo de todo o percurso, viver por determinadas coisas, fundamentaria sua luta em interesses humanos específicos, que inevitavelmente determinariam a atitude de outras pessoas em relação a ela, pessoas afetadas de tal maneira que se tornariam parte da ação. Se seu impulso de arrancar à sua hora de definhamento todos os frutos da vida que ainda fossem possíveis, se esse anseio só pode se realizar com o auxílio dos outros, a participação desses outros (solicitados, envolvidos e coagidos como se encontram) se torna um drama deles também — o drama de promoverem a ilusão dela, sob sua insistência, por razões, interesses e vantagens pessoais, a partir de motivos e pontos de vista próprios. Algumas dessas motivações, evidentemente, seriam da mais elevada ordem — certamente outras talvez não; mas juntas formariam para ela, como elementos de contribuição, a soma de sua vivência, representariam o que de alguma maneira, de boa ou má-fé, ela devia *saber*. De alguma maneira, também, em tal caso, as pessoas submetidas a ela estariam como que atraídas pelo canto da sereia — apavoradas, tentadas, enfeitiçadas; aliciadas, até mesmo, de órbitas mais fixas e naturais pela perspectiva de lucrar com a conexão que têm com as estranhas dificuldades e ainda mais estranhas oportunidades oferecidas por ela, enfrentando raros impasses e tendo de formular novos juízos. Assim se veria constituído, de modo abrangente, o esquema geral da situação dela; o interesse restante residiria na quantidade e na natureza dos aspectos particulares. Entre estes destaca-se, naturalmente, a necessidade de que a vida, deixando de parte sua doença, se apresente à nossa jovem como algo deslumbrantemente apetecível e que, se a grande dor para ela consiste naquilo a que deve renunciar, apreciaremos melhor a questão pela perspectiva de tudo o que ela tem.[...]

O que se percebera, em todo caso, desde um estágio inicial, era que uma jovem tão dedicada e vulnerável, uma criatura com sua segurança por um fio, não poderia senão cair de alguma maneira numa armadilha abissal — sendo isso, falando em termos dramáticos, o que mais naturalmente tal situação sugeria e impunha. Pois a verdade e uma grande parte do interesse também não residiriam em mostrar que ela constituía para os outros (dado seu apaixonado desejo de viver o máximo possível) uma complicação não menor do que eles poderiam constituir para ela própria? — e é isso que quero dizer quando digo que tais questões são "naturais". Seriam tão naturais, esses contratos de risco trágicos, patéticos, irônicos, na verdade em grande parte sinistros, para seus sócios vivos quanto poderiam ser para ela como figura majoritária. Se sua história devia consistir, como dificilmente poderia deixar de ser, em se deixar levar, como dizemos, a esta, àquela e àquela outra irremovível angústia, como ela não haveria de valorizar a aquisição, por parte de qualquer participante próximo de sua vida, de uma consciência igualmente embaraçada? Citei o canto da sereia, mas a existência de nossa jovem amiga seria muito mais capaz de criar, por toda a sua volta, aquele movimento turbilhonante das águas provocado pelo naufrágio de um grande navio ou pela falência de uma grande empresa, quando percebemos os fortes redemoinhos se estreitando, a imensa força de sucção, o engolfamento geral que torna inevitável a submersão de qualquer objeto próximo. Desnecessário dizer, porém, que, apesar dessa comunhão de destinos, vi a principal complicação dramática preparada muito mais *para* a veia de minha sensibilidade do que *por* ela — obra de outras mãos (embora as dela se molhassem também, afinal, na medida em que nunca deixaram de ser, numa ou noutra direção, generosas e extravagantes e, com isso, provocadoras).

Milly, na visão de James, é um sorvedouro de força demônica, como o redemoinho de Moby Dick que afoga Ahab, o *Pequod* e toda a tripulação, exceto Ismael, e também é uma sereia, cujo canto enfeitiçador afoga os viajantes. Com um início desconcertante, isso atesta a alta realização jamesiana no gênero extraordinariamente híbrido de *As asas*. Milly, em si totalmente benigna, é uma pedra de toque que revela as falhas imaginativas em todos os que são atraídos por ela; Milly ilumina tudo neles restringindo o venturoso dom de mais vida. Paradoxalmente, embora condenada, imagina-se que pelo câncer ou pela tuberculose, ela porta esse dom, sua própria condição de saúde indicando um aspecto ruskiniano: "A única riqueza é a vida".

Em Kate Croy, apenas a vontade é demônica, o verdadeiro elemento balzaquiano em sua figura. Meus alunos costumam se encantar por ela, assim como eu. Uma soberba aventura na caracterização jamesiana, ela também encantava, imagino eu, o mestre da literatura americana em prosa. Ele podia ver seu trabalho em Kate e declarar que estava bom, em termos mais estéticos do que éticos. E no entanto, no prefácio da New York Edition, que sob outros aspectos é de indizível perspicácia e utilidade, James se mostra magnífico sobre o eros Kate-Densher e também sobre o próprio Densher, mas mantém uma curiosa reserva em relação a Kate. Creio que talvez ela o surpreendesse em sua relativa exuberância e pragmatismo moral, em sua renhida capacidade de aceitar as consequências que um complexo conjunto balzaquiano de condições e circunstâncias impôs sobre alguém que *precisava* da riqueza como único contexto no qual seus dotes poderiam florescer.

No prefácio, James se refere à entrega sexual de Kate Croy a Densher (por uma hora apenas) em Veneza como seu heroico pagamento — um toque surpreendente, pelo menos para mim. Nesse aspecto, Kate pouco guarda daquele ardente desejo que Charlotte Stant manifesta em relação ao complacente Príncipe Amerigo. O que ela vê em Densher, o que pode querer dele? Mas o próprio James parece um tanto inseguro quanto à sua admirável criação. Kate é movida apenas pelo impulso de se casar e se redimir, ou terá um espírito potencialmente livre que somente uma firme vontade poderia libertar? Não creio que os leitores consigam chegar a um acordo sobre a força e o valor de Kate Croy. Será uma falha na arte de James?

Sem dúvida James tem apreço considerável por Kate. O que Densher ama nela? Ele elogia sua "lucidez", que parece significar seu impulso em executar todos os planos de sua vontade. Quando *As asas* se aproxima da conclusão no capítulo v do livro Dez, Densher lhe estende a última carta que recebera da finada Milly, ainda fechada:

Mais uma vez ele esperou um instante.
— Eu amo você. É por amá-la que estou aqui. É por amá-la que eu lhe trouxe isso. — E detrás de si estendeu a carta que continuava a segurar.
Mas apenas os olhos dela — embora ele lhe estendesse a carta — reagiram à oferta.
— Por que você não abriu o lacre?
— Se eu abrisse o lacre... justamente... iria saber o que há dentro. Trouxe para *você* abrir o lacre.
Ela adquiriu uma expressão — ainda sem tocar na coisa — de extraordinária gravidade.

— Abrir o lacre de algo *dela* para você?

— Ah, exatamente porque é dela. Acatarei qualquer coisa que você pensar a respeito.

— Não entendo — disse Kate. — O que você próprio pensa? — E então, como ele não respondeu: — *Eu* tenho a impressão de que você sabe. Tem sua intuição. Não precisa ler. É a prova.

Densher encarou essas palavras como se fossem uma acusação, uma acusação para a qual estava preparado e a qual havia apenas uma maneira de enfrentar.

— De fato tenho minha intuição. Ocorreu-me, enquanto estava preocupado com isso, ontem à noite. Ocorreu-me como efeito do momento. — Ergueu a carta e agora parecia mais insistir do que confessar. — Essa coisa foi programada.

— Para a Véspera de Natal?

— Para a Véspera de Natal.

Kate abriu de repente um sorriso estranho.

— Época de dar presentes!

Depois disso, como ele não respondeu, ela continuou:

— E foi redigida, você quer dizer, quando ela ainda podia escrever, e ficou guardada até a *hora* certa?

Apenas fitando seus olhos enquanto pensava, mais uma vez ele não respondeu, mas disse:

— O que você quer dizer com "a prova"?

— Ora, da beleza com a qual você foi amado. Mas — acrescentou ela — não vou abrir seu lacre.

— Sua recusa é categórica?

— Categórica. Jamais. — A isso acrescentou de modo inesperado: — Eu sei, não preciso.

Ele fez outra pausa.

— E o que você sabe?

— Que ela anuncia que fez de você um homem rico.

A pausa dele, dessa vez, foi mais longa.

— Deixou-me a fortuna dela?

— Não toda ela, claro, pois é imensa. Mas um grande montante. Não me interessa — prosseguiu Kate — saber quanto. — E seu estranho sorriso voltou. — Confio nela.

— Ela lhe contou? — perguntou Densher.

— De maneira nenhuma! — Kate enrubesceu visivelmente à ideia. — Não seria, de minha parte, jogar limpo com ela. E fiz isso — acrescentou —, joguei limpo.

Densher, que acreditara nela — não tinha como evitar —, continuou a encará-la, segurando a carta. Estava muito mais tranquilo agora, como se seu tormento tivesse de certa forma passado.

— Você jogou limpo comigo, Kate; e é por isso... já que estamos falando de provas... que quero dar uma prova *a você*. Decidi deixá-la ver, e com prioridade até em relação a mim, algo que considero sagrado.

Ela franziu levemente o cenho.

— Não entendo.

— Pedi a mim mesmo um tributo, um sacrifício por meio do qual eu possa reconhecer especificamente...

— Reconhecer especificamente o quê? — perguntou ela quando ele se interrompeu.

— A natureza admirável de seu próprio sacrifício. Em Veneza, você foi capaz de um gesto de magnífica generosidade.

— E minha recompensa é o privilégio de você me oferecer esse documento?

Ele fez um gesto.

— É o máximo que posso fazer como sinal do que sinto.

Ela o olhou longamente.

— O que você sente, meu caro, é medo de si mesmo. Você teve de arrastar a si mesmo. Teve de forçar a si mesmo.

— Então é assim que você me recebe?

Ela volveu rapidamente os olhos para a carta, na qual ainda se abstinha de tocar.

— Você realmente *deseja* que eu pegue?

— Eu realmente desejo que você pegue.

— Para eu fazer o que quiser com ela?

— Menos, claro, divulgar seus termos. Isso deve ficar... desculpe insistir... apenas entre nós dois.

Ela teve uma última hesitação, mas então abriu o lacre.

— Confie em mim.

Tomando-lhe o texto sagrado, ela o segurou por algum tempo enquanto os olhos pousavam novamente naquela elegante caligrafia de Milly, sobre a qual haviam comentado pouco antes.

— Basta segurar — disse por fim — para saber.
— Oh, eu *sei*! — exclamou Merton Densher.
— Bom, então, se ambos sabemos...!

Ela já estava virada para a lareira, da qual havia se aproximado, e num gesto rápido atirou a coisa ao fogo. Ele se precipitou — apenas a meias — como que para desfazer a ação dela: deteve-se com a mesma prontidão com que ela agira. Ficou apenas a observar, a seu lado, o papel arder; depois disso, olharam-se novamente.

— Você receberá tudo — disse Kate — de Nova York.

Essa extensa passagem demonstra a arte de James, ainda deixando ao leitor o ônus de entender e julgar Kate, Densher e o amor entre ambos. No prefácio da New York Edition de 1909, James apoda Densher à perfeição, dizendo-o "um insípido Hermes", e assim não resta grande coisa do pobre jornalista cuja atração sobre a própria encarnação da Vontade Feminina (expressão de Blake) que é Kate e sobre o sorvedouro que é Milly não é fácil de entender.

O que há de cruel nessa passagem é que Densher e Kate abusam da carta derradeira e crédula de Milly ao insípido Hermes, que a entrega, com o lacre intocado, a Kate, que a queima. Afora essa barbárie, há alguma qualidade redentora emanando do diálogo entre os amantes? Kate insiste que "jogou limpo" com Milly. Isso é um espanto, em vista de seu plano — que afinal deu certo — de financiar seu próprio eros, confiando a Densher a tarefa de aliciar as afeições da jovem moribunda. Culpa, remorso, consciência não têm espaço em Kate. James, como Shakespeare, é cúmplice, imparcial, acima e além do mero julgamento, e assim devemos ser também.

Mas será que Kate não se iluda, assim desmentindo sua bela lucidez? E como devemos entender a ideia de Densher de que a breve hora de entrega sexual de Kate a ele em Veneza foi "um gesto de magnífica generosidade", na verdade um "sacrifício"? É esta a linguagem de uma mútua paixão?

Não quero introduzir nenhuma aversão moral descabida na reação de qualquer leitor à transação comercial de Kate e Densher. Aqui falta algo em termos estéticos, e gostaria que Walter Pater, que morreu em Oxford em 30 de julho de 1894, pudesse estar vivo para apreciar *As asas*. Em seu fundamental ensaio "Estilo", em *Appreciations* [Apreciações], de 1889, o apóstolo oxfordiano de Gustave Flaubert, "mártir do estilo", reclama entristecido e contrariado de que o fardo da vida corriqueira nos faz por fim escolher Victor Hugo em vez de Flaubert. A grandeza depende do tema, não só do estilo, e assim Hugo se une a Dante, Milton e à Bíblia do rei Jaime num sublime que está além de Flaubert.

Por esse crivo, *As asas* tocaria seus limites? A faceta Kate-Densher do romance, apesar da brilhante maestria de James, é trivial demais, resgatada de uma sórdida espécie de hipocrisia graças à capacidade de deslumbramento do mestre. A saga encantada de Milly é mais rica e mais sombria, e não há margem de dúvida quanto à sua grandeza imaginativa. *As asas*, no fim, é a Paixão de Milly Theale, outra escritura sagrada da Religião Americana de Emerson, similar a "Song of Myself", *Moby Dick*, *Walden*, *A letra escarlate*, os poemas de Emily Dickinson. *As asas* também eleva o fardo de nossa vida corriqueira a uma sublimidade demônica.

"A ESQUINA ENCANTADA"

Como epílogo a Henry James, escolho "A esquina encantada" [The Jolly Corner], de 1909, seu grandioso conto da fase final. Eu hesitaria em qualificá-lo como o melhor entre seus "contos fantasmagóricos" — quase todos são magníficos —, mas ele se tornou parte integrante de minha consciência a ponto de eu mesmo topar com meu demo em sonhos, tal como o Spencer Brydon de James enfrenta seu duplo obscuro quase no final da história.

A americanista Millicent Bell sugere que o vulto que Brydon fita — "rígido e contido, espectral, porém humano" — pode ser uma referência ao esplêndido retrato de Henry Lee Higginson pintado por John Singer Sargent, que James vira na Harvard Union em 1904. Higginson, primo do agressivo abolicionista militar Thomas Wentworth Higginson, embora menos audaz, também foi herói da Guerra Civil, tendo combatido na Cavalaria da União contra os Confederados de Jeb Stuart, e fora gravemente ferido em combate. Depois da guerra, ele se tornou importante empresário e filantropo de Boston, fundador da Orquestra Sinfônica de Boston e importante benfeitor de Harvard.

O espectro de Brydon tem uma das mãos mutilada, faltando-lhe dois dedos, mas aí se encerra a semelhança com o quadro de Sargent. Poucos são os contos, mesmo de James, tão densamente articulados como "A esquina encantada", e no entanto não há explicação para os dedos faltantes. Talvez intensifiquem a alteridade demônica da aparição, só que, entre as duas formas — como sustentarei —, o próprio Spencer Brydon é mais *demônico* e, portanto, o ser mais potente e amedrontador.

"A esquina encantada", ao contrário de "A fera na selva" e outros textos de James, não é uma parábola do não vivido, e sim da vida alternativa. Henry James, nunca mais demônico do que aqui, concebe um vaivém em que Brydon e o desconhecido sombrio ou o duplo obscuro se perseguem mutuamente, mas de maneira mais implacável por parte de Brydon. Sua recompensa é multiforme: aceitação de si mesmo, reconciliação com o passado, acima de tudo uma relação amorosa elevada e duradoura com uma mulher perfeita para ele, exemplo praticamente único na literatura de James.

Em outros escritores, um conto de fantasmas que desabrocha numa história de amor pode ser uma coisa banal; em Henry James, é um assombro. Como Brydon, em alguns momentos, parece estar perigosamente próximo de simbolizar o mestre exilado por vontade própria, a aura de desejo que emana de Alice Staverton pode indicar um anseio pelo casamento ideal (ainda numa segurança homoerótica) com uma mulher amorosa e compreensiva, que evidentemente nunca será alcançado, a não ser em "A esquina encantada".

A representação de Alice Staverton, embora em pequena escala, é um triunfo de tato e sutileza. Ela é apresentada como "velha amiga" de Brydon:

> Sua velha amiga morava com uma empregada e espanava pessoalmente o pó de suas relíquias, avivava o fogo das lamparinas e polia as pratarias; sempre que possível, mantinha-se afastada da medonha aglomeração moderna, mas partia com ímpeto para a batalha quando realmente se tratava de um desafio ao "espírito", o espírito que afinal ela professava ser, com orgulho e leve timidez, o de um tempo melhor, o do tempo comum *a eles*, a época e a ordem social totalmente remotas e antediluvianas de ambos. Quando necessário, utilizava os bondes, aquelas coisas terríveis a que as pessoas se agarravam assim como náufragos desesperados se agarram aos botes; sob pressão, enfrentava com ar impassível todos os abalos e tormentos públicos; e no entanto, com aquela enganosa esbeltez elegante de sua figura, que impossibilitava saber se era uma bela jovem que parecia mais velha devido às vicissitudes da vida ou se era uma mulher de mais idade, fina e serena, que parecia jovem graças a uma indiferença que produzira bons resultados; sobretudo com suas preciosas referências a lembranças e histórias de que ele podia

participar, ela era para Brydon tão requintada quanto uma pálida flor seca (uma raridade, aliás) e, na ausência de outros encantos, era recompensa suficiente para seus esforços. Comungavam o mesmo conhecimento, o conhecimento "deles" (esse possessivo especificador era presença constante nos lábios dela) de presenças da outra época, presenças todas recobertas, no caso dele, pela experiência de homem e pela liberdade de andarilho, recobertas pelo prazer, pela infidelidade, por passagens da vida que eram estranhas e vagas para ela, pela "Europa", em suma, mas ainda não obscurecidas, ainda vulneráveis e acalentadas, sob aquela devota visitação do espírito do qual ela nunca fora desviada.

Um dia, foram juntos ver como ia a construção do "prédio de apartamentos" dele; ajudara-a a atravessar as valas e lhe explicara os projetos, e, enquanto estavam lá, sucedeu-lhe entabular diante dela uma discussão breve, mas acalorada, com o encarregado, o representante da construtora que empreitara a obra. Ele se vira muito "enfático" com aquele indivíduo, devido a um lapso por parte deste último em observar certos detalhes de uma das condições estabelecidas, e defendera sua posição com tanta clareza que, além de enrubescer naquele momento, e sempre com tanta graciosidade, em aprovação à sua vitória, ela lhe dissera depois (embora com um efeito irônico levemente maior) que ele claramente desperdiçara por demasiado tempo um verdadeiro talento. Se ao menos tivesse ficado na terra natal, teria se antecipado ao inventor do arranha-céu. Se ao menos tivesse ficado na terra natal, teria descoberto seu gênio realmente em tempo de inventar algum novo tipo de lebre arquitetônica e de pô-la a correr até que cavasse e se entocasse numa mina de ouro. Ele iria relembrar essas palavras, enquanto as semanas transcorriam, pela leve ressonância argêntea que haviam despertado por sobre as mais estranhas e mais profundas vibrações de seu íntimo, ultimamente disfarçadas ao máximo e ao máximo abafadas.

Tendo esperado mais de trinta anos pelo retorno de Brydon, Alice Staverton de início parece uma prolepse da Emily Hale de T.S. Eliot, que sem dúvida continua a esperá-lo no mundo do além. Felizmente, Alice, com sua paciência sobrenatural, e Brydon, depois de passar pelo ordálio de enfrentar e afugentar seu outro eu, têm um final feliz ao se herdarem um ao outro.

As gradações dessa prova pelo ordálio são tecidas por James com uma habilidade em si mesma demônica, que se manifesta inicialmente como especulação: "como se lhe tivesse aparecido uma figura estranha, um ocupante inesperado, na curva de um dos corredores escuros de uma casa vazia". Segue-se uma especulação mais rica:

> Viu que todas as coisas voltavam à mesma pergunta: quem ele poderia ter sido, como teria conduzido sua vida e como teria "se saído" se não tivesse, já de partida, desistido dela. E, pela primeira vez admitindo a intensidade interior daquela especulação absurda — a qual apenas comprovava também, sem dúvida, o hábito de pensar de modo demasiado egoísta —, ele confirmava a impotência de qualquer outra fonte de interesse por lá, qualquer outra atração local. "O que me teria ocorrido, o que me teria ocorrido?, continuo sempre a me perguntar, de modo totalmente idiota, como se fosse possível saber! Sei o que ocorreu com dezenas de outros, esses que encontro, e realmente dói dentro de mim, ao ponto da exasperação, saber que algo teria ocorrido a mim também. Só não consigo saber o quê, e esse incômodo, a pequena mania de curiosidade que jamais será satisfeita, traz de volta o que lembro ter sentido, uma ou duas vezes, depois de julgar mais adequado, por uma ou outra razão, queimar alguma carta importante ainda fechada... Lamentei, odiei — nunca soube o que havia na carta."

A exegese de Brydon mais de trinta anos antes, quando partiu para o estrangeiro aos 23 anos, é "que então eu tinha um estranho alter ego em algum profundo recesso dentro de mim", comparável a uma flor em botão que definhou em climas estrangeiros. Alice identifica essa sensação com uma perda de poder, ao mesmo tempo deixando claro que seu amor por Brydon não se resume a perdas ou ganhos:

> — Você gostaria de mim daquela maneira? — perguntou ele.
> Ela praticamente nem hesitou.
> — E por que não haveria de gostar?
> — Entendo. Você gostaria de mim, me preferiria, como bilionário!
> — E por que não haveria de gostar? — limitou-se a perguntar outra vez.
> Ele ficou parado diante dela — sua pergunta o deixou imóvel. Absorveu-a, em toda a sua inteireza; e realmente o fato de não retrucar atestava isso. Simplesmente prosseguiu:
> — Pelo menos sei quem eu sou; o outro lado da moeda é bastante claro. Não tenho sido edificante; creio que em mil lugares mal chegam a me considerar

um indivíduo decente. Tenho seguido estranhos caminhos e cultuado estranhas divindades; deve ter chegado a seu conhecimento várias e várias vezes, como aliás você já me admitiu, que andei levando, em todos esses trinta anos, uma vida egoísta, frívola e escandalosa. E você pode ver o que ocorreu comigo.

Ela apenas aguardou, sorrindo-lhe.

— Você pode ver o que ocorreu *comigo*.

— Ah, você é uma pessoa a quem nada poderia alterar. Nasceu para ser o que é, em qualquer lugar, em qualquer circunstância: tem a perfeição que nada conseguiria prejudicar. E você não vê que, sem meu exílio, eu não estaria esperando até agora...? — Mas ele se deteve à estranha pontada.

— A grande coisa a se ver — disse ela a seguir —, creio eu, é que isso não afetou nada. Não afetou que afinal você esteja aqui. Não afetou isso. Não afetou que você falasse... — Mas ela também se interrompeu.

Ele ficou a pensar em tudo o que o controle emocional dela poderia significar.

— Você acredita então, que coisa mais espantosa!, que *sou* tão bom quanto o que poderia ter sido?

— Oh, não! Longe disso! — A essas palavras ela se levantou da cadeira e se aproximou dele. — Mas não me importo — disse sorrindo.

— Acha que já estou bem assim?

Ela refletiu um instante.

— Você acreditará se eu disser que sim? Ou seja, com isso você dará a questão por encerrada?

E então, como que lhe notando no rosto que ele recuava, que tinha alguma ideia da qual, por absurda que fosse, ainda não podia abrir mão, retomou:

— Oh, você também não se importa... mas por uma razão muito diferente: você não se importa com nada, a não ser consigo mesmo.

Spencer Brydon reconheceu — de fato era isso que admitira categoricamente. Mas fez uma ressalva importante:

— *Ele* não sou eu. Ele é totalmente outra pessoa. Mas quero vê-lo, sim — acrescentou. — E posso e devo vê-lo.

Ela é uma perfeição que não foi prejudicada pelo descuido dele, mas assim esse trecho hesita na soleira do mútuo reconhecimento de que a afinidade entre os dois é demônica e permanente. A paciência sobrenatural de Alice não pertence ao campo da representação naturalista. Mais do que

Brydon por ora vê e diz, ela encontrou seu próprio caminho para o desfecho da história de ambos. Alice o adivinha com uma rapidez maior do que somos capazes, pois é a leitora ideal e intérprete precisa de Brydon:

O que ela disse, porém, foi inesperado:
— Bom, eu o *vi*.
— Você...?
— Eu o vi num sonho.
— Oh, um "sonho"...! — ele se decepcionou.
— Mas duas vezes seguidas — continuou ela. — Vi-o como estou vendo você agora.
— Sonhou o mesmo sonho...?
— Duas vezes seguidas — ela repetiu. — O mesmíssimo sonho.
Isso de certa forma lhe chamou a atenção e também lhe agradou.
— Você sonha comigo com essa frequência?
— Ah, com *ele*! — respondeu sorrindo.
Seus olhos a sondaram outra vez.
— Então você sabe tudo a respeito dele.
E, como ela não falou mais nada:
— Que cara tem o desgraçado?
Ela hesitou, e foi como se ele estivesse a pressioná-la tanto que, resistindo por razões pessoais, teve de se esquivar:
— Conto-lhe outra hora!

Ela *sabe*, mas entende que ele precisa descobrir por si e para si. A busca de seu demo ocupa a Parte II de "A esquina encantada". Brydon faz vigílias noturnas na casa vazia de seus antepassados, enquanto ele e seu alter ego vagueiam, desencontrando-se por pouco. Até que, por fim, ocorre o confronto:

Rígido e contido, espectral, porém humano, um homem de mesma compleição e estatura aguardava ali para se medir com seu poder de assustar. Só podia ser isso — só podia ser isso até que ele reconheceu, ao avançar, que o que deixava o rosto indistinto eram as duas mãos erguidas que o cobriam e nas quais, longe de se oferecer em desafio, ele se enterrava como que numa negra censura. Assim, diante dele, Brydon o observou atentamente; agora, à luz mais acima, com cada traço seu firme e definido — sua imobilidade especada, sua vívida veracidade, a cabeça grisalha inclinada e as mãos brancas em máscara, sua bizarra materialidade do traje a rigor, do pincenê pendendo no peito, da lapela de seda brilhante e do linho branco, do alfinete de pérola, da corrente de ouro do relógio e dos sapatos lustrosos. Nenhum retrato de um grande mestre moderno conseguiria apresentá-lo com maior intensidade, sobressaí-lo da tela com mais arte, como se todas as sombras e saliências suas tivessem recebido "retoques" da mais refinada espécie. A repugnância, para nosso amigo, tornara-se, antes de percebê-lo, imensa — esse pequeno acréscimo, no ato da apreensão, ao sentido da inescrutável manobra de seu adversário. Ao menos esse sentido, enquanto fitava boquiaberto, ele lhe oferecia; pois só podia ficar boquiaberto diante de seu outro eu nessa outra angústia, boquiaberto como prova de que *ele*, ali representando a vida realizada, desfrutada, triunfante, não podia ser encarado em seu triunfo. Prova disso não eram aquelas esplêndidas mãos cobrindo o rosto, fortes, inteiramente espalmadas? — tão espalmadas e de modo tão intencional que, apesar de uma especial veracidade que superava todas as demais, o fato de faltarem dois dedos a uma delas, reduzidos a tocos, como que acidentalmente baleados, o rosto ficava inteiramente protegido e resguardado.

"Resguardado", porém, *estaria* mesmo? — Brydon soltou um hausto de assombro até que a própria impunidade de sua atitude e a própria insistência de seu olhar criaram, pelo que sentiu, uma súbita agitação que no instante seguinte denunciou, como um prodígio ainda maior, enquanto a cabeça se levantava, um desígnio mais ousado. As mãos, enquanto ele olhava, começaram a se mover, a se abrir; então, como que decidindo de chofre, afastaram-se do rosto e o deixaram exposto e a descoberto. O horror diante daquela visão saltara à garganta de Brydon, ali ofegando num som que não conseguiu emitir; pois a identidade desnudada era medonha demais para ser *sua*, e seu olhar fixo encarnava a própria paixão de seu protesto. O rosto, *aquele* rosto, de Spencer Brydon? — Ainda o escrutava, mas desviando os olhos por espanto e recusa, precipitando-se dos pincaros de sua sublime altura. Era inédito, inconcebível, pavoroso, desconectado de qualquer possibilidade! Ele fora "vendido", gemeu interiormente, perseguindo uma presa como esta: a presença diante dele era uma presença, o horror dentro dele um horror, mas o desperdício de suas noites fora apenas grotesco, e o êxito de sua aventura, uma ironia. Tal identidade não tinha *nenhum* ponto de contato com ele, tornava monstruosa a alternativa. Sim, mil vezes sim, agora que se aproximou dele — o rosto era o rosto de um estranho. Agora se aproximou dele, como uma daquelas imagens fantásticas que se ampliam projetadas pela lanterna mágica da infância; pois o estranho, quem quer que fosse, malévolo, odioso, espalhafatoso, vulgar, avançara como que numa agressão, e ele se viu cedendo terreno. Então ainda mais pressionado, nauseado com a força de seu choque e caindo como sob o hálito ardente e a paixão desperta de uma vida maior do que a sua, um portento de personalidade perante a qual a sua desmoronava, ele sentiu que a visão inteira se escurecia e seus pés cediam. Sua cabeça girava; desfalecia; desfalecera.

Essa repugnância por si mesmo é pelo que poderia ter vindo a ser ou pelo que ainda poderia ser? Seja como for, Brydon desmaia e Alice o faz reviver, em mais de um sentido do termo. Depois que ela comenta que o julgara morto, ele diz:

— Deve ter sido porque eu *estava* mesmo — percebeu enquanto ela o amparava. — Sim, só posso ter morrido. Você me trouxe à vida, literalmente. Mas — indagou erguendo os olhos para ela —, mas, em nome de tudo o que há de sagrado, como?

Ela não levou mais que um instante para curvar o rosto e beijá-lo, e alguma coisa na maneira como fez, e na forma como suas mãos lhe pegaram e seguraram a cabeça enquanto ele sentia a fresca misericórdia e virtude de seus lábios, algo em toda essa beatitude de algum modo respondeu a tudo.

— E agora eu o protejo — disse ela.

— Oh, proteja-me, proteja-me! — suplicou enquanto o rosto dela ainda pairava sobre ele; em resposta a isso, o rosto se inclinou outra vez e ficou perto, encostando de perto no seu. Assim se selou a situação deles — cuja sensação ele saboreou em silêncio por um longo momento de bem-aventurança. Porém retomou. — Mas como você sabia...?

— Fiquei preocupada. Você devia aparecer, lembra? E não mandou nenhum recado.

— Lembro, sim... eu devia aparecer hoje à uma da tarde.

Era como faziam na vida e na relação "de antigamente" — que estavam tão próximas e tão distantes.

— Eu ainda estava em minha estranha escuridão. Onde ficava, o que era? Devo ter ficado lá durante um bom tempo. — Só podia imaginar a profundidade e a duração de seu desmaio.

"Proteger" é o termo mútuo do amor entre ambos, por tanto tempo protelado até essa consumação. O tenebroso estranho ou demo obscuro, igual e diferente, também fica sob a proteção dela:

A isso Spencer Brydon se pôs de pé.
— Você "gosta" daquele horror...?
— *Poderia* gostar. E para mim — disse ela — não era nenhum horror. Eu o tinha aceitado.
— Aceitado...? — a voz de Brydon soou num tom esquisito.
— Antes, por causa da diferença dele... sim. E como *eu* não o rejeitei, como *eu* o conheci, coisa a que você, confrontando-o em sua diferença, se negou tão cruelmente, meu querido, então ele devia ser menos assustador para mim, entende? E talvez lhe agradasse que eu sentisse pena dele.
Ela estava de pé a seu lado, mas ainda segurando-lhe a mão — ainda dando-lhe o apoio do braço. Mas, embora tudo isso assim lhe trouxesse uma vaga luz, ele perguntou "'Pena' dele?" em tom ressentido e contrariado.
— Ele anda infeliz, anda se sentindo devastado — disse ela.
— E eu, não ando infeliz? Não me sinto... basta olhar para mim!... devastado?
— Ah, eu não digo que gosto *mais* dele — concedeu ela após refletir. — Mas ele está taciturno, está esgotado... e passou por muitas coisas. Quanto à vista, ele não conseguiria se arranjar com o simpático monóculo que você usa.
— Não — Brydon se surpreendeu —; eu não poderia exibir o meu "na cidade". Caçoariam de mim.
— O grande pincenê convexo dele... eu vi, reconheci de que tipo é... é por causa de sua pobre vista arruinada. E aquela pobre mão direita...!
— Ah! — Brydon estremeceu, fosse pela identidade comprovada ou pelos dedos perdidos. E prosseguiu — Ele tem um milhão de renda anual — acrescentou lucidamente. — Mas não tem você.
— E ele não é, não, não é *você*! — murmurou ela enquanto ele a abraçava junto ao peito.

E a gente se pergunta: algum dia Henry James foi mais magistral do que aqui? A "lucidez" de Brydon no final ecoa a de Kate Croy em *As asas da pomba*. Mas o destino dele é melhor do que o dela: Alice, uma sobrevivente ao contrário de Milly, estendeu suas asas e é Brydon que elas alcançam. Cobrem-no.

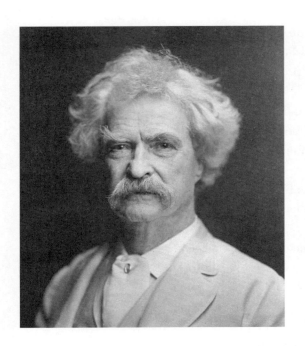

IV. Mark Twain e Robert Frost

MARK TWAIN

AS AVENTURAS DE HUCKLEBERRY FINN

Entre os doze autores estudados neste livro, apenas Twain e Frost se somam a Emerson e Hawthorne, anteriores a eles, como escritores nacionais com reconhecimento em vida. O renome de Whitman, Melville, Dickinson e Henry James ainda estava se estabelecendo em meus primeiros anos como professor universitário (1955-60), o que também se aplica em grande parte a Stevens, Faulkner e Hart Crane. Eliot era celebrado desde os anos 1920, mas somente por um público de elite. Emerson, que tinha uma relação original com o universo, quase desde o começo se tornou o sábio nacional, visto que a resistência inicial a ele logo se desfez. Hawthorne foi tido no século XIX como nosso principal autor literário, muito mais do que Henry Wadsworth Longfellow e os demais Fireside Poets.*

---

* O grupo dos chamados "Fireside Poets" ("Poetas ao pé do fogo", no sentido de serem leitura de família, reunida "junto à lareira") era composto por poetas convencionalistas de grande popularidade, adotados nas escolas e nos lares. Eram eles: Henry Wadsworth Longfellow, William Cullen Bryant, John Greenleaf Whittier, James Russell Lowell e Oliver Wendell Holmes. (N. T.)

A partir de 1876, Mark Twain se tornou o segundo luminar, ao lado de Hawthorne. Tirando Longfellow, não tivemos nenhum poeta nacional até o aparecimento de Robert Frost em 1915 (cujos livros foram publicados inicialmente na Inglaterra, em 1913-4). As glórias americanas de Frost, com um público leitor cada vez maior, estenderam-se de 1915 a 1963, com seu último livro, *In the Clearing*.

Quando comecei a escrever *O cânone americano*, não planejava incluir Twain e Frost, embora tivesse pensado na hipótese. O decisivo foi perceber que eles eram nossos análogos mais próximos dos autores nacionais franceses, alemães, italianos, russos e britânicos dos séculos XIX e XX: Hugo, Balzac, Émile Zola, Goethe, Thomas Mann, Alessandro Manzoni, Tolstói, Aleksandr Púshkin, Dostoiévski, Ivan Turguêniev, Dickens, George Eliot, Tennyson, Yeats. Aqui deixo de lado luminares demônicos como Ibsen, Joyce, Proust, Kafka, Beckett, Valéry e mesmo T.S. Eliot, pois estes falavam para uma elite, tal como Whitman, Melville, Henry James, Stevens, Hart Crane e o sublime Faulkner de *Enquanto agonizo* e *Luz em agosto*.

Twain e Frost escreviam em vários níveis, alguns patentemente populistas, mas ainda assim sombriamente tingidos pelas verdades humanas da aniquilação. Frost, ironista clássico, tinha poucas afinidades visíveis com Twain, parodista swiftiano mais feroz do que seus descendentes Nathanael West e Philip Roth. O único elemento comum entre ambos era o leitor médio, que encontrava o suficiente neles.

Depois de terminar *As aventuras de Huckleberry Finn*, Twain escreveu seu *Pierre* (por assim dizer) com *Um ianque na corte do rei Artur*. *Pierre* de Melville é intragável, mas *Um ianque* é uma obra ofensiva e sórdida: sádica, como uma brincadeira de mau gosto que tenta se salvar recorrendo a brutalidades crescentes. Lembro que, muitos anos atrás, assisti a uma adaptação para o cinema com Bing Crosby no papel de Hank Morgan, amenizando Twain. O filme era muito ruim, mas prefiro aguentá-lo outra vez a reler o romance, como acabei de fazer depois de muitos anos.

Meu saudoso amigo Robert Penn Warren, que abominava Emerson e era indiferente a Whitman, considerava que a literatura americana oitocentista alcançara a apoteose em Mark Twain, admitindo também Melville e John Greenleaf Whittier à sua admiração. Algo da ferocidade de Warren quanto aos protagonistas de sua própria obra extrai seu ardor da ambivalência de Twain em relação à maioria de seus personagens adultos.

Em nossos almoços semanais, antes que Warren fosse para suas pesquisas na biblioteca de Yale e eu para minhas aulas, ele discursava enfaticamente sobre nossa literatura nacional. Sendo eu 25 anos mais novo, em geral somente ouvia e aprendia, discordando apenas sobre Emerson, até que finalmente combinamos que nunca mais falaríamos sobre ele.

Warren via Mark Twain como o supremo niilista americano, mas essa era uma dúbia honra que ele também conferia a seu detestado Emerson, defensor do sanguinolento John Brown. Agostiniano secular, Warren não concordava com minha ideia de Twain como gnóstico americano secular, amaldiçoando Jeová como Deus desse mundo infernal.

Conheci meu saudoso amigo James Cox no verão de 1969, quando ele me presenteou gentilmente com um exemplar de seu esplêndido *Mark Twain: The Fate of Humor* [Mark Twain: O destino do humor], de 1966. Continua a ser para mim o estudo mais esclarecedor sobre Twain, porque sustenta que seu humor paródico subverte e desmascara todas as exigências que nos são feitas pelo superego censor. A paródia não pôde salvar Mark Twain de si mesmo, e liberou seu demo para a grandiosa realização de *As aventuras de Huckleberry Finn* (1885), obra da estatura de *A letra escarlate*, *Moby Dick* e *Folhas de relva*. Se nossa literatura tem alguma obra de apelo universal, popular e elitista, é a história de Huck Finn. Alguns discordam: Jane Smiley, que insiste em dizer que prefere *A cabana do Pai Tomás*, e uma falange de ecocríticos que descartam Twain e Huck como meros materialistas que defendiam posições questionáveis em relação à natureza. Não sigo essa escola, mas concordo em certa medida: a ansiada "liberdade" de Huck não é natural. A liberdade tanto para Mark Twain quanto para seu demo Huck Finn é a liberdade do narrador, parcialmente afastado da sociedade e da natureza.

Agora passo a reler de novo *As aventuras de Huckleberry Finn*, concentrando-me no próprio Huck, cujo caráter e personalidade refletem o gesto de trocar de nome, com o qual Samuel Langhorne Clemens se tornou Mark Twain, ao mesmo tempo crítico mordaz e também encarnação da Idade Dourada, à qual deu nome. Como especulador financeiro, ele veio a se parecer mais com Jay Gould do que com Huck Finn.

O grande dragão guardando *As aventuras de Huckleberry Finn* não pode ser morto: a escravidão negra e todas as suas consequências para o espírito de Huck, de catorze anos, que nunca precisará crescer. Toni Morrison, num ensaio incluído na Norton Critical Edition, aqui pode ter a palavra definitiva sobre a questão:

> Por agradável que seja essa relação, banhada por uma luminosidade que ambos apreciam e por uma carga de responsabilidade que ambos assumem, ela não pode continuar. A consciência de que a relação é descontínua, fadada à separação, é (ou costumava ser) parte típica da experiência, inclusive minha, de amizade de infância entre brancos e negros, e o grito de inevitável ruptura é ainda mais angustiado por ser mudo. Todo leitor sabe que Jim será em algum momento abandonado sem explicações, e que não surgirá nenhuma sólida fraternidade adulta. A antecipação dessa perda pode ter levado Twain à caricaturização exagerada de Jim.

Talvez isso se baseie no pressuposto de que *As aventuras de Huckleberry Finn* é um romance balzaquiano ou uma mistura woolfniano-faulkneriana, como as melhores narrativas iniciais de Morrison. Todavia, a obra-prima de Twain é cervantina e pertence à ordem quixotesca. Huck é tão evasivo quanto Walt Whitman: o objetivo do livro e de seu protagonista é uma liberdade cuja única meta é o prazer de contar uma história.

T.S. Eliot, num ensaio que convertia o rio Mississippi em deus de Huck, apesar disso observou com justeza a refinada qualidade da consciência de Huck. O menino vê tudo e todos e evita qualquer juízo. Decididamente não é um crítico. Sempre interessado, mesmo assim é notavelmente desinteressado. Para um garoto de catorze anos, Huck é prodigioso em certos aspectos de maturidade e conhecimento. Mas ele não é apenas o demo de Mark Twain; o gênio narrativo da América está encarnado nele, e seus princípios são: escapar, fugir, continuar a mentir enquanto der.

O pai de Huck é um alcoólatra sanguinário e abominável. A gente precisa fugir dele; do contrário, teremos de matá-lo antes que ele nos mate, e Huck não tem nenhum interesse em ferir ninguém. Ao contrário de *As aventuras de Tom Sawyer*, a violência no livro de Huck é incessante. Com um distanciamento shakespeariano, Huck registra grande parte do que vê e ouve, sem dizer nada em resposta. Mas notamos sempre a bondade prática do garoto. É como bem diz o Preto Jim: "Aí tá ocê, o veio Huck de sempre; o único branco que faz o que prometeu pro veio Jim".

É difícil definir o caráter de Huck, em parte porque não é alguém em busca de alguma coisa. Cox frisa sensatamente que a jornada de Huck é "uma fuga *da* tirania, não uma fuga para a liberdade". Sobrevivente, praticamente um refugiado, o menino se tornou mestre nas artes da evasão e da dissimulação.

Meus alunos não consideram que As aventuras de Huckleberry Finn seja uma história "sobre" a crueldade. No começo isso me surpreendeu; aos poucos, vim a concordar. Lembro que discuti com James Cox sua firme posição, seguindo Sigmund Freud, de que a crueldade decorre da consciência, do superego censor que nos cobre de pancadas gritando "Não seja tão agressivo!", e então nos espanca ainda mais quando abrimos mão da agressividade. Este é o espetáculo de Freud, com o humor negro ao estilo Punch e Judy, mas não o de Mark Twain, cujo humor é o da paródia e se esquiva até do princípio de prazer.

Cox tem a virtude de tentar bravamente explicar por que Mark Twain não conseguiu manter a glória do livro de Huck Finn no quarto de século que lhe restou: a culpa é da consciência moral.

Por que isso não me convence? Mark Twain e Sigmund Freud eram contemporâneos e ambos tinham uma visão sombria da humanidade. Huck não comunga essa visão, mas teve experiências suficientes para justificá-la. Aqui concordo com outro amigo muito saudoso, Red Warren:

> Huck, em suma, é um antinomiano de uma "consciência" [*consciousness*] ou percepção educável, não da "Consciência moral" [*conscience*] absoluta. Como antinomiano, está muito mais próximo do naturalista William James do que do idealista Emerson; ele reconheceria, mesmo no momento em que viola a "Consciência moral" e segue os ditames da "consciência", arriscando a alma ao fogo do inferno, que uma decisão crucial é sempre uma aposta (a percepção de que não existe um critério absoluto pelo qual se possa julgar uma escolha). Além disso, se a consciência foi educada para a liberdade de escolha, o processo também é uma lição de humildade — não apenas de humildade, mas também de caridade —, e esse aspecto do desenvolvimento de Huck é enfocado (há muitos outros aspectos envolvidos) quando ele aprende a reconhecer e aceitar o amor de uma criatura pela qual tivera apenas o desprezo do homem branco, por mais amistoso que fosse,

e cuja companhia aceitara inicialmente apenas por causa de uma solidão animal. E aqui podemos lembrar que, se Jim vem inicialmente a Huck num momento de solidão, é significativo que, quando Huck vai procurar Jim após a notícia de sua captura, a descrição da fazenda dos Phelps se concentra na impressão de solidão: "... naquele momento, tive certeza de que queria estar morto — pois o zunido e gemido de uma roca de fiar é o som mais solitário de todo o mundo".

A liberdade de consciência permite a liberdade do narrador, e Huck nos oferece mais do que a narrativa de seu eu isolado. Quem mais na literatura ocidental é tão isento de malícia quanto Huck Finn? Temos o Cavaleiro da Triste Figura e Sancho de Cervantes, Samuel Pickwick de Dickens e Poldy Bloom de Joyce. O pai Finn, quando tenta matar Huck, chama-o de Anjo da Morte, mas esta é uma inversão dos fatos.

A única obra-prima integral de Twain só é uma comédia porque termina em tom despreocupado. Sem pertencer a nenhum gênero, o livro do demo de Twain passou pelas leituras criativas e equivocadas de Sherwood Anderson e Hemingway, de Fitzgerald e J. D. Salinger. Em graus variados, interpretaram-no como uma parábola de suas próprias origens e como nostalgia por um sonho americano perdido. O Huck deles não muda de forma. O Huck de Twain *quer* continuar o mesmo, mas sua necessidade de movimento significa que ele precisa mudar. É como se seu criador, Twain, quisesse que ele imitasse Benjamin Franklin e Henry Thoreau, porém não conseguisse manter Huck afastado do emersonismo. Ao contrário do que diz Eliot, o rio, embora seja um refúgio, não é o deus de Huck. Há um deus dentro de nós, diz-nos Emerson. Esse deus fala quando quer. Gênio, demo, deus — eram os mesmos para Huck, que não usava nenhum desses nomes, e para Emerson, que usava. O assombro estético do livro de Huck se concentra não no rio, mas na vida que o rio permite a Jim e Huck:

Dois ou três dias e noites se passaram; creio que posso dizer que deslizaram, fluindo muito calmos, serenos e agradáveis. Eis como fazíamos na época. Havia um rio monstruoso de grande lá adiante — às vezes com dois quilômetros e meio de largura; andávamos à noite, e atracávamos e nos escondíamos durante o dia; quando a noite estava quase terminando, parávamos de navegar e amarrávamos a balsa — quase sempre em água parada, em algum baixio; então cortávamos ramagens novas de choupos e salgueiros e escondíamos a jangada com eles. Então armávamos as linhas. Depois entrávamos no rio e dávamos uma nadada, para refrescar e nos reanimar; então sentávamos no banco de areia onde a água batia pelo joelho e assistíamos ao amanhecer. Nenhum som, em parte nenhuma — tudo absolutamente imóvel — como se o mundo inteiro dormisse, às vezes apenas as rãs-touro em alguma estripulia, talvez. A primeira coisa que se via, olhando além da água, era uma espécie de linha borrada — eram as matas no outro lado — não dava para perceber mais nada; então uma listra pálida no céu; então mais palidez se espraiando; então o rio se atenuava na distância e de negro passava para cinzento; dava para ver pontinhos escuros à deriva, sempre muito distantes — barcaças de carvão e coisas do gênero e longas estrias pretas — jangadas; às vezes, ouvia-se um remo rangendo ou uma mistura de vozes; tudo ainda estava parado e os sons vinham de muito longe; e de vez em quando tem uma faixa na água que dá para saber, pela aparência da faixa, que há ali algum tronco numa correnteza rápida que bate nele e cria essa faixa; e aí você vê a névoa se levantar da água e o leste se avermelhar, e o rio também, e percebe uma cabana feita de troncos na beira da mata, do outro lado do rio, provavelmente um depósito de madeira com um monte de caniços muito mal-ajambrados; então começa a soprar uma brisa agradável que vem lá do outro lado muito fresca e serena, e com um perfume doce por causa da mata e das flores; mas às vezes nem tanto, porque largaram por lá uns peixes mortos, restos e coisas assim, que soltam um cheiro bem ruim; e daí vem o dia e tudo fica sorrindo ao sol e os passarinhos cantando!

Não existe um deus criador no cosmo de Huck, Jim e Mark Twain. Apenas dois parágrafos adiante, Jim de início defende a existência de um deus assim, contudo Huck pensa diferente:

Algumas vezes tínhamos aquele rio inteiro só para nós por muito tempo. Adiante ficavam os bancos de areia e as ilhas, atravessando a água; e talvez uma centelha — que era uma vela à janela de uma cabana — e às vezes dava para ver na água uma ou duas centelhas — numa jangada ou numa barcaça, sabe; e dava para ouvir uma rabeca ou uma cantiga vindo de uma das embarcações. É uma delícia viver numa jangada. Tínhamos o céu lá no alto, todo salpicado de estrelas, e a gente se deitava de costas e ficava olhando e discutindo se eram feitas ou se só apareciam por acaso — Jim pensava que eram feitas, mas eu pensava que eram por acaso; eu achava que levaria tempo demais para *fazer* tantas delas. Jim dizia que a lua *botava* elas; bom, isso me parecia bastante razoável, então não falava nada em contrário, pois tinha visto uma rã botar o mesmo tanto, então claro que podia ser assim. A gente também ficava vendo as estrelas que caíam e o rastro que faziam. Jim achava que estavam goradas e tinham sido descartadas do ninho.

O acaso reina, tendo substituído Jeová. Com a exceção de Eliot, meus autores demônicos nesse livro não eram cristãos, e Twain mostra especial veemência contra religiões normativas. Ao contrário de Huck, porém, o ceticismo de Twain não é alegre.

PUDD'NHEAD WILSON

Melville, tendo triunfado em *Moby Dick*, foi um desastre em *Pierre*, que continuo a achar intragável após várias tentativas, inclusive uma recente, da qual desisti. Clemens, quatro anos após *As aventuras de Huckleberry Finn*, publicou *Um ianque na corte do rei Artur* (1889), que é tragável, mas canhestro e indigno dele. O juízo mais equilibrado é o de James Cox:

> Assim, tal como o tema dá uma guinada interna e passa da criação para a destruição, o livro constitui uma guinada na carreira de Twain. A obra, porém, não é um ato de destruição; é antes um gesto incompleto de criação, deixando uma brecha — uma ligadura — entre a forma e a personalidade criadora do artista. Como gesto dessa espécie, *Um ianque* é o que podemos chamar de pacto com seu Gênio, pois Hank Morgan é, em última análise, o demônio desmascarado — o mestre de cerimônias piadista e compulsivo —, parte tão integrante do humor de Mark Twain. Visto sob esse ângulo, o livro é uma visão de pesadelo de um grande comediante quanto a si mesmo, expondo grotescamente o manipulador oculto por trás do mecanismo da encenação cômica. Os termos do pacto talvez não sejam tão favoráveis quanto gostaríamos, mas foram os melhores que Twain conseguiu negociar com as fatalidades de sua arte. Ao revelar a lógica inexorável de uma vida criativa, o livro se mostra um sinalizador que Mark Twain deixou atrás de si em sua precária viagem correnteza abaixo.

Eu gostaria de conseguir salvar algo do livro, mas ele é sádico demais para ser engraçado, parecendo um filme de Quentin Tarantino. Twain evidentemente andara lendo *História da Revolução Francesa* e *Sartor Resartus* de Thomas Carlyle, dois de meus livros favoritos, mas interpretou mal a crítica demolidora do sábio escocês à democracia e distorceu o mecânico de Hartford num herói carlyliano. Hank Morgan, que se torna orgulhosamente "o Patrão" da Grã-Bretanha, não passa de um prestidigitador espúrio como seu inimigo Merlin, e a tecnologia acaba por transformá-lo num genocida assassino em massa. É difícil ver e saber até que ponto Twain tinha clareza desse desenvolvimento. Sua intenção autoral era, sem dúvida, enaltecer Hank Morgan; o próprio Clemens era doido por engenhocas e adorava Andrew Carnegie com o mesmo fervor que dedicava a Ulysses Grant.

Depois das obras do Mississippi — que incluem *Tom Sawyer* e *Huckleberry Finn* —, agora a grande obra de Twain parece ser *Pudd'nhead Wilson*. Foi publicada cinco anos depois de *Um ianque*, em 1894, recebendo críticas heterogêneas. Eu mal sabia da existência dele até o outono de 1955, quando conheci o simpático Leslie Fiedler, que insistiu que eu lesse o livro. De início, fiquei confuso, mas ao longo dos anos vim a apreciar suas ironias demônicas.

Uma ampla bibliografia crítica agora cerca *Pudd'nhead Wilson*, a começar por Leslie Fiedler e o moralista britânico F. R. Leavis, seguindo por grandes intérpretes de Twain como Henry Nash Smith e James Cox, até um batalhão de historicistas, entusiastas das questões de gênero e outros ideólogos. Há uma dúzia deles reunidos na Norton Critical Edition de *Pudd'nhead Wilson*. Li todos, além de vários outros "gritos de guerra" (a expressão é de Twain) e me sinto suficientemente instruído. Nenhum deles pergunta: o livro é gostoso de ler?, qual é sua grande qualidade estética, se é que a tem?

Meus alunos não gostam do romance, em parte porque uma pessoa de vinte anos não acha muito empolgante a premissa de uma ascendência 1/32 africana. A versão sulina das leis nazistas de Nuremberg agora é estapafúrdia demais para chocar uma geração que se casa dentro de qualquer grupo. Duvido que Faulkner tenha lido *Pudd'nhead Wilson*, mas mesmo assim a obra prenuncia *Luz em agosto*, uma de suas narrativas mais fortes, e *Absalão, Absalão!*, amplamente elogiado, mas em relação ao qual alimento algumas reservas. A prolepse é apenas temática, visto que Twain e Faulkner pouco têm em comum, exceto que este último capta a miscigenação sulina com uma intensidade ainda maior.

Pudd'nhead Wilson está muito aquém de ser uma obra literária plenamente realizada, posição esta que lembro ter discutido com Leslie Fiedler, que a considerava de qualidade admirável. Somente depois da morte de Leslie, em 2003, li seu ensaio sobre o que ele chamava de "um pesadelo digno da América".

Para ele, o livro era o lado ainda mais escuro de *Huckleberry Finn*:

> Talvez a melhor maneira de entender *Pudd'nhead* seja lê-lo como complemento de *Huckleberry Finn*, imagem especular sombria de um mundo evocado na obra anterior. Quase dez anos separam os dois livros, dez anos em que o sentimento de culpa e o terror haviam se transferido da periferia para o centro da vida e da imaginação de Twain. *Huckleberry Finn* também é saturado de horror, sem dúvida; mas é mais fácil saber disso do que senti-lo. Embora a fábula central do livro anterior comece com um menino com uma espingarda, o pai ensandecido com seus *delirium tremens*, e termine com a revelação da morte daquele pai num quarto inundado e com obscenidades rabiscadas nas paredes, há uma textura tão poética, um tom de alegria tão genuíno, embora gratuito, que ficamos numa eterna dúvida se conseguimos captar seu tremendo peso. Em *Pudd'nhead*, porém, o lirismo e a euforia desapareceram; caímos num mundo prosaico, e não há nenhum triunfo da retórica de Twain para nos preservar das falhas assim reveladas de nossa própria humanidade.

O tom de *Pudd'nhead Wilson* é original, mesmo para Twain, uma ironia paródica que não encontra igual em toda a nossa literatura antes de *A Cool Million* [Um milhão redondo] de Nathanael West, em que Shagpoke Whipple (uma versão de Calvin Coolidge e uma profecia de Ronald Reagan) discursa para os escoteiros vestidos à Davy Crockett (com seus gorros de pele de guaxinim e mosquetes carregados) em Madison Square Garden, culminando numa versão americana de um congresso da Juventude Hitleriana. O tema de West é Lemuel Pitkin, o protagonista azarado e arrasado do livro, que se torna um involuntário Horst Wessel, um dos primeiros mártires do nazismo.

> Do que ele [Lemuel Pitkin] está falando? Do direito que todo garoto americano tem de ingressar no mundo e receber sua justa parte e oportunidade de fazer fortuna por diligência ou probidade, sem ser ridicularizado nem ser objeto de conspirações por estrangeiros metidos a intelectuais.

Twain não é tão chocante assim (exceto em duas historietas que são minhas favoritas, "Cannibalism in the Cars" e "Journalism in Tennessee", mas *Pudd'nhead Wilson* é recheado de tonalidades curiosas. Para apreciá-las, os contornos específicos do enredo tristemente mecânico precisam de uma breve apresentação. Twain começara um conto farsesco, "Those Extraordinary Twins" [Aqueles gêmeos extraordinários], sobre "uma criatura humana que tinha duas cabeças, dois pescoços, quatro braços, um tronco e apenas um par de pernas". São os condes Luigi e Angelo Cappello. Um acaba sendo linchado; o outro sobrevive. Essa parábola pouco promissora foi sensatamente eliminada do que veio a ser *Pudd'nhead Wilson*, embora persistam alguns vestígios.

Somente um personagem no romance pronto envolve o leitor — a escrava Roxana (Roxy). É considerada por todos, inclusive por si mesma, como uma "preta", embora seja apenas 1/16 negra e tenha aparência de "branca". Henry Nash Smith, crítico de autêntico discernimento, vê em Roxy uma "ameaça subversiva à cultura dominante". Bem que gostaríamos que ela constituísse tal ameaça, mas infelizmente não é o caso, pois os escravistas lhe imprimiram seu racismo. Afora isso, ela é exuberante, cheia de vida, perigosa, orgulhosa na maioria das coisas. Roxy não é única apenas em Mark Twain: não há ninguém na literatura americana que se assemelhe a ela.

Mas quem e o que é ela?

Pela maneira de falar, um desconhecido imaginaria que Roxy era negra, mas não era. Apenas 1/16 dela era negra, e essa décima sexta parte não aparecia. Era de estatura e formas majestosas, suas atitudes eram imponentes e grandiosas, seus gestos e movimentos se distinguiam por uma elegância nobre e marcante. Tinha pele muito clara, com o brilho rosado da boa saúde nas faces, o rosto era cheio de personalidade e expressão, os olhos eram castanhos e líquidos, e tinha um grosso manto de cabelos finos e macios que também eram castanhos, mas o fato não aparecia porque a cabeça era coberta por um lenço xadrez e os cabelos ficavam escondidos sob ele. O rosto era bem formado, inteligente e gracioso — até bonito. Ela tinha uma postura desenvolta e independente — quando estava entre sua casta — e além disso um ar altivo e "atrevido"; mas claro que era bastante dócil e humilde na presença de brancos.

Para todos os efeitos e finalidades, Roxy era branca como qualquer outro branco, mas sua décima sexta parte que era negra prevalecia sobre as outras quinze partes e fazia dela uma negra. Era uma escrava e vendável como tal.

Aqui, a ferocidade implícita do tom é controlada com mão de mestre. Não consigo me lembrar de nenhuma outra mulher em Twain apresentada de modo tão atraente. Circunspecto em relação a seus desejos, exceto às vezes em cartas para a esposa ou em anotações particulares, Twain quase se liberta de seus censores — sociais e pessoais — em relação a Roxy.

Ela não é idealizada; é uma ladra de pequeno porte, mas Twain a defende energicamente:

Ela era ruim? Era pior do que o tipo geral de sua raça? Não. Receberam um papel injusto na batalha da vida e não consideravam pecado tirar vantagem militar do inimigo — de maneira miúda; de maneira miúda, mas não graúda. Surripiavam alimentos da despensa sempre que tinham chance; ou um dedal de cobre, ou um pedaço de cera, ou um alfineteiro, ou um conjunto de agulhas, ou uma colher de prata, ou uma nota de um dólar, ou pequenas peças de roupa ou qualquer outro bem de pequeno valor; e estavam tão longe de considerar essas retaliações pecaminosas que iam à igreja e cantavam e oravam a todo volume e toda sinceridade com o fruto do saque no bolso. O local de defumação num sítio tinha de ficar muito bem trancado, pois nem o próprio diácono de cor conseguia resistir a um presunto quando a Providência lhe mostrava em sonho, ou de alguma outra maneira, onde tal coisa pendia solitária, ansiando pelo amor de alguém. Mas, diante de uma centena de presuntos pendurados diante dele, o diácono não pegaria dois — isto é, não na mesma noite. Nas noites de frio, o humanitário gatuno negro aquecia a ponta de uma tábua e a apoiava contra uma árvore onde dormiam as galinhas empoleiradas, sob os pés gelados delas; uma galinha sonolenta subia naquela prancha confortável, cacarejando suavemente sua gratidão, e o gatuno a enfiava no saco e mais tarde no estômago, na plena certeza de que, pegando essa ninharia do homem que lhe roubava diariamente um tesouro inestimável — sua liberdade — não estava cometendo nenhum pecado que Deus fosse lembrar em seu desfavor no Dia do Juízo Final.

O trecho tem o agradável sabor de Twain se divertindo muito com o que escreve. É então superado quando Percy Northumberland Driscoll, senhor de escravos do Missouri e orgulhoso aristocrata da estirpe das Primeiras Famílias da Velha Virgínia, descobre que três de seus quatro servos (Roxy sendo a outra) lhe afanaram alguns dólares. Ele ameaça vendê-los para os estados mais ao sul, onde não se poupa o chicote, e eles confessam:

— Muito bem — disse o senhor, pondo o relógio de lado —, vou vendê-los *aqui*, embora não mereçam. Deviam ser vendidos ao sul.

Os culpados se arrojaram ao chão, num arroubo de gratidão, e lhe beijaram os pés, declarando que nunca esqueceriam sua bondade e nunca deixariam de rezar por ele enquanto vivessem. Eram sinceros, pois como um deus ele estendera a mão poderosa e lhes fechara os portões do inferno. Ele mesmo sabia que havia feito uma ação nobre e generosa, e interiormente estava muito satisfeito com sua magnanimidade; e naquela noite registrou o episódio em seu diário, para que seu filho pudesse ler anos depois e assim ser levado a praticar ações de brandura e humanitarismo.

A ironia aqui é proléptica, visto que seu filho, Thomas à Becket Driscoll, perderá seu nome e sua identidade para o filho de Roxy, nascido no mesmo dia, com o nome escravo de Valet de Chambre, conhecido como "Chambers":

Ela avançou e deu uma olhada no outro garotinho; olhou de novo o seu; então, mais uma vez, o herdeiro da casa. Uma luz estranha se acendeu em seus olhos, e por uns instantes perdeu-se em pensamentos. Parecia num transe; quando voltou a si, murmurou: "Ontem, quando eu tava lavando eles na bacia, até o papai dele me preguntou qual era o fio dele".

Começou a vaguear por ali como em sonho. Despiu Thomas à Becket, tirando-lhe tudo, e lhe vestiu a blusa de pano grosso. Pôs o colar de coral dele no pescoço do filho. Então colocou os dois meninos lado a lado e, após atenta inspeção, murmurou:

— E quem ia acreditar que ropa pode fazer tanta diferença? Macacos me mordam se não é só assim que *eu* consigo saber qual é qual, quem dirá o papai dele.

Ela pôs o filhote no berço elegante de Tommy e disse:

— Cê agora é sinhozinho *Tom*, e vô praticar pra lembrar de chamar ocê assim, benzinho, ou vô errar alguma hora e aí é encrenca pra nóis. Pronto... agora fica aí quietinho e não se mexa mais, sinhozinho Tom... ah, graças ao bom Senhor nos céus, cê tá salvo, cê tá salvo! Agora ómi nenhum vai poder vender o pobre benzinho da mamãe lá no sul!

Infelizmente, o filho de Roxy, o falso Tom Driscoll, cresce e se torna um perdulário insolente e egoísta, enquanto o verdadeiro herdeiro Driscoll vira um escravo robusto, mas dócil. A fraude da pobre Roxy é recompensada com um tratamento cruel dado por seu próprio filho. Após a morte de Percy Driscoll, Roxy, que foi alforriada no testamento, vai para uma vida melhor como camareira num barco de excursões no Mississippi, que faz a linha de Cincinatti a Nova Orleans. Mas adoece e volta, então perde suas economias e fica na esperança de que o filho canalha (que não sabe que ela é sua mãe) mostre mais carinho por ela.

O malcriado, porém, agora é um monstro, e tanto provoca Roxy que ela revela a verdade. Nada é capaz de redimir o rapaz insuportável; aliás, ele fica ainda pior ao saber de sua verdadeira identidade:

Volta e meia, depois que ia se deitar, Tom acordava de repente e a primeira coisa que pensava era: "Ah, que bom, foi só um sonho!". Então se deitava outra vez, resmungando e murmurando: "Um preto! Sou um preto! Quem me dera morrer!".

Acordou de manhã cedo após mais uma sessão desse horror e então decidiu não retomar o sono traiçoeiro. Começou a pensar. E eram bem amargos aqueles pensamentos. Seguiam mais ou menos nessa linha:

— Por que foram criados pretos *e* brancos? Que crime o primeiro preto ainda não criado cometeu para ser decretada essa maldição de nascença? E por que foi criada essa diferença pavorosa entre branco e negro? ... Como parece duro o destino do preto, agora de manhã! E até ontem à noite eu nunca tinha pensado nisso.

Em meandros realmente labirínticos, Twain traça os altos e baixos da conduta autodestrutiva de Tom Driscoll. Depois de vender a própria mãe para o sul, ele mata seu suposto tio e tutor, é condenado à prisão perpétua e libertado para ser vendido ao sul como escravo. A pobre Roxy tenta encontrar consolo na igreja dos negros, porém mesmo seu espírito indômito acaba cedendo.

Depois de *Huckleberry Finn*, *Tom Sawyer* e *Life on the Mississippi* [Vida no Mississippi], a obra mais resistente de Twain é *Pudd'nhead Wilson*, mas quais são seus méritos estéticos? O próprio Wilson é uma incógnita; Tom

Driscoll também não tem personalidade. Roxana é a única força do livro, afora a demônica habilidade de Twain em pintar com frescor a barbárie da escravidão. Ele anotou numa passagem de seu diário: "A pele de todo ser humano contém um escravo".

Além do personagem de Roxana, o livro adquire vivacidade com o tom muitas vezes desbragado de Twain. De fato, a voz narrativa sugere que todos nós somos vendidos ao sul por Deus ou pelos deuses para ser açoitados como escravos, sejamos negros ou rosa-acinzentados (a ótima expressão de E. M. Forster para "brancos").

Se minha análise de Mark Twain neste livro é menos extensa do que as dos outros onze autores, não é por menor apreço crítico. Em síntese, ele é grandioso apenas em *As aventuras de Huckleberry Finn*, embora *Tom Sawyer* e *Life on the Mississippi* tenham seu frescor, bem como seus melhores contos e historietas. Mas fico desapontado ao reler os textos mais tardios, inclusive *O estranho misterioso* e a *Autobiografia*. O demo o abandonou. Por quê? Podemos supor que seu veio de ironia swiftiana lhe custou demais, como custou ao próprio Jonathan Swift.

Apesar disso, quantos livros escritos por americanos alcançam a estatura de *Huckleberry Finn*? São poucos os rivais: *A letra escarlate*, *Folhas de relva*, *Moby Dick*. Nessa excelsa companhia, obras vitais como *Walden*, *Retrato de uma senhora* e *Enquanto agonizo* não encontram lugar incontestável.

Não há um Shakespeare ou um Chaucer americano, embora Whitman seja quem mais aproxime, e Dickinson, Frost, Stevens e Hart Crane não estejam longe do esplendor de Walt. A abrangência dos textos de Henry James — literatura, relatos de viagem, críticas, memórias — é espantosa, e sua obra é invariavelmente soberba; todavia, Tolstói, Dickens e Balzac têm uma imediaticidade shakespeariana que falta a James. Anna Kariênina e Pierre, Uriah Heep e Fagin, Vautrin e Goriot transmitem uma impressão de vida real com uma textura tão rica que mesmo Isabel Archer parece etérea ao lado deles.

O triunfo de Mark Twain em seu único grande livro lhe garante lugar na companhia de Dickens e Balzac, mas não na de Shakespeare e Tolstói. A Huck somam-se o Preto Jim, o assustador Pai Finn, os malandros maravilhosos Duque e Delfim, e outros numa ciranda de personalidades turbulentas e maleáveis em suas ações e posições. Ter criado um livro só tão repleto de vida é suficiente e mais do que suficiente para se tornar imorredouro.

ROBERT FROST

Quando começo a dar aulas sobre Frost, gosto de pedir aos estudantes que leiam e discutam "Uriel" de Emerson, considerado por Frost como "o maior poema ocidental até hoje". (Por "ocidental", aqui, entendo que ele queria dizer "americano".) "Uriel" é um poema muito bom, mas não superior a "Song of Myself", à lírica da crise de Dickinson, a "Notes Toward a Supreme Fiction", *A terra desolada*, *A ponte* nem às melhores coisas — bastante numerosas — do próprio Frost.

Num breve discurso, "Sobre Emerson" (8 de outubro de 1958), Frost arrolou os quatro americanos que mais admirava: Washington, Jefferson, Lincoln e Emerson — três presidentes e um poeta ensaísta. "Liberdade" no sentido emersoniano, que é a razão pela qual Frost se tornou seu discípulo, é outro nome do "Desenfreio" [*the Wildness*] ou possessão demônica.

Robert Frost manifestou uma perspicácia extraordinária como pessoa e como poeta. Encontrei-o duas vezes, por volta de 1960, quando eu dava algumas palestras na Bread Loaf School, e lembro que senti certo assombro e desconforto em sua presença, embora sua conversa não fosse antipática. Mas ele era duas gerações mais velho do que eu, e a única coisa que tínhamos em comum era o amor por Emerson.

Para minha surpresa, Frost elogiou Hart Crane por fazer sua poesia "sugerir implicitamente tudo". Ao refletir sobre isso, minha surpresa passou, pois a "lógica da metáfora" (expressão de Crane) frostiana era outra sutil modulação do poder, como diz Emerson, "no momento de transição de um estado passado para um novo estado, no rápido atravessar do abismo, no lançar-se a um alvo". As complexas "evasões do 'como'" [*evasions of as*] de Wallace Stevens pareciam uma modalidade mais indireta da sugestão implícita, ainda comentou Frost. Ele e Stevens passaram algum tempo juntos em Key West e sentiam mútua estima. Whitman, sempre próximo em Stevens e Crane, quase nem tocava Frost. Lembro seu comentário, dizendo que Edwin Arlington Robinson, poeta admirável que prefigurou Frost, gostava mais de Whitman do que ele seria capaz.

Entre os principais poetas americanos do século XX, apenas Frost, Marianne Moore, Robert Penn Warren, Elizabeth Bishop e James Merrill não tinham muito sentimento por Whitman, mesmo em sua forma mais espantosa. Digam eles o que disserem, Eliot, Pound, W. C. Williams e Theodore Roethke são permeados por Whitman. Em Wallace Stevens, Hart Crane, A. R. Ammons e John Ashbery, nem precisaria ser invocado, mas está presente explicitamente.

Frost, tal como Emerson, tinha afinidades com Wordsworth. Na juventude, ele arrolou como seus poemas favoritos "Hyperion" [Hipérion] de Keats, "Prometheus Unbound" [Prometeu desacorrentado] de Shelley, "Saul" de Browning e "Morte d'Arthur" de Tennyson, mas sua poesia se assemelha mais aos poemas de Horácio do que a qualquer um desses. Seus autênticos precursores foram Wordsworth e Emerson, contudo seu grande embate foi sempre com Wordsworth. Arrisco-me a dizer que Frost percebeu implicitamente que Wordsworth havia afastado Emerson do vigor poético, levando o sábio de Concord a adotar aquela outra harmonia, a prosa. Frost lutou com Wordsworth durante toda a sua carreira, decidido a não ser derrotado como fora Emerson.

Um embate direto com Wordsworth é uma imprudência para qualquer poeta posterior: ele é vigoroso demais para ser vencido em seu próprio terreno. Matthew Arnold é outro exemplo desse fracasso, e George Meredith também. Ambos são poetas admiráveis, mas tão contaminados por Wordsworth que o leitor de "Empedocles on Etna" [Empédocles no Etna] ou "The Woods of Westermain" [As matas de Westermain] pode se sentir numa posição incômoda. Arnold raramente alcança sua voz própria: Wordsworth e Keats o ocupam inteiramente, exceto em alguns poemas como "Palladium" (frostiano, como observa David Bromwich). Meredith realmente chega à sua entoação própria em "Modern Love" [Amor moderno] e "Love in the Valley" [Amor no vale], nos quais rejeita Wordsworth. Frost não é o Wordsworth americano, porém se sustenta como poucos outros poetas americanos modernos: Stevens, Hart Crane, Moore, Williams, Eliot, Bishop, Ammons, Ashbery, Merrill. Outros acrescentariam Ezra Pound, mas acabei me cansando de sua poesia sórdida e esparramada.

Frost não chegava a desafiar Wordsworth abertamente, ficando de emboscada sempre que possível. No livro *Mountain Interval* [Intervalo na montanha], Frost tem um poema estranho, "The Gum-Gatherer [O coletor de goma], que é uma paródia de "Resolution and Independence".

Ainda que seus múltiplos talentos incluíssem a paródia, Frost termina em mero terceiro lugar, atrás de "The White Knight's Ballad" [A balada do cavaleiro branco] de Lewis Carroll e de "Incidents in the Life of My Uncle Arly" [Episódios na vida de meu tio Arly] de Edward Lear, ambos mirando o antigo coletor de sanguessugas de Wordsworth. O coletor de goma de Frost está tão distante de Wordsworth que se torna uma paródia de si mesmo:

> I told him this is a pleasant life
> To set your breast to the bark of trees
> That all your days are dim beneath,
> And reaching up with a little knife,
> To loose the resin and take it down
> And bring it to market when you please.*

David Bromwich estabeleceu uma relação incômoda demais para ser objeto de paródia. "Two Tramps in Mud Time" [Dois vagabundos em época de lama], um dos poemas mais estranhos de Frost, mostra uma surpreendente ansiedade, uma angústia perante a influência de "Resolution and Independence". Eis o vínculo sutilmente estabelecido por Bromwich:

Uma boa ajuda inicial é pensar o poema de Frost como uma espécie de charada. Em algum nível, ele sempre teve clareza que estava fazendo outra versão do poema de Wordsworth, mas uma parte da brincadeira de "enganar" o leitor era segurar a pista definitiva até metade do poema, depois que várias outras peças já haviam se encaixado. A pista aparece na quarta estrofe, sob os traços inesperados de um azulão:

> A bluebird comes tenderly up to alight
> And turns to the wind to unruffle a plume,
> His song so pitched as not to excite
> A single flower as yet to bloom.**

---

* Falei a ele: que vida tão amena,/ O peito na árvore encostado,/ Passando todos os dias à sombra,/ E lidando com uma faca pequena/ Para desprender e retirar a resina/ E, quando quiser, levar ao mercado.

** Um azulão vem ternamente pousar,/ Vira-se ao vento para alisar uma pluma,/ Seu canto modulando para não apressar/ O súbito desabrochar de flor nenhuma.

À pergunta "por que isso num poema sobre andarilhos?", a resposta é que o pássaro, junto com o tema que introduz, está em seu pleno direito pela autoridade do gaio, da pega, da lebre e da "terra enlameada" do brejo nublado e ensolarado que ocupam as estrofes iniciais de "Resolution and Independence". Faz parte da essência dos dois poemas o esforço em separar a paisagem e a cena do trabalho propriamente dito: os prazeres da paisagem pertencem apenas ao poeta, que os sente nos intervalos de seu autoquestionamento; para a figura que está diante do poeta, por outro lado, a paisagem quase nem existe; assim, ela percorre o poema como um duplo contraponto, sempre presente, mas presente vividamente apenas para o poeta e, durante a maior parte do tempo, nem mesmo para ele.

Um poema dos EUA em 1934, o país ainda sofrendo as consequências da Grande Depressão, "Two Tramps in Mud Time" sempre me desperta sentimentos ambíguos, mesmo quando suas soberbas oitavas me deixam aturdido de admiração. Há dias em que pego minha bengala e fico andando pela casa, recitando o poema, no começo sem conseguir lembrar o que é. Beirando constantemente o proverbial, é como se sempre tivesse existido:

> Good blocks of oak it was I split,
> As large around as the chopping block;
> And every piece I squarely hit
> Fell splinterless as a cloven rock.
> The blows that a life of self-control
> Spares to strike for the common good
> That day, giving a loose to my soul,
> I spent on the unimportant wood.*

É difícil saber o que Frost considerava "o bem comum" [*the common good*], mas parece haver, ao longo de todo o poema, certa desproporção entre o exemplo e o preceito, principalmente nas três últimas estrofes:

---

* Uns bons toros de carvalho eu rachava,/ Largos como a base do cepo inteiro;/ E cada pedaço que de um golpe cortava/ Se abria sem deixar nenhum ponteiro./ O esforço com que uma vida regrada/ Em favor do bem comum se empenha/ Naquele dia, deixando a alma folgada,/ Gastei humildemente cortando lenha.

Out of the woods two hulking tramps
(From sleeping God knows where last night,
But not long since in the lumber camps).
They thought all chopping was theirs of right.
Men of the woods and lumberjacks,
The judged me by their appropriate tool.
Except as a fellow handled an ax,
They had no way of knowing a fool.

Nothing on either side was said.
They knew they had but to stay their stay
And all their logic would fill my head:
As that I had no right to play
With what was another man's work for gain.
My right might be love but theirs was need.
And where the two exist in twain
Theirs was the better right—agreed.

But yield who will to their separation,
My object in living is to unite
My avocation and my vocation
As my two eyes make one in sight.
Only where love and need are one,
And the work is play for mortal stakes,
Is the deed ever really done
For Heaven and the future's sakes.*

---

* Da mata saíram dois andarilhos grandalhões/ (Dormindo sabe Deus onde na noite anterior,/ Mas desde então rodando pelos grotões)./ Julgavam a lenha ser direito seu, não um favor./ Viram-me como instrumento adequado,/ Pois, como lenhadores afeitos ao solo,/ Apenas a forma de empunhar o machado/ Dizia-lhes se o sujeito tinha algum miolo.// Cada parte permaneceu muda e calada./ Sabiam que bastava manterem posição/ E sua lógica inteira me seria revelada:/ Que eu não devia tomar como diversão/ O que para outros era trabalho necessário./ Meu direito, por amor; o deles, para comer,/ E quando operam em sentido contrário/ O direito deles é que devia prevalecer.// Renda-se quem quiser a tal separação,/ Mas meu objetivo na vida é juntar/ Meu passatempo e minha profissão,/ Como dois olhos me fazem enxergar./ Só onde se unem necessidade e amor/ E o trabalho é nosso jogo como mortais,/ É que realmente é executado o lavor/ Pelo futuro e pelas esferas celestiais.

Maravilhosa por si só, essa estrofe final é tão abrangente que nos perguntamos como os andarilhos conseguiram inspirá-la. Pode ser o credo de qualquer um, desde dar aulas a enrolar serviço. Wordsworth, em seus grandes poemas de crise, eleva-se do particular ao universal sem esforço, ou pelo menos assim parece. Frost, assombrado por Wordsworth, nunca fez um pacto com ele. Frost nos dá figuras como o velho mendigo de Cumberland ou como o ainda mais provecto coletor de sanguessugas, mas, como diz Bromwich, "nunca num poema em que o poeta também apareça como ele mesmo". Será que Frost, um egocêntrico monstruoso, não tinha tanto orgulho em ser um grande poeta?

"Os originais não são originais", observou Emerson bem-humorado. Após uma conversa com o príncipe dos caçadores de fontes, John Livingston Lowes, Frost reduziu a influência poética a uma brincadeira:

> Lowes took the obvious position
> That all of art is recognition
> And I agreed. But the perfection
> Of recognition is detection
> That's why Lowes reads detective stories
> And why in scholarship he glories
> A poet need make no apology
> Because his works are one anthology
> Of other poets' best creations
> Let him be nothing but quotations
> (That's not as cynic as it sounds)
> The game is one like Hare and Hounds
> To entertain the critic pack
> The poet has to leave a track
> Of torn up scraps of prior poets.*

---

* Lowes tomou a óbvia posição/ De que toda arte é recognição/ E concordei. Mas a perfeição/ Da recognição é a detecção/ Por isso Lowes lê histórias de detetive/ E por isso na erudição glórias revive/ Um poeta não precisa se desculpar/ Se em sua obra se limita a antologizar/ Outros poetas e suas melhores criações/ Deixem que ele se reduza a citações (Não é algo tão cínico como parece)/ Tal como a lebre e os cães em suas metas/ Para entreter a crítica em matilha/ O poeta precisa deixar uma trilha/ De pedaços arrancados de outros poetas.

Wordsworth se demonstrou maior do que Frost podia abarcar. Emerson, no auge de seu demonismo em *A conduta da vida*, era o precursor adequado, guiando seu discípulo professo aos pínçaros da independência. Em 1959, Frost comentou: "Devo mais a Emerson do que a qualquer outro pelos pensamentos inquietos sobre a liberdade", e depois acrescentou que "a liberdade é apenas uma retirada". A transição, o desejo de estar em outro lugar, tornou-se o legado emersoniano de Frost.

Numa entrevista com Richard Poirier, em 1960, Frost concordou com o entrevistador sobre os duplos sentidos em toda a sua poesia, trabalhados por várias modulações de voz: "Fale por contrários". Isso é apenas uma maneira muito leve de dizer, pois Frost se baseia na passagem do evangelho de Marcos, que emprega em seu último grande poema, "Directive" [Diretriz]:

> E ele lhes disse: A vós vos é dado o mistério do reino de Deus; mas aos de fora
>   tudo se lhes propõe em parábolas,
> Para que, vendo, vejam e não percebam; e ouvindo, ouçam e não entendam,
>   para que não suceda que se convertam e sejam perdoados.

A ideia é que, a uma leitura interior e profunda, os leitores da poesia de Frost captarão suas ironias, enquanto o público mais amplo não irá entender. Como plano geral, é muito próximo ao de Mark Twain: à maioria dos leitores não é dado ver a profundidade de *Huckleberry Finn*.

O demo de Frost é malandro e arruaceiro, para o bem estético da poesia. Admiro o que tanto me desconcerta. Se às vezes fico nauseado, é porque Frost pode ser cruel e ambíguo em relação às mulheres, totalmente mórbido, mas um grande poeta pode se permitir tudo isso e ainda mais. Há algo desolado na religião americana da independência proposta por Emerson, e talvez Frost seja o único a capturar aquela brancura vazia em termos mais simples do que o próprio Emerson, ou do que Melville em Ismael e Wallace Stevens em perpétua solidão. Herbert Marks, verdadeira autoridade na Bíblia, bem observa que Frost encontrou no mito cristão da queda um fundamento para seu profundo impulso de ocultamento poético. Encontrou também, diz Marks, um mito pessoal em que a Eva americana não caíra ou, em alguns aspectos, era também uma idealização masculina do feminino.

Não é fácil caracterizar o longo casamento entre Frost e Elinor White (de 1895 a 1938, ano em que ela morreu). Ele viveu mais um quarto de século e nunca voltou a se casar, embora tenha pedido a mão de Kathleen Morrison, que recusou, mas depois lhe deu apoio nos anos restantes como secretária e acompanhante. Não confio na versão da vida conjugal dos Frost apresentada por seu ressentido biógrafo Lawrence Thompson, porém como alternativa só posso oferecer hipóteses. Como Frost, Elinor White tinha personalidade forte e uma tenacidade estoica. Desde o começo, a paixão dele por ela foi avassaladora, Frost com apenas dezessete anos e Elinor dois anos mais velha. Pintora e poetisa de talento, de início ela resistiu, mas cedeu quando ele começou a mostrar tendências suicidas. Dois filhos morreram muito cedo; quatro sobreviveram, no entanto três tiveram uma vida complicada, uma terminando num sanatório de doenças mentais e outro se matando. Apesar ou por causa de tudo isso, Frost e Elinor viviam em relativa harmonia.

Talvez o poeta-no-poeta, o demo, não possa se casar, e por isso as dificuldades de um longo casamento, como o dos Frost, de Wallace e Elsie Stevens ou de Herman Melville e esposa, sejam quase uma norma. Vale observar todas essas questões em Frost por causa de quatro poemas excepcionais em *A Witness Tree* (1942): "The Silken Tent" [A tenda sedosa], "The Most of It" [O principal], "The Subverted Flower" [A flor arruinada] e "Never Again Would Birds' Song Be the Same" [Nunca mais o canto das aves será o mesmo], uma espécie de elegia a Elinor.

"The Silken Tent", um magnífico soneto shakespeariano numa frase só, é um poema de amor dirigido a Elinor:

> She is as in a field a silken tent
> At midday when the sunny summer breeze
> Has dried the dew and all its ropes relent,
> So that in guys it gently sways at ease,
> And its supporting central cedar pole,
> That is its pinnacle to heavenward
> And signifies the sureness of the soul,
> Seems to owe naught to any single cord,
> But strictly held by none, is loosely bound
> By countless silken ties of love and thought

> To everything on earth the compass round,
> And only by one's going slightly taut
> In the capriciousness of summer air
> Is of the slightest bondage made aware.*

Os críticos sempre notam aqui o primoroso equilíbrio entre feminino e masculino e a perícia magistral em mesclar som e sentido. O toque de Frost é tão delicado que precisamos ficar muito atentos às indicações de que a mulher, além de ganhos, também sofre perdas: "no cordame afrouxado" [*its ropes relent*], "atada de leve" [*loosely bound*], "caprichos" [*capriciousness*], "a mais levíssima sujeição" [*the slightest bondage*].

O elemento fálico é mais do que evidente e dispensa comentários, visto que a perspectiva do poema não inclui a consciência da mulher, o que raramente constitui uma falha estética. Marks nota a modificação da passagem de 2 Coríntios de Paulo, cuja "tenda terrena" será consumida por uma "morada celeste", a qual se torna dispensável com o "pináculo apontando ao cimo" [*pinnacle to heavenward*] de Frost.

Os principais legados emersonianos em Frost eram a dupla consciência e a luta incessante entre liberdade e destino. Para ambos, Emerson e Frost, valia a fórmula pré-socrática: o *ethos* é o demo, caráter é destino, e assim tudo o que nos acontece é o que sempre fomos e somos. Freud também adotava secretamente essa concepção, tal como seu precursor Nietzsche: não existem acasos; ama teu destino, porque há pouca ou nenhuma alternativa. Richard Poirier, fiel a Frost e a Emerson — seus dois autores americanos favoritos —, dizia-me que minha preferência por Stevens e Whitman mostrava uma recusa de entender a escolha como uma sobredeterminação. Eu retorquia que sempre há evasão, nuance, desvio, apreensão equivocada, necessidade de uma leitura errônea, mas de nada adiantava.

---

* Ela é como tenda sedosa no prado/ Ao meio-dia quando à brisa de verão/ Seca o rocio e, no cordame afrouxado,/ Ondula suave em torno de sua armação/ E a estaca de cedro, o suporte central/ Que é seu pináculo apontando ao cimo/ E significa a firmeza da alma leal,/ Parece nada dever a nenhum arrimo,/ Mas, sustida por nada, leve se liga/ Por mil laços de amor e pensamento/ A tudo o que a terra aqui abriga,/ E só por um que se retesa um momento/ Pelos caprichos do ar de verão/ Percebe-se a mais levíssima sujeição.

Poirier aplicou seus postulados de maneira muito direta à declaração em prosa mais famosa de Frost, "A figura que um poema cria" [The Figure a Poem Makes], que é o prefácio a *Collected Poems* (1939):

> Deve fazer parte do prazer do poema mostrar como consegue. A figura que um poema cria. Começa no prazer e termina no saber. Com a figura dá-se o que se dá com o amor. Ninguém sustentaria de fato que o êxtase seja estático, imóvel num único lugar. Começa no prazer, inclina-se ao impulso, toma direção com o primeiro verso escrito, toma um curso afortunado e termina num clareamento da vida — não necessariamente um grande clareamento, como aquele em que se fundam seitas e cultos, mas como um esteio momentâneo contra a perplexidade. Tem desfecho. Tem um resultado que, embora imprevisto, estava previamente determinado desde a primeira imagem do estado de espírito original — na verdade, desde o próprio estado de espírito. Não passa de um poema-trapaça ou de poema nenhum, se o melhor dele foi pensado no começo e guardado para o final. Ele encontra a si mesmo conforme avança e descobre o que melhor lhe serve em alguma frase final, sábia e triste ao mesmo tempo — a mistura feliz-triste da canção báquica.

Para Poirier, é análogo à "atividade sexual em andamento", juízo estranho visto que a cópula geralmente está longe de ser "um esteio momentâneo contra a perplexidade" ou qualquer esteio que seja. Todavia, é esclarecedora a afinidade que Poirier vê entre Frost e D. H. Lawrence. Não costumamos pensar em Frost na companhia de vitalistas heroicos, quando Lawrence se une a Blake e Shelley, a Browning e Balzac, mas Frost também endossa (em sua poesia) uma energética semelhante.

A WITNESS TREE

Em *New Hampshire* (1923), Frost compôs sua única elegia, "To E. T.", a seu mais íntimo amigo e "único irmão", o magnífico poeta inglês Edward Thomas, morto em combate durante a Primeira Guerra Mundial. Infelizmente, o poema é canhestro e indigno de ambos, mas mesmo assim é comovente porque Frost não era poeta elegíaco, ao contrário de seus poucos pares entre os maiores poetas americanos: Whitman, Dickinson, Stevens,

Eliot, Hart Crane. O incômodo com a elegia é outra característica que Frost partilha com Emerson. Os dois desconfiavam do lamento por razões de temperamento e imaginação, devido à fé de ambos na dupla consciência e em sua Ananké, ou *amor fati*.

O primeiro volume de Frost, *A Boy's Will*, foi publicado na Inglaterra em 1913. Embora contenha "Mowing" e "The Tuft of Flowers", meu preferido é "The Trial by Existence" [A provação pela existência]. Um século depois, continua intensamente vivo:

> Even the bravest that are slain
>   Shall not dissemble their surprise
> On waking to find valor reign,
>   Even as on earth, in paradise;
> And where they sought without the sword
>   Wide fields of asphodel fore'er,
> To find that the utmost reward
>   Of daring should be still to dare.
>
> The light of heaven falls whole and white
>   And is not shattered into dyes,
> The light for ever is morning light;
>   The hills are verdured pasture-wise;
> The angel hosts with freshness go,
>   And seek with laughter what to brave;—
> And binding all is the hushed snow
>   Of the far-distant breaking wave.
>
> And from a cliff-top is proclaimed
>   The gathering of the souls for birth,
> The trial by existence named,
>   The obscuration upon earth.
> And the slant spirits trooping by
>   In streams and cross- and counter-streams
> Can but give ear to that sweet cry
>   For its suggestion of what dreams!

And the more loitering are turned
        To view once more the sacrifice
Of those who for some good discerned
        Will gladly give up paradise.
And a white shimmering concourse rolls
        Toward the throne to witness there
The speeding of devoted souls
        Which God makes his especial care.

And none are taken but who will,
        Having first heard the life read out
That opens earthward, good and ill,
        Beyond the shadow of a doubt;
And very beautifully God limns,
        And tenderly, life's little dream,
But naught extenuates or dims,
        Setting the thing that is supreme.

Nor is there wanting in the press
        Some spirit to stand simply forth,
Heroic in its nakedness,
        Against the uttermost of earth.
The tale of earth's unhonored things
        Sounds nobler there than 'neath the sun;
And the mind whirls and the heart sings,
        And a shout greets the daring one.

But always God speaks at the end:
        "One thought in agony of strife
The bravest would have by for friend,
        The memory that he chose the life;
But the pure fate to which you go
        Admits no memory of choice,
Or the woe were not earthly woe
        To which you give the assenting voice"

And so the choice must be again,
> But the last choice is still the same;

And the awe passes wonder then,
> And a hush falls for all acclaim.

And God has taken a flower of gold
> And broken it, and used therefrom

The mystic link to bind and hold
> Spirit to matter till death come.

'Tis of the essence of life here,
> Though we choose greatly, still to lack

The lasting memory at all clear,
> That life has for us on the wrack

Nothing but what we somehow chose;
> Thus are we wholly stripped of pride

In the pain that has but one close,
> Bearing it crushed and mystified.*

---

* Nem mesmo os mais valorosos,/ Tombados, disfarçarão a surpresa/ Vendo, ao despertar, a bravura reinar,/ Tal como na terra, no paraíso;/ E onde buscaram sem espada/ Vastos campos de asfódelos eternos,/ Vendo que a máxima recompensa/ Da ousadia seria ainda ousar.// A luz do céu cai íntegra e branca/ Sem se fragmentar em cores,/ A luz eterna é a luz da manhã;/ Os montes de pastos verdejantes;/ As hostes angelicais passam com frescor/ E entre risos buscam o que enfrentar —/ E o que tudo une é a neve silenciosa/ Da onda que se quebra à distância.// E do alto de um penhasco proclama-se/ A reunião das almas para o nascimento,/ Nomeada esta da provação pela existência,/ O obscurecimento na terra./ E os espíritos velozmente acorrendo/ Em correntes, contracorrentes e entre correntes/ Não podem deixar de ouvir aquele doce apelo/ A suas sugestões daquilo que sonha!// E os retardatários são levados/ A ver mais uma vez o sacrifício/ Daqueles que em nome de algum bem previsto/ Alegremente renunciarão ao paraíso./ E uma onda branca e cintilante aflui/ Ao trono para lá presenciar/ O rápido envio das almas devotadas/ Às quais Deus reserva especial cuidado.// E quem vai é por vontade própria,/ Antes ouvindo, lida em voz alta, a vida/ Que se abre na terra, com o bem e o mal,/ Além de qualquer sombra de dúvida;/ E com grande beleza Deus descreve,/ Com ternura, o pequeno sonho da vida,/ Mas nada encobre nem obscurece,/ Estabelecendo a coisa que é suprema.// Nem falta ali na multidão/ Um espírito que se apresente,/ Heroico em sua nudez,/ Para o mais remoto confim da terra./ A história das coisas desprezadas da terra/ Soa mais nobre lá do que sob o sol;/ E a mente rodopia e o coração canta,/ E uma grande salva acolhe o valente.// Mas ao final Deus sempre

Transcrevo-o na íntegra pois a maioria dos leitores de Frost não dá atenção ao poema, talvez porque não se encontre nada parecido em sua obra. Quando o li pela primeira vez, setenta anos atrás, imaginei que era de Edwin Arlington Robinson, poeta admirável que mantinha correspondência com Frost, numa relação de mútua estima. Dois poemas de Robinson em particular, "Eros Turannos" e "Luke Havergal", têm a mesma forma e postura de "The Trial by Existence". Como Frost, Robinson era um emersoniano, devoto dos ensaios sombrios posteriores em *A conduta da vida*.

A república de Platão termina com a história de um herói mítico, Er, o mais valente dos soldados, que morre em batalha e ressuscita após doze dias. Nesse intervalo, Er contempla as coisas finais. Os mortos são julgados e, conforme a sentença, ascendem ou descem sob a terra. Depois de mil anos de bem-aventurança ou de purgatório, devem escolher a próxima reencarnação; então passam pelo olvido e nascem outra vez.

O poema acima não é inteiramente platônico e, em alguns aspectos, assemelha-se à história ocultista de Yeats em *Uma visão*. O esquema frostiano da provação heroica gira em torno da escolha, embora eu me pergunte se é a palavra certa. "O obscurecimento na terra" [*The obscuration upon earth*] resulta de um Deus singular que apaga a memória, mas o que é a glória sem a lembrança?

Quando a necessidade rege tudo, o que pode significar a escolha? Como Emerson, Frost parece se regalar com uma liberdade que é mero destino e um destino que de certa forma é liberdade. Há em "The Trial by Existence" uma dissonância entre sua exuberância tonal e seu sentido mistificado. O estilo vai para um lado, o conteúdo para outro. Começando com *North of*

---

fala:/ "Um só pensamento na agonia da luta/ Deve o bravo ter como amigo,/ A lembrança de que escolheu a vida;/ Mas o puro destino a que te diriges/ Não permite a lembrança da escolha/ Pois não seria então uma desgraça terrena/ A que deste a voz de teu assentimento".// E assim a escolha deve ser novamente feita,/ Mas a última escolha é sempre a mesma;/ E então o temor ultrapassa a admiração,/ E recai o silêncio sobre a aclamação./ E Deus pegou uma flor de ouro,/ Quebrou-a e dela utilizou/ O elo místico para ligar e unir/ Espírito e matéria até a morte chegar.// É da essência da vida aqui,/ Apesar de nossa grandiosa escolha, que falte/ Ainda a lembrança duradoura/ De que a vida nos reserva/ Apenas o que de algum modo escolhemos;/ Assim somos despidos de orgulho/ Na dor que tem somente um desfecho,/ Portando-a oprimidos e embaídos.

Boston (1914), Frost atinge a maestria, e a fascinante debilidade de "The Trial by Existence" se esvai.

Mas volto em primeiro lugar a *A Witness Tree* e seus três poslúdios a "The Silken Tent", começando com "The Most of It":

> He thought he kept the universe alone;
> For all the voice in answer he could wake
> Was but the mocking echo of his own
> From some tree-hidden cliff across the lake.
> Some morning from the boulder-broken beach
> He would cry out on life, that what it wants
> Is not its own love back in copy speech,
> But counter-love, original response.
> And nothing ever came of what he cried
> Unless it was the embodiment that crashed
> In the cliff's talus on the other side,
> And then in the far distant water splashed,
> But after a time allowed for it to swim,
> Instead of proving human when it neared
> And someone else additional to him,
> As a great buck it powerfully appeared,
> Pushing the crumpled water up ahead,
> And landed pouring like a waterfall,
> And stumbled through the rocks with horny tread,
> And forced the underbrush—and that was all.*

---

* Ele pensava que mantinha o universo por si só;/ Pois toda voz que despertava à sua voz em afago/ Era apenas o eco arremedando sua mesma voz/ Nalgum penhasco oculto no outro lado do lago./ Algumas manhãs, na praia entre rochas recortada,/ Ele clamava à vida, para a qual faz falta/ Não seu próprio amor numa resposta copiada,/ Mas um amor diferente, em fala original./ E nunca nada surgiu de seu chamado,/ A não ser a encarnação que de chofre brotou/ Na rampa do penhasco no outro lado,/ E então à distância algo na água espadanou,/ Mas depois de algum tempo a nadar,/ Não foi um ser humano que se acercou,/ Alguém que pudesse a ele vir se somar,/ Foi um grande cervo que potente avançou,/ Abrindo a água que à sua frente ondulou,/ E chegou à terra como cascata fremente,/ E num passo excitado entre as rochas entrou/ E forçou a vegetação rasteira — isso, somente.

Este é Robert Frost como o Adão Americano? Num nível, ele responde ao menino de Winander em "The Prelude" de Wordsworth. No poema, o menino (Wordsworth) trava um diálogo com corujas, chamando e recebendo resposta, até que uma pausa em profundo silêncio o faz ouvir enquanto um "choque de leve surpresa levou até o fundo de seu coração a voz/ Das torrentes da montanha" [*a shock of mild surprise has carried far into his heart the voice/ Of mountain torrents*].

Frost, solipsista colossal como Wordsworth, clama pelo amor em contrapartida, mas recebe apenas seu próprio demo na forma de um grande cervo, símbolo da força masculina — não a Eva pela qual ansiava. E no entanto essa "encarnação" tem majestade, bem como o desejo masculino.

"The Subverted Flower" é um poema muito admirado por Richard Poirier e outros mais, inclusive Herbert Marks, que apresentou uma interpretação brilhante. Como sempre falo a meus alunos, precisamos ser capazes de dizer: "Esta é uma obra de habilidade incrível, mas ela me desagrada profundamente". Lembro que discuti essa questão com Poirier, o qual sustentava, com Frost, que o assunto do poema era "a frigidez nas mulheres". Quer se trate de um pesadelo do poeta aos dezessete anos ou de um episódio real entre ele e uma Elinor White de dezenove anos, homem e mulher não se conduzem bem.

Richard Poirier objetou que minha reação era meramente moral, contudo para mim a questão era e continua a ser a reação estética. Histórias de casos reais — esta ou em Robert Lowell, Frank Bidart, Allen Ginsberg, Anne Sexton, Sylvia Plath e outros — sempre correm o risco do confessionalismo. Os detalhes clínicos anulam a distância necessária entre leitor e poeta. Walt Whitman entendeu isso: seu eros intransitivo, para se expressar, recorre a verbos intransitivos. Talvez a discussão desse assunto acabe desembocando nas divagações do gosto pessoal.

Frost, quase nunca confessional, é estupendo em "The Subverted Flower". Quem fica constrangido sou eu, não ele. Apesar disso, minhas aulas sobre o poema não dão certo para mim, pois não o adoro, ainda que muitos de meus alunos admirem sua franqueza. Não sei se se pode dizer que haja franqueza em sua recalcitrância, mas os versos finais têm a marca da inevitabilidade:

A girl could only see
That a flower had married a man,

But what she could not see
Was that the flower might be
Other than base and fetid:
That the flower had done but part,
And what the flower began
Her own too meager heart
Had terribly completed.
She looked and saw the worst.
And the dog or what it was,
Obeying bestial laws,
A coward save at night,
Turned from the place and ran.
She heard him stumble first
And use his hands in flight.
She heard him bark outright.
And oh, for one so young
The bitter words she spit
Like some tenacious bit
That will not leave the tongue.
She plucked her lips for it,
And still the horror clung.
Her mother wiped the foam
From her chin, picked up her comb
And drew her backward home.*

---

* Uma mocinha só podia ver/ Que uma flor frustrara um homem/ Mas o que ela não podia ver/ Era que a flor podia ser/ Não só sórdida e fétida:/ Que a flor era apenas parte da ação,/ E o que a flor começou/ Seu próprio parco coração/ Terrivelmente completou./ Ela olhou e viu o pior./ E o cão ou o que fosse,/ Obedecendo a leis animais,/ Um covarde exceto à noite,/ Virou-se e correu./ Ela o ouviu indo aos tropeços/ E usando as mãos ao fugir./ Ouviu-o claramente latir./ E oh, para alguém tão jovem,/ Duras palavras ela cuspiu/ Como um pedacinho tenaz/ Que não desgruda da língua./ Com os lábios tentou arrancar/ Mas o horror continuou ali./ A mãe limpou a espuma/ De seu queixo, recolheu o pente/ E a levou de volta para casa.

Quando fico incomodado com minha reação a "The Subverted Flower", declamo para mim mesmo o belo e grandioso soneto de Frost, "Putting In the Seed", de *Mountain Interval* (1916):

> You come to fetch me from my work tonight
> When supper's on the table, and we'll see
> If I can leave off burying the white
> Soft petals fallen from the apple tree
> (Soft petals, yes, but not so barren quite,
> Mingled with these, smooth bean and wrinkled pea;)
> And go along with you ere you lose sight
> Of what you came for and become like me,
> Slave to a springtime passion for the earth.
> How Love burns through the Putting in the Seed
> On through the watching for that early birth
> When, just as the soil tarnishes with weed,
> The sturdy seedling with arched body comes
> Shouldering its way and shedding the earth crumbs.*

Como poema de amor conjugal, há como superá-lo? Já o recitei uma centena de vezes e não consegui esgotar o esplendor refulgente do soneto. Quando o coloco logo depois de "The Subverted Flower" (gostaria que Frost tivesse feito isso), sinto-me reconciliado com este último. Um bom emersoniano vai de surpresa em surpresa, e Frost nunca deixa de surpreender.

Não há nenhuma expressão, nenhuma palavra supérflua em "Putting In the Seed", poema de paixão primaveril pela terra e de paixão recíproca entre esposa e marido. As harmonias dos dois amores se equilibram e se entrelaçam até se mesclar e se fundir: a relutância de Frost em deixar o plantio e ir

---

* Vem no final do dia chamar-me no serviço/ Por estar pronto o jantar junto à lareira,/ E veremos se posso, após enterrar o resquício/ Das pétalas brancas e suaves da macieira/ (Suaves, sim, mas ainda cheias de viço,/ Junto com o feijão liso e a ervilha caseira),/ Ir-me contigo antes que esqueças com isso/ A intenção que te trouxe e fiques à espera,/ Como eu, em paixão primaveril pela terra./ Arde o Amor, desde Depositar a Semente/ Até observar a nova vida que se descerra/ Quando, manchado o solo de mato incipiente,/ O broto robusto de corpo arqueado vem abrindo/ Caminho com o ombro e farelos de barro espargindo.

jantar, a possibilidade de Elinor esquecer a razão de ter ido buscá-lo. Merecedora de todos os elogios, a maravilhosa transição do nono para o décimo verso, "Em paixão primaveril" [*slave to a springtime passion*] para o Amor ardendo ao "Depositar a semente", encontra equiparação no broto nascendo, implicitamente semelhante ao nascimento de um bebê que "vem abrindo caminho com o ombro" [*shouldering its way*].

O ponto culminante do que poderíamos chamar de "o grupo conjugal" em Frost é o famoso soneto "Never Again Would Birds' Song Be the Same", de *A Witness Tree*, o mais perto que ele conseguiu chegar de uma elegia a Elinor:

> He would declare and could himself believe
> That the birds there in all the garden round
> From having heard the daylong voice of Eve
> Had added to their own an oversound,
> Her tone of meaning but without the words.
> Admittedly an eloquence so soft
> Could only have had an influence on birds
> When call or laughter carried it aloft.
> Be that as may be, she was in their song.
> Moreover her voice upon their voices crossed
> Had now persisted in the woods so long
> That probably it would never be lost.
> Never again would birds' song be the same.
> And to do that to birds was why she came.*

Os modificadores me fascinam: "*could himself believe*" [até podia acreditar], "*admittedly*" [conceda-se], "*be that as may be*" [seja como for], "*moreover*" [ademais], "*probably*" [talvez]: este é um Adão Americano ambivalente, não Walt ao amanhecer nem Waldo sem nenhum passado às costas. Outra ambi-

---

* Ele dizia e até podia acreditar/ Que as aves por todo o jardim,/ Com a voz de Eva a ressoar,/ Ganhavam novo tom sem fim,/ No sentido, não na palavra./ Conceda-se, uma eloquência de siso/ Realmente imprimiria sua lavra/ Ao erguer seu chamado ou riso./ Seja como for, ela se unia ao canto,/ Ademais sua voz a voz deles superava,/ A persistir por todo recanto/ E nada, talvez, jamais a anulava./ Nunca o canto das aves seria igual,/ E afinal ela veio mesmo para tal.

guidade é "*crossed*" [superava]. Frost está desolado, mas novamente aceita o que acontece como transformação do caráter em fato, da escolha predeterminada e amada enquanto tal, sem pesares.

A envergadura de Frost reside não tanto no mistério de suas reservas, e sim na plena aceitação e interiorização das contingências de maneira tão cabal que reprime qualquer impulso de livre escolha. Seu poema mais vigoroso, para mim e para muitos outros, é "Directive", em *Steeple Bush* (1947), publicado quando ele estava com 73 anos. Aqui também Poirier, o principal crítico de Frost, discordava, pois me disse que preferia muitos outros poemas e que a ênfase excessiva a "Directive" distorcia o poeta. Não creio: é o poema dos poemas de Frost, uma síntese de sua vida e obra. Como seria de esperar, é uma síntese tão contorcida e um poema tão múltiplo que é impossível encontrar duas interpretações concordantes.

Para apreciar plenamente "Directive", precisamos ter em mente muitos poemas de Frost, em número grande demais para ser tratados aqui. Antes de avançarmos para ele, quero me deter em alguns: "After Apple-Picking" [Depois de colher maçãs]; "The Oven Bird" [O joão-de-barro]; "For Once, Then, Something" [Uma vez, então, alguma coisa]; "Sitting by a Bush in Broad Sunlight" [Sentado a um arbusto em plena luz do sol]; "Desert Places" [Locais desertos] e "Design" [Desígnio]. Esses seis, mais os poemas vistos rapidamente, preparam-nos para "Directive" e suas perplexidades tonais e visionárias.

NORTH OF BOSTON

"After Apple-Picking", de *North of Boston*, é elaborado de modo tão impecável que é impossível não o citar na íntegra:

> My long two-pointed ladder's sticking through a tree
> Toward heaven still,
> And there's a barrel that I didn't fill
> Beside it, and there may be two or three
> Apples I didn't pick upon some bough.

But I am done with apple-picking now.
Essence of winter sleep is on the night,
The scent of apples: I am drowsing off.
I cannot rub the strangeness from my sight
I got from looking through a pane of glass
I skimmed this morning from the drinking trough
And held against the world of hoary grass.
It melted, and I let it fall and break.
But I was well
Upon my way to sleep before it fell,
And I could tell
What form my dreaming was about to take.
Magnified apples appear and disappear,
Stem end and blossom end,
And every fleck of russet showing clear.
My instep arch not only keeps the ache,
It keeps the pressure of a ladder-round.
I feel the ladder sway as the boughs bend.
And I keep hearing from the cellar bin
The rumbling sound
Of load on load of apples coming in.
For I have had too much
Of apple-picking: I am overtired
Of the great harvest I myself desired.
There were ten thousand thousand fruit to touch,
Cherish in hand, lift down, and not let fall.
For all
That struck the earth,
No matter if not bruised or spiked with stubble,
Went surely to the cider-apple heap
As of no worth.
One can see what will trouble
This sleep of mine, whatever sleep it is.
Were he not gone,
The woodchuck could say whether it's like his

Long sleep, as I describe its coming on,
Or just some human sleep.*

Isso podia ter sido escrito por um John Keats americano do começo do século XX: ouço aí ressonâncias de seu "To Autumn" [Ao outono]. A ode de Keats é shakespeariana; a de Frost tem um toque do Milton lírico, apropriado a essa segunda queda que chamamos de outono. Como a camponesa na ode de Keats, Frost está adormecendo, sonolento com o perfume das maçãs. Nisso termina o paralelo, e a individualidade elíptica de Frost comanda o poema. De extrema beleza em sua textura de superfície, "After Apple-Picking" contém um estranhamento que não conseguimos captar inteiro:

I cannot rub the strangeness from my sight
I got from looking through a pane of glass
I skimmed this morning from the drinking trough
And held against the world of hoary grass.
It melted, and I let it fall and break.

Aquela placa de gelo que se derrete é a chave da ótica do poema, uma passagem visionária para a hibernação do espírito sempre em busca: "I am

---

* Do alto de uma árvore minha escada aponta/ Ainda para o céu,/ E me falta encher um tonel/ Ao lado, e há segundo minha conta/ Umas duas ou três maçãs que não colhi./ Mas de colher maçã por ora desisti./ A noite tem uma essência de inverno sonolento,/ O perfume das maçãs me põe a cabecear./ Não consigo tirar da vista o estranhamento/ Que senti olhando por uma placa gelada/ Que removi essa manhã da gamela d'água/ E ergui contra a paisagem esbranquiçada./ Ela derreteu e deixei cair e se quebrar./ Mas eu estava tão/ Sonolento antes que fosse ao chão/ Que minha visão/ Sei a forma que iria tomar./ Maçãs ampliadas surgem e desaparecem,/ A ponta da flor e a ponta do talo,/ E todas as pintas rosadas aparecem./ Meu arco do pé continua a incomodar/ E o degrau imprime sua pressão./ A escada oscila quando encurvo o galho./ E da adega continuo escutando/ O enorme barulhão/ Das cargas de maçã que vão entrando./ Pois já me cansei demais/ De colher maçã: estou esgotado/ Com a colheita que eu mesmo havia desejado./ Havia frutas aos milhares e milhares mais/ Para tocar, acariciar e tirar sem perder./ Pois qualquer/ Uma que caísse pelo caminho,/ Mesmo sem machucar nem perfurar,/ Ia direto para o descarte, sem pena,/ Para virar vinho./ Vê-se o que vai perturbar/ Esse meu sono, se é que é real./ Se ainda cá estivesse,/ A marmota poderia dizer se é igual/ A seu longo sono, como me parece,/ Ou um sono humano apenas.

overtired/ Of the great harvest I myself desired" [estou esgotado/ Com a colheita que eu mesmo havia desejado]. A personalidade rude e recalcitrante de Frost se torna muito atraente nessa modalidade tocando o universal. Quando se conversava com ele, como fiz duas vezes em Bread Loaf, era difícil evitar um sentimento de reverência: entendia-se por que Vermont deu seu nome a uma montanha. Ao conhecê-lo, Frost estava com 86 anos, eu com trinta, e reconheci nele o poeta de "Directive", mas não o de "After Apple-Picking" nem o de "The Silken Tent".

Há vários Frosts, inclusive o menos interessante — a versão mais simples, que atraía e mantinha um grande público leitor no país. O mais interessante, pelo menos para mim, acrescenta o clinâmen lucreciano próprio de Frost à figura literária americana da brancura. Essa imagem figurada é essencial em "After Apple-Picking", embora o termo não esteja presente; aqui, "estranhamento" [*strangeness*] faz as vezes de "brancura". Uma "placa gelada", uma camada fina de gelo translúcido retirada da gamela de água, constitui um espéculo através do qual cintila uma brancura misteriosa. Frost não é cabalista, mas seu gênio se aproxima de uma grande metáfora zoharista, quase como se seu sono invernal lhe fosse conceder acesso a uma radiação feminina que deseja e, ao mesmo tempo, evita.

O casamento entre duas pessoas com os sobrenomes White [Branco] e Frost [Geada] gerou, num dos mais vigorosos poetas americanos, a percepção e a cautela com a figura da brancura vazia que ele encontrara em Emerson, Melville, Dickinson e seu camarada de Key West, Wallace Stevens. Já escrevi tanto sobre essa metáfora que aqui basta, em parte, encaminhar o leitor interessado a um livreto que publiquei em 1982, *The Breaking of the Vessels* [A quebra dos vasos].

Como comentei antes, a figura do *blank* começa em Shakespeare, quando Kent, banido, pede a Lear que ainda o mantenha como "o verdadeiro alvo do teu olhar"; nesse caso, *blank* se refere ao centro de um alvo. Em poetas posteriores, a imagem se funde com Milton, lamentando em sua cegueira que a natureza é para ele "um vazio universal" [*a universal blank*]. Em "Dejection: An Ode", de Coleridge, a figura adquire forma em "E ainda fito — e com que olhar vazio!" [*And still I gaze—and with how blank an eye!*]. Wordsworth e Shelley contemplando o Mont Blanc transmitem a figura aos poetas americanos.

Emerson, num trecho memorável, diz que a "ruína ou vazio" que vemos na natureza está em nossos próprios olhos. A grande meditação de Ismael sobre a brancura da baleia encontra equivalente nos *blanks* de Emily Dickinson, símbolo da perda dos entes amados, entregues ao abandono e à morte. Stevens, o verdadeiro rival de Frost em sua própria geração (apenas cinco anos mais novo), é obcecado pela figura da brancura vazia em toda a sua obra poética, culminando em sua obra-prima "The Auroras of Autumn". O poeta idoso, andando na praia no lusco-fusco do amanhecer, assusta-se com as Luzes do Norte e se vira "vaziamente" na areia. Ao clarão das auroras boreais, ele entoa a eloquente litania de que aqui todo visível é branco, tem a solidez do branco, a proeza de um extremista exercitando uma imaginação demônica.

O estranho soneto "The Oven Bird", em *Mountain Interval* de Frost, evita imagens de brancura para transmitir uma poética da desolação:

> There is a singer everyone has heard,
> Loud, a mid-summer and a mid-wood bird,
> Who makes the solid tree trunks sound again.
> He says that leaves are old and that for flowers
> Mid-summer is to spring as one to ten.
> He says the early petal-fall is past
> When pear and cherry bloom went down in showers
> On sunny days a moment overcast;
> And comes that other fall we name the fall.
> He says the highway dust is over all.
> The bird would cease and be as other birds
> But that he knows in singing not to sing.
> The question that he frames in all but words
> Is what to make of a diminished thing.*

---

* Todos já ouviram aquela canção,/ Sonora, do pássaro da mata e do verão/ Que faz o tronco sólido soar outra vez./ Diz ele que as folhas estão velhas e quanto à florada/ O estio perde para a primavera de um a dez./ Diz ele que a primeira queda das pétalas foi outrora/ Quando as flores de pereiras e cerejeiras vinham de enxurrada/ Nos dias de sol, então se toldando durante uma hora;/ E agora vem aquela outra queda que chamamos de outono./ Diz ele que o pó da estrada agora é o dono./ O pássaro cessaria e seria como os demais,/ Mas diz que cantando também sabe não cantar./ A pergunta a que sem palavras ele dá vida/ É o que fazer com uma coisa diminuída.

O joão-de-barro americano é conhecido por seu canto insistente: *ti-tu--ti-tu-ti-tu* [em inglês, *teacher-teacher-teacher*]. Ouvi em Vermont e em New Hampshire e me pareceu irritante, mas não sou Robert Frost. Emerson disse: "Pede a forma ao fato", e é isso o que Frost faz aqui. Esse soneto é adequadamente irregular: a poeira da estrada se assentou nele; Frost também sabe quando não cantar enquanto canta. Se fazer consiste em interpretar a coisa diminuída em vez de criar a partir dela, o poema é perfeito em si mesmo. Para mim, o joão-de-barro é obscuramente um crítico, não um poeta.

Passo para Frost em sua plena grandeza em "For Once, Then, Something", de *New Hampshire*:

> Others taunt me with having knelt at well-curbs
> Always wrong to the light, so never seeing
> Deeper down in the well than where the water
> Gives me back in a shining surface picture
> Me myself in the summer heaven godlike
> Looking out of a wreath of fern and cloud puffs.
> *Once*, when trying with chin against a well-curb,
> I discerned, as I thought, beyond the picture,
> Through the picture, a something white, uncertain,
> Something more of the depths—and then I lost it.
> Water came to rebuke the too clear water.
> One drop fell from a fern, and lo, a ripple
> Shook whatever it was lay there at bottom,
> Blurred it, blotted it out. What was that whiteness?
> Truth? A pebble of quartz? For once, then, something.*

---

* Outros riem de mim por me ajoelhar à borda dos poços/ Sempre no lado errado da luz e assim nunca enxergando/ Mais fundo no poço do que a altura onde a água/ Me devolve numa imagem brilhante na superfície/ A mim mesmo no céu de verão como um deus/ Entre uma guirlanda de samambaias e folhos de nuvens./ *Uma vez*, sondando com o queixo na borda de um poço,/ Discerni, pensei eu, além da imagem,/ Atravessando a imagem, alguma coisa branca, incerta,/ Alguma coisa mais das profundezas — e então a perdi./ A água veio repreender a água clara demais./ Uma samambaia soltou um pingo e uma ondulação/ Agitou aquilo que jazia lá no fundo,/ Borrou, apagou. O que era aquela brancura?/ A verdade? Um seixo de quartzo? Uma vez, então, alguma coisa.

O poema começa visivelmente como hábil exercício numa métrica de Catulo, o poeta lírico romano que era um dos favoritos de Frost. Em seu útil *The Art of Robert Frost* [A arte de Robert Frost], de 2012, Tim Kendall comenta o uso de Demócrito — "a verdade está no fundo de um poço" — e também seu domínio magistral da perspectiva.

Os outros que riem de Frost constituem, evidentemente, uma ficção necessária para dar início ao poema. Seu suposto ângulo de visão está "sempre no lado errado da luz" [*always wrong to the light*], como se os trocistas fossem cristãos praticantes. Não consigo me lembrar de ninguém dizendo que Frost era narcisista — ele é austero demais para isso. Ajoelhar-se à beira de um poço substitui a entrada e o altar de qualquer igreja, mas a imagem do poeta na superfície da água cede a uma visão algo divina, como convém a uma independência emersoniana.

O que me fascina é aquele "*Uma vez*" [*Once*] no poema, quando Frost fitou talvez "alguma coisa branca, incerta", até que uma gota de água acabou com ela. "O que era aquela brancura?" "Verdade" seria inquietante na tradição americana da brancura, com todas as suas implicações, mas um seixo de quartzo é redutor demais para ser interessante. O título retorna no fecho: "Uma vez, então, alguma coisa". Como interpretar isso? Se o "alguma coisa" era a verdade vista num relance, diremos que a verdade, tal como Frost, é incerta em si mesma? Kendall entende dessa maneira, e com muita sensibilidade, mas eu discordo. Se a brancura tem a aura de um Contrassublime Americano — como em Emerson, Dickinson, Melville, Stevens —, então a verdade é certa, embora um tanto indefinida. O título e o fecho têm um tom de desafio ou insistência que não sugere incerteza.

Coloquem ao lado desse poema enigmático o categórico "Sitting by a Bush in Broad Sunlight", de *West-Running Brook*:

> When I spread out my hand here today,
> I catch no more than a ray
> To feel of between thumb and fingers;
> No lasting effect of it lingers.
>
> There was one time and only the one
> When dust really took in the sun;

And from that one intake of fire
All creatures still warmly suspire.

And if men have watched a long time
And never seen sun-smitten slime
Again come to life and crawl off,
We must not be too ready to scoff.

God once declared he was true
And then took the veil and withdrew,
And remember how final a hush
Then descended of old on the bush.

God once spoke to people by name.
The sun once imparted its flame.
One impulse persists as our breath;
The other persists as our faith.*

As simplificações vulgares, seja de Darwin ou de Deus, recebem seu golpe definitivo. Para mim, esse poema antecipa "For Once, Then, Something", com a ressalva de que, aqui, Frost se mostra muito cético em relação a todas as histórias que se fazem passar por verdade. A luz e o calor são momentâneos, mas "Não nos apressemos em desdenhar". "Uma vez" [Once] e "veraz" [true] colidem; o espinheiro deixou de arder ou de falar. O que persiste são impulsos: respirar e acreditar, e sem dúvida o respirar tem prioridade.

---

* Quando hoje aqui minha mão espraio/ Não pego mais do que um raio/ Para sentir entre indicador e polegar;/ Nenhum efeito ele deixa perdurar.// Houve uma vez, uma única vez/ Em que o pó em sol se fez;/ E daquele único calor inalado/ Ainda respira todo ser criado.// E se após longa observação/ Nunca se viu o barro retomar ação/ Ao toque do sol e se pôr a rastejar,/ Não nos apressemos em desdenhar.// Deus uma vez falou que era veraz,/ Então tomou o véu e se ocultou por trás,/ E lembrem o silêncio derradeiro/ Que então desceu sobre o espinheiro.// Deus uma vez cada nome chamou./ O sol uma vez sua flama ofertou./ Um impulso persiste como nosso respirar,/ O outro persiste como nosso acreditar.

Um poema maior, um dos mais assustadores de Frost, é "Desert Places" em *A Further Range*, que nos devolve a "uma brancura mais vazia" [*blanker whiteness*]:

> Snow falling and night falling fast, oh, fast
> In a field I looked into going past,
> And the ground almost covered smooth in snow,
> But a few weeds and stubble showing last.
>
> The woods around it have it—it is theirs.
> All animals are smothered in their lairs.
> I am too absent-spirited to count;
> The loneliness includes me unawares.
>
> And lonely as it is that loneliness
> Will be more lonely ere it will be less—
> A blanker whiteness of benighted snow
> With no expression, nothing to express.
>
> They cannot scare me with their empty spaces
> Between stars—on stars where no human race is.
> I have it in me so much nearer home
> To scare myself with my own desert places.*

Poderíamos dizer que é uma inversão do jogador de Pascal, que escolhe a fé, pois, do contrário, o silêncio do espaço infinito se converte em terror. Frost fica com o terror. Discuti algumas vezes com Robert Penn Warren sobre a interpretação de "Desert Places". Embora Warren fosse cético e se-

---

* Neve tombando e noite depressa, oh depressa tombando/ Num campo que espiei enquanto ia passando,/ E o chão quase todo recoberto de neve,/ Menos uns capins e restolhos ainda se mostrando.// As matas ao redor dominam a cena — tudo é delas./ Todos os animais se aconchegam em suas celas./ Eu estou distraído demais para contar;/ A solidão me inclui sem dar por elas.// E mesmo solitária como é, essa solidão/ Será mais solitária antes da diminuição —/ Uma brancura mais vazia de neve pela noite/ Sem nada a expressar, sem nenhuma expressão.// Não hão de me assustar com sua vacuidade/ Entre estrelas — estrelas onde não há humanidade./ Já tenho em mim meus próprios locais desertos/ Para me assustar com sua esterilidade.

cularista cabal, aqui ele via Frost sugerindo a necessidade religiosa. Frost, porém, está escrevendo seu análogo a "The Snow Man" [O homem de neve] de Stevens e, como o poema stevensiano, "Desert Places" exclui a atribuição de vida humana ou de qualquer *páthos* ao mundo objetivo: "Sem nada a expressar, sem nenhuma expressão" [*With no expression, nothing to express*].

Contudo, também discordo de Tim Kendall, que corretamente descarta o argumento pró-religião, mas também afirma que "Desert Places" rejeita a autoconfiança e a independência de Emerson. O demo habita nos locais desertos de Frost e compõe o poema para ele; Frost sabe, com Emerson, que a ruína ou vazio que vemos ao olhar a natureza está em nossos próprios olhos. A meu ver, isso está em consonância com o significado de Frost em "meus próprios locais desertos para me assustar" [*To scare myself with my own desert places*]. O *genius loci* de "Desert Places" espreita naquele "nada", e assim o lema do poema poderia muito bem ser a lei férrea de compensação de Emerson ou o "Nada virá do nada" de Lear.

Tal é a modalidade do poderoso "Design" em *A Further Range*:

I found a dimpled spider, fat and white,
On a white heal-all, holding up a moth
Like a white piece of rigid satin cloth—
Assorted characters of death and blight
Mixed ready to begin the morning right,
Like the ingredients of a witches' broth—
A snow-drop spider, a flower like a froth,
And dead wings carried like a paper kite.

What had that flower to do with being white,
The wayside blue and innocent heal-all?
What brought the kindred spider to that height,
Then steered the white moth thither in the night?
What but design of darkness to appall?—
If design govern in a thing so small.*

---

* Encontrei uma aranha branca, roliça e louçã,/ Numa prunela branca, retendo uma mariposa/ Como um pedaço branco de tela sedosa —/ Marcas variadas de morte e praga malsã/ Já

Perspicaz, Tim Kendall nota a presença de William Blake em "Design", citando "The Sick Rose" e "The Tyger". Eu acrescentaria outro poema de *Songs of Experience* de Blake: "London". O final do poema de Frost, "*What but design of darkness to appall?—/ If design govern in a thing so small*" [O quê, senão o desígnio das trevas em assustar? — /Se é que tais miudezas cabe ao desígnio governar], faz lembrar uma Londres onde "*the chimney-sweeper's cry/ Every blackning church appalls*" [o grito do limpador de chaminés/ Toda igreja enegrecida *appalls*], com um jogo em *to appall*, que, além de "assustar, apavorar", traz no radical o sentido de "branquear" ou "lançar um pálio ou mortalha sem cor". O soneto cruelmente lúcido de Frost pode ser a última Canção da Experiência no sentido blakiano.

Contra todos os argumentos teístas em favor de um desígnio inteligente, Frost coloca seu "desígnio das trevas em assustar": Blake, um humanista apocalíptico, vai além dessa colocação, mas Frost, arguto, sabe que deve se render às contingências de um retardatário — como Wallace Stevens em sua geração pessoal de poetas, Frost escreve os poemas de nosso clima. Entre seus grandes contemporâneos, T.S. Eliot praticava um neocristianismo que estuda as nostalgias, enquanto Hart Crane retornava a Blake e Whitman numa tentativa furiosamente comprometida de escrever os poemas da Religião Americana, órfica e, ao fim, suicida.

Mesmo Frost, o arquipoeta, não dispõe de outro poema mais refinado, mais diabolicamente engenhoso do que "Design", a menos, talvez, sua suprema obra-prima, "Directive", que abordarei na próxima seção. Quatro entidades brancas dão centro a "Design": "uma aranha branca", "uma prunela branca", "um pedaço branco de tela sedosa" e "a mariposa branca". Juntos, formam um sacerdote branco assassino, um altar branco e uma vítima branca para uma missa negra.

O tom transmite um prazer perverso, um frêmito de prelibação com o desjejum das bruxas e uma ironia cruel com o nome da flor [*heal-all*, cura--tudo, ao pé da letra]. Se há algo oblíquo no poema, o quarto verso, por seu

---

misturadas para começar bem a manhã./ Como num caldeirão das bruxas, uma a uma —/ A aranha cor de neve, a flor como espuma,/ E asas mortas conduzidas como pipa segura.// A prunela azul de beira de estrada, tão pura,/ Como é que branca assim veio a se tornar?/ O que levou uma tal aranha até aquela altura,/ E guiou a mariposa branca na noite escura?/ O quê, senão o desígnio das trevas em assustar? —/ Se é que tais miudezas cabe ao desígnio governar.

lado, talvez seja explícito demais, mas Frost compensa com "uma pipa segura" [*a paper kite*]. O último verso, embora condicional, faz parte da pergunta retórica do penúltimo e dá um fecho vigoroso ao poema.

Depois de terminar *Moby Dick*, Melville escreveu que criara um poema perverso e se sentia inocente como um cordeiro. Frost poderia dizer o mesmo em relação a esse poema. T.S. Eliot seguia Ezra Pound em sua admiração por Frost. Não sei se ele chegou a ler "Design", mas desconfio que o submeteria ao mesmo castigo que deu a Thomas Hardy e D. H. Lawrence em seu livro mais revelador, *After Strange Gods: A Primer of Modern Heresy*.

"DIRECTIVE"

"Directive", poema extraordinário, é tão rico que raramente os leitores chegam a algum acordo sobre seus significados. Ele guarda relação próxima com dois poemas ancestrais, a história de Margaret em "The Ruined Cottage" [O chalé arruinado] de Wordsworth, que se tornou o livro I de "The Excursion", e "Uriel", o poema genialmente irônico de Emerson, motivado pela polêmica nascida de seu discurso à Faculdade de Teologia de Harvard.

Frost deve a Wordsworth "*A broken drinking goblet like the Grail*" [um cálice quebrado como o Graal]. Em "The Ruined Cottage":

> When I stooped to drink
> A spider's web hung to the water's edge,
> And on the wet and slimy foot-stone lay
> The useless fragment of a wooden bowl.
> It moved my very heart.*

No poema de Wordsworth, Margaret, vítima patética de sua própria esperança e não tanto de seu desespero, servia generosamente a água da vida a todos os passantes. Ela morreu, e a cuia com a qual servia a água agora não

---

* Quando me inclinei para beber,/ Uma teia de aranha pendia ao lado d'água/ E na borda de pedra úmida e limosa jazia/ O fragmento inútil de uma cuia de madeira./ Comoveu-me até o fundo do coração.

passa de um fragmento inútil. Frost, dirigindo suas diretrizes a si mesmo e a seus leitores certos (em oposição às "pessoas erradas" que menciona abaixo, ou "*wrong ones*"), oferece apenas uma esperança ambígua a si e a eles:

> I have kept hidden in the instep arch
> Of an old cedar at the waterside
> A broken drinking goblet like the Grail
> Under a spell so the wrong ones can't find it,
> So can't get saved, as Saint Mark says they mustn't.
> (I stole the goblet from the children's playhouse.)
> Here are your waters and your watering place.
> Drink and be whole again beyond confusion.*

Como visto, o texto de Marcos a que o poema se refere (4:11-12) é o mais estranho neste que é o mais estranho dos evangelhos:

> E ele lhes disse: A vós vos é dado o mistério do reino de Deus; mas aos de fora tudo se lhes propõe em parábolas,
> Para que, vendo, vejam e não percebam; e ouvindo, ouçam e não entendam, para que não suceda que se convertam e sejam perdoados.

Em Marcos, apenas os demônios conhecem a divindade de Jesus: nem ele mesmo tem certeza, e os discípulos obtusos se sentem perplexos. O autor do Evangelho de são Marcos é um verdadeiro precursor do poeta que escreve "Directive". Para entender Marcos ou Frost, é preciso ser demônico. Robert Frost é o que a Bíblia chama de vigia: de lugares, pessoas, coisas e do eu interior solitário. Frost não partilha o eros de Whitman, nem intransitivamente.

O tom que domina "Directive" mostra uma rispidez frequente, mesmo nas linhas finais acima citadas, que se contrapõe a "Uriel" de Emerson. O Jó de Frost, em "A Masque of Reason", peça-poema que propõe um 43º versí-

---

* Guardei escondido na reentrância/ De um velho cedro à beira d'água/ Um cálice quebrado como o Graal/ Com feitiço para não o verem pessoas erradas/ E não se salvarem, como diz são Marcos que deve ser./ (Roubei o cálice da casinha das crianças.)/ Eis aqui tuas águas e onde podes te abeberar./ Bebe e te recompõe, mais além da confusão.

culo para completar os 42 do Livro de Jó, aparece relacionando a razão de Jeová com a de Emerson:

> Yet I suppose what seems to us confusion
> Is not confusion, but the form of forms,
> The serpent's tail stuck down the serpent's throat,
> Which is the symbol of eternity
> And also of the way all things come round,
> Or of how rays return upon themselves,
> To quote the greatest Western poem yet.
> Though I hold rays deteriorate to nothing:
> First white, then red, then ultra red, then out.*

Frost quer que o leitor coloque isso ao lado de uma quadra de "Uriel":

> Line in nature is not found;
> Unit and universe are round;
> In vain produced, all rays return;
> Evil will bless, and ice will burn.**

Os dois versículos finais de Jó constituem o desvio intencional que Frost aplica em relação a Emerson, embora "então fim" [*then out*] não seja mais sombrio do que *A conduta da vida* de Emerson. O que Emerson pensaria se pudesse ter lido "Directive"? Sou mais emersoniano do que frostiano, e por isso a pergunta é cabível para mim, quando me entrego à minha leitura pessoal de "Directive":

---

* Porém suponho que o que nos parece confusão/ Não é confusão, mas a forma das formas,/ A cauda da serpente dentro da boca da serpente,/ Que é o símbolo da eternidade/ E também da maneira como tudo dá voltas,/ Ou como os raios retornam a si mesmos,/ Para citar o maior poema ocidental existente./ Embora eu creia que os raios se deterioram em nada:/ Brancos, então vermelhos, então ultravermelhos, então fim.
** Linha na natureza não existe;/ Unidade e universo são redondos;/ Em vão produzidos, todos os raios retornam;/ O mal abençoará e o gelo arderá.

> Back out of all this now too much for us,
> Back in a time made simple by the loss
> Of detail, burned, dissolved, and broken off
> Like graveyard marble sculpture in the weather,
> There is a house that is no more a house
> Upon a farm that is no more a farm
> And in a town that is no more a town.*

O movimento de recuo monossilábico é cuidadosamente trabalhado. O primeiro verso contém apenas monossílabos, o segundo também, exceto por "*simple*", efeito que se repete no quinto, no sexto (exceto por "*upon*") e no sétimo verso. Isso contribui para gerar uma espécie de parataxe, estilo bíblico muito apreciado por Walt Whitman, embora o torneio frostiano seja muito diferente.

Como crítico literário, sou personalista e me baseio na vivência pessoal, o que certamente desperta inimizades, porém continuo a acreditar que os poemas importam apenas se nós importamos. Toda crítica a um homem, dizia meu herói Samuel Johnson, é na verdade um elogio indireto: mostra quanto ele tem de sobra. Frost em "Directive" critica a si e a seus leitores de elite, mas apenas para mostrar quanto ele e eles têm de sobra.

A jornada temporal do poema ao passado me relembra, aos 84 anos, dos riscos da simplificação na memória: perde-se o detalhe. Agrada-me pensar que essa perda é inerte, contudo Frost me desperta num choque com o dano "queimado, dissolvido e despedaçado/ Como escultura fúnebre de mármore ao tempo" [*burned, dissolved, and broken off/ Like graveyard marble sculpture*]. Depois disso, casa, sítio, vila se desgastam e somem no nada.

Não se sabe se Frost está descrevendo ou inventando uma casa que ele e Elinor tiveram de abandonar, mas para o poema não faz diferença. O tom, mais uma vez, é fundamental:

---

* Saindo de tudo isso que ora é demais para nós,/ De volta a um tempo mais simples com a perda/ Do detalhe, queimado, dissolvido e despedaçado/ Como escultura fúnebre de mármore ao tempo,/ Há uma casa que não é mais casa/ Num sítio que não é mais sítio/ E numa vila que não é mais vila.

The road there, if you'll let a guide direct you
Who only has at heart your getting lost,
May seem as if it should have been a quarry—
Great monolithic knees the former town
Long since gave up pretense of keeping covered.
And there's a story in a book about it:
Besides the wear of iron wagon wheels
The ledges show lines ruled southeast-northwest,
The chisel work of an enormous Glacier
That braced his feet against the Arctic Pole.
You must not mind a certain coolness from him
Still said to haunt this side of Panther Mountain.
Nor need you mind the serial ordeal
Of being watched from forty cellar holes
As if by eye pairs out of forty firkins.
As for the woods' excitement over you
That sends light rustle rushes to their leaves,
Charge that to upstart inexperience.
Where were they all not twenty years ago?
They think too much of having shaded out
A few old pecker-fretted apple trees.*

O fardo é a derrota, mas a voz que nos dirige possui autoridade. O que ouvimos é um espírito "altivo e original demais para se enfurecer" [*too lofty and original to rage*], citando uma seção posterior do poema. Aqui, a palavra

---

* Aqui a estrada, se te deixares guiar/ Por aquele que apenas quer que te percas,/ Parece ter sido uma pedreira —/ Grandes joelhos monolíticos que a antiga vila/ Desistiu há muito de fingir que cobria./ E num livro há uma história a respeito:/ Além das estrias das rodas dos vagões,/ Os estratos mostram linhas traçadas sudeste-noroeste,/ Obra cinzelada por um enorme Glaciar/ Que mantinha os pés presos no polo Ártico./ Não estranhes uma certa frieza dele/ Que dizem ainda habitar esse lado da Montanha da Pantera./ Nem te preocupes com a provação em série/ De ser observado por quarenta cavidades no solo/ Como se fossem os olhos de quarenta tonéis na adega./ Quanto ao entusiasmo das matas ao redor/ Enviando luz farfalho agitação a suas folhas,/ Atribui isso à inexperiência de novatos./ Onde estavam todas elas nem vinte anos atrás?/ Acham-se muito importantes por terem ocultado/ Umas velhas macieiras bicadas pelo pica-pau.

mais orgulhosa é "original", visto que a prova do triunfo existencial é o próprio poema, que sobrevive e permanece para além de casa, sítio, vila, "tudo isso que ora é demais para nós". Frost se mostra melancólico ao contrastar "Directive" e a "canção alegre" [*cheering song*] que não escreverá:

> Make yourself up a cheering song of how
> Someone's road home from work this once was,
> Who may be just ahead of you on foot
> Or creaking with a buggy load of grain.
> The height of the adventure is the height
> Of country where two village cultures faded
> Into each other. Both of them are lost.
> And if you're lost enough to find yourself
> By now, pull in your ladder road behind you
> And put a sign up CLOSED to all but me.
> Then make yourself at home. The only field
> Now left's no bigger than a harness gall.*

Este é o humor mais severo em todo o Frost, tão amargo que se torna outra coisa, incluindo a zombaria de si mesmo, o desdém pelo jargão sociológico das "culturas aldeãs" [*village cultures faded*] e a magnífica imagem de cartum em "recolhe a ladeira da estrada atrás de ti" [*pull in your ladder road behind you*]. Há uma especial crueldade contra si mesmo quando Frost reduz a última clareira do terreno a uma escoriação no cavalo de tração, causada pelos arreios.

No movimento seguinte, o tom é mais delicado:

> First there's the children's house of make-believe,
> Some shattered dishes underneath a pine,
> The playthings in the playhouse of the children.

---

* Cria uma alegre canção contando/ Que aqui era a estrada do trabalho para casa/ De alguém que pode estar a pé ali adiante/ Ou empurrando uma carreta de trigo./ A altura da aventura é a altura/ Do campo onde duas culturas aldeãs/ Se fundiram entre si. As duas se perderam./ E se te perdeste a ponto de te encontrares/ Agora, recolhe a escada da ladeira atrás de ti/ E põe em tudo uma placa FECHADO, menos em mim./ Então fica à vontade. O único campo que restou/ Não é maior do que a ferida dos arreios.

Weep for what little things could make them glad.
Then for the house that is no more a house,
But only a belilaced cellar hole,
Now slowly closing like a dent in dough.
This was no playhouse but a house in earnest.*

O último verso confirma a impressão do leitor de que as "crianças" eram Elinor e Robert Frost, brincando de casinha a sério. Há uma pungência quase única, para Frost, em "Chora pelas coisinhas que lhes traziam alegria" [*Weep for what little things could make them glad*], a que se contrapõe o austero fulgor de "Agora se fechando aos poucos como uma fenda na massa" [*slowly closing like a dent in dough*].

Depois da ironia de "a altura da aventura" [*the hight of adventure*], o tom se eleva à intensidade de um Sublime Americano:

Your destination and your destiny's
A brook that was the water of the house,
Cold as a spring as yet so near its source,
Too lofty and original to rage.
(We know the valley streams that when aroused
Will leave their tatters hung on barb and thorn.)**

Esse riacho do dom da vida é uma imagem constante em Frost, mas agora com uma premência única. Então somos levados à sua mais grandiosa conclusão:

I have kept hidden in the instep arch
Of an old cedar at the waterside

---

* Primeiro há a casinha faz de conta das crianças,/ Alguns pratos rachados debaixo de um pinheiro,/ Os brinquedos na casa de brinquedo das crianças./ Chora pelas coisinhas que lhes traziam alegria./ Depois, pela casa que não é mais casa,/ Mas apenas a cavidade do porão tomada por lilases,/ Agora se fechando aos poucos como uma fenda na massa./ Não era uma casa de brinquedo, era uma casa a sério.
** É teu destino e destinação/ Um riacho que era a água da casa./ Fresca como fonte, pois tão perto da nascente,/ Original e altiva demais para se enfurecer./ (Conhecemos os rios de vale que, açulados,/ Deixam seus farrapos nos espinhos e farpados.)

A broken drinking goblet like the Grail
Under a spell so the wrong ones can't find it,
So can't get saved, as Saint Mark says they mustn't.
(I stole the goblet from the children's playhouse.)
Here are your waters and your watering place.
Drink and be whole again beyond confusion.*

Emerson e Frost, ambos classicistas eruditos, sabiam que um dos significados do radical de "*confusion*" era fazer uma libação aos deuses. Frost era um poeta profundamente pagão, e "Directive" convida seus leitores de elite a entrar numa comunhão com a fatal Ananké, divindade das contingências e das sobredeterminações. É uma comunhão pura e fria, prometendo apenas uma clareza lucreciana, uma difícil aceitação das coisas como são.

---

* Guardei escondido na reentrância/ De um velho cedro à beira d'água/ Um cálice quebrado como o Graal/ Com feitiço para não o verem pessoas erradas/ E não se salvarem, como diz são Marcos que deve ser./ (Roubei o cálice da casinha das crianças.)/ Eis aqui tuas águas e onde podes te abeberar./ Bebe e te recompõe, mais além da confusão.

v. Wallace Stevens e T.S. Eliot

Stevens é o poeta sobre o qual mais lecionei e escrevi, à exceção de Shakespeare. Comecei estas páginas ao amanhecer do dia em que fiz 83 anos, relembrando minha grande amiga Holly Stevens, filha única do poeta, que morreu de câncer em 1992. Ajudei Holly na edição de *The Palm at the End of the Mind* e de *Letters*, volume com cartas reunidas, e a incentivei a escrever uma biografia do pai, mas ela não quis, dizendo que seria doloroso demais. Afetuosa e vulnerável, Holly havia se reconciliado com o pai e os dois mantiveram uma relação harmoniosa por longo tempo antes da morte dele, enquanto Holly se empenhava ao máximo em dar apoio à sua mãe problemática, Elsie.

Encontrei Stevens uma única vez, quando eu tinha dezenove anos e entrei de penetra num pequeno grupo para o qual ele estava lendo uma versão mais curta de "An Ordinary Evening in New Haven". Estávamos em novembro de 1949, e era minha primeira visita a Yale e New Haven; lembro que detestei ambos e jurei que nunca mais voltaria. Desde setembro de 1951 até hoje, venho quebrando minha promessa. Numa recepção após a leitura, encolhi-me numa parede, admirando o poeta septuagenário. Sentia-me acanhado e desambientado, pois estava ali sem convite. Um futuro colega, Norman Holmes Pearson, gentilmente me perguntou quem eu era e então empurrou um rapaz assustado para o lado de Stevens, que estava parado ali sozinho, com uma bebida na mão. Gentil e afável, ele conversou comigo durante uns vinte minutos. Lembro que o assunto era Shelley, cuja obra Stevens conhecia muito bem, inclusive o epílio "The Witch of Atlas" [A feiticeira do Atlas], recitando os versos que começam com "Os homens mal sabem como é belo o fogo" [*Men scarcely know how beautiful fire is*]. Anos depois, dando aulas sobre a misteriosa elegia "The Owl in the Sarcophagus", de Stevens, reconheci uma alusão àquela estrofe em "Um júbilo adamantino além do fogo" [*A diamond jubilance beyond the fire*].

Leio Stevens desde 1943 e leciono e escrevo sobre sua poesia desde 1955, ano em que morreu. Como definirei os elementos singulares de sua grandeza?

Este livro é um estudo do demo literário, cuja presença em Wallace Stevens é ubíqua, como em Dickinson, Emerson, Nietzsche, Shelley, Tennyson, Whitman, Wordsworth — todos eles precursores stevensianos. A essa lista podemos acrescentar Eliot e Yeats, os poetas que o próprio Stevens escolheu como rivais e adversários. Frost e Williams, com os quais ele manteve relações pessoais de amizade, completam a listagem.

Entre todos eles, Stevens é quem mais usa de rodeios, ultrapassando inclusive Emerson. Em Stevens, a evasão — modalidade herdada de Whitman — se torna uma retórica inteira de defesa e descoberta. Penso, como um exemplo entre muitos, em "An Ordinary Evening in New Haven", XXVIII:

> This endlessly elaborating poem
> Displays the theory of poetry,
> As the life of poetry. A more severe,
>
> More harassing master would extemporize
> Subtler, more urgent proof that the theory
> Of poetry is the theory of life,
>
> As it is, in the intricate evasions of as,
> In things seen and unseen, created from nothingness,
> The heavens, the hells, the worlds, the longed-for lands.*

---

* Este poema em elaboração sem fim/ Mostra a teoria da poesia/ E a vida da poesia. Um mestre// Mais severo, mais rigoroso improvisaria/ Prova mais sutil, mais premente de que a/ Teoria da poesia é a teoria da vida,// Como ocorre, nas intrincadas evasões do como,/ Em coisas vistas e não vistas, criadas do nada,/ Os céus, os infernos, os mundos, as terras sonhadas.

Essas "intrincadas evasões" [*intricate evasions*] são quase infinitas. Entre os mestres poéticos da evasão estão Tennyson e Whitman, embora todos os poetas vigorosos evitem o princípio de realidade de Freud, que envolveria travar amizade com a necessidade de morrer. O poeta-no-poeta, o demo, é imorredouro, qualquer que seja a posição diante da mortalidade adotada pela mulher ou pelo homem em que habita o demo.

Stevens aceitava o exame freudiano da realidade: "O olho de Freud era o microscópio da potência", escreveu ele. O demo em Stevens diz outra coisa, às vezes falando como o rabino ou "o estudioso de uma vela só" [*the scholar of one candle*], ou aparecendo como "o sol, aquele homem de coragem" [*the sun, that brave man*], ou como o leão rugidor da poesia, ou como um Walt Whitman andando por uma praia avermelhada, cantando e entoando, ou como um Fidalgo quixotiano. Perguntar sobre o demo é procurar uma origem da inspiração. Enquanto Robert Frost é possuído por um demo externo cujo nome é Perda, e daí a força de "Directive", Wallace Stevens sofre a possessão do demo rival de uma Ficção Suprema. O desfazer frostiano de uma coisa diminuída está em antítese com a proposta stevensiana de uma Ficção Suprema sabidamente fictícia. Poderíamos argumentar que acreditar numa ficção sabidamente inverídica *é* valorizar demais uma coisa diminuída, mas nesse caso seríamos mais Frost do que Stevens.

Stevens abordou seu projeto pela primeira vez em 1915, na Estrofe VII de "Sunday Morning" [Domingo de manhã]:

> Supple and turbulent, a ring of men
> Shall chant in orgy on a summer morn
> Their boisterous devotion to the sun,
> Not as a god, but as a god might be,
> Naked among them, like a savage source.
> Their chant shall be a chant of paradise,
> Out of their blood, returning to the sky;
> And in their chant shall enter, voice by voice,
> The windy lake wherein their lord delights,
> The trees, like serafin, and echoing hills,
> That choir among themselves long afterward.
> They shall know well the heavenly fellowship

Of men that perish and of summer morn.
And whence they came and whither they shall go
The dew upon their feet shall manifest.*

"Não como deus, mas como um deus poderia ser" [*Not as a god, but as a god might be*] sugere uma ficção nietzschiana, com a ressalva de que Stevens, tal como J. M. W. Turner e D. H. Lawrence, sempre começa com o sol numa modalidade diferente da trajetória solar de Zaratustra. O domingo, dia do sol, é retomado do culto cristão e devolvido ao paganismo, se é que o alto personalismo dessa ciranda de homens pode afinal ser chamado de "paganismo". O paraíso está dentro deles; o senhor deles é o sol, a irmandade que os une é a mortalidade que têm em comum, e a única indicação das origens e dos fins é o orvalho matinal.

Este é Stevens aos 36 anos, tentando compor uma versão keatsiano-tennysoniana de seu "poema essencial no centro das coisas" [*essential poem at the center of things*], para citar "A Primitive Like an Orb". Trinta e cinco anos depois, o mestre com 71 anos fez uma descoberta do pensamento, ou "A Discovery of Thought":

One thinks, when the houses of New England catch the first sun,

The first word would be of the susceptible being arrived,
The immaculate disclosure of the secret, no more obscured.
The sprawling of winter might suddenly stand erect,

Pronouncing its new life and ours, not autumn's prodigal returned,
But an antipodal, far-fetched creature, worthy of birth,
The true tone of the metal of winter in what it says:

---

* Obsequiosos e turbulentos, uma roda de homens/ Cantará em orgia a uma manhã de verão/ Sua impetuosa devoção ao sol,/ Não como deus, mas como um deus poderia ser,/ Nu entre eles, como uma fonte selvagem./ O canto deles será um canto do paraíso,/ Saído do sangue, voltando ao céu;/ E no canto deles entrarão, voz por voz,/ O lago ventoso onde o senhor deles se deleita,/ As árvores, como serafins, e colinas ecoando/ Por muito tempo aquele coro entre elas mesmas./ Conhecerão bem a celeste irmandade/ Entre homens que perecem e a manhã de verão./ E de onde vieram e para onde irão/ O orvalho em seus pés há de mostrar.

> The accent of deviation in the living thing
> That is its life preserved, the effort to be born
> Surviving being born, the event of life.*

Essa clarividência ainda é uma ficção? O que mais, prodigioso sábio, poderia ser? A arte de Stevens nos torna mais suscetíveis à nuance, seguindo Whitman, mas não perto demais, pois nenhum outro poeta pode se igualar às evasões whitmanianas do "como". Stevens e Eliot como poetas não têm quase nada em comum, a não ser a relação oculta com o sublime demônico de Whitman. Stevens, em "Notes Toward a Supreme Fiction", fala do "murmúrio de pensamentos evadidos na mente" [hum of thoughts evaded in the mind]. Esse murmúrio em Stevens, como em Whitman, é, em última instância, o murmúrio da mãe oceânica chamando seus náufragos de volta. Em Eliot, é o longo tempo se evadindo a Whitman, embora ele sem dúvida soubesse a que ponto *A terra desolada* utiliza explicitamente "When Lilacs Last in the Dooryard Bloom'd". Só muito mais tarde reconheceu Whitman — aliás, fato interessante, isso se deu durante uma conferência em Londres a soldados e pilotos americanos. Até onde sei, essa palestra nunca foi publicada, mas li uma transcrição que me foi dada por Donald Gallup, o finado bibliógrafo de Yale. Eliot elogia Whitman pela perfeição em fundir formulação e conteúdo. Algumas expressões usadas por Eliot durante a palestra são próximas às que se encontram em *The Dry Salvages*, em *Quatro quartetos*.

Pode-se sustentar que Stevens e Eliot são os principais poetas americanos desde Whitman e Dickinson. De maneira igualmente convincente, podem-se escolher Frost e Hart Crane. Os admiradores de W. C. Williams, Ezra Pound, Marianne Moore, Robert Penn Warren e alguns outros talvez discordem. Parece-me uma conclusão provável que os principais poetas de uma geração posterior — Elizabeth Bishop, James Merrill, A. R. Ammons e John Ashbery — também tenham a mesma estatura.

---

* Pensa-se, quando as casas da Nova Inglaterra pegam o primeiro sol,// A primeira palavra seria do ser suscetível que chegou,/ A revelação imaculada do segredo, não mais obscurecido./ O espraiamento do inverno de súbito se aprumaria,// Anunciando a nova vida sua e nossa, não o retorno do pródigo outono,/ Mas uma criatura antípoda, vinda à força, digna de nascer,/ O verdadeiro tom do metal de inverno naquilo que diz:// A modulação do desvio na coisa viva/ Que é sua vida preservada, o esforço de nascer/ Sobrevivendo ao nascer, o evento da vida.

Stevens achava que *Harmonium* não conseguira de início receber grande aclamação por causa do renome rival de *A terra desolada*. Mas este era um elemento secundário em sua posição agonística contra Eliot, que durou a vida toda e moldou sutilmente sua poesia. O neocristianismo na modalidade eliotiana de "Ash Wednesday" era inaceitável para aquele que via a poesia como a Ficção Suprema.

A escassa produção de Eliot em suas duas décadas finais simplesmente submerge sob a espantosa fecundidade de Wallace Stevens em seus últimos vinte anos. Preferir "The Auroras of Autumn" e "The Owl in the Sarcophagus" aos *Quatro quartetos* talvez seja uma questão de gosto. O finado Hugh Kenner, fantástico modernista antiquarista, ficou boquiaberto quando manifestei essa preferência e, inflexível, repetiu seu juízo de que Stevens era o ápice da poética de Edward Lear.

Eliot, que admirava Edward Lear (como todos nós deveríamos), parece mais próximo do grande poeta cômico do Absurdo (pense-se em *Sweeney Agonistes*, obra esplêndida). Kenner amava Pound e Eliot e, a meu ver erroneamente, colocava James Joyce no mesmo grupo. Em todo caso, o modernismo religioso de Kenner também o levou a sentir grande apreço por Wyndham Lewis, preferindo-o a Marcel Proust, conforme me informou com muito orgulho. Colegas na pós-graduação de Yale, nunca fomos amigos, mas vim a admirar seu livro *The Pound Era* [A era Pound] e mais tarde ele me surpreendeu com suas resenhas honestas e imparciais, embora um tanto impacientes, de meus livros sobre Yeats e Shakespeare.

Numa estocadinha, certa vez pensei em escrever um livro que se chamaria *The Age of Stevens* [A era de Stevens], mas refleti melhor e acabei escrevendo *Wallace Stevens: The Poems of Our Climate* [Wallace Stevens: Os poemas de nosso clima]. Tive grande satisfação, antes de expulsar a mim mesmo do Departamento de Língua Inglesa de Yale e me converter num departamento de um membro só, em liderar uma inversão que substituiu Eliot por Stevens na sequência dos cursos sobre os maiores poetas não dramáticos de língua inglesa: Chaucer, Spenser, Milton, Wordsworth, Stevens. Sempre insisti que Whitman também fazia parte, mas, em meados dos anos 1970, essa era uma batalha praticamente perdida.

Estes são antecedentes pessoais, porém cabem num capítulo que contrapõe Stevens e Eliot. Whitman e Shelley aparecem com seus nomes na poesia de Stevens, e a uma luz favorável. Eliot aparece como X, sem muita estima.

Eliot se tornou o editor de Stevens na Inglaterra, no entanto não publicou nenhuma observação sobre o poeta do "casamento entre a carne e o ar" [*the marriage of flesh and air*].

Sempre ambivalente em relação a Eliot e sempre um stevensiano roxo, minha escolha entre eles remonta à minha infância. Afinal, a figura do saber em Stevens é o rabino, e Eliot dava aos rabinos o mesmo valor que dou às autoridades anglo-católicas. Ninguém ouve Thomas Stearns Eliot bradando:

Oh! Rabbi, rabbi, fend my soul for me
And true savant of this dark nature be.*

Stevens se colocou de forma muito graciosa como "o leão de Judá" ao lado de Eliot como um dos "gatos magros". A escolha dos gatos fica a cargo do leitor:

In the metaphysical streets of the physical town
We remember the lion of Juda and we save
The phrase... Say of each lion of the spirit

It is a cat of a sleek transparency
That shines with a nocturnal shine alone.
The great cat must stand potent in the sun.**
— The Auroras of Autum

The lean cats of the archés of the curches,
That's the old world. In the new, all men are priests.***
— Extracts from Addresses to the Academy of Fine Ideas

Walt Whitman aprovaria essa declaração. Segue-se em "Extracts" uma apoteose de Eliot como "X, o mestre per-nobre":

---

* Oh! Rabino, rabino, protege minha alma por mim/ E sê verdadeiro sábio dessa natureza sombria.
** Nas ruas metafísicas da cidade física/ Lembramos o leão de Judá e guardamos/ A expressão... para cada leão do espírito// É um gato de lisa transparência/ Que sozinho brilha com um brilho noturno./ O grande gato precisa parecer poderoso ao sol.
*** Os gatos magros dos pórticos das igrejas,/ Esse é o velho mundo. No novo, todos são padres.

> The lean cats of the arches of the churches
> Bask in the sun in which they feel transparent,
> As if designed by X, the per-noble master.
> They have a sense of their design and savor
> The sunlight. They bear brightly the little beyond
> Themselves, the slightly unjust drawing that is
> Their genius: the exquisite errors of time.*

Lembro um episódio em que uma intelectual de Boston diz a Emerson que transcendentalismo significa "o pequeno além" [*the little beyond*], e o pensador responde: "Algo por aí". Eliot considerava Emerson "um estorvo" e se perguntava por que Henry James não o "talhou" em sua crítica. Murmuro comigo mesmo que seria como tentar talhar arame farpado. Emerson, Thoreau, Whitman, Margaret Fuller e Dickinson não tomam como demo "os requintados erros do tempo" [*the exquisite errors of time*]. O gênio deles é possuir e ser possuído não por um senso de seu próprio desígnio, mas pela busca do rosto que tinham "antes que o mundo fosse criado" [*before the world was made*] (Yeats). Eliot, neocristão antes mesmo de se converter, quer aceitar uma criação bondosa, embora sua extraordinária sensibilidade poética saiba que não é bem assim. Waldo e sua progênie, de Walt a Hart Crane, têm a mesma famosa percepção de Melville, expressa por Urania em "After the Pleasure Party", de que uma mão anárquica ou um erro cósmico quebrou os vasos do ser e lançou os fragmentos, masculinos e femininos, pelos portões da vida.

De modo bastante condescendente, Stevens reconhecia Eliot como "um ascético sincero". Aqui está a polêmica central de Stevens contra Eliot, "The Creations of Sound", de *Transport to Summer*:

> If the poetry of X was music,
> So that it came to him of its own,
> Without understanding, out of the wall

---

* Os gatos magros dos pórticos das igrejas/ Se aquecem ao sol a que se sentem transparentes,/ Como que concebidos por X, o mestre per-nobre./ Têm ideia dessa sua concepção e saboreiam/ A luz do sol. Portam com brilho o pequeno além/ Eles mesmos, o desenho levemente injusto que é/ Seu gênio: os requintados erros do tempo.

Or in the ceiling, in sounds not chosen,
Or chosen quickly, in a freedom
That was their element, we should not know

That X is an obstruction, a man
Too exactly himself, and that there are words
Better without an author, without a poet,

Or having a separate author, a different poet,
An accretion from ourselves, intelligent
Beyond intelligence, an artificial man

At a distance, a secondary expositor,
A being of sound, whom one does not approach
Through any exaggeration. From him, we collect.

Tell X that speech is not dirty silence
Clarified. It is silence made still dirtier.
It is more than an imitation for the ear.

He lacks this venerable complication.
His poems are not of the second part of life.
They do not make the visible a little hard

To see nor, reverberating, eke out the mind
On peculiar horns, themselves eked out
By the spontaneous particulars of sound.

We do not say ourselves like that in poems.
We say ourselves in syllables that rise
From the floor, rising in speech we do not speak.*

---

* Se a poesia de X fosse música,/ E lhe viesse sozinha,/ Sem entendimento, da parede// Ou do forro, em sons não escolhidos/ Ou rápido escolhidos, numa liberdade/ Como seu próprio elemento, não saberíamos// Que X é uma obstrução, um homem/ Exatamente demais

Eliot insistia em escapar à personalidade, e no entanto o poeta estorva e obstrui justamente por ser demais ele mesmo. Viera, dizia ele, para purificar a linguagem da tribo, como se a fala fosse um silêncio encardido que então se limpasse. Para Stevens, como para Walt, a fala é o silêncio ainda mais encardido. Stevens critica seriamente Eliot quando afirma que *A terra desolada* "não torna o visível um pouco difícil/ De ver" [*not make the visible a little hard/ To see*].

Mas o que significa tornar o visível um pouco difícil de ver? Eis dois exemplos de Eliot:

At the first turning of the third stair
Was a slotted window bellied like the fig's fruit
And beyond the hawthorn blossom and a pasture scene
The broadbacked figure drest in blue and green
Enchanted the maytime with an antique flute.
Blown hair is sweet, brown hair over the mouth blown,
Lilac and brown hair;
Distraction, music of the flute, stops and steps of the mind over the third
    stair,
Fading, fading; strength beyond hope and despair
Climbing the third stair.*

— Ash Wednesday

---

ele mesmo, e que há palavras/ Que são melhores sem um autor, sem um poeta// Ou tendo um autor separado, um poeta diferente,/ Uma concreção a partir de nós mesmos, inteligente,/ Além da inteligência, um homem artificial// À distância, um expositor secundário,/ Um ser de som, do qual não nos acercamos/ Por meio de exageros. Dele, colhemos.// Diga-se a X que a fala não é um silêncio encardido/ Purificado. É o silêncio ainda mais encardido./ É mais do que uma imitação para o ouvido.// Falta-lhe esse respeitável complicador./ Seus poemas não são da segunda parte da vida./ Não tornam o visível um pouco difícil// De ver nem, reverberando, ampliam a mente/ Com trompas peculiares, eles próprios ampliados/ Pelos detalhes espontâneos do som.// Não nos dizemos assim nos poemas./ Dizemo-nos em sílabas que sobem/ Do chão, subindo numa fala que não falamos.

* Na primeira curva da terceira escada/ Havia uma janela bojuda como o fruto da figueira/ E lá fora o espinheiro em flor e os pastos/ A figura robusta vestindo azul e verde/ Encantava maio com uma flauta antiga./ Cabelo ao vento é belo, castanho, na boca por causa do vento,/ Lilás e cabelo castanho;/ Distração, música da flauta, a mente que para e passa na terceira escada,/ Sumindo, sumindo; força além da esperança e do desespero/ Galgando a terceira escada.

> The dripping blood our only drink,
> The bloody flesh our only food:
> In spite of which we like to think
> That we are sound, substantial flesh and blood—
> Again, in spite of that, we call this Friday good.*
> — "East Coker", de *Quatro quartetos*

A vividez é um dos dons poéticos mais claros de Eliot, que aprendeu em parte com Ezra Pound, mas, em última instância, com Dante. E no entanto os maiores poetas ocidentais, Shakespeare e Dante — sempre que querem — tornam o visível um pouco difícil de ver. Matelda caminha gloriosa ao lado do Peregrino, porém é difícil visualizar sua aura, enquanto Lear olha para os céus e roga que o favoreçam, porque eles também são velhos. Como se pode apresentar isso num palco? Talvez uma aura demônica ou uma transcendência tremulante seja a única modalidade em comum entre os autores do *Purgatório* e de *Rei Lear*.

Em 10 de janeiro de 1957, de manhã cedo, deu-se em Londres o casamento secreto entre Thomas Stearns Eliot, com 68 anos, e sua secretária Valerie Fletcher, com trinta. Fato admirável, o casamento foi muito bem até a morte do poeta, em 4 de janeiro de 1965, depois de oito anos de felicidade, a única no purgatório que fora a vida de Eliot.

Cresci na época de Eliot, combatendo-a obstinadamente em todos os dias de minha vida, até agora. Aos 84, cesso meu combate mental, pelo menos contra os eliotianos. Eliot foi e é um grande poeta americano, seguindo em larga medida a tradição alto romântica de Shelley e Whitman, como ele mesmo reconheceu tardiamente. Sua crítica literária é outro assunto, e seus escritos sociais e religiosos são, a meu ver, infelizes. Seu antissemitismo de toda a vida e sua aversão (e medo) às mulheres são outros elementos que mancham seu nome. Ele abominou a condição humana até o final da vida e o que o inspirava era seu culto ao pecado original. É preciso ser um Agostinho de Hipona para defender tal posição, e Eliot tinha a tendenciosidade daquele grande espírito, mas não sua capacidade intelectual.

---

* O sangue gotejante nossa única bebida,/ A carne sangrenta nossa única comida:/ Apesar disso gostamos de pensar/ Que somos bom sangue, carne sólida inteira —/ E apesar disso dizemos santa essa sexta-feira.

Li *T.S. Eliot: An Imperfect Life* [T.S. Eliot: Uma vida imperfeita] de Lyndall Gordon em 1998, quando saiu, e acabo de voltar a ele. Gordon escreve sobre Eliot com solidariedade e perspicácia constante, ressaltando seus enormes sofrimentos durante o primeiro casamento, que foi terrível. E mesmo assim ela apresenta um desfile tão longo de interesse próprio, preconceitos, misoginia, impotência sexual e desprezo pela condição humana que desistiríamos se Eliot não fosse, em seus melhores momentos, um grande poeta.

O Eliot de Gordon passa a vida buscando "o amor de Deus" e escarnecendo das "afeições humanas comuns" até que, aos 68 anos, aceita o amor de Valerie Fletcher. Gordon conclui: "Ele parecia sofrer de uma incapacidade de perceber o sofrimento fora de sua própria experiência pessoal". Devido ao frequente solipsismo dos poetas vigorosos, isso não é raro, mas talvez ajude a explicar por que as peças de Eliot agora estão ultrapassadas.

A religião de Eliot professa a ortodoxia anglicana, mas o colorido americano se manteve até o final. Ele fez uma leitura muito equivocada de Hawthorne e Henry James, vendo-os como defensores do pecado original. Os criadores de Hester Prynne e Isabel Archer têm lá seus problemas com Emerson, contudo Hester e Isabel são emersonianas, não neocristãs eliotianas.

A importância de Eliot hoje se deve a um magro corpo de poemas, em particular *A terra desolada* e *Quatro quartetos*. Tornou-se um poeta americano canônico, tal como Williams, Pound e Moore em sua geração, mas para mim ele se une aos nossos poetas mais vigorosos, Whitman, Dickinson, Frost, Stevens, Crane, e aos que vieram depois, Bishop, Merrill, Ammons, Ashbery.

Todos temos vidas imperfeitas, e não conheço quase ninguém que seja tolo a ponto de criticar a vida de Eliot. Seus preconceitos não eram exclusivos dele, e talvez nem se deva esperar que os grandes poetas deem exemplos morais. Seu neocristianismo não tinha nenhum vestígio de compaixão pelos oprimidos e necessitados, apenas por si mesmo. Mas isso é entre ele e seu Deus, e eu, como judeu livre-pensador, abstenho-me de julgar. Fanáticos devem ser criticados, porém em momentos mais sombrios reflito que o antissemitismo é fundamental para muitas variedades do cristianismo e, para Eliot, parece ter sido um símbolo de devoção autêntica. Toda má religião é sincera.

Atualmente, o evangelismo cultural de Eliot é uma relíquia: abundam os neocristãos conservadores e estão longe de ter uma educação clássica. O dogma não se transmembra diretamente em poesia:

Os que Te negam não poderiam negar se não existisses; e a negação deles nunca é completa, pois, se o fosse, não existiriam.

Essa passagem vem do coro final de *Crime na catedral*. Citei-a certa vez ao crítico-poeta Allen Tate, quando nos encontramos num jantar oferecido por Holly Stevens em sua casa em Wethersfield, Connecticut. Nós dois tentamos nos comportar bem, mas nossas personalidades eram antitéticas. "O que é essa conversa fiada?", ele perguntou; preferi não dizer, pois já tínhamos brigado por causa de Eliot e só fizemos as pazes ao tomar um brinde à memória de Hart Crane, que fora um de seus amigos mais próximos.

O estudo crítico de Eliot mais fecundo continua a ser o de Grover Smith (1956). Conclui com certa tristeza e acerto que Eliot só consegue pintar as emoções de seu próprio eu isolado. Gênio encantatório, assim ele se manteve legítimo herdeiro de Tennyson e Whitman, e não de Dante e Shakespeare. O tempo confirmará minha avaliação de que Eliot é superado por Whitman e Tennyson, bem como por Shelley, que teve uma influência permanente sobre ele, e também sobre Stevens e Hart Crane.

Em seus melhores momentos, *Quatro quartetos* mostra Eliot ultrapassando suas limitações por meio de uma fusão problemática entre religião e filosofia, pré-socrática e indiana. As tradições gregas, aqui e em *A terra desolada*, não funcionam tão bem quanto os textos sânscritos e pális e seus respectivos comentários. O estudo mais esclarecedor continua a ser o de Cleo McNelly Kearns, *T.S. Eliot and Indic Traditions* [T.S. Eliot e as tradições indianas], de 1987, que ressalta que o evangelista neocristão preferia a metafísica oriental às formulações religiosas hinduístas e budistas. A sabedoria era o propósito de Eliot, para além de quaisquer categorias, visto que sua busca por salvação dependia totalmente da encarnação. Kearns tenta distinguir metafísica em *A terra desolada* de sabedoria em *Quatro quartetos*. De minha parte, enxergo pouca sabedoria nestes e não muita metafísica autêntica naquele. Mesmo assim, ela defende seu ponto de vista com moderação e paciência, qualidades que sempre tenho dificuldade em mostrar. O *Bhagavad-Gita*, que conheço apenas de maneira indireta, através de traduções, adverte contra a "inércia sombria", doença que infelizmente predomina em minha idade octogenária.

Ao contrário do que sustenta grande parte da opinião crítica, Walt Whitman foi o pai primordial da poesia altamente diversificada de Stevens,

Pound, Eliot, Williams e Hart Crane. À exceção de Crane, todos negaram o "pai", mas, ao final, retornaram a ele. Agora é usual reconhecer a influência de Whitman em Eliot, porém não era este o caso em minha juventude e meia-idade. Lembro-me de conversas com, entre outros, Frank Kermode, R. P. Blackmur, Allen Tate, Louis Martz, F. O. Matthiessen e Lionel Trilling, que só mostravam incredulidade quando eu insistia que lessem a elegia "Lilacs" ao lado de *A terra desolada*.

Whitman contamina Eliot (e Stevens) mais ou menos como o Pascal de Eliot era contagiado por Montaigne. Eliot defendia Pascal dizendo que combater Montaigne era como atirar uma granada numa neblina. Visto que, na personalidade e nos interesses humanos, não podia haver distância maior entre Walt e Eliot, suponho que o poeta de *Detritos marinhos* habitava o profeta neocristão como demo obscuro e um sombrio irmão mais velho. Henry James, um convertido tardio a Whitman, visitou soldados britânicos feridos em Londres, na Primeira Guerra Mundial. Para Eliot, a terra inteira era um hospital ao qual ele viera trazer não consolo, mas admoestação.

Lyndall Gordon defende Eliot como profeta hebreu, o que é muito surpreendente. Sou grato a ela por me ajudar a vencer parcialmente minha aversão ao sujeito, mas essa é uma mácula. Amós e Miqueias clamam por justiça social, e Isaías não encontraria em Thomas Stearns Eliot a sombra de uma pedra numa terra esgotada. Walt Whitman é um curandeiro. Como chamaríamos Eliot? Em seu auge poético, ele alcança uma rara sublimidade em "Little Gidding" e "The Dry Salvages", mas mesmo esses poemas são afetados por uma indevida apropriação demônica dos autênticos precursores:

Last season's fruit is eaten
And the fullfed beast shall kick the empty pail.*
— Little Gidding

Para transmitir autoridade poética, é preciso persuadir o leitor de que se estão ampliando as bases de fundação da própria poesia. Dante transfere belamente Virgílio e Cavalcanti refundando Roma e acrescentando, na prática, um terceiro testamento à Bíblia cristã. Eliot não é Dante e não pode

---

* O fruto da última estação foi comido/ E o animal saciado chutará o balde vazio.

simplesmente converter Shelley e Whitman em posteriores ou a si mesmo em anterior. "The Triumph of Life" de Shelley intervém mais do que o Dante ali revivido, e "Song of Myself" e as elegias oceânicas de Whitman desalojam presenças espectrais que Eliot talvez preferisse, entre elas o pai de Hamlet.

Stevens pensou em dar a seus *Collected Poems* (1954) o título enganoso de *The Whole of Harmonium* [A totalidade do harmônio]. Felizmente mudou de ideia, pois seus dois maiores livros, *Transport to Summer* (1947) e *The Auroras of Autumn* (1950), são muito mais representativos de seus feitos. Para mim, a primeira edição de *Harmonium* (1923) está contida em sua totalidade no poema "Tea at the Palaz of Hoon" [Chá no palácio de Hoon], canto whitmaniano que associo ao tributo stevensiano mais direto a Walt em "Like Decorations in a Nigger Cemetery", de *Ideas of Order* [Ideias de ordem]. Eis os dois poemas em sequência:

> Not less because in purple I descended
> The western day through what you called
> The loneliest air, not less was I myself.
>
> What was the ointment sprinkled on my beard?
> What were the hymns that buzzed beside my ears?
> What was the sea whose tide swept through me there?
>
> Out of my mind the golden ointment rained,
> And my ears made the blowing hymns they heard.
> I was myself the compass of that sea:
>
> I was the world in which I walked, and what I saw
> Or heard or felt came not but from myself;
> And there I found myself more truly and more strange.*

---

* Não porque em púrpura percorri/ O dia ocidental pelo que dizias ser/ O mais solitário ar, deixei de ser eu.// O que era o unguento salpicado em minha barba?/ O que eram os hinos que zuniam a meus ouvidos?/ O que era o mar cuja maré lá me envolveu?// De minha mente

E:

In the far South the sun of autumn is passing
Like Walt Whitman walking along a ruddy shore.
He is singing and chanting the things that are part of him,
The worlds that were and will be, death and day.
Nothing is final, he chants. No man shall see the end.
His beard is of fire and his staff is a leaping flame.*

Stevens, de brincadeira, propunha Hoon como nome cifrado para a atmosfera solitária do céu e do espaço. Tomar chá (ou escrever um poema) no palácio é partilhá-lo com o sol poente. Era crepúsculo em "Crossing Brooklyn Ferry" ("Sun-Down Poem" em 1859), e também será crepúsculo no passeio de Stevens na praia em "The Auroras of Autumn".

O cético que há em Stevens interroga Hoon no segundo terceto, mas o demo responde no terceiro, quando "salpicado" [*sprinkled*], "zuniam" [*buzzed*] e "envolveu" [*swept through*], que são externos, tornam-se o que "escorria" [*rained*] da mente e "o sopro" [*blowing*] dos ouvidos, e então temos uma declaração digna do capitão Ahab: "Eu mesmo era o compasso daquele mar" [*I was myself the compass of that sea*].

Curiosamente, Stevens era o que Goethe asseverava ser: "o gênio da felicidade e do espanto". Hoje em dia é moda considerar que Stevens foi muito infeliz, mas Holly desmentiu. O casamento dele foi difícil, mas quem não mantém um relacionamento não está em condições de julgar. Seus poemas, na maioria das vezes, transmitem prazer e surpresa, e na verdade são até cômicos. Nenhum outro nome da tradição poética americana, nem mesmo Whitman e Dickinson, expressa tão bem essa glória solitária e interior que poucos de nós conseguimos partilhar com os outros.

---

o unguento dourado escorria,/ E meus ouvidos criavam o sopro dos hinos que ouviam./ Eu mesmo era o compasso daquele mar:// Eu era o mundo onde andava, e o que via,/ Ouvia ou sentia vinha somente de mim mesmo;/ E lá me encontrava mais veraz e mais estranho.

* No extremo Sul o sol de outono está passando/ Como Walt Whitman andando por uma costa rubra./ Entoa e canta as coisas que são parte dele,/ Os mundos que existiram e existirão, a morte e o dia./ Nada é final, canta ele. Nenhum homem verá o fim./ Sua barba é de fogo e seu bastão é uma chama a saltar.

Stevens fala à solidão em nosso íntimo:

There is a human loneliness,
A part of space and solitude,
In which knowledge cannot be denied,
In which nothing of knowledge fails,
The luminous companion, the hand,
The fortifying arm, the profound
Response, the completely answering voice,
That which is more than anything else
The right within us and about us,
Joined, the triumphant vigor, felt,
The inner direction on which we depend,
That which keeps us the little that we are,
The aid of greatness to be and the force.*

As estrofes abaixo também pertencem a "The Sail of Ulysses" [A viagem de Ulisses], poema bastante esquecido de sua fase final, e para mim, em minha velhice, correspondem ao aspecto mais encorajador de Stevens. Parado na soleira, o poeta discerne:

A life beyond this present knowing,
A life lighter than this present splendor,
Brighter, perfected and distant away,
Not to be reached but to be known,
Not an attainment of the will
But something illogically received,
A divination, a letting down

---

* Existe uma solidão humana,/ Uma parte de espaço e solitude,/ Em que não se pode negar o saber,/ Em que nada do saber falha,/ A companhia luminosa, a mão,/ O braço de arrimo, a profunda/ Resposta, a voz que a tudo responde,/ Que é mais do que tudo/ O certo dentro e em torno de nós,/ Adotado, o vigor triunfante, sentido,/ A direção interna da qual dependemos,/ Que nos mantém como o pouco que somos,/ A ajuda da grandeza de ser e a força.

> From loftiness, misgivings dazzlingly
> Resolved in dazzling discovery.*

Mais evasivos do que negativos, esses versos não afirmam nada, a não ser nossa percepção de que nosso saber pode ser de tipo hamletiano, de que nossa consciência pode ser expandida, sem deformações, por "um verso,/ Uma passagem musical, um parágrafo/ Do filósofo certo" [*a verse,/ A passage of music, a paragraph/ By a right philosopher*]. Dá vontade de aplicar ao próprio Stevens a estrofe final de seu tributo a seu mestre George Santayana, "To an Old Philosopher in Rome" [A um velho filósofo em Roma]:

> Total grandeur of a total edifice,
> Chosen by an inquisitor of structures
> For himself. He stops upon this threshold,
> As if the design of all his words takes form
> And frame from thinking and is realized.**

Esse é um Stevens; há outros. Segundo Eleanor Cook, a ilustre estudiosa canadense de poesia moderna, eles se reúnem como uma poética da terra. Parece-me correto se fundirmos celebração keatsiana e injunção nietzschiana: "Pensa na terra" [*Think of the earth*]. O que restaria, porém, é a paixão whitmaniana, em todos os sentidos de "paixão". Hart Crane tentou a reencarnação de Whitman, mas Stevens, que precisava manter Walt à distância, está muito mais próximo dele.

Recordo a incredulidade do finado Frank Kermode, meio século atrás, quando comecei pela primeira vez a associar Whitman e Stevens. Frank achava que era mais uma de minhas aventuras críticas desvairadas, mas hoje em dia a dívida de Stevens está bastante clara para muitas outras pessoas

---

* Uma vida além deste presente saber,/ Uma vida mais clara do que este presente esplendor,/ Mais brilhante, aperfeiçoada e distante,/ Não a ser alcançada, mas a ser conhecida,/ Não um resultado da vontade/ Mas algo ilogicamente recebido,/ Um presságio, algo que desce/ Das alturas, ressentimentos com deslumbrante/ Solução em deslumbrante descoberta.

** Total grandeza de um edifício total,/ Escolhido por um investigador de estruturas/ Para si mesmo. Ele para nessa soleira,/ Como se o projeto de todas as suas palavras tomasse/ Quadro e forma do pensamento e se realizasse.

além de mim. As semelhanças de superfície são poucas e os temperamentos são opostos. O que pode estar mais longe de Stevens do que esta passagem de Whitman?

> Whoever you are, now I place my hand upon you, that you be my poem,
> I whisper with my lips close to your ear,
> I have loved many women and men, but I love none better than you.*

E no entanto foi Whitman, ainda mais do que Shakespeare, quem ensinou Stevens a ouvir e expressar "o murmúrio dos pensamentos evadidos na mente" [*the hum of thoughts evaded in the mind*], a modalidade de "Notes Toward a Supreme Fiction", "The Auroras of Autumn" e "The Rock". Emily Dickinson segue Shakespeare ao pensar por e através de metáforas, ao passo que Whitman e Stevens tendem a se evadir da cognição figurativa através de um eros intransitivo. Eis aqui Whitman seguido por Stevens:

> A noiseless patient spider,
> I mark'd where on a little promontory it stood isolated,
> Mark'd how to explore the vacant vast surrounding,
> It launch'd forth filament, filament, filament, out of itself,
> Ever unreeling them, ever tirelessly speeding them.
>
> And you O my soul where you stand,
> Surrounded, detached, in measureless oceans of space,
> Ceaselessly musing, venturing, throwing, seeking the spheres to connect them,
> Till the bridge you will need be form'd, till the ductile anchor hold,
> Till the gossamer thread you fling catch somewhere, O my soul.**

---

* Sejas quem for, agora pouso minha mão sobre ti, para que sejas meu poema,/ Sussurro com meus lábios próximos a teu ouvido,/ Amei muitas mulheres e homens, mas a ninguém mais do que a ti.
** Uma paciente aranha silenciosa,/ Notei onde num pequeno promontório estava isolada,/ Notei como, para explorar o vasto vazio ao redor,/ Ela lançava filamentos, filamentos, filamentos de si mesma,/ Sempre desenrolando, sempre incansável lançando-os depressa.// E tu Ó minha alma onde estás,/ Rodeada, afastada, em desmedidos oceanos de espaço,/ Sem

E:

Fat girl, terrestrial, my summer, my night,
How is it I find you in difference, see you there
In a moving contour, a change not quite completed?

You are familiar yet an aberration.
Civil, madam, I am, but underneath
A tree, this unprovoked sensation requires

That I should name you flatly, waste no words,
Check your evasions, hold you to yourself.
Even so when I think of you as strong or tired,

Bent over work, anxious, content, alone,
You remain the more than natural figure. You
Become the soft-footed phantom, the irrational

Distortion, however fragrant, however dear.
That's it: the more than rational distortion,
The fiction that results from feeling. Yes, that.

They will get it straight one day at the Sorbonne.
We shall return at twilight from the lecture
Pleased that the irrational is rational,

Until flicked by feeling, in a gildered street,
I call you by name, my green, my fluent mundo.
You will have stopped revolving except in crystal.*

---

cessar refletindo, arriscando, atirando, procurando as esferas para conectá-las,/ Até que se forme a ponte de que precisarás, até que a maleável âncora retenha,/ Até que o tênue fio que arremessas se prenda em algum lugar, Ó minha alma.

* Moça roliça, terrestre, meu verão, minha noite,/ Como é que te encontro na diferença, lá te vejo/ Num contorno fugaz, numa mudança não concluída?// És familiar, porém uma aberração./ Cortês, madame, eu sou, mas sob/ Uma árvore, essa sensação súbita exige// Que

"A Noiseless Patient Spider" (1868) aparece inicialmente no caderno de Washington, DC (1862-3), como uma visão sugerindo o desejo homoerótico. Esse desejo ainda está presente na versão revista, embora nesta a ênfase principal recaia sobre "a ponte" para o futuro. Como de costume em Whitman, os verbos são intransitivos, tal como o eros: "se prenda em algum lugar" [*catch somewhere*].

No canto final da terceira parte de "Notes Toward a Supreme Fiction" (1942), Stevens se dirige à sua noiva fictícia, a terra, como aquilo que os profetas hebraicos chamavam de Beulá, "a terra casada". É uma imagem figurada, embora humanizada — "a ficção que resulta do sentimento" [*the fiction that results from feeling*] — e o "fluente *mundus*" de Stevens é um mundo fluindo com a fala humana. "Cristal" sugere uma revelação poética no profano da noite estival. Um eros ainda mais intransitivo do que o de Whitman encandeia esse canto, que escapa à verdadeira musa de Stevens, a velha mãe bravia nas ondas chamando de volta ao lar seus náufragos.

Stevens tentou incessantemente se descartar dela, já desde "Stars at Tallapoosa" (Estrelas em Tallapoosa), em *Harmonium*:

> The lines are straight and swift between the stars.
> The night is not the cradle that they cry,
> The criers, undulating the deep-oceaned phrase.
> The lines are much too dark and much too sharp.
>
> The mind herein attains simplicity.
> There is no moon, on single, silvered leaf.
> The body is no body to be seen
> But is an eye that studies its black lid.

---

eu te nomeie sem rodeios, não gaste palavras à toa,/ Controle tuas evasões, apreenda-te em ti mesma./ Mesmo assim, quando te imagino forte ou cansada,// Curvada a lidar, aflita, contente, sozinha,/ Continuas como a figura mais que natural./ Tornas-te o fantasma de passos mansos, irracional// Distorção, por perfumada, por querida que sejas./ É isso: a distorção mais que racional,/ A ficção que resulta do sentimento. É, é isso.// Algum dia vão deslindar isso na Sorbonne./ Voltaremos da palestra ao anoitecer,/ Contentes que o irracional seja racional,// Até que tocado pelo sentimento, numa rua dourada,/ Chamo-te pelo nome, meu verde, meu fluente *mundus*./ Terás parado de girar exceto em cristal.

Let these be your delight, secretive hunter,
Wading the sea-lines, moist and ever-mingling,
Mounting the earth-lines, long and lax, lethargic.
These lines are swift and fall without diverging.

The melon-flower nor dew nor web of either
Is like to these. But in yourself is like:
A sheaf of brilliant arrows flying straight,
Flying and falling straightway for their pleasure,

Their pleasure that is all bright-edged and cold;
Or, if not arrows, then the nimblest motions,
Making recoveries of young nakedness
And the lost vehemence the midnights hold.*

    O significado múltiplo de *"lines"* [linhas] é whitmaniano, brotando mais de "As I Ebb'd with the Ocean of Life" do que de "Out of the Cradle Endlessly Rocking". Em "As I Ebb'd", Walt, andando melancólico pela praia, é "tomado pelo espírito que deixa seu rastro nas linhas sob os pés" [*seized by the spirit that trails in the lines underfoot*]. São as linhas de seus próprios versos em poemas anteriores e também as linhas onde mar e orla se encontram.
    "Stars at Tallapoosa" se refere às linhas de seus próprios versos e às linhas "entre as estrelas". Confrontando Whitman, Stevens traz ecos de Lucrécio, ancestral de ambos: "Essas linhas são rápidas e caem sem se desviar" [*These swift lines are swift and fall without diverging*]. A visão epicurista das coisas

---

* As linhas são retas e rápidas entre as estrelas./ A noite não é o berço que pranteiam,/ Os pranteadores, ondulando a frase do oceano profundo./ As linhas são escuras demais e agudas demais.// A mente aqui alcança a simplicidade./ Não há lua numa única folha prateada./ O corpo não é corpo que se possa ver/ Mas um olho que estuda sua pálpebra negra.// Sejam elas teu deleite, caçador secreto,/ Vadeando as linhas do mar, úmidas e sempre se mesclando,/ Se sobrepondo às linhas da terra, longas, frouxas, letárgicas./ Essas linhas são rápidas e caem sem se desviar.// Nem a flor do melão, nem o orvalho e a teia/ São como elas. Mas em ti é:/ Um feixe de setas brilhantes voando reto,/ Voando e caindo reto pelo prazer delas.// O prazer delas que é frio e de fio rutilante;/ Ou, se não setas, os mais ágeis movimentos,/ Buscando a recuperação da nudez juvenil/ E da veemência perdida que as meias-noites contêm.

admite o livre-arbítrio graças a um ligeiro desvio ou clinâmen na queda dos átomos atravessando o espaço. Quando estão num estado de espírito afirmativo, Whitman e Stevens enaltecem o clinâmen, mas aqui o celebrante de *Harmonium* lamenta a realização erótica que ele (e também Whitman, na verdade) nunca teve: "jovem nudez/ E da veemência perdida que as meias-noites contêm" [*Young nakedness/ And the lost vehemence the midnights hold*].

Embora perpasse toda a poesia de Stevens, a presença-pela-ausência de Walt Whitman ocupa um lugar sinuosamente central em "Esthétique du Mal", poema irregular com passagens magníficas que faz parte de *Transport to Summer*. O título é uma referência indireta a Baudelaire, embora Keats e Whitman permeiem toda a sequência, em que o "mal" significa apenas o efeito neles, a inevitável dor e sofrimento de ser uma criatura humana natural vivendo e morrendo num mundo natural.

Em 1963, visitei o crítico poeta John Crowe Ransom, figura muito afável, tal como eu esperava. Ele lera meu livro inicial sobre Blake e teve a gentileza de considerá-lo proveitoso, mas falamos sobre Stevens e "Esthétique du Mal", que ele fora o primeiro a publicar em *The Kenyon Review* (1944). Ransom, admirador de Stevens e de Eliot, concordou simpaticamente com minha impressão de que as quinze seções do poema, muito diversificadas, só conseguiam unidade graças a uma polêmica implícita contra Eliot. A glória do poema é sua última seção:

> The greatest poverty is not to live
> In a physical world, to feel that one's desire
> Is too difficult to tell from despair. Perhaps,
> After death, the non-physical people, in paradise,
> Itself non-physical, may, by chance, observe
> The green corn gleaming and experience
> The minor of what we feel. The adventurer
> In humanity has not conceived of a race
> Completely physical in a physical world.
> The green corn gleams and the metaphysicals
> Lie sprawling in majors of the August heat,
> The rotund emotions, paradise unknown.

> This is the thesis scrivened in delight,
> The reverberating psalm, the right chorale.
>
> One might have thought of sight, but who could think
> Of what it sees, for all the ill it sees?
> Speech found the ear, for all the evil sound,
> But the dark italics it could not propound.
> And out of what one sees and hears and out
> Of what one feels, who could have thought to make
> So many selves, so many sensuous worlds,
> As if the air, the mid-day air, was swarming
> With the metaphysical changes that occur,
> Merely in living as and where we live.*

Eliot publicara *Quatro quartetos* em 1943; esta é a réplica de Stevens aos 65 anos a Eliot com 55 anos. Tem-se a impressão de que, para Stevens, Eliot como homem e poeta achava "difícil demais diferenciar desejo e desespero" [*desire too difficult to tell from despair*]. Este era o fardo de *A terra desolada* e ainda ressoa nos *Quatro quartetos*. Stevens também se distancia sutilmente de seus precursores, os naturalistas heroicos Keats, Whitman e Nietzsche, aventureiros na humanidade que supostamente "não conceberam uma raça/ Totalmente física num mundo físico". Isso me parece persuasivo apenas como uma angústia de contaminação. A afirmativa de Keats, "O único assombro que buscam é o rosto humano" [*They seek no wonder but the human*

---

* A maior pobreza é não viver/ Num mundo físico, sentir que é difícil/ Demais diferenciar desejo e desespero. Talvez,/ Após a morte, o povo não físico, no paraíso,/ Este também não físico, possa, quiçá, observar/ O trigo verde rebrilhando e sentir/ Os rudimentos do que sentimos. O aventureiro/ Na humanidade não concebeu uma raça/ Totalmente física num mundo físico./ O trigo verde rebrilha e os metafísicos/ Expõem nas especializações do calor de agosto/ As emoções rotundas, desconhecido o paraíso.// Esta é a tese redigida com prazer,/ O salmo reverberante, o coral dos justos.// Pode-se até pensar na visão, mas quem iria pensar/ No que ela vê, apesar do mal que vê?/ A fala encontrou o ouvido, apesar do mal ouvido,/ Mas o itálico ela não teria como passar./ E do que se vê e do que se ouve e do/ Que se sente, quem iria pensar em fazer/ Tantos eus, tantos mundos sensoriais,/ Como se o ar, o ar do meio-dia, fervilhasse/ Com as mudanças metafísicas que ocorrem,/ Meramente vivendo como e onde vivemos.

face], não é atingida pela crítica de Stevens, nem se encaixa com as celebrações whitmanianas do "vivendo como e onde vivemos" [*living as and where we live*]. Nietzsche é mais problemático, embora seu Zaratustra tente ser um Adão emersoniano ao amanhecer.

Além do poema-título, o início de uma nova modalidade em *The Auroras of Autumn* se manifesta com maior força para Stevens em "The Owl in the Sarcophagus", elegia a seu amigo mais próximo, Henry Church. Minha experiência de ler, ensinar e escrever sobre essa elegia ao longo dos anos me mostrou que suas obscuridades se esclarecem apenas de maneira gradual. São intimidantes, mas valem o esforço e talvez superem todas as demais em Stevens.

É óbvio que Stevens sempre tem em mente, com grande cautela, "When Lilacs Last in the Dooryard Bloom'd" neste seu poema que rivaliza com a maior elegia americana. Num nível mais profundo de consciência poética, a elegia a Church guarda relações com o mais desvairado dos grandes poemas de Whitman, "The Sleepers", o qual me parece ser o arquétipo predominante, embora quase tácito, para Stevens, que carrega suas dívidas keatsianas com mais desenvoltura do que Whitman.

Um livro como este estudo do sublime demônico em nossa literatura nacional não tem como conceder muito espaço à leitura cerrada de poemas individuais, mas "The Owl in the Sarcophagus" tem um papel tão essencial para minha tarefa que vou diminuir o ritmo e analisá-lo em detalhe.

Os dicionários definem o sarcófago como um caixão de pedra — mais literalmente, uma pedra que come a carne —, mas tal acepção seria enganosa nessa elegia. Toda a terra apresenta esse aspecto negativo para Stevens em certos estados de espírito, como no poema posterior "Madame La Fleurie":

Weight him down, O side-stars, with the great weightings of the end.
Seal him there. He looked in a glass of the earth and thought he lived in it.
Now, he brings all that he saw into the earth, to the waiting parent.
His crisp knowledge is devoured by her, beneath a dew.

Weight him, weight, weight him with the sleepiness of the moon.
It was only a glass because he looked in it. It was nothing he could be told.
It was a language he spoke, because he must, yet did not know.
It was a page he had found in the handbook of heartbreak.

The black fugatos are strumming the blacknesses of black...
The thick strings stutter the finial gutturals.
He does not lie there remembering the blue-jay, say the jay.
His grief is that his mother should feed on him, himself and what he saw,
In that distant chamber, a bearded queen, wicked in her dead light.*

Esse esplendor sombrio se contrapõe à musa materna de Whitman e às invocações stevensianas do rosto materno em *The Auroras of Autumn*, ambas alcançando uma apoteose em "A mãe terrena e a mãe/ Dos mortos" [*The earthly mother and the mother of/ The dead*], na elegia a Church.

Whitman sente e cria perplexidade diante da ideia de imortalidade; em seus pontos mais marcantes, ele passa a ideia de que sobreviveremos apenas na lembrança afetuosa de nossos familiares, amigos e leitores. Stevens tinha essa mesma visão madura, como notamos nos seguintes versos de "The Owl in the Sarcophagus":

I
Two forms move among the dead, high sleep
Who by his highness quiets them, high peace
Upon whose shoulders even the heavens rest,

Two brothers. And a third form, she that says
Good-by in the darkness, speaking quietly there,
To those that cannot say good-by themselves.**

---

* Pesai sobre ele, ó estrelas apartadas, com os grandes pesos do fim./ Selai-o ali. Ele fitou um vidro da terra e pensou que vivia nele./ Agora, traz tudo o que viu na terra à genitora que o aguarda./ Seu frágil conhecimento é devorado por ela, sob um orvalho.// Pesai sobre ele, pesai, pesai sobre ele com a sonolência da lua./ Só foi um vidro porque ali fitou. Não era nada que lhe pudessem ensinar./ Era uma linguagem que falava porque precisava, porém não conhecia./ Era uma página que encontrara no manual do sofrimento.// Os negros fugatos estão dedilhando o negrume do negro.../ As cordas grossas tartamudeiam as guturais do fecho final./ Ele não se deita lá relembrando o gaio azul, o gaio gaio./ Sua dor é que a mãe virá se alimentar dele, dele e do que ele via,/ Naquela câmara distante, uma rainha barbada, má em sua luz mortiça.
** I. Duas formas se movem entre os mortos, o sumo sono/ Que com sua sumidade os serena, o sumo repouso/ Cujos ombros sustentam até mesmo os céus,// Dois irmãos. E uma terceira forma, aquela que dá/ Adeus na escuridão, ali falando suavemente,/ Àqueles que não podem dar seu próprio adeus.

Aqui se mesclam dois panoramas whitmanianos, o primeiro de "When Lilacs Last in the Dooryard Bloom'd":

> Then with the knowledge of death as walking one side of me,
> And the thought of death close-walking the other side of me,
> And I in the middle as with companions, and as holding the hands of companions,
> I fled forth to the hiding receiving night that talks not,
> Down to the shores of the water, the path by the swamp in the dimness,
> To the solemn shadowy cedars and ghostly pines so still.*

Isso se funde com o trecho de "The Sleepers", em que Walt prefigura seus serviços hospitalares:

> I stand in the dark with drooping eyes by the worst-suffering and the most restless,
> I pass my hands soothingly to and fro a few inches from them,
> The restless sink in their beds, they fitfully sleep.**

Whitman se vê cumprindo a jornada noturna e contempla o aparecimento de "novos seres". Stevens nomeia-os como o sono, a paz e a mãe, mas diz que eles se manifestam apenas a olhos abertos pela necessidade imaginativa:

> These forms are visible to the eye that needs,
> Needs out of the whole necessity of sight.
> The third form speaks, because the ear repeats,

---

* Então com o conhecimento da morte como que andando a um lado meu./ E o pensamento da morte andando bem junto do outro lado meu./ E eu no meio como entre companheiros, e como que segurando as mãos de companheiros./ Corri para a noite protetora e receptiva que não fala,/ Até as margens da água, o caminho pelo pântano na obscuridade./ Até os solenes cedros sombreados e os pinheiros espectrais tão imóveis.

** Posto-me de olhos baixos no escuro ao lado dos inquietos e dos mais sofredores./ Passo minhas mãos em gesto suavizante a poucos centímetros deles;/ Os inquietos se afundam na cama... dormem agitados.

Without a voice, inventions of farewell.
These forms are not abortive figures, rocks,
Impenetrable symbols, motionless. They move

About the night. They live without our light,
In an element not the heaviness of time,
In which reality is prodigy.*

Essa realidade prodigiosa é o estado de existência de um poema: o próprio poema é, ao mesmo tempo, aquele que Stevens está compondo e as elegias whitmanianas que o afetam:

There sleep the brother is the father, too,
And peace is cousin by a hundred names
And she that in the syllable between life

And death cries quickly, in a flash of voice,
Keep you, keep you, I am gone, oh keep you as
My memory, is the mother of us all,

The earthly mother and the mother of
The dead. Only the thought of those dark three
Is dark, thought of the forms of dark desire.**

"*Keep you*" assume aqui o significado de se cuidar ou se proteger. Sua tripla repetição pela mãe, que é memória, equivale às três formas sombrias

---

* Essas formas são visíveis ao olho que precisa,/ Precisa com toda a necessidade de visão./ A terceira forma fala, porque o ouvido repete,// Sem voz, invenções de despedida./ Essas formas não são figuras abortadas, pedras,/ Símbolos impenetráveis, imóveis. Movem-se// Pela noite. Vivem sem nossa luz,/ Num elemento que não o peso do tempo,/ Em que a realidade é prodígio.
** Lá no sono o irmão é o pai, também,/ E o repouso é primo com cem nomes/ E aquela que na sílaba entre vida// E morte grita rápido, num lampejo de voz,/ Cuide-se, cuide-se, estou indo, oh cuide-se como/ Memória minha, é a mãe de todos nós,// A mãe terrena e a mãe/ Dos mortos. Apenas o pensamento daqueles sombrios três/ É sombrio, pensamento das formas do desejo sombrio.

que se movem entre os mortos. Ao dizer que o "pensamento" dessas três formas, sendo desejo, é sombrio, cria-se um contraste com o panorama em que aparecem, o qual cintila na escuridão. Um tributo explícito a Henry Church oferece um interlúdio:

> II
> There came a day, there was a day—one day
> A man walked living among the forms of thought
> To see their lustre truly as it is
>
> And in harmonious prodigy to be,
> A while, conceiving his passage as into a time
> That of itself stood still, perennial,
>
> Less time than place, less place than thought of place
> And, if of substance, a likeness of the earth,
> That by resemblance twanged him through and through,
>
> Releasing an abysmal melody,
> A meeting, an emerging in the light,
> A dazzle of remembrance and of sight.*

O leitor pode começar com "*dazzle*", que toma parcialmente o sentido de seu radical em "*vanish*" [esvanecer], como na estupefação de estar em transe [*daze*], e que agora significa ofuscamento por excesso de luz. Church, estudioso de filosofia diletante, mas muito aplicado, ingressa na luz das formas do pensamento. Retomo um belo fraseio de meu saudoso amigo Archie Ammons: "Cada qual é aceito com o tanto de luz que consegue receber".

---

* II. Veio um dia, houve um dia — um só dia/ Um homem andou vivo entre as formas do pensamento/ Para ver o verdadeiro brilho delas// E para em harmonioso prodígio ficar/ Algum tempo, concebendo sua passagem dentro de um tempo/ Que por si se mantinha imóvel, perene// Menos tempo do que lugar, menos lugar do que ideia de lugar/ E, se com substância, uma aparência de terra/ Que por semelhança ressoou por todo ele,// Soltando uma melodia abissal,/ Um encontro, à luz uma aparição,/ Um deslumbre de lembrança e de visão.

III
There he saw well the foldings in the height
Of sleep, the whiteness folded into less,
Like many robings, as moving masses are,

As a moving mountain is, moving through day
And night, colored from distances, central
Where luminous agitations come to rest,

In an ever-changing, calmest unity,
The unique composure, harshest streakings joined
In a vanishing-vanished violet that wraps round

The giant body the meanings of its folds,
The weaving and the crinkling and the vex,
As on water of an afternoon in the wind

After the wind has passed. Sleep realized
Was the whiteness that is the ultimate intellect,
A diamond jubilance beyond the fire,

That gives its power to the wild-ringed eye.
Then he breathed deeply the deep atmosphere,
Of sleep, the accomplished, the fulfilling air.*

---

* III. Lá ele bem viu as dobras na sumidade/ Do sono, a brancura dobrada ainda menor,/ Como manto dobrado, como são as massas móveis.// Como é uma montanha móvel, movendo-se dia/ E noite, colorida à distância, centro onde/ Agitações luminosas vêm descansar.// Na mais calma unidade, sempre cambiante,/ A serenidade única, as mais fortes estrias se unindo/ Num violeta some-sumindo que envolve todo// O corpo gigante com os sentidos de suas dobras,/ Os entretecidos, os amarfanhados, a agitação,/ Como na água de uma tarde ao vento// Depois de passado o vento. O sono consumado/ Era a brancura que é o intelecto supremo,/ Uma jubilação adamantina para além do fogo.// Que dá seu poder ao vasto olho libertado./ Então respirou fundo a funda atmosfera/ Do sono, o ar de plenitude e realização.

A *estranheza* disso sempre me surpreende. Geralmente, Stevens se distancia do pesar e de outros afetos fortes. Church tinha sido seu amigo mais próximo, mas não íntimo. Algo perturba a usual reserva de Stevens e há um retorno do reprimido, aqui o de seus precursores básicos, Walt Whitman, identificado com o nadador afogado de "The Sleepers" em "o corpo gigante.../ Como na água" [*the giant body.../ As on water*], e Shelley, com "Uma jubilação adamantina para além do fogo" [*A diamond jubilance beyond the fire*], aludindo a "The Witch of Atlas":

> Men scarcely know how beautiful fire is—
>   Each flame of it is as a precious stone
> Dissolved in ever-moving light, and this
>   Belongs to each and all who gaze thereon.*

"A sumidade/ Do sono" nessa visão das coisas últimas não é tanto o "sono da morte" de Hamlet, aproximando-se mais da serenidade lucreciana diante da morte, que Stevens partilha com Shelley e Whitman. Stevens perante os fins é perseguido por imagens de montanhas fluindo e se movendo: "montanhas correndo como água, onda sobre onda" em "The Auroras of Autumn".

"A paz após a morte, irmã do sono" [*Peace after death, the brother of sleep*], abaixo, transporta Stevens ao auge de seu contrassublime demônico:

> IV
> There peace, the godolphin and fellow, estranged, estranged,
> Hewn in their middle as the beam of leaves,
> The prince of shither-shade and tinsel lights,
>
> Stood flourishing the world. The brilliant height
> And hollow of him by its brilliance calmed,
> Its brightness burned the way good solace seethes.

---

* Mal sabem os homens como é belo o fogo —/ Cada chama sua é uma pedra preciosa/ Dissolvida na luz sempre movediça, e/ Pertence a todos os que a contemplam.

This was peace after death, the brother of sleep,
The inhuman brother so much like, so near,
Yet vested in a foreign absolute,

Adorned with cryptic stones and sliding shines,
An immaculate personage in nothingness,
With the whole spirit sparkling in its cloth,

Generations of the imagination piled
In the manner of its stitchings, of its thread,
In the weaving round the wonder of its need,

And the first flowers upon it, an alphabet
By which to spell out holy doom and end,
A bee for the remembering of happiness.

Peace stood with our last blood adorned, last mind,
Damasked in the originals of green,
A thousand begettings of the broken bold.

This is that figure stationed at our end,
Always, in brilliance, fatal, final, formed
Out of our lives to keep us in our death,

To watch us in the summer of Cyclops
Underground, a king as candle by our beds
In a robe that is our glory as he guards.*

---

* IV. Lá o repouso, o corcel e companheiro, distante, distante,/ Lançado ao meio deles como feixe de folhas,/ O príncipe da sombra trêmula e luzes de ouropel,// Postou-se florescendo o mundo. Sua brilhante sumidade/ E vacuidade por esse mesmo brilho abrandadas,/ Seu brilhar queimava como arde o bom consolo./ Era o repouso após a morte, irmão do sono,/ O irmão inumano tão semelhante, tão próximo,/ Embora pertencente a um absoluto estrangeiro,// Adornado com pedras crípticas e centelhas fugidias,/ Personagem imaculado em nada,/ Com todo o espírito cintilando na veste,// Gerações da imaginação acumuladas/ Na variedade dos pespontos, do fio,/ No tecido envolvendo o assombro de sua necessidade,//

Stevens segue a busca de Walter Pater pelo "gume mais fino das palavras", romanceando o étimo, por assim dizer. "*Peace*" originalmente significava "firmar", como numa aliança. Mas, como o repouso após a morte reside apenas em nossas lembranças afetuosas, ele está afastado de qualquer aliança conosco. É como Godolphin Arabian, o grande corcel tão valorizado por nós, apesar de incomum.

Ao evocar o repouso após a morte [*peace after death*], Stevens tem a enorme tarefa de iluminar um estado do ser que nos é incognoscível. Ele recorre a um tipo de figuração muito incisivo, semelhante ao fulgor ardente do tigre de Blake. A ênfase no brilho, numa luz que é mais emitida do que refletida, marca essa visão tal como a terrível simetria de Blake.

A *alteridade* do "repouso após a morte" é ressaltada com um rigor quase inigualável: "pertencente a um absoluto estrangeiro". O recurso ornamental a uma espécie de oximoros ("personagem imaculado no nada") nos dá uma representação quase impossível de se condensar numa imagem simples. Primariamente, a figuração emerge da tradição da elegia poética, de Virgílio à escola de Alexandria e ao Renascimento e, depois, a exemplares românticos — "Gerações da imaginação" [*Generations of the imagination*]. Formam o manto que é *nossa* glória, na medida em que a figura do repouso nos protege montando guarda contra o terrível Ciclope, o malévolo gigante de um só olho que prendeu Ulisses e seus homens numa caverna, a qual aqui se mescla com o Hades onde Perséfone, raptada, deve passar os invernos.

No Canto V inicia-se outro tom, quando a mãe whitmaniana exila as imagens figuradas, e prevalece o sentido simples e direto de uma realidade extraordinária:

V
But she that says good-by losing in self
The sense of self, rosed out of prestiges
Of rose, stood tall in self not symbol, quick

E as primeiras flores nela, um alfabeto/ Para soletrar o sacro destino e o fim,/ Uma abelha para relembrar a felicidade.// Ali o repouso com nosso último sangue ornado, último pensar,/ Adamascado nos tons originais do verde,/ Mil procriações da ousadia rompida.// É ele aquele vulto parado em nosso fim,/ Sempre, rebrilhante, fatal, final, formado/ De nossa vida para nos velar em nossa morte,// Para nos proteger no verão do Ciclope/ Subterrâneo, rei qual uma vela junto a nosso leito/ Numa veste que é nossa glória enquanto monta guarda.

And potent, an influence felt instead of seen.
She spoke with backward gestures of her hand.
She held men closely with discovery,

Almost as speed discovers, in the way
Invisible change discovers what is changed,
In the way what was has ceased to be what is.

It was not her look but a knowledge that she had.
She was a self that knew, an inner thing,
Subtler than look's declaiming, although she moved

With a sad splendor, beyond artifice,
Impassioned by the knowledge that she had,
There on the edges of oblivion.

O exhalation, O fling without a sleeve
And motion outward, reddened and resolved
From sight, in the silence that follows her last word—*

Um si expurgado da autoconsciência, a mãe que é a memória de todos os entes amados mortos, anuncia por meio de gestos nossa libertação pela descoberta. Ela *sabe*: o conhecimento da morte andando num dos lados da tríade, tendo Walt no meio. Sua palavra final profetiza a fênix no poema stevensiano da morte, em que a palmeira no final da mente se ergue em "Of Mere Being" [Sobre o mero ser]:

---

* v. Mas aquela que dá adeus perdendo em si/ O senso de si, brotada de prenúncios/ De rosa, elevava-se em si não símbolo, ágil// E potente, influência não vista, mas sentida./ Falava acenando com a mão para trás./ Unia firmemente os homens com a descoberta,// Quase como a rapidez descobre, tal como/ A mudança invisível descobre o que mudou,/ Tal como o que cessou de ser o que é.// Não era o olhar dela, mas um saber que tinha./ Era um si que sabia, uma coisa interior,/ Mais sutil do que se anuncia, embora se movendo// Com triste esplendor, além do artifício,/ Apaixonada pelo saber que tinha,/ Lá no extremo do esquecimento.// Ó exalação, ó arremesso sem mão/ Ou movimento externo,/ avermelhada e sumida/ De vista, no silêncio que segue sua última palavra —

The palm at the end of the mind,
Beyond the last thought, rises
In the bronze décor,

A gold-feathered bird
Sings in the palm, without human meaning,
Without human feeling, a foreign song.

You know then that it is not the reason
That makes us happy or unhappy.
The bird sings. Its feathers shine.

The palm stands on the edge of space.
The wind moves slowly in the branches.
The bird's fire-fangled feathers dangle down.*

Compare-se a:

O exhalation, O fling without a sleeve
And motion outward, reddened and resolved
From sight, in the silence that follows her last word—**

Difíceis de descrever, essas epifanias estão relacionadas: a visão final de Stevens traz um brilho criado pelo fogo e um movimento descendente. A da mãe-morte é um arremesso de movimento externo, numa resolução do visível. Sua última palavra leva ao descanso do silêncio, mas Stevens se retira e deixa o som do vento e da canção sobre a condição do fogo.

---

* A palmeira no final da mente,/ Além do último pensamento, ergue-se/ No cenário de bronze, // Um pássaro de asas douradas/ Canta na palmeira, sem significado humano,/ Sem sentimento humano, um canto desconhecido.// Então sabemos que não é a razão/ Que nos faz felizes ou infelizes./ O pássaro canta. Suas penas brilham.// A palmeira está no limite do espaço./ O vento move lentamente as folhas./ Abaixam-se as plumas flamejantes do pássaro.
** Ó exalação, ó arremesso sem mão/ Ou movimento externo,/ avermelhada e sumida/ De vista, no silêncio que segue sua última palavra —

"The Owl in the Sarcophagus" conclui com uma súmula no Canto VI:

VI
This is the mythology of modern death
And these, in their mufflings, monsters of elegy,
Of their own marvel made, of pity made,

Compounded and compounded, life by life,
These are death's own supremest images,
The pure perfections of parental space,

The children of a desire that is the will,
Even of death, the beings of the mind
In the light-bound space of the mind, the floreate flare...

It is a child that sings itself to sleep,
The mind, among the creatures that it makes,
The people, those by which it lives and dies.*

"*Monsters*", no segundo verso, se refere a criaturas míticas como a fênix, cujos "sons abafados" [*mufflings*] são aqui trazidos por meio de dobras, paramentos, costuras, adornos. "O fulgor floreado" [*The floreate flare*], a mente poética de Stevens em criação, oferece-nos um de seus momentos mais pungentes, quando o homem de setenta anos volta a ser criança:

It is a child that sings itself to sleep,
The mind, among the creatures that it makes,
The people, those by which it lives and dies.

---

* VI. Esta é a mitologia da morte moderna/ E estes, em seus sons abafados, monstros da elegia,/ De seu próprio assombro feitos, de piedade feitos,// Compostos e compostos, vida por vida,/ Estas são as imagens mais supremas da própria morte,/ As puras perfeições do espaço familiar,// Os filhos de um desejo que é a vontade,/ Mesmo de morte, os seres da mente/ No espaço cercado de luz da mente, o fulgor floreado...// É uma criança que canta a si mesma para dormir,/ A mente, entre as criaturas que cria,/ As pessoas, pelas quais ela vive e morre.

"THE AURORAS OF AUTUMN"

Em meu exemplar de *The Auroras of Autumn*, consta que eu o comprei na livraria da Universidade de Cornell em 11 de setembro de 1950, ano de sua edição. Aos vinte, eu era um leitor veterano de Stevens, mas nem mesmo "Notes Toward a Supreme Fiction" me preparara para o poema-título de *The Auroras* nem para "An Ordinary Evening in New Haven" (embora, como disse antes, eu tivesse ouvido o poeta ler uma versão mais curta do poema em novembro de 1949, em New Haven).

Na época em que comecei a dar aulas sobre Stevens em Yale (1955-6), descobri que estava possuído pelo poema. Tomei-o como tema em meu grupo de discussões em Yale e fiquei contente quando se abriram novas vagas. Como o assunto deste livro é o Demônico ou o Sublime Americano, "The Auroras of Autumn" há de constituir o centro da obra tal como "Song of Myself" e *Moby Dick*.

"The Auroras" é o único poema de crise entre as meditações mais extensas de Stevens, tendo afinidades com "As I Ebb'd with the Ocean of Life" de Whitman e com "Intimations", a ode de Wordsworth. Graças a um estupendo controle retórico, "The Auroras" oculta (por algum tempo) a intensidade de seu labor psíquico. Sem dúvida, a abertura majestosa pode nos enganar quanto ao senso de urgência com que, envelhecendo, o poeta de 68 anos enfrenta as Luzes do Norte:

> This is where the serpent lives, the bodiless.
> His head is air. Beneath his tip at night
> Eyes open and fix on us in every sky.
>
> Or is this another wriggling out of the egg,
> Another image at the end of the cave,
> Another bodiless for the body's slough?
>
> This is where the serpent lives. This is his nest,
> These fields, these hills, these tinted distances,
> And the pines above and along and beside the sea.*

---

* Esta é a moradia da serpente, sem corpo./ Sua cabeça é ar. Sob sua ponta à noite/ Os olhos se abrem e nos fitam em todos os céus.// Ou será outra serpeando para sair do ovo,/ Outra

"Esta/Este é" [*This is*] se torna o refrão do primeiro canto: uma declaração lucreciana sobre como são as coisas. Ao crepúsculo, no final do verão, o poeta contempla o céu vespertino, iluminado pela aurora boreal cintilante, coleando sinuosa, uma grande serpente da transformação. A referência é, em parte, à constelação da Serpente, visível no céu do hemisfério norte durante o outono. Penso, porém, que Stevens tem em mente Shelley ao longo de "The Auroras" — em particular "Mont Blanc" e "Ode to the West Wind", e também *Uma defesa da poesia*.

Visto que publiquei uma leitura bastante completa do poema num alentado volume sobre Stevens (1977), e como não quero simplesmente resumi-la aqui, o que se segue é uma apreciação do poema não mais como um quinquagenário, e sim como um octogenário. Recito amiúde o poema para mim mesmo, mentalmente ou em voz alta, dependendo de estar sozinho ou não. A possessão mnemônica muda nossa relação com um poema, em especial com os poemas mais longos. Surge a sensação de estarmos dentro de "The Auroras of Autumn", de interiorizarmos seu drama em nós.

Continuo a lecionar o poema todos os anos e fico satisfeito com a reação de meus alunos a ele. Com perpétuo frescor, ele é diferente a cada vez que os ouço recitarem e interpretarem. Rigoroso, quase trágico, mesmo assim o poema traz tanta alegria na linguagem e, por fim, tanta exuberância do ser que se torna o que Stevens, em "The Rock" (1954), chama de "o poema como ícone":

> It is not enough to cover the rock with leaves.
> We must be cured of it by a cure of the ground
> Or a cure of ourselves, that is equal to a cure
>
> Of the ground, a cure beyond forgetfulness.
> And yet the leaves, if they broke into bud,
> If they broke into bloom, if they bore fruit,
>
> And if we ate the incipient colorings
> Of their fresh culls might be a cure of the ground.
> The fiction of the leaves is the icon

---

imagem no final da caverna,/ Outra sem corpo para a muda do corpo?// Esta é a moradia da serpente. Este é seu ninho,/ Esses campos, esses montes, essas distâncias coloridas,/ E os pinheiros acima ao longo ao lado do mar.

Of the poem, the figuration of blessedness,
And the icon is the man. The pearled chaplet of spring,
The magnum wreath of summer, time's autumn snood,

Its copy of the sun, these cover the rock.
These leaves are the poem, the icon and the man.
These are a cure of the ground and of ourselves,

In the predicate that there is nothing else.
They bud and bloom and bear their fruit without change.
They are more than leaves that cover the barren rock.

They bud the whitest eye, the pallidest sprout,
New senses in the engenderings of sense,
The desire to be at the end of distances,

The body quickened and the mind in root.
They bloom as a man loves, as he lives in love.
They bear their fruit so that the year is known,

As if its understanding was brown skin,
The honey in its pulp, the final found,
The plenty of the year and of the world.

In this plenty, the poem makes meanings of the rock,
Of such mixed motion and such imagery
That its barrenness becomes a thousand things

And so exists no more. This is the cure
Of leaves and of the ground and of ourselves.
His words are both the icon and the man.*

---

* Não basta cobrir a pedra com folhas./ Precisamos curar-nos dela com uma cura do solo/ Ou uma cura de nós mesmos, o que equivale a uma cura// Do solo, uma cura além do esquecimento./ Mas as folhas, se chegaram a brotar,/ Se chegaram a florir, se deram fruto,// E se

Uma comparação com os coros de *The Rock*, de T.S. Eliot, seria uma injustiça com o ideólogo neocristão, mas esse cotejo com "Burnt Norton" não é injusto:

Other echoes
Inhabit the garden. Shall we follow?
Quick, said the bird, find them, find them,
Round the corner. Through the first gate,
Into our first world, shall we follow
The deception of the thrush? Into our first world,
There they were, dignified, invisible,
Moving without pressure, over the dead leaves,
In the autumn heat, through the vibrant air,
And the bird called, in response to
The unheard music hidden in the shrubbery,
And the unseen eyebeam crossed, for the roses
Had the look of flowers that are looked at.*

---

comemos os coloridos incipientes/ De seus pomos frescos, podem ser uma cura do solo./ A ficção das folhas é o ícone// Do poema, a figuração da aventurança,/ E o ícone é o homem./ A guirlanda perolada da primavera,/ A coroa magna do verão, a fita outonal do tempo,// Sua cópia do sol, todas elas cobrem a pedra./ Essas folhas são o poema, o ícone e o homem./ Estas são uma cura do solo e de nós mesmos,// No predicado de que não há nada mais./ Brotam, florescem e dão fruto sem mudança./ São mais do que folhas que cobrem a pedra estéril.// Brotam o olho mais branco, o rebento mais pálido,/ Novos sentidos nas gestações de sentido,/ O desejo de estar no fim das distâncias,// O corpo acelerado e a mente na raiz./ Eles florem quando o homem ama, quando vive no amor./ Dão fruto e assim se conhece o ano,// Como se seu entendimento fosse pele morena,/ O mel em sua polpa, o final encontrado,/ A abundância do ano e do mundo.// Nessa abundância, o poema cria sentidos da pedra,/ Com tal movimento e tais imagens/ Que sua esterilidade se transforma em mil coisas// E assim deixa de existir. Esta é a cura/ Das folhas, do solo e de nós mesmos./ Suas palavras são o ícone e o homem.

* Outros ecos/ Habitam o jardim. Seguiremos?/ Rápido, disse o pássaro, procura-os, procura-os,/ Virando a curva. Passando o primeiro portão,/ Entrando em nosso primeiro mundo, seguiremos/ A trapaça do tordo? Em nosso primeiro mundo,/ Lá estavam eles, dignificados, invisíveis,/ Movendo-se sem pressa, sobre as folhas mortas,/ No calor de outono, entre o ar vibrante,/ E o pássaro chamou, em resposta/ À música não ouvida oculta na folhagem,/ E passou o lampejo do olhar não visto, pois as rosas/ Pareciam flores que são contempladas.

Essa passagem tem sido muito admirada e possui seus méritos poéticos, embora para mim empalideçam quando postos num contato demasiado próximo com o extraordinário hino de Stevens em louvor ao poema icônico que ele compõe. De uma perspectiva mais distante, daqui a cinquenta anos talvez seja difícil distinguir certas qualidades dos dois poetas. Há um elemento comum a ambos: o ícone americano Walt Whitman, tão profundamente entranhado que não se dão conta dele. A ficção das folhas para nós é de Whitman, bem como a voz do tordo eremita, imagem da solidão que marca a liberdade interior americana: "E o cantor tão tímido aos demais me recebeu" [*And the singer so shy to the rest receiv'd me*].

Em seu canto final, "The Auroras of Autumn" invoca a imagem stevensiana do rabino para nos interpretar o poema:

An unhappy people in a happy world—
Read, rabbi, the phases of this difference.
An unhappy people in an unhappy world—

Here are too many mirrors for misery.
A happy people in an unhappy world—
It cannot be. There's nothing there to roll

On the expressive tongue, the finding fang.
A happy people in a happy world—
Buffo! A ball, an opera, a bar.

Turn back to where we were when we began:
An unhappy people in a happy world.
Now, solemnize the secretive syllables.

Read to the congregation, for today
And for tomorrow, this extremity,
This contrivance of the spectre of the spheres,

Contriving balance to contrive a whole,
The vital, the never-failing genius,
Fulfilling his meditations, great and small.

In these unhappy he meditates a whole,
The full of fortune and the full of fate,
As if he lived all lives, that he might know,

In hall harridan, not hushful paradise,
To a haggling of wind and weather, by these lights
Like a blaze of summer straw, in winter's nick.*

O rabino acerta na primeira vez: "Um povo infeliz num mundo feliz". Isso retoma e conclui uma percepção de "Notes Toward a Supreme Fiction":

From this the poem springs: that we live in a place
That is not our own and, much more, not ourselves
And hard it is in spite of blazoned days.**

Os dias radiantes quase nem são notados, até voltarem à lembrança. Stevens insiste que sua figura da sabedoria leia para nós, a congregação, o poema concluído "The Auroras of Autumn". Como "a proeza/ de um extremista num exercício" [*the accomplishment/ Of an extremist in an exercise*] do velho poeta que "se vira vaziamente na areia" [*turns blankly on the sand*], mesmo assim ele confirma a atuação do demo, pois esse alter ego se identifica plenamente com "o gênio vital, que nunca fraqueja".

---

* Um povo infeliz num mundo feliz —/ Lê, rabino, as fases dessa diferença./ Um povo infeliz num mundo infeliz —// Há aqui espelhos demais para a desgraça./ Um povo feliz num mundo infeliz —/ Isso não pode ser. Não há nada para rolar// Na língua expressiva, no canino sensível./ Um povo feliz num mundo feliz —/ Bufoneria! Um baile, um teatro, um bar.// Volta para onde estávamos ao começar:/ Um povo infeliz num mundo feliz./ Agora, enuncia solene as sílabas secretas.// Lê para a congregação, para hoje/ E para amanhã, esse extremo,/ Essa invenção do espectro das esferas,// Inventando o equilíbrio para inventar um todo,/ O gênio vital, que nunca fraqueja,/ Realizando suas meditações, grandes e pequenas.// Nesse povo infeliz ele medita como um todo,/ O pleno da sorte e o pleno do destino,/ Como se vivesse todas as vidas capaz de conhecer,// Em embruxado solar, não pacífico paraíso,/ A uma refrega de vento e intempérie, junto a essas luzes/ Como um fulgor de palha no verão, em pleno inverno.

** Disso brota o poema: vivemos num lugar/ Que não é nosso e muito menos nós mesmos/ E isso é penoso apesar dos dias radiantes.

À medida que envelhecia, o poeta em Stevens se tornava cada vez mais:

> A figure like Ecclesiast,
> Rugged and luminous, chants in the dark
> A text that is an answer, although obscure.*

Há muitos desses textos demônicos no último Stevens. Compartilho com meus alunos a profunda emoção com "To an Old Philosopher in Rome", uma espécie de pré-elegia a um respeitado ex-professor e amigo espiritual. Composto em 1952 (Santayana morreu um pouco mais tarde, no mesmo ano, aos 88) por Stevens aos 72, três anos antes de sua própria morte, o poema refina a modalidade elegíaca americana que Whitman inventou nas nênias "The Sleepers" e *Detritos marinhos* e depois aperfeiçoou em sua trenodia "Lilacs" para Abraham Lincoln. Os acentos whitmanianos permeiam o poema de Stevens, embora sua hipertrofia demônica seja atenuada pela cautela de Stevens em não ser engolfado por um precursor que parece estar sempre no alvorecer americano.

Num ensaio de 1948, agora disponível em *The Necessary Angel* [O anjo necessário], Stevens escreveu um roteiro de sua homenagem a Santayana:

> A vida da maioria dos homens lhes foi empurrada. A existência de valor estético em vidas que são impostas aos que as vivem é o tipo de coisa improvável. Mas pode haver vidas que existem pela escolha deliberada dos que as vivem. Para dar um único exemplo: pode-se supor que a vida do professor Santayana é uma vida em que a função da imaginação tem uma função similar à sua função em qualquer obra artística ou literária deliberada. Basta pensarmos nessa sua fase atual em que, na velhice, ele habita no topo do mundo, na companhia de mulheres dedicadas, em seu convento, e na companhia de santos familiares, cuja presença tanto contribui para fazer de qualquer convento um refúgio apropriado para um filósofo humano e generoso.

A influência mista de Nietzsche e Walter Pater em Stevens se faz orgulhosamente visível em "The Auroras": a existência deve ser justificada como

---

* Uma figura como Eclesiastes,/ Austera e luminosa, entoa no escuro/ Um texto que é uma resposta, embora obscura.

"valor estético". Santayana, poeta-filósofo, transforma sua longa agonia em poema, cercado por freiras dedicadas e cientes de que estão cuidando de um incréu:

> The bed, the books, the chair, the moving nuns,
> The candle as it evades the sight, these are
> The sources of happiness in the shape of Rome,
> A shape within the ancient circles of shapes,
> And these beneath the shadow of a shape
>
> In a confusion on bed and books, a portent
> On the chair, a moving transparence on the nuns,
> A light on the candle tearing against the wick
> To join a hovering excellence, to escape
> From fire and be part only of that of which
>
> Fire is the symbol: the celestial possible.
> Speak to your pillow as if it was yourself.
> Be orator but with an accurate tongue
> And without eloquence, O, half-asleep,
> Of the pity that is the memorial of this room...*

O envolvimento de Stevens, durante toda sua vida, com "o estudioso de uma vela só" — inspirado por uma imagem emersoniana de *Sociedade e solidão* ("Um estudioso é uma vela que será acesa pelo amor e desejo de todos os homens") — avançará até o final de sua carreira poética. Algo do próprio demo de Stevens, instigado por precursores, mas emanando de sua mais pro-

---

* A cama, os livros, a cadeira, as freiras se movendo,/ A vela que escapa à vista, tais são/ As fontes da felicidade em forma de Roma,/ Uma forma dentro dos antigos círculos de forma,/ E estas sob a sombra de uma forma// Confundida entre cama e livros, um presságio/ Na cadeira, uma transparência movediça nas freiras,/ Uma luz na vela irrompendo do pavio/ Para alcançar uma excelência acima, para escapar/ Ao fogo e ser parte apenas daquilo que tem// Seu símbolo no fogo: o celestial possível./ Fala com teu travesseiro como se ele fosse tu próprio./ Sê orador mas com fala precisa/ E sem eloquência, Ó, semiadormecido,/ Sobre a devoção que é o memorial deste quarto...

funda identidade, libera da repressão o shelleyiano "fogo pelo qual todos anseiam" [fire for which all thirst] ou "o celestial possível", transcendência secular que avança até as grandiosas estrofes finais:

> It is a kind of total grandeur at the end,
> With every visible thing enlarged and yet
> No more than a bed, a chair and moving nuns,
> The immensest theatre, and pillared porch,
> The book and candle in your ambered room,
>
> Total grandeur of a total edifice,
> Chosen by an inquisitor of structures
> For himself. He stops upon this threshold,
> As if the design of all his words takes form
> And frame from thinking and is realized.*

O "investigador de estruturas" [inquisitor of structures], o que se aplica tanto ao próprio Stevens quanto a seu rabino Santayana, se detém "nessa soleira" [this threshold], devolvendo-nos às estrofes iniciais do poema:

> On the threshold of heaven, the figures in the street
> Become the figures of heaven, the majestic movement
> Of men growing small in the distances of space,
> Singing, with smaller and still smaller sound,
> Unintelligible absolution and an end—
>
> The threshold, Rome, and that more merciful Rome
> Beyond, the two alike in the make of the mind.

---

* É uma espécie de total grandeza no fim,/ Com todas as coisas visíveis ampliadas e no entanto/ Não mais do que uma cama, uma cadeira e freiras se movendo,/ O mais imenso teatro, o pórtico de colunas,/ O livro e a vela em teu quarto ambarino.// Total grandeza de um edifício total,/ Escolhido por um investigador de estruturas/ Para si mesmo. Ele para nessa soleira,/ Como se o projeto de todas as suas palavras tomasse/ Quadro e forma do pensamento e se realizasse.

It is as if in a human dignity
Two parallels become one, a perspective, of which
Men are part both in the inch and in the mile.*

Desviando-se do alargamento whitmaniano e passando para um estreitamento da perspectiva, o descrente Stevens canta para o cético Santayana uma "Ininteligível absolvição e um fim" [*Unintelligible absolution and an end*]. O esplendor contido do ritmo é adequado a esses dois inflexíveis estetas, sustentados pelo demonismo incomum de suas comuns posições.

Este é o Stevens sublime que mais amo, falando pela solidão no centro do ser americano. Se isso lhes parecer um repreensível solipsismo, relembrem Wittgenstein em sua modalidade mais schopenhaueriana no *Tractatus*: o que o solipsista *diz* é errado, mas o que ele *quer dizer* é certo. Assim ele abre o caminho de um idealismo equivocado para um realismo positivista lógico.

Essa descoberta adicional do eu é mais whitmaniana do que emersoniana, e para mim vem expressa com máxima beleza em "Chocorua a seu vizinho", poema de Stevens geralmente ignorado. Recordo que defendi seu esplendor estético num debate público com meu saudoso amigo antitético, o colossal Frank Kermode, que o considerava um poema menor.

Chocorua é uma montanha em New Hampshire, onde William James tinha sua casa de verão. Stevens lia e admirava James, o qual talvez tenha reconhecido suas posições pessoais no poema. Apreciador de Whitman, cujos acentos pairam nesses versos, talvez James tenha se comovido tanto quanto eu com a ênfase de Stevens:

To say more than human things with human voice,
That cannot be; to say human things with more
Than human voice, that, also, cannot be;

---

* Na soleira do céu, as figuras na rua/ Se tornam as figuras do céu, o movimento majestoso/ Dos homens diminuindo nas distâncias do espaço,/ Cantando, com som menor e cada vez menor,/ Ininteligível absolvição e um fim —// A soleira, Roma, e aquela mais misericordiosa Roma/ Além, as duas iguais na criação da mente./ É como se numa dignidade humana/ Duas paralelas se tornassem uma só, uma perspectiva, da qual/ Os homens fazem parte na polegada e na milha.

> To speak humanly from the height or from the depth
> Of human things, that is acutest speech.*

O protagonista misterioso dessa visão da montanha é uma "sombra prodigiosa", encarnando a liberdade e um amplo sentido do humano: "Ele não era homem, mas não era nada mais" [*He was not man yet he was nothing else*]. Há uma espécie de êxtase ansioso emanando das duas estrofes finais:

> Last night at the end of night and in the sky,
> The lesser night, the less than morning light,
> Fell on him, high and cold, searching for what
> Was native to him in that height, searching
> The pleasure of his spirit in the cold.
>
> How singular he was as man, how large,
> If nothing more than that, for the moment, large
> In my presence, the companion of presences
> Greater than mine, of his demanding, head
> And, of human realizings, rugged roy...**

Essa grande forma humana é similar à forma humana divina de William Blake, um demo que seria nosso destino se ficássemos sozinhos, mas não podemos. Sou transportado de volta para um poema de crise ambivalente, "Anatomy of Monotony", que Stevens acrescentou à segunda edição de *Harmonium* (1931):

> If from the earth we came, it was an earth
> That bore us as a part of all things

---

* Dizer coisas mais que humanas com voz humana,/ Isso não pode ser; dizer coisas humanas com voz/ Mais do que humana, isso, também, não pode ser;/ Falar humanamente do alto ou do fundo/ Das coisas humanas, esta é a fala mais penetrante.
** Ontem à noite no final da noite e no céu,/ A noite madrugando, antes da luz da manhã,/ Desceu sobre ele, alta e fria, procurando o que/ Nele era inato naquela altura, procurando/ O prazer de seu espírito no frio.// Que homem singular era ele, que grande,/ Pelo menos isso, naquele momento, grande/ Em minha presença, o companheiro de presenças/ Maiores do que a minha, de suas exigências dono/ E das realizações humanas ríspido rei...

It breeds and that was lewder than it is.
Our nature is her nature. Hence it comes,
Since by our nature we grow old, earth grows
The same. We parallel the mother's death.
She walks an autumn ampler than the wind
Cries up for us and colder than the frost
Pricks in our spirits at the summer's end,
And over the bare spaces of our skies
She sees a barer sky that does not bend.*

Tenho lembrança de Eartha Kitt entoando "Monotonous" e mudando a palavra para um elegante "mono-tone-eous". É o que sugere o título do poema em relação à primeira estrofe: a mãe terra idosa e nós, os filhos envelhecendo, vamos morrer juntos nessa habilidosa sequência monocórdica de onze versos. O surpreendente é que o tom se inverte na estrofe restante:

The body walks forth naked in the sun
And, out of tenderness or grief, the sun
Gives comfort, so that other bodies come,
Twinning our phantasy and our device,
And apt in versatile motion, touch and sound
To make the body covetous in desire
Of the still finer, more implacable chords.
So be it. Yet the spaciousness and light
In which the body walks and is deceived,
Falls from that fatal and that barer sky,
And this the spirit sees and is aggrieved.**

---

* Se da terra viemos, era uma terra/ Que nos continha como parte de todas as coisas/ Que alimenta e que era mais lasciva do que ela./ Nossa natureza é sua natureza. Daí deriva,/ Visto que por nossa natureza envelhecemos, que a terra/ Envelhece também. Somos paralelos à morte da mãe./ Mais ampla do que o vento percorre o outono,/ Chama por nós e mais fria do que a geada/ Aguilhoa nosso espírito no final do verão,/ E sobre os espaços nus de nossos céus/ Ela vê um céu mais nu que não se arqueia.

** O corpo avança nu ao sol/ E, por ternura ou pesar, o sol/ Oferece conforto, e assim vêm outros corpos,/ Entrelaçando nossa fantasia e nosso engenho,/ E hábil no movimento, no

A pungência disso se gravou indelével em minha memória setenta anos atrás, quando eu era um garoto de treze anos, assombrado pela poesia, andando pelo East Bronx judeu de 1943. Ouço-me murmurando involuntariamente esses versos nos momentos inquietos entre o sono e a vigília.

Ensino o poema a cada primavera e vejo que os estudantes sentem fascínio pela segunda estrofe e aversão pela primeira. Stevens estava no começo de seus cinquenta anos, mas aquele "Que seja, então" [So be it] era para ele, naquela idade, o que é para mim com trinta anos a mais. Nenhum de meus estudantes aceita, e nem deveria mesmo aceitar, esse "que seja, então". O tom monocórdico da repetição lhes traz "cordas ainda mais finas, mais implacáveis". Se isso é ilusão, recebem-na bem, visto que para eles o "céu mais nu" pode e deve ser adiado.

Chego quase às lágrimas com "O corpo avança nu ao sol/ E, por ternura ou pesar, o sol/ Oferece conforto" [The body walks forth naked in the sun/ And, out of tenderness or grief, the sun/ Gives comfort]. Stevens, como D. H. Lawrence, quando é incitado pelo sol, escreve sempre de maneira soberba, nisso também seguindo Whitman. Sua obra é, do começo ao fim, uma litania solar.

Inicia-se em *Harmonium* (1923) com "Sunday Morning", no hino-dança nietzschiano de "devoção ao sol,/ Não como deus, mas como um deus poderia ser" [devotion to the sun,/ Not as a god, but as a god might be]. Com *Ideas of Order* (1934), o sol se torna uma censura a uma imaginação que se tornou recalcitrante, como em "The Sun This March":

> The exceeding brightness of this early sun
> Makes me conceive how dark I have become,
>
> And re-illumines things that used to turn
> To gold in broadest blue, and be a part
>
> Of a turning spirit in an earlier self.
> That, too, returns from out the winter's air,

---

toque e no som/ Para deixar o corpo cobiçoso de desejo/ Das cordas ainda mais finas, mais implacáveis./ Que seja, então. Mas a amplidão e a luz/ Em que o corpo anda e é iludido,/ Caem daquele céu fatal e ainda mais nu/ E isso o espírito vê e fica magoado.

Like an hallucination come to daze
The corner of the eye. Our element,

Cold is our element and winter's air
Brings voices as of lions coming down.

Oh! Rabbi, rabbi, fend my soul for me
And true savant of this dark nature be.*

   Os leões representam a poesia como força destrutiva, enquanto a memorável copla final é o autêntico grito do ser humano angustiado: Stevens aos 52 anos, que voltou a escrever em 1931, após sete anos de silêncio involuntário.
   "Evening Without Angels", apenas um passo mais adiante, insiste "Que fique claro que somos homens do sol" [Let this be clear that we are men of sun] e avança para uma ambiciosa afirmação:

... Evening, when the measure skips a beat
And then another, one by one, and all
To a seething minor swiftly modulate.
Bare night is best. Bare earth is best. Bare, bare,
Except for our own houses, huddled low
Beneath the arches and their spangled air,
Beneath the rhapsodies of fire and fire,
Where the voice that is in us makes a true response,
Where the voice that is great within us rises up,
As we stand gazing at the rounded moon.**

---

* O extremo brilho desse sol matinal/ Me faz entender quão sombrio fiquei,// E reilumina coisas que costumavam virar/ Ouro no mais amplo azul e se tornar parte// De um espírito voltando a um eu anterior./ Isso, também, retorna do ar invernal,// Como uma alucinação que vem ofuscar,/ O canto dos olhos. Nosso elemento,// O frio é nosso elemento e o ar invernal/ Traz vozes como leões descendo.// Oh! Rabino, rabino, protege minha alma por mim/ E sê verdadeiro sábio dessa natureza sombria.

** ... Entardecer, quando o ritmo salta um compasso/ E depois outro, um a um, e todos/ Logo se modulam num tom menor agitado./ Noite nua é o melhor. Terra nua é o melhor. Nua, nua,/ Exceto por nossas casas, apinhadas/ Sob as abóbadas e o ar cravejado,/ Sob as

Sem o sol, a voz demônica de Stevens não se ergueria, como faz em sua grande epifania de Walt Whitman, fundida com o sol num poente de outono. Em tributo a Walt, o demo americano, Stevens segue deliberadamente a modalidade whitmaniana:

> Sigh for me, night-wind, in the noisy leaves of the oak.
> I am tired. Sleep for me, heaven over the hill.
> Shout for me, loudly and loudly, joyful sun, when you rise.*

Convivam com a poesia de Stevens por algum tempo e terão a sensação de que moram dentro de determinados poemas. Às vezes, quando tenho a sorte de conseguir dormir às seis da manhã, pego-me recitando "The Latest Freed Man" em triste e total identificação com ele:

> Tired of the old descriptions of the world,
> The latest freed man rose at six and sat
> On the edge of his bed. He said,
>   "I suppose there is
> A doctrine to this landscape. Yet, having just
> Escaped from the truth, the morning is color and mist,
> Which is enough: the moment's rain and sea,
> The moment's sun (the strong man vaguely seen),
> Overtaking the doctrine of this landscape. Of him
> And of his works, I am sure. He bathes in the mist
> Like a man without a doctrine. The light he gives—
> It is how he gives his light. It is how he shines,
> Rising upon the doctors in their beds
> And on their beds..."
>   And so the freed man said.
> It was how the sun came shining into his room:

---

rapsódias de fogo e fogo,/ Onde a voz que há em nós responde autêntica,/ Onde a voz que é grande dentro de nós se levanta,/ Enquanto parados fitamos a lua redonda.

* Suspira por mim, vento noturno, nas rumorosas folhas do carvalho./ Estou cansado. Dorme por mim, céu sobre a colina,/ Grita por mim, alto, muito alto, jubiloso sol, quando nascer.

> To be without a description of to be,
> For a moment on rising, at the edge of the bed, to be,
> To have the ant of the self changed to an ox
> With its organic boomings, to be changed
> From a doctor into an ox, before standing up,
> To know that the change and that the ox-like struggle
> Come from the strength that is the strength of the sun,
> Whether it comes directly or from the sun.
> It was how he was free. It was how his freedom came.*

O encanto desse infeliz autorretrato se baseia numa ironia protetora e redentora que modera a afirmação pessoal sem a negar. Escapando à verdade, qualquer que seja, Stevens contempla o sol do momento em sua hora favorita do dia, a luz logo antes que o sol se erga no horizonte, "a difícil correção do dia seminascido" [*the difficult rightness of half-risen day*], como diz em seu poema "The Rock".

Assombrado em "The Latest Freed Man", como em outras partes, pelo "deixa estar" [*let it be*] de Hamlet, Stevens se deleita numa momentânea liberdade transcendentalista: "...para ser,/ Ter a formiga do ser transformada em boi/ ...vêm da força que é a força do sol" [*...to be,/ To have the ant of the self changed to an ox /...*]. Whitman paira nas proximidades, retido por uma ironia gentil.

"Que espírito tenho, senão o que vem do sol?" [*What spirit have I except it comes from the sun?*] pode ser considerada a assinatura stevensiana de to-

---

* Cansado das velhas descrições do mundo,/ O último homem libertado acordou às seis e sentou/ Na beirada da cama. Ele disse:/ "Imagino que exista/ Uma doutrina para essa paisagem. Mas, acabando de/ Escapar à verdade, a manhã é cor e névoa,/ O que basta: a chuva e mar do momento,/ O sol do momento (o homem forte visto vagamente),/ Ultrapassando a doutrina dessa paisagem. Dele/ E de suas obras tenho certeza. Banha-se na névoa/ Como um homem sem doutrina. A luz que ele dá —/ É como ele dá sua luz. É como ele brilha,/ Erguendo-se sobre os médicos em seus leitos/ E sobre seus leitos..."/ E assim falou o homem libertado./ Foi assim que o sol entrou brilhando em seu quarto:/ Ser sem uma descrição do ser,/ Por um momento erguendo-se, na beirada da cama, para ser,/ Ter a formiga do ser transformada em boi/ Com suas saliências orgânicas, para ser transformado/ De médico em boi, antes de se levantar,/ Saber que a mudança e que a luta como que bovina/ Vêm da força que é a força do sol,/ Quer venha diretamente ou do sol./ Era assim que ele era livre. Foi assim que sua liberdade veio.

das as coisas. Eu mantinha relações amistosas com o finado Wystan Auden, mas desistimos de conversar sobre poesia. Shelley, Whitman e Stevens eram estética e espiritualmente inaceitáveis para ele, e nossa estima por Thomas Hardy não fazia muita diferença. Ele se negava a ver as nuances sutis com que eles matizavam seus efeitos mais admiráveis. Cito isso porque até mesmo um poeta tão sensível e dotado como Auden era cego a figuras demasiado distantes de suas preocupações. Com isso, aprendi ao longo dos anos a desconfiar de minhas próprias hesitações iniciais perante grandes poetas — em particular, Alexander Pope e Lord Byron.

QUATRO QUARTETOS

Comparar Wallace Stevens e Thomas Stearns Eliot é uma tarefa delicada, porém necessária num amplo estudo do demonismo literário americano. A única coisa que esses dois grandes poetas educados em Harvard tinham em comum era a relação problemática com precursores difíceis: Shelley, Tennyson, Swinburne, Whitman. Não me lembro de nenhum comentário de Eliot sobre a poesia de Stevens, embora tenha se tornado seu editor na Inglaterra. Além da polêmica antieliotiana que Stevens manteve ao longo de sua produção poética, há também vários comentários bastante impacientes espalhados entre cartas e conversas suas.

O que dividia fundamentalmente os dois poetas era espiritual: Eliot queria acreditar na encarnação, enquanto Stevens procurava algum último resquício de nobreza pessoal, de possível sabedoria, como no maravilhoso poema de 1949, "Things of August", Canto V:

We'll give the week-end to wisdom, to Weisheit, the rabbi,
Lucidity of his city, joy of his nation,
The state of circumstance.

The thinker as reader reads what has been written.
He wears the words he reads to look upon
Within his being,

A crown within him of crispest diamonds,
A reddened garment falling to his feet,
A hand of light to turn the page,

A finger with a ring to guide his eye
From line to line, as we lie on the grass and listen
To that which has no speech,

The voluble intentions of the symbols,
The ghostly celebrations of the picnic,
The secretions of insight.*

É um universo totalmente distante de *The Rock*, de Eliot:

Why should men love the Church? Why should they love her laws?
She tells them of Life and Death, and of all that they would forget.
She is tender where they would be hard, and hard where they would like
    to be soft.
She tells them of Evil and Sin, and other unpleasant facts.
They constantly try to escape
From the darkness outside and within
By dreaming of systems so perfect that no one will need to be good.
But the man that is will shadow
The man that pretends to be.
And the Son of Man was not crucified once for all,
The blood of the martyrs not shed once for all,
The lives of the Saints not given once for all:
But the Son of Man is crucified always

---

* Concederemos o final de semana à sabedoria, a Weisheit, o rabino,/ Lucidez de sua cidade, alegria de sua nação,/ O estado de circunstância.// O pensador como leitor lê o que foi escrito./ Usa as palavras que lê para observar/ Dentro de seu ser.// Uma coroa dentro dele dos mais claros diamantes,/ Um traje avermelhando caindo até os pés,/ Uma mão de luz para virar a página.// Um dedo com anel para guiar os olhos/ De linha a linha, tal como deitamos na relva e ouvimos/ Aquilo que não tem fala.// As intenções loquazes dos símbolos,/ As celebrações espectrais do piquenique,/ As secreções da percepção interior.

And there shall be Martyrs and Saints.
And if blood of Martyrs is to flow on the steps
We must first build the steps;
And if the Temple is to be cast down
We must first build the Temple.*

    Quando eu era mais jovem, essa diferença entre Stevens e Eliot me parecia uma questão de gosto e de temperamento. Na velhice, torna-se uma questão do tempo restante, visto que agora leciono, leio e escrevo numa corrida contra o relógio. Será apenas meu preconceito pessoal que não vê absolutamente nenhum valor estético na poesia devocional de T.S. Eliot?
    Seria mais justo fazer uma comparação entre *A terra desolada* (1922) e *Harmonium* (1923), pois assim Eliot aparece em sua plena força poética em contraste com a obra inicial de Stevens. Em vez de invocar Stevens em seu auge naquela coletânea ("The Snow Man", "Tea at the Palaz of Hoon", "To the One of Fictive Music"), escolhi seu primeiro poema longo, "The Comedian as the Letter C", um tanto escandaloso, uma paródia dos poemas de busca que, em última análise, deriva de "Alastor", do jovem Shelley, cujo título significa "o demo vingador". Nele, um jovem poeta é perseguido até uma morte por dissipação, incapaz de se libertar da "inevitável sombra de si mesmo" [*the unavoidable shadow of himself*].
    "The Comedian", representação verdadeiramente desenfreada, ajudou a encerrar a poesia de Stevens por quase sete anos (1924-31) e é ao mesmo tempo assustador e vigoroso. Reescrito ao longo de 1922, é um equivalente a *A terra desolada*, refletindo uma crise pessoal e poética. Partidário de Stevens

---

* Por que amariam os homens a Igreja? Por que amariam suas leis?/ Ela lhes fala da Vida e da Morte, e de tudo o que esquecem./ É terna onde são duros, e dura onde gostam de ser brandos./ Fala-lhes do Mal e do Pecado e de outros fatos desagradáveis./ Eles tentam escapar constantemente/ Da escuridão de fora e de dentro/ Sonhando com sistemas tão perfeitos que ninguém precisará ser bom./ Mas o homem que é sombreará/ O homem que pretende ser./ E o Filho do Homem não será crucificado de uma vez por todas,/ O sangue dos mártires não será derramado de uma vez por todas,/ As vidas dos Santos não serão dadas de uma vez por todas:/ Mas o Filho do Homem está sendo sempre crucificado/ E haverá Mártires e haverá Santos./ E se o sangue dos Mártires deve escorrer pelos degraus/ Primeiro precisamos construir os degraus;/ E se o Templo deve ser derrubado,/ Primeiro precisamos construir o Templo.

e sem apreço por Eliot, apresento aqui os dois poemas juntos como exemplos do Sublime Demônico Americano. Como esta é a modalidade de nosso bardo nacional, intercalo passagens ancestrais de Whitman com excertos de *A terra desolada* e "The Comedian":

In the swamp in secluded recesses,
A shy and hidden bird is warbling a song.

Solitary the thrush,
The hermit withdrawn to himself, avoiding the settlements,
Sings by himself a song. [...]

Then with the knowledge of death as walking one side of me,
And the thought of death close-walking the other side of me,
And I in the middle as with companions, and as holding the hands of
    companions,
I fled forth to the hiding receiving night that talks not,
Down to the shores of the water, the path by the swamp in the dimness,
To the solemn shadowy cedars and ghostly pines so still.*
                        — When Lilacs Last in the Dooryard Bloom'd

If there were the sound of water only
Not the cicada
And dry grass singing
But sound of water over a rock
Where the hermit-thrush sings in the pine trees
Drip drop drip drop drop drop drop
But there is no water

---

* No pântano em recessos isolados,/ Um pássaro tímido e escondido gorjeia uma canção.// Solitário o tordo,/ O eremita retirado consigo mesmo, evitando os povoados,/ Canta por si mesmo uma canção. [...]// Então com o conhecimento da morte como que andando a um lado meu,/ E o pensamento da morte andando bem junto do outro lado meu,/ E eu no meio como entre companheiros, e como que segurando as mãos de companheiros,/ Corri para a noite protetora e receptiva que não fala,/ Até as margens da água, o caminho pelo pântano na obscuridade,/ Até os solenes cedros sombreados e os pinheiros espectrais tão imóveis.

Who is the third who walks always beside you?
When I count, there are only you and I together
But when I look ahead up the white road
There is always another one walking beside you
Gliding wrapt in a brown mantle, hooded
I do not know whether a man or a woman
— But who is that on the other side of you?*
 — The Waste Land

Out of the cradle endlessly rocking,
Out of the mocking-bird's throat, the musical shuttle,
Out of the Ninth-month midnight,
Over the sterile sands and the fields beyond, where the child leaving his bed wander'd alone, bareheaded, barefoot,
Down from the shower'd halo,
Up from the mystic play of shadows twining and twisting as if they were alive,
Out from the patches of briers and blackberries,
From the memories of the bird that chanted to me,
From your memories sad brother, from the fitful risings and fallings I heard,
From under that yellow half-moon late-risen and swollen as if with tears,
From those beginning notes of yearning and love there in the mist,
From the thousand responses of my heart never to cease,
From the myriad thence-arous'd words,
From the word stronger and more delicious than any,
From such as now they start the scene revisiting,
As a flock, twittering, rising, or overhead passing,
Borne hither, ere all eludes me, hurriedly,

---

* Se apenas houvesse o som da água/ Não a cigarra/ E a relva seca cantando/ Mas som de água numa pedra/ Onde o tordo eremita canta nos pinheiros/ Plim ping plim ping ping ping ping ping/ Mas não há água// Quem é o terceiro que anda sempre a teu lado?/ Quando conto, somos apenas você e eu juntos/ Mas quando olho adiante a estrada branca/ Sempre há outro andando a teu lado/ Deslizando envolto num manto castanho, encapuzado/ Não sei se homem ou mulher/ — Mas quem é este a teu outro lado?

A man, yet by these tears a little boy again,
Throwing myself on the sand, confronting the waves,
I, chanter of pains and joys, uniter of here and hereafter,
Taking all hints to use them, but swiftly leaping beyond them,
A reminiscence sing. [...]

Which I do not forget,
But fuse the song of my dusky demon and brother,
That he sang to me in the moonlight on Paumanok's gray beach,
With the thousand responsive songs at random,
My own songs awaked from that hour,
And with them the key, the word up from the waves,
The word of the sweetest song and all songs,
That strong and delicious word which, creeping to my feet,
(Or like some old crone rocking the cradle, swathed in sweet gorments, bending aside)
The sea whisper'd me.*

— Out of the Cradle Endlessy Rocking

---

* Do berço se embalando sem cessar,/ Da garganta do tordo-imitador, a lançadeira musical,/ Da meia-noite do nono mês,/ Sobre as areias estéreis e os campos além, por onde o menino deixando a cama andava sozinho, cabeça nua, pés nus,/ Descendo da auréola difusa,/ Subindo do jogo místico de sombras se juntando e trançando como se vivas fossem,/ Dos trechos de urzes brancas e amoras-pretas,/ Das memórias do pássaro que cantava para mim,/ De tuas memórias, pobre irmão, dos espasmos subindo e descendo que ouvi,/ Sob aquela meia lua amarela tardia e como que inchada de lágrimas,/ Daquelas notas iniciais de desejo e amor lá entre a névoa,/ Das mil respostas incessantes de meu coração,/ Da miríade de palavras desde então surgidas,/ Da palavra mais forte e deliciosa de todas,/ De um momento como agora começam a revisitar a cena,/ Como um bando, trinando, subindo ou por sobre a cabeça passando,/ Acercando-se, antes que tudo escape a mim, às pressas,/ Um homem, mas, por essas lágrimas, outra vez menino,/ Atirando-me na areia, enfrentando as ondas,/ Eu, cantor de dores e alegrias, unificador do aqui e do futuro,/ Aceitando todas as sugestões, mas rápido saltando além delas,/ Uma reminiscência canto. [...] // As quais não esqueço,/ Mas uno a canção de meu irmão e demo sombrio,/ Que me cantou ao luar na praia cinzenta de Paumanok,/ Às mil canções em resposta, ao acaso,/ Minhas próprias canções, desde então despertas,/ E com elas a chave, a palavra se erguendo das ondas,/ A palavra da mais doce canção e de todas as canções,/ Aquela palavra forte e deliciosa que, chegando a meus pés,/ (ou como uma velha embalando o berço, envolta em roupa macia, inclinada ao lado)/ O mar sussurrou a mim.

... A wordy, watery age
That whispered to the sun's compassion, made
A convocation, nightly, of the sea-stars,
And on the clopping foot-ways of the moon
Lay grovelling. Triton incomplicate with that
Which made him Triton, nothing left of him,
Except in faint, memorial gesturings,
That were like arms and shoulders in the waves,
Here, something in the rise and fall of wind
That seemed hallucinating horn, and here,
A sunken voice, both of remembering
And of forgetfulness, in alternate strain. [...]

He was a man made vivid by the sea,
A man come out of luminous traversing,
Much trumpeted, made desperately clear,
Fresh from discoveries of tidal skies,
To whom oracular rockings gave no rest.
Into a savage color he went on.*
— The Comedian as the Letter C

Visivelmente, "When Lilacs Last in the Dooryard Bloom'd" está para *A terra desolada* assim como "Out of the Cradle Endlessly Rocking" está para "The Comedian as the Letter C". O pai materno, a mãe paterna, é o Walt elegíaco chamando seus náufragos do pântano e do mar. O aristocrático Eliot e o elegante Stevens formam uma excêntrica progênie que o carpinteiro-

---

* ... Uma era aquosa e verbosa/ Que sussurrava à compaixão do sol, fazia/ Uma convocação, noturna, das estrelas do mar,/ E pelas trilhas batidas da lua/ Se arrastava. Tritão despreocupado com/ O que o fez Tritão, nada dele restando,/ Exceto em frágeis gestos memoriais,/ Que eram como braços e ombros nas ondas,/ Aqui, algo no sobe-e-desce do vento/ Que parecia uma trompa alucinada, e aqui,/ Uma voz afogada, de lembrança/ E de esquecimento, num refrão alternado... [...]// Era um homem reanimado pelo mar,/ Um homem saído de luminosa travessia,/ Muito alardeado, feito de desesperada clareza,/ Chegando de descobertas de marés celestes,/ A quem os embalos oraculares não davam descanso./ Num colorido selvagem ele avançou.

-jornalista quacre teve de alimentar, e não admira que, meio século atrás, críticos ilustres como Tate, Blackmur, Kermode e Trilling resistissem a minhas genealogias. Agora, na segunda década do século XXI, a percepção dessa descendência já se tornou corriqueira. Todavia, aqui minha preocupação é a *diferença* entre Eliot e Stevens na absorção de Whitman.

Será excessivo dizer que Walt é um dos disfarces do demo de Eliot e Stevens? Creio que não. Shelley também desempenha um papel para os três: o homem em sua fadada busca em "Alastor" e "The Triumph of Life" (fundamental para Eliot em "Little Gidding"), o elegíaco de "Adonais", o profeta do vento, da onda e das folhas na "Ode to the West Wind". Eliot, em declarações posteriores, saúda Shelley como o poeta de língua inglesa que melhor captura os acentos de Dante e também elogia Whitman como fusão perfeita entre forma e conteúdo, enquanto a ficção das folhas de Stevens reúne Shelley e Whitman.

O longo poema vivaz de Stevens, "The Man with the Blue Guitar", também tem suas afinidades com Shelley e Whitman, mas passo para um último contraste em grande escala entre Eliot e Stevens, contrapondo *Quatro quartetos* a certos aspectos de "The Blue Guitar", "Notes Toward a Supreme Fiction" e alguns trabalhos em *Parts of a World* (Partes de um mundo).

Os *Quartetos* (1943) foram compostos enquanto Stevens publicava "The Blue Guitar" (1937), *Parts of a World* (1942) e "Notes Toward a Supreme Fiction" (1942). *Parts of a World* traz, entre meus favoritos, "The Poems of Our Climate", "Mrs. Alfred Uruguay" e "Extracts from Addresses to the Academy of Fine Ideas".

Os *Quartetos*, como todo o Eliot desde "Ash Wednesday" (1930), concentram-se no postulado de que a encarnação é um fato. Corpo e espírito podem colidir, mas o objetivo é a Palavra. Stevens, "um presbiteriano ressequido", segundo ele mesmo dizia, dificilmente poderia estar mais distante do cosmo teocêntrico de Eliot.

Começo com passagens pertinentes de "Burnt Norton" de Eliot e "The Man with the Blue Guitar" de Stevens:

> Descend lower, descend only
> Into the world of perpetual solitude,
> World not world, but that which is not world,

Internal darkness, deprivation
And destitution of all property,
Desiccation of the world of sense,
Evacuation of the world of fancy,
Inoperancy of the world of spirit;
This is the one way, and the other
Is the same, not in movement
But abstention from movement; while the world moves
In appetency, on its metalled ways
Of time past and time future.*

— Burnt Norton

Do not speak to us of the greatness of poetry,
Of the torches wisping in the underground,

Of the structure of vaults upon a point of light.
There are no shadows in our sun,

Day is desire and night is sleep.
There are no shadows anywhere.

The earth, for us, is flat and bare.
There are no shadows. Poetry

Exceeding music must take the place
Of empty heaven and its hymns,

Ourselves in poetry must take their place,
Even in the chattering of your guitar. [...]

---

* Desce mais, desce apenas/ Ao mundo da perpétua solidão,/ Mundo não mundo, mas aquele que não é mundo,/ Escuridão interior, privação/ E destituição de qualquer propriedade,/ Dessecação do mundo da sensação,/ Evacuação do mundo da imaginação,/ Inoperância do mundo do espírito;/ Este é o único caminho, e o outro/ É o mesmo, não em movimento/ Mas abstenção do movimento; enquanto o mundo se move/ Em apetência, em seus caminhos metálicos/ Do tempo passado e do tempo futuro.

> Throw away the lights, the definitions,
> And say of what you see in the dark
>
> That it is this or that it is that,
> But do not use the rotted names.
>
> How should you walk in that space and know
> Nothing of the madness of space,
>
> Nothing of its jocular procreations?
> Throw the lights away. Nothing must stand
>
> Between you and the shapes you take
> When the crust of shape has been destroyed.
>
> You as you are? You are yourself.
> The blue guitar surprises you.*
>   — The Man With the Blue Guitar

Fiz experiências com essa comparação usando de toda a imparcialidade, às vezes em grupos de debate com estudantes de teologia de Yale. Talvez existam críticos da mesma crença de Eliot e que o prefiram aqui nessa comparação por razões exclusivamente estéticas, mas nunca topei com nenhum estudante que o fizesse. Para Stevens, "os nomes apodrecidos" certamente incluem a palavra encarnada, e os hinos celestiais estão vazios. Se vocês fossem um San Juan de la Cruz ou um Mestre Eckhart, não faltaria dignidade à

---

* Não nos fales da grandeza da poesia,/ Das tochas bruxuleando no subterrâneo,// Da estrutura das arcadas num ponto de luz./ Não há sombras em nosso sol,// Dia é desejo e noite é sono./ Não há sombras em lugar nenhum.// A terra, para nós, é plana e nua./ Não há sombras. A poesia// Superando a música deve tomar o lugar/ Do céu vazio e seus hinos,// Nós na poesia tomaremos o lugar deles,/ Mesmo no dedilhar de teu violão. [...]// Lança fora as luzes, as definições,/ E do que vês no escuro dize// Que é isso ou que é aquilo,/ Mas não uses os nomes apodrecidos.// Como andarias naquele espaço e nada/ Saberias da loucura do espaço,// Nada de suas cômicas procriações?/ Lança fora as luzes. Nada deve restar// Entre ti e as formas que assumes/ Depois de destruída a casca da forma.// Tu, tal como és? Tu és tu mesmo./ O violão azul te surpreende.

escuridão interior, à privação e à destituição, porém estará Eliot no nível de Eckhart?

"East Coker" de Eliot é mais marcante, mas talvez também sofra num cotejo muito próximo com "The Poems of Our Climate" e "Mrs. Alfred Uruguay".

> I said to my soul, be still, and let the dark come upon you
> Which shall be the darkness of God. As, in a theatre,
> The lights are extinguished, for the scene to be changed
> With a hollow rumble of wings, with a movement of darkness on darkness,
> And we know that the hills and the trees, the distant panorama
> And the bold imposing façade are all being rolled away—
> Or as, when an underground train, in the tube, stops too long between
>   stations
> And the conversation rises and slowly fades into silence
> And you see behind every face the mental emptiness deepen
> Leaving only the growing terror of nothing to think about;
> Or when, under ether, the mind is conscious but conscious of nothing—
> I said to my soul, be still, and wait without hope
> For hope would be hope for the wrong thing; wait without love
> For love would be love of the wrong thing; there is yet faith
> But the faith and the love and the hope are all in the waiting.
> Wait without thought, for you are not ready for thought:
> So the darkness shall be the light, and the stillness the dancing.*
>
>   — East Coker

---

* Eu disse à minha alma, fica imóvel e deixa o escuro baixar sobre ti/ O qual será a escuridão de Deus. Como, num teatro,/ As luzes se apagam, para que o cenário seja trocado/ Com um ressoar vazio de asas, com um movimento de escuridão sobre escuridão,/ E sabemos que os montes e as árvores, o panorama distante/ E a imponente fachada estão, todos, sendo removidos —/ Ou como, quando um trem subterrâneo, no metrô, fica tempo demais parado entre as estações/ E as conversas aumentam e devagar se apagam no silêncio/ E vês por trás de cada rosto o vazio mental se aprofundar/ Deixando apenas o terror crescente de não ter nada em que pensar;/ Ou quando, sob o éter, a mente está consciente, mas consciente de nada —/ Eu disse à minha alma, fica imóvel e aguarda sem esperança/ Pois esperança seria esperança pela coisa errada; aguarda sem amor/ Pois amor seria amor pela coisa errada; há porém fé/ Mas a fé e o amor e a esperança estão todas no aguardo./ Espera sem pensamento, pois não está pronta para o pensamento:/ Assim a escuridão será a luz e a imobilidade será a dança.

> There would still remain the never-resting mind,
> So that one would want to escape, come back
> To what had been so long composed.
> The imperfect is our paradise.
> Note that, in this bitterness, delight,
> Since the imperfect is so hot in us,
> Lies in flawed words and stubborn sounds.*
> — The Poems of Our Climate

"A escuridão de Deus" é uma figura perigosa de se utilizar, a menos que venha respaldada por algo mais que a doutrina. "Aguarda sem pensamento, pois não estás pronto para o pensamento" [*Wait without thought, for you are not ready for thought*] nos assusta ao lado de "Ainda restaria a mente nunca em descanso" [*There would still remain the never-resting mind*] de Stevens. Note-se que "*never-resting*" é diferente de "*restless*" [inquieta], e que os que aguardam sem pensamento, mesmo por iluminação devocional, estão realmente sujeitos a ficar inquietos. Aqui, a escolha entre Eliot e Stevens é talvez uma questão de temperamento.

Quatro quartetos de fato ganha mais vigor em "The Dry Salvages" e sobretudo em "Little Gidding", o melhor poema de Eliot, a meu juízo (embora eu goste mesmo é de "The Hippopotamus"). Em "The Dry Salvages", o poeta retorna a suas origens em Massachusetts e no Missouri e saúda o Mississippi, mais à maneira de Hart Crane em "The River", de *A ponte*, do que no espírito de *Huckleberry Finn*. Apresento uma passagem grandiosa descrevendo um farol na costa de Cape Ann (uma cena da infância de Eliot), acompanhada pelo polêmico e antieliotiano "Extracts from Addresses to the Academy of Fine Ideas", de Stevens.

> The sea howl
> And the sea yelp, are different voices
> Often together heard; the whine in the rigging,
> The menace and caress of wave that breaks on water,

---

* Ainda restaria a mente nunca em descanso,/ E assim se desejaria escapar, voltar/ Ao que fora composto muito tempo atrás./ O imperfeito é nosso paraíso./ Note-se que, nesse amargor, o prazer,/ Visto que o imperfeito tanto arde em nós,/ Reside em palavras falhas e sons teimosos.

The distant rote in the granite teeth,
And the wailing warning form the approaching headland
Are all sea voices, and the heaving groaner
Rounded homewards, and the seagull:
And under the oppression of the silent fog
The tolling bell
Measures time not our time, rung by the unhurried
Ground swell, a time
Older than the time of chronometers, older
Than time counted by anxious worried women
Lying awake, calculating the future,
Trying to unweave, unwind, unravel
And piece together the past and the future,
Between midnight and dawn, when the past is all deception,
The future futureless, before the morning watch
When time stops and time is never ending;
And the ground swell, that is and was from the beginning,
Clangs
The bell.*

— The Dry Salvages

What
One believes is what matters. Ecstatic identities
Between one's self and the weather and the things
Of the weather are the belief in one's element,

---

* O bramido do mar/ E o uivo do mar são vozes diferentes/ Que muito se ouvem juntas; o gemido no cordame,/ A ameaça e a carícia da onda que se quebra na água,/ A ressaca distante nos dentes de granito/ E a lamentosa advertência do promontório próximo/ São todas elas vozes do mar, e a boia de sinalização/ Apontando para casa, e a gaivota:/ E sob a opressão do nevoeiro silencioso/ O sino dobrando/ Mede o tempo não nosso tempo, tocado pela lenta/ Dilatação da terra, um tempo/ Mais velho do que o tempo dos cronômetros, mais velho/ Do que o tempo contado por mulheres aflitas e preocupadas/ Deitadas despertas, calculando o futuro,/ Tentando desfazer, desenredar, desenrolar/ E juntar o passado e o futuro,/ Entre a meia-noite e o alvorecer, quando o passado é mera ilusão,/ O futuro sem futuro, antes do relógio da manhã/ Quando o tempo para e o tempo nunca se acaba;/ E a dilatação da terra, que existe e existia desde o começo,/ Toca/ O sino.

The casual reunions, the long-pondered
Surrenders, the repeated sayings that
There is nothing more and that it is enough
To believe in the weather and in the things and men
Of the weather and in one's self, as part of that
And nothing more. So that if one went to the moon,
Or anywhere beyond, to a different element,
One would be drowned in the air of difference,
Incapable of belief, in the difference.
And then returning from the moon, if one breathed
The cold evening, without any scent or the shade
Of any woman, watched the thinnest light
And the most distant, single color, about to change,
And naked of any illusion, in poverty,
In the exactest poverty, if then
One breathed the cold evening, the deepest inhalation
Would come from that return to the subtle center.*
        — Extracts from Addresses to the Academy of Fine Ideas

    Eliot, pelo menos desta vez, mostra-se livre de dogmas, o que é revigorante, enquanto Stevens acredita apenas no clima do si, o que é encantador. Apesar de meu ardente partidarismo em favor de Stevens e de minha desconfiança de Eliot, aqui as honras me parecem igualmente divididas. Os dois poetas alcançam a apoteose em "Little Gidding" e "Notes Toward a Supreme Fiction":

---

* Aquilo/ Em que se acredita é o que importa. Identidades extasiadas/ Entre o si e o clima e as coisas/ Do clima são a crença no elemento de si,/ As reuniões informais, as rendições/ Longamente ponderadas, os ditos repetidos de que/ Não existe nada mais e que é suficiente/ Acreditar no clima e nas coisas e homens/ Do clima e no próprio si, como parte daquilo/ E nada mais. Assim, se alguém foi até a Lua,/ Ou a qualquer lugar mais além, a um elemento diferente,/ Iria se afogar no ar da diferença,/ Incapaz de crença, na diferença./ E então, voltando da Lua, se respirasse/ A noite fria, sem cheiro nenhum nem a sombra/ De alguma mulher, observasse a mais tênue luz/ E a mais distante e única cor prestes a mudar,/ E despido de qualquer ilusão, na pobreza,/ Na mais rigorosa pobreza, se então/ Respirasse a noite fria, a mais profunda inalação/ Viria daquele retorno ao centro sutil.

And as I fixed upon the down-turned face
That pointed scrutiny with which we challenge
    The first-met stranger in the waning dusk
    I caught the sudden look of some dead master
Whom I had known, forgotten, half recalled
    Both one and many; in the brown baked features
    The eyes of a familiar compound ghost
Both intimate and unidentifiable.
    So I assumed a double part, and cried
    And heard another's voice cry: "What! are *you* here?"
Although we were not. I was still the same,
    Knowing myself yet being someone other—
    And he a face still forming; yet the words sufficed
To compel the recognition they preceded.
    And so, compliant to the common wind,
    Too strange to each other for misunderstanding,
In concord at this intersection time
    Of meeting nowhere, no before and after,
    We trod the pavement in a dead patrol.
I said: "The wonder that I feel is easy,
    Yet ease is cause of wonder. Therefore speak:
    I may not comprehend, may not remember".
And he: "I am not eager to rehearse
    My thoughts and theory which you have forgotten.
    These things have served their purpose: let them be.
So with your own, and pray they be forgiven
    By others, as I pray you to forgive
    Both bad and good. Last season's fruit is eaten
And the fullfed beast shall kick the empty pail.
    For last year's words belong to last year's language
    And next year's words await another voice.
But, as the passage now presents no hindrance
    To the spirit unappeased and peregrine
    Between two worlds become much like each other,
So I find words I never thought to speak

>   In streets I never thought I should revisit
>   When I left my body on a distant shore.
> Since our concern was speech, and speech impelled us
>   To purify the dialect of the tribe
>   And urge the mind to aftersight and foresight,
> Let me disclose the gifts reserved for age
>   To set a crown upon your lifetime's effort.
>   First, the cold fricton of expiring sense
> Without enchantment, offering no promise
>   But bitter tastelessness of shadow fruit
>   As body and soul begin to fall asunder.
> Second, the conscious impotence of rage
>   At human folly, and the laceration
>   Of laughter at what ceases to amuse.
> And last, the rending pain of re-enactment
>   Of all that you have done, and been; the shame
>   Of motives late revealed, and the awareness
> Of things ill done and done to others' harm
>   Which once you took for exercise of virtue.
>   Then fools' approval stings, and honour stains.
> From wrong to wrong the exasperated spirit
>   Proceeds, unless restored by that refining fire
>   Where you must move in measure, like a dancer".
> The day was breaking. In the disfigured street
>   He left me, with a kind of valediction,
> And faded on the blowing of the horn.*
>
> — Little Gidding

---

* E quando cravei no rosto cabisbaixo/ Aquele olhar agudo com que desafiamos/ O primeiro estranho na penumbra que se desfaz/ Captei o súbito olhar de algum mestre morto/ Que eu conhecera, esquecera, em parte relembrara,/ Um e muitos deles; nos traços morenos intensos/ Os olhos de um múltiplo fantasma familiar/ Íntimo e irreconhecível./ Então assumi um duplo papel, e gritei/ E ouvi gritar a voz de outro: "O quê! Tu estás aqui?."/ Embora não estivéssemos. Eu ainda era o mesmo,/ Conhecendo-me, mas sendo outro alguém —/ E ele, uma face ainda se formando; mas as palavras bastavam/ Para obrigar ao reconhecimento a que serviam de prefácio./ E assim, obedientes ao mesmo vento,/ Estranhos demais entre nós para

What am I to believe? If the angel in his cloud,
Serenely gazing at the violent abyss,
Plucks on his strings to pluck abysmal glory,

Leaps downward through evening's revelations, and
On his spredden wings, needs nothing but deep space,
Forgets the gold centre, the golden destiny,

Grows warm in the motionless motion of his flight,
Am I that imagine this angel less satisfied?
Are the wings his, the lapis-haunted air?

Is it he or is it I that experience this?
Is it I then that keep saying there is an hour
Filled with expressible bliss, in which I have

---

haver equívocos,/ Em acordo nessa intersecção temporal/ De estarmos em lugar nenhum, sem antes nem depois,/ Trilhamos a calçada numa ronda vazia./ Falei: "O espanto que sinto é normal,/ Embora o normal seja causa de espanto. Diga, então:/ Talvez eu não compreenda, talvez eu não lembre"./ E ele: "Não me animo a repetir/ Minhas ideias e teorias que esqueceste./ Essas coisas serviram a seu fim: deixa-as estar./ E o mesmo quanto às tuas, e roga que sejam perdoadas/ Pelos outros, assim como te rogo que perdoes/ As boas e as más. O fruto da última estação foi comido/ E o animal saciado chutará o balde vazio./ Pois as palavras do ano passado pertencem à linguagem do ano passado/ E as palavras do próximo ano aguardam outra voz./ Mas, como agora a passagem não apresenta nenhum obstáculo/ Ao espírito desassossegado e peregrino/ Entre dois mundos muito similares,/ Encontro palavras que nunca pensei que iria falar/ Em ruas que nunca pensei que iria revisitar/ Quando deixei meu corpo numa praia distante./ Como nosso interesse era a fala, e a fala nos impeliu/ A purificar o dialeto da tribo/ E incentivar a mente a rever e antever,/ Deixa-me revelar as dádivas reservadas à idade/ Para coroar o esforço de tua vida inteira./ Primeiro, o frio atrito dos sentidos expirando/ Sem encantamento, sem promessa a oferecer/ Senão a penosa insipidez do fruto da sombra/ Quando corpo e alma começam a se dissociar./ Segundo, a impotência consciente da fúria/ Perante a loucura humana, e a laceração/ Do riso perante o que deixa de divertir./ E por fim, a dor dilacerante da reencenação/ De tudo o que fizeste e foste; a vergonha/ De motivos tardiamente revelados e a percepção/ De coisas malfeitas e feitas em prejuízo dos outros/ Que antes tomaste como prática da virtude./ Então a aprovação dos tolos dói e a honra se macula./ De erro em erro o espírito exasperado/ Avança, a menos que o restaure aquele fogo purificador/ Onde deves te mover em compasso, como um dançarino"./ O dia estava raiando. Na rua desfigurada/ Ele me deixou, com uma espécie de despedida,/ E desapareceu ao soprar da trombeta.

No need, am happy, forget need's golden hand,
Am satisfied without solacing majesty,
And if there is an hour there is a day,

There is a month, a year, there is a time
In which majesty is a mirror of the self:
I have not but I am and as I am, I am.

These external regions, what do we fill them with
Except reflections, the escapades of death,
Cinderella fulfilling herself beneath the roof?*
— Notes Toward a Supreme Fiction

Há aqui uma grandeza comum a duas visões conflitantes do Sublime Demônico Americano, ambas compostas em 1942. A de Eliot, como *A terra desolada*, compõe um mosaico de alusões e ressonâncias altamente deliberadas, as mais importantes refletindo Dante, Shakespeare, Milton, Shelley e Yeats. É um triunfo que tais presenças grandiosas não esmaguem e não afoguem o poeta retardatário, como às vezes acontece em *A terra desolada*. Aqui Eliot alcança a maestria de um *magister ludi*.

Stevens emprega apenas "The Prelude" de Wordsworth e "By Blue Ontario's Shore" de Whitman, uma admirável versificação do prefácio a *Folhas de relva* de 1855. Lidas em profundidade, lado a lado, essas passagens de Eliot e Stevens em seus pontos mais vigorosos mostram a absoluta antítese entre suas respectivas poéticas. Stevens, incomodado não com as realizações

---

* No que devo acreditar? Se o anjo em sua nuvem,/ Fitando serenamente o abismo violento,/ Tange as cordas para tanger uma glória abismal,// Salta lá embaixo entre revelações noturnas, e/ Em suas asas abertas não precisa senão de amplo espaço,/ Esquece o centro de ouro, o destino dourado,// Aquece-se no movimento imóvel do voo,/ Fico eu, que imagino esse anjo, menos satisfeito?/ São dele as asas, o ar assombrado de lazúli?// Quem vive isso, ele ou eu?/ Sou eu, então, a dizer que há uma hora/ Plena de dizível felicidade, quando de nada// Careço, sou feliz, esqueço a mão dourada da carência,/ Estou satisfeito sem majestade consoladora,/ E se há uma hora há um dia,// Há um mês, um ano, há um tempo/ Em que a majestade é um espelho do eu:/ Não tenho, mas sou e como sou, sou.// Essas regiões externas, com que as preenchemos/ Senão com reflexos, as fugas à morte,/ Cinderela se realizando sozinha no sótão?

do poeta mais jovem, mas com sua posição crítica e espiritual, descartou Eliot e Ezra Pound por serem representantes extremamente afetados — na verdade, emproados — daquilo que se tornou o estilo em voga.

As limitações de Eliot, obscurecidas pela idolatria acadêmica, agora são bastante evidentes. As de Stevens têm recebido excessiva ênfase de R. P. Blackmur e outros sob a influência de Eliot. Os dois poetas, dissessem o que dissessem, deram voz a um eu demônico isolado, como todos os nossos maiores modeladores estudados neste livro. Que Eliot tenha sido o único a voltar ao cristianismo não exerceu nenhum efeito sobre seu aprisionamento em si mesmo.

Esta não é uma questão moral, nem é a chegada de Stevens a um sentimento pessoal de glória. Para mim, a escolha entre ambos — deixando de lado o ininterrupto antissemitismo de Eliot e seu desprezo pela natureza humana — é uma questão de originalidade e frescor idiomático, além da fecundidade de Stevens contra a parcimônia minimalista de Eliot. Voltando agora a essa soberba passagem de "Little Gidding", cabe observar que a considero de uma força e uma eloquência insuperáveis. Se Eliot tivesse escrito assim com frequência, seria inútil louvá-lo ou criticá-lo. Como dr. Johnson diria, qualquer reparo à poesia de Eliot mostraria quanto ele tinha de sobra.

Eliot, estudioso profissional de filosofia, era profundamente versado nos pré-socráticos e estava, portanto, familiarizado com as ideias sobre o demo. Suas reflexões pessoais sobre a influência poética, como as de Yeats, baseiam-se explicitamente na relação do jovem poeta com o demo. Em "Little Gidding", poderíamos muito bem descrever o espectro ou duplo como o demo de Eliot, equivalente ao "irmão e demo obscuro" [*dusky demon and brother*] de Whitman. Desconfio que o principal modelo para o demo de Eliot nesse poema não seja tanto Brunetto Latini de Dante, e sim o Rousseau de Shelley em "The Triumph of Life", grandemente admirado por Eliot ao longo de toda a sua carreira.

Por que Yeats, discípulo de Shelley, corresponde a uma parte tão grande no "espectro composto familiar" [*familiar compound ghost*] é uma coisa que nunca entendi. Eliot reconhecia Yeats como o arquipoeta da época, mas sabia que não era uma verdadeira influência sobre si, o americano em exílio voluntário. Talvez Yeats represente o efetivo precursor, uma figura compósita reunindo Shelley, Whitman e Tennyson. Os estudiosos de Eliot seguem a orientação do ídolo, afirmando que os precursores são Dante, Baudelaire, Laforgue e Pound, porém considero que são apenas coberturas, como Yeats em "Little Gidding".

A imagem de um fogo purificador — dantiana, agostiniana, budista — também vem da fonte ardente de Shelley em "Adonais", via Yeats e a "Condição do Fogo" presente em "Byzantium". Shelley fala do "fogo pelo qual todos anseiam" [*the fire for which all thirst*] e Eliot, como Yeats, identifica-o com o sombrio Heráclito: todos nós "vivemos na morte do outro e morremos na vida do outro", sabedoria compartilhada pela metafísica oriental e por Walt Whitman.

Nem Eliot nem Stevens, duas mentes de notável inteligência, possuíam originalidade cognitiva, qualidade rara nos grandes poetas: tinham-na Dante, Shakespeare, Emily Dickinson e apenas mais alguns. Para uma orientação cognitiva, Eliot recorreu a místicos e contemplativos e a F. H. Bradley. Stevens tendia a utilizar Nietzsche e William James, que não eram apropriados a Eliot. À exceção de Lucrécio e Leopardi, os poetas vigorosos não ficam à vontade com a filosofia. Pensar poeticamente é algo muito diferente, o que foi primorosamente analisado por Angus Fletcher em *Colors of the Mind*.

Entre as personas que aparecem nos poemas de Eliot, o "espectro composto familiar" é o mais incisivo de seus pensadores, especialmente a partir dos versos "Deixa-me revelar os presentes reservados à idade/ Para coroar o esforço de tua vida" [*Let me disclose the gifts reserved for age/ To set a crown upon your lifetime's effort*]. Uma ironia mais do que amarga me atravessa quando entoo agora esse hino negativo à velhice. Estremeço ao doloroso acerto da "laceração/ Da risada ao que deixa de divertir" [*the laceration/ Of laughter at what ceases to amuse*] e tenho de admitir que Eliot, por quem continuarei a sentir uma ambivalência até a hora da morte, nunca escreveu com tanta eloquência quanto nessa chaga imortal que trouxe à consciência.

Amando a poesia de Stevens, concluo este capítulo com algum alívio, recorrendo ao grande canto que nos permite ouvir "a melodia luminosa do som apropriado" [*the luminous melody of proper sound*; "Notes Toward a Supreme Fiction"]. Como já publiquei três leituras prévias de "Notes Toward a Supreme Fiction", Canto VIII ("It Must Give Pleasure"), não vou repeti-las aqui. Em vez disso, tomo um recuo para perguntar o que torna esses 21 versos tão centrais na obra de Stevens.

Como se sabe, Stevens quase sempre evita a whitmaniana letra maiúscula "I" [eu] e utiliza "one" ["alguém" ou o impessoal]. Contudo, agora ele o emprega nove vezes nessa passagem, não numa ficção, como poderíamos esperar de sua parte, a menos que a demonização do eu seja considerada como tal, mas começando com um autoquestionamento direto: "No que devo acreditar?". A boa hora "plena de dizível felicidade" [*filled with expressible bliss*] se estende a "um tempo/ Em que a majestade é um espelho do eu" [*a time/ In which majesty is a mirror of the self*].

O que se segue, de um ponto de vista eliotiano, é blasfêmia, mas não para os que se unem a Stevens para substituir Jeová pelo deus interior: "Não tenho, mas sou, e como sou, sou" [*I have not but I am and as I am, I am*]. O Deus do Êxodo, ao ordenar a um Moisés relutante e tartamudo que vá para o Egito, apresenta seu nome num trocadilho jeovástico: *ehyeh asher ehyeh*. Notoriamente mal traduzido como "sou quem sou" [*I am that I am*], seu significado mais preciso é: "Estarei [presente onde e quando] estiver" [*I will be (present where and when) I will be*]. Ao exclamar "não tenho", Stevens escolhe a presença efetiva em vez da propriedade e sobe pela escadaria emersoniana da surpresa até o Sublime Americano momentaneamente partilhado com Walt Whitman.

Ensinando a ler poesia durante quase sessenta anos, não sei como escolher entre Eliot e Stevens em seus melhores momentos, embora sempre me sinta em casa com Stevens e sempre um estranho no cosmo purgatorial de Eliot. "Deve dar prazer" [*It must give pleasure*]: por esse critério, deixo Eliot a seus admiradores instruídos. Muitos milhares de alunos admiráveis me ensinaram mais do que eu poderia lhes repassar. Uma recomendação que lhes costumo fazer é a seguinte: aprendam a comentar que um poeta e um poema abordam a permanência, e isso sempre devemos reconhecer. Mas a liberdade de leitura também nos permite dizer: apesar desse imenso esplendor, o que há de mais humano em mim simplesmente não me permite sentir mais do que uma fria admiração. Stevens me ajuda a viver minha vida, ao passo que Eliot traz o pior que há dentro de mim. Seu dogmatismo, sua aversão às mulheres, a degradação da existência humana comum me deixam furioso. Seu antissemitismo virulento, na época dos campos de morte de Hitler, nunca diminuiu e se fundiu de uma maneira perigosa com sua posição religiosa neocristã. Desconsidero os exegetas que defendem Eliot e Ezra Pound; na melhor das hipóteses são uns equivocados; na pior das hipóteses, adotam atitudes assassinas em relação aos judeus e ao judaísmo.

Lemos não apenas como estetas — embora devêssemos —, mas também como seres responsáveis. Por esse critério, Eliot, apesar de seu dom demônico, é definitivamente inaceitável.

VI. William Faulkner e Hart Crane

WILLIAM FAULKNER

Por consenso geral, William Faulkner é o prosador americano canônico desde a morte de Henry James. Ninguém de sua geração ou de gerações posteriores alcançou posição comparável. Ele não tinha nada em comum com Henry James, exceto uma relação com Hawthorne, o qual, junto com Melville, Twain e Eliot, faz parte vital da herança literária americana de Faulkner. Outras influências fundamentais sobre ele são Honoré de Balzac, Sir Walter Scott, Shakespeare, a Bíblia do rei Jaime, James Joyce e Joseph Conrad, mas, como todos os demais autores neste estudo, o que mais importa é a originalidade demônica de Faulkner. Tudo nele é idiossincrático, contudo as obras que prefiro são *Enquanto agonizo* (1930) e *Luz em agosto* (1932), criações fantásticas sem precedentes. Entre esses dois livros, saiu uma edição revista de *Santuário* (1931), feita, segundo Faulkner, "por questão de dinheiro", embora me pareça uma obra permanente, que prefiro a *O som e a fúria* (1929) e a *Absalão, Absalão!* (1936), narrativas grandiosas, porém esquematizadas demais.

Nada disso sugere uma limitação, a não ser a minha como leitor. Conheço *O som e a fúria* quase de cor e às vezes acho que os traços estilísticos de James Joyce desviam a atenção, mas nas sonoridades sinfônicas de *Absalão, Absalão!*, a saga de Thomas Sutpen, o mais abrangente e ambicioso de todos os seus soberbos romances em prosa, ouço apenas a voz de Faulkner em seus tons mais ricos. Às vezes sinto-me tão assoberbado por *Absalão, Absalão!* que não consigo absorvê-lo inteiro, apesar de inúmeras leituras ao longo de seus panoramas.

Os personagens centrais que considero mais memoráveis em Faulkner são Darl Bundren em *Enquanto agonizo* e Lena Grove em *Luz em agosto*. Sem dúvida é uma excentricidade de minha parte acrescentar Popeye, o bandido facínora de *Santuário*. Certamente compõem um trio: Darl, o visionário; Lena, a camponesa keatsiana que será a luz em agosto com o nascimento de seu filho; Popeye, o impotente, que violentou Temple Drake com um sabugo de milho.

Os autores americanos estudados neste livro, em sua maioria, começam com o reconhecimento do deus ou do demo dentro de si e compõem ao longo de um processo de exteriorização: Emerson, Hawthorne, Whitman, Dickinson, Melville, Henry James, Stevens, Frost, Hart Crane. Por outro lado, Twain, Eliot e Faulkner começam no mundo exterior e apenas gradualmente encontram dentro de si mesmos uma confirmação dessa sua visão externa. Twain é encontrado por seu demo através dos escritos do Mississippi, que lhe dão seu novo nome de "Mark Twain". Eliot, resistindo a seu demo, constrói um eu antitético de crítico-filósofo-teólogo, mas mesmo assim a poesia irrompe, desde o início, alto romântica e demônica. Faulkner, ainda mais do que Twain ou Eliot, alimenta um novo eu ao passar de sua poesia inicial, muito ruim, para a literatura em prosa. Os territórios a que todos eles se dirigem, em última análise, são eles mesmos.

Havia uma sensação de alteridade nos versos de Faulkner, uma mistura de Swinburne e Eliot, mas o desejo de ser diferente era difuso e vacilante. No romance da fase inicial (o terceiro), chamado ora de *Sartoris*, ora de *Flags in the Dust* [Bandeiras no pó], seu demo começou a encontrá-lo.

Esse demo pertencia à tradição familiar, em especial ao singular Velho Coronel, William Clark Falkner, bisavô do romancista. O coronel Falkner (1825-89) era quase uma paródia do mito do sulista: fazendeiro escravocrata, bravo soldado, advogado agressivo, adversário político da Reconstrução, romancista popular (*The White Rose of Memphis*) e duelista; acabou levando um tiro fatal na rua de um parceiro de negócios. Na Guerra Civil, usando na Cavalaria uma pluma negra, comandou a companhia Magnolia Rifles na vitória em Manassas e ganhou a admiração do general J. E. Johnston e de J. E. B. Stuart. A litania sublimemente absurda (e inteiramente real) prossegue: era responsável por furar bloqueios militares e foi pioneiro das estradas de ferro, duas atividades que lhe trouxeram fortuna.

O garoto William Faulkner (que acrescentou um "u" ao sobrenome da família) cresceu ouvindo histórias que enalteciam o Velho Coronel, impressionante modelo para emulação pessoal e magnífico estímulo para uma literatura heroica como *Sartoris* e *Os invictos*, em que ele se torna o coronel John Sartoris.

O orgulho, o amor e o horror das ligações familiares viraram as figuras decisivas de Faulkner na literatura e também na vida. Este é o fardo de suas primeiras irrupções no panteão canônico, com *O som e a fúria* e *Enquanto agonizo*. Lembro as amistosas divergências com Malcolm Cowley e não tão amistosas com Cleanth Brooks quando sustentei, em alguns ensaios e introduções, nos meados dos anos 1980, que em Faulkner os sofrimentos e destruições causados pelo amor familiar ultrapassavam em muito a alegria e o reconforto. O leitor comum das sagas dos Compson e dos Bundren decidirá por si mesmo.

Os pais na literatura faulkneriana são em geral fracos e inadequados, enquanto suas esposas são mais fortes, mas mortalmente frias. Faulkner dedica sistematicamente atenção e afeição aos filhos condenados desses casamentos sem amor. Fico perplexo quando alguns críticos veem Faulkner como misógino. Entre os doze autores abordados neste estudo, somente T.S. Eliot mostra total aversão à sexualidade feminina. A urna grega de Faulkner é Caddy Compson, a irmãzinha que nunca teve e sempre desejou:

> Falei a mim mesmo: Agora posso escrever. Agora posso fazer para mim um vaso como aquele que o velho romano mantinha ao lado da cama e aos poucos desgastava sua beirada de tanto beijá-lo. Assim eu, que nunca tive uma irmã e me coube o destino de perder minha filha ainda de colo, decidi fazer para mim uma menina bonita e trágica.

Uma vez organizei uma antologia crítica dedicada a Caddy Compson e fiquei surpreso ao descobrir uma enorme quantidade de ensaios publicados a seu respeito. Ela existe nas páginas de *O som e a fúria* apenas como presença fugaz e ausência sentida pelos três irmãos. A representação indireta é uma modalidade difícil para qualquer escritor — exceto Dante, Shakespeare, Joyce, Proust, Henry James —, e não creio que Faulkner o consiga plenamente com Caddy Compson. Walt Whitman tinha um talento para a evasão e o ocultamento estético; o de Faulkner era mais variável.

Só começamos a entender Caddy fora do romance, no admirável apêndice com que Faulkner contribuiu para *The Portable Faulkner* (1946), de Malcolm Cowley, edição ainda essencial. Meu exemplar desse livro, que me apresentou a Faulkner, indica que o comprei em 11 de julho de 1946, em meu aniversário de dezesseis anos. Um ano depois fui para Cornell, onde um grande professor, William M. Sale Jr., ensinou-me a ler literatura em prosa em cursos que incluíam *Enquanto agonizo* e *Luz em agosto*. Lembro-me de Sale examinando a eficácia da elaboradíssima e tardia apresentação da heroína faulkneriana:

> Fadada e sabia; aceitava o fado sem o procurar nem fugir a ele. Amava o irmão apesar dele, não só o amava mas amava nele aquele amargo profeta e juiz incorrupto inflexível do que ele considerava ser a honra e o fado da família, tal como ele pensava amar nela, mas na verdade odiava, o que considerava ser a personificação condenada do orgulho da família e o sórdido instrumento de sua desgraça; não só isso, ela o amava não só apesar, mas por causa do fato de ele mesmo ser incapaz de amor, aceitando o fato de que ele devia valorizar acima de tudo não a ela, mas à virgindade da qual era guardiã e na qual ela não depositava absolutamente valor nenhum: a frágil restrição física que para ela não era mais do que teria sido um fiapo de cutícula. Sabia que o irmão amava a morte acima de tudo e não sentia ciúmes, até lhe daria (e talvez no cálculo e decisão de se casar tenha-lhe mesmo dado) a hipotética cicuta. Estava grávida de dois meses de outro homem, e qualquer que fosse seu sexo ela já lhe dera o nome de Quentin por causa do irmão que ambos (ela e o irmão) sabiam que já estava como morto, quando se casou (1910) com um jovem extremamente adequado de Indiana que ela e a mãe haviam conhecido durante as férias em French Lick no verão anterior. Divórcio por iniciativa dele em 1911. Casada em 1920 com um pequeno magnata do cinema, Hollywood, Califórnia. Divórcio por mútuo acordo, México, 1925. Desaparecida em Paris com a ocupação alemã, 1940, ainda bonita e provavelmente ainda rica também, pois parecia ter uns quinze anos a menos de seus reais quarenta e oito, e nunca mais se ouviu falar dela.

Qual é o estatuto estético desse resumo útil, possivelmente elaborado demais? É parte do romance, é comentário, é revelação pessoal? Como leitores, ficamos agradecidos, e talvez essa seja uma reação suficiente.

David Minter, em seu estudo biográfico de Faulkner (1980), comenta: "Faulkner supunha que seu autêntico eu era o eu encarnado de modo variado e nebuloso, mas definido, por seus personagens". Se Faulkner não leu Giambattista Vico, como fizeram Joyce e Yeats, ainda assim confirmava a verdade viquiana "Só podemos conhecer o que nós mesmos fizemos". Após o esplendor de *O som e a fúria*, Faulkner soube pela primeira vez que estivera no lugar do demo.

Como Balzac e Dickens, Faulkner povoou seu cosmo. Os três precisam ser entendidos como espectadores d'*A comédia humana*, mas também como táticos de fados individuais. Mais do que com Hawthorne e Henry James, fazemos violência a Faulkner quando isolamos apenas uma narrativa e a avaliamos em si. Mesmo assim, escolho *Enquanto agonizo*, *Santuário* e *Luz em agosto* como três esplendores demônicos, pesaroso em me afastar de *Absalão, Absalão!*, "O velho" em *As palmeiras selvagens* (1939), a saga dos Snopes (*O povoado*, 1940 e volumes posteriores) e *Desça, Moisés* (1946 e antes). Morrendo antes de completar 65 anos, Faulkner legou à sua região, à sua nação e ao mundo uma fortuna em narrativa, personagem, intensificação da linguagem e postura visionária que rivalizam com seus maiores precursores americanos: Hawthorne, Melville e Twain.

Começo com *Enquanto agonizo*, pois não só é sua realização mais original, mas também ocupa seu lugar, como poema em prosa, na poética americana mais vital de sua época, a de Frost, Stevens, Eliot e Crane. *Santuário*, deliberadamente chocante, foi esboçado antes de *Enquanto agonizo*, porém foi revisto e publicado depois. Sejam quais forem suas origens, *Santuário* se mantém radicalmente vivo e tremendamente memorável. *Luz em agosto*, obra-prima de Faulkner, para mim conserva seu frescor desde a primeira vez que o li.

ENQUANTO AGONIZO: DARL

Li *Enquanto agonizo* pela primeira vez em 1946, quando foi reeditado num mesmo volume com *O som e a fúria*. Aos dezesseis anos de idade, senti-

-me avassalado pela maravilhosa *estranheza* do romance: enredo, forma, personagens, tom, postura e, acima de tudo, a visão de Darl Bundren.

Entre as 59 seções do livro, 43 são narradas por membros da família de brancos pobres, os Bundren: Darl narra dezenove; Vardaman, dez; Cash, cinco; Dewey Dell, quatro; Anse, três; Addie e Jewel, uma cada. É claramente o livro de Darl, e para mim ele é o mais memorável de todos os personagens criados por Faulkner. Darl, mais do que Quentin Compson, é o Hamlet de Faulkner: um visionário que é o embaixador da morte entre nós, com uma sensibilidade tão aguda que beira uma espécie de loucura e com um distanciamento tão extraordinário que não consigo caracterizá-lo de maneira adequada. Afinal, como podemos nomear a postura desinteressada de Hamlet?

Faulkner definiu categoricamente Darl como insano:

> Quem sabe quanto da boa poesia no mundo veio da loucura, e quem sabe quanta superperceptividade o — um louco não teria? Talvez não seja assim, mas é agradável pensar que existe alguma compensação para a loucura. Que talvez o louco realmente veja mais do que o são. Que o mundo é mais tocante para ele. Que ele é mais perceptivo. Ele tem uma espécie de clarividência, talvez, uma capacidade telepática.

Isso é admirável, mas Darl é mesmo clinicamente psicótico? Eu não diria que ele é louco apenas para o norte-noroeste e retorna quando o vento sopra do sul. Sem dúvida mantém uma relação totalmente própria com a realidade. Isso é loucura?

> Num quarto estranho você precisa se esvaziar para dormir. E antes que esteja esvaziado para dormir, o que é você. E quando está esvaziado para dormir, não está. E quando está cheio de sono, nunca esteve. Não sei quem sou. Não sei se sou ou não. Jewel sabe que é, porque não sabe que não sabe se é ou não é. Não pode se esvaziar para dormir porque ele não é o que é e é o que não é. Além da parede sem luz, posso ouvir a chuva moldando a carroça que é nossa, a carga que não é mais dos que a derrubaram e serraram nem ainda dos que a compraram e não é nossa também, está em nossa carroça como se fosse, visto que só o vento e a chuva a moldam só para Jewel e para mim, que não estamos dormindo. E visto que o sono é não-é e chuva e vento são era, não é. Mas a carroça é, porque quando a carroça é era, Addie Bundren não será. E Jewel *é*, então Addie Bundren deve

ser. E então eu devo ser, ou não poderia me esvaziar para dormir num quarto estranho. E assim se eu ainda não estou esvaziado, eu sou é.

Quantas vezes me deito debaixo de chuva sobre um teto estranho, pensando em casa.

De fascinante dificuldade, isso funciona como um solilóquio de Hamlet, mais uma meditação sobre o ser e a presença. "Carcassonne" (1925), meditação fictícia de Faulkner que é uma contemplação dos dilemas da imaginação, guarda forte semelhança com a voz desimpedida de Darl Bundren. As indagações reflexivas de Hamlet sobre o *quê* do homem são retomadas nas intricadas evasões do ser de Darl. "E assim se eu ainda não estou esvaziado, eu sou é."

Como seu bondoso irmão Cash, o carpinteiro, dirá sobre Darl: "Este mundo não é seu mundo; esta vida, sua vida".

Como não é seu mundo nem sua vida, Darl enxerga no limite do ser:

Diante de nós corre a corrente densa escura. Ela fala conosco num murmúrio que se torna incessante e incontável, a superfície amarela ondeada monstruosamente em redemoinhos que somem percorrendo a superfície por um instante, silenciosos, transitórios e profundamente expressivos, como se logo abaixo da superfície algo vivo e imenso acordasse para um instante de alerta indolente saindo e voltando a um leve dormitar.

Ela chia e murmura entre os raios das rodas e nos joelhos das mulas, amarela, coberta de detritos e com gotas encardidas e grossas de espuma como se tivesse suado, espumando, feito um cavalo desembestado. Pela vegetação baixa ela passa com um som plangente, um som meditativo; nela, os juncos e caniços eretos se curvam como a uma breve ventania, balançando foscos como se estivessem suspensos em arames invisíveis dos galhos acima. Sobre a superfície incessante eles se mantêm — árvores, juncos, trepadeiras — sem raízes, separados da terra, espectrais numa cena de desolação imensa mas circunscrita, preenchida pela voz da água desolada e lutuosa.

Talvez evocando Revelações 13:1, a visão de Darl anuncia o dilúvio que será a culminância de *Enquanto agonizo*. A tipologia bíblica, embora tenha importância em outras partes de Faulkner, parece descabida na saga dos Bundren. A advertência de Mark Twain em relação a *Huckleberry Finn* — que quem visse alguma moral no livro levaria um tiro — se aplica ainda mais necessariamente a *Enquanto agonizo*. O livro exclui toda e qualquer moral, e a única coisa que importa é o que os narradores *veem*.

Calvin Bedient percebeu isso desde 1968, ao contrário do digno Cleanth Brooks, da Nova Crítica, que em 1963 encontrara na narrativa amoral de Faulkner uma celebração heroica da poesia sobre a família. Os Bundren são um desastre de família, mas toda a vida em *Enquanto agonizo* é mesmo um reino do pavor. A esse pavor, os Bundren, com seu espírito de clã ferozmente fechado, contrapõem seu orgulho desesperado. Calvin Bedient expressou bem essa questão:

> Como animais feridos que encontraram por instinto a erva que irá curá-los, os Bundren descobriram o orgulho; e cada um é típico, cada um é "universal", justamente porque trazem, não como ideia, mas como fato, a ferida da nudez, do confinamento solitário e da impotência essencial de ser consciente.

Eles se unem apenas para lutar contra a realidade ou uns contra os outros: Jewel e Darl são meio-irmãos inimigos, Jewel o próprio símbolo do orgulho e Darl isento dele. A terrível mãe Addie, que ama Jewel e rejeita Darl, está no centro dessa oposição.

Entre as 59 seções do romance, o único monólogo de Addie está na quadragésima. Sinto a tentação de citar suas sete páginas na íntegra, mas apresento aqui uma montagem:

> Eu só lembrava como meu pai costumava dizer que a razão de viver era se preparar para ficar morto por muito tempo. E quando tinha de olhar para eles e elas, dia após dia, cada qual com seus pensamentos secretos e egoístas, e o sangue de um estranho ao sangue do outro e estranho ao meu, e pensava que essa parecia ser a única maneira de me preparar para ficar morta, eu odiava meu pai por me haver gerado. Ficava na expectativa de cometerem alguma falta, pois assim podia surrá-los. Quando batia a vara, podia senti-la em minha carne; quando marcava e abria a pele, era meu sangue que corria, e eu pensava a cada golpe da vara: Agora existo para você! Agora sou alguma coisa na sua vida secreta e egoísta, que marcou seu sangue com meu sangue para todo o sempre.
>
> — Mas seus parentes vivos — disse ele. — Vão ser diferentes.

— Vão? — respondi. — Não sei. Nunca tive de outra espécie.

Assim, fiquei com Anse. E quando vi que tive Cash, entendi que viver era terrível e que esta era a resposta. Foi então que descobri que as palavras não prestam; que as palavras nem sempre cabem sequer no que estão tentando dizer. Quando ele nasceu, entendi que a maternidade foi inventada por alguém que precisava ter uma palavra para ela porque quem tinha o filho não se importava se existia ou não uma palavra para aquilo. Entendi que o medo foi inventado por alguém que nunca tinha tido medo; o orgulho, por quem nunca teve orgulho. Entendi que não era porque tinham ranho no nariz, mas porque tínhamos de usar um com o outro palavras como aranhas que se penduravam por um fio da boca deles, balançando, girando, nunca encostando, e que só com os golpes da vara o sangue deles e o meu sangue podiam correr juntos. Entendi que era porque minha solidão tinha de ser violentada todos os dias, mas porque nunca fora violentada antes de Cash chegar. Nem mesmo por Anse à noite.

Então descobri que tive Darl. No começo não acreditei. Então o que acreditei foi que ia matar Anse. Foi como se ele tivesse me enganado, se escondendo por trás de uma palavra como por trás de um biombo e me golpeasse por trás. Mas então percebi que tinha sido enganada por palavras mais velhas do que Anse ou amor, e que a mesma palavra tinha enganado Anse também, e que a minha vingança ia ser que ele nunca saberia que eu estava me vingando. E quando Darl nasceu, pedi que Anse me prometesse que me levaria de volta a Jefferson quando eu morresse, porque eu sabia que o pai tinha razão, mesmo não podendo saber que tinha razão, assim como eu não podia saber que estava errada.

E então ele morreu. Ele não sabia que estava morto. Eu me deitava ao lado dele no escuro, ouvindo a terra escura falando do amor de Deus, da beleza d'Ele, do pecado d'Ele; ouvindo a sombria ausência de voz em que as palavras são as ações, e as outras palavras que não são ações, que são só as lacunas nas carências das pessoas, descendo como os gritos dos gansos na escuridão erma das velhas noites pavorosas, apalpando as ações como órfãos aos quais alguém aponta dois rostos na multidão e diz: Aquele é teu pai, aquela é tua mãe.

Meu pai disse que a razão de viver é se preparar para ficar morto. Finalmente entendi o que ele queria dizer e que nem ele mesmo tinha como saber o que queria dizer, porque um homem não tem como saber nada a respeito de arrumar a casa depois. E assim arrumei minha casa. Com Jewel — eu estava deitada junto à lamparina, erguendo a cabeça, olhando ele aparecer e ser suturado antes de respirar — o sangue fervente esfriou e o som dele cessou. Então foi apenas o leite, morno e tranquilo, e eu deitada tranquila no silêncio lento, me preparando para arrumar minha casa.

Dei Dewey Dell a Anse para compensar Jewel. Então lhe dei Vardaman para substituir a criança que eu lhe roubara. E agora ele tem três filhos que são dele e não meus. E então eu podia me preparar para morrer.

Um dia eu estava falando com Cora. Ela rezou por mim porque achava que eu estava cega ao pecado, querendo que eu me ajoelhasse e rezasse também, porque gente para quem o pecado é só uma questão de palavras, para gente assim a salvação é só uma questão de palavras também.

Isso é aterrorizante quando tomado em conjunto com o título do livro. No livro XI da *Odisseia*, Ulisses desce ao Hades, onde Agamêmnon esbraveja contra Clitemnestra, a qual, diz ele, "enquanto agonizo", não lhe fechou os olhos e a boca para que entrasse de maneira decente no Hades. Embora essa alusão transpareça no título, não me parece claro o que há de Clitemnestra em Addie, visto que o próprio Faulkner se absteve de encontrar qualquer motivo de censura em Addie.

Ainda que rejeite a religião, Addie mantém o hábito protestante radical de decidir tudo por si mesma. Para o olhar frio de Faulkner, Addie — com seu terrível sadismo, o impulso de morte, a falta de amor pelos filhos e a adoção do negativismo paterno — não é mais censurável do que qualquer um de nós, embora muitos ou mesmo a maioria dos leitores possa discordar, como é o caso de meus alunos.

Confesso que a posição indulgente e desapaixonada de Faulkner em relação a Addie escapa à minha compreensão, mas admiro sua aceitação estoica. O livro assombra com seu verdadeiro apocalipse de fogo e sangue, heroísmo e loucura, impulso para além do princípio de prazer, e sua estranha fusão entre farsa e *páthos*. Aqui, mais do que em qualquer outro livro seu, Faulkner tritura os limites de sua linguagem no afã de dizer o que não pode ser dito e ver o que não pode ser visto.

Ele resolve não nos deixar ver o enterro do cadáver de Addie, já que a jornada insana *é* o próprio livro, e se deter em seu objetivo seria um desperdício do ímpeto narrativo. A paródia faulkneriana do romance de busca deve muito a *A terra desolada* de Eliot, influência dominante na formação da sensibilidade peculiar de Faulkner. *Santuário* também é profundamente eliotiano. Faulkner e Hart Crane, que provavelmente nunca se leram, tentaram ambos transpor a postura e o estilo de Eliot para uma modalidade da ação heroica, melvilliana em Faulkner, whitmaniana em Crane. Mesmo assim, a sombra de *A terra desolada* paira sobre ambos, em *Enquanto agonizo* e em *A ponte*.

Quando Darl ateia fogo ao celeiro de Gillespie, na tentativa desesperada de incinerar os restos mortais de Addie e assim encerrar a pavorosa jornada, seu meio-irmão e inimigo Jewel salva o cadáver e o caixão num admirável gesto de coragem. Darl narra a ação numa das maravilhosas epifanias de Faulkner:

— Jewel! — exclama Dewey Dell —, Jewel!
Parece que agora ouço a voz dela acumulada nesses últimos cinco minutos, e ouço ela lutando e se debatendo enquanto o pai e Mack a seguram, gritando "Jewel! Jewel!". Mas ele não está mais nos olhando. Vemos seus ombros se retensarem enquanto ergue o caixão pela ponta e com uma das mãos o faz deslizar dos cavaletes. Fica incrivelmente alto, escondendo-o; eu nunca imaginaria que Addie Bundren ia precisar de tanto espaço para ficar confortável ali dentro; o caixão continua de pé por mais um instante enquanto as fagulhas caem em cima dele em explosões que se espalham como se gerassem outras fagulhas pelo contato. Então tomba para a frente, ganhando impulso, mostrando Jewel e as fagulhas caindo em cima dele também em jatos que geram outras, e assim ele parece estar encerrado numa tênue nuvem de fogo. Sem parar, o caixão oscila e se ergue de novo, imobiliza-se e então cai devagar para a frente, atravessando a cortina. Desta vez, Jewel está montado em cima dele, agarrado a ele, até cair de vez, atirando-o longe e Mack dá um salto entre um leve cheiro de carne queimada e bate nos buracos de bordas incandescentes cada vez maiores que desabrocham como flores em sua camiseta.

Envolto numa nuvem de fogo, Jewel monta o caixão da mãe tal como Ahab, no barco de Fedallah, monta o redemoinho de Moby Dick rumo à destruição final. Em alguma parte da consciência demônica de Faulkner, o caixão de Addie está associado ao de Queequeg, que no final salva Ismael, e apenas Ismael, da imolação do *Pequod*. Em 1927, respondendo ao editor da seção de livros do jornal *Chicago Tribune*, que lhe perguntara que livro ele gostaria de ter escrito, Faulkner escolheu *Moby Dick*. Disse que invejava a morte de Ahab, a qual descreveu em termos inesquecíveis: "uma espécie de Gólgota do coração que se tornou imutável como bronze na sonoridade de sua ruína precipitada".

O monólogo final de Darl é doloroso demais para que eu continue a relê-lo. Confinado num manicômio público, essa pungentíssima consciência em Faulkner fica reduzida a um zumbido de incessantes "sins", um após o outro.

Faulkner enaltecia a coragem, mas seus exemplos dessa virtude não me convencem. As feridas de seus protagonistas podem ser insuportáveis, porém isso pertence à sua própria coragem como escritor.

SANTUÁRIO: POPEYE

Creio que Faulkner disse que gostaria de Mickey Mouse no papel de Popeye, caso algum dia filmassem *Santuário*. Em 1961, saiu uma adaptação grotesca com Lee Remick no papel de Temple Drake e Yves Montand como fornecedor de drogas, um cajun lascivo que estupra e explora a bela Remick. Popeye aparece muito rapidamente, e o filme inteiro é um desastre.

Santuário é uma narrativa de pesadelo no espírito dos dramaturgos jaimitas: John Webster, John Ford, Cyril Tourneur, Thomas Middleton. O gênero é marcado pela violência súbita, pela eloquência triste, pelo eros mortal e por êxtases sadomasoquistas. Temple Drake, sob a doutrinação de Red, o substituto do impotente Popeye, torna-se uma fornalha ardente de luxúria insaciável enquanto continua como filha de um ilustre juiz: egoísta, injusta, mentirosa, voltando à respeitabilidade quando lhe interessa.

Popeye — como mostra a sugestão de Faulkner para a escalação de Mickey Mouse — é uma caricatura ambulante, que nem chega a ser uma pessoa, e no entanto é o demo de *Santuário*: o livro é dele. Em alguns aspectos, ele faz lembrar o Homem de Lata d'*O mágico de Oz*. Mafioso importante de Memphis, com negócios lucrativos no jogo de azar, nas drogas e na prostituição, Popeye está além das emoções, como mostra sua execução:

Enquanto voltava para casa naquele verão prenderam-no por matar um homem numa cidade e numa hora em que ele estava em outra cidade matando outro alguém — aquele homem que ficou rico e não tinha o que fazer com o dinheiro, nada em que pudesse gastar, pois sabia que o álcool era um veneno mortal para ele, não tinha amigos e nunca conhecera uma mulher e sabia que nunca viria a conhecer — e disse "Pelo amor de Deus", olhando a cela na cadeia da cidade onde o policial tinha sido assassinado, com a mão livre (a outra estava algemada ao policial que o trouxera de Birmingham) tirando um cigarro do casaco.

— Deixem que ele chame o advogado — disseram — e tire isso do peito. Quer telegrafar?

— Não — disse ele, os olhos frios e suaves pousando rapidamente no catre, na janelinha ao alto, na porta por onde entrava a luz. Removeram a algema; a mão de Popeye pareceu acender no ar uma pequena chama. Acendeu o cigarro e jogou o fósforo na direção da porta.

— Para que eu ia querer advogado? Nunca estive... como se chama essa espelunca?

Vieram buscá-lo às seis. O pastor foi com ele, a mão sob o cotovelo de Popeye, e ficou ao pé do patíbulo rezando, enquanto ajeitavam a corda, enfiando-a pela cabeça lisa de brilhantina, desarrumando o cabelo. As mãos dele estavam amarradas, e então começou a sacudir a cabeça, jogando o cabelo para trás a cada vez que caía na testa, enquanto o pastor rezava, os outros imóveis em seus postos com a cabeça curvada.

Popeye começou a sacudir o pescoço em pequenos trancos.

— Psssst! — chamou ele, o som cortando agudo o zumbido da voz do pastor —, pssssst!

O delegado o olhou; ele parou de sacudir o pescoço e se enrijeceu, como se equilibrasse um ovo no cocoruto.

— Ajeite meu cabelo, Jack — disse ele.

— Claro — respondeu o delegado. — Vou ajeitar para você — acionando o alçapão.

Aqui, a narração de Faulkner é tão desprovida de emoção quanto Popeye, e é grande arte. *Santuário*, talvez por causa da ambivalência do autor em relação à obra, continua subestimada. Popeye é mais do que uma caricatura grotesca: ele transpõe a fronteira do mito e instaura uma nova modalidade de farsa paródica, adotada, após Faulkner, por Nathanael West, Flannery O'Connor e Thomas Pynchon. *Miss corações solitários*, *The Violent Bear It Away* e *O leilão do lote 49* seguem na esteira de *Santuário*, obras permanentes de frenesi paródico que apresentam, assim como *Santuário*, afinidade com as extravagâncias jaimitas de John Webster, Cyril Tourneur, Thomas Middleton e John Ford. Podem-se procurar os ancestrais de Popeye em *The White Devil* [O diabo branco], *The Atheist's Tragedy* [A tragédia do ateu], *The Revenger's Tragedy* [A tragédia do vingador] e *'Tis Pity She's a Whore* [Pena que é uma puta].

Santuário parodia as histórias de detetive, gênero que Faulkner queria muito dominar. Não consigo me lembrar de muitas histórias de detetive tão brutais quanto *Santuário*. Faulkner resumiu o enredo do livro como "uma garota que é estuprada com um sabugo de milho". O impotente Popeye possui e inicia Temple Drake com esse gesto. Faulkner mostra má vontade em relação a Temple, mas eu contestaria os argumentos feministas de que isso indicaria uma profunda misoginia da parte dele. Ruby Lamar, amasiada com o martirizado Lee Goodwin, é uma personagem admirável, e há outras personagens femininas igualmente admiráveis em suas páginas.

Isso não significa que Temple Drake seja, no fundo, menos depravada do que o sanguinário Popeye. Horace Benbow, o personagem observador no livro, permeia inteiramente a versão original de *Santuário*, editada de forma esplêndida por Noel Polk, que nos fornece um guia indispensável para os labirintos textuais da revisão faulkneriana.

Polk define corretamente o *Santuário* inicial como pesadelo gótico de Horace Benbow, assim como é também um elemento reprimido em William Faulkner. Segundo observa Polk, o leitor precisa conhecer as duas versões do romance, visto que a grande realização de Faulkner paira no espaço entre uma e outra. Os traumas de infância de Horace (e de Faulkner?) transparecem ao longo de todo o texto original.

Polk nos relembra que, no cosmo de Faulkner, as mães dominam e atormentam constantemente, embora nenhuma de maneira tão terrível quanto Addie Bundren em *Enquanto agonizo*. Os pais são fracos, evasivos e em certo sentido impotentes. Como Polk, eu também prefiro o primeiro *Santuário*, porque a imagem da voz de Faulkner aparece de modo mais coerente. Ouve-

-se seu "duende", a tonalidade demônica de seu gênio, à solta com uma liberdade espantosa, e onde mais, a não ser em Darl Bundren, podemos encontrá-lo de forma tão magnífica?

Faulkner, pessoalmente, não via maldade em nenhum personagem em *Santuário*: para ele, mesmo Popeye é "mais um ser humano perdido". Todos os protagonistas — Temple, Horace, Popeye, Goodwin, Ruby — terminam numa condição de total indiferença emocional, um desespero tão completo que seria inadequado chamá-lo de apatia ou niilismo. Popeye, o mais rápido dos gatilhos, fica satisfeito quando um carrasco rústico o enforca por um assassinato que não cometeu. Pouco lhe importa. Importa ao leitor?

Se nos importamos, é por arte de Faulkner. Por quê? Nunca entramos na mente de Popeye, seja ela o que for. Temple, a violentada, quase não tem mente nenhuma, enquanto o pobre Horace Benbow tem mais do que consegue conter. O que há em *Santuário* que permite instaurar-se um valor estético?

Faulkner começou escrevendo poemas ruins sob a influência de *A terra desolada*, mas tornou-se grande romancista sob a influência de Dostoiévski. Mesmo um leitor esporádico notaria as similaridades de crime, castigo e julgamento que *Santuário* mantém com *Crime e castigo* e *Os irmãos Karamázov* de Dostoiévski. O empedernido Popeye não é nenhum Smerdiákov, mas os dois assassinos morrem enforcados — Popeye por um assassinato que não cometeu e Smerdiákov por suas próprias mãos. Svidrigáilov e Raskólnikov, Ivan e Mítia Karamázov dificilmente se assemelham a Horace Benbow e Lee Goodwin, enquanto Catarina Ivanovna e Gruchenka estão ainda mais distantes de Temple Drake e Ruby Lamar, contudo o que Faulkner absorve e transforma ao longo de *Santuário* são as situações de injustiças e falsas acusações.

Foi corajoso da parte de Faulkner retomar ecos principalmente de *Os irmãos Karamázov*. Talvez fosse exagero de Freud dizer que a obra-prima de Dostoiévski era o maior romance ocidental, mas ela concorre bem com Cervantes, Tolstói, Balzac, Stendhal, Flaubert, Proust, Joyce, Mann, Lawrence ou qualquer outro. *Santuário*, autêntica peça de sensacionalismo gótico, não pode ser admitida em tal companhia.

Dostoiévski também assombra *O som e a fúria*, embora sem tanta força. Não se pode dizer que os subtons alusivos de Faulkner reforcem o valor estético em *Santuário*, mas fornecem o contexto literário. Cristão ortodoxo russo ferozmente nacionalista (e antissemita), Dostoiévski exalta Aliocha e trata Ivan de modo muito sombrio, embora com justiça literária. O universo teocêntrico de *Os irmãos Karamázov* forma contraste com o descampado gnóstico de *Santuário*, que se situa — como, em larga medida, a grande fase de Faulkner de 1927 a 1930 — no que os gnósticos da Antiguidade chamavam de *kenoma*, o vazio cosmológico ao qual fomos lançados.

Ao contrário do que diz Cleanth Brooks, há pouco "cristianismo residual" em Faulkner, e ele não aceita a visão eliotiana do mal. Faulkner inverte — ou melhor, subverte — a tipologia bíblica, com a única exceção daquele desastre posterior que é *Uma fábula*. Se há um deus nele, é o deus desconhecido ou estrangeiro dos gnósticos, que vagueia pelos espaços interestelares ou está profundamente enterrado dentro da rocha do eu. Como a maioria de nossos autores sulinos, Faulkner não é emersoniano, mas mesmo assim a religião americana emersoniana da independência está presente nos grandes livros de Faulkner de 1927 a 1932. Não que os personagens daqueles anos sejam independentes e autoconfiantes: como almas perdidas, que aguardam em vão seu destino na vida, poderiam manifestar qualquer confiança em seus demos? Os sobreviventes em *Santuário* — Ruby, Temple, Horace — estão tão mortos quanto Goodwin e Popeye.

Santuário, especialmente em sua versão original, se demonstrará obra permanente. Mesmo que se passe no condado criado por Faulkner, hoje em dia, após oitenta anos, ele contaminou a realidade, e não só no Sul e Sudoeste dos EUA.

LUZ EM AGOSTO: JOE CHRISTMAS

Luz em agosto foi escrito entre 1931 e 1932. Em 2013, o romance conserva a força, a abrangência, o terror e a perpétua relevância da grande arte. Entre os protagonistas, a quem pertence o romance? A Joe Christmas? Lena Grove? Gail Hightower? Joanna Burden, Byron Bunch, Percy Grimm, Doc Hines, Simon McEachern e os Armstids cercam as figuras centrais. Mas a voz narrativa de Faulkner — muito diferente das vozes de *Enquanto agonizo* e *Santuário* — ultrapassa até mesmo as de Joe Christmas e Lena. É um instrumento tonal admiravelmente variado, como no contraste entre o começo e o final do romance:

Sentada na beira da estrada, olhando a carroça subir o morro em sua direção, Lena pensa: "Vim do Alabama; um estirão. Lá desde o Alabama, a pé. Uma coisa". Pensando *se bem que não faz um mês que estou na estrada já estou no Mississippi, mais longe de casa do que nunca estive antes. Agora estou mais longe de Doane's Mill do que estive desde os doze anos de idade.*

Ela nunca nem tinha ido a Doane's Mill antes que o pai e a mãe morressem, embora fosse à cidade de carroça umas seis ou oito vezes por ano, aos sábados, com vestido comprado pelo correio, descalça no leito da carroça e os sapatos embrulhados num pedaço de papel ao seu lado no assento. Ela punha os sapatos logo antes de chegar à cidade. Depois que cresceu, pedia ao pai para parar a carroça na entrada da cidade e descia e continuava a pé. Não dizia ao pai por que queria ir andando, em vez de ir de carroça. Ele imaginava que era por causa das ruas lisas, das calçadas. Mas era por ela achar que as pessoas que a vissem e com quem cruzasse a pé iam achar que ela também morava na cidade.

Quando estava com doze anos de idade, o pai e a mãe morreram no mesmo verão, numa casa feita de tronco de madeira com três quartos e uma sala, sem divisórias, num aposento iluminado por uma lamparina de querosene cheia de insetos, o chão nu gasto e liso como prata velha por causa dos pés descalços. Ela era a caçula dos filhos vivos. A mãe morreu antes. Falou: "Cuide do pai". Lena obedeceu. Então um dia o pai disse: "Você vai para Doane's Mill com McKinley. Vá se aprontar, esteja pronta quando ele chegar". Então ele morreu. McKinley, o irmão, chegou numa carroça. Enterraram o pai num bosque atrás de uma igreja rural numa tarde, com uma lápide de madeira. Na manhã seguinte ela foi embora para sempre, embora seja possível que ela não soubesse disso na época, na carroça com McKinley para Doane's Mill. A carroça era emprestada, e o irmão tinha prometido devolvê-la ao anoitecer.

E aí? O que ela fez então?

Nada. Só ficou sentada ali, na traseira, olhando lá fora como se nunca tivesse visto o campo — estradas árvores lavouras postes telefônicos — antes na vida. Ela não o viu em momento nenhum até que ele deu a volta até a porta de trás do caminhão. Não precisava. A única coisa que precisava fazer era esperar. E sabia que

Ele?

Claro. Estava de pé na beira da estrada quando fizemos a curva. Parado lá, sem cara de olhar ninguém, acanhado e decidido e calmo também, como se tivesse tomado no desespero a decisão de aproveitar a última chance e agora soubesse que nunca mais ia precisar se desesperar outra vez Ele continua: "Ele não me olhou em momento nenhum. Só parei o caminhão e ele já foi correndo para a traseira até a porta onde ela estava sentada. E ele foi até a traseira e ficou lá, e ela nem se espantou. 'Agora vim longe demais', diz ele. 'Macacos me mordam se dessa vez vou embora.' E ela olhando para ele como se soubesse o tempo todo o que ele ia fazer antes mesmo que ele próprio soubesse o que ia fazer e, fosse lá o que fizesse, não era o que pretendia.

"'Mas nunca ninguém falou pra você ir embora', diz ela." Ele ri, estendido na cama, rindo. "Sim, senhor. Não se pode bater numa mulher. Porque sabe o que eu acho? Acho que ela estava só viajando. Não acho que ela estava pensando em encontrar fosse lá quem estivesse seguindo. Acho que nunca nem pensou nisso, só que ainda não tinha falado para ele. Imagino que foi a primeira vez na vida que ela ficou longe de casa, mais longe do que conseguiria voltar antes do pôr do sol. E que tinha ido longe assim sem problema, com o pessoal cuidando direitinho dela. E aí eu acho que ela tinha acabado de resolver que ia viajar um pouco mais e ver tudo o que pudesse, pois imagino que quando ela se assentasse dessa vez, decerto seria pelo resto da vida. É isso o que eu acho. Sentada lá atrás naquele caminhão, agora com ele ao lado e o bebê que nunca parava de comer, que agora já estava comendo fazia uns quinze quilômetros, como um daqueles vagões-restaurante no trem, e ela olhando para fora e observando os postes de telefone e as cercas passando como se fosse um desfile de circo. Porque depois de um tempo eu falo, 'Logo é Saulsbury', e ela fala:

"'O quê?' e eu falo

"'Saulsbury, Tennessee', e olhei para trás e vi o rosto dela. E era como se já estivesse preparado e esperando pela surpresa, e que ela sabia que quando a surpresa chegasse, ela ia gostar. E chegou e agradou. Porque ela disse:

"'Ora, ora. O corpo anda mesmo. Não faz nem dois meses que estamos vindo do Alabama, e agora já é o Tennessee.'"

Lena Grove, força benigna incansável, prossegue com uma percepção bíblica do dom da vida, num contraste fulminante com a pulsão de morte de Joe Christmas e de sua Joanna Burden, e de Hightower, Grimm e todos os demais, exceto os solícitos e humorados Armstids. Faulkner dá a ela as visões de abertura e encerramento, enquadrando a violência, o ódio, o impulso autodestrutivo do restante do romance. Faulkner tem um visível apreço por ela, que redime claramente boa parte da misoginia que as feministas atribuem a ele.

Depois de *Enquanto agonizo*, considero *Luz em agosto* a realização estética mais primorosa de Faulkner. Tende a derrotar a crítica, talvez porque se aplique ao romance a falsa pedra de toque da "unidade". As sagas de Joe Christmas, Hightower e Lena são histórias separadas, e os vínculos entre elas são secundários. Mas a força narrativa sustenta os três relatos, cada qual auxiliado pela mútua justaposição. A existência de Joe Christmas é um pesadelo ininterrupto, enquanto Hightower vive num sonho irreal e Lena prossegue como o processo natural que ela mesma ilustra e realça.

É tão intricado o enredo de *Luz em agosto* que, a meu ver, será útil comentar seus aspectos mais labirínticos e de elaboração mais sinuosa. Indo para Jefferson, Lena vê a meia distância uma casa em chamas. Só mais tarde ficamos sabendo que é a casa de Joanna Burden, a que Joe Christmas ateou fogo depois de assassiná-la.

Byron Bunch, que se apaixona por Lena à primeira vista, é amigo de Hightower. Os dois representam as polaridades do ser, embora ambos sejam pessoas humanas e decentes. Byron vive na realidade, Hightower num sonho tennysoniano do passado com todas as suas ilusões. Lendas de seu avô na Guerra Civil — um ataque audacioso ou uma ignóbil imolação a tiros enquanto roubava galinhas — se misturam a estranhas memórias da infidelidade de sua esposa e às cenas de quando foi expulso da congregação de sua paróquia. Todas elas vêm aureoladas pela distância onírica. Somente ao fazer o parto de Lena é que Hightower se depara com a realidade. Isso leva à sua suprema tentativa de salvar Joe Christmas de um linchamento iniciado por uma turba da Ku Klux Klan, análogo à surra que Byron Bunch sofre nas mãos de Lucas Burch, o perpétuo destruidor das ilusões de Lena.

Luz em agosto é o livro de Joe Christmas, homem que não é negro nem branco, bondoso nem malévolo, condenado por sua região, criação e escolha a ser vítima inata total. Sua relação simbólica com Jesus Cristo não tem nada a ver com religião ou salvação, mas apenas com a condição de Jesus como exemplo do infinito sofredor.

O leitor não partilha a simpatia de Faulkner por Joe Christmas porque o romancista apresenta o pária em termos antipáticos: Christmas é assassino, maldoso com todas as mulheres enquanto tal, odeia seus próprios desejos sexuais e abomina os delas. Ele *é* a pulsão de morte para além do princípio de prazer e contamina Joanna Burden com o que, nela, se tornará a versão puritana da mesma enfermidade destrutiva.

Christmas é um protagonista trágico? Não no sentido shakespeariano: é uma caricatura mais complexa do que Popeye, mas, mesmo assim, é uma caricatura. Para figuras trágicas, quase shakespearianas, em Faulkner, o leitor deve recorrer a Darl Bundren e Quentin Compson, que possuem consciência, enquanto Thomas Sutpen me parece situado num equilíbrio precário entre a caricatura marlowiana e a interioridade shakespeariana.

Todavia, Joe Christmas parece oniabrangente; como Darl Bundren, sugere uma ausência de limites. Faulkner conseguiu capturar em Joe algo permanentemente americano, não apenas sulino. Não sabendo, mas temendo ser negro, Christmas em certo sentido é o homem comum americano, indagando a si mesmo quem ou o que é, temendo loucamente a loucura, os impulsos assassinos, o suicídio, a falta de amor ou a maldição de uma ascendência dividida. Nunca vou entender Cleanth Brooks comentando Faulkner. De alguma forma, esse protótipo do crítico sulino achava que Faulkner enaltecia tanto os supostos valores da comunidade quanto a unidade familiar. *Luz em agosto* mostra claramente a influência maligna tanto dos costumes sociais mississipianos quanto do romance familiar.

E ainda assim este é o romance de Faulkner mais rico na originalidade dos tons e perfis humanos. Christmas recuperando o equilíbrio e Joanna cada vez mais perturbada mentalmente, o duvidoso agrupamento de Lucas Burch, McEachern e Doc Hines constituem os extremos do livro: o *Sturmmann* nazista *avant la lettre* Percy Grimm, que mata e mutila Joe Christmas; Hightower com seus delírios benignos; Byron Bunch e, acima de tudo, Lena Grove, a Eva não caída de um mundo que, não fosse ela, seria totalmente desolado.

De fato *Luz em agosto* é o livro de Joe Christmas; no entanto, sempre que o relembro, penso primeiro em Lena. Sua importância para a obra tem sido questionada, mas não por nenhum leitor profundo de Faulkner. Sua presença serena contribui para aquilo que podemos chamar de "êxtase do normal" em Faulkner, momentos curiosos que são epifanias seculares.

Como seu ancestral Melville em *Moby Dick* e seu discípulo Cormac McCarthy em *Meridiano de sangue*, Faulkner alterna a ação violenta com um quietismo análogo àquele que acalma "o Atlântico tormentoso de meu ser" de Melville. Há em Faulkner misteriosos momentos de escuta, como se sua arte narrativa procurasse um centro imóvel, onde a violência racial, a violência pessoal e as angústias da cópula e da morte nunca conseguissem entrar.

HART CRANE

WHITE BUILDINGS: PURGATÓRIO URBANO

Praise for an urn

Ouve-se o grito do oceano em Stevens e em Eliot, mas abafado, eco encoberto de Whitman. Hart Crane, entrelaçando deliberadamente Melville e Whitman, retorna ao diapasão da água em ambos. É como se sua renúncia órfica se enriquecesse com eles a um altíssimo preço de confirmação, mais sombrio para a vida do que para a obra.

A capacidade de Crane de absorver os precursores americanos se estende a Dickinson e a Eliot: seu talento tinha de ser muito grande para *sobreviver* a tanta riqueza. Hart Crane, aos dezessete anos, tinha uma voz única, refinada por uma revisão incessante até sua morte em 1932. A imagem da voz em Whitman é o que ele chamava de "talha"; a de Crane é a mais tradicional de todas, o vento:

And so it was I entered the broken world
To trace the visionary company of love, its voice
An instant in the wind (I know not whither hurled),
But not for long to hold each desperate choice.*

Os verbos de Whitman são intransitivos, bem como seu eros, dirigido "A ti, quem quer que sejas" [*To You, Whoever You Are*]. Os verbos de Crane procuram e logo encontram objetos demais. Seu eros também. A talha re-

---

* E foi assim que ingressei na terra fraturada/ Buscando a companhia visionária do amor, voz que ouvi/ Por um instante no vento (ignoro para onde soprada),/ Mas breve demais para reter tudo o que desesperado escolhi.

produz as vozes do tordo-imitador e do tordo eremita, fundindo-as com a de Whitman e as da noite, da morte, da mãe e do mar. Convertendo-se no vento, as palavras de Hart transpõem o mar e a relva sonhadora da pradaria, transmembrando a imagem da eleição poética num mito consciente.

As profundas continuidades de Crane com a tradição romântica emergem vigorosamente na elegia "Praise for an Urn" [Louvor a uma urna]. Ernest Nelson, pintor que o jovem poeta conheceu em Cleveland, cidade onde cresceu, morreu atropelado por um motorista imprudente em dezembro de 1921. O memorial de Crane veio logo a seguir:

> It was a kind and northern face
> That mingled in such exile guise
> The everlasting eyes of Pierrot
> And, of Gargantua, the laughter.
>
> His thoughts, delivered to me
> From the white coverlet and pillow,
> I see now, were inheritances—
> Delicate riders of the storm.
>
> The slant moon on the slanting hill
> Once moved us toward presentiments
> Of what the dead keep, living still,
> And such assessments of the soul
>
> As, perched in the crematory lobby,
> The insistent clock commented on,
> Touching as well upon our praise
> Of glories proper to the time.
>
> Still, having in mind gold hair,
> I cannot see that broken brow
> And miss the dry sound of bees
> Stretching across a lucid space.

Scatter these well-meant idioms
Into the smoky spring that fills
The suburbs, where they will be lost.
They are no trophies of the sun.*

  Pierrô, o gentil palhaço da *commedia dell'arte*, em Nelson se une a Gargântua, exuberante gigante da vontade em Rabelais. O poder duradouro do poema reside nas duas estrofes finais. A perda última de Crane vem expressa na figura extremamente original do "som áspero das abelhas/ Se estendendo por um espaço luminoso" [*And miss the dry sound of bees/ Stretching across a lucid space*]. É uma metáfora da consciência de Nelson, de sua serenidade amavelmente irônica.
  A última estrofe é Crane no melhor de si: os idioletos — a própria linguagem do poema — se misturam às cinzas de Nelson. O verso final faz um jogo soberbo com o fechamento de "Ode on Melancholy", de Keats:

I
No, no, go not to Lethe, neither twist
  Wolfs-bane, tight-rooted, for its poisonous wine;
Nor suffer thy pale forehead to be kiss'd
  By nightshade, ruby grape of Proserpine;
Make not your rosary of yew-berries,
  Nor let the beetle, nor the death-moth be
   Your mournful Psyche, nor the downy owl
A partner in your sorrow's mysteries;
  For shade to shade will come too drowsily,
   And drown the wakeful anguish of the soul.

---

* Era um afável rosto do norte/ Que nesse disfarce do exílio/ Reunia os olhos eternos de Pierrô/ E de Gargântua a gargalhada.// Seus pensamentos, que me dizia/ Do travesseiro e da colcha branca,/ Vejo agora, eram heranças —/ Delicados cavaleiros da tormenta.// A lua inclinada na inclinação do morro/ Levou-nos certa vez a pressentimentos/ Do que guardam os mortos, ainda vivos,/ E outras tais avaliações da alma// Enquanto, instalado na sala do crematório,/ O relógio insistente continuava a falar,/ Citando também nosso louvor/ Às glórias adequado ao momento.// Mas, lembrando o cabelo dourado,/ Não consigo ver aquele rosto perdido/ E sinto falta do som áspero das abelhas/ Se estendendo por um espaço luminoso.// Espalha esses idioletos sinceros/ Na primavera enfumaçada que ocupa/ Os subúrbios, onde se dissolverão./ Não são troféus do sol.

II
But when the melancholy fit shall fall
    Sudden from heaven like a weeping cloud,
That fosters the droop-headed flowers all,
    And hides the green hill in an April shroud;
Then glut thy sorrow on a morning rose,
    Or on the rainbow of the salt sand-wave,
        Or on the wealth of globed peonies;
Or if thy mistress some rich anger shows,
    Emprison her soft hand, and let her rave,
        And feed deep, deep upon her peerless eyes.

III
She dwells with Beauty—Beauty that must die;
    And Joy, whose hand is ever at his lips
Bidding adieu; and aching Pleasure nigh,
    Turning to poison while the bee-mouth sips:
Ay, in the very temple of Delight
    Veil'd Melancholy has her sovereign shrine,
        Though seen of none save him whose strenuous tongue
Can burst Joy's grape against his palate fine;
    His soul shall taste the sadness of her might,
        And be among her cloudy trophies hung.*

---

* I. Não, não, ao Letes não vás, nem espremas/ Do veneno-de-lobo, de firmes raízes, seu sumo mortal;/ Nem permitas que tua pálida fronte receba o beijo/ Da sombra-da-noite, rubra uva de Prosérpina;/ Não faças teu rosário com bagas de teixo,/ Nem deixes que a mariposa-caveira seja/ Tua Psiquê pesarosa, nem a coruja penugenta/ Parceira nos mistérios de teu sofrimento;/ Pois a sombra à sombra virá por demais dormente/ E adormecerá a angústia desperta da alma.// II. Mas quando o acesso de melancolia vier/ Súbito dos céus como nuvem em pranto,/ Que acaricia todas as flores de corola caída/ E oculta o verdor numa mortalha de abril;/ Sacia então teu pesar numa rosa matinal/ Ou no arco-íris da onda salgada na areia/ Ou na fartura das pétalas das peônias;/ Ou, se tua amada demonstrar intensa ira,/ Toma-lhe a mão suave, deixa-a se enfuriar/ E te alimenta no fundo de seu inigualável olhar.// III. Ela mora com a Beleza — a Beleza que fanará;/ E com a Alegria, sempre com a mão nos lábios/ A se despedir, e com o dolorido Prazer ao lado,/ Virando veneno enquanto a boca da abelha o sorve:/ Sim, no próprio templo do Deleite/ A Melancolia velada tem seu santuário

A "boca da abelha" [*bee-mouth*] pode ter sugerido a Crane o som áspero das abelhas [*the dry sound of bees*]. O poeta keatsiano empreendendo sua busca termina como mais uma vítima gloriosa da Melancolia, aqui tomada como musa. Os "nebulosos troféus" [*cloudy trophies*] do espírito de poetas como Shelley, Keats e Hart Crane serão exibidos entre nossos triunfos. Crane acreditava que sua elegia a Ernest Nelson se dissolveria e não se tornaria um dos troféus do Deus Sol. Felizmente, tal pessimismo se demonstrou equivocado em relação a seus poemas mais vigorosos, inclusive este.

Possessions

Comecei a ler Hart Crane na biblioteca em meu aniversário de dez anos. Quando fiz doze anos, em 11 de julho de 1942, minhas irmãs fizeram uma vaquinha entre elas e me compraram um exemplar de *The Collected Poems of Hart Crane*, o primeiro livro que tive na vida. Hoje começo a escrever este meu adeus a meu poeta favorito entre todos, antigos e modernos. A paixão de um leitor por uma poesia que ele mal entendera em seu primeiro contato cresceu ao longo de setenta anos, tornando-se um instrumento ou pedra de toque para julgar e apreciar toda a poesia americana.

Crane fundiu deliberadamente seus precursores americanos ao fogo purificador de seu estilo e postura. Whitman, Melville, Dickinson, Poe, Eliot e Stevens se somam a Blake, Shelley, Keats e Hopkins entre seus antepassados vigorosos, bem como Shakespeare, Marlowe, Donne e Rimbaud. Mas tão demônico era o dom de Hart Crane, tão possuído por uma visão do poder da poesia em transformar o eu e o cosmo, que ele pouco se intimidou com essa colossal tradição.

Crane escolheu como epígrafe ao seu primeiro volume, *White Buildings* (1926), o verso de Rimbaud em *Iluminações*: "Só pode ser o fim do mundo, avançando". Embora se encontrem lampejos indiretos de Rimbaud na fase inicial de Crane, o sentimento apocalíptico lhe é estranho. Mas mesmo aque-

---

soberano,/ Por ninguém vista salvo aquele cuja vigorosa língua/ Consegue estalar a uva da Alegria contra o palato;/ O espírito dele sentirá então como é triste o poderio dela/ E entre seus nebulosos troféus estará incluído.

les primeiros poemas mostram claramente uma espiritualidade rica e independente de filiações religiosas, que pode se tornar um desejo de finalidades.

Tenho aprendido cada vez mais a mergulhar na apreciação de "Possessions", uma obra-prima selvagem que explora a descida noturna de Crane ao inferno do Averno, enquanto ele se arrisca à caçada homoerótica nas ruas de Greenwich Village:

> Witness now this trust! the rain
> That steals softly direction
> And the key, ready to hand—sifting
> One moment in sacrifice (the direst)
> Through a thousand nights the flesh
> Assaults outright for bolts that linger
> Hidden,—O undirected as the sky
> That through its black foam has no eyes
> For this fixed stone of lust...
>
> Accumulate such moments to an hour:
> Account the total of this trembling tabulation.
> I know the screen, the distant flying taps
> And stabbing medley that sways—
> And the mercy, feminine, that stays
> As though prepared.
>
> And I, entering, take up the stone
> As quiet as you can make a man...
> In Bleecker Street, still trenchant in a void,
> Wounded by apprehensions out of speech,
> I hold it up against a disk of light—
> I, turning, turning on smoked forking spires,
> The city's stubborn lives, desires.
>
> Tossed on these horns, who bleeding dies,
> Lacks all but piteous admissions to be spilt
> Upon the page whose blind sum finally burns

Record of rage and partial appetites.
The pure possession, the inclusive cloud
Whose heart is fire shall come,—the white wind rase
All but bright stones wherein our smiling plays.*

"Pedra" [*stone*] faz um jogo antitético entre a gíria para a genitália masculina e a "pedra branca" de Revelações 2:17:

> Quem tem ouvidos ouça o que o Espírito diz às igrejas: Ao que vencer darei eu a comer do maná escondido, e dar-lhe-ei uma pedra branca, e na pedra um novo nome escrito, o qual ninguém conhece senão aquele que o recebe.**

Que nome desconhecido virá inscrito na pedra que Crane pega para substituir "essa pedra fixa do desejo" [*this fixed stone of lust*]?

Meus alunos, que consideram o poema um triunfo de exaltação negativa, tendem a questionar o plural do título "Possessions". Crane inclui explicitamente uma única "possessão pura", que a Revelação nomeia como Jesus Cristo, mas que o poeta se abstém de expor. A possessão inicial é a do desejo insensato, seus dardos "indirecionados como o céu" [*undirected as the sky*].

Nenhum outro poema de Hart Crane apresenta tão vigorosamente o sofrimento demônico sob o domínio do impulso de alívio sexual (não de saciação). Penso na sextina "pétrea" de Dante à Dama Pietra e nos sonetos de

---

* Presencia agora essa confiança! a chuva/ Que desvia suavemente de direção/ E a chave, pronta para entregar — triando/ Um momento em sacrifício (o mais medonho)/ Entre mil noites a carne/ Ataca direto por dardos que continuam/ Ocultos — ó indirecionados como o céu/ Que entre sua espuma negra não tem olhos/ Para essa pedra fixa do desejo...// Acumula tais momentos numa hora:/ Calcula o total dessa tabulação trêmula./ Conheço o crivo, a leve batidinha distante/ E a mistura que balança trespassante —/ E a mercê, feminina, que permanece/ Como que preparada.// E eu, entrando, pego a pedra/ Quieto como pode um homem ficar.../ Em Bleecker Street, ainda cortante num vazio,/ Ferido por apreensões da fala,/ Ergo-a contra um disco de luz —/ Eu, girando, girando em espetos enfumaçados,/ Na cidade as vidas e desejos obstinados.// Atirado a esses chifres, a quem sangrando morre/ Só não faltam comoventes confissões a verter/ Na página cuja soma cega por fim incendeia/ O registro de fúria e apetites parciais./ A possessão pura, a nuvem inclusiva/ Cujo coração é fogo virá — o vento branco vem elidir/ Tudo menos as pedras brilhantes onde brinca nosso sorrir.
** Aqui na tradução de Almeida corrigida e revisada fiel. (N. T.)

Shakespeare à Dama Escura enquanto recito "Possessions", poema de uma eloquência tão ardente que é digno de figurar em tal companhia. O "desejo é morte" de Shakespeare poderia servir de epígrafe a Crane, décadas antes da epidemia de aids. Whitman se absteve de abraçar seu demo, o "irmão e demo obscuro" das elegias de *Detritos marinhos*. Crane, que ultrapassa Whitman como poeta órfico americano, caminha pela Bleecker Street, numa fusão desesperada com seu demo, que talvez encontre um novo nome ou pereça.

Por que o poema começa com "Presencia agora essa confiança!" [*Witness now this trust!*]? Crane não *confia* na pedra branca da Revelação. Acredita apenas em escrever o próximo poema, o único evento relacional em que pode confiar. Nisso Crane é herdeiro de Whitman e Dickinson. A pedra é sua talha, uma imagem de voz que vai somando mil noites de desejo não direcionado e subtraindo até a autodestruição.

O desenrolar do poema depende de verbos e substantivos de triagem e enumeração: "*sifting*" [triando], "*a thousand nights*" [mil noites], "*accumulate*" [acumula], "*account the total*" [calcula o total], "*tabulation*" [tabulação], "*medley*" [mistura], "*blind sum*" [soma cega], "*record*" [registro]. A tarefa de Crane é dar alguma luminosidade a esse poema sombrio, para que seja algo mais do que uma contagem decrescente na descida ao Averno. Relembrando, mas também transpondo as cidades infernais de Blake, Baudelaire, Dickens em *O amigo comum* e T.S. Eliot, "Possessions" entra num espaço literário que, à primeira vista, pode parecer angustiado demais para permitir uma reação estética.

Pater definia o Alto Romantismo como "estranheza acrescentada à beleza". Em "Possessions", um estranhamento é obrigado a assumir um jogo fabuloso entre o demônico grego, que sempre foi uma imagem, e o demo profético hebreu, que era uma voz. Angus Fletcher enfatizou a distância entre imagem e voz em Shelley e Whitman. Assim, a talha de Walt é uma imagem da voz, enquanto Hart Crane nos dá a voz de uma imagem. Os carnais "dardos que continuam/ Ocultos" [*bolts that linger/ Hidden*] se transmutam no desejo "ainda cortante no vazio/ Ferido por apreensões da fala" [*still trenchant in a void,/ Wounded by apprehensions of speech*]. Isso lembra a voz do tordo eremita de Whitman, sua "canção da garganta sangrenta" [*song of the bleeding throat*] na elegia "Lilacs".

Quando Crane conclui com a pedra branca das Revelações, é a imagem demônica que domina, mas permanece um resquício espectral da imagem da voz.

Crane, artífice imensamente sofisticado, nunca foi mais hábil do que em "Possessions". Todas as imagens do poema se entretecem numa só talha negativa ou numa imagem da voz ferida. A "confiança" ("Presencia agora essa confiança!") está em sua própria arte de fundir imagem fálica e poema acabado. Yeats dizia buscar uma imagem, não uma voz; contudo Crane, na tradição americana, raramente conseguia decidir entre uma e outra, e assim, como Whitman e Stevens, proclama que é grande a voz dentro de nós que se eleva.

A conversão dessa "pedra fixa do desejo" começa quando Crane, vagueando à noite pela Bleecker Street, ergue-a "contra um disco de luz" (um poste de rua, talvez) e tem a horrenda visão de si mesmo sendo grelhado no espeto giratório dos arranha-céus:

I, turning, turning on smoked forking spires,
The city's stubborn lives, desires.

Eles se transformam nos chifres de um touro que se cravam no poeta, e então o sangramento se transforma maravilhosamente no gesto de compor "Possessions": "comoventes confissões a verter/ Na página" [*piteous admissions to be spilt/ Upon the page*]. Os chifres são também os "espinhos da vida" [*thorns of life*] sobre os quais Shelley cai e sangra em sua ode ao indômito "Destruidor e Preservador" [*Destroyer and Preserver*], o "selvagem vento oeste" [*wild West Wind*].

Crane se eleva a um sublime americano nos três versos finais, quando a "possessão pura" substitui radiante a pulsão sexual possessiva. A moralização é posta de lado pelo apocalipse ou pelo total desnudamento de si. Hart Crane faz um trocadilho entre seu nome e o "coração" [*heart*] de fogo, imagem que se estende até o vento branco de "Possessions" que elidirá tudo, exceto as pedras cintilantes do novo nome "onde brinca nosso sorrir".

A imagem demônica da pedra cede lugar à pedra de novo nome secreto; a contagem negativa na talha ("*blind sum*" ou "soma cega") se incendeia, e a voz do vento branco apaga tudo, exceto o novo. Por que isso é persuasivo? Crane não está pregando Cristo: como fará em *A ponte*, entoa um hino a um deus desconhecido, visto que conhece apenas o hino, o próximo poema a ser escrito, se o conseguir.

Passage

Esta é uma das meditações mais sombrias de Crane, mostrando afinidades com "Possessions" e "The Tunnel" em *A ponte*. Ela avança ousadamente da ode "Immortality" de Wordsworth para "As I Ebb'd with the Ocean of Life" de Whitman e termina contextualizando Whitman e o próprio Crane no cosmo alto romântico de Blake, Coleridge e Shelley. Toda essa carga de alusões não anula a busca de Crane, que é alcançar o épico americano que aceite vigorosamente seu próprio caminho acidentado.

A quadra inicial me assombra desde a infância:

Where the cedar leaf divides the sky
I heard the sea.
In sapphire arenas of the hills
I was promised an improved infancy.*

Embora longe da costa — como Wordsworth na ode "Immortality", com a visão de crianças brincando na praia —, a Crane foi "prometida melhor infância" [*was promised an improved infancy*], mas ele o pretende num sentido radicalmente americano, como Adão ao amanhecer. Freud observou que tudo se encerrava para nós no primeiro ano de vida. Crane entende diferente: há um profundo *páthos* em sua expressão "melhor infância".

"Passage" é um embate contra o cosmo de *Detritos marinhos* do pai poético primordial de Crane, Walt Whitman, que inventou a Ode à Costa Americana. É arriscado combater Walt à beira-mar, porque a ele pertencem as costas dos EUA.

O que Crane alcança não é uma vitória, mas um transmembramento:

The evening was a spear in the ravine
That throve through very oak. And had I walked
The dozen particular decimals of time?
Touching an opening laurel, I found
A thief beneath, my stolen book in hand.

---

* Onde a folha do cedro divide o céu/ Ouvi o mar./ Nas arenas de safira dos montes/ Foi-me prometida melhor infância.

"Why are you back here—smiling an iron coffin?"
"To argue with the laurel". I replied:
"Am justified in transience, fleeing
Under the constant wonder of your eyes—".

He closed the book. And from the Ptolemies
Sand troughed us in a glittering abyss.
A serpent swam a vertex to the sun
—On unpaced beaches leaned its tongue and drummed.
Memory, committed to the page, had broke.*

Isso relembra e procura transpor um encontro extraordinário entre Whitman e seu demo, ou o "Eu real", em "As I Ebb'd with the Ocean of Life":

O baffled, balk'd, bent to the very earth,
Oppress'd with myself that I have dared to open my mouth,
Aware now that amid all that blab whose echoes recoil upon me I have not once had the least idea who or what I am,
But that before all my arrogant poems the real Me stands yet untouch'd, untold, altogether unreach'd,
Withdrawn far, mocking me with mock-congratulatory signs and bows,
With peals of distant ironical laughter at every word I have written,
Pointing in silence to these songs, and then to the sand beneath.

I perceive I have not really understood any thing, not a single object, and that no man ever can,

---

* O anoitecer era uma lança na ravina/ Que atravessava todos os carvalhos. Terei/ Percorrido a dúzia de decimais do tempo?/ Tocando num loureiro cavado, encontrei/ Um ladrão ali, na mão meu livro roubado.// "Por que estás aqui de volta — sorrindo a um caixão de ferro?"/ "Para discutir com o loureiro", respondi:/ "O que me justifica é o transitório, fugindo/ Sob o assombro constante de teus olhos —".// Ele fechou o livro. E dos Ptolomeus/ A areia nos arrastou num abismo cintilante./ Uma serpente ondulou num vértice ao sol/ — Em praias desertas estendeu a língua e rufou./ A memória, entregue à página, se rompera.

Nature here in sight of the sea taking advantage of me to dart upon me and
    sting me,
Because I have dared to open my mouth to sing at all.*

"Essas canções" [*these songs*] seriam um exemplar de *Folhas de relva* que Walt tem nas mãos. Quanto a Crane, por sua vez, *seu* livro lhe foi roubado por seu próprio irmão sombrio e demo obscuro. "Passage" foi escrito no final de 1925 e saiu na primeira coletânea de Crane, *White Buildings*, publicada em 1926.

O embate poético é a discussão com os louros ou a usurpação de Whitman e Eliot por Crane. A serpente que ondula em vértice (ou vórtice) até o sol sugere uma figura shelleyiana e profetiza a cena da praia em "The Auroras of Autumn" de Stevens. O vórtice de Crane joga com o vórtice criado pelo *Pequod* ao soçobrar e com o redemoinho na seção "Death by Water" em *A terra desolada*.

As praias desertas registram a ausência de Whitman, enquanto a justaposição de fontes e gelo sugere "Kubla Khan" de Coleridge. A passagem de Crane para uma nova poética abandona a memória de seus precursores, adotando uma retórica da ruptura para lidar com o mundo rompido.

Repose of Rivers

Crane compôs "Repose of Rivers" [Repouso dos rios] em 1926, antes de viajar até a Ilha dos Pinheiros no Caribe para continuar o trabalho em *A ponte*. Pôde incluí-lo em *White Buildings*, no qual o poema concorre em excelência com "Possessions" e a sequência de "Voyages".

---

* Oh, aturdido, frustrado, curvado até a própria terra,/ Oprimido comigo mesmo por ter ousado abrir a boca,/ Ciente agora de que, entre todo o palavrório cujo eco reverbera em mim, nunca, jamais tive a mínima ideia do que ou quem sou,/ Mas que diante de todos os meus poemas arrogantes o Eu real ainda permanece intocado, inexpresso, inteiramente inalcançado,/ Postado à distância, zombando de mim com gestos e vênias de falsas congratulações,/ Com acessos de gargalhadas irônicas ao longe a cada palavra que escrevi,/ Apontando em silêncio para essas canções e então para a areia abaixo.// Percebo que não entendi realmente nada, nem um único objeto, e que nenhum homem jamais entenderá,/ A Natureza aqui, à vista do mar, aproveitando-se de mim para me dardejar e aguilhoar,/ Porque simplesmente ousei abrir minha boca para cantar.

A encarnação do caráter poético essencial para o Sublime romântico ocorre na cena de instrução em "Repose of Rivers". Crane escolhe *Moby Dick* e "Song of Myself" como pontos de partida alusivos do poema, pois está prestes a entrar em seu *annus mirabilis* e quer que seus precursores americanos mais vigorosos o ajudem em sua busca. Aqui se aliam a orientação sexual e o amadurecimento poético: o amor de Whitman pelos camaradas e o "casamento" de Ismael e Queequeg fazem parte do papel que os precursores devem desempenhar.

Uma vez arrisquei a interpretação de que o verso "Quanto eu teria trocado!" [*How much I would have bartered!*] em "Repose of Rivers" sugeria uma troca da "natureza pela poesia", mas era simplista. Quem vai definir "natureza"? A "natureza" do rei Lear é antitética à de Edmundo, o Bastardo, e a opinião de Allen Tate e Yvor Winters de que a orientação sexual do amigo Crane ia contra a natureza é de pouco interesse hoje em dia. Crane não era propriamente feliz em seu homoerotismo, porém teria sido ainda mais infeliz se gostasse de mulheres. Ele fora um campo de batalha onde seus pais egoístas e obtusos seguiam suas motivações narcisistas, assim dilacerando a psique do filho: quase desde o começo do casamento, a mãe extremamente neurótica e imatura, cuja beleza fanou rapidamente, e o pai, grande empresário, desentenderam-se, e cada um tentava indispor o filho contra o outro. O gênio demônico de Crane era tão forte que sobreviveu e se tornou um grande poeta, mas o custo dessa confirmação foi a tendência autodestrutiva.

Crane é tremendamente sutil, mesmo para seus padrões, ao unir sua voz à do rio:

> The willows carried a slow sound,
> A sarabande the wind mowed on the mead.
> I could never remember
> That seething, steady leveling of the marshes
> Till age had brought me to the sea.*

---

* Os salgueiros transportavam um som lento,/ Uma sarabanda que o vento ceifava no prado./ Eu nunca relembraria/ Aquele constante e agitado nivelamento dos pântanos/ Até a idade me trazer ao mar.

No capítulo 58 de *Moby Dick*, as baleias fêmeas amamentam os filhotes:

Como ceifadores matinais, que vagarosos e constantes avançam lado a lado com as foices entre o extenso matagal úmido dos prados pantanosos, assim esses monstros nadavam, fazendo um som estranho, cortante, vegetal...

A sarabanda é uma dança espanhola antiga, lenta e majestosa. Como o poema é visionário e não natural, há fantasmagoria por todas as partes: rios que falam, ventos que dançam, tartarugas colossais em lento coito cruel, destruídas pelo calor do sol. A fonte provável de Crane foi *As ilhas encantadas*, de *The Piazza Tales* de Melville, mas há um visível paralelo com os poemas de tartarugas de D. H. Lawrence em *Birds, Beasts, and Flowers*.

Na estrofe seguinte, "bandeiras, algas" [*flags, weeds*] sugerem uma alusão a Whitman em "Song of Myself", e o mesmo acontece quando o poeta penetra incestuoso nas águas maternas. Whitman se funde com a mãe na canção de morte do tordo eremita na elegia "Lilacs":

Flags, weeds. And remembrance of steep alcoves
Where cypresses shared the noon's
Tyranny; they drew me into hades almost.
And mammoth turtles climbing sulphur dreams
Yielded, while sun-silt rippled them
Asunder...

How much I would have bartered! the black gorge
And all the singular nestings in the hills
Where beavers learn stitch and tooth.
The pond I entered once and quickly fled—
I remember now its singing willow rim.*

---

* Bandeiras, algas. E lembrança de íngremes alcovas/ Onde os ciprestes exerciam a tirania/ Do meio-dia; atraíram-me quase ao hades./ E tartarugas colossais escalando sonhos sulfúricos/ Rendiam-se, marcadas pelo limo do sol/ A fendê-las...// Quanto eu teria trocado! a garganta negra/ E todos os singulares ninhos nos montes/ Onde os castores aprendem a dentear e cruzar./ O lago onde entrei uma vez e logo fugi —/ Lembro agora a orla de salgueiros cantantes.

O cipreste, tradicionalmente, representa o sofrimento erótico, enquanto o salgueiro é o símbolo do luto e também a assinatura de Orfeu. Crane emprega a rima interna "*alcoves/almost*" para intensificar o risco do incesto heterossexual: "o lago onde entrei uma vez e logo fugi" [*the pond I entered once and quickly fled*]. Qualquer pessoa que tenha visto o violento acasalamento dos castores verá valor em "*stitch and tooth*" [dentear e cruzar].

O som lento dos salgueiros se avoluma na orla de salgueiros cantantes do lago e preludia a soberba solução do poema:

And finally, in that memory all things nurse;
After the city that I finally passed
With scalding unguents spread and smoking darts
The monsoon cut across the delta
At gulf gates… There, beyond the dykes

I heard wind flaking sapphire, like this summer,
And willows could not hold more steady sound.*

A cidade é, ao mesmo tempo, a Nova York de Hart Crane e a Nova Orleans do Mississippi, como reaparecerá no extraordinário fecho de "The River" em *A ponte*. O tom rançoso dos homoeróticos "unguentos escaldantes e dardos fumegantes" [*scalding unguents spread and smoking darts*] é poeticamente compensado pelo fecho shelleyiano e órfico dos dois versos finais.

O lascado do céu safira é ao mesmo tempo uma quebra órfica e um jorrar shelleyiano do azul da visão. Como observou Langdon Hammer, é apocalíptico, mais uma queda da natureza. "Repose of Rivers" tem a mesma postura de Blake e Shelley e está à altura deles.

---

* E finalmente, naquela lembrança tudo se alimenta;/ Depois da cidade que finalmente atravessei/ Com unguentos escaldantes e dardos fumegantes/ A monção percorria todo o delta/ Até os portões do golfo… Lá, além dos diques,// Ouvi o vento lascando a safira, como este verão,/ E os salgueiros não podiam reter som mais constante.

At Melville's Tomb

Crane escreveu esse soberbo tributo a Herman Melville em outubro de 1925 e o publicou em *White Buildings*, no qual fica logo antes dos seis "Voyages". A "tumba" de Melville é o oceano e *Moby Dick*, mas também o abismo primordial sob as ondas.

Often beneath the wave, wide from this ledge
The dice of drowned men's bones he saw bequeath
An embassy. Their numbers as he watched,
Beat on the dusty shore and were obscured.

And wrecks passed without sound of bells,
The calyx of death's bounty giving back
A scattered chapter, livid hieroglyph,
The portent wound in corridors of shells.

Then in the circuit calm of one vast coil,
Its lashings charmed and malice reconciled,
Frosted eyes there were that lifted altars;
And silent answers crept across the stars.

Compass, quadrant and sextant contrive
No farther tides... High in the azure steeps
Monody shall not wake the mariner.
This fabulous shadow only the sea keeps.*

---

* Muitas vezes sob a onda, longe dessa orla/ Os ossos dos afogados, desfeitos em dados, deixam/ Uma mensagem. Seus números, enquanto observava,/ Batiam na areia da praia que os sombreava.// E naufrágios passavam sem o dobre de finados,/ O cálice da abundância da morte devolvendo/ Um capítulo espalhado, um lívido hieróglifo,/ Numa concha recurva os presságios enrolados.// Então no calmo circuito de uma só longa espiral,/ Suas fustigadas em suspenso e a malícia reconciliada,/ Olhos gelados ali estavam a erguer altares;/ E silentes respostas surgiam nos espaços estelares.// Bússola, quadrante e sextante não concebem/ Marés mais distantes... Lá no alto azul além/ A monodia não despertará o marinheiro./ Essa sombra fabulosa que só o mar contém.

Vários de meus saudosos amigos, igualmente apreciadores de Melville e Crane, pediram que esse poema fosse lido durante seus enterros. É uma última palavra para Melville, Hart Crane e todos os leitores que partilham a mesma visão trágica do materialismo em assuntos referentes à morte.

O controle de Crane é um milagre de firmeza e contenção nesse poema muito formal. Como Hamlet, Melville é o embaixador da morte entre nós. Os "números" [*numbers*] se referem aos dados em que o mar transformou os corpos dos afogados, mas também à métrica de Crane. O "cálice" [*calyx*] é um vórtice de um navio naufragando, como o *Pequod* de Ahab, e também uma cornucópia. A palavra grega *calyx*, que se refere ao conjunto das sépalas de uma flor, ainda significa um cálice ou recipiente para beber. John Irwin, a grande autoridade na imagem dos hieróglifos na Renascença americana, recorda-nos que Queequeg, com suas tatuagens, é ele mesmo um hieróglifo, porém Ahab e o livro inteiro também o são. A Baleia Branca e o lívido Ahab se tornam os maiores hieróglifos demônicos.

Com a "espiral" [*coil*] e "fustigadas" [*lashings*], ainda estamos no mundo de *Moby Dick*, no qual ambas remetem ao tipo de morte de Ahab. Os "olhos gelados" [*frosted eyes*] são os de Ismael boiando e fitando a constelação de Ara (o altar), enquanto as silentes respostas vêm da constelação de Cetus (a baleia) e da constelação de Argo Navis (o barco *Argo*).

Num momento dramático de *Moby Dick*, Ahab destrói seu quadrante, instrumento de navegação, e mais adiante a bússola do *Pequod* sofre uma inversão. Crane, em carta a Harriet Monroe, comentou que instrumentos como a bússola, o quadrante e o sextante ampliaram os conceitos de espaço na imaginação, e assim metaforicamente ampliaram as fronteiras do visto e do não visto.

A monodia do poeta não despertará Melville, o marinheiro, visto que nem o autor de *Moby Dick*, nem o autor de *A ponte* acreditam na ressurreição. O que resta é uma sombra fabulosa de Ahab e sua tripulação, bem como do próprio Hart Crane, outro afogado que somente o oceano conserva em suas águas.

Voyages

Voyages II

Omito os comentários sobre "Voyages I" — por agradável que seja, não precisa de explicações. Mas "Voyages II" de Crane é o equivalente do século XX ao "Kubla Khan" de Coleridge no século XIX: uma música cognitiva absoluta capturada num só poema de imensa reverberação. Decorei os dois poemas muito tempo atrás, antes de compreendê-los, e somente agora minha apreciação desabrocha com plena clareza.

A grande figura shakespeariana do *sea change*, entendido como metamorfose ou profunda transformação, assombra igualmente *A terra desolada* e "Voyages". Crane, em seu amor por Emil Opffer, o marinheiro mercante dinamarquês com quem manteve um breve e apaixonado relacionamento, sofre *sea change* mesmo quando o poeta entreouve seu próprio poema e enumera suas perdas. A celebração extasiada da mútua paixão reflui com o refluxo do oceano da vida. Seguindo na esteira de Shelley, Crane também descobre que o amor e os meios do amor são irreconciliáveis.

"Alastor, or the Spirit of Solitude", que Shelley compôs em 1815, aos 23 anos de idade, é a busca incessante de um jovem poeta para se unir a uma mulher onírica. Narcisista e solipsista, ele é assombrado por seu demo, uma nêmese que é um espírito vingador. Percorrendo numa pequena chalupa os litorais da Ásia Menor, o poeta se consome até a morte. Crane toma a "Alastor" a unidade de "sono, morte, desejo" e a viagem do poeta, que se torna o lento embalo do barco levando os amantes entre "adágios de ilhas". "Voyages I", composto antes, introduz a ameaça em seu verso final: "o fundo do mar é cruel" [*the bottom of the sea is cruel*]. Até aí, o poema entretecia as crianças brincando na praia, da ode "Immortality" de Wordsworth, com a fantasia whitmaniana dos 29 banhistas de "Song of Myself", estando Crane no papel da vigésima nona banhista. Em "Voyages II", estamos em outro mundo, o heterocosmo de Hart Crane. Embora seja um domínio de realização sexual plena, o senso demônico de perda inunda o poema, prenunciando a total rendição à morte.

Crane preenche e carrega todas as fissuras com minério bruto (recomendação agonística de Keats a Shelley, numa carta em que ele lhe sugere que está compondo sua poesia com demasiada pressa e em demasiada profusão), atingindo uma riqueza retórica que rivaliza com Coleridge, Shelley, Keats e Tennyson. O jorro de êxtase erótico do poema é apresentado com um arrebatamento que ultrapassa qualquer criação anterior do poeta órfico americano, cuja musa não é tanto Emil Opffer, mas o próprio demo de Crane, que traz em si a potência divina, porém também o sentimento de culpa das assassinas de Dioniso.

"Voyages II" nos reconduz à tumba de Melville, ao mesmo tempo o oceano e a linguagem de *Moby Dick*:

— And yet this great wink of eternity,
Of rimless floods, unfettered leewardings,
Samite sheeted and processioned where
Her undinal vast belly moonward bends,
Laughing the wrapt inflections of our love;

Take this Sea, whose diapason knells
On scrolls of silver snowy sentences,
The sceptered terror of whose sessions rends
As her demeanors motion well or ill,
All but the pieties of lovers' hands.

And onward, as bells off San Salvador
Salute the crocus lustres of the stars,
In these poinsettia meadows of her tides,—
Adagios of islands, O my Prodigal,
Complete the dark confessions her veins spell.

Mark how her turning shoulders wind the hours,
And hasten while her penniless rich palms
Pass superscription of bent foam and wave,—
Hasten, while they are true,—sleep, death, desire,
Close round one instant in one floating flower.

Bind us in time, O seasons clear, and awe.
O minstrel galleons of Carib fire,

Bequeath us to no earthly shore until
Is answered in the vortex of our grave
The seal's wide spindrift gaze toward paradise.*

No capítulo "O jorro espectral" de *Moby Dick*, "todas as ondas rolavam como rolos de prata; e, com seus suaves movimentos derramados, formavam o que parecia ser um silêncio argênteo". A marca de Melville está profundamente impressa por toda parte: *Moby Dick* é o épico americano "de torrentes infindas, sota-ventos desobrigados" [*of rimless floods, unfettered leewardings*].

O tennysoniano "samito enfunado em procissão" [*samite sheeted and processioned*], com sua aura sedosa de Dama do Lago, colide com o "amplo ventre de ondina" [*undinal vast belly*] arqueando-se à lua, procurando um amante que lhe possa dar alma. Jogando com a palavra "*wrapt*", que alude a "*wrapped*" [enveladas] e a "*rapt*" [enlevadas], Crane inicia implicitamente a sentença desfavorável da água-marinha em relação aos amantes, num arremedo trocista dos tons e inflexões da paixão.

Mesmo assim, Crane mantém a ousadia: "Toma esta Água-Marinha" [*Take this Sea*]. Seu som corrido "soa" [*knells*] um dobre de finados em rolos que são sentenças de morte, emitidas por uma autoridade cuja suposta benevolência, em sessões do "terror entronado" [*sceptered terror*], "despedaça" [*rends*] os corpos dos amantes, mas não consegue anular o fervor de suas mãos unidas.

---

* — E ainda esse grande instante de eternidade,/ De torrentes infindas, sota-ventos desobrigados,/ Samito enfunado em procissão indo por onde/ Seu amplo ventre de ondina à lua se arqueia,/ Rindo das enveladas inflexões de nosso amor;// Toma essa Água-Marinha cujo toque fúnebre soa/ Em rolos de sentenças argênteas e nevosas,/ Em cujas sessões o terror entronado despedaça,/ Conforme seus gestos são favoráveis ou não,/ Tudo exceto o fervor das mãos dos amantes.// E em frente, quando os sinos de San Salvador/ Saúdam os brilhos cor de açafrão das estrelas,/ Nessas campinas de poinsétias de suas marés —/ Adágios de ilhas, ó meu Pródigo,/ Completam as sombrias confissões iniciadas por seus veios.// Nota como seus ombros se viram e giram as horas,/ E apressa-te enquanto suas ricas palmas vazias/ Sobrescrevem a onda e a espuma arqueada —/ Apressa-te enquanto são reais — sono, morte, desejo,/ Circundam um único instante numa única flor flutuante.// Prendei-nos no tempo, Ó claras estações, e respeitai,/ Ó galeões menestréis do fogo caribenho,/ Não nos entregueis a nenhuma orla terrena enquanto/ Não vier a resposta no vórtice de nossa tumba/ Ao largo olhar esgazeado da foca fitando o paraíso.

Depois do dobre, vêm os "sinos", talvez extraídos de uma história que Emil Opffer contou a Crane sobre a cidade perdida de Port Royal, na Jamaica, que foi tragada pelo mar após um grande terremoto em 1692. Dizia a lenda que, se a pessoa parasse na praia, ainda podia ouvir os sinos da igreja tocando, dobrando com as marés — história que Crane muito apreciou e incorporou à lenda de Atlântida perdida. O fato de se referir a San Salvador, e não à Jamaica, é mais uma das brilhantes transposições de Crane, pois também rezava a lenda que o primeiro local onde Cristóvão Colombo pisara no Novo Mundo havia sido a costa de San Salvador.

Após duas estrofes nessa lírica dos implícitos, recuo e pergunto: o que Crane sutilmente eliminou? Estas não são as águas-marinhas maternas de Walt Whitman, e sim o elemento de hostilidade em Herman Melville.

Na gnose de Hart Crane — como na de Melville —, o mar faz parte do mundo partido, o universo da morte. "Voyages II", em seu desejo de celebrar (embora incapaz de prolongar) o amor autêntico de Crane, precisa exercer o poder mental do poeta sobre o universo da morte. Consegue? Esse poder é exercido? Os movimentos caprichosos do mar podem ser favoráveis ou desfavoráveis, mas discordo de John Irwin, o melhor crítico de Crane, quando ele fala da simpatia do mar pelos amantes. Tal como sua amante, a lua, o mar é tempo e destrói amor e amantes.

Contra o tempo e contra o mar, Crane lança um de seus tropos mais conhecidos: "adágios de ilhas" [*adagios of islands*]. A referência abarca simultaneamente o embalo lento de um barquinho enquanto percorre os meandros entre as ilhotas, a cópula dos amantes e uma advertência contra o ritmo rápido que lhes trará o fim.

O mar se torna um relógio, obrigando à pressa. No entanto, é o sono, a morte, o desejo, e não o mar, que falharão e se tornarão falsos. Uma súplica final pede aos amantes que contraiam aliança "no tempo", mas apenas por prazo suficiente para alcançar a clareza e o assombro, como no sentido do amor de Emily Dickinson pelo juiz Otis Lord.

O destino do *Pequod* é invocado novamente no "vórtice", imagem conceitual do redemoinho que levará Crane e seu amante ao olhar afetuoso das pequenas focas procurando as mães perdidas, um paraíso desconhecido. Mas por que o "*spindrift*" [chuvisco] melvilliano borrifando? Os amantes, como as focas perdidas, receberão resposta, mas apenas indistinta por entre o borrifo das águas.

As harmonias de "Voyages II" estão em contraste deliberado com o sentido implícito de destruição. Todavia, a arte retórica de Crane atinge uma apoteose com a qual nem ele mesmo conseguiria rivalizar com muita frequência.

Voyages III, IV, V

O contato prolongado com os seis "Voyages" mostra a diferença entre eles. Enquanto o segundo é uma celebração, embora velada, o terceiro avança para uma sublime metamorfose shakespeariana [*sea change*]:

> Infinite consanguinity it bears—
> This tendered theme of you that light
> Retrieves from sea plains where the sky
> Resigns a breast that every wave enthrones;
> While ribboned water lanes I wind
> Are laved and scattered with no stroke
> Wide from your side, whereto this hour
> The sea lifts, also, reliquary hands.
>
> And so, admitted through black swollen gates
> That must arrest all distance otherwise,—
> Past whirling pillars and lithe pediments,
> Light wrestling there incessantly with light,
> Star kissing star through wave on wave unto
> Your body rocking!
>   and where death, if shed,
> Presumes no carnage, but this single change,—
> Upon the steep floor flung from dawn to dawn
> The silken skilled transmemberment of song;
>
> Permit me voyage, love, into your hands...*

---

* Infinita consanguinidade ele traz —/ Esse tema teu ofertado de que a luz/ Recupera ao mar planuras onde o céu/ Renuncia ao seio que as ondas entronam;/ Enquanto as largas águas enfestoadas que sigo/ Se banham e se espalham suaves/ Ao largo de ti, para onde agora/ O

"Voyages III", "IV", "V" têm traços da forma do soneto com o acréscimo de codas. São poemas muito diferentes — entre si e em comparação ao "II", celebratório. Podemos mapear o "III" por seus verbos transitivos e reflexivos: "*bears*" [traz], "*retrieves*" [recupera], "*resigns*" [renuncia], "*enthrones*" [entronam], "*wind*" [sigo], "*laved*" [se banham], "*scattered*" [se espalham], "*lifts*" [ergue], "*admitted*" [admitido], "*arrest*" [deter], "*wrestling*" [combatendo], "*kissing*" [beijando], "*rocking*" [embalando], "*shed*" [mudando de pele], "*presumes no carnage*" [não supõe mortandade], "*flung*" [estendendo-se], "*permit*" [permite-me]. Os verbos mostram uma lírica de "infinita consanguinidade" entre os amantes. Shelley foi o mestre na modalidade de um eros transitivo que desaparece apenas momentaneamente em seu objeto, e é ele, mais do que Whitman, que vem subentendido em "Voyages".

Os amantes nadam juntos, e o mar a separá-los atende — apenas por algum tempo — à função religiosa de preservar a relíquia sagrada do eros. Mas então a coda se divide em três: cópula, transmembramento (termo cunhado por Crane) e um gesto derradeiro de graça, de amante a amante.

O estilo transpositivo de Crane, convertendo sua delonga em antecipação precoce, alcança seu ponto mais alto nessa coda de eloquência shakespeariana. Atenuado por presságios do final do amor, mesmo assim o estilo grandioso ainda está presente, mais sutil, em "Voyages IV":

> Whose counted smile of hours and days, suppose
> I know as spectrum of the sea and pledge
> Vastly now parting gulf on gulf of wings
> Whose circles bridge, I know, (from palms to the severe
> Chilled albatross's white immutability)
> No stream of greater love advancing now
> Than, singing, this mortality alone
> Through clay aflow immortally to you.

---

mar ergue, também, mãos de relicário.// E assim, admitido entre amplos portões negros/ Que devem deter qualquer outra distância —/ Por colunas rodopiantes e maleáveis frontões,/ Continuamente luz combatendo luz,/ Estrela beijando estrela por ondas sobre ondas/ Teu corpo embalando!/ e onde a morte, se mudando de pele,/ Não supõe mortandade, mas apenas essa mudança —/ No alto firmamento estendendo-se de aurora a aurora/ O sedoso cioso transmembramento da canção;// Permite-me viajar, amor, dentro de tuas mãos...

All fragrance irrefragably, and claim
Madly meeting logically in this hour
And region that is ours to wreathe again,
Portending eyes and lips and making told
The chancel port and portion of our June—
Shall they not stem and close in our own steps
Bright staves of flowers and quills today as I
Must first be lost in fatal tides to tell?

In signature of the incarnate word
The harbor shoulders to resign in mingling
Mutual blood, transpiring as foreknown
And widening noon within your breast for gathering
All bright insinuations that my years have caught
For islands where must lead inviolably
Blue latitudes and levels of your eyes,—

In this expectant, still exclaim receive
The secret oar and petals of all love.*

Poema do retorno provisório do amante, "Voyages IV" retarda as oitavas iniciais com plena força, de tal forma que os dois versos finais resultam numa sintaxe que força os limites. "Cujo" [*Whose*] fica como pergunta sem respos-

---

* Cujo contido sorriso de horas e dias, creio/ Conhecer como espectro do mar e promessa/ Agora amplamente dividindo abismos e abismos de asas/ Cujos círculos se tocam, eu sei (das palmeiras à branca/ Imutabilidade do austero albatroz imobilizado)/ Nenhum fluxo de amor agora avançando maior/ Do que, cantando, essa mortalidade em si/ Por onde o barro flui imortalmente para ti.// Tudo é perfume irrefragável, e clama/ Loucamente no natural encontro desta hora/ E região que é nossa para se enlaçar outra vez,/ Augurando olhos e lábios e dando som/ Ao sacro porto e porção de nosso junho —/ Não farão brotar e se adensar em nossos passos/ Hastes luzentes de flores e cálamos hoje quando/ Pela primeira vez irei me perder entre ondas fatais?// Como sinal da palavra encarnada/ O porto avança e renuncia mesclando/ Mútuo sangue, transpirando como antevisto/ E ampliando o meio-dia em teu peito para reunir/ Todas as luzentes insinuações que meus anos captaram/ De ilhas que devem guiar inviolavelmente/ Alturas e latitudes azuis de teus olhos —// Nisso expectante, ainda exclama recebe/ O remo secreto e as pétalas de todo amor.

ta, e o que Crane quer, teme não poder conhecer: a realidade de um amor que se renove.

O espectro do mar muda constantemente, e é improvável que o abismo divisor possa ser franqueado, nem mesmo por círculos de branca imutabilidade. "Das palmeiras ... ao austero" [*From palms to the severe*] traz uma antítese que abre um novo campo de significados, enquanto o "sacro porto e porção" [*chancel port and portion*] se torna em si mesmo um poema austero. "*Chancel*" é a parte do altar que se ergue numa igreja, enquanto o jogo "*port/ portion*" sugere a lei da vida do marinheiro Opffer: sempre seguindo para a próxima viagem.

A união dos amantes circundava "um único instante numa única flor flutuante" [*round one instant in one floating flower*], união que se repete em tom mais sombrio, que leva Crane a se "perder em ondas fatais". Misticamente, o sinal de todas as coisas inscreve a palavra encarnada do *Logos* poético, processo no qual o porto "avança" [*shoulders*] quando as águas do Atlântico se misturam às do Hudson e do East River.

Nesse avançar, os olhos azuis de Opffer se convertem em "alturas e latitudes" [*latitudes and levels*]. Crane violenta desesperadamente a sintaxe, bradando que a expectativa é negativamente preenchida, mas "ainda exclama recebe" [*still exclaim receive*] o sinal do fascínio: pétalas de mútua integração e um talismânico "remo secreto" [*secret oar*], símbolo de guia agora convertido numa promessa derradeira.

Depois dessa árdua batalha contra a inevitável perda erótica, Crane aceita seu destino em "Voyages V", poema de esplendor comparável ao de "Voyages II":

Meticulous, past midnight in clear rime,
Infrangible and lonely, smooth as though cast
Together in one merciless white blade—
The bay estuaries fleck the hard sky limits.

— As if too brittle or too clear to touch!
The cables of our sleep so swiftly filed,
Already hang, shred ends from remembered stars.
One frozen trackless smile... What words
Can strangle this deaf moonlight? For we

Are overtaken. Now no cry, no sword
Can fasten or deflect this tidal wedge,
Slow tyranny of moonlight, moonlight loved
And changed... "There's

Nothing like this in the world", you say,
Knowing I cannot touch your hand and look
Too, into that godless cleft of sky
Where nothing turns but dead sands flashing.

— "And never to quite understand!" No,
In all the argosy of your bright hair I dreamed
Nothing so flagless as this piracy.

But now
Draw in your head, alone and too tall here.
Your eyes already in the slant of drifting foam;
Your breath sealed by the ghosts I do not know:
Draw in your head and sleep the long way home.*

Este é um dos poemas supremos de Crane, inigualável em sua resignada sabedoria erótica. "Meticulosos" traz vestígios de sua acepção mais incisiva

---

* Meticulosos, após a meia-noite em clara geada,/ Infrangíveis e solitários, suaves como moldados/ Em conjunto numa só impiedosa lâmina branca —/ Os estuários da baía pontilham os severos limites do céu.// — Como que friáveis ou claros demais para tocar!/ As cordas de nosso sono tão rapidamente dispostas,/ Já pendem, pontas rasgadas de estrelas relembradas./ Um só sorriso gelado sem rastros... Que palavras/ Podem asfixiar esse surdo luar? Pois nós// Somos tragados. Agora nenhum grito, nenhuma espada/ Pode comprimir ou desviar essa cunha das marés,/ Retardar a tirania do luar, luar amado/ E transformado... "Não existe// Nada assim no mundo", dizes tu,/ Sabendo que não posso tocar tua mão e olhar/ Também naquela fresta ímpia do céu/ Onde nada gira a não ser a areia faiscante.// — "E nunca entender plenamente!" Não,/ Na frota de teus cabelos brilhantes nunca sonhei/ Tal navio sem bandeira, uma pirataria dessas.// Mas agora/ Aproxima tua cabeça, sozinha, alta em demasia./ Teus olhos já no ângulo da espuma que se afasta;/ Tua respiração, selada por fantasmas que não conheço:/ Aproxima tua cabeça e dorme a longa viagem para casa.

ou do significado de seu radical *metus*, temeroso, com medo. A elegância de "Voyages V" parece excluir a amargura ou mesmo a mágoa. É de um tom tão ancorado na negatividade retórica que se torna muito difícil descrevê-lo. A figura dominante é a "pirataria" [*piracy*], palavra que Crane transmembra em liberdade para o pirata erótico Opffer e em desprendimento shakespeariano (como nos sonetos) para o poeta.

O cuidado de Crane ao empregar os pronomes pessoais estabelece as formas de despedida. "Nosso sono" e "nós/ Somos tragados" [*Our sleep; we/ Are overtaken*] dão lugar a "dizes tu" [*you say*], antes que a primeira pessoa surja inicialmente em "não posso tocar tua mão" [*I cannot touch your hand*] e depois nas negações adicionais "nunca sonhei" e "não conheço" [*I dreamed/ Nothing; I do not know*]. O que resta é "tua cabeça, sozinha" e "tua respiração, selada" [*your head, alone; your breath sealed*].

Ao mesmo tempo desconectado e sofrendo pela perda, Crane cria seu poema mais rigorosamente unificado, no qual quase todas as figurações nos vinte versos iniciais exploram o *topos* da pirataria: "impiedosa lâmina branca" [*one merciless white blade*], "cordas... tão rapidamente dispostas" [*cables... so swiftly filed*], "grito" [*cry*] e "espada" [*sword*], "areia faiscante" [*dead sands flashing*], "frota" [*argosy*], "sem bandeira" [*flagless*]. Assim, a coda se torna persuasiva e nobremente desolada:

> But now
> Draw in your head, alone and too tall here.
> Your eyes already in the slant of drifting foam;
> Your breath sealed by the ghosts I do not know:
> Draw in your head and sleep the long way home.

Essa generosa entrega do amor e da perda à espuma que se afasta e à longa viagem para um destino alheio reverbera com a riqueza e estranheza shakespeariana. Talvez Crane alcance o melhor de si como rapsodo; isso também faz parte de seu esplendor.

Voyages VI

O declínio do amor tão claramente traçado em "Voyages V" é o ponto de partida do magnífico poema final da sequência, uma das grandes transposições metafóricas de Crane na tradição literária. Oito quadras órficas fluindo velozes evocam Ezequiel, Revelações, Ovídio, Shakespeare em *Ricardo III*, "Hero and Leander" de Marlowe e Chapman, *Samson Agonistes* de Milton, "Endymion" de Keats, "A conversa de Eiros e Charmion" de Poe, *O Renascimento* de Pater e "Gerontion" de Eliot. Todos eles são subsumidos e transmutados ao fogo do reconhecimento craniano da perda erótica.

Nem celebratório nem elegíaco, "Voyages VI" é outro exemplo da retórica do rompimento de Crane, sua *via negativa*. Operando por inferência e implicação, ele se identifica com Édipo, Tirésias e Sansão, os cegados, e com Dioniso e Orfeu, os desmembrados.

Wordsworth e Coleridge procuraram transformar a perda existencial em ganho imaginativo. Crane, como Shelley e Keats, se absteve dessa tentativa. "Voyages VI" está no registro de "Alastor" e "Endymion": buscas demônicas do fracasso, mas fracasso com uma diferença.

Em "Cutty Sark", composto logo depois, Crane apresenta o Velho do Mar, que é baseado no Glauco de Ovídio e em "Endymion". A estrofe inicial de "Voyages VI" se refere a ele:

> Where icy and bright dungeons lift
> Of swimmers their lost morning eyes,
> And ocean rivers, churning, shift
> Green borders under stranger skies.*

Glauco preserva os corpos dos amantes afogados, com a promessa implícita de uma ressurreição secular alçando-os da luminosa masmorra. No verso seguinte, o casco viajante — que pode ser uma concha do mar e também um barquinho a remo — traz subtons apocalípticos quando um sol matinal se

---

* Onde gelados calabouços brilhantes atraem/ Dos nadadores seus absortos olhos matinais,/ E os rios oceânicos, encrespando, trocam/ Fronteiras verdes sob céus mais estranhos.

transforma em navio, relembrando "e uma sobrequilha da criação é o amor" [*and a kelson of the creation is love*], de Whitman:

> Steadily as a shell secretes
> Its beating leagues of monotone,
> Or as many waters trough the sun's
> Red kelson past the cape's wet stone;*

Ezequiel 43:1-2 fala da voz de Jeová "como um barulho de inúmeras águas", imagem que é retomada em Revelações 1:14-16 para descrever a Segunda Vinda. Na reação de Crane a essa nova aurora, fundem-se indissociavelmente imagens do renascimento e imagens dos tormentos da cegueira e do estilhaçamento:

> O rivers mingling toward the sky
> And harbor of the phoenix' breast—
> My eyes pressed black against the prow,
> — Thy derelict and blinded guest
>
> Waiting, afire, what name, unspoke,
> I cannot claim: let thy waves rear
> More savage than the death of kings,
> Some splintered garland for the seer.**

Como D. H. Lawrence (a quem admirava), Crane invoca a fênix imortal, cujo ciclo de quinhentos anos termina numa pira funerária de onde nasce outra fênix. Mas Crane, o poeta ardente, encontra o destino dos visionários cegos Édipo e Tirésias. Embora não possa reivindicar o nome de Orfeu, Crane se tornará, como o *Ricardo II* de Shakespeare, um sacrifício dionisíaco.

---

* Constante tal como um casco secreta/ Suas léguas compassadas de monotonia,/ Ou inúmeras águas abaixam a sobrequilha/ Vermelha do sol após a pedra úmida do cabo.
** Ó rios mesclando-se rumo ao céu/ E porto onde a fênix aninha o peito —/ Meus olhos premidos negros à proa/ — Teu hóspede só, cego e desfeito// Esperando, em chamas, o nome silente/ Que não posso invocar: traga tua onda,/ Mais brava do que as mortes dos reis,/ Restos de uma grinalda àquele que sonda.

Outro movimento da viagem de Crane evoca a visão pateriana do *Nascimento de Vênus*, de Botticelli:

> Beyond siroccos harvesting
> The solstice thunders, crept away,
> Like a cliff swinging or a sail
> Flung into April's inmost day—
>
> Creation's blithe and petalled word
> To the lounged goddess when she rose
> Conceding dialogue with eyes
> That smile unsearchable repose—*

Misteriosamente, Crane introduz nesse último verso o Sansão cego de Milton, outra vítima de Eros. No final de *Samson Agonistes*, o coro hebreu anuncia as famosas palavras: "tudo é o melhor, apesar de nossa dúvida constante/ sobre o que deriva da inescrutável/ disposição da Sabedoria reinante" [*all is best, though we oft doubt/ What the unsearchable dispose/ Of highest Wisdom brings about*]. "Inescrutável disposição" [*unsearchable dispose*] se transmuta em "inescrutável repouso" [*unsearchable repose*], à medida que o poema passa de Jeová para Afrodite. Assim, o papel de Sansão destroçado se soma à identidade órfica eroticamente desolada de Crane. O que resta é a conclusão de "Voyages VI", sujeita a frequentes desvios de leitura:

> Still fervid covenant, Belle Isle,
> — Unfolded floating dais before
> Which rainbows twine continual hair—
> Belle Isle, white echo of the oar!
>
> The imaged Word, it is, that holds
> Hushed willows anchored in its glow.

---

* Além dos sirocos colhendo/ Os trovões do solstício, surgiu/ Como penhasco oscilante ou vela/ Enfunada no mais íntimo de abril —// A alegre e florida palavra da criação/ À deusa em seu despertar ocioso/ Concedendo diálogo com olhos/ A sorrir em inescrutável repouso —

It is the unbetrayable reply
Whose accent no farewell can know.*

"Ardente" [*fervid*] é questionado pelo "eco branco do remo" [*white echo of the oar*]. A "aliança" [*covenant*] recua porque "a Palavra em imagem" [*the imaged Word*] continua a não ser dita. No êxtase inicial de sua paixão por Emil Opffer, Crane exclamara: "Vi a Palavra feita carne" [*I have seen the Word made flesh*]. A traição e a despedida não podem afetar a "Palavra em imagem", mas apenas porque constitui um diálogo de um só.

A PONTE

Paul Valéry observou que "jamais se termina um poema; ele é abandonado". *A ponte* é um exemplo excelente: as versões publicadas em 1930, primeiro em Paris por Black Sun Press, de Harry e Caresse Crosby, e depois, revista, por Liveright em Nova York, são e não são a Ficção Suprema Americana de Crane, na sequência de *Moby Dick*, "Song of Myself", *Walden*, *A terra desolada*, e então de obras posteriores de Stevens, Williams, Merrill, Ammons, Ashbery.

Crane fazia revisões tão incessantes em seus escritos que falar de seus textos publicados chega a ser uma ficção. Não há acordo entre os exegetas atentos sobre *A ponte*, alguns afirmando que os manuscritos de 1926 são mais persuasivos do que as versões posteriores. Aos poucos vim a adotar esse ponto de vista, desenvolvido inicialmente em longas conversas desde 1973 com Kenneth Burke, meu mestre de retórica, que fora amigo e admirador de Crane e também julgava *A ponte* de 1926 superior às revisões subsequentes. Kenneth observou que Hart Crane encarnava o gênio da retórica americana: metamórfico e incansável. O que poderíamos chamar de A Questão da América, tema épico, estava fadado à dissolução para Crane, que tinha plena

---

* Ainda ardente aliança, Belle Isle/ — Plataforma flutuante em seu extremo/ A que os arco-íris se tecem em contínua trança —/ Belle Isle, eco branco do remo!// A Palavra em imagem, é ela, que reúne/ Salgueiros silentes ancorados como em prece./ É a resposta que não comporta traição,/ Num tom que nenhuma despedida conhece.

consciência de que pouco restava a celebrar segundo a modalidade whitmaniana ou o modo desiderativo de Emerson.

Mas, como os alto românticos — Wordsworth, Shelley, Keats —, Crane passou o verão inteiro de 1926 captando seu novo papel de cronista lírico de si mesmo, dando testemunho ao que, em seu poema de morte "The Broken Tower", ele chamou de "a companhia visionária" [*the visionary company*], tomando a expressão ao fragmento *Gaston de Latour*, de Walter Pater.

Allen Tate e outros vêm desde então criticando vivamente o fato e a imagem da ponte do Brooklyn como sinédoque whitmaniana arbitrária da esperança americana. Encontrei Tate várias vezes, graças aos bons préstimos de nossos amigos comuns Holly Stevens, R. W. B. Lewis e Robert Penn Warren. Sentia-me grato a Tate por reflexões poéticas tão refinadas como "The Mediterranean" e "Aeneas at Washington", mas ficava bastante insatisfeito com sua crítica literária de linha eliotiana.

Tate, nos anos 1970, expressou de bom grado sua duradoura afeição pela memória de Crane, contudo relutava em discutir *A ponte*, ambivalência esta que respeitei. Uma vez, porém, num jantar oferecido por Holly Stevens, ele louvou inesperadamente o fraseio inevitável de "To Brooklyn Bridge". Junto com "Voyages II", "Repose of Rivers" e "The Broken Tower", "To Brooklyn Bridge" é para mim uma pedra de toque para a poesia romântica americana.

Após o verão mágico de Crane em 1926, "The Brooklyn Bridge" se tornou o inaugurador de uma versão de *A ponte* em nove cantos, que é o poema em sua unidade mais coesa: concordo com Edward Brunner que Crane poderia ter mantido essa sequência, no entanto amo outros cantos e não conseguiria abrir mão deles:

1. "Proem: To Brooklyn Bridge"
2. "Ave Maria"
3. "Cutty Sark"
4. "Three Songs"
5. "Southern Cross"
6. "National Winter Garden"
7. "Virginia"
8. "The Dance"
9. "The Harbor Dawn"

Os outros quatro cantos que amo são:

10. "Van Winkle"
11. "The Tunnel"
12. "Atlantis"
13. "The River"

Ao contrário de Brunner, que considerava "Atlantis" fraco, amo sua alta melodia desde a infância e apresentarei aqui uma leitura bem extensa. Mas discordo de Brunner principalmente em relação a "The River", para mim um grande poema sob todos os aspectos e imensamente variado. Portanto, voto a favor de *A ponte* na ordem final que Crane lhe deu, com duas ressalvas. A primeira é que eu excluiria "Cape Hatteras", "Indiana" e "Quaker Hill", indignos de Crane. A segunda sugestão, mais construtiva, seria ler o poema pela ordem cronológica de composição:

1. "Atlantis", 1923-6
2. "Ave Maria", março de 1926
3. "National Winter Garden", 1926
4. "Van Winkle", 1926
5. "The River", julho de 1926-julho de 1927
6. "The Tunnel", outono de 1926
7. "Proem: To Brooklyn Bridge", janeiro de 1927
8. "The Harbor Dawn", primavera de 1927
9. "Cutty Sark", abril de 1927
10. "The Dance", verão de 1927
11. "Southern Cross", 1927
12. "Virginia", setembro de 1929

Omitam-se os três poemas que Hart Crane compôs numa fase de alcoolismo e desespero:

1. "Cape Hatteras", 1927-9
2. "Quaker Hill", outono de 1929
3. "Indiana", outono de 1929

Estes três últimos sempre corto quando estudo *A ponte* com meus alunos; nossa *Ponte*, composta entre 1923 e 1929, abre com as ressonâncias de órgão de "Atlantis" e termina com a encantadora canção "Virginia". Às vezes sonho em publicar um volume com esse conteúdo só para contemplar as novas perspectivas que se abririam. Quais seriam as consequências estéticas dessa sequência?

Northrop Frye observou que certos grandes poetas — Dante e Shakespeare, por exemplo — seguiam um ritmo de desenvolvimento, enquanto outros — como Cavalcanti e Marlowe — simplesmente faziam um desdobramento. Wallace Stevens desenvolveu, Hart Crane desdobrou. A cronologia compositiva do desdobramento parece-me essencial nessa *Ponte*.

O protagonista do poema é Crane em busca de algo que sabe que não se pode encontrar, o sonho whitmaniano de uma América que nunca existiu, pródiga no amor entre camaradas. O poeta começa com uma visão da América como a Atlântida perdida de Platão, uma música absoluta entoada enquanto o caminhante atravessa a ponte do Brooklyn, cujo salto implícito une o passado e o futuro de nossa nação.

A seguir, Crane escreveu "Ave Maria", em que um Cristóvão Colombo whitmaniano invoca a Virgem Santa para abençoar suas viagens no Novo Mundo. Agrada-me muito que se siga o trêfego e turbulento "National Winter Garden", nome de um famoso teatro de variedades em Nova York, onde Maria Madalena dança sensualmente uma obscura salvação.

Após essa vigorosa justaposição, o demo de Crane lhe trouxe "The River", um tributo ao Mississippi análogo à voz ribeirinha do soberbo "Repose of Rivers", composto também em 1926. Não foi a musa, e sim a frenética mania de ordem de Crane que compilou posteriormente a sequência de cinco partes "Powhatan's Daughter", que avança das meditações de "The Harbor Dawn" e "Van Winkle" para "The River" e "The Dance", encerrando sentimentalmente com o infeliz "Indiana". Esse esquema, em parte influenciado por *In the American Grain* de William Carlos Williams, a meu juízo mais prejudica do que favorece *A ponte*.

O *annus mirabilis* de Crane foi 1926-7; ele passou os meses de maio a começo de outubro de 1926 na Ilha dos Pinheiros, no Caribe, que associava a suas melhores lembranças de infância. Depois de escrever "The River", passou para o esplendor sombrio de "The Tunnel", uma descida ao Averno que irrompe no amanhecer no Porto de Nova York, após uma estada noturna no metrô. Só então pôde ele compor o soberbo "To Brooklyn Bridge" e o radiante "The Harbor Dawn". Momentaneamente liberado para que seu demo o encontrasse, Crane trouxe à luz "Cutty Sark" e "The Dance", invenções brilhantes que foram seguidas por "Southern Cross", a verdadeira conclusão de A ponte, tendo em "Virginia" um gracioso pós-escrito.

Só o demo de Hart Crane sabe como se faz e cria um épico absolutamente original de odes pindarianas, líricas, meditações e elevados anseios. As cartas de Crane me fazem lembrar as de John Keats, mesclando indissociavelmente vida e obra. Os dois poetas se baseiam, em última análise, no equilíbrio entre demo pessoal e precursores fortes; para Keats, eram Shakespeare, Milton e Wordsworth; para Crane, os mais importantes eram Whitman, T.S. Eliot e, surpreendentemente, Shelley, muito mais do que Rimbaud.

O universalismo de Keats possui um elemento shakespeariano importante em sua formação; Crane, apesar de seus genuínos triunfos, não consegue alcançar Keats, mas, aliás, nenhum poeta americano do século XX consegue, nem mesmo Frost e Stevens. John Keats morreu com apenas 25 anos; Hart Crane partiu aos 32. Keats queria desesperadamente viver, no entanto foi vitimado pela tuberculose. Crane recusava desesperadamente viver mais. Apesar de anos de reflexão sobre isso e de confiança em biógrafos qualificados como John Unterecker e Paul Mariani, não creio entender a terrível decisão de Crane.

Há algo íntegro e sadio no homem, bem como na poesia e nas cartas, que sugere a presença implícita de um poder terapêutico no último e grandioso poema de morte, "The Broken Tower". John Irwin e outros relacionam as figurações de Crane sobre a morte do escritor com o tropo freudiano da pulsão de morte em "Além do princípio de prazer". De 1970 a 1985, tentei completar um amplo estudo de Freud, que se chamaria *Transference and Authority* [Transferência e autoridade], mas acabei sendo derrotado por minha própria ambivalência crescente em relação a Freud. Há um enorme manuscrito incompleto, abandonado no sótão de casa, atestando algo que, aparentemente, agora não sei mais o que é. "Os poetas me antecederam", observou Freud, talvez pensando em Goethe, se bem que Shakespeare foi o mais autêntico precursor de Goethe, tal como foi de Freud.

Crane quase nunca menciona Freud: não há nele nada que se assemelhe ao verso de Stevens, "o olho de Freud era o microscópio da potência" [*Freud's eye was the microscope of potency*], e nenhuma admissão explícita similar à de Stevens em "O rosto da mãe, a finalidade do poema, ocupa a sala" [*The mother's face, the purpose of the poem, fills the room*]. Stevens, como Keats, fez as pazes com o demo da poesia. Hart Crane, como Blake, Shelley e também Yeats, discípulo de ambos, escolheu o lugar do demo.

Recorri pela primeira vez a Freud em 1965, quando vivi uma crise *in--metà-strada*. Porém também me tornei emersoniano, e a cada encruzilhada sempre optei por Emerson de preferência a Freud. Kenneth Burke me disse várias vezes que Crane lia Emerson, mas que o absorvia melhor nos generosos discursos de Kenneth sobre o Platão americano. Como mentor e experiente amigo mais velho, Burke me recomendou que deixasse o livro sobre Freud e ficasse com os poetas. Kenneth, pessoalmente, não tinha nenhuma dificuldade em manter Freud e Emerson juntos, mas era compreensivo com discípulos de envergadura menor do que a dele.

Volto ao ordenamento de *A ponte* seguindo a sugestão de Burke de que o poema era a busca de Hart Crane por sua "noiva" [*bride*] na ponte [*bridge*]. Depois dos fogos de artifício pindarianos de "Atlantis", o épico evoca imagens contrárias de uma mulher em "Ave Maria" e "National Winter Garden". "Van Winkle", "The River" e "The Tunnel" praticamente renunciam a qualquer busca nupcial, contudo ela retorna em tudo o que vem na sequência: "To Brooklyn Bridge", "The Harbor Dawn", "Cutty Sark", "The Dance", "Southern Cross", "Virginia".

Como Crane indicou em sua rubrica de "Powhatan's Daughter", "The River" também é um epitálamo. O poema surpreendente na sequência demônica de Crane é "The Tunnel", que T.S. Eliot escolheu para publicar em *The Criterion*, sendo um editor sempre perspicaz que argutamente viu no poema uma influência de *A terra desolada*, bem como um tributo e uma contestação a ele.

O demo subterrâneo de Crane devolve uma mãe aos filhos de cabelos dourados e ressuscita o próprio poeta como um novo Lázaro para seu alvorecer no porto, sugerindo um hino matinal que não acontece. Crane como Orfeu americano sofre um *sparagmos* quando tradições rivais afluem juntas.

Não há Eurídice no orfismo de Crane, um truncamento da profecia mais otimista de Emerson sobre o destino do poeta órfico na América. A ascensão de Crane do mundo subterrâneo, subindo do metrô, pode ser uma profecia sombria do malogro em sua busca por lançar uma ponte entre seu passado e futuro. Todavia, é um malogro consciente que se afasta de sua tradição pessoal: a busca shelleyiana por uma epipsique — a alma dentro da alma — a que Emily Dickinson deu continuidade, e a recusa whitmaniana de se render ao amor dos camaradas.

ATLANTIS

Qualquer que seja a ordem de *A ponte* — e logo contraporei a escolha final de Crane a meus argumentos em favor do fluxo cronológico da composição —, seu tema central e seu valor dominante não podem ser as relações imediatas de Crane com sua própria época. Como "Song of Myself", *Moby Dick*, *As aventuras de Huckleberry Finn*, o poema precisa se afirmar como uma realização que se sustenta por seu próprio poder linguístico, cognitivo e imaginativo.

Em *A ponte*, os impulsos e o propósito de Crane eram normativos. O amor é celebrado como casamento: homem e mulher, homem e homem; o tempo e o espaço são reconciliados. Mais do que Whitman, Crane tende a se afastar do mundo da noite, da morte, da mãe e do mar. "Sono, morte, desejo" — a antiga formulação gnóstica de nossa queda no espelho do tempo e do espaço — não são seus deuses.

Como Herman Melville, Crane considerava corretamente *Rei Lear* como limite da literatura imaginativa ocidental. Ahab conjuga a Baleia Branca e as forças do caos.

A brancura da baleia é a imagem inigualável do medo americano de que a origem e o fim se transformem numa única figura: o vazio e amorfo primordial.

A busca das origens em Crane se une a um dos principais aspectos da tradição romântica anglo-americana: a afirmação do poder da mente do poeta sobre um universo de morte. Ecoando Milton, Coleridge o anunciou como programa de Wordsworth. Emerson, inicialmente guiado por Coleridge, deu a esse programa uma inflexão americana que foi adotada por Whitman: a América não precisa ser um cosmo consumido no passado, mas pode ser um poema diante de nossos olhos. O rompimento de Eliot com Emerson, cujos ensaios ele dizia serem um estorvo, ficou ainda mais agudo em A terra desolada, que Stevens, Aiken, Williams e Hart Crane combateram com visões mais positivas do Sublime Americano.

No entanto, o embate de Crane com Eliot era ambíguo; não foram apenas o estilo e "a perfeição da morte" (expressão de Crane) de Eliot que contaminaram White Buildings e A ponte. Eliot admirava a poesia de Crane, em especial "The River" e "The Tunnel". Apreciou disfarçadamente a alusão a A terra desolada em "The Tunnel", e creio que John Irwin está certo ao apontar uma sutil referência de Eliot a Crane como "o construtor de pontes" [the builder of bridges] nos versos iniciais de "The Dry Salvages", nove anos após a morte por água de Crane.

Como Eliot, que era um alto romântico a despeito de si mesmo, Crane reverteu à impotência da mente sobre um universo de morte. A Nova York de Crane é tão sombria e angustiante quanto a Londres de Eliot. O sofrimento e humilhação eróticos, expressos de modo ardente em "Possessions" e "O Carib Isle!", ultrapassam em muito essas emoções em qualquer poema de Eliot. Essencialmente, Crane, que insiste em panoramas whitmanianos, é mais ele mesmo quando dramatiza um mal-estar universal.

No entanto, esta não é uma descrição adequada de sua poesia. Sua poesia é a composição de um hino exultante a um deus desconhecido, à maneira e modo de Shelley. Crane e Shelley eram seres divididos entre coração e cérebro. Igualmente fortes no desespero e na esperança transcendental, ambos rapsodos pindarianos, eles pairam acima do universo da morte numa espécie de êxtase neoplatônico da celebração e possível consumação do desejo. "Atlantis" [Atlântida] está muito próximo de "Adonais", e "Voyages" de "Alastor".

Eliot no final voltou a Shelley, louvando "The Triumph of Life" como criação mais próxima de Dante do que qualquer coisa que o poeta de Quatro quartetos poderia escrever. É semelhante ao retorno de Eliot a Whitman como poeta que alcançara um equilíbrio perfeito entre forma e conteúdo.

Durante décadas rodeei a pergunta: qual é realmente o objetivo da busca de Crane em A ponte? A sugestão de Kenneth Burke, enfim, parece-me correta: Hart Crane, homossexual durante toda a vida — exceto no caso impossível que manteve com Peggy Baird Cowley, ex-mulher de Malcolm Cowley —, procurava sua noiva no movimento arqueado da ponte do Brooklyn. O que o breve épico americano de Crane busca é um compósito de Eva, Virgem Maria, Maria Madalena e a mãe whitmaniana que também é noite, sono, morte e mar. Ou, como disse meu amigo A. R. Ammons, "uma imagem de anseio" [*an image for longing*].

Uma das razões pelas quais prefiro a ordem de composição à estruturação formal que Crane deu a *A ponte* é que o padrão de desdobramento esclarece essa peregrinação à ponte-como-noiva, coisa que o critério de imposição não é capaz de fazer. "Atlantis", ode pindariana com subtons elegíacos, celebra a ponte do Brooklyn como rota principal para a cidade perdida, cuja glória e catástrofe foram narradas por Platão em *Crítias* e *Timeu*.

Crane inicia "Atlantis" com uma epígrafe de um terceiro diálogo platônico, *O banquete*: "A música é, pois, o conhecimento do que se refere ao amor em harmonia e sistema". Como os escritos de Platão, *A ponte* de Crane, inclusive "Atlantis", é um hino ao amor humano e cósmico.

As doze oitavas de "Atlantis", iniciado em 1923, foram trabalhadas por Crane durante seis anos e alcançam o fraseio inevitável. Por vias labirínticas, "Atlantis" contém e condensa *A ponte* completo. É também um vigoroso embate com dois precursores, Shelley e Whitman. O Shelley de força propulsora é relembrado em todo o poema: há ecos de "Prometheus Unbound", de "Ode to the West Wind" e, em particular, de "Adonais". Whitman como precursor gera mais ansiedade em Crane, aqui e em outros poemas.

Embora não seja mencionado em "Atlantis", Whitman permeia o poema inteiro. "Adonais" de Shelley é uma elegia a John Keats, mas torna-se uma trenodia premonitória para o próprio Shelley. "Atlantis" é um lamento por Walt Whitman e sua visão dos Estados Unidos como o maior poema de todos. Ao contrário de T.S. Eliot, contra quem Crane lutava para conseguir ter seu estilo próprio, o embate com o profético Walt é mais sombrio, mais profundo e muito mais ansioso. Quanto "Song of Myself" deixou para *A ponte* criar?

Friso uma vez mais que Hart Crane, que nunca terminou o segundo grau, é um crítico literário agudo e rigoroso em seus poemas, bem como em suas cartas. Antecipou-se à maioria dos críticos nos anos 1920 na apreciação da grandeza de Whitman, Melville, Dickinson e Stevens, e seu gênio lhe dava capacidade e habilidade extraordinárias para utilizar o conjunto completo da retórica literária ocidental sem nenhum estudo formal. Kenneth Burke me disse que Crane entendia a natureza da retórica muito melhor do que qualquer outro poeta que ele conhecia.

O livro de Lee Edelman, *Transmemberment of Song* [Transmembramento da canção], de 1987, continua a ser o único estudo proveitoso da arte retórica de Crane. Como Wallace Stevens, Crane afirmava que a crença suprema era crer numa ficção na qual se trabalhasse sabendo que não era verdadeira. A retórica é ao mesmo tempo defesa e convicção. A retórica de Crane e de Stevens, como a de Yeats e Lawrence, é alto romântica em sua defesa contra a época e na convicção de que ficções suficientemente supremas podem renovar o espírito.

Entre os alto românticos do século XX, todos eles descendentes de Shelley, Crane é o que mais se aproxima do poeta de "Prometheus Unbound" e de "Triumph of Life" na velocidade com que faz e desfaz figuras de linguagem. Stevens e Yeats também são mestres no desfazer, mas mostram maior constância em certas figurações — Stevens ao sol "não como um deus, mas como um deus poderia ser", Yeats a suas fases da lua.

A ficção suprema de Crane é a ponte do Brooklyn, não como é um deus ou um demo, mas como poderia ser: uma ponte para Atlântida, para Walt Whitman, para uma América desejada. Os neoplatônicos entenderiam os propósitos de Crane como uma espécie de teurgia, um fortalecimento do demo ou a vivificação de um deus. Os cabalistas praticavam a teurgia para fortificar os poderes do Deus da aliança. A vinculação deles era análoga à transposição da ponte em Crane.

"Atlantis" em sua versão final é uma obra-prima tão formal quanto "Adonais", com as oitavas de Crane se equiparando às estrofes spenserianas de Shelley em sua eloquência contida. A primeira das doze oitavas de Crane apresenta quase todas as figurações por vir:

> Through the bound cable strands, the arching path
> Upward, veering with light, the flight of strings,—
> Taut miles of shuttling moonlight syncopate
> The whispered rush, telepathy of wires.
> Up the index of night, granite and steel—
> Transparent meshes—fleckless the gleaming staves—

> Sibylline voices flicker, waveringly stream
> As though a god were issue of the strings. . . .*

Crane percorre a ponte do Brooklyn à noite, contemplando sua arquitetura. A experiência comum passa por uma transfiguração mediante a retórica da principal metáfora do sublime alto romântico, a harpa eólica, central em Coleridge e Shelley. Mas quem ou o que é o deus nascido da música tesa da ponte? No mito setecentista do nascimento do caráter poético, Apolo renasce como um rapaz de olhos faiscantes e cabelos ondulantes, o jovem poeta como um deus. Passando das odes de William Collins para "Kubla Khan" de Coleridge e seguindo adiante, a figura finalmente se torna o jovem de Stevens a descer correndo a montanha da visão em "Mrs. Alfred Uruguay".

"Hart Crane", o próprio, há de ser a resposta: Orfeu revive na e através da música da ponte. Emerson profetizara o surgimento de um poeta órfico para a América: Crane respondeu ao chamado. Eric Dodds, discorrendo-me sobre o demo, remontou sua linhagem até Orfeu, sobre quem pouco sabemos. Amigo pessoal de Yeats, Eliot e Auden, Eric leu Crane quando lhe dei *The Collected Poems*, mas confessou que mal e mal conseguia entender o fraseio e temia que o êxtase estivesse tomando o lugar do intelecto, avaliação equivocada que também encontrei em Malcolm Cowley, que conhecia Crane.

"Atlantis" se eleva num êxtase contínuo de oitava em oitava, porém o intelecto rigoroso de Crane está sempre em ação. No outono de 1929, Crane era um alcoólatra, o que explica "Cape Hatteras", "Indiana" e "Quaker Hill", poemas ruins que ele sabia serem indignos de *A ponte*. A segunda oitava de "Atlantis", entrelaçando o discernimento e o arrebatamento do poeta, é uma glória da poesia americana.

> And through that cordage, threading with its call
> One arc synoptic of all tides below—
> Their labyrinthine mouths of history

---

* Através dos cabos presos, o caminho em arco/ Subindo, mudando com a luz, o voo das cordas —/ As milhas tesas de luar indo e vindo sincopam/ O movimento sussurrado, telepatia dos fios de metal./ Sobe o indicador da noite, granito e aço —/ Redes transparentes — impecáveis as pautas cintilantes —/ Vozes sibilinas adejam, correm ondulantes/ Como se um deus nascesse das cordas...

Pouring reply as though all ships at sea
Complighted in one vibrant breath made cry,—
"Make thy love sure—to weave whose song we ply!"
— From black embankments, moveless soundings hailed,
So seven oceans answer from their dream.*

A ponte se transmembra da harpa eólica para o *Pequod* de Ahab; lembremos Starbuck desafiando uma borrasca: "Que o Tufão cante e tanja sua harpa aqui em nosso cordame". Há um jogo de palavras entre "cordame" [*cordage*], e "acorde" [*chord*], enquanto "tecendo" prenuncia os "teares sobranceiros" [*towering looms*] da quarta oitava, também tendo *Moby Dick* como fonte. Ismael se refere ao "Tear do tempo", enquanto Melville relembra o "Tear do tempo" de Thomas Carlyle em *Sartor Resartus*, por sua vez extraído da tradução carlyliana do *Fausto* de Goethe. Crane, ciente de tudo isso, emprega tal *materia poetica* como minério bruto a ser refinado ao fogo de sua visão. Ele quer, basicamente, que acompanhemos e aceitemos as transformações da ponte do Brooklyn numa harpa eólica, num navio e por fim numa mulher, a única noiva que poderá possuir.

O amor é a força motriz de "Atlantis": a palavra aparece primeiramente na epígrafe platônica e se repete quatro vezes no poema. Como definir esse amor? Em Crane, ele parece mais shelleyiano do que platônico ou cristão, especialmente porque podemos entreouvir "Adonais" ao longo de todo o poema. Para Shelley, o amor consistia em sairmos totalmente de nossa natureza e entrarmos na de outrem, o que Crane julgava ter vivido com Emil Opffer em 1924: "Vi a Palavra feita carne", escreveu ele. O relacionamento lhe deu "Voyages", mas não um reconforto duradouro, confirmando seu lugar na tradição romântica, em que o ganho imaginativo se funda com extrema frequência na perda existencial.

Walt Whitman celebra o amor — dos camaradas, dos casamentos, dos desconhecidos —, contudo sua materialização, para ele, era a autossatisfação.

---

* E por entre aquele cordame, tecendo com seu chamado/ Um só arco sinóptico de todas as marés abaixo —/ Suas desembocaduras labirínticas de história/ Vertendo réplicas como se todos os navios ao mar/ Se unissem num só hálito vibrante, convertido em grito —/ "Assegura teu amor — cuja canção empenhamo-nos em compor!"/ — Vindos de escuros aterros, imóveis sons saudaram,/ E assim sete oceanos respondem por entre seus sonhos.

A "dispersa partitura por onde corre/ A série de intervalos melódicos" [*long-scattered score of broken intervals*] de Hart Crane encontra sua melhor representação no desesperado "Possessions". É penoso que a busca de *A ponte* seja por uma noiva que poderia muito bem ser a platônica radiação branca da eternidade de Shelley. Com delicadeza, mas com grande expressividade, Crane concentra essa brancura como emanação da anêmona, símbolo ovidiano de Adônis morto. "Anêmona", a flor primaveril da ressurreição anual de Adônis, significa "filha do vento", de Éolo.

Ao contrário da tradição de um branco vazio que culmina em "The Auroras of Autumn" de Wallace Stevens, o "branco" para Crane era a transparência de sua visão. *White Buildings* toma seu título ao "Recitative" de Crane: "E gradualmente edifícios brancos respondem ao dia" [*And gradually white buildings answer the day*]. O proêmio "To Brooklyn Bridge" canta os "círculos brancos de tumulto" [*white rings of tumult*], uma boa descrição genérica da figura predominante de Crane.

Os rascunhos de "Atlantis" mostram como Crane se baseou na "branca radiação da Eternidade" de Shelley em "Adonais", cuja "cúpula de vidro multicolorido" [*dome of many-coloured glass*] macula essa radiação. Crane apresenta a ponte como uma "cúpula sinóptica folheada" [*synoptic foliate dome*], descrição eliminada da versão final, talvez porque a referência a Shelley fosse evidente demais.

Em meus cursos sobre "Adonais" e "Atlantis", costumo trabalhar com os textos em conjunto e fico emocionado com as reações dos estudantes às semelhanças e às diferenças entre ambos. Ao contrário de Whitman e Crane, Shelley não via seus poemas como construção de uma ponte. É Whitman, e não Shelley, que Crane tem em mente ao escrever e revisar seus poemas, mas sua modalidade retórica é a de Shelley, o qual, com Marlowe e Shakespeare, é capaz de se equiparar e até ultrapassar o ímpeto, a velocidade retórica e a complexidade figurativa de Crane.

Apesar disso, a arte retórica de Crane é diferente da de qualquer outro poeta de língua inglesa ou da de Rimbaud em língua francesa. Em 1928, ele descobriu Gerard Manley Hopkins, mas àquela altura Crane já estava com seu estilo plenamente formado, ainda que seja interessante comparar sua reação a Walt Whitman e o forte sentimento de afinidade de Hopkins com este último. O que meus alunos e outros leitores acham difícil em Crane, de início, é sua intensa consciência verbal, seu esforço constante de romper e vencer os limites de sua dicção no que eu chamaria de gnose, uma via de conhecimento a que se chega pela linguagem e que nega, escapa e por fim alcança uma extravagância controlada, um vagar para além dos limites, mas dentro de certas medidas.

A extravagância — em Whitman, Stevens e Crane — atinge o sublime ao propor Ficções Supremas: Whitman, um dos americanos rudes; Stevens, o grande leão no sol; Crane, a ponte do Brooklyn como harpa, navio e noiva.

A negatividade retórica de Crane é onipresente: ele abusa da metáfora até que se torna quase impossível chamá-la como tal. Como Whitman e Stevens (aos quais admirava), ele é ágil na evasão, combatendo definições carcomidas, nomes apodrecidos, luzes obscurecedoras.

Kenneth Burke foi o primeiro a me recomendar ler Crane como pioneiro na retórica da religião. Como Whitman, Crane não era cristão, mas sim um exemplar da Religião Americana, nossa extraordinária emulsão de orfismo, gnosticismo e Entusiasmo seiscentista.

Os rascunhos de "Atlantis", de fevereiro de 1923 a agosto de 1926, fornecem um grande auxílio para a compreensão do texto final. Até a versão enviada a Waldo Frank em janeiro de 1926, poucas expressões e versos sugerem o Sublime Americano que virá a seguir, e mesmo os versos a Frank são geralmente canhestros. Ao longo dos anos, tenho estudado todos os manuscritos de Crane (nas bibliotecas de Ohio, Colúmbia, Yale e outras mais), e fico sempre surpreso ao ver até que ponto os textos acabados seguem a contrapelo, por assim dizer, tão diferentes de suas cartas magníficas, que têm um tom de absoluta clareza. Fazem-me lembrar a experiência de rever as cartas de Walter Pater, que, analogamente, não têm o menor traço de seu famoso estilo. A grandeza difícil e exclusiva de Crane como poeta deriva de um inflexível esforço de revisão para oferecer um novo idioma à poesia visionária americana.

Em termos técnicos, a relação de Crane com aquela tradição depende da figura da transposição metafórica, explorada em *Allegory* de Angus Fletcher, em meu *Um mapa da desleitura* e em *The Figure of Echo* (A figura do eco) de John Hollander. A transposição é a figura que desfaz a figura, conferindo a si mesma uma qualidade inaugural e tornando seus precursores posteriores. Crane trabalha para dar a parecer que é ele o ancestral poético de Whitman, Melville e Eliot — e não alguém nadando em sua esteira.

Fletcher sugere qualificá-la como uma poética "de limiar" ou "de soleira", e Crane, que saudava "novos limiares, novas anatomias", certamente concordaria. A busca de *A ponte* — e de "Atlantis" em particular — é converter "Song of Myself" e *A terra desolada* em herdeiros de Crane, em vez de precursores. "Atlantis" não é o limiar do mito de uma América democrática nem de um mito de declínio cultural e religioso. É o ponto de partida de um romance demônico, uma interiorização última de uma busca que se consuma inutilmente, e é uma paródia consciente de um objetivo meramente fictício, assim como o grande monólogo de Robert Browning, "Childe Roland to the Dark Tower Came [O infante Rolando à sombria torre chegou].

Por que Crane, ciente dessa derrota americana, compôs *A ponte*? Os críticos contemporâneos a ele — Tate, Winters, Cowley, Edmund Wilson e os demais — entenderam mal, provavelmente por causa da primazia de T.S. Eliot. Mesmo William Carlos Williams interpretou erroneamente as intenções de Crane. Em parte, o problema foi que, para obter o patrocínio do financista Otto Kahn, Crane escreveu várias cartas dando a entender que sua empreita era positiva. Na verdade, *A ponte* é mais sombrio do que *A terra desolada*, visto que Crane não termina convocando o leitor, por meio da sabedoria hinduísta, a dar, compreender e assim atingir o autocontrole. Eliot recorre a santo Agostinho e ao Sermão do Fogo de Buda. Crane espera que sua poesia venha a fazer parte de uma Palavra secular imorredoura, mas sua réplica mais profunda a Whitman e a Eliot é um brado a Nova York, com suas torres e pontes:

> Kiss of our agony Thou gatherest
>   O Hand of Fire
>   gatherest—*

Como em *White Buildings* e em partes de *A ponte*, há também um poeta lírico mais simples, mais direto e pungente em Crane, que não comparece em "Atlantis". Penso em poemas que muito prezo: "Sunday Morning Apples", "Praise for an Urn", "Repose of Rivers" e vários poemas e passagens em *A ponte*, ainda que não sejam os mais sublimes.

---

* Beijo de nossa agonia Tu colhes/ Ó Mão de Fogo /colhes —

Minha experiência de "Atlantis" tem sido cada vez mais uma percepção das sombras que o obscurecem, mesmo quando o poema alcança o ápice do êxtase, na oitava estrofe, minha favorita desde que eu era criança:

> O Thou steeled Cognizance whose leap commits
> The agile precincts of the lark's return;
> Within whose lariat sweep encinctured sing
> In single chrysalis the many twain,—
> Of stars Thou art the stitch and stallion glow
> And like an organ, Thou, with sound of doom—
> Sight, sound and flesh Thou leadest from time's realm
> As love strikes clear direction for the helm.*

Cito frequentemente essa passagem a meus alunos como grande exemplo do Sublime Americano. Ruskin talvez ficasse desconcertado com a agressiva "falácia patética" da cognição da ponte do Brooklyn, um conhecimento que é o salto da aliança entre passado e futuro. O gume mais afiado da palavra "*commits*" [envolve] é seu significado de confiar na aliança, enquanto "*precints*" [precintos] leva a "*encinctured*" [cingidos], com a mesma raiz que significa "*encircling*" [circundando]. Apesar de seu arroubo heroico, essa oitava crucial fica sombria por excesso de luz, pois amor e morte estão condenados ao mesmo destino.

John Irwin destaca "o retorno da cotovia" [*the lark's return*] na oitava estrofe como alusão ao poema de Shelley, "To a Skylark" [A uma cotovia]. Eu aprofundaria ainda mais essa referência, visto que, a meu juízo, "Song of Myself" e *A terra desolada* têm sobre Crane, na verdade, uma influência menos profunda do que "Alastor", "Adonais" e os poemas líricos mais importantes de Shelley. Shelley é um grande pioneiro em tornar o visível um pouco difícil de ver. Em "To a Skylark", o pássaro voa tão alto que não conseguimos enxergá-lo, e só ouvimos seu canto como se fosse desencarnado. O retorno

---

* Ó tu Cognição acerada cujo salto envolve/ Os ágeis precintos do retorno da cotovia;/ Em cuja abrangência sinuosa cingidos cantam/ Numa única crisálida os inúmeros díspares —/ Das estrelas és Tu o ponto e brilho equestre/ E como órgão, Tu, com som do juízo final —/ Visão, som e carne conduzes além do reino do tempo/ Quando o amor aponta clara direção para o leme.

da cotovia em "Atlantis" firma uma aliança entre Crane e Shelley. Contudo, é um vínculo entre dois idealistas céticos que sabem que o amor e os meios do amor, o bem e os meios do bem são irreconciliáveis. Aqui estou retomando "The Triumph of Life" de Shelley, mas poderia ser "The Broken Tower" de Crane. Desde o começo, Crane sabia que os poetas se contorciam no amor por coisas irreconciliáveis. Talvez seja por isso que a oitava estrofe invoca uma "abrangência sinuosa" [*lariat sweep*] e o "brilho equestre" [*stallion glow*], referindo-se às estrelas da constelação de Pégaso, o cavalo alado da poesia.

Sabendo que não voltarei a escrever sobre Crane, pergunto por que a oitava da cognição acerada me parece um tema de reflexão inesgotável. Em sentido heráldico, é o brasão de Hart Crane, e o sentido de "cognição" passa a ser o de "reconhecimento", um emblema de identidade própria. A ponte do Brooklyn e seu poeta recortam zonas blasonadas e mastros altivos, arrumando, aprofundando, encantando a noite. À sombra dela, Crane também canta a ponte como harpa, navio, morte e a noiva que não pode enlaçar nesta vida. Todo romance de busca demônica posterior quer falhar à sua própria maneira, e não nas roupagens descartadas de seus precursores. *A ponte*, como "Alastor" e *A terra desolada*, ganha mais clareza à luz do monólogo dramático soberbamente negativo de Robert Browning, "Childe Roland to the Dark Tower Came". Crane nunca menciona e provavelmente nunca leu Browning, mas isso pouco importa. Tal como Eliot e Browning, ele tem Shelley como precursor.

A ponte tenta ser um épico breve aos moldes de "Song of Myself"; um demo imprime um desvio e o inflecte para a modalidade da busca romântica, aos moldes de "Alastor" e "Endymion". Wallace Stevens, que o jovem Crane admirava e em 1919 dizia ser "um homem cuja obra assusta a maioria de nós, demais poetas", compôs "Notes Toward a Supreme Fiction" em 1942, dez anos após a morte de Crane. "Notes" é a "Song of Myself" de Stevens, um épico curto frisando o conteúdo da visão poética. *A ponte* se concentra na relação do poeta com sua própria visão, ênfase que alimenta a busca romântica como em *A terra desolada* e "For the Marriage of Faustus and Helen", do próprio Crane. A interiorização do romance de busca é necessariamente sua demonização, baseando-se na postura do poeta perante a morte, assim como qualquer tropo depende de uma postura perante um significado propriamente literal.

Ave Maria: National Winter Garden

Em março de 1926, Crane começou a compor "Ave Maria", seção vigorosa, porém bastante negligenciada, de *A ponte*. Como "Atlantis", o poema vem em oitavas densas de ardente invocação. Mas "Ave Maria" é o único monólogo dramático de Crane, entoado por um resoluto Cristóvão Colombo. São os monólogos de Browning e Tennyson que, em última instância, fornecem a Crane os moldes para *A ponte*, intermediados por Eliot e Pound. "Ave Maria" funde Whitman e Eliot sem nenhum vestígio do poeta de "Childe Roland", baseando-se especialmente em "Prayer of Columbus", poema autobiográfico de Walt.

No cerne de "Ave Maria" está a sutil referência de Crane ao profeta Isaías:

— Precipita-te para a plenitude, e verás
Isaías narrando a fome que lá jaz!

A referência é Isaías 5:11-15:

> Ai dos que se levantam pela manhã, e seguem a bebedice; e continuam até a noite, até que o vinho os esquente!
> E harpas e alaúdes, tamboris e gaitas, e vinho há nos seus banquetes; e não olham para a obra do Senhor, nem consideram as obras das suas mãos.
> Portanto o meu povo será levado cativo, por falta de entendimento; e os seus nobres terão fome, e a sua multidão se secará de sede.
> Portanto o inferno grandemente se alargou, e se abriu a sua boca desmesuradamente; e para lá descerão o seu esplendor, e a sua multidão, e a sua pompa, e os que entre eles se alegram.
> Então o plebeu se abaterá, e o nobre se humilhará; e os olhos dos altivos se humilharão.*

Peter Cole nota argutamente que aqui, a meio da "Ave Maria", Crane se volta contra a húbris da posição de conquista ou busca (Colombo, Europa, Crane) e invoca a caridade como elemento retificador profético.

---

* Tradução de Almeida corrigida e revisada. (N. T.)

Isaías unifica o poema, mostrando um Colombo numa busca alto romântica, e não um conquistador. Enquanto Crane busca a Atlântida perdida, esse Colombo shelleyiano crê que encontrou "Catai... o grande continente de Chan". Depois que Isaías inspira a plenitude da caridade, "Ave Maria" se liberta na retórica craniana do poder interiorizado:

> O Thou who sleepest on Thyself, apart
> Like ocean athwart lanes of death and birth,
> And all the eddying breath between dost search
> Cruelly with love thy parable of man,—
> Inquisitor! incognizable Word
> Of Eden and the enchained Sepulchre,
> Into thy steep savannahs, burning blue,
> Utter to loneliness the sail is true.
>
> Who grindest oar, and arguing the mast
> Subscribest holocaust of ships, O Thou
> Within whose primal scan consummately
> The glistening seignories of Ganges swim;—
> Who sendest greeting by the corposant,
> And Teneriffe's garnet — flamed it in a cloud,
> Urging through night our passage to the Chan;—
> Te Deum laudamus, for thy teeming span!
>
> Of all that amplitude that time explores,
> A needle in the sight, suspended north,—
> Yielding by inference and discard, faith
> And true appointment from the hidden shoal:
> This disposition that thy night relates
> From Moon to Saturn in one sapphire wheel:
> The orbic wake of thy once whirling feet,
> Elohim, still I hear thy sounding heel!
>
> White toil of heaven's cordons, mustering
> In holy rings all sails charged to the far

Hushed gleaming fields and pendant seething wheat
Of knowledge,—round thy brows unhooded now
—The kindled Crown! acceded of the poles
And biased by full sails, meridians reel
Thy purpose—still one shore beyond desire!
The sea's green crying towers a-sway, Beyond

And kingdoms
          naked in the
                    trembling heart—
Te Deum laudamus
                  O Thou Hand of Fire*

Como em Emily Dickinson, Deus aqui é tratado como "Inquisidor!". Esse Deus é criador e destruidor, e se manifesta pelo fogo do corpo-santo e da vida terrena. Ouvem-se outra vez os passos sonoros do Eloim, e o poeta explorador pode bradar: "ainda outra costa além do desejo!" [*still one shore beyond desire!*]. Saltando para o final de "The Tunnel", Crane exclama: "Ó Tu Mão de Fogo"

---

* Ó Tu que dormes em Ti mesmo, à parte/ Como oceano atravessando morte e nascimento,/ E todo o arfante alento entre nascer e morrer/ Buscas implacável com amor tua parábola do homem —/ Inquisidor! incognoscível Palavra/ Do Éden e do encadeado Sepulcro,/ Dentro de tuas savanas agrestes, ardendo azuis,/ Revela à solidão que a vela é a verdade.// Tu que moves o remo e, contestando o mastro,/ Subscreves o holocausto dos navios, ó Tu,/ Em cuja primordial sondagem à perfeição/ Nadam as senhorias resplendentes do Ganges —/ Que envias saudações pelo corpo-santo/ E pelo granadino Tenerife — ardendo numa nuvem,/ Impelindo na noite nosso percurso até o Chan —/ Te Deum laudamus, por tua prolífica extensão!// De toda a amplitude que o tempo explora,/ A agulha sob a vista, o norte acima —/ Indicando por inferência e descarte, fé/ E real indicação do obstáculo oculto:/ Essa disposição que tua noite relaciona/ Entre a Lua e Saturno numa órbita de safira:/ O esférico traçado de teus pés outrora rodopiantes,/ Eloim, ainda ouço teus passos sonoros!// Rede branca dos cordões celestes, reunindo/ Em anéis sagrados todas as velas rumo aos remotos/ Campos de calmo resplendor, às espigas pendentes/ De tanto conhecimento — agora a teus olhos desvendado/ — A ardente Coroa! dos polos conquistada/ E, cruzados a velas enfunadas, os meridianos/ Balançam teu propósito — ainda outra costa além do desejo!/ As lamentosas torres verdes do mar ondulam, Além// E reinos/ desnudos no/ coração trêmulo —/ Te Deum laudamus/ Ó Tu Mão de Fogo

[*O Thou Hand of Fire*]. A caridade da Virgem e esse fogo marcam os limites da busca consciente de Hart Crane por aquilo que não se pode encontrar.

Logo após "Ave Maria", Crane contrapõe a esse viés claramente católico o poema "National Winter Garden", de magnífica grosseria:

> Outspoken buttocks in pink beads
> Invite the necessary cloudy clinch
> Of bandy eyes... No extra mufflings here:
> The world's one flagrant, sweating cinch.
>
> And while legs waken salads in the brain
> You pick your blonde out neatly through the smoke.
> Always you wait for someone else though, always—
> (Then rush the nearest exit through the smoke).
>
> Always and last, before the final ring
> When all the fireworks blare, begins
> A tom-tom scrimmage with a somewhere violin,
> Some cheapest echo of them all—begins.
>
> And shall we call her whiter than the snow?
> Sprayed first with ruby, then with emerald sheen—
> Least tearful and least glad (who knows her smile?)
> A caught slide shows her sandstone grey between.
>
> Her eyes exist in swivellings of her teats,
> Pearls whip her hips, a drench of whirling strands.
> Her silly snake rings begin to mount, surmount
> Each other—turquoise fakes on tinselled hands.
>
> We wait that writhing pool, her pearls collapsed,
> — All but her belly buried in the floor;
> And the lewd trounce of a final muted beat!
> We flee her spasm through a fleshless door...

Yet, to the empty trapeze of your flesh,
O Magdalene, each comes back to die alone.
Then you, the burlesque of our lust—and faith,
Lug us back lifeward—bone by infant bone.*

Depois da Virgem Maria, a Madalena: o prazer de Crane me faz pensar na bissexualidade parcialmente disfarçada por seu notório histórico carnal com uma geração inteira de marinheiros.

Van Winkle: The River

Com a advertência de "Van Winkle" a Rip — "E vamos logo, Van Winkle — está ficando tarde!" — tem-se a ambientação para "The River" [O rio], uma obra-prima craniana que desmente qualquer sensação de epigonismo.

Mark Twain aparece nas cartas de Crane apenas como autor do chulo *1601*, e me pergunto se o poeta de "The River" chegou algum dia a ler os episódios do Mississippi em *Huckleberry Finn*. Crane certamente leu William Carlos Williams em *In the American Grain* (1925) e o utiliza ao longo de *A ponte*, especialmente nas quadras finais de "The River".

---

* Profusas nádegas em contas cor-de-rosa/ Convidam ao necessário abraço enevoado/ Dos olhos cravados... Sem muitos disfarces, aqui:/ O mundo é objeto fácil, exibido, suado.// E enquanto pernas levantadas transtornam a cabeça/ Você escolhe sua loira no meio do ar enfumaçado./ Sempre, porém, você espera outra pessoa, sempre —/ (Então corre para a primeira saída no ar enfumaçado.)// Sempre, e por último antes do toque final/ Quando retumbam todos os rojões, começa/ Uma briga do tambor com um violino perdido,/ O mais vulgar eco de todos então — começa.// E diremos que ela é mais branca do que a neve?/ Primeiro borrifada de rubi, depois esmeralda brilhante —/ A menos chorosa e a menos alegre (quem viu seu sorriso?)/ Então seu cinza-escuro no meio aparece num instante.// Seus olhos existem no balanço dos seios girando,/ Fiadas de pérolas açoitam o quadril que rebola./ Seus simplórios anéis de serpente se sobrepõem sem fim/ — falsas turquesas em mãos enfeitadas de lantejoula.// Esperamos as contorções agachadas, as pérolas caídas/ — Tudo se afundando no chão, menos seu ventre;/ E a pancadaria lasciva da batida final em surdina!/ Por uma porta descarnada fugimos ao acesso fremente...// Mas ao vazio trapézio de tua carne,/ Ó Madalena, cada qual retorna para morrer só./ Tu então, paródia farsesca de nossa luxúria — e fé,/ Arrastas-nos de volta à vida — novo osso por osso.

Poema muito diversificado, cuja unidade deriva de sua busca pelas origens — as do poeta e da terra —, "The River" é, em igual medida, sombrio e poderoso.

Crane associa sua infância aos andarilhos e a outros párias que perambulam pelo rio e pelas estradas de ferro:

>   Behind
> My father's cannery works I used to see
> Rail-squatters ranged in nomad raillery,
> The ancient men—wifeless or runaway
> Hobo-trekkers that forever search
> An empire wilderness of freight and rails.
> Each seemed a child, like me, on a loose perch,
> Holding to childhood like some termless play.
> John, Jake or Charley, hopping the slow freight
> —Memphis to Tallahassee—riding the rods,
> Blind fists of nothing, humpty-dumpty clods.*

Esse último verso, redutor e niilista, é prontamente atenuado:

> Yet they touch something like a key perhaps.
> From pole to pole across the hills, the states
> — They know a body under the wide rain;
> Youngsters with eyes like fjords, old reprobates
> With racetrack jargon,—dotting immensity
> They lurk across her, knowing her yonder breast
> Snow-silvered, sumac-stained or smoky blue—

---

* Atrás/ Da fábrica de conservas de meu pai eu via/ Clandestinos de trens em nômade romaria,/ Homens de antigamente — sem mulher ou fugitivos/ Andarilhos vagabundos em busca constante/ De um agreste império de cargas e trilhos./ Todos me pareciam crianças, como eu, soltos na vida,/ Agarrando-se à infância como brincadeira sem fim./ João, José, Toninho, saltando no lento trem de carga/ — De Memphis ao Tennessee — viajando de graça,/ Nada na mão fechada, simplórios de inteligência escassa.

Is past the valley-sleepers, south or west.
— As I have trod the rumorous midnights, too.*

A *ponte* está em busca de uma noiva, a Eva Americana para o Adão Americano. John Irwin destaca corretamente a influência do *Fausto: Parte Dois* de Goethe como fonte principal da busca visionária de Crane. Com uma chave fornecida por Mefistófeles, Fausto desce ao abismo das mães, um reino de tipo platônico para o qual Goethe se inspirou em suas leituras de Plutarco. A chave faustiana que recupera Helena de Troia — claramente fálica em Goethe — sugere a chave tocada pelos párias de Crane, os quais conhecem a mãe whitmaniana que é a paisagem americana.

Há poucos efeitos, mesmo em Hart Crane, mais fortes e comoventes do que este. É um prelúdio do que creio ser a transição mais empolgante de toda a literatura americana, quando o poeta faz uma modulação passando de uma oitava final, que pertence ao mundo dos vagabundos, concentrada na morte do mítico andarilho Dan Midland, para a primeira das oito quadras muito arrebatadas que descrevem a descida do rio Mississippi para o golfo:

Yes, turn again and sniff once more—look see,
O Sheriff, Brakeman and Authority—
Hitch up your pants and crunch another quid,
For you, too, feed the River timelessly.
And few evade full measure of their fate;
Always they smile out eerily what they seem.
I could believe he joked at heaven's gate—
Dan Midland—jolted from the cold brake-beam.

Down, down—born pioneers in time's despite,
Grimed tributaries to an ancient flow—

---

* Mas algo eles tocam, uma espécie de chave talvez./ De ponta a outra atravessando os montes, os estados/ — Conhecem um corpo sob a ampla chuva;/ Rapazolas com olhos como fiordes, velhos réprobos/ Com gíria de apostadores — pontilhando a imensidão/ Espreitam por trás dela, sabendo que aquele seu seio/ Prateado como neve, manchado de sumagre ou azul enfumaçado —/ Fica além dos dormentes do vale, a sul ou oeste./ — Quando eu trilhava as meias-noites rumorosas, também.

They win no frontier by their wayward plight,
But drift in stillness, as from Jordan's brow.*

"Descendo, descendo—" [Down, down—] é um tributo alusivo a William Carlos Williams quando fala do explorador espanhol Hernando De Soto sepultado nas águas, que aparece com tanto vigor em seu *In the American Grain*:

Descendo, descendo esse solitário cachalote, descendo no ventre líquido, amorfo, insaciável do sono...

Tal como nas quadras, há sob o fluxo majestoso dos versos uma negatividade sombria. O avanço irregular das águas é semelhante à condição do andarilho errante. No entanto, o êxtase demônico do dom rapsódico de Crane dá sustentação ao movimento final de "The River", por equívoco que seja:

You will not hear it as the sea; even stone
Is not more hushed by gravity... But slow,
As loth to take more tribute—sliding prone
Like one whose eyes were buried long ago

The River, spreading, flows—and spends your dream.
What are you, lost within this tideless spell?
You are your father's father, and the stream—
A liquid theme that floating niggers swell.

Damp tonnage and alluvial march of days—
Nights turbid, vascular with silted shale

---

* Sim, vira-te e sente o cheiro outra vez — vê olha,/ Ei, Delegado, Guarda-Freios e Autoridade —/ Ajeita a calça e masca mais um pouco de fumo,/ Pois também alimentas o Rio pela eternidade./ E poucos escapam de todo ao destino que é seu;/ Mostram em sorriso misterioso o que parecem ser./ Creio que ele até brincaria às portas do céu —/ Dan Midland — arremessado do frio travão do freio.// Descendo, descendo — pioneiros natos como dantes,/ Tributários enlameados de uma antiga corrente —/ Não conquistam fronteiras na condição de errantes,/ Mas, como brotando do Jordão, seguem calmamente.

And roots surrendered down of moraine clays:
The Mississippi drinks the farthest dale.

O quarrying passion, undertowed sunlight!
The basalt surface drags a jungle grace
Ochreous and lynx-barred in lengthening might;
Patience! and you shall reach the biding place!

Over De Soto's bones the freighted floors
Throb past the City storied of three thrones.
Down two more turns the Mississippi pours
(Anon tall ironsides up from salt lagoons)

And flows within itself, heaps itself free.
All fades but one thin skyline 'round... Ahead
No embrace opens but the stinging sea;
The River lifts itself from its long bed.

Poised wholly on its dream, a mustard glow
Tortured with history, its one will—flow!
— The Passion spreads in wide tongues, choked and slow,
Meeting the Gulf, hosannas silently below.*

---

* Não o ouvirás como o mar; nem a pedra/ É tão silenciada pela gravidade... Mas lento,/ Não querendo mais tributos — seguindo de borco/ Como aquele dos olhos sepultados tanto tempo atrás// O Rio, espraiando-se, corre — e consome teu sonho./ O que é tu, perdido nesses sortilégios constantes?/ És o pai do teu pai, e a correnteza —/ Tema líquido intumescido por negros flutuantes.// Tonelagem úmida e marcha aluvial dos dias —/ Noites lodosas, vasculares de xisto limoso/ E raízes desbarrancadas dos blocos de barro:/ O Mississippi bebe da mais distante várzea.// Ó paixão que escalavra, luz de um sol ressabiado!/ A superfície de basalto arrasta um encanto agreste/ Ocre, de listras como lince, num poder prolongado;/ Paciência! e alcançarás o local que quiseste!// Sobre os ossos de De Soto os porões de carga/ Vibram passando pela Cidade dos três tronos./ Duas curvas adiante o Mississippi se alarga/ (Altos couraçados vindo de lagunas salgadas)// Despenha-se, corre dentro de si, avoluma-se liberto./ Tudo some, menos a fina linha do horizonte.../ Nenhum abraço o recebe à frente, só o mar aberto;/ O Rio se ergue do longo leito,// Equilibrando-se em seu sonho, um brilho mostarda/ Torturado de história; seu único desejo — correr!/ — A Paixão se espalha em largas línguas, sufocadas e lentas,/ Encontrando o Golfo, silenciosas hosanas embaixo.

Há um triunfo poético mesmo quando Crane não afirma nada. As imagens pentecostais, "sufocadas e lentas" [*choked and slow*], sucedem-se gratuitamente, mas com uma plangência e um anelo absolutamente inesquecíveis.

Na ordem cronológica da composição, só o demo de Crane sabia como fazer, e é assim que após *The River* vem a descida ao inferno de "The Tunnel".

The Tunnel

Depois da paixão pentecostal e das hosanas que encerram "The River", o demo reage com o doloroso e soberbo "The Tunnel" [O túnel], a jornada virgiliana de Crane ao Averno. O labirinto, fundamental nas descidas épicas desde Virgílio a Borges, é a imagem central no pesadelo torturante de Crane explorando o metrô. Como frequentador das linhas da Nova York subterrânea em minha distante juventude, meu pavor pessoal se renova a cada vez que releio ou dou aulas sobre "The Tunnel".

O livro VI de Virgílio, no comovente encontro entre Enéas e seu pai Anquises, pode ter sido o modelo para o misterioso encontro entre Crane e Poe, como supõe John Irwin, porém o tom emocional é tão radicalmente diferente que duvido disso. Por influência de Eliot, Crane encontrou seu paradigma no encontro de Dante com seu mestre e precursor, Brunetto Latini.

Um dos ápices da arte de Crane, esta sua fantasia sobre Poe tem como centro uma visão que reconhece *A terra desolada* e então a supera:

Our tongues recant like beaten weather vanes.
This answer lives like verdigris, like hair
Beyond extinction, surcease of the bone;
And repetition freezes—"What

"what do you want? getting weak on the links?
fandaddle daddy don't ask for change—IS THIS
FOURTEENTH? it's half past six she said—if
you don't like my gate why did you
swing on it, why *didja*

swing on it
anyhow—"

                And somehow anyhow swing—

The phonographs of hades in the brain
Are tunnels that re-wind themselves, and love
A burnt match skating in a urinal—
Somewhere above Fourteenth TAKE THE EXPRESS
To brush some new presentiment of pain—
"But I want service in this office SERVICE
I said—after
the show she cried a little afterwards but—"

Whose head is swinging from the swollen strap?
Whose body smokes along the bitten rails,
Bursts from a smoldering bundle far behind
In back forks of the chasms of the brain,—
Puffs from a riven stump far out behind
In interborough fissures of the mind...?

And why do I often meet your visage here,
Your eyes like agate lanterns—on and on
Below the toothpaste and the dandruff ads?
— And did their riding eyes right through your side,
And did their eyes like unwashed platters ride?
And Death, aloft,—gigantically down
Probing through you—toward me, O evermore!
And when they dragged your retching flesh,
Your trembling hands that night through Baltimore—
That last night on the ballot rounds, did you,
Shaking, did you deny the ticket, Poe?*

---

* Nossas línguas se retratam como cataventos velhos./ Essa resposta vive como verdete, como cabelo/ Indestrutível, cessação do osso;/ E a repetição se congela — "O que// "o que

O jargão heterossexual de se embolar na entrada, atuando como figura da relação sexual, cede lugar ao humor negro homoerótico de Crane com "E de algum jeito de qualquer jeito se embola" [*And somehow anyhow swing—*] e à memorável vulgaridade de "um fósforo queimado escorregando num mictório" [*a burnt match skating in a urinal*], numa visão depreciativa da paixão homem-mulher. Podemos sentir desconforto, mas a representação de Poe nos devolve a admiração pelo gênio de Crane naquilo que Emerson chamava de "surpresa".

As "emboladas" anteriores preparam o caminho para a cabeça de Poe "embolando na corda inchada" [*swinging from the swollen strap*]. Crane reitera a lenda popular de que Poe, bêbado, foi arrastado de um local de votação a outro numa noite de eleições, num esquema de fraude eleitoral em Baltimore, até morrer. Os fatos desmentem isso, contudo, em termos poéticos, Crane estava certo em explorar esse mito.

O inefável Edgar Poe (cujos poemas são de uma ruindade inacreditável) plagiou "Darkness" de Lord Byron em seu "The City in the Sea", um apocalipse nova-iorquino em que "A Morte olha abaixo gigantesca" [*Death looks gigantically down*]. Crane melhora a formulação, mas certamente percebeu o valor estético do verso.

---

você quer? faltando algum parafuso?/ Relaxa tiozinho não peça trocado — ESTA É A/CATORZE? são seis e meia ela falou — se/ não gosta da minha entrada por que/ veio se embolar, por que 'cê/ se embolou nela/ de qualquer jeito —"// E de algum jeito de qualquer jeito se embola —// Os fonógrafos do hades na cabeça/ São túneis que se retorcem, e o amor/ Um fósforo queimado escorregando num mictório —/ Em algum lugar depois da Catorze TOME O EXPRESSO/ Para eliminar novos prenúncios de dor —/ "Mas eu quero serviço neste escritório SERVIÇO/ Falei — depois/ Do show ela chorou um pouco depois mas —"// De quem é a cabeça embolando na correia inchada?/ De quem é o corpo que fumega nos trilhos cortados,/ Irrompe de uma trouxa suarenta lá atrás/ Em bifurcações das fendas do cérebro —/ Se solta de uma massa fendida muito lá atrás/ Em fissuras interbairros da mente...?// E por que tanto encontro teu rosto aqui,/ Teus olhos como lanternas de ágata — sempre sempre/ Sob os anúncios de caspa e dentifrício?/ — E o olhar deles arrevesado te passou pelo lado,/ E o olhar deles passou como prato emporcalhado?/ E a Morte, no alto — baixando gigantesca/ E sondando dentro de ti — até mim, ó sempre mais!/ E quando arrastaram tua carne aos vômitos,/ Tuas mãos trêmulas naquela noite por Baltimore —/ Aquela última noite pelas zonas eleitorais, recusaste,/ Estremecendo, recusaste a passagem, Poe?

É com uma precisão fantástica que o demônico Crane passa a se dirigir ao metrô subterrâneo e à cidade de Nova York como um demo de mil disfarces:

> And does the Daemon take you home, also,
> Wop washerwoman, with the bandaged hair?
> After the corridors are swept, the cuspidors—
> The gaunt sky-barracks cleanly now, and bare,
> O Genoese, do you bring mother eyes and hands
> Back home to children and to golden hair?
>
> Daemon, demurring and eventful yawn!
> Whose hideous laughter is a bellows mirth
> — Or the muffled slaughter of a day in birth—
> O cruelly to inoculate the brinking dawn
> With antennae toward worlds that glow and sink;—
> To spoon us out more liquid than the dim
> Locution of the eldest star, and pack
> The conscience navelled in the plunging wind,
> Umbilical to call—and straightway die!*

Assim, Crane volta para casa, que dá para a ponte do Brooklyn. Para mim, a suprema epifania da obra de sua vida é o fecho de "The Tunnel":

> O caught like pennies beneath soot and steam,
> Kiss of our agony thou gatherest;
> Condensed, thou takest all—shrill ganglia
> Impassioned with some song we fail to keep.

---

* E o Demo te leva para casa, também,/ Faxineira carcamana, de lenço no cabelo?/ Depois de varrer os corredores, as escarradeiras —/ Os prédios esqueléticos limpos, nus em pelo,/ Oh, genovesa, trazes mãos e olhos maternos/ Para casa, aos filhos e ao dourado do cabelo?// Demo, bocejo indeciso e agitado!/ Cuja festança medonha é falsa alegria/ — Ou matança embuçada de um novo dia —/ Ó cruel para inocular na aurora iminente/ Antenas apontando mundos que brilham e findam —/ Para nos servir mais líquido do que a vaga/ Locução da primeira estrela e transportar/ A consciência unida ao vento inclemente/ Em cordão umbilical a clamar — e então morrer!

And yet, like Lazarus, to feel the slope,
The sod and billow breaking,—lifting ground,
—A sound of waters bending astride the sky
Unceasing with some Word that will not die...!

A tugboat, wheezing wreaths of steam,
Lunged past, with one galvanic blare stove up the River.
I counted the echoes assembling, one after one,
Searching, thumbing the midnight on the piers.
Lights, coasting, left the oily tympanum of waters;
The blackness somewhere gouged glass on a sky.
And this thy harbor, O my City, I have driven under,
Tossed from the coil of ticking towers. . . Tomorrow,
And to be. . . Here by the River that is East—
Here at the waters' edge the hands drop memory,
Shadowless in that abyss they unaccounting lie.
How far away the star has pooled the sea—
Or shall the hands be drawn away, to die?

Kiss of our agony Thou gatherest,
          O Hand of Fire
                    gatherest—*

---

* Oh presos como moedas entre fuligem e vapor,/ Beijo de nossa agonia tu colhes;/ Condensado, tomas tudo — gânglios estridentes/ Apaixonados por uma canção que não sustentamos./ E mesmo assim, como Lázaro, sentir a descida,/ O gramado e a onda se quebrando — erguendo o solo/ — Um som de águas encurva o céu e escorre/ Incessante como uma Palavra que jamais morre...!// Um rebocador, arfantes volutas de vapor,/ Arremeteu, num só galvânico estrondo rompeu o Rio./ Contei os ecos se reunindo, um depois do outro,/ Procurando, tateando a meia-noite nos molhes./ Luzes, costeando, deixaram o tímpano oleoso das águas;/ A escuridão cinzelou cristais em algum lugar do céu./ E a este teu porto, Ó Cidade minha, a ele me dirigi,/ Expulso da espiral das torres pulsantes... Amanhã,/ Que seja... Aqui junto ao Rio que fica a Leste —/ Aqui ao pé das águas as mãos deixam cair a memória,/ Sem sombra naquele abismo, inexplicáveis a jazer./ A que distância a estrela se une ao oceano —/ Ou terão as mãos de ser arrastadas, para morrer?// Beijo de nossa agonia Tu colhes,/ Ó Mão de Fogo/ colhes —

Agora Nova York é invocada como "o Demo". A "Mão de Fogo" [*Hand of Fire*] colhendo a soma da agonia criativa de Crane é também cada uma de suas próprias mãos. Qual é a canção que ele não conseguiu sustentar? Só pode ser a alta ode pindárica de *A ponte*, seu esforço heroico em alcançar "alguma Palavra que jamais morre".

Quando suas mãos "deixam cair a memória" [*drop memory*], passam a assumir o papel dos anjos caídos de Milton, num verso digno de "Paradise Lost": "Sem sombra naquele abismo, inexplicáveis a jazer" [*shadowless in that abyss they unaccounting lie*]. Mesmo que queiram "ser arrastadas, para morrer" [*be drawn away, to die*], Crane segue o exemplo de Nietzsche, dando ao abismo seu beijo derradeiro.

To Brooklyn Bridge

Os leitores estão tão acostumados a ver "To Brooklyn Bridge" [À ponte do Brooklyn] como proêmio ou dedicatória de abertura que, de princípio, talvez surpreenda notar como é diferente seu papel na sequência cronológica da composição. Ele foi escrito em janeiro de 1927, logo depois de "The Tunnel" e imediatamente antes de "The Harbor Dawn". Uma Mão de Fogo demônica traça o caminho desde o poeta em sua busca, "procurando, tateando a meia-noite nos molhes" [*searching, thumbing the midnight on the piers*], passando pela madrugada e chegando à noite seguinte, "sob tua sombra nos molhes" [*under thy shadow by the piers*], e então para mais um despertar ao amanhecer, com Crane em seu quarto olhando do alto a ponte do Brooklyn. Em termos mais interiores, é a subida do Hades por meio da "prece de pária, e do grito do amante" [*prayer of pariah, and the lover's cry*], até o sonho desperto da união com uma mulher desconhecida.

Como quer que se contextualize o poema, "To Brooklyn Bridge" é uma das realizações esteticamente perfeitas de Crane, ao lado de "Voyages II", "Repose of Rivers" e "The Broken Tower". Suas onze quadras trazem ressonâncias de Blake, mas seguem ainda mais a modalidade do poeta místico espanhol Juan de la Cruz, que Crane não havia lido:

O harp and altar, of the fury fused,
(How could mere toil align thy choiring strings!)

Terrific threshold of the prophet's pledge,
Prayer of pariah, and the lover's cry,—

Again the traffic lights that skim thy swift
Unfractioned idiom, immaculate sigh of stars,
Beading thy path—condense eternity:
And we have seen night lifted in thine arms.

Under thy shadow by the piers I waited;
Only in darkness is thy shadow clear.
The City's fiery parcels all undone,
Already snow submerges an iron year...

O Sleepless as the river under thee,
Vaulting the sea, the prairies' dreaming sod,
Unto us lowliest sometime sweep, descend
And of the curveship lend a myth to God.*

É espantoso que Crane, ao se dirigir à sua ponte, invoque a dicção e o impulso de um místico católico barroco para dar a transparecer uma visão de seu transcendentalismo pessoal, com sua soberba apoteose do Sublime Americano. Recito para mim mesmo essas três estrofes finais várias vezes por dia, porque captam muito bem a teurgia das tradições gnósticas: o hermetismo, o neoplatonismo e a Cabala.

Crane resgata de seu próprio "Atlantis" a figura metafórica da ponte do Brooklyn como uma harpa eólica e como aquele que, em seu altar, dá à luz um Deus desconhecido. A evocação da *Pietà* de Michelangelo, em que a Virgem

---

* Ó harpa e altar, pelo ardor fundidos,/ (Como o mero labor alinhou tuas cordas em coro!)/ Tremendo limiar da súplica do profeta,/ Prece de pária, e do grito do amante —// Às luzes do trânsito que roçam teu veloz/ Indiviso idioma, imaculado suspiro de estrelas,/ Ornando teu caminho — condensa a eternidade:/ E vimos a noite soerguida em teus braços.// Sob tua sombra nos molhes aguardei;/ Tua sombra é clara só no escuro aterro./ Os ardentes pacotes da Cidade desfeitos,/ Já a neve submerge um ano de ferro...// Ó Insone como o rio a teus pés,/ Arco sobre o mar e prados em sonho infinito,/ Sobre nós os mais humildes estende-te, desce/ E da curvatura empresta a Deus um mito.

Maria sustém o filho crucificado em seu regaço, com uma das mãos sob o braço dele, como se fosse levantá-lo, é um absoluto poético em "e vimos a noite soerguida em teus braços" [*and we have seen night lifted in thine arms*]. Ousadamente, esse verso transmembra a ponte do Brooklyn na noiva de Deus, emprestando de suas curvas "a Deus um mito", o qual lhe é altamente necessário.

A noite escura da alma de San Juan de la Cruz, quando o poeta procura Deus como seu amado na linha do Cântico dos Cânticos, encontra um par adequado na vigília de Crane à sombra da ponte. Mestre das figuras de linguagem, Crane supera a si mesmo em "os ardentes pacotes da Cidade desfeitos" [*the City's fiery parcels all undone*]. Imaginem, junto com ele, as torres de Manhattan refulgindo de luz, como se tivessem desembrulhado pacotes de presentes e os papéis removidos formassem chamas localizadas. "Um ano de ferro" [*an iron year*] de sofrimentos se desvanece na neve, e Crane reza a prece do pária em que, para muitos, viria a se transformar desde 1929 até 1932.

O poeta que profetizara "novos limiares, novas anatomias" e procurara imortalizar o grito do amante apresenta, em vez disso, o grito do mais humilde ser humano, cuja única esperança é a elevação ao anonimato.

Como "o Tâmisa fretado" [*the chartered Thames*] da Londres de Blake, as águas da baía refletidas pela gaivota estão "acorrentadas" [*chained*], enquanto a ponte, como o girassol de Blake, conta os passos do sol. Invoca-se sutilmente Keats em sua fé no movimento incólume do poder potencial.

Crane, quando lhe pediram para apontar seu melhor poema lírico, escolheu certa vez "To Brooklyn Bridge" e "Voyages II" e "VI". Essa avaliação correspondia à sua impressão de que fez seu melhor trabalho em "The Dance". Para além de sua consciência cada vez mais sombria, ele não poderia prever aquele que viria a ser seu maior poema, "The Broken Tower", escrito no México de dezembro de 1931 a janeiro de 1932, antes de mergulhar nas águas de sua morte em 27 de abril de 1932, tendo apenas 32 anos e nove meses de idade.

The Harbor Dawn

"To Brooklyn Bridge" se encerra com a ponte e o rio sendo chamados de "Insones" [*Sleepless*]. Composto logo a seguir, "The Harbor Dawn" [A aurora no porto] começa com Crane despertando de um sonho num sobressalto:

Insistently through sleep—a tide of voices—
They meet you listening midway in your dream,
The long, tired sounds, fog-insulated noises:
Gongs in white surplices, beshrouded wails,
Far strum of fog horns . . . signals dispersed in veils.

And then a truck will lumber past the wharves
As winch engines begin throbbing on some deck;
Or a drunken stevedore's howl and thud below
Comes echoing alley-upward through dim snow.

And if they take your sleep away sometimes
They give it back again. Soft sleeves of sound
Attend the darkling harbor, the pillowed bay;
Somewhere out there in blankness steam

Spills into steam, and wanders, washed away
— Flurried by keen fifings, eddied
Among distant chiming buoys—adrift. The sky,

Cool feathery fold, suspends, distills
This wavering slumber. . . . Slowly—
Immemorially the window, the half-covered chair
Ask nothing but this sheath of pallid air.*

---

* Insistentes no sono — uma maré de vozes —/ Encontram-te ouvindo a meio do sonho,/ Os sons longos, cansados, ruídos nebulosos:/ Gongos em alva sobrepeliz, gemidos amortalhados,/ Distante arranhar de sirenes... esparsos sinais velados.// E então um caminhão passa pesado pelos cais/ Quando guinchos começam a operar num convés;/ Ou lá de baixo o berro bêbado de um estivador/ Sobe ecoando pela viela entre a neve sem cor.// E se algumas vezes eles te tiram o sono/ Também o devolvem. Capas macias de som/ Acompanham o porto sombrio, a baía almofadada;/ Em algum lugar lá no vazio o vapor// Entorna no vapor e vagueia, levado/ — Impelido por trauteios agudos, em remoinho/ Entre boias distantes a repicar — a esmo. O céu,// Fresco redil plumoso, suspende, destila/ Esse leve sono oscilante... Imemorial e/ Lentamente — a janela, o assento semiforrado/ Não pedem senão essa manta de ar desbotado.

Aqui, como em outras passagens, creio que os comentários do próprio Crane e a rubrica de "Powhatan's Daughter" mais retiram do que contribuem para um poema belíssimo.

Lee Edelman entende a "maré de vozes" [*tide of voices*] como ancestral: a de Whitman, principalmente, nos "gemidos amortalhados" [*beshrouded wails*] do mar materno. É sugestivo, mas não tão importante quanto os sons concretos: "E se algumas vezes eles te tiram o sono/ Também o devolvem" [*And if they take your sleep away sometimes/ They give it back again*].

A beleza do amanhecer no porto reside em seus pequenos detalhes. São tão numerosos que as figuras utilizadas se mostram relativamente contidas: "gongos de alva sobrepeliz" [*gongs in white surplices*], "capas macias" [*soft sleeves*], "almofadado" [*pillowed*], "vazio" [*blankness*], "fresco redil plumoso" [*cool feathery fold*], "manta de ar desbotado" [*sheath of pallid air*]. Em quantas outras passagens de seus poemas ele se mostra tão sereno?

Crane dormiu e despertou sozinho de um sonho de amor:

> And you beside me, blessèd now while sirens
> Sing to us, stealthily weave us into day—
> Serenely now, before day claims our eyes
> Your cool arms murmurously about me lay.*

Embora a luz do sol doure lentamente a janela, o poema numa versão anterior trazia "uma sombra [que] vicejava sonora" [*a shadow bloomed aloud*] no sono. John Irwin crê que é a sombra de Colombo, mas eu sugiro que o demo de Crane, que a seguir compôs "Cutty Sark", via essa sombra como o gárrulo Velho do Mar, dominante nessa fantasia de maravilhosa criatividade.

Cutty Sark

Crane, numa carta a Otto Kahn, patrono de *A ponte*, descreveu "Cutty Sark" como uma fuga, no sentido da composição musical polifônica. Mas é algo mais desenfreado, ainda que mescle várias vozes em contraponto.

---

* E tu a meu lado, feliz agora enquanto as sereias/ Cantam para nós, furtivamente tecem-nos o dia —/ Serenamente agora, antes que o dia reclame nosso olhar/ Teus braços frescos jazem sobre mim numa salmodia.

Glauco — mais o do "Endymion" de Keats do que o Glauco de Ovídio — é o Velho do Mar de "Cutty Sark". O velho marujo de Crane, que ele encontra no South Street Seaport, é bem mais animado do que a versão mais serena de Keats.

I met a man in South Street, tall—
a nervous shark tooth swung on his chain.
His eyes pressed through green glass
— green glasses, or bar lights made them
so—
    shine—
        GREEN—
            eyes—
stepped out—forgot to look at you
or left you several blocks away—

in the nickel-in-the-slot piano jogged
"Stamboul Nights"—weaving somebody's nickel—sang—

    O Stamboul Rose—dreams weave the rose!

    Murmurs of Leviathan he spoke,
    and rum was Plato in our heads . . .*

A ênfase em "verde" [green] nos diz que aquele homem alto se parece com Glauco, pescador que se transformou num deus marinho esverdeado. Há algo recalcitrante na companhia de Crane que resiste a identificações míticas:

---

* Encontrei um homem em South Street, alto —/ uma afiada presa de tubarão pendia da corrente./ Seus olhos atravessavam o vidro verde/ — vidros verdes ou luzes do bar os faziam/ assim —/ olhos —/ brilhos —/ VERDES —/ saltaram — esqueceram de te olhar/ ou te deixaram a quadras de distância —// no piano à base do tostão trepidava/ "Noites de Istambul" — tecendo aquele tostão — cantava —// Ó Rosa de Istambul — sonhos tecem a rosa!// Murmúrios de Leviatã entoava ele,/ e rum era Platão na nossa cabeça...

"It's S. S. *Ala*—Antwerp—now remember kid
to put me out at three she sails on time.
I'm not much good at time any more keep
weakeyed watches sometimes snooze—" his bony hands
got to beating time . . . "A whaler once—
I ought to keep time and get over it—I'm a
Democrat—I know what time it is—No
I don't want to know what time it is—that
damned white Arctic killed my time . . ."

O Stamboul Rose—drums weave—*

Ala em latim significa "asa de pássaro", e o marinheiro abandonado de Crane então associa viajar a voar. "Cutty Sark" é a roupa voadora de uma bruxa em "Tam o'Shanter", poema sério-cômico de Robert Burns, em que Tam aparece numa orgia noturna de bruxas e feiticeiros. Muito impressionado com uma jovem bruxa chamada Nannie e sua dança exuberante, ele troveja "Muito bom, Cutty-Sark", referindo-se à sua camisola curta, única roupa que está vestindo.

Crane entrelaça os versos com uma canção de Sigmund Romberg em *The Rose of Stamboul*, um musical de 1922, com variações até que Atlântida se levanta: a partir do jogo com a palavra "rose", substantivo ou passado de "to rise" [levantar], "*O Stamboul Rose—dreams weave the Rose!*" [Ó Rosa de Istambul — sonhos tecem a Rosa] é substituído por "*Atlantis Rose drums wreathe the rose*" [Atlântida se Levantou tambores entrançam a rosa].

Durante a bebedeira, o ex-baleeiro e Crane comentam o mito platônico da Atlântida e o *Moby Dick* de Melville, que é citado quando o velho marujo grita: "— aquela venta!". Ele se refere ao respiradouro em cima da cabeça das baleias, como aparece platonizado em *Moby Dick*, capítulo 85, "A fonte".

---

* "É o S.S. *Ala* — Antuérpia — agora lembra garoto/ de me pôr pra fora às três ele sai sempre na hora./ Não sou muito bom com as horas nem aguento/ Vigia com sono às vezes cochilo —" suas mãos ossudas/ Ficaram marcando a hora... "Baleeiro antigamente —/ Fazia a vigia das horas e precisava aguentar — sou/ Democrata — sei que horas são — Não/ Não quero saber que horas são — aquele/ maldito Ártico branco matou minhas horas..."// Ó Rosa de Istambul — tambores tecem —

"Cutty Sark" alcança o sublime no terço final:

I started walking home across the Bridge . . .

Blithe Yankee vanities, turreted sprites, winged
                              British repartees, skil-
ful savage sea-girls
that bloomed in the spring—Heave, weave
those bright designs the trade winds drive . . .

 Sweet opium and tea, Yo-ho!
 Pennies for porpoises that bank the keel!
 Fins whip the breeze around Japan!

Bright skysails ticketing the Line, wink round the Horn
to Frisco, Melbourne . . .
      Pennants, parabolas—
clipper dreams indelible and ranging,
baronial white on lucky blue!

 Perennial-*Cutty*-trophied-*Sark*!

Thermopylae, Black Prince, Flying Cloud through Sunda
— scarfed of foam, their bellies veered green esplanades,
locked in wind-humors, ran their eastings down;

 at Java Head freshened the nip
 (sweet opium and tea!)
 and turned and left us on the lee . . .

Buntlines tusseling (91 days, 20 hours and anchored!)
      Rainbow, Leander
(last trip a tragedy)—where can you be
Nimbus? and you rivals two—

> a long tack keeping—
>> *Taeping?*
>> *Ariel?**

Depois de "The Harbor Dawn", o demo de Crane nos conduz ao South Street Seaport, reservando a imagem da América como noiva desejada para "The Dance", próximo poema na sequência da composição. Embora a figura da busca seja trazida à mente pela imagem da rosa em "Cutty Sark", Crane se acautelava contra qualquer aceitação irrestrita da interiorização alto romântica do romance de busca. O movimento final de "Cutty Sark", portanto, visa a um maior rigor na satisfação estética do desejo de Crane. Como discípulo de Pater e Nietzsche, Crane acreditava que possuímos a poesia para não morrermos pela verdade.

Essa celebração lírica do romance desaparecido do veleiro é talvez o único momento em que Crane afrouxa a vontade poética. Dessa vez, a retórica rejeita a ruptura e a negação. A nostalgia pelos veleiros é uma glória em si mesma. Aqui, pelo menos, Crane se une a Pater em seu clímax:

> Todos os que visam à vida da cultura encontram muitas formas suas, que nascem do desenvolvimento intenso, laborioso, unilateral de algum talento especial. São os entusiasmos mais deslumbrantes que o mundo tem a mostrar: e não lhes cabe sopesar as pretensões que esta ou aquela forma estranha de gênio lhes impõe. Mas o instinto do cultivo pessoal não se importa muito em colher tudo o que essas várias formas de gênio podem oferecer, preferindo encontrar nelas sua pró-

---

* Voltando para casa, comecei a andar pela Ponte...// Joviais vaidades ianques, duendes se erguendo em torre, aladas/ réplicas britânicas, há-/ beis sereias selvagens/ que floriram na primavera — Içam tecem/ aqueles brilhantes projetos movidos pelos ventos do comércio...// *Doce ópio e chá, Eia!/ Tostões para bancar o navio!/ Nadadeiras vencem a brisa do Japão!/* Velas luzentes marcando o Equador, num átimo contornam o Horn para Frisco, Melbourne.../ Galhardetes, parábolas —/ sonhos de cruzeiro indeléveis e imensos,/ branco baronial no azul propício!// Perene-*Cutty*-premiado-*Sark!*// *Thermopylae, Black Prince, Flying Cloud* atravessando Sunda/ — escarvados de espuma, os cascos guinando esplanadas verdes,/ presos nos humores dos ventos, seguiram sua rota ao oriente;// *em Java emborcaram seu trago/ (doce ópio e chá!)/ viraram e nos deixaram a sotavento...//* Brióis se debatendo (91 dias, 20 horas e ancorados!)/ Rainbow, Leander/ (última viagem uma tragédia) — onde podes estar/ Nimbus? e teus dois rivais —// longo curso mantendo —/ *Taeping?/ Ariel?*

pria força. A demanda do intelecto é se sentir vivo. Ele precisa ver nas leis, na operação delas, a recompensa intelectual de cada forma parcial de cultura, mas apenas para que possa medir a relação entre elas e si mesmo. Ele luta com essas formas até extrair seu segredo, e então deixa que retornem a seu lugar, na visão artística suprema da vida. Com uma espécie de frieza apaixonada, tais naturezas gostam de se afastar de seus eus anteriores e, acima de tudo, são ciosas daquela entrega a um dom especial que realmente limita suas capacidades.

— O RENASCIMENTO

The Dance

Um dos triunfos de Crane, "The Dance" [A dança] dá prosseguimento às quadras em andamento que finalizam "The River", mas num tom diferente, com uma premência mais pessoal.

No centro de "The Dance" há dois aforismos associados: "Mente a nós — Dança para voltarmos à manhã tribal!" [*Lie to us,—Dance us back the tribal morn!*] e "Não pude tirar as flechas de meu flanco" [*I could not pick the arrows from my side*]. Mesmo sendo eles sombrios, "The Dance" é uma expedição positiva a um mundo de busca constantemente renovada, embora Crane saiba que toda busca está fadada ao insucesso.

O prazer de Crane com sua própria maestria confere a "The Dance" uma exuberância do ser que supera sua ênfase aparente no martírio de Maquokeeta, o rei do inverno, em sua dança da morte. O poeta em busca se funde com o sacrifício dos ameríndios nativos e assim se transmembra no dançarino. Essa duplicação intensifica o poder do poema e ajuda a explicar por que Crane o considerava o "cerne ardente" de *A ponte* e a melhor coisa que havia feito.

"The Dance" se move com tal rapidez que fico surpreso ao ver sua extensão, com 26 quadras. Ele inicia como um idílio:

The swift red flesh, a winter king—
Who squired the glacier woman down the sky?
She ran the neighing canyons all the spring;
She spouted arms; she rose with maize—to die.

And in the autumn drouth, whose burnished hands
With mineral wariness found out the stone
Where prayers, forgotten, streamed the mesa sands?
He holds the twilight's dim, perpetual throne,

Mythical brows we saw retiring—loth,
Disturbed and destined, into denser green.
Greeting they sped us, on the arrow's oath:
Now lie incorrigibly what years between...

There was a bed of leaves, and broken play;
There was a veil upon you, Pocahontas, bride—
O Princess whose brown lap was virgin May;
And bridal flanks and eyes hid tawny pride.*

Sonho americano arquetípico da beleza, Pocahontas teve muitos amantes e no entanto é virgem. Numa hábil duplicação, o poeta ingressa como protagonista alternativo:

I left the village for dogwood. By the canoe
Tugging below the mill-race, I could see
Your hair's keen crescent running, and the blue
First moth of evening take wing stealthily.

What laughing chains the water wove and threw!
I learned to catch the trout's moon whisper; I

---

* A carne rápido rubra, um rei do inverno —/ Quem escoltou a dama da geleira ao descer?/ Ela percorreu os cânions rangentes na primavera;/ Verteu brotos; cresceu com o milho — para morrer.// E na seca do outono, de quem as mãos polidas/ Com mineral cuidado descobriram a pedra/ Onde velhas preces corriam pelas areias planaltinas?/ Ele ocupa o obscuro, perpétuo trono do anoitecer.// Cenhos míticos vimos se retraírem — relutantes,/ Perturbados e fadados, num verde mais denso./ Saudando apressaram-nos, sob a jura da flecha:/ Agora incorrigíveis jazem anos de entremeio...// Havia um leito de folhas, e o jogo interrompido;/ Havia um véu sobre ti, Pocahontas, noiva —/ Ó Princesa cujo regaço moreno era maio virginal;/ E flancos e olhos nupciais ocultavam fulvo orgulho.

Drifted how many hours I never knew,
But, watching, saw that fleet young crescent die,—

And one star, swinging, take its place, alone,
Cupped in the larches of the mountain pass—
Until, immortally, it bled into the dawn.
I left my sleek boat nibbling margin grass...

I took the portage climb, then chose
A further valley-shed; I could not stop.
Feet nozzled wat'ry webs of upper flows;
One white veil gusted from the very top.

O Appalachian Spring! I gained the ledge;
Steep, inaccessible smile that eastward bends
And northward reaches in that violet wedge
Of Adirondacks!—wisped of azure wands,

Over how many bluffs, tarns, streams I sped!
— And knew myself within some boding shade:—
Grey tepees tufting the blue knolls ahead,
Smoke swirling through the yellow chestnut glade...*

---

* Deixei a aldeia pelo abrunheiro. Junto à canoa/ Se arrastando na água do moinho, pude ver/ A fina meia-lua de teus cabelos, e voando à toa/ A primeira mariposa azul do anoitecer.// Que anéis risonhos a água tecia e lançava!/ Aprendi a ouvir o murmúrio lunar da truta; sim,/ vagueei horas enquanto a noite avançava,/ mas aquela jovem, vivaz meia-lua sumiu por fim —// E uma estrela, tremulando, surge no céu isolada,/ Aconchegada nos lariços do alto desfiladeiro —/ Até, imortal, deixar seu sangue na alvorada./ Larguei meu bote a mordiscar o capim do ribeiro...// Decidi tomar a trilha da subida, escolhi então/ O abrigo de outro vale, pois não podia parar./ Afundava os pés na rede de nascentes em vazão;/ Um véu branco se despenhava lá do alto do ar.// Ó Primavera Apalache! Alcancei a beirada;/ Íngreme, inacessível sorriso que se curva a leste/ E ao norte desemboca naquela cunha arroxeada/ Dos Adirondacks! — com mágica varinha celeste,// Corri por tantas e tantas escarpas, riachos, pauis!/ — E bem sabia estar entre penumbras pressagas: —/ Tendas cinzentas coroando adiante os outeiros azuis,/ E o fumo se evolando da clareira amarela das bagas...

Lembro-me de ter assistido a *Appalachian Spring* de Martha Graham em meados dos anos 1940, admirando o espetáculo com a música de Aaron Copland. Se minha memória não me trai, foi ela que lhe sugeriu o título craniano. Crane, apreciador de Isadora Duncan, seria um bom espectador de Graham. Sua própria musicalidade, com vibrações de dança, eleva essas estrofes a um êxtase do Sublime Americano.

O sublime de Longino e de Edmund Burke *aturdia*. O Sublime Americano de Emerson *surpreende*, embora Burke, sagaz, fale em *subitaneidade* e Emerson adote a prática de Longino e Burke, fazendo da citação o caminho para a sublimidade. A ênfase de Burke no *poder* é realçada por Emerson, para quem a vida e a literatura dependem igualmente da potência. Hart Crane aprendeu com Emerson o mesmo que Nietzsche aprendera: o poder reside na transição, no novo momento da eloquência.

Numa transição desconcertante, Crane passa da jubilosa "Primavera Apalache" para a dança de morte do cacique que fora amante de Pocahontas, a qual Crane interpreta como a lendária Eva Americana. Entrando na dança, Crane se torna a sombra martirizada:

> Spears and assemblies: black drums thrusting on—
> O yelling battlements,—I, too, was liege
> To rainbows currying each pulsant bone:
> Surpassed the circumstance, danced out the siege!
>
> And buzzard-circleted, screamed from the stake;
> I could not pick the arrows from my side.
> Wrapped in that fire, I saw more escorts wake—
> Flickering, sprint up the hill groins like a tide.
>
> I heard the hush of lava wrestling your arms,
> And stag teeth foam about the raven throat;
> Flame cataracts of heaven in seething swarms
> Fed down your anklets to the sunset's moat.
>
> O, like the lizard in the furious noon,
> That drops his legs and colors in the sun,

— And laughs, pure serpent, Time itself, and moon
Of his own fate, I saw thy change begun!

And saw thee dive to kiss that destiny
Like one white meteor, sacrosanct and blent
At last with all that's consummate and free
There, where the first and last gods keep thy tent.*

Parece inexplicável que uma dança da chuva se converta numa morte atroz e atormentada, a não ser no contexto da derrota dos índios americanos sob nossa exploração e dizimação de sua cultura, de seus homens e de suas mulheres. "The Dance" conclui eloquente, concedendo-lhes em termos imaginativos um triunfo de resistência:

High unto Labrador the sun strikes free
Her speechless dream of snow, and stirred again,
She is the torrent and the singing tree;
And she is virgin to the last of men...

West, west and south! winds over Cumberland
And winds across the llano grass resume
Her hair's warm sibilance. Her breasts are fanned
O stream by slope and vineyard—into bloom!

---

* Lanças e assembleias: tambores negros percutindo —/ Ó ameias vociferantes — eu também era súdito/ Dos arco-íris que penetravam cada osso fremindo:/ Vencida a circunstância, o cerco desfeito de súbito!// E cercado de abutres, gritava do poste da fogueira;/ E não consegui arrancar as flechas do flanco./ Envolto naquele fogo, vi outros séquitos em fileira —/ Faiscantes, como onda cobriram todo o barranco.// Ouvi teus braços lutando nas lavas silentes./ E o cervo cravando a garganta do corvo a espumar;/ Cataratas ígneas do céu em bátegas ferventes/ Entregaram tuas tornozeleiras ao fosso crepuscular.// Ó, como o lagarto no meio-dia à luz crua,/ Que suas pernas e cores ao sol lança/ — E ri, pura serpente, Tempo em si e lua/ De seu destino, vi iniciar-se tua mudança!// E vi te arrojares para beijar aquele fado/ Como branco meteoro, sacrossanto e unido/ Ao que por fim está liberto e consumado,/ Lá onde teu lar é por todos os deuses protegido.

And when the caribou slant down for salt
Do arrows thirst and leap? Do antlers shine
Alert, star-triggered in the listening vault
Of dusk?—And are her perfect brows to thine?

We danced, O Brave, we danced beyond their farms,
In cobalt desert closures made our vows...
Now is the strong prayer folded in thine arms,
The serpent with the eagle in the boughs.*

Southern Cross

"The Dance" foi composto no verão de 1927. À luz de seus reflexos, Crane escreveu "Southern Cross" [Cruzeiro do Sul] em agosto de 1927 e "Virginia" em setembro de 1929, no mês anterior à quebra da Bolsa, que levou à Grande Depressão. Ele havia iniciado "Cape Hatteras" em 1927 e o revisou freneticamente em 1929, ano que lhe rendeu "Indiana" e, no outono, "Quaker Hill". Pode-se amar a poesia de Crane sem precisar suportar a histeria e a hipérbole de "Cape Hatteras", o sentimentalismo de "Indiana" e as posições sociais revoltantes de "Quaker Hill" (que nem são as dele!).

O demo termina *A ponte* com a sublimidade negativa de "Southern Cross" e a nota elegante de "Virginia". As ambivalências de Crane em relação ao que A. R. Ammons chamou de "uma imagem de anseio" ficam explícitas em "Southern Cross", uma dedicatória à busca de toda a sua vida pela "misericórdia, feminina, que espera/ Como que preparada" [*the mercy, feminine, that stays/ As though prepared*].

---

* Lá no alto do Labrador o sol bate à solta/ Em seu sonho mudo de neves que se descerra:/ Ela é a árvore cantante e a torrente revolta;/ E é a virgem do último dos homens na terra...// Por Cumberland ventos de oeste e sul a soprar,/ E os ventos no capim das planuras retomam/ O cálido silvo de seus cabelos. Os seios ao ar/ Ó riacho pela encosta e vinhedo — se enfloram!// E quando o caribu vem em busca de alimento/ Flechas se afoitam e disparam? O gamo recua/ Atento, desperto pelas estrelas no firmamento/ Vespertino? — E ela, de fronte perfeita, será tua?// Ó Bravo, além da terra deles entregamo-nos à dança,/ Na isolada reserva cobalto nossas juras trocamos.../ Agora a penhorada prece em teus braços descansa,/ Por fim a serpente e a águia unidas nos ramos.

O Cruzeiro do Sul* é uma constelação de quatro estrelas principais, visível no hemisfério Sul. Crane o utiliza como símbolo de um cristianismo morto, apresentado sem nostalgia, mas com plena consciência do vazio assim criado:

> I wanted you, nameless Woman of the South,
> No wraith, but utterly—as still more alone
> The Southern Cross takes night
> And lifts her girdles from her, one by one—
> High, cool,
>   wide from the slowly smoldering fire
> Of lower heavens,—
>   vaporous scars!
>
> Eve! Magdalene!
>   or Mary, you?
>
> Whatever call—falls vainly on the wave.
> O simian Venus, homeless Eve,
> Unwedded, stumbling gardenless to grieve
> Windswept guitars on lonely decks forever;
> Finally to answer all within one grave!
>
> And this long wake of phosphor,
>   iridescent
> Furrow of all our travel—trailed derision!
> Eyes crumble at its kiss. Its long-drawn spell
> Incites a yell. Slid on that backward vision
> The mind is churned to spittle, whispering hell.
>
> I wanted you . . . The embers of the Cross
> Climbed by aslant and huddling aromatically.

---

* Na tradução do poema, usarei "Cruz do Sul" para o Cruzeiro do Sul, tratada como a mulher de seus desejos e em vista das associações com a crucificação de Jesus e a invocação de Eva, Madalena e a Virgem Maria. (N. T.)

> It is blood to remember; it is fire
> To stammer back . . . It is
> God—your namelessness. And the wash—
>
> All night the water combed you with black
> Insolence. You crept out simmering, accomplished.
> Water rattled that stinging coil, your
> Rehearsed hair—docile, alas, from many arms.
> Yes, Eve—wraith of my unloved seed!
>
> The Cross, a phantom, buckled—dropped below the dawn.
> Light drowned the lithic trillions of your spawn.*

A constante releitura revela o esplendor estético e a penosa repugnância dessa tensa meditação lírica. Personificada como uma mulher desejada, a constelação do Cruzeiro do Sul começa "não como aparição", mas como uma tríade reunindo Eva, Madalena e a Virgem Maria. Todavia, no final do poema, essa Eva se tornou "aparição de meu sêmen não amado" [wraith of my unloved seed] e a constelação do Cruzeiro se converteu num espectro da escuridão. No entanto, é um poema de desejo heterossexual edípico, em que a "Eva sem lar" [homeless Eve] não pode ser reduzida a Grace Hart

---

* Desejei-te, inominada Mulher do Sul,/ Não como aparição, mas total — como, tão só,/ A Cruz do Sul ocupa a noite/ E desata seus cintos, um a um cada nó —/ Alta, serena,/ distante do fogo em lenta combustão/ Dos céus inferiores —/ vaporosas cicatrizes!// Eva! Madalena!/ ou Maria és tu?// Qualquer apelo — em vão na onda tomba./ Ó simiesca Vênus, Eva sem lar,/ Sem marido, tropeçando sem jardim a lamentar/ Violões tangidos pelo vento em solitário convés;/ Para responder a tudo, finalmente, dentro da tumba.// E essa longa onda de fósforo,/ iridescente/ Sulco de toda a nossa jornada — esteira de derrisão!/ Olhos se dissolvem a seu beijo. Seu fascínio eterno/ Inspira um grito. Atraída àquela retrospectiva visão/ A mente é forçada a cuspir, sussurrante inferno.// Desejei-te... As cinzas da memória da Cruz/ Galgaram oblíquas amontoando-se aromáticas./ É sangue a lembrar; é fogo/ A reatiçar... É/ Deus — tua ausência de nome. E o banho —// Toda noite a água te percorria com negra/ Insolência. Movias-te lenta, afogueada, realizada./ A água batia naquela espiral pungente, teu/ Cabelo experiente — dócil, ai, de tantos braços./ Sim, Eva — aparição de meu sêmen não amado!// A Cruz, espectral, amarfanhada — caiu sob a aurora./ A luz afogou os trilhões líticos de tua prole.

Crane, a mãe problemática de Crane. Os "sussurros antifônicos" [*whispers antiphonal in azure swing*] que encerram "Atlântida" são substituídos pelo "sussurrante inferno" [*whispering hell*], e Vênus é qualificada de "simiesca" [*simian*].

Para moderar essa negatividade, Crane termina *A ponte* — tal como o leio e ensino — com "Virginia", habilidosa variação sobre dois contos dos irmãos Grimm, "Rapunzel" e "Rumpelstiltskin":

> O Mary, leaning from the high wheat tower,
>   Let down your golden hair!
>
>   High in the noon of May
>   On cornices of daffodils
>   The slender violets stray.
>   Crap-shooting gangs in Bleecker reign,
>   Peonies with pony manes—
>   Forget-me-nots at windowpanes:
>
> Out of the way-up nickel-dime tower shine,
>   Cathedral Mary,
>   shine!—*

Quando percorro manquitolando a Bleecker Street, às vezes ponho lado a lado o gracioso jogo de palavras de "peônias com crina de pôneis" [*peonies with pony manes*] e "ainda visível num vazio" [*still trenchant in a void*], de "Possessions". Para mim, é uma boa maneira de concluir *A ponte* que tanto amo, releio e ensino.

---

* Ó Maria, inclinada na alta torre de trigo,/ Solta teu cabelo dourado!// No meio-dia a pino de maio/ Em cornijas de junquilhos/ As esguias violetas vagueiam./ Jogadores de dados em Bleecker reinam,/ Peônias com crina de pôneis —/ Miosótis nas janelas:// Ao longo de tua torre niquelada, brilha,/ Catedral Maria,/ brilha! —

THE BROKEN TOWER

Em seu *Voyager* (Viajante), insigne estudo biográfico de Crane, John Unterecker cita Lesley Simpson, amigo do poeta durante o ano tumultuado que passou no México:

> Eu estava com Hart Crane em Taxco, no México, no dia 27 de janeiro de manhã, quando ele teve a ideia inicial para "The Broken Tower". Na noite anterior, tomado de insônia, ele se levantou antes do amanhecer e foi até a praça do vilarejo. [...] Hart encontrou o velho sineiro índio que se dirigia à igreja. Os dois eram velhos amigos, e ele levou Crane até o campanário para ajudar a tocar os sinos. Enquanto Hart balançava o badalo do sino grande, semiembriagado com sua música poderosa, o rápido alvorecer tropical irrompeu nas montanhas. A sublimidade da cena e o estrondo dos sinos despertaram em Hart um daqueles rompantes de júbilo dos quais apenas ele era capaz. Depois disso, subiu a colina a passos largos numa espécie de frenesi, não quis tomar o desjejum e ficou andando impaciente de um lado para outro na varanda da entrada, esperando que eu terminasse meu café. Então me tomou pelo braço e me arrastou até a praça, onde ficamos sentados à sombra da igreja, Hart despejando uma grandiosa cascata de palavras. Foi... uma experiência que nunca esquecerei.

Pouco tempo antes, Simpson ouvira Crane recitar *A ponte* inteira numa voz retumbante. Infelizmente não existem gravações desses recitais de Crane: iriam nos ajudar a entender melhor as dificuldades de sua poesia. Embora "The Broken Tower" [A torre partida] amalgame inúmeras ressonâncias e alusões em sua linguagem rápida e compacta, sua elegia ao eu poético alcança uma clareza memorável.

Em sua revisão incessante, Crane modificou a versão manuscrita, passando de "Aquelas nítidas/ Sombras negras na torre" [*Those stark/ Black shadows in the tower*] para "sombras na torre" [*shadows in the tower*] nas estrofes iniciais:

> The bell-rope that gathers God at dawn
> Dispatches me as though I dropped down the knell

Of a spent day—to wander the cathedral lawn
From pit to crucifix, feet chill on steps from hell.

Have you not heard, have you not seen that corps
Of shadows in the tower, whose shoulders sway
Antiphonal carillons launched before
The stars are caught and hived in the sun's ray?*

A imagem de uma torre quebrada tem início no inglês com "The Knight's Tale" [O conto do cavaleiro] de Chaucer, em que Saturno como Deus do Tempo proclama seu domínio:

Min is the ruine of the highe halles,
The falling of the towers and of the walles.**

Spenser antecipa diretamente Crane em "The Faerie Queene", livro I, Canto II:

The old Ruines of a broken tower...***

"Il Penseroso" de Milton criou a imagem hermética de "uma alta torre solitária" [some high lonely tower] da meditação, que influenciou Shelley em "Prince Athanase":

His soul had wedded Wisdom, and her dower
Is love and justice, clothed in which he sate
Apart from men, as in a lonely tower.****

---

* A corda do sino que reúne Deus na hora matinal/ Avia-me como se eu largasse o dobre de finados/ De um dia consumado — para seguir a aleia da catedral/ Da tumba ao crucifixo, pés pelo inferno enregelados.// Não ouviste, não viste aquela legião/ De sombras na torre, juntas a badalar/ Carrilhões antifônicos entoados antes/ Que as estrelas se comprimam no raio solar?
** Minha é a ruína das amplas salas,/ A queda das torres e das muralhas.
*** As velhas Ruínas de uma torre quebrada...
**** Seu imo desposara a Sabedoria, que trouxe em dote/ O amor e a justiça, nos quais envolto ele se colocou/ À parte dos homens, como numa torre solitária.

Yeats, perseguido pela imagem de Shelley, utiliza-a com frequência, inclusive em seu livro do demo, *Per Amica Silentia Lunae*: "os sineiros no campanário escolheram para o himeneu da alma um dobre de finados".

O livro sagrado de Crane era *Moby Dick*, e ele leu muito sobre Melville. *The Piazza Tales*, agora apreciado principalmente por "Benito Cereno" e "Bartleby, o escrivão", também traz *As ilhas encantadas*, que influenciou "Repose of Rivers" e "O Carib Isle!", enquanto "The Bell Tower" afetou "The Broken Tower". A alegoria de Melville discorre sobre o destino de Bannadonna; o arquiteto visionário é destruído por seu escravo Talus, sineiro mecânico que toca o sino gigantesco de uma torre de cem metros de altura: "Assim, o sino era pesado demais para a torre. Assim, a principal fraqueza do sino era a rachadura feita pelo sangue do homem".

Um dos fragmentos escorados contra as ruínas eliotianas na conclusão de *A terra desolada* consiste nas palavras do poeta francês Gérard de Nerval no poema "El desdichado", "*la tour abolie*", sendo que numa passagem anterior o poema nos oferece suas próprias torres arruinadas:

> And upside down in air were towers
> Tolling reminiscent bells, that kept the hours
> And voices singing out of empty cisterns and exhausted wells.*

Embora tomado de angústia e desespero suicida, Crane mantém seu programa de vida de transferir para si a riqueza de seus precursores, fazendo parecer que eles vieram depois e ele próprio é o criador anterior, desalojado mesmo que para fins sacrificiais:

> The bells, I say, the bells break down their tower;
> And swing I know not where. Their tongues engrave
> Membrane through marrow, my long-scattered score
> Of broken intervals... And I, their sexton slave!
>
> Oval encyclicals in canyons heaping
> The impasse high with choir. Banked voices slain!

---

* E invertidas no ar havia torres/ Dobrando sinos reminiscentes, que batiam as horas,/ E vozes cantando em cisternas vazias e poços esgotados.

Pagodas, campaniles with reveilles outleaping—
O terraced echoes prostrate on the plain!...*

Depois que a eloquência suprema de seu dom poético arruinou todo o seu senso de existência, incapaz de sustentar sua própria inspiração demônica, Crane relega *Moby Dick* e *A terra desolada* a amontoar "de coros os cânions/ Por sobre o obstáculo" [heaping/ The impasse high with choir], relembrando o capitão Ahab, que dizia a propósito da Baleia Branca: "Ela se amontoa sobre mim".

Crane então se supera:

And so it was I entered the broken world
To trace the visionary company of love, its voice
An instant in the wind (I know not whither hurled)
But not for long to hold each desperate choice.

My word I poured. But was it cognate, scored
Of that tribunal monarch of the air
Whose thigh embronzes earth, strikes crystal Word
In wounds pledged once to hope,—cleft to despair?**

Mais de cinquenta anos atrás, publiquei um livro sobre poesia romântica com o título *The Visionary Company*, tomado a Crane. Muitos anos depois, li *Gaston de Latour*, o romance inacabado de Walter Pater, e rastreei a presença de Crane diante de mim no capítulo I:

---

* Os sinos, digo, os sinos derrubam sua torre;/ E se embalam não sei onde. Os badalos se encravam/ Da pele à medula, minha dispersa partitura por onde corre/ A série de intervalos melódicos... E eu, seu sacristão escravo!// Encíclicas ovais amontoando de coros os cânions/ Por sobre o obstáculo. Vozes sepultas e chacinadas!/ Pagodes, campanários à alvorada transbordando sons —/ Ó reverberações em escalas na planície ficam prostradas!...
** E foi assim que ingressei na terra fraturada/ Buscando a companhia visionária do amor, voz que ouvi/ Por um instante no vento (ignoro para onde soprada)./ Mas breve demais para reter tudo o que desesperado escolhi.// Minha palavra soltei. Mas era cognata, derivada/ Daquele tribunal monarca do ar/ Cujo peso atrita a terra, fere a Palavra imaculada/ Em chagas fadadas à esperança — fresta do desesperar?

Visto do santuário repleto de incenso, onde o bispo estava envergando um a um os ornamentos pontificais, La Beauce, como um tapete multicolorido estendido sob a grande cúpula, com a dupla fachada branca da casa tremulando à distância entre o calor, embora parecesse possível apalpar seus espaços distantes, foi por um momento a coisa irreal. Apenas Gaston, com todas as suas preocupações místicas, pelo privilégio da juventude, parecia pertencer a ambos e unir a companhia visionária a seu redor com a cena exterior.

O pungente desejo de Crane de ser "curado, original agora e puro" [*healed, original now, and pure*], citado nos versos abaixo, condiz com a cena de Pater. "Minha palavra soltei" [*my word I poured*], mas Apólion, o híbrido de Satã e Apolo nas Revelações, marca com mão de fogo toda a poesia de Crane, com seu registro de fúria e desejo.

Em desespero amoroso, Crane volta à sua primeira e única mulher, a adormecida Peggy Baird Cowley:

The steep encroachments of my blood left me
No answer (could blood hold such a lofty tower
As flings the question true?)—or is it she
Whose sweet mortality stirs latent power?—

And through whose pulse I hear, counting the strokes
My veins recall and add, revived and sure
The angelus of wars my chest evokes:
What I hold healed, original now, and pure...*

A pergunta em aberto "é ela?" [*is it she?*] logo foi respondida pela negativa, mas o breve relacionamento é, mesmo assim, apresentado com ternura. As duas estrofes finais compõem a derradeira sublimidade de Crane:

---

* A súbita invasão de meu sangue me atropela/ E fico sem resposta (é o sangue torre tão potente/ Quando alcança a pergunta certa?) — ou é ela/ Cuja doce mortalidade agita uma força latente?—// E em cuja pulsação escuto, contando as batidas/ Que minhas veias somam, renovado e seguro/ O ângelus de guerras em meu peito combatidas:/ O que considero curado, original agora e puro...

And builds, within, a tower that is not stone
(Not stone can jacket heaven)—but slip
Of pebbles,—visible wings of silence sown
In azure circles, widening as they dip

The matrix of the heart, lift down the eye
That shrines the quiet lake and swells a tower...
The commodious, tall decorum of that sky
Unseals her earth, and lifts love in its shower.*

"Deslizar/ De seixos" [Slip/ Of pebbles] transmembra a lisura escorregadia da argila finamente triturada, usada na olaria, na mistura dos líquidos sexuais de homem e mulher, lembrando-nos o barro vermelho da criação de Adão. Pode-se ouvir um tributo ao final de "Sunday Morning" de Wallace Stevens nas "asas estendidas" [extended wings] que habilmente mergulham "na matriz do coração" [dip/ The matrix of the heart].

Para sua imagem final, Crane recorreu a Dante, *Paraíso*, Canto 14:

Qual si lamenta perché qui si moia
per viver colà sù, non vide quive
lo refrigerio de l'etterna ploia.

Aquele que se lamenta que aqui se morra/ para viver lá em cima não vê aqui/ o refrigério da eterna chuva.

Talvez a força espiritual de Dante fosse demasiada para que Crane conseguisse abrangê-la, mas seu tom é mais de desejo do que asseveração. Sua música de agonia final fez jus à grandeza de seu dom demônico.

---

* E constrói dentro uma torre que de pedra não é feita/ (Não é a pedra que envolve o céu) — mas um deslizar/ De seixos — asas visíveis semeando calma perfeita/ Em círculos azuis, alargando-se ao mergulhar// Na matriz do coração, fazendo abaixar os olhos/ Que abriga o lago sereno e à torre dá volume.../ O alto, espaçoso decoro do céu sem escolhos/ Deslacra sua terra e eleva o amor a seu cume.

Coda: O lugar do Demo no Sublime Americano

A REALIZAÇÃO DE HART CRANE

Concluindo este livro, sinto a emoção de entregar novos comentários sobre poetas que amo há mais de setenta anos. Houve um recente atraso involuntário de três meses, devido a uma prolongada doença à qual se seguiu um acidente. Nessas últimas semanas, às vezes flagro-me inativo, por relutância em terminar essa obra.

Por Whitman, Emerson, Melville, Dickinson e Stevens sinto um amor constante, mas não com a paixão que a poesia de Hart Crane continua a despertar em mim. Às vezes reflito intrigado sobre essa minha paixão. Já comentei antes que meu mentor Kenneth Burke, o qual escreveu poemas durante toda a sua longa vida, certa vez me persuadiu que minha falta de vontade de escrever poemas estava relacionada com meu amor pela obra de Crane.

Cheguei a Crane ao mesmo tempo que cheguei a Blake e Shelley, sentindo afinidades e também a influência de ambos sobre o alto romântico americano. A estatura de Crane é da mesma ordem. Seus dons críticos eram admiráveis; como Blake e Whitman, era autodidata e obstinado pensador por conta própria.

O amor literário, como qualquer outro eros, é inexplicável em suas origens. Certas figuras — Shakespeare e Dante — são grandes demais para ser amadas. Poesia de tal capacidade nos abarca dentro dela. Stevens e Crane, à diferença de Whitman, não são tão amplos assim: posso amar a poesia deles com uma consciência crescente, depois de muitas décadas, de que posso ainda vir a apreendê-la plenamente. *The Auroras of Autumn* e *A ponte* abrem novos panoramas enquanto continuo a estudar e ensinar seus poemas, mas esses panoramas têm limites, enquanto as aberturas que a *Divina comédia*, *Hamlet* e *Rei Lear* propiciam à visão são ilimitadas.

"Song of Myself" é um poema de formas tão variáveis que oscila entre o que Stevens chamava de fresco jorrar do sol, algo que aprendo a acompanhar, e saltos elípticos cujos prazeres difíceis podem lembrar os de Dante e Shakespeare. Stevens recebeu de Whitman a convicção emersoniana de que a poesia traz sabedoria, além de prazer. O estudioso americano de uma vela só, de Emerson, não despertou nenhuma reação em Whitman, mas assombrou Stevens, em cuja obra a figuração do rabino se mesclou à do estudioso.

A poesia de Crane procura apenas a sabedoria dos poetas que depositam sua confiança nas palavras. Crenças extrapoéticas não interferem em sua visão. No final de sua breve carreira, ele se deparou com a obra de Gerard Manley Hopkins e reagiu como entusiasmo, como se o estilista keatsiano no poeta jesuíta fosse a única coisa de importância.

Walter Pater, que sempre tomei como crítico ideal durante toda a minha vida, foi orientador de Hopkins em Oxford e inspirou o jovem poeta a contestar sua secularização da epifania como "o momento privilegiado" da visão estética. Hopkins procurou restaurar o contexto cristão, mas ainda assim se manteve como poeta keatsiano-pateriano.

A influência de Pater sobre Hart Crane foi ampla e profunda, como também, na verdade, sobre W. B. Yeats, James Joyce, Virginia Woolf (que teve aulas com uma das irmãs de Pater) e praticamente todos os maiores autores anglo-americanos da primeira metade do século XX. T.S. Eliot dizia achar Pater muito reduzido, mas era uma posição defensiva sua. A prosa crítica de Wallace Stevens é pateriana, e em sua poesia ressoam muitos ecos do crítico esteticista.

Crane, ao que parece, leu muito Pater: *O Renascimento*, *Greek Studies*, *Plato and Platonism* [Platão e o platonismo] e, o que é surpreendente, o belo fragmento do inacabado *Gaston de Latour*. O mais essencial que Crane tomou a Pater está condensado na "Conclusão" de 1868 a *O renascimento*:

Temos um intervalo, e então nosso lugar não nos conhece mais. Alguns passam esse intervalo na indiferença, alguns em altas paixões, os mais sábios, pelo menos entre "os filhos deste mundo", em arte e canção. Pois nossa única chance consiste em ampliar esse intervalo, captando o máximo possível de pulsações nesse tempo dado. Grandes paixões podem nos dar essa sensação acelerada de vida, êxtases e dores de amor, as várias formas de atividade entusiástica, desinteressada ou não, que vêm naturalmente a muitos de nós. Certifique-se apenas de que é paixão — que ela lhe rende esse fruto de uma consciência acelerada, multiplicada. Dessa sabedoria, a paixão poética, o desejo de beleza, o amor da arte pela arte, é a mais provida; pois a arte vem a nós admitindo com toda a franqueza que não dará nada além da mais alta qualidade a nossos momentos enquanto passam, e apenas por eles mesmos.

William Butler Yeats, em seu devaneio pateriano *Per Amica Silentia Lunae* (1917), relembrou que seu principal precursor, Shelley, caracterizara nossas mentes como "espelhos do fogo pelo qual todos anseiam" [*mirrors of the fire for which all thirst*] e reagiu com um brado gnóstico: "O que ou quem quebrou o espelho?". Yeats diz que o mais próximo de uma resposta a que pode chegar um poeta é recorrer a seu demo até descobrir seu verdadeiro eu "no lugar onde está o demo, até que finalmente o demo esteja comigo". Esta também é a resposta de Crane.

Pater definiu a poesia romântica como a poesia que acrescenta estranheza à beleza. Owen Barfield retificou para "deve ser uma estranheza do *significado*" e então acrescentou:

> Ela não corresponde ao assombro; pois o assombro é nossa reação a coisas que temos consciência de não entender plenamente ou, em todo caso, de entender menos do que pensáramos. O elemento de estranheza na beleza tem o efeito contrário. Ela surge do contato com uma espécie de *consciência* diferente da nossa, diferente, mas não tão distante que não possamos partilhar dela em certa medida, como de fato, nesse contexto, a mera palavra "contato" já indica. A estranheza, na verdade, desperta assombro quando não entendemos, e imaginação estética quando entendemos.

Em vários almoços com Barfield em Londres, nos anos 1950, discutimos Crane (apresentei-lhe o poeta, que ele ainda não havia lido) e ele comentou a que ponto a consciência de Crane se diferenciava da dos poetas em sua maioria. Objetei, pois para mim Crane isola e refina a sensibilidade estética deste que ainda é nosso tempo.

Nenhum outro poeta americano de sua envergadura se dedicou à própria obra com o rigor e a severidade de Crane. William Empson me disse certa vez que passara por uma conversão recente a Hart Crane porque o poeta órfico americano mostrava que a poesia se tornara um jogo de alto risco. Se Crane compusesse o próximo poema, podia continuar vivo; se não, não.

O significado e valor último da melhor poesia de Crane transcendem esse extremo, que, apesar disso, faz parte da sombra que persegue *A ponte*. Hart Crane é o poeta americano mais ambicioso de todos, ainda que Whitman venha imediatamente atrás. O demo de Crane e o "Eu real" de Whitman são os portadores da Religião Americana de Emerson: pós-cristã, gnóstica, entusiasta, órfica.

Shelley comentou que a função do sublime era nos persuadir a abandonar prazeres mais fáceis em favor de prazeres mais difíceis. Hart Crane, o Shelley americano, coloca o significado e valor de sua poesia justamente nessa busca.

Em alguns aspectos, Crane é o mais difícil de todos os poetas americanos, mas isso faz parte de sua grandeza. Para lê-lo da maneira adequada, é preciso intensificar a percepção do som e do sentido na dicção, sintaxe e música cognitiva de seus poemas. Com isso, aprendemos a ler melhor Shakespeare.

Concluo expressando meu sentimento de gratidão pessoal durante toda a minha vida a Hart Crane, que me viciou na Alta Poesia. Ele me ensinou que meu demo pessoal desejava que eu lesse profundamente, apreciasse, estudasse e refinasse minha reação à sua obra. Com isso, minha longa educação teve início e ainda prossegue.

Agradecimentos

Agradeço em primeiro lugar à minha editora, Celina Spiegel, a quem fico feliz em retornar depois de tantos anos. Como sempre, devo muito a meus dedicados agentes e amigos de trinta anos, Glen Hartley e Lynn Chu. Isabelle Napier, com sua dedicação, sua capacidade e um incansável trabalho, tornou este livro possível ao dar uma continuidade a meus vários manuscritos que assim foram para seu computador. Como se evidencia em todo o meu texto, estou sempre sob a influência de meu grande amigo Angus Fletcher, nestes últimos dois terços de século.

Bibliografia

Estas são as edições primárias consultadas para os doze grandes autores do livro.

BLOOM, Harold (Org.). *Mark Twain* (Bloom's Modern Critical Views). Nova York: Chelsea House, 2006.

_____. (Org.). *Robert Frost* (Bloom's Modern Critical Views). Nova York: Chelsea House, 2003.

CRANE, Hart. *Complete Poems and Selected Letters*. Org. de Landon Hammer. Nova York: Library of America, 2006.

DICKINSON, Emily. *The Poems of Emily Dickinson*. Org. de R. W. Franklin. Cambridge, Mass.: Belknap Press of Harvard University Press, 1999.

ELIOT, T.S. *Complete Poems and Plays 1909 to 1950*. Nova York: Harcourt Brace & Company, 1952.

EMERSON, Ralph Waldo. *The Annotated Emerson*. Org. de David Mikics. Cambridge, Mass.: Belknap Press of Harvard University Press, 2012.

_____. *Emerson's Prose and Poetry*. Sel. e Org. de Joel Porte e Saundra Morris. Nova York: W. W. Norton, 2001.

FAULKNER, William. *As I Lay Dying* (Norton Critical Edition). Org. de Michael Gorra. Nova York: W. W. Norton, 2010.

_____. *Novels 1930-1935*. Org. de Joseph Blotner e Noel Polk. Nova York: Library of America, 1985.

FROST, Robert. *Collected Poems, Prose & Plays*. Org. de Richard Poirier e Mark Richardson. Nova York: Library of America, 1995.

HAWTHORNE, Nathaniel. *Collected Novels*. Org. de Millicent Bell. Nova York: Library of America, 1983.

_____. *Tales and Sketches*. Org. de Roy Harvey Pearce. Nova York: Library of America, 1982.

JAMES, Henry. *Tales of Henry James* (Norton Critical Edition, 2. ed.). Sel. e Org. de Christof Wegelin e Henry B. Wonham. Nova York: W. W. Norton, 2003.

_____. *The Wings of the Dove* (Norton Critical Edition, 2. ed.). Sel. e Org. de J. Donald Crowley e Richard A. Hocks. Nova York: W. W. Norton, 2003.

MELVILLE, Herman; *Moby Dick* (Norton Critical Edition, 2. ed.). Sel. e Org. de Hershel Parker e Harrison Hayford. Nova York: W. W. Norton, 2001.

STEVENS, Wallace. *Collected Poetry and Prose*. Org. de Frank Kermode e Joan Richardson. Nova York: Library of America, 1997.

_____. *The Palm at the End of the Mind*. Org. de Holly Stevens. Nova York: Knopf, 1971.

TWAIN, Mark. *A Connecticut Yankee in King Arthur's Court* (Norton Critical Edition). Org. de Allison R. Ensor. Nova York: W. W. Norton, 1982.

_____. *Adventures of Huckleberry Finn* (Norton Critical Edition, 3 ed.). Org. de Thomas Cooley. Nova York: W. W. Norton, 1999.

_____. *Pudd'nhead Wilson; and Those Extraordinary Twins* (Norton Critical Edition, 2. ed.). Ed. Sidney E. Berger. Nova York: W. W. Norton, 2005.

WHITMAN, Walt. *Leaves of Grass and Other Writings* (Norton Critical Edition). Org. de Michael Moon. Nova York: W. W. Norton, 2002.

_____. *Leaves of Grass*. Boston: Thayer and Eldridge, 1860. Disponível em: <http://www.whitmanarchive.org/published/LG/1860/>. Acesso em: 19 jun. 2017>.

Créditos das imagens

p. 29 (acima): Walt Whitman © Mathew Brady

p. 181 (abaixo): Emily Dickson ©Three Lions / Getty Images

p. 338 (acima): Mark Twain courtesy of The Mark Twain House and Museum

p. 392 (acima): Wallace Stevens © Corbis

p. 392 (abaixo): T.S. Eliot © George Douglas / Picture Post / Getty Images

p. 466 (acima): William Faulkner: Carl Van Vechten photograph by permission of the Van Vechten Trust

p. 466 (abaixo): Hart Crane The Metropolitan Museum of Art, Walker Evans Archive, 1994 (1994.255.75) © Walker Evans Archive, The Metropolitan Museum of Art

Índice remissivo

Abrams, M. H., 66, 234
Absalão, Absalão! (Faulkner), 347, 467-8, 471
Adão Americano, 12, 38, 134-5, 175, 196, 208, 271, 369, 372, 540
Addison, Joseph, 39
"Adonais" (Shelley), 120, 142, 452, 464, 524-6, 528, 532
"Aeneas at Washington" (Tate), 518
"After Apple-Picking" (Frost), 373-4, 376; figura da brancura em, 376; individualidade elíptica, 375; Keats e, 375; Milton e, 375
After Strange Gods: A Primer of Modern Heresy (Eliot), 233, 384
"After the Pleasure Party" (Melville), 34, 157, 400
Agon (Bloom), 39
Agonia no Horto (El Greco), 27
Agostinho de Hipona, santo, 45, 208-9, 258, 403, 531
Aiken, Conrad, 82, 233, 524

"Alastor" (Shelley), 83, 193, 447, 452, 504, 514, 532-3
Albee, Edward, 156
"Além do princípio de prazer" (Freud), 521
Allegory: The Theory of a Symbolic Mode (Fletcher), 38, 186, 201, 530
alto romantismo americano *ver* romantismo
American Religion, The (Bloom), 44
amigo comum, O (Dickens), 292-3, 494
Ammons, A. R., 156, 355, 397, 404, 421, 517, 525; Bloom e, 36, 207, 261, 421; como discípulo de Whitman, 50, 114, 167, 189, 355; como emersoniano, 207; "uma imagem de anseio", 525, 562
Ananké, 193-5, 197, 364, 391
anatomia da influência, A (Bloom), 142
anatomia da melancolia, A (Burton), 38
"Anatomy of Monotony" (Stevens), 439-41
Anderson, Sherwood, 344
Angels in America (Kushner), 36, 167
angústia da influência, A (Bloom), 234
Antônio e Cleópatra (Shakespeare), 218,

221, 223, 229, 298
Appalachian Spring (Copeland), 560
Appreciations (Pater): "Estilo", 328
arco-íris, O (Lawrence), 268
Aristófanes, 40, 66
Aristóteles, 40
Arnold, Matthew, 70, 154, 355
Art of Robert Frost, The (Kendall), 379
"artista do belo, O" (Hawthorne), 263-4, 266
"As Adam Early in the Morning" (Whitman), 135
"As I Ebb'd with the Ocean of Life" (Whitman), 30, 62, 88, 114-25, 139, 210, 496; demo e, 497; Ode à Costa Americana, 120; ponto alto de, 125; revisão de 1867 vs. original de 1860, 121-3, 125; Stevens e, 414, 429; versos iniciais, 120, 125; visão do bardo iniciante, 115
asas da pomba, As (James), 151, 293, 295, 315-29; conclusão, 319; como fábula, 316; *O fauno de mármore* e, 294; influência de Pater em, 315; Kate Croy, 268, 298, 316, 319, 321-2, 324-5, 328, 337; como ler as divisões, 320; Merton Densher, 298, 316, 322, 328; Milly Theale, 151, 197, 296, 298, 316, 319, 322, 324; Milly Theale como emersoniana, 317, 329; modalidade elíptica em, 320-1; New York Edition (1909), 322-5, 328; como a Paixão de Milly Theale, 321, 329; queima da carta de Milly, 325-8; retrato de Bronzino em, 321-2; Shakespeare e, 320-1; sublimidade demônica de, 319, 329; título, 315

"Ash Wednesday" (Eliot), 398, 401-2
Ashbery, John, 50, 133, 156, 355, 397, 404, 517; Bloom e, 36, 206; influência de Whitman e, 114, 166, 355; orfismo americano e, 191; romance de busca e, 82; Sublime Americano e, 58-9
"Asides on the Oboe" (Stevens), 185
At Melville's Tomb (Crane), 502-3
"At the Fishhouses" (Bishop), 114
"At the Slackening of the Tide" (Wright), 114
Atheist's Tragedy, The (Tourneur), 480
Auden, W.H., 186, 445, 527
Auroras of Autumn, The (Stevens), 398, 407, 417, 429-34, 498; *blank* em, 170, 377, 434, 529; Bloom e, 114, 267, 429-30, 573; "Burnt Norton" de Eliot vs; 432; imagem de morte e fins, 423; imagem do rabino em, 433-4; imagem dos "gatos magros", 399; influência de Nietzsche e Pater em, 435; influência de Whitman em, 411; como obra-prima de Stevens, 120, 377; como Ode à Costa Americana, 114; como poema à crise, 429; como "o poema como ícone", 430-2; rosto materno em, 418; Sublime Americano e, 38, 434
Austen, Jane, 305
Autobiography (Twain), 353
Aventuras de Huckleberry Finn, As (Twain), 46, 158, 166, 182, 228, 339-46, 360, 468; assombro estético, 344; bondade de Huck, 342; Eliot sobre, 342, 344; Emerson e, 344; escravidão e, 342; espécie de romance, 342; grandeza de, 293, 341, 353; Huck como demo e

narrador, 342, 344; leituras equivocadas de, 344; liberdade e, 341-3; lugar literário, 340; Mississipi em, 342, 344-5; Norton Ciritical Edition, ensaio de Morrisson, 342; objetivo do livro, 342; sem gênero, 344; violência em, 342; Warren sobre Huck, 343

Aventuras de Tom Sawyer, As (Twain), 342, 353

Aventuras do sr. Pickwick, As (Dickens), 55

"Bacchus" (Emerson), 256-7
Balzac, Honoré de, 55, 127, 150, 228, 293, 340, 342, 353, 363; Baudelaire sobre, 127; demo e, 129, 316; Faulkner e, 127, 467, 471, 481; James e, 128-9, 293-4, 304, 309, 316, 321-2, 324; Twain em companhia de, 353
Banquete, O (Platão), 525
Barfield, Owen, 574
"Bartleby, o escrivão" (Melville), 157, 264, 568
Bate, Jack, 44
Battle-Pieces and Aspects of the War (Melville), 55, 157
Baudelaire, Charles, 127, 151, 230, 415, 463, 494
Baym, Nina, 268, 280, 297
"Beach Glass" (Clampitt), 114
Beckett, Samuel, 46, 121, 150, 163, 241, 340
Bedient, Calvin, 474
"Bell Tower, The" (Melville), 157, 568
Bell, Millicent, 295, 329
"Benito Cereno" (Melville), 96, 157, 568
Bhagavad-Gita, 229, 405

Bíblia/ referências bíblicas: Crane e, 493, 514-5, 534; Dickinson e, 237, 245, 254, 258; Faulkner e, 128, 227, 467, 473, 482; Frost e, 360, 362, 385-6; Melville e, 15; Whitman e, 15, 51, 74, 91, 102, 141, 145, 149, 166
Bidart, Frank, 369
Billy Budd (Melville), 155, 157, 228
Bingham, Millicent Todd, 220
Birds, Beasts, and Flowers (Lawrence), 500
Bishop, Elizabeth, 36, 99, 114, 156, 197, 207, 354-5, 397, 404
Blackmur, Richard, 319, 406, 452, 463
Blake, William, 42, 104, 111, 167, 293, 425, 439; Bloom e, 18, 113, 152-3, 233, 415, 572; Crane e, 383, 491, 494, 496, 501, 522, 548, 550; demo e, 522; Formas Gigantes, 12; Frost e, 383; sobre o Gênio, 99; Hawthorne e, 268, 272, 286; Homem Divino como Álbion, 191; Perguntador Idiota de, 210; como vitalista heroico, 363; Vontade Feminina, 26, 328; Whitman e, 90, 96
blank, figura, *ver* figura do *blank*
Blavatsky, Mme. Helena Petrovna, 183
Blithedale Romance, The (Hawthorne), 304; Coverdale, 271, 284, 287-8, 305; falhas de, 282; Hollingsworth, 284, 286-8, 305; núcleo visionário de, 286; Priscilla, 284, 287-8, 294, 305; Zenobia, 197, 268, 272, 283-4, 288
Bloom, Harold: Abrams e, 66; adolescência e Isabel Archer de James, 296; amizade com Burgess, 218; Ammons e, 36, 207, 261, 421; Ashbery e, 36, 206; Auden e, 445; autores adotados, 233; Blake

e, 18, 113, 152-3, 233, 415, 572; Burke
como mentor e amigo, 27, 42, 56, 69,
74, 99, 133, 517, 522, 530, 572; Burke
e, palestras dialogadas, 87, 136, 267;
em Cornell, orientado por Sale, 470;
Crane e primeiras experiências com o
sublime, 34, 36, 50, 152, 491; como
crítico longiniano, 40; Dante e, 58; como
defensor e admirador de Crane, 36-7,
491, 572; demo de, 187, 234, 575; sobre a
descoberta de escritores vivos, 36; como
emersoniano, 522; enamoramento e,
45; encontro com Stevens em Yale, 393,
429; encontros com Frost, 376; sobre
ensino, 37; ensino de Crane, 529-30;
ensino de Dickinson, 217, 236; ensino
e escritos sobre Stevens, 394, 398,
429-30, 435, 441; estudante de pós-
-graduação em Yale, 186, 233; exemplar
de *The Auroras of Autumn*, 429; Fletcher
e, 38, 68, 186, 198; "fraseio inevitável"
e, 60; sobre idade/velhice, 37, 247,
266-7; importância de Whitman para,
42, 58; influência de Dodds sobre, 186-
7; interpretação do demonismo, 201;
leitura de Dickinson e poema favorito,
248; manuscritos de Crane e, 530;
meninice e heroínas de romances, 295;
meninice e literatura, 50, 152, 441, 491,
532; sobre método crítico, 69; Milton
e, 58; *Moby Dick* e, 152; sobre um novo
poema, 61; obra inacabada sobre Freud,
521-2; opinião de Eliot, 233, 399, 403-4,
406, 447, 465; como "ouvinte ferido
pelo assombro", 55; no poema de Van
Duyn, 63; poemas e, 50; ponto alto de
Whitman e, 125; ponto de vista crítico,
69, 236, 387; preferência por Stevens
sobre Eliot, 399, 465; preferência
por Whitman e Stevens sobre Frost e
Emerson, 362; Princípio de Fletcher e,
50; professor em Yale, 37, 233, 341, 398,
429; relação com Holly Stevens, 393,
405, 518; relação com Hugh Kenner,
398; relação com Robert Penn Warren,
o "Ruivo", 234, 381; releitura dos diários
de Emerson, 182; reverência por autores,
152; como revivalista romântico, 113,
569; Shakespeare e, 44, 58; tremor de,
266; visita a John Crowe Ransom, 415;
Whitman como terapia, 167; Winters e,
121
Boileau, Nicolas, 39
"Book of Thel, The" (Blake), 286
Borges, Jorge Luis, 69, 264
Bostonianos, Os (James), 281, 293, 295,
304-15; Basil Ransom, 304, 306-7,
310-5; capítulo XXXVII, 312-3; capítulo
XXXIX, 307, 309; desfecho, 315;
feminismo e, 305, 309-11; homoerotismo,
305, 309; influência emersoniana, 305-9;
objetivo de James, 309; Olive Chancellor,
305-15; personagens vigorosos, 305;
Verena Tarrant, 294, 304-5, 309-15;
Verena Tarrant e influxo demônico, 315
Bowen, Elizabeth, 240
Boy's Will, A (Frost), 364
Bradley, F. H., 464
Breaking of the Vessels, The (Bloom), 376
Bridges, Robert, 49
Brodtkorb, Paul, 19
"Broken Tower, The" (Crane), 16, 228,

231, 518, 521, 533, 548, 550, 566-71; precursores, 566; revisões, 566
Bromwich, David, 355-6, 359
Brontë, Charlotte, 305
Brontë, Emily, 245
Brooks, Cleanth, 113, 233, 469, 474, 482, 486
Browne, Sir Thomas, 177
Browning, Elizabeth Barrett, 245
Browning, Robert, 23, 65, 83, 113, 363, 531, 533
Brunner, Edward, 518-9
Bryant, William Cullen, 14
Bunyan, John, 241
Burgess, Anthony, 218
Burke, Edmund, 39, 560
Burke, Kenneth, 43, 46, 70, 231, 233; Crane e, 231, 517, 522, 524, 526, 530; como mentor e amigo de Bloom, 27, 42, 56, 69, 74, 99, 133, 517, 522, 530, 572; palestras dialogadas com Bloom, 87, 136, 267; poesia de, 42; Whitman e, 56, 69, 74, 98, 133, 135-6
Burney, Fanny, 305
Burns, Robert, 554
Burroughs, John, 48, 65
Burton, Robert, 38
"By Blue Ontario's Shore" (Whitman), 462
Byron, George Gordon, Lord, 40, 445, 545

cabala/ cabalistas, 60, 376, 526; Crane e, 549; em Emerson, 189; Whitman como "cabalista intuitivo", 72, 142, 229; *Zimzum* divino, 142
Cabana do pai Tomás, A (Stowe), 341
Caim (Byron), 40

Cameron, Sharon, 217, 225, 250
"Cannibalism in the Cars" (Twain), 157-8, 349
cânone ocidental, O (Bloom), 220
cantos, Os (Pound), 189
"Carcassonne" (Faulkner), 473
Carlyle, Thomas, 113, 165, 186, 191, 213, 305, 307, 311, 347, 528
Carroll, Lewis, 356
Carson, Anne, 217
casa das sete torres, A (Hawthorne), 271, 276, 279-82; Alice Pyncheon, 280-1; Holgrave Maule, 271, 280-1; Phoebe Pyncheon, 280-2
Casa desolada (Dickens), 292-3
Cather, Willa, 38, 156, 197
Catulo, 379
Cavalcanti, Guido, 31, 406, 520
Celan, Paul, 242
Cervantes, Miguel de, 19, 55, 205, 228, 344
Chapman, George, 36, 514
Chaucer, Geoffrey, 204, 304, 567
Chesterton, G. K., 105
"Childe Roland to the Dark Tower Came" (Browning), 531, 533
"Chippings with a Chisel" (Hawthorne), 266
"Chocorua a seu vizinho" (Stevens), 438-9
"Christabel" (Coleridge), 187
Church, Henry, 417, 421, 423
"Círculos" (Emerson), 202, 208-13, 258
"City in the Sea, The" (Poe), 545
Clampitt, Amy, 114
"Clarel" (Melville), 157
"Clear Midnight, A" (Whitman), 138

Cleópatra (Shakespeare), 43
Cole, Henri, 36, 207
Cole, Peter, 534
Coleridge, Samuel Taylor, 58, 523; Emerson e, 295, 523; Crane e, 496, 498, 504-5, 527; demo e, 129, 187; figura do *blank* em, 23, 169, 376; forma da ode e, 65; impaciência crítica de Bloom, 70; metáfora da harpa eólica em, 527; "ode à crise", 114; romance de busca e, 83; título de *Folhas de relva* de Whitman e, 51; transformação da perda existencial, 514; Whitman e, 106
Collected Poems (Frost), 363
Collected Poems (Stevens), 407
Collected Poems of Hart Crane, The (Crane), 36, 491
Collins, William, 65, 106, 527
Colombo, Cristóvão, 183
Colors of the Mind (Fletcher), 464
"Comedian as the Letter C, The" (Stevens), 447; "Alastor" de Shelley e, 447; comparação com *A terra desolada*, 447-52; impacto em Stevens, 447; "Out of the Cradle" de Whitman e, 449, 451-2
conduta da vida, A (Emerson), 182, 207, 360, 367, 386; "Destino", 191, 195; "Ilusões", 200; leitura de Nietzsche, 207
Conrad, Joseph, 19, 149, 316, 467
conto de inverno, Um (Shakespeare), 229; Perdita, 321-2
"conversa de Eiros e Charmion, A" (Poe), 514
Cook, Eleanor, 410
Cool Million, A (West), 348
Copland, Aaron, 560

Corbière, Tristan, 230
Cordovero, Moses, 142
Coriolano (Shakespeare), 113, 227
"Corson's Inlet" (Ammons), 114
Cowley, Malcolm, 231, 469-70, 527, 531
Cowley, Peggy Baird, 524, 570
Cox, James, 341, 343, 346-7
Crane, Grace Hart, 564-5
Crane, Hart, 14-5, 23, 30, 36, 38, 41, 46, 50, 57, 69, 82, 113, 152, 154, 156, 165, 189, 207, 228, 233, 245-6, 316, 487-571; alcoolismo, 519, 527; ambição, 575; amor e, 504; amor literário de Bloom por, 36, 572; *annus mirabilis*, 520; arte retórica de, 505, 508, 525-6, 529; autores clássicos e, 514; O Belo Marinheiro de Melville em, 27; Blake e, 383, 491, 494, 496, 501, 522, 548, 550; "Branco" em, 529; Browning e, 531, 533; caracterização da poesia de, 524; cartas de, 521; celebração da encarnação do caráter poético, 65; Coleridge e, 496, 498, 504-5, 527; "a companhia visionária", 518; crítica literária sobre, 517, 519, 524-5, 527, 531, 534, 540, 543; Dante e, 493, 543, 571; demo/ Sublime Americano e, 34, 38, 183, 190, 273, 468, 491, 495, 505, 521, 524, 530, 533, 543, 546, 549, 552, 560, 569, 570-1, 574-5; descoberto por Bloom na infância, 36, 50, 152, 491; "Desejo é morte" e, 494; desenvolvimento literário, 520; Deus como Inquisidor, 536; Dickinson e, 213, 242, 487, 494; como elegíaco, 364; Eliot e, 477, 487, 491, 522, 524-5, 534, 543, 568; Emerson e, 190, 207, 258, 522,

560; epifania da obra da vida, 546; eros e, 487; escolha do maior poema por, 550; como espírito assombrado, 152; estilo transpositivo, 509, 530; figura "adágios de ilhas", 507; figura da metamorfose em, 504, 508, 511; figura do *blank* e, 23, 529, 552; figuras de linguagem, 487, 526, 528-30, 533, 549, 552, 554; final da tradição demônica com, 16; formação e tendência autodestrutiva, 499; Freud e, 521-2; gnosticismo, 507; Goethe e, 528, 540; grandeza de, 575; heterocosmo de, 504; homoerotismo, 492-3, 499, 501, 524, 545 (*ver também* "Voyages"); Hopkins e, 529, 573; imagens de noiva em, 27; influência bíblica, 514-5, 534; influências europeias, 491; Keats e, 489, 491, 504, 514, 518, 521, 550, 553, 573; lar de, 15; Lawrence e, 500; lugar literário de, 353, 355, 397, 404; medo de ficar sem voz, 190; Melville e, 166, 498, 500, 502-3, 505-7, 528, 554, 568; no México, 550, 566; *Moby Dick* de Melville e, 499-500, 502-3, 505-7, 517, 523, 528, 554, 568-9; morte de, 487; Nietzsche e, 548, 556, 560; Nova York e, 27, 99, 548; objetivo do poeta, 254; obras, *ver obras específicas*; Ode à Costa Americana, 114, 120; orfismo de, 27, 189, 193, 201, 383, 487, 501, 505, 514, 522, 527, 575; Ouspensky e, 183; Pater e, 514, 516, 518, 556, 569-70, 573; patronato de Otto Kahn, 531; Peggy Cowley e, 524, 570; perspicácia crítica, 525; precursores, 498, 521, 525; precursores americanos, 487, 491; como prodígio, 487; *Rei Lear* e, 523; relacionamento com Allen Tate, 405, 518; religião e, 27; renome literário, 339-40; reverência de Bloom por, 152; rio Mississipi em, 520, 538, 540-1 (*ver também A Ponte*: "The River"); romantismo e, 488, 496, 499, 518, 523-4, 526, 528, 533, 535, 556, 569, 572; Shakespeare e, 227, 513; como Shelley americano, 575; Shelley e, 83, 496, 498, 501, 504, 521, 524-6, 528-9, 532-3, 535; *sparagmos* órfico e *A ponte*, 83; Stevens e, 491, 530, 571; suicídio de, 228, 521, 550; Tennyson e, 505-6, 534; textos de Frost sobre, 354; transcendentalismo de, 16; Twain e, 538; *via negativa* de, 514; voz de, 61; sobre Whitman, 110; Whitman e, 79, 113, 166, 242, 354, 406, 410, 494, 496, 498, 500, 504, 515, 521, 525, 529-30, 534, 552; Williams e, 538, 541; Wordsworth e, 504; Yeats e, 231

"Creations of Sound, The" (Stevens), 400
Crime e castigo (Dostoiévski), 481
Crime na catedral (Eliot), 404-5
Criterion, The, 233
crítica literária, 40, 45; americana, 46; aristotélica, 236; Bloom sobre método crítico, 69; por Eliot, 70, 113, 233, 403; função da, 45; gnose da, 55; a Hawthorne, 268, 272, 279, 282, 289; por James, 289-90, 294; Johnson e, 39, 69; Lawrence e, 201; longiniana, 236; como modalidade da memória, 61; New Criticism, 233; posição crítica de Bloom, 69, 236, 387; redefinição de "opinião", 69; religião e, 46; Tate e, 518; visão e, 58; Winters e o pensamento tropológico, 121;

ver também críticos específicos
Cromwell, Oliver, 213
"Crossing Brooklyn Ferry" (Whitman), 30, 43, 62, 98-105, 114, 139, 206, 408; "aparências" em, 103-4; figura "frente a frente" e, 99, 100; como parábola demônica, 104; Seção 6, 101-2; solução de, 103-4; "Sun-Down Poem", 408
Cudworth, Ralph, 187, 209, 259
Curtius, Ernst Robert, 14, 40

"Dalliance of the Eagles, The" (Whitman), 48-61, 127, 138
Dante, 30, 31, 45, 107, 167, 205, 228, 463, 470, 520; amor literário e, 45, 572; antecedentes, 31; Bloom e, 58; Crane e, 493, 543, 571; Dickinson e, 241; Eliot e, 230, 232, 403, 405-6, 462, 463, 524; Emerson e, 192; James e, 298, 319; Joyce e, 294; princípio Fletcher e, 50; sublime literário e, 329; Whitman e figura da relva, 51, 74
"Darkness" (Byron), 545
Daudet, Alphonse, 309
De Man, Paul, 197
De poesia e poetas (Eliot), 206
"Death of Saint Narcissus" (Eliot), 229
defesa da poesia, Uma (Shelley), 430
"Dejection: An Ode" (Coleridge), 169, 376
Delbanco, Andrew, 149
demo: Balzac e, 129; de Blake, 522; de Coleridge, 129, 187; Fletcher sobre, 129, 150, 165, 201; de Goethe, 151; na Grécia antiga, 38, 112; de Joyce, 340; de Keats, 522; linhagem até Orfeu, 527; luminares do, 340; de Shakespeare, 152, 156, 229; de Shelley, 522; de Sócrates, 152; de Wordsworth, 139; de Yeats, 231-2, 463, 522, 574; *ver também* Sublime Demônico Americano/ o demo/ Sublime literário
"Demon Lover, The" (canção escocesa), 240
Desça, Moisés (Faulkner), 471
"Desert Places" (Frost), 373, 381
"Design" (Frost), 169, 373, 382-3
DeVane, William Clyde, 233
Dickens, Charles, 55, 150, 228, 292-3, 304, 340, 344, 353, 471, 494
Dickinson, Austin, 220
Dickinson, Emily, 13-4, 17, 23, 30, 38, 41-2, 107, 114, 127, 150, 156, 165-6, 185, 189, 197, 213-29, 234-61; afinidades, 245; alma e, 235-6; antecedentes, 241; Crane e, 487, 491, 494; cunhada de, 218, 220; demo/ sublime literário e, 224-6, 240, 245, 255, 258, 400, 468; "despreocupação demônica" de, 253; Deus e, 250, 256, 258, 536; "dialética da raiva" em, 250; como elegíaca, 363; Emerson e, 13, 24, 207, 237, 245, 254-60; epipsique e, 523; Eros como demo e, 259; como espírito assombrado, 152; figura da circunferência em, 221, 258; figura do *blank* em, 23, 169, 377, 379; figuras de linguagem, 247; formas de balada e, 240; grandeza de, 182, 256; Higginson e, 227, 240; imortalidade em, 247; como "Imperatriz do Calvário", 215; influência bíblica, 237, 245, 254, 258; influência de, 242; Jesus idiossincrático de, 245; jogos de linguagem com tempos verbais, 217; Keats e, 217, 221, 237,

244-5; lugar literário de, 339, 353, 404; modalidade elíptica em, 243; morte de, 247; como niilista radical, 226; Nova Inglaterra e, 15; objetivo da poetisa, 254; originalidade cognitiva em, 464; Otis Lord e, 218, 221, 248, 507; poética da dor, 198, 261; postura agonística, 245, 253; preferência de Bloom por, 572; primeiro princípio para abordar e ler, 242; realidade elíptica, 260; romance de busca em, 240; romantismo e, 245, 254; sexualidade de, 218; Shakespeare e, 217-8, 221-2, 227, 236-8, 243, 245, 254, 411; Shelley e, 221, 245; Wordsworth e, 237, 245; xamanismo e, 236; poemas: 21 "The Gentian weaves her fringes", 213; 39 "I Never Lost as Much but Twice", 255-6; 178 "To learn the Transport by the Pain", 214; 207 "I taste a liquor never brewed", 257; 243 "That after Horror that 'twas us", 215; 320 "There's a certain Slant of light", 216-7; 355 "It was not Death, for I stood up", 224-6; 381 "I cannot dance upon my Toes", 243; 453 "Our journey had advanced", 240-1; 479 "Because I could not stop for Death", 239, 241; 485 "The Whole of it came not at once", 259; 579 "The Soul unto itself", 234-5; 696 "The Tint I Cannot Take Is Best", 219-21; 772 "Essential Oils Are Wrung", 242; 776 "Drama's Vitallest Expression is the Common Day", 221-2, 237; 817 "This Consciousness that is aware", 222-3, 235-6; 833 "Pain expands the Time", 260; 951 "Unable are the Loved to die", 261; 1012 "Best Things dwell out of Sight", 237; 1150 "These are the Nights that Beetles love", 252; 1223 "Immortal is an ample word", 247; 1314 "Because that you are going", 248-9; 1356 "A little Madness in the Spring", 238; 1485 "Spurn the temerity", 245; 1636 "Circumference Thou Bride of Awe", 221; 1684 "The immortality she gave", 246; 1742 "In Winter in my Room", 251-2; 1766 "The waters chased him as he fled", 253

Dickinson, Susan Gilbert, 218, 220
Dioniso, 187, 192
"Directive" (Frost), 360, 373, 384-91, 395; como obra-prima de Frost, 383; poemas ancestrais de, 384; referência a "Uriel", 385-6
"Discovery of Thought, A" (Stevens), 396
Divina comédia, (Dante), 573
Dodds, Eric Robertson, 186-7, 527
dois primos nobres, Os (Shakespeare), 228
Donne, John, 491
Dostoiévski, Fiódor, 293, 340, 481
Doutrina secreta, A (Blavatsky), 183
Dreiser, Theodore, 156
"Drowne e sua imagem de madeira" (Hawthorne), 266
Drum-Taps (Whitman), 35, 55, 126, 151, 157, 289

Edelman, Lee, 526, 552
"El desdichado" (Nerval), 568
Eliot, George, 150, 305, 321, 340
Eliot, T.S., 12, 27, 36, 38-9, 41, 82, 107, 156, 165, 189, 206, 268, 316, 331, 398-407, 432, 445-65; admiração

por Frost, 384; androginia em, 230; antissemitismo, misoginia e outros preconceitos, 207, 403-4, 406, 463, 465, 469; aversão a Emerson, 185, 189; baixa produção de, 398, 463; casamento com Valerie Fletcher, 403-4; cidades de, 99, 494, 524; comparação com Stevens, 445-65; Crane e, 233, 494, 522, 524-5; como crítico, 70, 113, 233, 272, 342, 403-4; Dante e, 230, 232, 403, 405-6, 462-3, 524; declínio das obras posteriores, 228; demo e, 206, 463, 465, 468; desconsideração por Emerson, 400; desprezo por Emerson, 113; devoção de, 27; Dickinson e, 242; dom de vividez, 403; Edward Lear e, 398; como elegíaco, 364; encarnação como pressuposto, 405, 445, 452; como espírito assombrado, 152; estilo encantatório, 113; estudo crítico de, 405; como exilado, 183; fontes de orientação cognitiva, 464; sobre Hawthorne, 282; influência em Crane, 477, 487, 491, 521, 534, 543, 568; influência em Faulkner, 477, 481; lar de, 15; limitações de, 463; lugar literário de, 355, 397, 404-5, 467; morte como tema, 229; mulheres nos poemas de, 27; neocristianismo de, 13, 39, 383, 398, 404, 465; objetivo do poeta, 254; obras *ver obras específicas*; Ode à Costa Americana de, 114, 120; "palavra vinda do mar" em, 112; Pater e, 573; pensamento indiano em, 137, 229-30, 405; personas nos poemas, 464; Pound e, 403; precursores, 14, 230, 445, 463; renome literário, 339; rivalidade com Crane, 113; romantismo e, 113, 403, 468, 524; Shakespeare e, 227; Shelley e, 13, 230, 232, 403, 405, 407, 445, 452, 463, 524; Stevens e, 99, 394, 397-402, 416-7; Tennyson e, 230, 405, 445, 463; tonalidades de, 230; Whitman e, 83, 114, 127, 137, 142, 166, 230, 232, 242, 355, 397, 405-6, 445, 452, 524; Yeats e, 232-3, 462-3

Eliot, Valerie Fletcher, 403-4
embaixadores, Os (James), 298, 315
embates: convite de Whitman aos, 87; Crane e Shelley, 525; Crane e Whitman, 496, 498, 525; de Dickinson, 223, 245, 254; Eliot e Crane, 233, 498, 524; Eliot e Stevens, com Whitman, 113; Frost e Wordsworth, 355; Hamlet, mente criativa e noite avançada, 107; em James, 151, 294; relações literárias e, 57, 87, 113-4; tordo-imitador e, 66; Valéry e Whitman, 57

Emerson, Edward, 182
Emerson, Ralph Waldo, 11-2, 17, 20, 30, 34, 41, 46, 58, 69, 107, 113, 127, 150, 156, 162, 165-6, 182-213; Adão Americano de, 271; sobre a alma, 88; como Alto Romântico americano, 268, 523; América como Homem Primordial, 191; cabala e, 189; Caráter é Destino e, 362; casamento e, 207, 268; citação como caminho para o sublime, 560; como classicista, 391; Coleridge e, 295, 523; como crítico literário, 69; "consciência dupla", 197, 201, 362, 364; Crane e, 258, 522, 560; demo/ Sublime Americano e, 34, 36, 129, 183-5, 187-8, 191, 200, 202, 213,

255, 360, 362, 468; demonização nas obras de, 184-5, 208; desconfiança do lamento, 364; diários, 111, 182-91; Dickinson e, 13, 24, 207, 237, 245, 254-60; dois fatos de, 227; ensaios de, 182, 202-8; como espírito assombrado, 152; estudioso de uma vela só, 395, 436, 573; *ethos* como demo e, 259; família James e, 23, 295, 297; figura da circunferência em, 209, 258; figura do *blank* em, 23, 169, 191, 376, 379, 382; figuras de linguagem de, 191, 197, 200; Frost e, 354, 360, 362, 367, 385-6; gnose americana de, 197; "grande eu crescente", 59; grandeza de, 182; Hawthorne e, 13, 23, 31, 190, 272, 404; hermetismo e, 189, 210; sobre história, 39; Homem Central ou Globo Humano, 185, 188, 191; idealismo, 229; sobre imortalidade, 247; independência como Religião Americana, 202, 207, 254, 272, 275, 277, 329, 360, 482; influência de, 23, 189, 207-8; sem influência nos autores do Sul dos EUA, 184; influências literárias, 295; "inventários" de Whitman e, 75; James e, 13, 31, 404; lei de compensação, 382; liberdade e, 129, 185, 191, 195-8, 343, 354, 360, 362, 367; lista de precursores, 192; medo de ficar sem voz, 190; Melville e, 31, 189; Montaigne e, 56, 203, 211; Necessidade e, 193, 195-6, 199; neoplatonismo e, 256; Nietzsche e, 207, 213; Nova Inglaterra e, 15; obras *ver obras específicas*; ônus da perda e, 198; orfismo americano e, 196, 522; orfismo de, 188, 191, 191-201, 208; palestra "A natureza e os poderes do poeta", 74; pensamento indiano em, 137, 229; platônicos de Cambridge e, 209, 259; poder como potencial, 197, 204; poetas como "deuses liberadores", 193, 198; preferência de Bloom por, 572; produção de sentido, 205; reconhecimento em vida, 339; resistência a, 186; Robinson e, 367; sabedoria de, 204; senilidade, 182, 200, 228; Stevens e, 185, 190, 199, 258, 573; "surpresa" e, 198-9, 204, 212-3, 371, 465, 560; sobre a transformação em visão, 111; tríade de liberdade, poder e destino em, 185, 197-8; Twain e, 344; sobre a voz, 70; Whitman e, 15, 31, 36, 74, 97, 134, 151, 190, 192, 197, 205, 227, 254-5, 258; Wordsworth e, 355

Emily Dickinson's Shakespeare (Finnerty), 219

Empédocles, 186, 192

"Empedocles on Etna" (Arnold), 355

Empson, William, 70, 575

"End of March, The" (Bishop), 114

"Endymion" (Keats), 514, 533, 553

Enquanto agonizo (Faulkner), 38, 157, 166, 183, 340, 467, 469-78; *A terra desolada* e, 477; Addie Bundren, 474-7, 480; alusão à *Odisseia*, 476; crítica de, 474; Darl Bundren, 183, 468, 471-3, 478; como Livro do Demo de Faukner, 184; lugar literário de, 353; *Moby Dick* e, 477; narrativas da família Bundren em, 472; como paródia do romance de busca, 477; sem moral, 474

epicurismo: concepção de, 414; de Whitman, 53, 71, 88, 101, 104, 111, 125,

229, 272, 414
Epicuro, 68, 111, 229, 414
"Epipsychidion" (Shelley), 221
"Eros Turannos" (Robinson), 367
"esquina encantada, A" (James), 13, 295, 329-37; Alice Staverton, 330-7; demo e, 329; Spencer Brydon, 329, 331-7
"Esthétique du Mal" (Stevens), 415
estranho misterioso, O (Twain), 353
"Ethan Brand" (Hawthorne), 263-4
Eureka (Poe), 111
Eva Americana, 38, 208, 360, 540, 560
Evans, Walker, 231
"Evening Without Angels" (Stevens), 442
"Excursion, The" (Wordsworth), 82, 384
"experiência do dr. Heidegger, A" (Hawthorne), 263-4
"Experiência" (Emerson), 202-4, 206
"Extracts from Addresses to the Academy of Fine Ideas" (Stevens), 399; "Dry Salvages" de Eliot *vs.*, 456, 458

fábula, Uma (Faulkner), 128, 228, 482
"Facing West from California's Shores" (Whitman), 136
"Faerie Queene, The" (Spenser), 567
Falkner, William Clark, 468-9
Faulkner, William, 14, 17, 23, 27, 30-1, 38, 41, 43, 156, 165, 183, 189, 347, 467-87; Balzac e, 127, 467, 471, 481; crítica de, 486; declínio das obras posteriores, 228; demo (sublime) e, 26, 183, 273, 468, 471, 477, 480; Eliot e, 477, 481; como espírito assombrado, 152; família como personagens e figuras de linguagem, 468-9; gnosticismo e,

482; grande fase, 482; herança literária americana de, 467, 471; heroínas de, 274; independência de Emerson e, 482; influência de Dostoiévski sobre, 481; influência em McCarthy, 486; influências europeias sobre, 467; lugar literário de, 467, 471; medo de ficar sem voz, 190; miscigenação e, 347; misoginia de, 207; Mississipi como demo de, 183; *Moby Dick* e, 478, 486; morte de, 471; Negação Americana e, 127; obras *ver obras específicas*; originalidade demônica de, 467; personagens femininos de, 469-70, 480, 484; poemas, 468; protagonistas masculinos, 274; referências bíblicas, 128, 227, 467, 473, 482; renome literário, 339-40; representação de pais e mães por, 469, 480; revisões de, 480; saga de Yoknapatawpha, 15; saga dos Snopes, 471; Shakespeare e, 473
Fauno de mármore, O (Hawthorne), 274, 276, 279, 288-91; ambientação romana de, 289; comentário de James sobre, 289-90; defeitos de, 279, 288, 291; Donatello, 274, 290; Hilda, 274, 279, 289-91; influência em James, 294; Kenyon, 271, 274, 279, 289-91; Miriam, 268, 272, 274, 290; como obra mais melancólica, 280
Fausto (Goethe), 528, 540
Fedro (Platão), 256
Feinman, Alvin, 36
feminismo literário, 278
fenomenologia do espírito, A (Hegel), 186
"fera na selva, A" (James), 330
Fiedler, Leslie, 347-8

figura do *blank*, 23, 169, 376; em Crane, 23, 529, 552; em Dickinson, 23, 169, 377, 379; em Emerson, 23, 169, 191, 376, 379, 382; em Frost, 170, 360, 376-7, 381-2; em Hawthorne, 23, 265; em Melville, 23, 169-70, 379; em Stevens, 23, 170, 376, 379, 382, 434, 529; em Whitman, 23
Figure of Echo, The (Hollander), 530
Figures of Capable Imagination (Bloom), 192
"filha de Rappacini, A" (Hawthorne), 267-8
Finnegans Wake (Joyce), 228
Finnerty, Páraic, 219
"Finnish Rhapsody" (Ashbery), 58-9
Fireside Poets, 339
"Fish Food" (Wheelwright), 114
Fitzgerald, F. Scott, 156, 274, 344
Flags in the Dust (Faulkner), 468-9
Flaubert, Gustave, 328
Fletcher, Angus, 38, 186, 198, 266, 464, 494; Bloom e, 38, 68, 186, 198; demo e, 129, 150, 165, 201; sobre Emerson, 198, 208; figura da transposição e, 530; *Moby Dick* e, 150; princípio de Fletcher, 50; reflexões sobre a poesia e, 464; Whitman e, 49, 68, 494
Fletcher, John, 228
Folhas de relva (Whitman), 12, 30, 31; como autobiografia espiritual, 111; conjunto de *Filhos de Adão*, 134-5; demo e, 15; edição de 1855, 41, 70, 87, 135, 141, 151, 155, 182, 462 (*ver também* "Sleepers", "The Song of Myself"); edição de 1856, 98, 123, 135-6, 155; edição de 1860, 105, 110-1, 126, 129, 134, 155, 157, 166, 182 (*ver também* "Proto-Leaf", "A Word Out of the Sea"); elegias "Lilacs", 35, 55, 65, 114, 120, 139, 167, 233, 406, 494, 500 (*ver também* "When Lilacs Last in the Dooryard Bloom'd"); elegias de *Detritos marinhos*, 38, 111-2, 114, 167, 406, 435, 494; Emerson em, 254; epígrafe da Edição do Leito de Morte, 67; "Eus" (Eu real ou Eu mim mesmo, Eu rude, minha Alma), 69, 82, 88, 104, 120, 155-6, 206, 236; grandeza de, 182, 353; leitura de Emerson, 227; como Nova Bíblia, 166; poemas de *Cálamo*, 129, 131-3, 230; como Sublime Americano, 32; "Sun-Down Poem" *ver* "Crossing Brooklyn Ferry"; título, 51, 74
"For Once, Then, Something" (Frost), 373, 378, 380
"For the Marriage of Faustus and Helen" (Crane), 533
Ford, John, 478, 480
Formas Gigantes, 12
Forster, E.M., 138, 274, 353
Frank, Waldo, 530
Franklin, R.W., 248
Franzen, Jonathan, 150
Freud, Sigmund, 46, 101, 142, 201, 213, 296, 343, 362, 395, 481, 521
Frost, Elinor White, 361, 369, 387, 390
Frost, Robert, 13, 15, 41, 107, 114, 127, 152, 156, 165-6, 354-91; Blake e, 383; Caráter é Destino e, 362; "conversa por contrários", 360; sobre Crane, 354; demo/ Sublime literário e, 189, 259, 360, 369, 468; Dickinson e, 242; dupla consciência, 362, 364; elegia "To E. T." e, 363; Emerson e, 189, 207, 354, 360, 362, 367, 385-6; escrita populista de,

340; esposa Elinor e poemas do "grupo cojugal", 361, 369, 372-3, 387, 390; figura do *blank* em, 170, 360, 376-7, 379, 381-2; "A figura que um poema cria", 363; filhos de, 361; grandeza de, 378; individualidade elíptica de, 375; influência bíblica, 360, 362, 385-6; sobre influência poética, 359; Keats e, 355, 375; Kendall sobre, 379, 382-3; liberdade e, 354, 360, 362, 367; lucrecianismo de, 391; lugar literário de, 340, 353, 355, 397, 404; misoginia de, 207; objetivo do poeta, 254; obras posteriores, 228; obras *ver obras específicas*; como poeta nacional, 340; como poeta pagão e classicista, 391; poetas romanos e, 379; Poirier sobre, 363, 373; reconhecimento em vida, 339; relacionamento com Kathleen Morrison, 361; Stevens e, 354, 394; Sublime Americano em, 390; "surpresa" e, 371; "vários" Frosts, 376; Wordsworth e, 355-7, 359-60, 384
Frye, Northrop, 113, 233, 520
Fuller, Margaret, 197, 283, 400
Further Range, A (Frost), 381-2
Fussell, Paul, 66, 114

Gallup, Donald, 397
García Lorca, Federico, 57, 69
Gardner, Helen, 113
Gaston de Latour (Pater), 518, 569, 573
"Gerontion" (Eliot), 514
Giamatti, Bart, 242
Gilchrist, Anne, 90
Gilman, William, 182
Ginsberg, Allen, 369

gnosticismo, 33, 35, 39, 43, 45, 50, 137, 156, 160, 162, 183, 208-9, 234, 250, 523, 574; Ahab e, 162, 170-1, 277; gnose de Crane, 507; *kenoma*, 43, 482; pessoal, 68; *pleroma*, 171; *pneuma* e, 156; teurgia das tradições, 549; Twain e, 341
Goethe, Johann Wolfgang von, 14, 107, 150, 163, 213, 228, 293, 340, 408, 521, 528, 540
Gonne, Maud, 231
Gordon, Lyndall, 404, 406
Graça infinita (Wallace), 150
Graham, Martha, 560
grande Gatsby, O (Fitzgerald), 158
Greek Studies (Pater), 27, 573
gregos e o irracional, Os (Dodds), 186
"Gum-Gatherer, The" (Frost), 355
Guthrie, W. K. C., 191

Hale, Emily, 27
Hallam, Arthur Henry, 230
Halpern, Moyshe-Leyb, 50, 99
Hamlet (Shakespeare), 17, 31, 70, 112, 113, 229, 407, 573; Crane e, 227; Dickinson e, 218, 221-2, 226, 237; Faulkner e, 472-3; Hamlet, 18-9, 43, 47, 55, 112, 152, 205, 222-3, 238, 267, 276, 298, 301, 410, 503; James e, 301; *Moby Dick* e Ahab, 17, 19, 43, 107, 162-3; sete solilóquios de, 107; Stevens e, 227, 423, 444; sublimidade encarnada e, 60; Whitman e, 112, 206
Hardy, Thomas, 295, 384, 445
Harmonium (Stevens), 13, 398, 407, 413, 439, 441, 447
Hawthorne, Nathaniel, 26, 41, 150, 156,

165, 182, 189, 207, 263-91; como Alto
Romântico americano, 268, 274-5; auge
da criatividade, 228; Blake e, 268, 272,
286; em Brook Farm, 289; calvinismo
e, 275; casamento com Sophia Peabody,
266, 268, 281, 284; contos e historietas,
263-91 (*ver também obras específicas*);
crítica a, 268, 272, 279, 282, 289; crítica
de James a, 151, 281, 288-9; crueldade ou
escuridão em, 263-4; declínio nas obras
posteriores, 274, 288; demo/ Sublime
literário e, 265, 267, 273, 281-2, 289,
468; Emerson e, 13, 23, 31, 190, 272,
404; epifanias negativas e, 264; como
espírito assombrado, 152; Figura do *blank*
em, 23, 265; heroínas de, 268, 272, 284;
heterossexualidade normativa de, 284;
identificação com Hester Prynne, 276;
imagem geradora de ação em, 267; James
e, 273, 275, 279, 281, 294-5, 309; leitura
equivocada por Eliot, 404; lugar literário
de, 271-2, 467, 471; medo de ficar sem
voz, 190; Melville e, 15, 112, 151, 162;
Nova Inglaterra e, 15, 288; protagonistas
masculinos, 271; realismo e, 274;
reconhecimento em vida, 339; romances,
271-91 (*ver também obras específicas*);
romantismo e, 268; Thoreau e, 280;
transcendentalismo, 272, 289
Hawthorne, Sophia Peabody, 266, 281, 284
Hazlitt, William, 14, 69, 222
Hecht, Anthony, 219
Hegel, Georg, 186, 207
Heine, Heinrich, 40
Hemingway, Ernest, 54, 156, 274, 344
Heráclito, 192

hermetismo, 183, 191, 209-10, 549; Corpus
Hermeticum, 73; em Emerson, 189,
258; Especulação Hermética, 32; em
Whitman, 32, 42, 60, 72, 111, 133, 135,
149, 189
"Hero and Leander" (Chapman), 514
Hicks, Elias, 73, 149
Higginson, Thomas Wentworth, 227, 240,
329
Hill, Geoffrey, 111
"Hippopotamus, The" (Eliot), 456
Hölderlin, Friedrich, 40, 151
Hollander, John, 51, 60, 74, 142, 530
homem invisível, O (Ellison), 166
Homero, 51, 54, 74, 107, 205
Hopkins, Gerard Manley, 49, 491, 529, 573
Horas italianas (James), 322
Howards End (Forster), 274
Hugo, Victor, 151, 328-9, 340
Hume, David, 39, 207
Huxley, Aldous, 162
"Hymn to Intellectual Beauty" (Shelley),
106

"I Sing the Body Electric" (Whitman) como
"Poem of the Body", 135
ianque na corte do rei Artur, Um (Twain),
340, 346; Cox sobre, 346-7
Ibsen, Henrik, 163, 340
"Idea of Order at Key West, The" (Stevens),
107-8, 114, 140
Ideas of Order (Stevens), 407, 441
"Il Penseroso" (Milton), 567
ilhas encantadas, As (Melville), 157, 500,
568
Iluminações (Rimbaud), 491

In the American Grain (Williams), 538, 541
In the Clearing (Frost), 228, 340
"Incidents in the Life of My Uncle Arly" (Lear), 356
"Independência" (Emerson), 23, 39, 184-5, 202, 254; como a Religião Americana, 202, 207, 254, 272, 275, 277, 329, 360, 482, 575; Whitman e Dickinson como exemplares, 254
inferno, O (Dante), 31
invictos, Os (Faulkner), 469
irmãos Karamázov, Os (Dostoiévski), 293, 481
Irwin, John, 503, 507, 521, 532, 540, 543, 552
"Is There a Life after Death?" (James), 319
Ishmael's White World (Brodtkorb), 19
Ivory Tower, The (James), 228

Jackson, Andrew, 18, 149
James, Henry, 12, 17, 23, 30, 41, 150, 156, 165, 182, 189, 207, 292-337; ação demônica em, 294; amor pela prima Mary Temple, 296, 316; amor sexual nos romances de, 281, 296; antecedentes, 295; antecedentes na alta literatura, 320; arte da sublimação, 293; Balzac e, 127, 129, 293-4, 304, 309, 316, 321-2, 324; crítica a Dickens e *O amigo comum*, 292-3; crítica a Hawthorne, 151, 281, 288-9; como crítico e romancista esteticista, 316; como crítico literário, 294; Damas Sombrias, 298, 321; Dante e, 298, 319; declínio das obras posteriores, 228; demo/ Sublime Americano e, 127, 129, 151, 294, 298, 319, 329, 468; embate entre consciências, 294; Emerson e, 13, 23, 31, 190, 295, 404; como espírito assombrado, 152; como exilado, 183, 289; forma e, 293; Hawthorne e, 273, 275, 279, 281, 294-5, 309; heroínas de, 268, 272-3, 279, 298, 305, 317, 320; homoerotismo em, 151, 297, 330; identificação com Isabel Archer, 276; leitura errônea por Eliot, 404; lugar literário de, 339-40, 353; modalidade elíptica de, 295, 298, 301, 320-1; modernismo literário e, 316; mundo fantasmagórico e, 247, 295, 329; como nova-iorquino, 15; obras, *ver obras específicas*; como platônico americano, 151; resenha de *Drum-Taps*, 35, 126, 151, 289; Shakespeare e, 227, 295, 298; *A tempestade* de Shakespeare e, 294; textos autobiográficos, 305; Whitman e, 35, 151, 406
James, Henry, pai, 12, 23, 31, 295, 297
James, William, 12, 23, 151, 200, 297, 343, 438, 464
Jarrell, Randall, 65
Jeffers, Robinson, 114
Johnson, Samuel, 18, 39, 44, 68, 69, 186, 463; "fome de imaginação", 44
Jornada do peregrino, A (Bunyan), 241
"Journalism in Tennessee" (Twain), 158, 349
"jovem Goodman Brown, O" (Hawthorne), 269
Joyce, James, 30, 33, 218, 228, 316, 344, 470; catolicismo apóstata de, 218; encontro com Yeats, 151; Hamlet e, 163; influência de Pater sobre, 573; influência em Faulkner, 467; inovação/

modernismo de, 150, 165, 316, 398;
lugar literário de, 294, 298, 481; como
luminar demônico, 340; Stephen Dedalus
invocando Jakob Boehme, 120; Vico e,
471
Juan de la Cruz, San, 548, 550
judeu de Malta, O (Marlowe), 294

Kafka, Franz, 150, 264, 340
Kahn, Otto, 531
Kant, Immanuel, 39, 207, 225-6
Kearns, Cleo McNelly, 405
Keats, John, 189, 525; como Alto
  Romântico, 108, 157; Capacidade
  Negativa de, 47; Crane e, 489, 491, 504,
  514, 518, 521, 550, 553, 573; Dickinson
  e, 217, 221, 237, 244-5; Faulkner e, 468;
  Frost e, 355, 375; "ode à crise" de, 114;
  odes de, 65-6, 375; precursores, 521;
  recomendação a Shelley, 504; rouxinol
  de, 60; Stevens e, 396, 410, 415-6, 522;
  Whitman e, 47, 83, 115, 416
Kendall, Tim, 379, 382-3
Kenner, Hugh, 398
Kermode, Frank, 113, 406, 438, 452
"Kid, The" (Aiken), 82
Kierkegaard, Soren, 30, 66, 70, 107, 205
Kleist, Heinrich von, 151
"Knight's Tale, The" (Chaucer), 567
Krook, Dorothea, 317
"Kubla Khan" (Coleridge), 106, 187, 498,
  504, 527
Kushner, Tony, 37, 156, 167

Laforgue, Jules, 230, 463
"Last Invocation, The" (Whitman), 138

"Latest Freed Man, The" (Stevens), 443-4
Lawrence, D. H., 27, 201, 396, 441, 481;
  como Alto Romântico, 526; América
  como demo, 183; aversão de Eliot
  a, 384; Bloom e, 48, 113, 201, 295;
  casamento com Frieda, 162; Crane e,
  500, 515; fase principal, 268, 295; Frost
  e, 363; heroínas de, 268; irritação com
  Emerson, 201; leituras errôneas de,
  201; modernismo e, 165; morte de, 183;
  orfismo de, 201; como vitalista heroico,
  363; Whitman e, 47, 69, 109, 138, 201
"Le Cimetière Marin" (Valéry), 58
Lear, Edward, 356, 398
Leavis, F. R., 347
"Leda and the Swan" (Yeats), 49
leilão do lote 49, O (Pynchon), 157, 166,
  480
Leopardi, Giacomo, 40, 464
letra escarlate, A (Hawthorne), 158, 166,
  182, 228, 271, 274, 276-7, 279, 281;
  Chillingworth, 151, 273-4, 276, 278, 280,
  282, 298; "Conclusão", 277; Dimmesdale,
  151, 271, 274, 276, 278-9, 282; grandeza
  de, 293, 353; Hester Prynne, 13, 23, 31,
  38, 151, 197, 268, 272-3, 282, 284, 291,
  298; Hester Prynne como emersoniana,
  190, 208, 272, 275, 294, 298; Hester
  Prynne como heroína nacional, 274;
  Hester Prynne, sensualidade heroica de,
  275-6; influência em James, 294; Pearl,
  272, 274-5, 278, 280, 282
Letters (Stevens), 393
Letters and Social Aims (Emerson), 200
Lewis, R. W. B., 518
Lewis, Wundham, 398

Leyda, Jay, 227
liberdade; em Dickinson, 24, 223; em Emerson, 129, 185, 191, 195-8, 343, 354, 360, 362, 367; Frost e, 354, 360, 362, 367; imagem lucreciana do clinâmen e, 111; poeta órfico americano e, 191, 194: como possessão demoníaca, 24, 191, 197, 354; transcendentalista de Stevens, 444; em Twain e *Huckleberry Finn*, 341-3; em Whitman, 83, 101, 111, 121, 129, 142, 144, 149, 433
Liberdade (Franzen), 150
Life on the Mississippi (Twain), 353
"Like Decorations in a Nigger Cemetery" (Stevens), 57
Linhagem Nativa, 34, 192, 196, 201, 295
"Listen to the Mockingbird" (Winner), 68
Literatura europeia e Idade Média latina (Curtius), 14
Live Oak, with Moss (Whitman), 130
"London" (Blake), 550
Longfellow, Henry Wadsworth, 66, 339
Longino, 39-40, 236, 560
Lord, Otis, 218, 221, 248, 507
Lorde Jim (Conrad), 19
"Love in the Valley" (Meredith), 355
Lowell, Robert, 369
Lowes, John Livingston, 359
lucrecianismo, 391; de Frost, 376, 391; de Shelley, 125, 423; de Stevens, 423, 430; de Whitman, 39, 50, 71, 111, 125, 229, 423
Lucrécio, 414, 464
"Luke Havergal" (Robinson), 367
Luria, Isaac, 142
Luz em agosto (Faulkner), 127, 340, 347, 467, 470-1, 482-6; crítica a, 485; data de composição, 482; enredo, 485; figuras centrais, 482, 485-6; Gail Hightower, 482, 484-5; Joe Christmas, 482, 484-6; Lena Grove, 468, 482-4, 486; como obra-prima de Faulkner, 471; voz narrativa de Faulkner em, 482-5
"Lycidas" (Milton), 142
Lyric Time (Cameron), 225

Macbeth (Shakespeare), 43, 162, 164, 229, 236
Mack, Maynard, 233
"Madame La Fleurie" (Stevens), 417-8
"Maldive Shark, The" (Melville), 157
"Man with the Blue Guitar, The" (Stevens), 452; "Burnt Norton" de Eliot vs., 452-3, 455
Mann, Thomas, 340
Manzoni, Alessandro, 340
Mapa da desleitura, Um (Bloom), 530
Mardi and a Voyage Thither (Melville), 157
"Mariana" (Tennyson), 78
Mariani, Paul, 521
Mark Twain: The Fate of Humor (Cox), 341, 343
Marks, Herbert, 360, 362, 369
Marlowe, Christopher, 31, 36, 294, 491, 514, 520
Martz, Louis, 233, 406
"Masque of Reason, A" (Frost), 385
Matthiessen, F. O., 406
"Maud" (Tennyson), 230
Mazzella, Anthony, 296
McCarthy, Cormac, 15, 157, 183, 486
McCullers, Carson, 267

Meaning in Henry James (Bell), 295
Medida por medida (Shakespeare), 153
"Mediterranean, The" (Tate), 518
Melville, Herman, 12, 15, 27, 31, 41, 96, 107, 127, 149-80, 189; alma e, 156; como Alto Romântico americano, 20; América perdida de, 183; antecedentes, 31, 38; assassinato de Lincoln e, 55; Belo Marinheiro como demo, 24; Billy Budd, 24; Carlyle e, 528; carta a Hawthorne, 112; casamento de, 361; Crane e, 491, 498, 500, 505-7, 528, 554, 568; declínio de obras posteriores, 228; demo/ Sublime Demônico Americano e, 24, 26, 152, 157, 165, 468; Emerson e, 15, 31, 189; como espírito assombrado, 152; estatura de, 30; figura do *blank* em, 23, 169-70, 376, 379; gnosticismo e, 183; grandeza de, 340; Hawthorne e, 15, 294; imediaticidade de, 55; influência da Bíblia sobre, 15, 20-1, 162, 166, 177; Lawrence e, 109, 183; lema, 166; lugar literário de, 467, 471; medo de ficar sem voz, 190; misoginia de, 207; em *Moby Dick*, 155; como nova-iorquino, 15; renome literário, 339-40; romantismo e, 15, 18, 20, 160; Shakespeare e, 17, 19, 112, 149, 167, 294; Sublime Americano em, 34; tributo de Crane a, 502-3; Whitman e, 30; *ver também Moby Dick*
mercador de Veneza, O (Shakespeare), 294
Meredith, George, 355
Meridiano de sangue (McCarthy), 15, 157, 166, 486
"Merlin" (Emerson), 198-9
Merrill, James, 114, 156, 354-5, 397, 404
metáforas americanas da noite, morte, mãe e mar, 13, 104, 108; Melville e, 13, 26, 156; Whitman e, 13, 26, 60, 65, 72, 88, 94-5, 98, 104, 115, 140, 146, 150, 206, 236, 488, 523, 525
"Meu parente, o major Molineux" (Hawthorne), 263-4
Middleton, Thomas, 478, 480
Miller, Arthur, 156
Miller, Barbara Stoler, 230
Milton, John, 14-5, 18, 40, 51, 74, 107, 113, 163, 169, 209, 375, 514, 516, 523, 548, 567; Eliot e, 462; figura do *blank* em, 23, 376
Minter, David, 471
Miss Corações Solitários (West), 157, 166, 480
Missing Persons (Dodd), 187
Moby Dick (Melville), 12, 14, 30, 31, 38, 40, 43, 55, 96, 107, 127, 149-80; Ahab, 39, 43, 46, 112, 150, 152-4, 156, 160-3, 165, 174-6, 277, 503; Ahab como demônico, 165; Ahab como emersoniano, 31, 35, 190, 208; Ahab como herói, 18-9; Ahab como Prometeu americano, 162, 167, 277; Ahab e demo de Melville, 112; Ahab eletrizado pelo fogo de santelmo, 33-4; "Atlantis" de Crane e, 528; como autobiografia, 155; como autobiografia espiritual, 111; Baleia Branca, 150, 155-6, 162, 503, 523; O Belo Marinheiro, 24; Bulkington, 24-6; caça, 177-9; caixão de Queequeg, 150, 159, 163, 180, 478; Capítulo 1 ("Avultamentos"), 158-9; Capítulo 3 ("A Estalagem"), 24; Capítulo 19 ("O profeta"), 165; Capítulo 23 ("A

costa ao abrigo do vento"), 25-6; Capítulo 36 ("O tombadilho"), 165; Capítulo 37 ("Pôr do sol"), 164-5; Capítulo 41 ("Moby Dick"), 21, 167; Capítulo 42 ("A brancura da baleia"), 21-2, 54, 167-8, 170; Capítulo 51 ("O jorro espectral"), 506; Capítulo 70 ("A esfinge"), 150; Capítulo 85 ("A fonte"), 554; Capítulo 87 ("A Grande Armada"), 172, 174; Capítulo 101 ("A garrafa"), 154; Capítulo 110 ("Queequeg em seu caixão"), 159-60; Capítulo 119 ("Os círios"), 170-1; Capítulo 132 ("A sinfonia"), 172, 174-5, 177; Capítulo 133 (A caça — Primeiro dia), 155; composição de, 157; como contrassublime, 32; Crane e, 499-500, 502-3, 505-7, 517, 523, 568-9; "Cutty Sark" de Crane e, 555; Daggoo, 166; dedicatória, 26, 151, 162; demo e, 15, 150, 160, 174; como épico, 165, 167; "Epílogo", 158, 179; "Excertos", 20; Fedallah, o parse, 166, 171; figura do *blank* em, 23, 169-70, 379; Flask, 166; grandeza de, 149, 157, 166, 182, 293, 353; influência bíblica, 18, 20-1, 165; influência de Shakespeare sobre, 17-9, 43, 107, 112, 162-3; influência em Faulkner, 478, 486; como "Ismaelíada", 19; Ismael, 19, 26, 31, 83, 150, 154-5, 159-60, 162, 164, 166, 180; Ismael como emersoniano, 190; Jó e, 20-1, 162, 166, 177; como livro "pecaminoso" de Melville, 112, 384; como livro profético, 167; mistério central, 160; política americana em, 149; primos literários de Ahab, 163; Queequeg, 150, 155, 159-60, 162-3, 166, 503; religião e, 165; reverendo Mapple, 160-1; como romance de busca, 112; Starbuck, 162, 175, 177; Stubb, 162, 166; Sublime Americano e, 429; sugestão de edição, 19, 157; Tashtego, 166, 178; três partes, 158; tripulação do *Pequod*, 166
"Mockingbird Month" (Van Duyn), 62-3
"Mockingbird, The" (Jarrell), 65
"Modern Love" (Meredith), 355
modernismo literário, 150, 165, 316, 398
Molière, 228
Monroe, Harriet, 503
"Mont Blanc" (Shelley), 169, 430
Montaigne, Michel de, 23, 55-6, 203, 205, 211, 213, 228, 295, 406
Moon, Michael, 78
Moore, Marianne, 114, 197, 354-5, 397, 404
More, Henry, 209, 259
Morrison, Toni, 342
"Most of It, The" (Frost), 361, 368
Mountain Interval (Frost), 355, 371, 377
"Mowing" (Frost), 364
"Mrs. Alfred Uruguay" (Stevens), 106, 455, 527
Murry, John Middleton, 162
Música de câmara (Joyce), 151

Natureza (Emerson), 111; capítulo "Perspectivas", 188; olho transparente, 192; orfismo em, 191
navio da morte, O (Lawrence), 138
Necessary Angel, The (Stevens), 435
Negativo Americano, 127
Nelson, Ernest, 488-9
neoplatonismo, 183, 192, 197, 209, 256, 524, 526, 549

Nerval, Gérard de, 568
"Never Again Would Birds' Song Be the Same" (Frost), 361, 372
Nicolau de Cusa, 209, 258
Nietzsche, Friedrich, 56, 60, 70, 107, 197, 245, 259, 362, 394; Crane e, 548, 556, 560; Emerson e, 207, 213; loucura de, 213; poética da dor, 261; produção de sentido, 205; Stevens e, 416, 435, 441, 464; Zaratustra, 61, 70, 417
"Night on the Prairies" (Whitman), 138
Nocturne (Stevens), 108
"Noiseless Patient Spider, A" (Whitman), 138, 411, 413
Norris, John, 209, 259
North of Boston (Frost), 367-8, 373
"Notes Toward a Supreme Fiction" (Stevens), 56, 79, 82, 103, 185, 189, 199, 397, 434, 464, 533; Canto VIII "Deve dar prazer", 464-5; influência de Whitman, 411-2; "Little Gidding" de Eliot *vs.*, 452, 458-60, 462; precursores, 462; visão do Sublime Demônico Americano, 462

"O Carib Isle!" (Crane), 524, 568
O'Connor, Flannery, 156, 267, 480
O'Neill, Eugene, 156
Obbligati: Essays in Criticism (Hecht), 219
"Ode: Intimations of Immortality" (Wordsworth), 66, 140, 202, 429, 496, 504
Ode à Costa Americana, 66, 114, 120, 233, 496
"Ode on Melancholy" (Keats), 489-90
"Ode on the Poetical Character" (Collins), 106

"Ode to the West Wind" (Shelley), 75, 125, 430, 452, 525
"Of Mere Being" (Stevens), 426-7
Olson, Charles, 17
"On Vital Reserves" (W. James), 12
Ordeal of Consciousness in Henry James, The (Krook), 317
"Ordinary Evening in New Haven, An" (Stevens), 52, 393-4, 429
orfismo americano, 191-201, 383; Crane e, 189, 193, 201, 383, 487, 501, 505, 514, 522, 527, 575; divindades do, 193; Emerson e, 196, 522, 527; Whitman e, 494
Otelo (Shakespeare), 163, 218, 221, 229
Ou/ou (Kierkegaard), 66
Ouspensky, P.D., 183
"Out of the Cradle Endlessly Rocking" (Whitman), 30, 58, 62-70, 88, 110, 114, 230, 414; admiradores de, 65; como celebração da encarnação do caráter poético, 65; "Comedian as the Letter C" de Stevens e, 449, 451-2; influência de, 151; versos finais, 110; *ver também* "A Word Out of the Sea"
"Oven Bird, The" (Frost), 373, 377
Ovídio, 514, 529, 553
"Owl in the Sarcophagus, The" (Stevens), 140, 394, 398, 417-28

Paglia, Camille, 26, 221, 260
"Palladium" (Arnold), 355
Palm at the End of the Mind, The (Stevens), 393
palmeiras selvagens, As (Faulkner) "O velho", 471

Panoramas democráticos (Whitman), 69
"Paradise Lost" (Milton), 18, 23, 169, 548
Paraíso (Dante), 571
Parts of a World (Stevens): comparação com *Quatro quartetos* de Eliot, 452
Pascal, Blaise, 406
"Passage to India" (Whitman), 114, 137, 229
"Passage" (Crane), 496-8
"Passage" em *White Buildings* (Crane), 120
Passagem para a Índia, Uma (Forster), 138
Pater, Walter, 13, 27, 69, 113, 190, 207, 233, 296, 328; Bloom e releitura de suas cartas, 530; Crane e, 514, 516, 518, 556, 569-70, 573; definição da poesia romântica, 574; definição de Alto Romântico, 494; Eliot e, 573; James e, 316; Joyce e, 573; Stevens e, 425, 435, 573
"Paterson" (Williams), 82, 189
Pearce, Roy Harvey, 110-1, 167
Pearson, Norman Holmes, 393
"Penacho, o espantalho" (Hawthorne), 263, 268-71, 280-1; Mãe Rigby, 269-71
Per Amica Silentia Lunae (Yeats), 226, 231, 568, 574
Perestroika (Kushner), 167
Personas sexuais (Paglia), 26, 260
Pessoa, Fernando, 69
Petrarca, 228, 243
Piazza Tales, The (Melville), 157, 500, 568
Pierre (Melville), 31, 157, 340, 346
Píndaro, 74
Pitágoras, 186
Platão, 183, 192, 205, 256, 259, 295, 367, 525, 528, 554
Plath, Sylvia, 369

Plato and Platonism (Pater), 573
platonismo, 183, 259
Plotino, 295
Plutarco, 183, 192, 295, 540
Poe, Edgar Allan, 14, 31, 111, 150, 165, 182, 491, 514, 543, 545
Poemas (Emerson), 255
"Poems of Our Climate, The" (Stevens) comparado a "East Coker" de Eliot, 455-6
Poesia e repressão (Bloom), 39
"Poeta, O" (Emerson), 192, 198, 255, 258
Poirier, Richard, 207, 360, 362-3, 369, 373
Polk, Noel, 480
ponte, A (Crane), 27, 36, 38, 46, 82, 99, 113, 138, 152, 166, 189, 228, 517-71, 573, 575; *A terra desolada* e, 477, 522, 524, 532, 543; "Adonais" de Shelley e, 529; amor como força motriz, 528; Atlântida perdida e, 183, 520; "Atlantis", 519-20, 522-33; "Ave Maria", 519-20, 522, 534, 537; Browning e, 531, 533; "Cape Hatteras", 519, 527, 562; "cerne ardente", 557; conclusão, 194-5; "Cutty Sark", 514, 521-2, 552-7; "The Dance", 518, 520-2, 556-7, 559-62; Dioniso e Orfeu em, 27, 193-4; distância entre demo e projeto em, 83; Eliot e, 524; como épico curto, 533; fantasia de Poe, 543-5; Glauco em, 553; "The Harbor Dawn", 518, 520-2, 550, 552, 556; como hino ao amor, 525; imagem da harpa eólica, 527-8, 549; "Indiana", 519-20, 527, 562; "National Winter Garden", 518, 520, 522, 537; Nova York e o demo, 27, 548; objetivo da busca, 524; oitava da cognição acerada,

533; ordenamento de, 519, 522-3, 525, 548, 556; Platão e, 525, 528; "Primavera Apalache" em, 559-60; proêmio: "To Brooklyn Bridge", 518, 521-2, 529, 548, 550; proêmio: "To Brooklyn Bridge" como pedra de toque para a poesia romântica americana, 518; protagonista de, 520; "Quaker Hill", 519, 527, 562; "The River", 233, 456, 501, 519-20, 522, 538, 540-1, 543; como romance de busca, 533; romantismo e, 518, 523; sequência de "Powhatan's Daughter", 520, 522, 552; "Southern Cross", 521-2, 562, 564-5; sublimidade negativa do final, 562; "The Tunnel", 27, 113, 233, 520, 522, 536, 543-4, 546-7; "Van Winkle", 519-20, 522, 538; Velho do Mar, 514, 553; versões, 517; "Virginia", 520-2, 562, 565

Pope, Alexandre, 445

Portable Faulkner, The (ed. Cowley), 470

"Possessions" (Crane), 491-5, 524, 529, 565; homoerotismo em, 492-3; Sublime Demônico Americano em, 495; título, 493

Pottle, Frederick Albert, 233-4

Pound Era, The (Kenner), 398

Pound, Ezra, 114, 165, 189, 230, 232, 316, 355, 384, 397, 403-4, 406, 463, 465

povoado, O (Faulkner), 471

Praeterita (Ruskin), 165

"Praise for an Urn" (Crane), 487-9, 491; morte de Ernest Nelson e, 488-9; "Ode to Melancholy" de Keats e, 489, 491

"Prayer of Columbus" (Whitman), 534

"Prelude, The" (Wordsworth), 169, 369, 462

"Preludes" (Aiken), 233

"Primitive Like an Orb, A" (Stevens), 396

"Prince Athanase" (Shelley), 567

"Prometheus Unbound" (Shelley), 525

"Proto-Leaf" (Whitman), 126-9

Proust, Marcel, 150, 228, 340, 398

Pudd'nhead Wilson (Twain), 346-53; barbárie da escravidão em, 353; bibliografia crítica sobre, 347; eliminação de "Those Extraordinary Twins", 349; Fiedler sobre, 348; como grande obra de Twain, 347; ironias demônicas de, 347; méritos de, 352-3; Norton Critical Edition, 347; Percy Northumberland Driscoll, 350-2; Roxy, 349, 351-2; tom desbragado de Twain em, 353; Tom Driscoll, 351-2; tom original de, 348; troca de crianças em, 351-2

Pullman, Philip, 250

Purgatório (Dante), 403

Púshkin, Aleksandr, 340

"Putting In the Seed" (Frost), 371

Pynchon, Thomas, 156-7, 480

Quatro quartetos (Eliot), 112, 138, 228, 232, 397-8, 404-5, 416, 524; "Burnt Norton", 432, 452-4; comparação com obras de Stevens, 452-65; "The Dry Salvages", 38, 112, 114, 120, 189, 229, 233, 397, 406, 456, 458; "East Coker", 403; "Little Gidding", 406, 452, 458-60, 462-3; precursores de "Little Gidding", 462; visão do Sublime Demônico Americano em, 462

Quatro Zoas, Os (Blake), 152

Ransom, John Crowe, 415
"Rape of Lucrece, The" (Shakespeare), 36
"Recitative" (Crane), 529
"Reconciliation" (Whitman), 35
Rei Lear (Shakespeare), 31, 43, 229, 382, 573; Bloom e, 152; Crane e, 523; Dickinson e, 238; figura do *blank* em, 23, 169, 376; Frost e, 382; *Moby Dick* e, 17, 112; sublimidade em, 60; "o visível um pouco difícil de ver", 403; Whitman e, 102, 104, 206
religionistas americanos, 44-5, 55, 208, 530
renascença americana, 150
Renascimento, O (Pater), 315, 514, 556-7, 573; "Conclusão", 573-4
"Repose of Rivers" (Crane), 193-4, 498-501, 520, 531, 548, 568
República, A (Platão), 367
"Resolution and Independence" (Wordsworth), 355-6, 359
Retrato de uma senhora (James), 151, 158, 166, 293, 295-304; Baym sobre, 297; Bloom e Isabel Archer, 296; cena entre Ralph Touchett e Isabel Archer, 298-300; edição inicial (1880-1881), 296-7; Gilbert Osmond, 152, 273, 294, 296-8, 301-4, 315; Isabel Archer, 13, 23-4, 31, 38, 151, 197, 273, 276, 296-304, 321; Isabel Archer como transcendentalista, 298; Isabel Archer e independência, 190, 208, 272, 294, 296-7; *A letra escarlate* e, 294; lugar literário de, 353; Madame Merle, 268, 297-8, 301, 321
"retratos proféticos, Os" (Hawthorne), 266
Revenger's Tragedy, The (Tourneur), 480
Revolução Francesa, A (Carlyle), 347

Ricardo III (Shakespeare), 294
Richards, I.A., 186
Richardson, Samuel, 274, 279, 305
Rimbaud, Arthur, 491, 521, 529
"Rime of the Ancient Mariner" (Coleridge), 83, 187
Robinson, Edwin Arlington, 114, 121, 207, 354, 367; Emerson e, 367
"Rock, The" (Stevens), 74, 411, 430-2, 444; comparado a "Burnt Norton" de Eliot, 432; "a ficção das folhas", 74, 433
Rock, The (Eliot), 432, 446-7
Roethke, Theodore, 355
romantismo, 213, 245, 254, 425, 488, 523; Alto Romantismo americano, 20, 268, 403, 572; Alto românticos, 15, 19, 20, 108, 157, 160, 254, 403, 468, 494, 496, 518, 524, 526, 572; Alto românticos do século XX, 526; americano/ anglo--americano, 15, 82, 169, 403, 518, 523, 572; Bloom como revivalista romântico, 113; "To Brooklyn Bridge" de Crane como pedra de toque da poesia romântica americana, 518; cosmo alto-romântico, 496; Crane e, 488, 496, 499, 518, 523-4, 526, 528, 533, 535, 556, 569, 572; definição de Pater da poesia romântica, 574; definição de Pater do Alto Romantismo, 494; Dickinson e, 245, 254; Eliot e, 113, 403, 468, 524; figura do *blank* e, 169; Hawthorne e, 268; Lírica Romântica Maior (expressão de Abrams), 66; livro de Weiskel e, 11; maiores românticos americanos, 15; Melville e, 15, 18, 20, 160; metáfora da harpa eólica e, 527; poema à crise e, 66,

114; Shakespeare e, 20; Shelley e, 526, 572; Stevens e, 140, 526; *The Visionary Company* de Bloom, 569; Whitman e, 15, 83, 114, 496
Rorty, Richard, 207
Roth, Philip, 156-7, 340
"Ruined Cottage, The" (Wordsworth), 384
Ruskin, John, 50, 69, 113, 165, 532

Sacred Fount, The (James), 207
"Sail of Ulysses, The" (Stevens), 409-10
Sainte-Beuve, Charles Augustin, 70
Sale, William M., Jr., 470
Salinger, J.D., 344
Samson Agonistes (Milton), 514, 516
Sand, George, 32, 73, 149, 183
Santayana, George, 410, 435-7
Santuário (Faulkner), 467, 471, 478-82; dramaturgos jaimitas e, 478; histórias de detetive e, 480; Horace Benbow, 480-1; influência de Dostoiévski, 481; influência de Eliot, 477; legado literário de Popeye, 479-80; Popeye, 468, 478-81; Popeye como demo, 478; revisões de, 471, 480; sobreviventes em, 482; subestimado, 479; Temple Drake, 468, 478, 480-1; versão para o cinema, 478
Sargent, John Singer, 329
Sartor Resartus (Carlyle), 347, 528
Sartoris (Faulkner), 468
Scholem, Gershom, 72, 142, 229, 234
Schopenhauer, Arthur, 260
Sequel to Drum-Taps (Whitman), 55
Sexton, Anne, 369
Shakespeare, William, 14, 30, 36, 39, 42-3, 45, 47, 50, 55, 65, 213, 304, 464, 520, 572; abandono da escrita, 228; androginia em, 230; antecedentes, 31; autores românticos e, 20; Crane e, 491, 513; Dama Escura de, 218, 250, 494; demos de, 152, 156, 229; Dickinson e, 217-8, 221-2, 227, 236-8, 243, 245, 254, 411; Eliot e, 462; Emerson e, 295; Falstaff, 61, 69; figura da metamorfose em, 504, 508; figura do *blank* em, 23, 169, 376; influência em Faulkner, 467; influência na literatura americana, 227; "interioridade", 43; James e, 227, 295, 298; Marlowe e, 294; Melville e, 149, 167, 227, 294; *Moby Dick* e, 17-9, 43, 107, 112, 162-3; modalidade elíptica em, 295, 298, 320; pensamento figurativo de, 121; personalidade como sofrimento, 156; poema 178 de Dickinson e, 215; reverência de Bloom, 152; sabedoria de, 204; sonetos de, 78, 130; sublimidade nos personagens, 60; três critérios de conhecimento e, 70; Whitman e, 102, 104, 130, 149, 206, 227; *ver também Hamlet; Rei Lear;* peças específicas
Shelley, Percy Bysshe, 14, 50, 60, 193, 363, 504, 514, 518, 572; sobre o amor, 528; Auden sobre, 186, 445; Bloom e, 50; busca da epipsique, 523; caracterização mental, 574; Crane e, 83, 491, 496, 498, 501, 504, 521, 524-6, 528-9, 532-3, 535, 575; demo e, 522; Dickinson e, 221, 245; Eliot e, 13, 230, 232, 403, 405, 407, 445, 452, 463, 524; Emerson e, 193; eros transitivo e, 509; "espinhos da vida", 495; figura do *blank* em, 23, 169; Fletcher sobre, 494; função do sublime,

575; harpa eólica e, 527; influência sobre o Alto Romantismo americano, 572; Melville e, 15, 19-20; Milton e, 567; "ode à crise" de, 114; odes e, 65; Stevens e, 74, 393, 398, 423, 430, 437, 447, 452; o sublime e, 40, 60; Whitman e, 51, 66, 74, 83, 104, 106, 111, 113-4, 120, 125; Yeats e, 568, 574-5

"Shelley's Vision" (Melville), 157

Shetley, Vernon, 243

Shooting Niagara: And After? (Carlyle), 307

"Sick Rose, The" (Blake), 383

"Silken Tent, The" (Frost), 361-2, 368

Simpson, Lesley, 566

"Sitting by a Bush in Broad Sunlight" (Frost), 373, 379-80

"Sleepers, The" (Whitman), 30, 56, 62, 87-98, 114, 139, 417, 419, 423, 435; abertura de, 88-9; "ágeis fantasmas" em, 90-1; a alma e, 104, 236; descoberta da alma e, 88; evocação do Cântico dos Cânticos, 91-2; final de, 97; passagens eliminadas, 92, 95-6; sinédoque em, 90

Smiley, Jane, 341

Smith, Grover, 405

Smith, Henry Nash, 347, 349

"Snow Man, The" (Stevens), 382, 447

"Sobre Emerson" (Frost), 354

Sociedade e solidão (Emerson), 436

Sócrates, 152, 205

som e a fúria, O (Faulkner), 467, 469, 471; Caddy Compson, 26, 469-70; influência de Dostoiévski em, 481

"Song of Myself" (Whitman), 15-6, 30, 33, 39, 41, 46, 62, 70-87, 105, 114, 137, 139-40, 167, 189, 224, 230, 407, 500; a alma e, 236; androginia em, 72; autoerotismo em, 81-2; Bloom e, 573; Canto 3, 205; "catálogos" de, 75-6; distância entre demo e projeto em, 83; edição de 1855, 70; como épico, 165; fantasia dos vinte e nove banhistas, 79, 504; figura da relva em, 52, 54, 71; grandeza de, 99; identidade perdida em, 83-5; parábola lunar, 76, 78-9; passagem final, 85-6, 153; como peça de mistério, 40; como romance de busca, 82; Sublime Americano e, 74, 80-1, 429; "vagabundo" e, 71

"Song of the Exposition" (Whitman), 46

"Song of the Universal" (Whitman), 138-9

Songs of Experience, London (Blake), 383

Sonho Americano, 18

Sonho de uma noite de verão (Sheakespeare), 227

Spenser, Edmund, 74, 107, 113, 228, 275, 567

"Sphere" (Ammons), 82, 189

Spitzer, Leo, 58, 65

"Spontaneous Me" (Whitman), 135-6, 142; como "Bunch Poem", 136

"Stars at Tallapoosa" (Stevens), 413-4

"Starting from Paumanok" (Whitman), 126, 128

Steeple Bush (Frost), 373

Stevens, Elsie, 361, 393, 408

Stevens, Holly, 393, 405, 408, 518

Stevens, Wallace, 13, 36, 38-9, 41, 52, 61, 69, 74, 79, 82, 99, 103, 107-8, 113, 156, 165-6, 189, 207, 267, 316, 362, 383, 393, 395, 397-8, 407-65, 571; adversários e rivais, 394, 398-400, 402; amor de Bloom por sua poesia, 572; Auden e, 445;

casamento de, 361, 393, 408; celebração
da encarnação do caráter poético, 65;
comentário sobre Crane, 533; comentário
sobre Eliot, 462-3; comentários de
Auden, 186; comparação com Eliot,
445-65; Crane e, 491, 530, 571; demo
como Ficção Suprema, 395, 398; demo e,
107, 394-5, 423, 434-5; desenvolvimento
literário de, 520; Dickinson e, 242; como
elegíaco, 363, 417-28, 435 (*ver também*
"The Owl in the Sarcophagus"); Eliot
e, 394, 397-402, 416-7, 445; Emerson
e, 185, 190, 199, 207, 258, 573; eros
intransitivo de, 411, 413, 415; erudito
de uma vela só de Emerson e, 395, 436,
573; como espírito assombrado, 152; eu
demônico de, 27; evasão em, 394, 397;
fecundidade literária, 398; figura do
blank em, 23, 376, 379, 382, 434, 529;
figuras de linguagem de, 185, 526; fontes
de orientação cognitiva, 464; Freud e,
522; Frost e, 354, 394; como "gênio da
felicidade e do espanto", 408; grandeza
de, 394; "grandiosidade antiquada da
aniquilação", 127; Homem Central ou
Globo Humano, 185; imagem do rabino
em, 395, 399, 433-4, 437, 442, 573;
Keats e, 396, 410, 415-6, 522; lar de, 15;
como "O leão de Judá", 399; limitações
de, 463; lucrecianismo de, 414, 423,
430; lugar literário de, 339-40, 353,
355, 397, 404; medo de ficar sem voz,
190; murmúrio em, 397; Nietzsche e,
416, 435, 441, 464; objetivo do poeta,
254; obra como litania solar, 441, 443-4;
obras posteriores, 228; obras *ver obras*
específicas; Ode à Costa Americana de,
114, 120; orfismo de, 193; paganismo
e, 396; Pater e, 425, 435, 573; "poema
essencial no centro das coisas", 396;
precursores, 394, 416, 445; progenitores
de, 14; romantismo e, 140, 526;
Santayana e, 410, 435-6; Shakespeare e,
227; Shelley e, 74, 125, 393, 398, 423,
430, 437, 447, 452; solidão em, 408,
438; Sublime Americano e, 429; tema da
morte em, 140; Tennyson e, 396, 445;
Valéry e, 56-7; visão do bardo iniciante,
106; Whitman e, 57, 79, 82, 107-8,
113-4, 127, 133, 166, 190, 242, 354, 394,
397-8, 405, 407, 410-1, 414, 417-9, 423,
433, 438, 441, 443-5, 452, 462, 573;
Williams e, 394; Wordsworth e, 462

Strand, Mark, 132

Studies in Classic American Literature
(Lawrence), 47, 201

Sublime Demônico Americano/ o demo/
Sublime Americano, 14, 16, 27, 32, 34,
38-40, 50, 108, 112, 165, 186, 310;
América como, 183; Ashbery e, 58;
Bloom e, 187, 234, 575; brancura como
o Contrassublime, 379; casamento e,
361; Crane e, 38, 183, 190, 273, 468,
491, 495, 505, 521, 524, 530, 533, 543,
546, 549, 552, 560, 569-71, 574-5;
desenfreio de Emerson e, 23, 191, 197,
354; Dickinson e, 224-6, 240, 245, 255,
258, 400, 468; domínio do, 201; Eliot
e, 206, 448, 463, 465, 468; Emerson
e, 35-6, 129, 183-5, 187-8, 191, 200,
202, 213, 255, 360, 362, 468; como
ethos, 156, 259, 362; família James e,

12; Faulkner e, 184, 273, 468, 471, 477, 480; Frost e, 189, 360, 362, 369, 390, 395, 468; Hawthorne e, 265, 267, 273, 281-2, 289, 468; hoje, 58; como imortal, 395; James e, 127, 151, 294, 298, 319, 329, 468; livro de Weiskel e, 11; melhores introduções para, 186; Melville e, 112, 152, 157, 174, 468; como *pathos*, 112, 156; *pneuma* e, 187; como "poeta-no-poeta", 361, 395; como religião, 189; saber do, 183; separando-se dos modelos ingleses e europeus continentais, 189; Stevens e, 38, 107, 394-5, 408, 423, 429, 434-6, 438, 447, 463-4, 468; "surpresa" e, 560; Twain e, 189, 346, 468; "When Lilacs Last in the Dooryard Bloom'd" como pedra de toque, 59; Whitman e, 34, 38-40, 50, 72-4, 80, 82, 99, 101, 103-4, 108, 110, 120, 124, 139, 141, 147, 150, 154, 229, 255, 400, 448, 463, 465, 468, 494, 497; *ver também* demo; sublime literário

sublime literário, 11, 14, 19, 39; assombro e, 560; função do, 40; Longino (pseudo-Longino) e, 39-40, 560; Sublime Europeu, 39; *ver também* Sublime Demônico Americano; demo

sublime romântico, O (Weiskel), 11

"Subverted Flower, The" (Frost), 361, 369, 371

"Sun This March, The" (Stevens), 441

"Sunday Morning Apples" (Crane), 531

"Sunday Morning" (Stevens), 395-6, 441, 571

Swedenborg, Emanuel, 192, 297

Sweeney Agonistes (Eliot), 398

Swenson, May, 207

Swinburne, Algernon, 65, 113, 445

T.S. Eliot: An Imperfect Life (Eliot), 404

T.S. Eliot and Indic Traditions (Kearns), 405

taça de ouro, A (James), 152, 281, 295, 315, 320; Charlotte Stant, 268, 298, 321, 325; Maggie Verver, 298

Taipi (Melville), 13, 31, 155

"Tam O'Shanter" (Burns), 554

Tamburlaine the Great (Marlowe), 294

Tate, Allen, 107, 113, 184-5, 231, 405, 452, 499, 518, 531

Tchékhov, Anton, 163

"Tea at the Palaz of Hoon" (Stevens), 407, 447

teatralidade americana, 156, 218

Teatro de Sabbath (Roth), 157

Tempestade, A (Shakespeare), 227, 229, 294, 320; Ariel, 91

Temple, Mary "Minny", 296, 316

Tennyson, Alfred, Lord, 340, 405; Bloom e, 113; Crane e, 505-6, 534; demo e, 394; Eliot e, 230, 405, 445, 463; Faulkner e, 485; forma da ode e, 65; Frost e, 355; Hallam e, 230; imaginação andrógina de, 230; como mestre da evasão, 395; Stevens e, 396, 445; Whitman e, 66, 78, 122, 165

Terra desolada, A (Eliot), 13, 27, 82, 112-3, 142, 229, 398, 404, 416, 524, 531, 568; comparação com "The Comedian as the Letter C" de Stevens, 447-52; Crane e, 569; crítica de Stevens a, 402; figura da metamorfose em, 504; metafísica em, 405; pensamento indiano em, 137; tordo eremita de, 230; "The Tunnel" de Crane e, 522, 524, 543; uso de "When Lilacs Last in the Dooryard Bloom'd", 137, 397, 406, 448-9, 451; "What the Thunder Said", 87, 233; Whitman como demo, 230

"Things of August" (Stevens), 445

"This Compost" (Whitman), 230

Thomas, Edward, 363

Thompson, Lawrance, 361

Thoreau, Henry David, 97, 111, 137, 165, 229, 245, 280, 400

Thurber, James, 250

Till I End My Song (Bloom, org.), 111

Tis a Pity She's a Whore (Ford), 480

Tito Andrônico (Shakespeare), 294

"To a Skylark" (Shelley), 532

"To an Old Philosopher in Rome" (Stevens), 410, 435, 437

"To Autumn" (Keats), 375

"To Emily Dickinson" (Crane), 245-6

"To the Garden the World" (Whitman), 134

"To the One of Fictive Music" (Stevens), 447

Tolstói, Liév, 30, 228, 293, 340, 353

Tourneur, Cyril, 478, 480

Tractatus (Wittgenstein), 438

Transmemberment of Song (Edelman), 526

Transport to Summer (Stevens), 407, 415; Eliot como X em, 400-1

"Trial by Existence, The" (Frost), 364-5, 367

Trilling, Lionel, 406, 452

"Triumph of Life, The" (Shelley), 232, 407, 452, 463, 524, 526, 533

True Intellectual System of the Universe, The (Cudworth), 187

"Tuft of Flowers, The" (Frost), 364

"Tunnel, The" (Crane) *ver A Ponte*

Turguêniev, Ivan, 340

Turner, J.M.W., 396

Twain, Mark, 13, 41, 127, 156-7, 165, 228, 339-53; advertência sobre *Huckleberry Finn*, 473; ambivalência de, 341; Carlyle e, 347; Crane e, 538; declínio das obras posteriores, 228; demo e, 189, 346, 468; desejo em, 350; escrita populista de, 340; como espírito assombrado, 152; esposa Livy, 279; como gnóstico americano, 341; grandeza de, 353; Huck Finn como demo de, 341-2; liberdade e, 341-3; lugar literário de, 467, 471; miscigenação e, 347, 349; Mississipi e, 15, 342, 344-5; como não cristão, 346; obras *ver obras específicas*; como parodista, 340-1, 343, 348; profundidade da escrita, 360; reconhecimento em vida, 339; visão de Warren sobre, 340-1

"Two Tramps in Mud Time" (Frost), 356-8; comentários de Bromwich sobre, 356, 359

"Tyger, The" (Blake), 383, 425

Ulisses, 205, 476

Unterecker, John, 521, 566

Uriel (Emerson), 354, 384-6

Valéry, Paul, 43, 50, 55-7, 70, 340, 517

Van Duyn, Mona, 62

"Venus and Adonis" (Shakespeare), 36

Verdenal, Jean, 27, 230

Vico, Giambattista, 61, 471

vigarista, O (Melville), 31, 157
"Vigil Strange I Kept on the Field One Night" (Whitman), 35, 127
Violent Bear It Away, The (O'Connor), 480
Virgílio, 74, 107, 406, 543
Visão, Uma (Yeats), 232, 367
Visionary Company, The (Bloom), 569
Voyager (Unterecker), 566
"Voyages" (Crane), 114, 504-17; I, 504; II, 504-8, 548; III, 508; IV, 194, 509; V, 193, 509, 511, 513-4; VI, 514, 516; VI, precursores de, 514; Emil Opffer e, 27, 504-5, 507, 511, 513, 517, 528; figura da metamorfose em, 504; Glauco em, 514; *Moby Dick* e, 505-7; Shelley e, 505, 509, 524

"Wakefield" (Hawthorne), 263-7, 281
Walden (Thoreau), 111, 158, 166, 182; lugar literário de, 353
Wallace Stevens: The Poems of Our Climate (Bloom), 398
Wallace, David Foster, 150
"Warble for Lilac-Time" (Whitman), 138
Warren, Robert Penn, 31, 114, 184-5, 233-4, 340, 354, 381, 397, 518; sobre Huck Finn, 343
"Wave, A" — "Song of Myself" (Ashbery), 82
Webster, John, 478, 480
Weiskel, Thomas, 11
Wellek, René, 233
West, Nathanael, 156-7, 166, 340, 348, 480
West-Running Brook (Frost), 379
Whales Weep Not! (Lawrence), 109

Wharton, Edith, 36, 151, 197
Wheelwright, John, 114
"When Lilacs Last in the Dooryard Bloom'd" (Whitman), 30, 35, 55, 59-60, 62, 100, 112, 139-43, 145-7, 149, 233, 419, 435; estatura no cânone whitmaniano, 139; influência de, 151; "The Owl in the Sarcophagus" de Stevens e, 417-8; pensamento indiano em, 137; revisão de 1871, 140; *A terra desolada* e, 137, 397, 406, 448-9, 451; tordo eremita de, 65, 140, 230, 494, 500; tordo--imitador de, 66-7
Whicher, Stephen, 196, 198
White Buildings (Crane), 194, 487, 498, 502, 524, 529, 531; epígrafe, 491; *ver também poemas específicos*
White Devil, The (Webster), 480
"White Knight's Ballad, The" (Carroll), 355
Whitman, Walt, 11-2, 15, 17, 19, 26-7, 31, 34, 37-8, 40, 42-3, 45, 47-149, 156, 165, 185, 295, 362; abolicionismo e escravidão, 95, 97; como Adão Americano, 134-5, 196; a alma e, 60, 104, 236; Alto Romântico americano e, 268, 403; América perdida de, 183, 520; amor em, 528; androginia em, 230; antecedentes, 31, 38-9; apoteose em, 87; Arnold sobre, 154; Auden e, 445; autoerotismo em, 135-6, 141-2, 528; como bardo americano, 46, 57, 78, 87, 105, 114, 142, 295; Blake e, 90, 96; Burke sobre, 56; como "cabalista intuitivo", 72, 142, 229; "catálogos" de, 75-6; Coleridge e, 51, 106; comentário de Auden, 186; comentário sobre

Emerson, 190; consciência estética e, 56; "contenho multidões", 85, 128; Crane sobre, 110; credo de, 149; declínio das obras posteriores, 37, 137, 140, 228; demo e, 72-3, 82, 99, 109, 120, 123, 129, 150, 154, 229, 255, 400, 448, 452, 463, 468, 494, 497; despertar para a poesia, 111; como elegíaco, 38, 363, 435, 451; elemento egípcio em, 140-1; Emerson e, 23, 31, 36, 74, 151, 190, 192, 197, 205, 227, 254-5, 258; eros intransitivo de, 49, 65, 83, 95, 125, 129, 369, 411, 413, 487; como espírito assombrado, 152; estatura de, 30; "Eus" de (Eu real ou Eu, mim mesmo; Eu rude; minha Alma), 69, 82, 88, 104, 120, 155-6, 206, 236; fase da Mickle Street, 37; ficções de, 205; figura do *blank* em, 23; figura do lilás, 140, 142-3, 147; figuras de linguagem de, 60, 65, 67, 72-3, 88, 90, 94-5, 98, 104, 111, 115, 120; Fletcher sobre, 494; "folhas de relva", 51; fracasso de, 46; gnose de, 68, 137; grandeza de, 127, 139, 353; Guerra Civil e atendimento a feridos, 37, 41, 49, 54, 139-40, 146-7, 156, 167, 227; hermetismo e, 32, 42, 60, 72, 111, 135, 149, 189; heterossexualidade em, 135; Hollander, sobre como ler, 142; homoerotismo em, 36, 78, 92, 95, 115, 129, 134-5, 155, 413; homossexualidade e, 129, 142; Hopkins sobre, 49; imagem quádrupla da morte, noite, mãe e mar em, 13, 26, 60, 65, 72, 88, 94-5, 98, 104, 115, 140, 146, 150, 206, 236, 488, 523, 525; imediaticidade de, 47, 55; imortalidade em, 226, 246; independência como Religião Americana e, 575; influência da Bíblia sobre, 15, 51, 74, 91, 102, 104, 141, 145, 149, 166; influência de, 14, 82, 114, 137, 242; influência em Aiken, 82; influência em Ammons, 50, 82, 114; influência em Crane, 14-5, 65, 79, 82, 113-4, 127, 138, 242, 354, 406, 410, 491, 494, 496, 498, 500, 504, 515, 521, 525, 529-30, 534, 552; influência em Eliot, 83, 114, 127, 137, 142-3, 230, 242, 355, 397, 405-6, 445, 452, 524; influência em James, 151, 406; influência em Lawrence, 201; influência em Stevens, 57, 79, 82, 107-8, 113-4, 127, 133, 166, 190, 242, 354, 394, 397-8, 405, 407, 410-1, 414, 417-9, 423, 433, 438, 441, 443-5, 452, 462, 573; influência em Strand, 132; influência em Williams, 82, 114, 406; influência epicurista sobre, 53, 71, 88, 101, 104, 111, 125, 229, 272, 414; influências literárias, 15; Keats e, 47, 83, 115, 416; Lawrence sobre, 47, 183; como "lésbico masculino", 78; liberdade e, 83, 101, 111, 121, 129, 142, 144, 149, 433; lucrecianismo de, 39, 50, 71, 111, 125, 229, 423; lugar literário de, 404; máscara de, 72, 82; medo de ficar sem voz, 190; Melville e, 30; mente poética e, 107; como mestre da evasão, 394; Nova Bíblia para os americanos, 254; como nova--iorquino, 15; obras *ver obras específicas*; Ode à Costa Americana de, 66, 114, 120, 233, 496; como onissexual, 78; orfismo de, 494; parataxe de, 387; pássaros em, 65 (*ver também* tordo eremita; tordo-

-imitador *abaixo*); pensamento indiano em, 137, 142, 229; pintores luministas americanos e, 99; poder de cura de, 41, 167; poesia profética e, 111; como poeta da Democracia, 149; como poeta nacional, 254; poética da dor, 60; poética da perda, 230; preferência de Bloom por, 572; principais poemas, 62 (*ver também poemas específicos*); redundância das obras posteriores, 138; religião e, 73, 85, 149; renome literário, 339-40; resenha de James sobre *Drum-Taps*, 35; ressonâncias tolstoianas em, 30; revisão da própria obra, 121-5; romantismo e, 15, 83, 114, 496; Shakespeare e, 102, 104, 130, 149, 206, 227; Shelley e, 51, 66, 74, 83, 104, 106, 111, 113-4, 120, 125; sinal apotropaico, 66; Sublime Americano e, 34, 38-40, 50, 74, 80, 82, 101, 103, 108, 141, 147, 189 (*ver também* demo e, *acima*); tema da morte em, 13, 32, 56-7, 65, 95-6, 98, 107, 111, 114-5, 130, 132-3, 137, 140-7, 149, 229, 419; Tennyson e, 66, 78, 122, 165; tordo eremita de, 143, 145-6; tordo-imitador em, 62-8, 105, 109, 126, 230; tripartite, 15; Valéry e, 56; verbos de, 49, 50, 130; voz poética como sinédoque definidora, 34, 60, 67, 75-6, 80-1, 126-7, 131, 140, 142-3, 146-7, 149, 230, 487, 494; Wilde e, 61; xamanismo e, 236; Yeats sobre, 49

Whitman, Walt, pai, 141
Whittier, John Greenleaf, 340
Wilde, Oscar, 61, 69, 113, 227
Wilder, Thornton, 156
Williams, Tennessee, 156

Williams, William Carlos, 14, 82, 103, 110, 114, 156, 189, 397, 404, 524, 531, 538, 541; lugar literário de, 355; Stevens e, 394; Whitman e, 166, 355, 406
Wilson, Edmund, 531
Wimsatt, William K., 233, 236
"Windhover, The" (Hopkins), 49
"Wine Menagerie, The" (Crane), 193
Winner, Septimus (Alice Hawthorne), 68
Winters, Yvor, 121, 499, 531
"Witch of Atlas, The" (Shelley), 394, 423
Witness Tree, A (Frost), 361, 363, 368-9, 371, 373
Wittgenstein, Ludwig, 260, 438
"Wives of the Dead, The" (Hawthorne), 263
"Woods of Westermain, The" (Meredith), 355
Woolf, Virginia, 13, 165, 305, 316, 573
"Word Out of the Sea, A" (Whitman), 105-15, 120; frase inicial, 109; Ode à Costa Americana e, 114, 120; visão do bardo iniciante, 106
Wordsworth, William, 14, 23, 65-6, 83, 107, 165, 169, 202, 221, 245, 295, 355, 369, 429, 514, 518, 523; Crane e, 504; declínio de obras posteriores, 139-40; demo e, 139; Dickinson e, 237; Emerson e, 355; Frost e, 355-7, 360, 384; "ode à crise" de, 114, 359; paródias de, 356; sobre sofrimento, 156; Stevens e, 462
Wright, Fanny, 111
Wright, James, 114

xamanismo, 186, 188, 208, 223, 225, 236; metempsicose e, 189

Yeats, William Butler, 65, 83, 183, 226, 316, 340, 367, 394, 400, 471, 526, 573; como Alto-Romântico, 526; Crane e, 231; demo e, 231-2, 463, 522, 574; Eliot e, 231-3, 462-3; Joyce e, 151; Shelley e, 568, 574-5; sobre Whitman, 49

Zola, Émile, 340

ESTA OBRA FOI COMPOSTA PELA ABREU'S SYSTEM EM INES LIGHT
E IMPRESSA EM OFSETE PELA LIS GRÁFICA SOBRE PAPEL PÓLEN SOFT DA SUZANO
PAPEL E CELULOSE PARA A EDITORA SCHWARCZ EM SETEMBRO DE 2017

A marca FSC® é a garantia de que a madeira utilizada na fabricação do papel deste livro provém de florestas que foram gerenciadas de maneira ambientalmente correta, socialmente justa e economicamente viável, além de outras fontes de origem controlada.